Perfect C

C언어로 배우는 프로그래밍 기초

저자소개

강환수 교수

서울대학교 계산통계학과에서 학사학위, 서울대학교 전산과학과에서 전산학 이학석사(M.S.)를 취득하였다. 1998년까지 삼성 SDS의 정보기술연구소에서 선임연구원으로 재직 중에 지식관리시스템(Knowledge Management Systems)과 그룹웨어시스템(Groupware Systems) 개발에 프로젝트 매니저로 참여하였다.

1998년에 동양미래대학교로 자리를 옮겨 현재, 동양미래대학교 컴퓨터정보공학과교수로 재직하고 있으며 서울대학교 컴퓨터공학부에서 박사를 수료하였다. 컴퓨터관련 교육에 관심이 있어 프로그래밍 언어에 관련된 서적인 『C로 배우는 프로그래밍 기초(학술정보, 2003)』, 『자바로 배우는 프로그래밍 기초(학술정보, 2005)』, 『유비쿼터스 시대의 컴퓨터 개론(학술정보, 2006)』, 『Perfect C(인피니티북스, 2007)』, 『C로 배우는 프로그래밍 기초 2판(인피니티북스, 2008)』, 『C 언어 스케치(인피니티북스, 2011)』, 『절대 JAVA(인피니티북스, 2013)』, 『모바일 시대의 컴퓨터개론(인피니티북스, 2014)』 등을 저술하였으며 역서로는 『비주얼 베이직으로 배우는 프로그래밍 기초(학술정보, 2005)』 등이 있다.

- 서울대학교 계산통계학과 졸업
- 서울대학교 전산과학전공 석사
- 서울대학교 컴퓨터공학부 박사 수료
- 전 삼성SDS 정보기술연구소 선임연구원
- 미국 인디애나 퍼듀 대학(IUPUI) 방문교수
- 전 동양미래대학교 공학기술교육혁신센터 센터장
- 현 동양미래대학교 컴퓨터공학부 학부장

강환일 교수

서울대학교 전자공학과에서 학사학위를 취득하였고, 한국과학기술원(KAIST) 전기 및 전자공학과에서 공학석사를 취득하였다. 미국 위스콘신(매디슨)대학 전기 및 컴퓨터공학과에서 박사학위를 취득하였다. 현재 명지대학교 정보통신공학과에서 교수로 재직 중이며, 캐나다 토론토대학 전기공학과 및 미국 퍼듀대학교 전기공학과 방문교수를 역임하였고, 2014년에는 영국 크랜필드대학(슈리브햄 캠퍼스) 국방분야의 단기과정을 이수하였다. 주요 연구 분야는 멀티미디어 보안 및 처리, 정보통신 응용 및 국방관련 최적화 연구와 강인제어시스템 등이다.

저서로는 『C로 배우는 프로그래밍 기초(학술정보, 2003)』, 『자바로 배우는 프로그래밍 기초(학술정보, 2005)』, 『유비쿼터스 시대의 컴퓨터 개론(학술정보, 2006)』, 『모바일 시대의 컴퓨터개론(인피니티북스, 2014)』 등이 있다.

- 서울대학교 전자공학과 졸업
- 한국과학기술원(KAIST) 전기 및 전자공학과 석사
- 미국 위스콘신(매디슨)대학 전기 및 컴퓨터공학과 박사
- 캐나다 토론토대학 전기공학과 및 미국 퍼듀대학교 전기공학과 방문교수
- 영국 크랜필드대학(슈리브햄 캠퍼스) 단기연수
- 현 명지대학교 정보통신공학과 교수

이동규 교수

서울대학교 전자공학과에서 학사학위 및 석사학위를 취득하였고, 서울대학교 기술경영대학원에서 박사학위를 취득하였다. 삼성전자의 통신연구소 전임연구원이었으며, 삼성전자에서 근무하는 기간(1992~1998)에 교환기부가시스템의 운영체제를 개발하였으며, 현재 동양미래대학교 컴퓨터공학부에서 교수로 재직 중이다.

저서로는 『C 언어 스케치(인피니티북스, 2011)』등이 있다.

- 서울대학교 전자공학과 학사
- 서울대학교 전자공학과 석사
- 서울대학교 기술경영대학원 박사
- 전 삼성전자 통신연구소 전임연구원
- 삼성 근무기간(1992~1998)에 교환기부가시스템 운영체제 개발
- 현 동양미래대학교 컴퓨터공학부 교수

Perfect C / 저자: 강환수, 강환일, 이동규. -- 전면 개정판
. -- 고양 : INFINITYBOOKS, 2016
 p. ; cm

ISBN 979-11-85578-22-4 93000 : ₩29000

C 언어[--言語]
프로그래밍 언어[--言語]

005.133-KDC6
005.133-DDC23   CIP2015035849

C 언어로 배우는 프로그래밍 기초

Perfect

강환수·강환일·이동규 지음

전면
개정판

INFINITY
BOOKS

C 언어는 운영체제를 만드는 프로그래밍 언어로 널리 알려져 있다. 모든 운영체제의 기본이 되는 유닉스(Unix) 운영체제는 1970년 초 처음으로 C 언어로 개발되었다. 이후 마이크로소프트 윈도우즈(Windows)와 맥킨토시의 OS X 그리고 리눅스(Linux) 등이 모두 C 언어로 개발되었다. C 언어는 운영체제 개발뿐만 아니라 임베디드 시스템과 다양한 분야의 응용 프로그램 개발에도 널리 사용되고 있다. C 언어의 위상은 지금까지 변화된 것이 거의 없이 학습과 실무에서 여전히 가장 중요한 프로그래밍 언어 중의 하나로 자리매김하고 있다. 라틴어가 영어나 프랑스어, 스페인어 등의 기본 언어이듯 C 언어는 오늘날 널리 사용되는 고급언어의 기본 언어이다. 그러므로 C 언어의 터득은 자바와 C#, 파이썬(python) 등 대부분의 다른 고급 언어의 이해와 학습에도 많은 도움이 된다.

2004년 'C로 배우는 프로그래밍 기초' 출간 후, 2007년 'Perfect C'가 출간된 지 9년이 되었다. 이제야 'Perfect C'를 이어, 새로운 'Perfect C'를 출간하게 되었다. 'C로 배우는 프로그래밍 기초'와 'Perfect C'의 출간을 계기로, 국내에는 다양한 C 언어 저서가 출간되어 이제 대학을 비롯한 대부분의 교육기관에서 국내 서적으로 C 언어를 교육하고 있다.

필자는 다시 초심으로 돌아가 그 동안 강의실에서 학생과의 교감에서 얻은 효과적인 C 언어 학습 방식을 본서에 담으려 노력하였다. 항상 느끼는 것이 'C 언어를 처음 학습하는 것은 쉬운 일이 아니다'라는 것이다. 아기가 언어를 배우려면 엄마 자신도 모르는 엄마의 부단한 노력이 필요하다. 필자는 아기가 말을 배우듯 C 언어를 처음 접하는 학생에게 쉬운 내용부터 하나 하나 스스로 터득하도록 본서의 내용을 쉽게 구성하였다. 본서는 본문 중간 중간에 용어나 주제의 다른 설명을 위해 팁(Tip)을 두었으며, 스스로 내용 학습을 점검할 수 있도록 중간점검, 간단한 프로그램을 완성하는 랩(Lab), 단원을 여러 가지로 평가할 수 있는 프로그래밍 연습으로 구성되었다. 본서는 C 언어를 처음 학습하는 독자들에게 이해하기 쉬운 해설과 그림으로 재미있고 빠르게 C 언어를 학습하기 위한 지침서이며 강단에서 C 언어 학습에 보다 효과적으로 활용되기 위한 교재이다. 다양한 C 언어 관련 서적이 있는 현실에서 C 언어를 처음 접하는 독자에게 본서가 효과적인 학습 지침서가 되기를 희망한다.

대표저자 강환수

내용 구성

본문은 16개의 단원(chapter)으로 구성, 단원은 여러 절로 구성되며, 절 하부에는 주제와 부제로 구성

- 본문에는 다양한 실습예제로 프로그래밍 연습이 가능하며, 설명과 실행결과가 제시

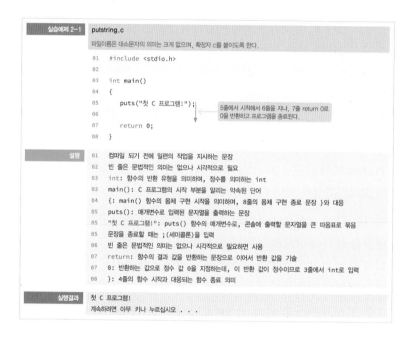

- 15 개의 프로젝트: 단원 7, 11, 16에는 그 단원까지의 학습 내용으로 C 프로그래밍 프로젝트를 수행할 수 있는 각 단원마다 5개씩, 모두 15개의 프로젝트로 구성

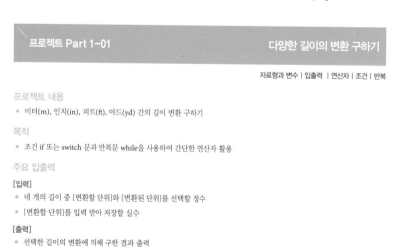

중간점검
절의 주제에서 학습한 내용을 바로 확인하기 위한 간단한 문제

중간점검

01 프로그램 구현 과정 5단계 중 나머지 4단계는?

프로그램구상 ⇒ _____ ⇒ _____ ⇒ _____ ⇒ _____

02 소스파일 add.c를 컴파일하여 생성되는 파일은?

03 프로그램을 작성할 때, 프로그래머마다 새로 작성할 필요 없이 개발환경에서 미리 만들어 컴파일해 저장해 놓은 모듈은?

04 프로그램 개발 과정에서 발생하는 다양한 오류를 찾아 소스를 수정하여 다시 컴파일, 링크, 실행하는 과정은?

05 발생 시점에 따른 오류 분류 중, 개발환경에서 오류 내용과 위치를 어느 정도 알려주므로 오류를 찾아 수정하기가 비교적 쉬운 오류 종류는?

NOTE
주요 이슈가 되는 흥미로운 내용이나 주의해야 할 내용을 간략히 설명

NOTE: **최초의 프로그래밍 언어는? 최초의 프로그래머는 누구일까?**

최초의 대중화된 프로그래밍 언어는 1950년 중반 IBM에 근무하는 28세의 젊은 과학자인 존 배커스(John Backus)가 개발한 포트란(FORTRAN)이다. 포트란은 수식 변환기(FORmula TRANslator)라는 의미의 약자로 공학과 과학 분야에서 계산 위주로 사용을 목적으로 개발된 프로그래밍 언어이다. 그러나 최초의 프로그래머는 포트란을 활용한 프로그래머가 아니라 포트란이 나오기 100년 이상 전에 있었던 오거스타 에이다라는 여성으로 기록되고 있다. 물론 에이다는 지금과 같은 프로그래밍 언어를 활용하지는 않았지만 프로그래밍 개념을 도입한 최초의 프로그래머이다.

그림 1-7 존 배커스

TIP
프로그래밍 문법에서 주의 깊게 살펴보아야 할 내용을 정리

TIP ▶ 대입에서 l-value와 r-value

대입연산자 =의 왼쪽에 위치하는 변수를 lvalue 또는 l-value라 하며, 오른쪽에 위치하는 변수나 연산결과의 값을 rvalue 또는 r-value라 한다. l-value와 r-value는 각각 left value와 right value를 의미한다. 즉 대입 문장은 다음과 같은 구조를 가지며, l-value는 반드시 수정이 가능한 하나의 변수이어야 하며, r-value는 l-value에 저장할 자료 값을 반환하는 표현식이어야 한다. 그러므로 21 = 20 + 1과 문장은 오류가 발생한다.

```
l-value  =  r-value;

21 = 20 + 1;      //오류발생   오류: 식이 수정할 수 있는 lvalue여야 합니다.
```

그림 3-21 l-value와 r-value

LAB

절의 내용을 프로그래밍 구현으로 복습하는 샘플 예제로 일부 소스가 미완성으로 되어 있어 학습
자가 스스로 소스를 완성하여 실행

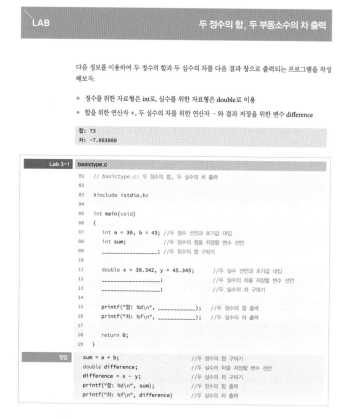

| LAB | 두 정수의 합, 두 부동소수의 차 출력 |

다음 정보를 이용하여 두 정수의 합과 두 실수의 차를 다음 결과 창으로 출력되는 프로그램을 작성
해보자.

● 정수를 위한 자료형은 int로, 실수를 위한 자료형은 double로 이용

● 합을 위한 연산자 +, 두 실수의 차를 위한 연산자 −와 결과 저장을 위한 변수 difference

```
합: 73
차: -7.003000
```

Lab 3-1 basictype.c

```
01  // basictype.c: 두 정수의 합, 두 실수의 차 출력
02
03  #include <stdio.h>
04
05  int main(void)
06  {
07      int a = 30, b = 43;  //두 정수 선언과 초기값 대입
08      int sum;             //두 정수의 합을 저장할 변수 선언
09      ----------------;    //두 정수의 합 구하기
10
11      double x = 38.342, y = 45.345;   //두 실수 선언과 초기값 대입
12      ----------------;               //두 실수의 차를 저장할 변수 선언
13      ----------------;               //두 실수의 차 구하기
14
15      printf("합: %d\n", ----------);   //두 정수의 합 출력
16      printf("차: %f\n", ----------);   //두 실수의 차 출력
17
18      return 0;
19  }
```

| 정답 | sum = a + b;   //두 정수의 합 구하기
       double difference;   //두 실수의 차를 저장할 변수 선언
       difference = x - y;   //두 실수의 차 구하기
       printf("합: %d\n", sum);   //두 정수의 합 출력
       printf("차: %f\n", difference)   //두 실수의 차 출력

프로그래밍 연습

각 단원의 내용을 프로그래밍 연습 문제로 직접 코딩하여 점검

프로그래밍 연습

01 다음 조건을 만족하는 프로그램을 작성하시오.
● 함수 printf()에서 문자 상수를 이용하여 다음 문자를 한 줄에 출력

```
! @ # $ ^ & *
```

● 함수 printf()를 이용하여 다음 실수 상수를 출력

```
523.45, 238.34567E3, 33489.134E-3
```

● 함수 printf()를 이용하여 다음 문자열 상수를 출력

```
"C" 언어는 재미있는 '프로그래밍 언어'이네요.
```

02 다음 조건을 만족하는 프로그램을 작성하시오.
● 함수 printf()만을 이용하여 팔진수 47을 십진수로 출력
● 함수 printf()만을 이용하여 16진수 3df를 십진수로 출력

본서를 강좌에 이용하시는 교수님을 위하여 학습일정을 살펴보자. 본서를 다음 표와 같은 일정으로 프로그램 언어 관련 강좌로 운영한다면 만족할 만한 성공을 얻을 수 있으리라 믿는다. 저자의 의견으로는 프로그램 언어를 처음 학습하는 저학년을 대상으로 한다면 주당 3~4시간의 한 학기로 본서의 내용 전체를 학습하는 강좌로는 다소 시간이 부족할 수 있으니 2개 학기로 나누어 1학기에는 단원1에서 단원 12까지 소화하고, 나머지 2학기에는 복습과 함께 단원 13에서 단원 16장까지의 일정으로 강의 계획을 권장한다. 고학년이나 다른 프로그램 언어를 학습한 학생을 대상으로 운영하는 강좌라면 다음과 같은 한 학기 일정의 강의 계획을 권장한다.

[단원 1]은 프로그래밍 언어를 학습하기 위한 기본 정보기술의 내용으로 구성된 단원이므로 초보자인 경우는 강의에 포함하여 자세한 설명이 필요하며, 고학년이나 중급자인 경우는 간략히 설명하거나 생략할 수 있다. 마지막으로 [단원 7]과 [단원 11], [단원 16]에 포함되어 있는 '단기프로젝트' 15개는 과제 또는 [학기 프로젝트]로 적절히 이용할 수 있다.

주	한 학기용	두 학기용	
		두 학기에서 1학기	두 학기에서 2학기
1주	[단원 1] C 프로그래밍 언어 개요	[단원 1] C 프로그래밍 언어 개요	[복습] C 언어의 개요와 개발환경
2주	[단원 2] 프로그래밍 첫걸음 [단원 3] 자료형과 변수	[단원 1] C 프로그래밍 언어 개요 [단원 2] 프로그래밍 첫걸음(1)	[복습] 조건과 반복
3주	[단원 4] 전처리와 입출력	[단원 2] 프로그래밍 첫걸음(2)	[복습] 포인터와 함수
4주	[단원 5] 연산자	[단원 3] 자료형과 변수	[복습] 문자와 문자열
5주	[단원 6] 조건	[단원 4] 전처리와 입출력	프로젝트 Part 1 프로젝트 Part 2
6주	[단원 7] 반복 프로젝트 Part 1	[단원 5] 연산자	[복습] 변수 유효범위
7주	[단원 8] 포인터 기초	[단원 6] 조건	[단원 13] 구조체와 공용체
8주	중간고사	중간고사	중간고사
9주	[단원 9] 배열 [단원 10] 함수	[단원 7] 반복 프로젝트 Part 1	[단원 14] 함수와 포인터 활용
10주	[단원 11] 문자와 문자열 프로젝트 Part 2	[단원 8] 포인터 기초	[단원 15] 파일 처리(1)
11주	[단원 12] 변수 유효범위 [단원 13] 구조체와 공용체	[단원 9] 배열	[단원 15] 파일 처리(2)
12주	[단원 14] 함수와 포인터 활용	[단원 10] 함수	[단원 16] 동적메모리와 고급 전처리(1)
13주	[단원 15] 파일 처리	[단원 11] 문자와 문자열	[단원 16] 동적메모리와 고급 전처리(2)
14주	[단원 16] 동적메모리와 고급 전처리 프로젝트 Part 3	프로젝트 Part 2 [단원 12] 변수 유효범위	프로젝트 Part 3
15주	팀 프로젝트 발표회	팀 프로젝트 발표회	팀 프로젝트 발표회
16주	기말 고사	기말 고사	기말 고사

강의 보조자료

인피니티북스 홈페이지(www.infinitybooks.co.kr)에 오셔서 **교수회원**으로 가입하시면 다양한 강의 보조자료를 제공받으실 수 있습니다(일반 독자에게는 연습문제에 대한 해답과 강의보조 자료를 제공하지 않으며 예제소스만 다운로드 받으실 수 있습니다).

교수회원에게 제공해드리는 강의 보조자료에 대한 내용

강의를 위한 핵심요약 가이드	강의와 학습을 위해 전반적인 내용을 각 단원 별로 요약하여 훑어볼 수 있도록 하였습니다. 학생들은 각 단원에 대한 예습으로 전반적인 뼈대를 익힐 수 있고 강의 후에는 배운 내용을 핵심부분만 복습할 수 있습니다. 또한 강의하시는 교수님들은 각 단원의 내용 전체를 상세하게 읽지 않아도 강의에 대한 지침을 마련할 수 있습니다.
심화 프로젝트 실습	7장, 11장, 16장 다음에 실린 15개의 프로젝트 실습 외에 심화된 15개의 프로젝트 실습 문제를 추가로 제공해드립니다. 학습의 난이도와 진도에 맞추어 학생들에게 과제를 부여하거나 심화학습을 진행할 수 있습니다.
내용점검 연습문제	OX문제와 단답형문제, 객관식문제, 프로그램오류 및 결과예상문제 그리고 프로그래밍실습문제 등 학생들의 실력을 입체적으로 평가하고 자기 점검할 수 있는 다양한 문제를 제공해드립니다.
단원 모의고사	각 단원을 총 정리하는 시험으로 단원의 학습 이해 수준을 평가하며, 학교 시험 등 다양한 시험 대비에 활용할 수 있도록 모의고사를 제공해드립니다.
파워포인트 강의자료	효율적인 강의 진행을 위한 파워포인트 자료를 제공해드립니다.
해답집	본문과 강의 보조자료에 수록되어 있는 다양한 문제들에 대한 해답을 제공해드립니다.

차례

CHAPTER 04 전처리와 입출력 165

CHAPTER 05 연산자 209

CHAPTER 06 조건 251

CHAPTER **12**

변수 유효범위 ··· 543

CHAPTER **13**

구조체와 공용체 ··· 577

CHAPTER **14**

함수와 포인터 활용 ··· 623

01
CHAPTER

프로그래밍언어 개요

학습목표

▶ **프로그램이 무엇이며, 컴퓨터의 소프트웨어를 이해하고 소프트웨어를 개발하는 프로그래밍 언어를 설명할 수 있다.**
  - 일반 용어인 프로그램과 컴퓨터 프로그램의 유사점
  - 하드웨어와 소프트웨어
  - 기계어와 어셈블리어
  - 저급언어와 고급언어
  - 컴파일러와 어셈블러

▶ **프로그램이 무엇이며, C언어의 중요성과 특징을 이해하고 설명할 수 있다.**
  - C 언어의 개발과 역사
  - C 언어의 특징과 중요성

▶ **컴퓨터의 자료표현 방법과 논리 및 문자를 이해하고 설명할 수 있다.**
  - 이진수의 표현방법과 정보의 단위
  - 논리와 문자 표현

▶ **소프트웨어 개발과정과 알고리즘의 표현 방법을 이해하고 설명할 수 있다.**
  - 알고리즘의 정의와 기술 방법
  - 소프트웨어 개발 절차

▶ **포트란에서부터 스크래치까지 다양한 프로그래밍 언어를 이해하고 설명할 수 있다.**
  - 60~70년 초기에 개발된 프로그래밍 언어
  - 객체지향 프로그래밍 언어와 비주얼 프로그래밍 언어

학습목차

01 ①

'프로그램'이 무엇일까?

우리 주위에서 일상이 된 '프로그램'

스마트폰과 컴퓨터에서의 프로그램

이제 아침마다 스마트폰에서 알려주는 알람을 통해 잠에서 깨는 일이 일상이 되었다. 그리고 날씨 정보를 보며 오늘 입고 갈 옷을 고르곤 한다. 학교로 가는 버스나 지하철에서 어제 못 본 드라마 동영상을 보기도 하고 일정관리 앱을 보면서 오늘 할 일을 점검한다. 학교에 가선 과제를 위해 컴퓨터에서 아래한글을 사용해 문서작업을 하기도 한다.

- 바로 스마트 폰에서 이용하는 각종 앱이나 컴퓨터에서 작업하는 아래한글 등이 바로 프로그램 (program)이다.

- 즉 이제 항상 지니고 다니는 **스마트폰과 노트북, 혹은 데스크탑 컴퓨터에서 특정 작업을 위해 컴퓨터를 작동시키는 것이 프로그램**이다.

그림 1-1 일상생활에서 활용하는 스마트폰 프로그램 "앱"과 컴퓨터의 여러 프로그램

알람 앱, 기상정보 앱, 일정관리 앱, 계산기, 메모장과 같이 **컴퓨터와 스마트폰에서 특정 목적의 작업을 수행하기 위한 관련 파일의 모임을 프로그램(program)**이라 한다. 프로그램은 응용 프로그램 (application program)을 줄인 말로 특히 스마트폰에서 사용되는 프로그램은 더 간단히 "앱" 또는 "어플"이라고도 부른다.

그렇다면 이러한 프로그램은 무엇으로 구성되어 있는 것일까? 프로그램의 구성 내용을 알기 전에 쉽게 일상생활에서 자주 사용되는 프로그램을 먼저 알아 보자.

텔레비전의 방송에서도 예능 프로그램, 오디션 프로그램 등 프로그램이라는 용어를 자주 사용하며, 워크숍이나 음악회, 운동회에서도 프로그램이라는 용어는 흔히 사용된다. 여기서 **프로그램이란 연극이나 방송 따위의 진행 차례나 진행 목록**을 말한다. 즉 **프로그램이란 용어의 공통적 의미는 특정한 목적을 수행하기 위한 이미 정해놓은 순서적인 계획이나 절차를 의미**한다. 이러한 프로그램의 공통적인 특징을 살펴보면 다음과 같다.

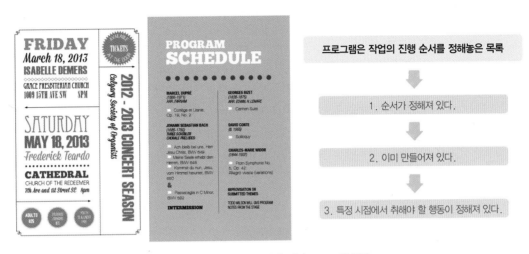

그림 1-2 워크숍 프로그램 예와 프로그램 특징

우리가 배우는 정보기술 분야에서 **프로그램은 특정 작업을 수행하기 위하여 그 처리 방법과 순서를 기술한 명령어와 자료로 구성**되어 있다. 즉 **프로그램은 컴퓨터에게 지시할 일련의 처리 작업 내용을 담고 있고, 사용자의 프로그램 조작에 따라 컴퓨터에게 적절한 명령을 지시하여 프로그램이 실행**된다. 이러한 컴퓨터 프로그램의 내부 명령어는 실제로 0과 1로만 구성되어 있다. 아직까지 컴퓨터는 사람과는 달리 창조적으로 사고할 수 있는 능력이 없으며 단순히 주어진 명령만을 수행한다. 다음 알람 앱에서와 같이 정해진 명령이 순서에 의해 실행되는 것을 알 수 있다.

그림 1-3 알람 앱 프로그램

01 컴퓨터나 스마트폰에서의 프로그램이란 무엇인가?

02 워크숍이나 음악회, 운동회에서의 프로그램이란 무엇인가?

프로그래머와 프로그래밍 언어

프로그래머

텔레비전의 방송 프로그램을 만드는 사람을 연출자, 영어로 프로듀서(producer)라고 하며, 영화를 만드는 사람을 감독이라고 하듯이, **컴퓨터와 스마트폰 등의 정보기기에서 사용되는 프로그램을 만드는 사람을 프로그래머(programmer)**라 한다. 일반적으로 프로그래머는 소프트웨어나 프로그램 개발자(developer)라고도 부르나, 개발자는 소프트웨어 구축을 위한 기획에서부터 분석·설계와 개발, 구현에 이르는 모든 과정에 참여하는 사람을 말하며, 프로그래머보다 좀 더 넓은 의미라고 이해하면 좋을 듯하다.

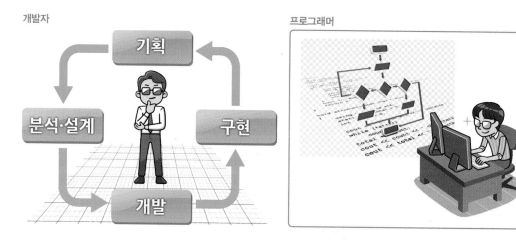

그림 1-4 개발자와 프로그래머

프로그래밍 언어 정의

아마도 프로그래머를 꿈꾸는 많은 사람이 이 책과 같은 C 프로그래밍 언어로 프로그래밍 학습을 시작한다. 프로그래머는 특정 문제를 해결하기 위해 컴퓨터에게 지시할 일련의 명령을 적절히 기술하여 프로그램을 제작한다. 즉 프로그래머가 **프로그램을 개발하기 위해 사용하는 언어가 프로그래밍 언어**이다. 그러므로 프로그램 개발자가 되기 위해서는 프로그래밍 언어를 배우는 것이 가장 기본이다.

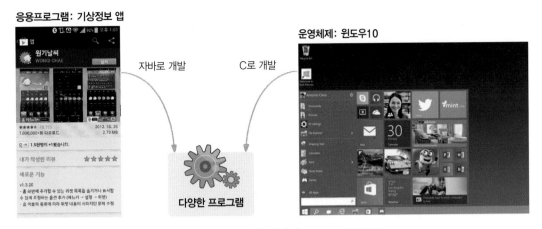

응용프로그램: 기상정보 앱

운영체제: 윈도우10

자바로 개발

C로 개발

다양한 프로그램

그림 1-5 프로그램을 개발하는 프로그래밍 언어

한국어, 영어, 일어, 중국어, 불어, 스페인어 등 전 세계에는 매우 다양한 언어가 존재한다. 즉 우리 실생활에서 사람들과의 의사 교환을 위해 언어가 필요하듯이 **사람과 컴퓨터가 서로 의사 교환을 하기 위한 언어가 프로그래밍 언어(programming language)**이다. 만일 컴퓨터가 더욱 발전되어 한국어나 영어와 같은 사람 말을 알아 듣는다면 프로그래밍 언어가 달리 필요하지 않을 수 있으나, 현실은 그렇지 않아 컴퓨터에게 명령을 내릴 프로그래밍 언어가 필요하다. 즉 **프로그래밍 언어는 사람이 컴퓨터에게 지시할 명령어를 기술하기 위하여 만들어진 언어**이다. 전 세계에 다양한 언어가 있듯이 사람들도 시대와 목적에 따라 매우 다양한 프로그래밍 언어를 개발하였다. 대표적인 프로그래밍 언어로는 FORTRAN, ALGOL, BASIC, COBOL, PASCAL, C, C++, Visual Basic, Delphi, Java, Objective-C, Perl, JSP, Javascript, Python, C#, Go 등 매우 다양하다.

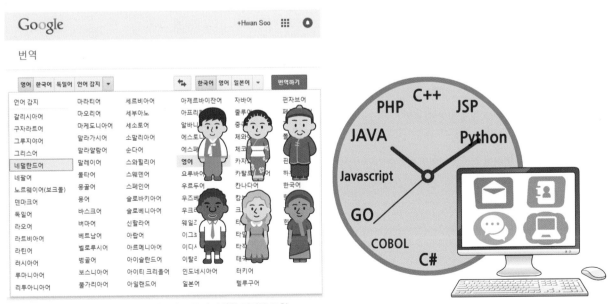

사람 그룹의 다양한 언어와 컴퓨터 그룹의 다양한 언어를 표현

그림 1-6 실생활의 언어와 프로그래밍 언어

NOTE: **최초의 프로그래밍 언어는? 최초의 프로그래머는 누구일까?**

최초의 대중화된 프로그래밍 언어는 1950년 중반 IBM에 근무하는 28세의 젊은 과학자인 존 배커스(John Backus)가 개발한 포트란(FORTRAN)이다. 포트란은 수식 변환기(FORmula TRANslator)라는 의미의 약자로 공학과 과학 분야에서 계산 위주로 사용을 목적으로 개발된 프로그래밍 언어이다. 그러나 최초의 프로그래머는 포트란을 활용한 프로그래머가 아니라 포트란이 나오기 100년 이상 전에 있었던 오거스타 에이다라는 여성으로 기록되고 있다. 물론 에이다는 지금과 같은 프로그래밍 언어를 활용하지는 않았지만 프로그래밍 개념을 도입한 최초의 프로그래머이다.

그림 1-7 존 배커스

NOTE: **역사적인 프로그래머: 오거스타 에이다**

일반적으로 인류 최초의 프로그래머는 영국 여자인 '오거스타 에이다'로 알려져 있다. 오거스타 에이다(Augusta Ada, 1815~1852)는 영국의 유명 귀족 집안인 낭만파 시인 바이런의 딸로, 수학에 천재적 재능을 갖고 있었으며 지적 욕구가 높고 상상력이 풍부하였다고 한다. 에이다는 최초의 컴퓨터 창안자 찰스 배비지가 고안한 기계를 이해했고, 1833년에 배비지가 고안한 '분석 엔진(Analytical Engine)'에 계산과정을 기술하는 프로그램을 만들어 오늘날 일반적으로 사용하는 컴퓨터의 시조가 되는데 공헌하였다. 1842년 에이다는 오늘날 컴퓨터의 원형이 된 '분석 엔진'에 관한 책인 '배비지의 해석기관에 대한 분석(Observations on Mr. Babbage's Analytical Engine)'을 출간하였다. 에이다가 작성한 배비지 해석기관에 대한 설명은 현대 컴퓨터 프로그래밍 역사의 기원이 되었다. 그로부터 100년 뒤인 1950년대에 이르러, 이러한 에이다의 업적을 기려 그녀에게 '세계 최초의 프로그래머'라는 호칭이 주어졌으며, 1979년에 미국 국방성에서는 새로 개발한 프로그래밍 언어를 그녀의 이름을 따서 "ADA"라고 명명하기도 하였다.

중간점검

01 프로그래밍 언어에 대해 설명하시오.

02 프로그래밍 언어의 종류를 나열해 보시오.

컴퓨터는 단순한 기계덩어리

컴퓨터(computer)는 영어 단어 compute와 er의 조합으로 '계산하는 기계'이다. 즉 컴퓨터는 '전자적으로 계산을 수행하는 장치'이다. **컴퓨터는 고철 덩어리인 하드웨어(hardware)와 이 하드웨어를 작동하게 하는 소프트웨어(software)로 구성**된다. 사람의 경우, 영혼이 없는 육체는 아무 의미가 없듯이 소프트웨어가 없는 하드웨어인 컴퓨터는 아무 것도 할 수 없는 단순한 고철덩어리에 불과하다.

하드웨어와 소프트웨어

컴퓨터는 우리가 흔히 보는 모니터, 하드디스크, 프린터 등과 같은 물리적인 하드웨어와 컴퓨터의 처리를 지시하는 프로그램인 소프트웨어로 이루어져 있다. **하드웨어의 중요한 구성 요소로는 중앙처리장치(CPU: Central Processing Unit), 주기억장치(main memory), 보조기억장치(secondary memory), 입력장치(input device), 출력장치(output device)를** 들 수 있다. 중앙처리장치는 연산을 수행하는 연산장치(ALU: Arithmetic Logic Unit)와 연산을 제어하는 제어장치(control unit)로 구성되며 이 중앙처리장치의 칩을 프로세서(processor)라 한다. **소프트웨어는 컴퓨터가 수행할 작업을 지시하는 전자적 명령어들의 집합으로 구성된 프로그램**을 말한다.

그림 1-8 컴퓨터 하드웨어 구성요소

소프트웨어 분류

컴퓨터를 사람에 비유하면 사람의 몸은 하드웨어이고 사람의 몸을 움직이게 하는 의지 또는 정신을 소프트웨어라 할 수 있다. **소프트웨어는 컴퓨터가 특정 작업을 수행할 수 있도록 해주는 전자적**

인 명령어 집합으로 구성되며 컴퓨터의 하드웨어가 해야 할 작업 내용을 지시한다.

소프트웨어는 크게 응용 소프트웨어와 시스템 소프트웨어로 나눈다. 시스템 소프트웨어는 컴퓨터가 잘 작동하도록 도와주는 기본 소프트웨어를 말하며 응용 소프트웨어는 문서 작성이나 인터넷 검색, 게임 하기, 동영상 보기 등과 같은 특정 업무에 활용되는 소프트웨어를 말한다. 그러므로 컴퓨터는 기본적으로 하드웨어 작동을 위해 시스템 소프트웨어가 반드시 필요하며, 특정 업무의 필요에 따라 적당한 응용 소프트웨어를 이용하여 원하는 정보를 얻을 수 있다. 다시 시스템 소프트웨어는 크게 운영체제(Operating System)와 각종 유틸리티(utility) 프로그램으로 구분할 수 있다. **운영체제는 특정 CPU에 맞게 관련된 하드웨어를 작동하게 하고 또한 응용 소프트웨어를 실행해 주는 소프트웨어이다.** 유틸리티 프로그램은 운영체제를 돕고 컴퓨터 시스템이 원활하게 작동하도록 돕는다.

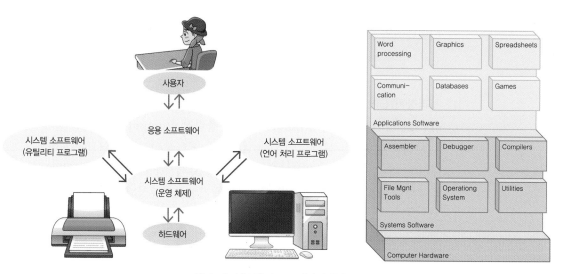

그림 1-9 시스템 소프트웨어와 응용 소프트웨어

운영체제는 컴퓨터 하드웨어 장치의 전반적인 작동을 제어하고 조정하며, 사용자가 최대한 컴퓨터를 효율적으로 사용할 수 있도록 돕는 시스템 프로그램이다. 운영체제는 하드웨어와 응용프로그램 간의 인터페이스 역할을 하면서 CPU, 주기억장치, 입출력장치 등의 컴퓨터 자원과 함께 다양한 프로그램과 네트워크 등을 관리한다. 즉, 인간과 컴퓨터 간의 상호작용을 위한 인터페이스를 제공하면서 동시에 컴퓨터의 동작을 구동(booting)하고 작업의 순서를 정하며 입출력 연산을 제어한다. 또 프로그램의 실행을 제어하며 데이터와 파일의 저장을 관리하는 등의 기능을 수행한다. 운영체제는 컴퓨터 하드웨어와 밀접하게 관련되어 작동되며 컴퓨터의 운영체제로는 유닉스(Unix), 리눅스(Linux), 윈도우즈(Windows), 맥(Mac) OS X 등이 있으며, 스마트폰과 같은 스마트 기기를 위한 운영체제로는 iOS, 안드로이드(Android), 파이어폭스(Firefox), 윈도우폰(Window Phone) 등이 있다.

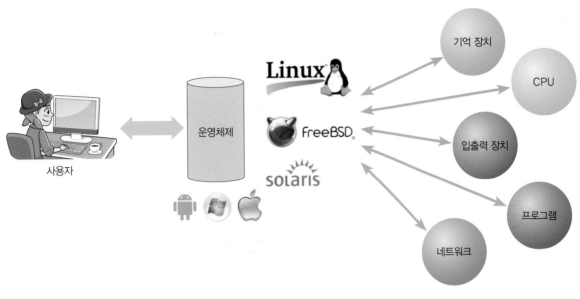

그림 1-10 운영체제의 이해

기계어와 어셈블리어, 고급언어

기계어와 컴파일러

한국인은 한국어를, 미국인은 영어를 사용한다. 서로 다른 언어를 사용하는 사람이 상대방 언어를 모르면서 대화를 하려면 통역사가 필요하다. 우리 프로그래밍 언어를 배운 프로그래머들은 프로그래밍 언어를 인식할 수 있으나, 컴퓨터는 프로그래밍 언어조차 바로 인식할 수 없다. 즉 **컴퓨터는 기계어라는 것만을 인식**한다. 즉 **전기의 흐름을 표현하는 1과 흐르지 않음을 의미하는 0으로 표현되는 기계어(machine language)가 바로 컴퓨터가 유일하게 바로 인식하는 언어**인 것이다. 그러므로 프로그래밍 언어를 사용하는 프로그래머와 기계어를 사용하는 컴퓨터가 서로 의사 교환을 하려면 통역사와 같은 번역기가 필요하다. 즉 **사람이 프로그래밍 언어로 컴퓨터에게 명령을 내리기 위해서는 프로그래밍 언어를 기계어로 변환하는 통역사인 컴파일러(compiler)가 필요**하다.

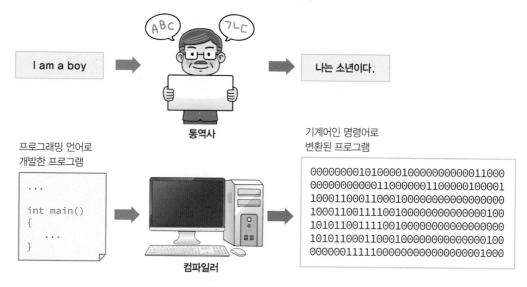

그림 1-11 통역사와 컴파일러

초기의 프로그래밍 과정은 컴퓨터에게 지시할 명령을 기계어(machine language)로 직접 표현하는 방식이었다. **기계어는 컴퓨터가 직접 이해할 수 있는 유일한 언어**로, 컴퓨터 하드웨어에 대한 강력한 통제가 가능하다는 장점이 있으며, 중앙처리장치(CPU: Central Processing Unit)에 종속(dependent)되는 언어이다. 즉 기계어는 CPU에 따라 다르며, 현재는 직접 기계어를 이용하여 프로그래밍하는 경우는 없으며, 컴파일러(compiler)라는 변환기에 의해 프로그램이 기계어로 구성된 기계 코드로 변환되어 특정한 플랫폼에서 실행된다.

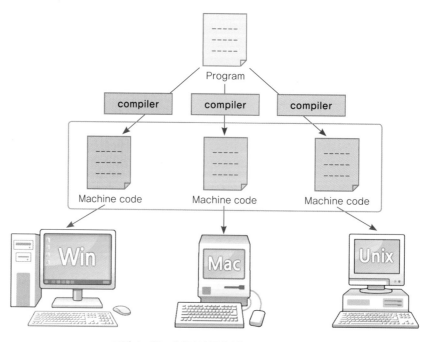

그림 1-12 기계어의 종속성(dependency)

어셈블리어

어셈블리어(assembly language)는 기계어를 프로그래머(programmer)인 사람이 좀 더 이해하기 쉬운 기호 형태로 일대일 대응시킨 프로그래밍 언어이다. 어셈블리어는 CPU마다 제각각 다르므로 하나의 CPU에 적합한 어셈블리어로 만든 프로그램은 다른 CPU를 사용한다면 그 CPU의 어셈블리 언어로 다시 작성해야 하는 번거로움이 있다. 하지만 어셈블리 언어는 기계어보다는 프로그래밍이 훨씬 용이하다. 다음 그림에서 mov, lea, int 등이 어셈블리 언어의 명령어이다.

그림 1-13 인텔 CPU의 어셈블리 언어

어셈블리 명령어의 한 예로 LDA(LoaD Address), ADD(ADD), STA(STore Address) 등이 있다. **이와 같이 명령어를 기호화한 것을 니모닉(mnemonic)**이라 한다. 어셈블리어는 기계어에 비하여 프로그래밍이 매우 쉬우며, 문장과 연산코드가 일대일 대응되기 때문에 기계어처럼 하드웨어 장치에 대한 강력한 통제 역시 가능하다는 장점이 있다. 그러나 어셈블리어도 사람에게 여전히 어려운 언어이다. 다음은 간단한 연산식 C = A + B을 처리하는 프로그램을 기계어와 어셈블리어로 나타낸 그림이다.

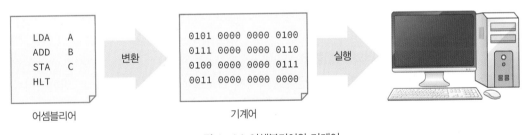

그림 1-14 어셈블리어와 기계어

저급언어와 고급언어

기계어는 컴퓨터가 이해할 수 있는 유일한 언어이며, 어셈블리어는 기계어에 가까운 언어이다. 이와 같이 **컴퓨터의 중앙처리장(CPU)에 적합하게 만든 기계어와 어셈블리 언어를 모두 저급언어(Low Level Language)라 한다.** 저급언어는 컴퓨터의 CPU에 따라 달라지며, 특정한 CPU를 기반으로 만들어진 언어라고 볼 수 있다. 이와 반대로 **컴퓨터의 CPU에 의존하지 않고 우리 사람이 보다 쉽게 이해할 수 있도록 만들어진 언어를 고급언어(High Level Language)라 한다.** 즉 고급언어는 영어, 불어, 한국어와 같은 인간의 언어가 아니라, 일상 생활에서 사용하는 수식과 간단한 영어, 그리고 다양한 기호 문자를 사용하여 만든 프로그래밍 언어를 말한다. 고급언어는 컴퓨터의 CPU의 종류와 관계없이 프로그래밍 언어를 이용할 수 있는 장점이 있다. **고급언어인 프로그래밍 언어로는 바로 우리가 배우고 있는 C 언어를 비롯하여 포트란, 파스칼, 베이직, C++, 자바, 파이썬 등 인간의 언어만큼이나 매우 다양**하다.

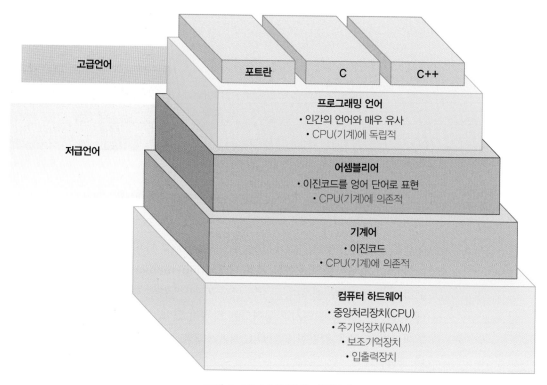

그림 1-15 고급언어와 저급언어

컴파일러와 어셈블러

다양한 종류의 고급언어로 작성된 프로그램은 반드시 기계어로 변환되어야 실행이 가능하다. 즉 **컴파일러(compiler)는 고급언어로 작성된 프로그램을 기계어 또는 목적코드(object code)로 바꾸어주는 프로그램**이다. 마찬가지로 **어셈블러(assembler)는 어셈블리어로 작성된 프로그램을 기계어로 바꾸어 주는 프로그램**이다. 어셈블리어는 고급언어보다 프로그램의 실행 속도가 빠르고 하드웨어에 대한 정교한 통제가 가능하므로 시스템 소프트웨어를 작성하거나 하드웨어 장치를 제어하는 프로그램 작성에 주로 사용한다.

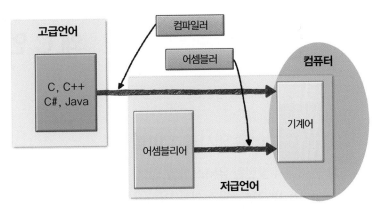

그림 1-16 컴파일러와 어셈블러

중간점검

01 전기의 흐름을 표현하는 1과 흐르지 않음을 의미하는 0으로 표현되는 이 언어는 컴퓨터가 유일하게 바로 인식하는 언어이다. 이 언어는 무엇인가?

02 기계어를 프로그래머인 사람이 좀 더 이해하기 쉬운 기호 형태로 일대일 대응시킨 프로그래밍 언어는 무엇인가?

03 고급언어와 저급언어를 비교하여 설명하시오.

04 컴파일러와 어셈블러를 비교하여 설명하시오.

왜 C 언어를 배워야 할까?

먼저 C 언어의 역사를 알아봅시다.

B 언어에서 발전된 유닉스 개발 언어

C 언어는 1972년 데니스 리치(Dennis Ritchie)가 개발한 프로그래밍 언어이다. 당시 미국전신전화국(AT&T)의 벨 연구소(Bell Lab)에 근무하던 데니스 리치는 시스템 PDP-11에서 운용되는 **운영체제인 유닉스(Unix)를 개발하기 위해 C 언어를 개발**하였다. 그 당시 벨 연구소에서는 새로운 운영체제인 유닉스 설계를 계획하고 있었고, 이에 사용할 프로그래밍 언어에 대해 고민하다가 유닉스에 알맞은 프로그래밍 언어를 새로 디자인해서 개발하는 것을 선택했다고 한다. 그리하여 많이 사용하던 **어셈블리 언어 정도의 속도를 내며, 좀 더 쉽고, 서로 다른 CPU에서도 작동되는 프로그래밍 언어가 필요했으며, 이를 위해 만든 언어가 C 언어이다.**

C 언어는 재미있게도 켄 톰슨이 1970년 개발한 B 언어에서 유래된 프로그래밍 언어이다. B언어는 1970년 BCPL 프로그래밍 언어에 기반을 두고 개발된 언어이다. BCPL (Basic Combined Programming Language)은 캠브릿지 대학의 마틴 리차드(Martin Richards)가 1969년 개발한 프로그래밍 언어로 CPL(Combined Programming Language) 언어에서 발전되었으며, 1960년 초에 개발된 CPL은 1960년에 개발된 Algol 60으로부터 많은 영향을 받은 언어이다.

그림 1-17 컴퓨터 PDP-11 앞에 서 있는 데니스 리치와 앉아 있는 켄 톰슨(1972, Bell Labs 사진)

NOTE: **C와 유닉스를 개발한 데니스 리치**

C 언어와 유닉스 운영체제의 아버지라 불리는 데니스 리치 (Dennis MacAlistair Ritchie) (1941~ 2011)는 C와 유 닉스를 개발한 것으로 유명한 현대 컴퓨터 분야의 선구자이다. 하버드 대학교에서 물리와 응용수학 분야를 전공했으며, 이후 1968년부터 벨 연구소 컴퓨터 연구 센터에서 일하고, 이후 루슨 트 테크놀로지(Lucent Technologies)의 시스템 소프트웨어 연구부장을 지냈다. 그의 동료인 켄 톰슨과 함께 1983년에 '범 용 운영체제 이론개발과 유닉스 운영체제의 구현에 대한 공로'로 컴퓨터 분야의 노벨상이라 불리는 튜링상(Turin Awards)을 수 상했고, 1998년에 미국 과학기술상(US National Medal of Technology)을 수상하였다. 데니스 리치가 개발한 유닉스는 현재도 대부분의 서버 계열 컴퓨터의 주류 운영체제로 사용되고 있으며, 운영체제 리눅스와 애플의 OS X 등도 모두 유닉스의 커 널을 기반으로 만들어진 운영체제이다.

그림 1-18 데니스 리치

NOTE: **튜링 머신과 봄베를 개발한 앨런 튜링**

영국의 수학자이자 컴퓨터 과학자인 앨런 튜링(Alan Turing, 1912~1954)은 원칙적으로 해결이 불가능한 문제가 무한히 많 다는 사실을 입증하였으며, 모든 계산 가능한 문제들을 해결할 수 있는 가상의 기계 장치를 고안하였다. 앨런 튜링의 이러한 보 편적 기계는 실제 기계가 아닌 개념적인 가상의 장치로, 후에 그 의 이름을 따서 튜링 기계(Turing Machine)라 불리고 있다. 튜링 머신은 명령어와 프로그램에 의해 움직이는데, 튜링은 구멍 뚫린 종이테이프에 필요한 명령을 입력하면 마치 자동기계처럼 컴퓨터가 작동될 것을 보였는데, 바로 이것이 현대 컴퓨터의 모 델이다. 컴퓨터 과학의 계산이론 분야와 알고리즘 분야, 그리고 인공지능 분야 등에서 많은 업적을 기려, 앨런 튜링을 컴퓨터의 아버지라 부른다.

그림 1-19 앨런 튜링

2015년에 2월에 국내에서 개봉한 영화 '이미테이션 게임'은 앨 런 튜링의 전기를 다룬 영화이다. 앨런 튜링이 2차 세계 대전 동 안 런던 근교의 블레츨리 파크(Bletchley Park)에서 독일의 에니그마 기계(Enigma Machine)의 암 호를 풀기 위해 만든 전자 계산기 시스템이 봄베(BOMBE)이다. 2차 세계 대전 동안 영국 정부는 독일의 암호제조기 에니그마 암호를 풀기 위해 브레츨리 파크(Bletchley Park)에 암호 해독에 필요한 수학과 컴퓨터 등 다양한 분야의 수재들을 모아 팀을 구성하였는데, 이 팀의 팀장인 앨런 튜링은 암호 해독에 큰 업적을 이룬다. 앨런 튜링의 팀이 개발한 봄베는 독일의 에니그마 암호 코드를 풀어 연합군이 2차 세계 대전을 승리하는 결정적 공헌을 하게 된다.

그림 1-20 앨런 튜링이 고안한 컴퓨터 봄베(BOMBE)

C 언어의 발전과 C 이후의 언어

ANSI C

1972년 C 언어가 개발된 이후 많은 버전으로 발전하였는데, **ANSI C는 1989년 미국표준화위원회 (ANSI: American National Standards Institute)에서 공인한 표준 C(Standard C)를 지칭한다.** C 언어는 1999년 ISO/IEC(International Standard Organization/International Electrotechnical Commission)에 의해 표준이 개정되었으며, 이 표준을 C99라 부른다. C99는 많은 확장과 수정이 있었으며 여러 컴파일러가 이를 지원하고 있으나 아직 모든 기능을 완벽하게 지원하고 있지는 않다. 그러므로 이 책에서 소개되는 C 언어는 대부분 ANSI C를 바탕으로 하고 있다.

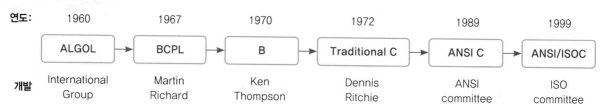

연도:	1960	1967	1970	1972	1989	1999
	ALGOL →	BCPL →	B →	Traditional C →	ANSI C →	ANSI/ISOC
개발	International Group	Martin Richard	Ken Thompson	Dennis Ritchie	ANSI committee	ISO committee

그림 1-21 C 언어에 영향을 미친 언어와 C 언어의 발전

TIP 초기 C 언어의 바이블

1978년 프로그래밍 언어 C를 개발한 데니스 리치는 동료 브라이언 커니건(Brian Kernighan)과 함께 너무나 잘 알려진 "The C Programming Language" 라는 책을 출판한다. 흔히 이 책을 K&R C라고 부르는데, 이 K&R C는 ANSI C 가 나오기 전까지 C 언어의 표준 문서 역할을 했다. K&R C는 이후 ANSI C 버전으로 2판(cm.bell-labs.com/cm/cs/cbook/index.html)이 다시 출간되었다. K&R C는 초보자에게는 다소 어려운 것이 사실이나 아직도 C의 바이블로 여겨지고 있다.

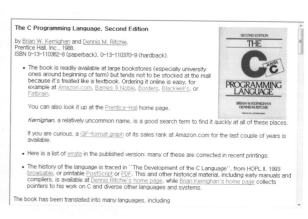

The C Programming Language, Second Edition

by Brian W. Kernighan and Dennis M. Ritchie.
Prentice Hall, Inc., 1988.
ISBN 0-13-110362-8 (paperback), 0-13-110370-9 (hardback).

- The book is readily available at large bookstores (especially university ones around beginning of term) but tends not to be stocked at the mall because it's treated like a textbook. Ordering it online is easy, for example at Amazon.com, Barnes & Noble, Borders, Blackwell's, or Fatbrain.

  You can also look it up at the Prentice-Hall home page.

  Kernighan, a relatively uncommon name, is a good search term to find it quickly at all of these places.

  If you are curious, a GIF-format graph of its sales rank at Amazon.com for the last couple of years is available.

- Here is a list of errata in the published version; many of these are corrected in recent printings.

- The history of the language is traced in ``The Development of the C Language'', from HOPL II, 1993: browsable, or printable PostScript or PDF. This and other historical material, including early manuals and compilers, is available at Dennis Ritchie's home page, while Brian Kernighan's home page collects pointers to his work on C and diverse other languages and systems.

The book has been translated into many languages, including

C 이후의 프로그래밍 언어 발전

1983년 미국전신전화국에 근무하는 얀 스트로스트럽(Bjarne Stroustrup)은 C 언어에 객체지향 프로그래밍 개념을 확장시킨 프로그래밍 언어 C++를 개발하였다. 1995년에는 중대형 컴퓨터 시스템 회사로 유명한 선 마이크로시스템즈(Sun Microsystems) 사는 C++ 언어를 발전시켜 인터넷에 적합한 언어인 자바(Java)를 발표하였다. 또한 자바는 마이크로소프트(Microsoft) 사가 2000년에 발표한 프로그래밍 언어 C#의 개발에 많은 영향을 미쳤다. 2009년에는 구글(google)이 C와 자바를 기반으로 새로운 프로그래밍 언어인 고(Go)를 발표하였다. 이와 같이 C 언어는 이후에 개발된 다른 프로그래밍 언어에 상당히 많은 영향을 미쳤다.

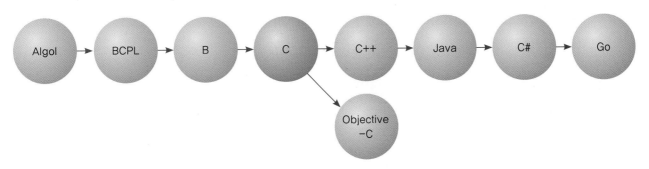

그림 1-22 C 언어의 발전

또한 최근 **아이폰(iPhone)의 앱 개발 언어로 주목 받고 있는 프로그래밍 언어가 Objective-C**이다. Objective-C는 1980년 초 브래드 콕스(Brad Cox)가 개발한 언어로, C 언어의 기본 문법을 바탕으로 대표적 객체지향 언어인 스몰토크(smalltalk) 언어의 특징을 접목한 객체지향 프로그래밍 언어(object oriented programming language)이다. 실제 Objective-C는 C 언어의 확장이며, C++와 자바와도 매우 유사하다. Objective-C는 애플(Apple)의 운영체제인 Mac OS X 프레임워크의 표준 프로그래밍 언어로 쓰이고 있으며 앞으로 많이 활용될 것으로 보인다.

C 언어 특징

이제 C 언어의 특징을 알아보자. 여기서 언급되는 내용은 프로그래밍 언어를 배우는 초보라면 그리 쉬운 내용은 아닐 수 있으니, 간략히 한번 훑어 보는 것도 좋은 방법이다. 처음이라면 간략히 살펴보고, C 언어와 프로그래밍 언어에 어느 정도 익숙해지면 다시 자세히 읽어 보길 바란다.

절차지향 언어

C 언어는 함수 중심으로 구현되는 절차지향 언어(procedural language)이다. 절차지향 언어란 시간의 흐름에 따라 정해진 절차를 실행한다는 의미로 C 언어는 문제의 해결 순서와 절차의 표현과 해결이 쉽도록 설계된 프로그램 언어이다. C 언어는 적어도 하나 이상의 절차인 여러 함수(function)로 구성되는 언어이다. 복잡한 문제를 잘 정의된 여러 개의 함수와 자료로 나누어 구성·해결함으로써 구조적 프로그래밍(structured programming)이 가능하다.

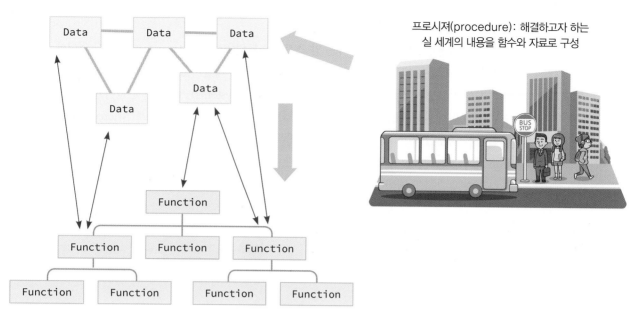

프로시저(procedure): 해결하고자 하는
실 세계의 내용을 함수와 자료로 구성

그림 1-23 절차지향 언어의 이해

간결하고 효율적인 언어

C 언어는 간결하고 효율적인 언어이다. C 언어는 비트연산, 증감연산, 축약대입연산과 같은 다양한 연산과 이미 개발된 다양한 시스템 라이브러리(rich library)를 제공하며, 함수의 **재귀(recursion) 호출**이 가능하므로 보다 간결한 소스로 프로그램을 작성할 수 있다. 또한 C 언어는 운영체제 유닉스 시스템을 개발하기 위한 목적으로 고안된 언어로 시스템의 **세세한 부분까지 제어**할 수 있도록, **포인터(pointer)와 메모리 관리(memory management) 기능**을 갖고 있으며, 여러 뛰어난 기능으로 다양한 분야에서 널리 활용되고 있다. 특히 프로그램의 처리 속도가 중요한 요소라면 C 언어를 많이 활용한다. **C 언어로 작성된 프로그램은 크기도 작으며, 메모리도 적게 효율적으로 사용하여 실행 속도가 빠르다는 장점**이 있다.

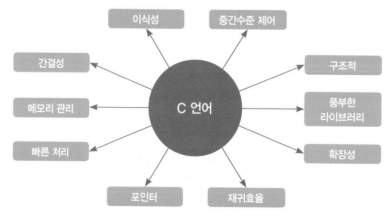

그림 1-24 C 언어의 주요 기능과 특징

이식성이 좋은 프로그래밍 언어

C 언어는 이식성(portability)이 좋다. 즉 C로 작성된 소스는 별다른 수정 없이 다양한 운영제제의 여러 플랫폼에서 제공되는 컴파일러(compiler)로 번역(compile)해 실행될 수 있다. 만일 이식성을 고려하지 않고 특정한 CPU의 어셈블리 언어로 프로그램을 개발한다면 실행속도와 하드웨어 제어 측면에서 장점이 있다. 그러나 인텔 CPU의 어셈블리 언어로 개발된 프로그램은 다른 CPU에서 바로 실행될 수 없으며, 실행하려면 다른 목적 CPU에 맞는 어셈블리 언어로 다시 개발해야 한다. C 언어로 개발한다면 어셈블리 언어로 만든 장점뿐만 아니라 다시 개발하는 일이 없이, 간단히 컴파일만 다시 하여 원하는 결과를 얻을 수 있다. 결국 **C 언어는 다양한 CPU와 플랫폼의 컴파일러를 지원하기 때문에 이식성이 좋은 것**이다.

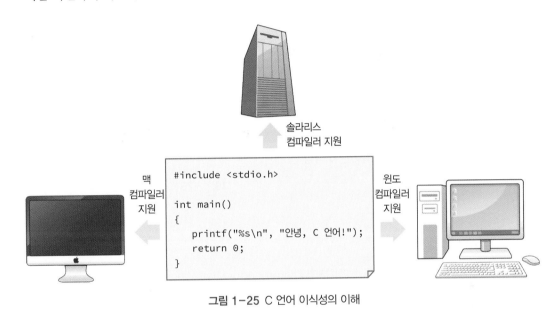

그림 1-25 C 언어 이식성의 이해

다소 어렵다는 단점

C 언어의 단점은 다소 배우기 어렵다는 것이다. C 언어의 문법이 상대적으로 간결한 대신 많은 내용을 함축하고 있으며, 비트(bit)와 포인터(pointer)의 개념, 메모리 할당과 해제 등의 관리로 실제 C 언어는 조금 어려운 것이 사실이다. 그러나 C 언어의 발전에서 살펴보았듯이 C 언어는 다른 프로그래밍 언어에도 많은 영향을 끼친 언어이므로 **한번 익히면 다른 프로그래밍 언어 습득에도 많은 도움**을 준다. 그러므로 현재에도 가장 먼저 배우는 프로그래밍 언어가 주로 C언어인 것이다.

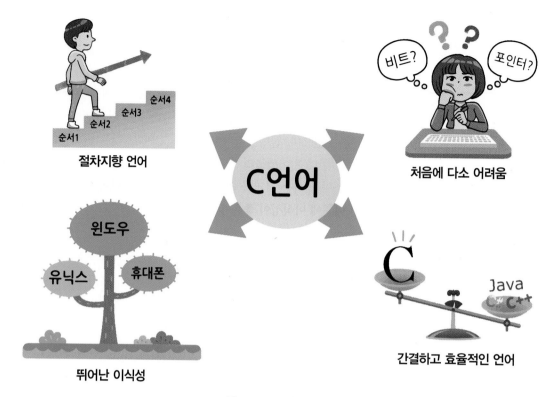

그림 1-26 C 언어의 특징

중간점검

01 C 언어는 함수 중심으로 구현되는 절차지향 언어(procedural language)이다. 여기서 절차지향 언어란 무엇인가?

02 C로 작성된 소스는 별다른 수정 없이 다양한 운영제제의 여러 플랫폼에서 제공되는 컴파일러(compiler)를 통해 번역 (compile)해 실행될 수 있다. 이러한 특징을 무엇이라 하는가?

C 언어를 배워야 하는 이유

많은 언어에 영향을 미친 가장 기본이 되는 프로그래밍 언어

라틴어는 스페인어, 이탈리아어, 불어, 영어 등의 언어를 파생시킨 언어로, 라틴어를 알면 다른 언 어의 습득이 매우 쉽다고 알려져 있다. 이와 마찬가지로 C 언어는 자바, C++, C#, 파이썬 등 여러 프로그래밍 언어에 많은 영향을 미쳤다. 특히 **현장에서 많이 쓰이는 자바나 C#, Objective-C 등 이 그 뿌리는 C이므로, C 언어를 알면 자바나 C#, Objective-C 뿐만 아니라 그 이후의 프로그래 밍 언어들은 가지를 뻗어나가듯 습득이 매우 쉬워진다.**

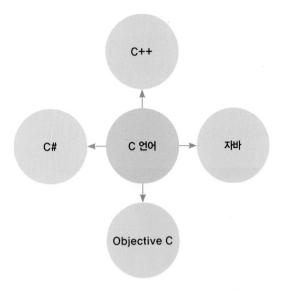

그림 1-27 C 언어가 영향을 미친 다양한 언어

아직도 현장에서 다양한 분야에 사용되는 범용적인 프로그래밍 언어

C 언어는 범용적인 프로그래밍 언어이다. 즉 C 언어는 풍부한 연산자와 다양한 자료유형을 제공하므로 **임베디드 시스템[1](embedded system)에서부터 응용 프로그램(application program), 운영체제와 같은 시스템 소프트웨어(system software) 개발 등 여러 분야에 널리 사용**된다. C 언어 자체가 운영체제 유닉스를 개발하기 위해 고안된 언어라고 이미 배웠다. 마이크로소프트의 윈도우, 애플의 OS X, 리눅스 등 현재 사용되는 대부분의 운영체제가 C 언어로 개발되었으며, Perl, PHP, 파이썬(Python)과 같은 프로그래밍 언어도 C 언어로 만들었다.

응용 프로그램

- 유틸리티
- 워드 프로세서
- 게임
- 다양한 응용

임베디드 시스템

- 가전 시스템
- 네비게이션
- 아두이노
- 라즈베리파이

시스템 소프트웨어

- 윈도우
- OS X
- 리눅스
- 프로그래밍 언어

그림 1-28 C언어가 활용되는 다양한 분야

---

1 임베디드 시스템은 하드웨어에 내장된 소프트웨어에 의하여 특수한 기능을 수행하는 시스템이다. 임베디드 시스템은 내장형 시스템이라고도 부른다. 임베디드 시스템의 예를 들자면 휴대폰, 스마트폰, PDA, 네비게이션, MP3, 전기밥솥, 냉장고, TV 등이다.

프로그래밍 지식과 프로그래밍 방법을 학습

C 언어의 학습을 통해 단순히 C 언어의 문법뿐 아니라 일반적인 프로그래밍 기초 지식을 학습한다. 즉 자료유형, 변수, 값, 함수 등의 기초 지식에서부터, 배열, 구조체, 포인터, 메모리의 할당과 해제 등 프로그래밍에 필요한 지식을 학습한다. 또한 다양한 예제를 통하여 문제해결을 위한 프로그래밍 방법을 학습할 것이다. 그러므로 C 언어의 학습은 여러분이 프로그래머나 정보기술 개발자가 되기 위한 초석을 다지는 기회가 될 것으로 믿는다.

그림 1-29 프로그래머나 정보기술 개발자가 되기 위한 초석

01 ④ 프로그래밍의 자료 표현

프로그래밍의 내부 표현, 0과 1

우리에게 친숙한 십진수

숫자란 사람이 수를 셀 때 사용하는 도구이며, 사람은 수를 세기 위해 각 수에 영, 일, 이 등 이름을 붙이고 0, 1, 2 등의 아라비아 숫자 모양도 만들었다. 우리 사람들은 보통 24, 329, 7567과 같은 십진수(decimal number)를 많이 쓰는데 그렇다면 십진수는 왜 십진수라고 부를까? **수에서 하나의 자릿수(digits)에 사용하는 숫자가 0, 1, 2, 3, 4, 5, 6, 7, 8, 9까지 열 개이므로 십진수이며, 여기서 십이라는 것을 기수(base)**라 한다.

그렇다면 두 자리 십진수 10은 어떻게 만들어지는지 생각해 보자. 하나의 숫자로 이루어진 단 단위의 십진수에서 0부터 9까지 다 센 뒤 그 다음으로 넘어가려면 이미 정해진 0에서 9까지의 열 개의 숫자를 모두 사용했으므로 왼쪽 옆에 숫자를 하나 더 써넣어 9보다 큰 숫자를 10으로 나타낸다. 그러므로 십진수에서 가장 왼쪽은 10^0인 단 단위이며, 그 왼쪽 옆은 10^1인 십 단위, 다시 그 왼쪽 옆은 10^2인 백 단위의 자릿수로, 계속 어느 자릿수는 바로 오른쪽의 10배로 증가하는 자릿수를 나타낸다. **십진수 5319는 다음 그림으로 설명하듯이, $1000(10^3)$인 것이 5개, $100(10^2)$인 것이 3개 $10(10^1)$인 것이 1개, 마지막으로 $1(10^0)$인 것이 9개 모인 수**를 말한다.

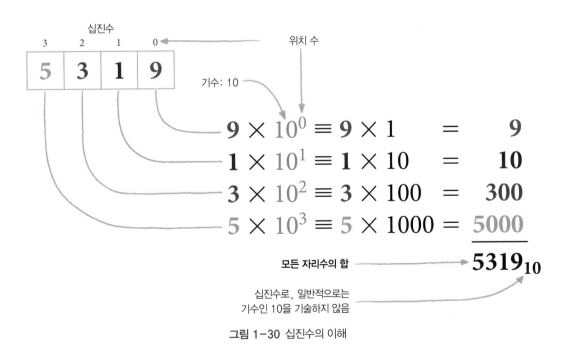

그림 1-30 십진수의 이해

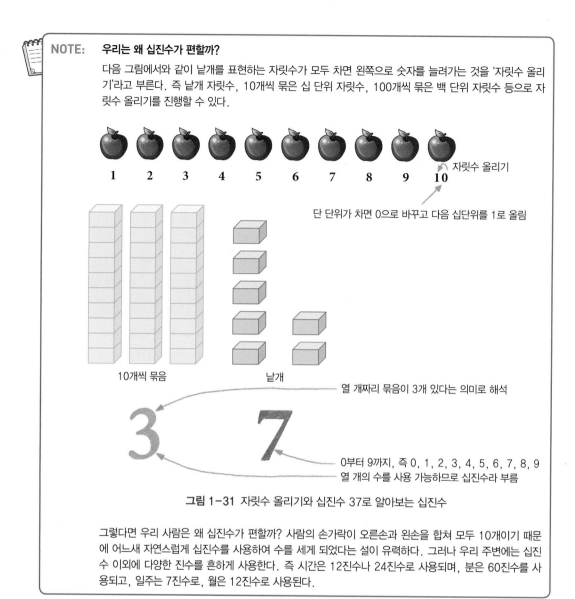

NOTE: **우리는 왜 십진수가 편할까?**

다음 그림에서와 같이 낱개를 표현하는 자릿수가 모두 차면 왼쪽으로 숫자를 늘려가는 것을 '자릿수 올리기'라고 부른다. 즉 낱개 자릿수, 10개씩 묶은 십 단위 자릿수, 100개씩 묶은 백 단위 자릿수 등으로 자릿수 올리기를 진행할 수 있다.

1 2 3 4 5 6 7 8 9 10

자릿수 올리기

단 단위가 차면 0으로 바꾸고 다음 십단위를 1로 올림

10개씩 묶음   낱개

열 개짜리 묶음이 3개 있다는 의미로 해석

3 7

0부터 9까지, 즉 0, 1, 2, 3, 4, 5, 6, 7, 8, 9
열 개의 수를 사용 가능하므로 십진수라 부름

그림 1-31 자릿수 올리기와 십진수 37로 알아보는 십진수

그렇다면 우리 사람은 왜 십진수가 편할까? 사람의 손가락이 오른손과 왼손을 합쳐 모두 10개이기 때문에 어느새 자연스럽게 십진수를 사용하여 수를 세게 되었다는 설이 유력하다. 그러나 우리 주변에는 십진수 이외에 다양한 진수를 흔하게 사용한다. 즉 시간은 12진수나 24진수로 사용되며, 분은 60진수를 사용되고, 일주는 7진수로, 월은 12진수로 사용된다.

내부 자료표현 방법 이진수

프로그래밍할 때 다양한 자료값을 내부적으로 저장하는 방법을 알아보자. 우리 인간은 정수와 실수를 표현할 때 십진수를 활용한다. 컴퓨터도 내부 저장 방식에서 십진수를 사용할까? 프로그래밍에서는 일상생활과 같이 십진수를 사용할 수 있지만, **시스템 내부에서는 십진수가 아닌 이진수를 사용하여 저장**한다.

일상 생활에서 '참과 거짓', '남자와 여자', '스위치의 온(on)과 오프(off)'와 같이 두 가지로 표현되는 것이 있다. 컴퓨터는 전기적 소자인 트랜지스터로 자료값을 저장하므로 전기가 흐르거나(on) 흐르지 않는(off) 두 가지 전기 신호만으로 자료를 처리하고 저장한다. 이와 같이 **디지털 신호에서 전기가 흐를 경우 '참'을 의미하는 '1', 흐르지 않을 경우 '거짓'의 '0'으로 표현되므로, 컴퓨터 내부에**

서 처리하는 숫자는 0과 1을 표현하는 이진수 체계를 사용한다. 즉 컴퓨터는 논리의 조합이 간단하고 내부에 사용되는 소자의 특성상 편리하기 때문에 이진법을 사용하는 것이 가장 합리적이고 효율적인 방식이다.

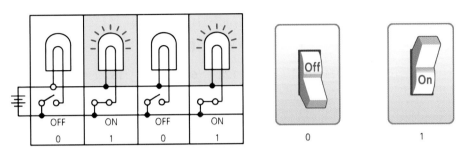

그림 1-32 트랜지스터와 스위치에서의 이진수 의미

이진수의 이해

11010, 1010, 110과 같이 **이진수(binary number)는 수의 자릿수에 사용할 수 있는 숫자가 0과 1, 2개 이므로 이진수라** 한다. 십진수의 기수(base, radix)가 10이라면 이진수의 기수는 2이다. 이진수를 순서대로 나열하면 0, 1, 10, 11, 100 등과 같이 하위 자릿수가 1 다음은 왼쪽 자릿수를 하나 올리고 자신의 자릿수는 0이 되는 방식으로 증가한다고 볼 수 있다. **이진수에서 가장 오른쪽은 단(2^0) 단위이며, 왼쪽으로 갈수록 $2(2^1)$단위, $4(2^2)$ 단위, $8(2^3)$단위, $16(2^4)$단위 등으로 어느 자릿수는 바로 오른쪽의 2배로 증가하는 자릿수**이다.

다음 그림과 같이 11010은 다음과 같은 1, 2, 4, 8, 16자릿수의 카드로 표현할 수 있다. 즉 1이면 그 카드에 있는 표시 수만큼을 더하고 0이면 0을 더하면 된다. 즉 이진수 11010은 다음과 같이 16 + 8 + 0 + 2 + 0을 계산하여 26인 수이다.

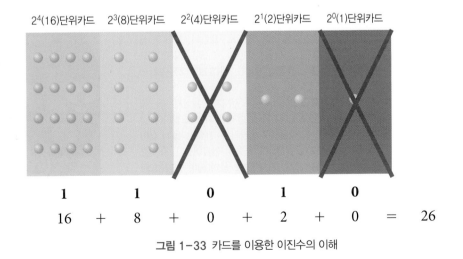

그림 1-33 카드를 이용한 이진수의 이해

위의 내용을 확장하면 좀 긴 이진수 11100111101도 이해할 수 있다. 다음 그림에서 이진수 11100111101은 1853이라는 것을 보여준다. 결국 십진수 1853은 이진수 11100111101로 표현되는데, **이진수의 문제는 길이가 길다는 것**이다. 이러한 이진수의 길이를 줄이면서 이진수의 특징은 그대로 표현하기 위해 팔진수와 십육진수도 사용한다.

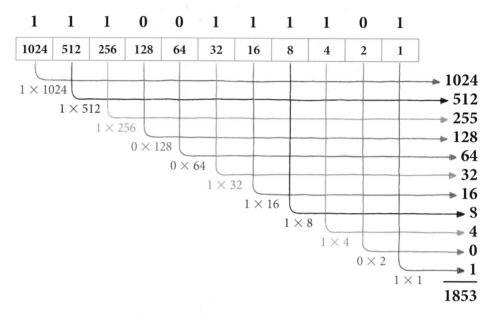

그림 1-34 11자리인 이진수 11100111101의 이해

TIP 십간 십이지로 보는 십진수와 십이진수

우리 주변에서 숫자를 헤아릴 때 십진법 이외에 다른 진법이 다양하게 사용된다. 우리나라와 중국 등 동양에서 갑(甲), 을(乙), 병(丙), 정(丁), 무(戊), 기(己), 경(庚), 신(辛), 임(壬), 계(癸)의 십간은 십진수를 쓰며, 쥐, 소, 호랑이, 토끼 등 십이지는 자(子), 축(丑), 인(寅), 묘(卯), 진(辰), 사(巳), 오(午), 미(未), 신(申), 유(酉), 술(戌), 해(亥)로 12진수로 생각할 수 있다.

십간과 십이지를 조합하여 하나의 간지가 만들어지는데, 십간의 첫 번째인 '갑'과 십이지의 첫 번째의 '자'를 조합하여 '갑자'가 만들어진다. 그 다음으로 십간의 두 번째인 '을'과 십이지의 두 번째인 '축'이 결합하여 '을축'이 만들어진다. 이러한 순서로 병인, 정묘, 무진, 기사, 경오 등이 되며 마지막으로 계해의 순서로 만들어진다. 십간과 십이지는 각각 10년과 12년마다 순환하며, 하나의 간지는 60년마다 돌아오게 된다. 즉 태어나서 만으로 60세 생일이 되는 해는 자신이 태어난 해와 같은 간지가 되는 해가 된다. 즉 그 해를 갑자로 돌아온다고 하여 환갑(還甲) 또는 회갑(回甲)이라고 한다. 그러므로 십간 십이지를 조합한 간지는 60진법을 의미한다고 볼 수 있다.

그림 1-35 십이지와 동물

01 컴퓨터가 사용하는 진수는 무엇인가?

02 일상생활에서 사용하는 칠진수는 무엇인가?

정보의 표현, 비트와 바이트

비트와 바이트

컴퓨터 메모리의 저장 단위 또는 **정보 처리 단위 중에서 가장 작은 기본 정보 단위(basic unit of information)가 비트(bit)**이다. 즉 전기의 흐름 상태인 온(on)과 오프(off)를 표현하는 단위가 비트로 1과 0인 이진수로 표현이 가능하다. 비트(bit)는 BInary digiT의 합성어이다. 여러 개의 비트를 조합하여 다양한 경우를 만들 수 있는데, **비트가 연속적으로 8개 모인 정보 단위를 바이트(byte)**라 한다. 1 바이트는 8개의 비트를 조합하므로 총 2^8=256가지의 정보 종류를 저장할 수 있다.

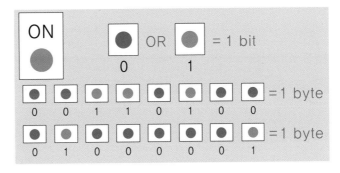

그림1-36 비트와 바이트의 정보인 00110100과 01000001의 이해

자주 쓰이지는 않지만 바이트의 1/2 크기인 4비트를 니블(nibble)이라고 한다. 일반적으로 **바이트가 4개, 8개 모이면 워드(word)**라 하는데 시스템마다 그 크기는 다를 수 있다. 윈도우 시스템에서는 32비트가 1워드이고 유닉스 시스템에서는 64비트가 1워드일 수 있다.

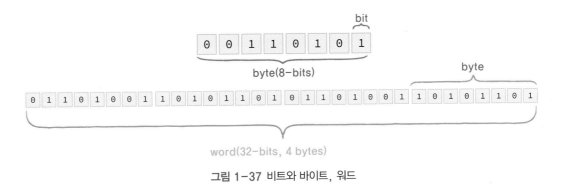

그림 1-37 비트와 바이트, 워드

요즘 컴퓨터의 하드디스크 용량은 매우 커서 1 TB 도 흔하다. 다음은 자주 이용하는 바이트의 단위로 파일이나 주기억장치, 저장장치의 크기를 표현하는 단위이다. 정확히 말하자면 바이트가 정보 용량의 단위이고 킬로, 메가, 기가, 테라 등은 그 크기를 표현한다. 즉 킬로(Kilo)는 2^{10}을 의미하며 1024개를 나타낸다. 마찬가지로 메가(Mega)는 계량단위 앞에 사용하여 1024 x 1024인 백만을 의미한다. 마찬가지로 기가 바이트(Giga Byte)는 2^{30}을, 테라 바이트(Tera Byte)는 2^{40}을 의미한다. 페타 바이트(Peta Byte)는 2^{50}을, 엑사 바이트(Exa Byte)는 2^{60}을 의미한다.

단위	약자	표현	바이트(byte)	근접
1 bit	1 b (lower case)	0 또는 1		
1 Nibble		4 bits	½ byte	
1 Byte	1B (upper case)	8 bits 또는 2 Nibbles 또는 2^3 bits	1 byte	
1 Kilobyte	1 KB	2^{10} bytes	1,024 byte	1 thousand bytes
1 Megabyte	1 MB	$(2^{10})^2$ bytes	1,048,576 byte	1 milion bytes
1 Gigabyte	1 GB	$(2^{10})^3$ bytes	1,073,741,824 byte	1 trillion bytes
1 Terabyte	1 TB	$(2^{10})^4$ bytes	1,099,511,627,776 byte	1 quadrillion bytes
1 Petabyte	1 PB	$(2^{10})^5$ bytes	1,125,899,906,842,624 byte	1 quintillion bytes
1 Exabyte	1 EB	$(2^{10})^6$ bytes	1,152,921,504,606,846,976 byte	1 sextillion bytes
1 Zeatbyte	1 ZB	$(2^{10})^7$ bytes	1,180,591,620,717,411,303,424 bytes	1 septillion bytes

그림 1-38 저장 용량 단위

중간점검

01 정보 처리 단위 중에서 가장 작은 기본 정보 단위는 무엇인가?

02 바이트는 몇 개의 정보 종류를 저장할 수 있는가?

논리와 문자 표현

논리 표현과 연산

참(true)과 거짓(false)을 의미하는 두 가지 정보를 논리값이라 한다. 하나의 비트 정보도 0과 1이므로 이를 각각 거짓과 참으로 표현할 수 있다. 이러한 이진 논리 변수와 AND, OR, NOT의 논리 연산을 이용한 부울 대수(Boolean Algebra)는 논리 회로를 수학적으로 해석하기 위해 영국의 수학자 조지 부울(George Boole)이 제창한 기호 논리학의 한 분야이다. **부울 대수는 컴퓨터가 정보를 처리하는 방식에 대하여 이론적인 배경을 제공하며, 0과 1 두 값 중 하나로 한정된 변수들의 상관 관계를 AND, OR, NOT 등의 여러 연산자를 이용**하여 논리적으로 나타낸다.

논리 연산에서는 기본적으로 AND, OR 연산과 NOT 연산이 있다. **AND 연산은 두 개의 항이 모두 1이어야 1이며, OR 연산은 둘 중 하나만 1이면 결과가 1이다. 항이 하나인 NOT 연산은 항이**

0이면 1로, 1이면 0인 결과를 반환하는 연산이다. 또 다른 논리 연산으로, AND와 NOT을 결합한 NAND 연산, OR와 NOT을 결합한 NOR 연산, 그리고 XOR는 두 개의 입력값이 같으면 0을 출력하고, 입력값이 다르면 1을 출력한다.

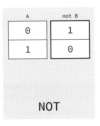
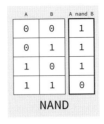

A	B	A and B
0	0	0
0	1	0
1	0	0
1	1	1

AND

A	B	A or B
0	0	0
0	1	1
1	0	1
1	1	1

OR

A	not B
0	1
1	0

NOT

A	B	A nand B
0	0	1
0	1	1
1	0	1
1	1	0

NAND

A	B	A nor B
0	0	1
0	1	0
1	0	0
1	1	0

NOR

A	B	A xor B
0	0	0
0	1	1
1	0	1
1	1	0

XOR

그림 1-39 논리 연산 AND, OR, NOT

논리 연산은 AND 게이트, OR 게이트, NOT 게이트와 같은 논리 회로로 그릴 수 있으며, NOT AND를 의미하는 NAND 게이트, NOT OR를 의미하는 NOR 게이트, EXCLUSIVE OR를 의미하는 XOR 게이트 등도 조합해 디지털 회로를 구성할 수 있다.

Gate	Symbol	Operator	Gate	Symbol	Operator
and		$A \cdot B$	nand		$\overline{A \cdot B}$
or		$A + B$	nor		$\overline{A + B}$
not		$\overline{A}$	xor		$A \oplus B$

그림 1-40 다양한 논리 연산과 회로 그림

> **TIP** 조지 부울

조지 부울(George Boole, 1815 ~ 1864)은 영국의 수학자, 논리학자이다. 논리대수인 부울 대수를 창안해, 기호 논리학 분야에 큰 업적을 남겼다. 조지 부울은 1854년 부울 대수의 기본적인 원리를 만들었고, 1938년에 미국의 벨연구소에 근무하던 클라우드 샤논이 전기회로의 스위치가 ON, OFF의 두 상태를 갖는 점에 착안하여, 릴레이 회로의 접점 수를 감소시키는 데 응용하여 스위칭 대수로 확립하였다. 스위칭 대수를 이용하여 디지털 논리회로의 표현과 설계에 응용할 수 있음이 증명됨으로써 디지털 논리의 수학적 기초가 되어 논리 대수라고도 불리워지게 되었다.

그림 1-41 조지 부울

문자 표현 표준인 아스키코드

컴퓨터와 컴퓨터 사이에서 통신을 하는 경우, 'A'라는 문자 정보를 전송하는 방법을 생각해 보자. 팩스처럼 'A'라는 문자에 대한 형상 이미지를 전송하는 방법보다는 두 장치가 약속을 하여 65이라는 값이 전송되면 그것을 'A'라고 인식하도록 약속한 후, 'A'대신 65라는 정수값을 전송해주는 방식을 선호한다. 'A'라는 문자의 형상이미지를 전송하는 것보다 약속된 규칙에 따른 정수값 65를 전송하는 것이 훨씬 효율적이기 때문이다.

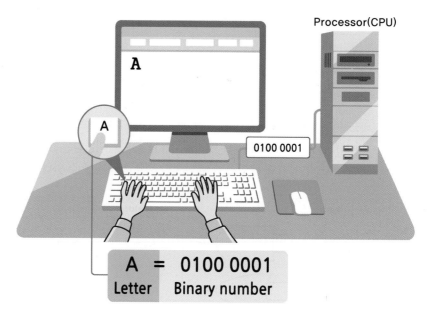

그림 1-42 문자 A는 십진수 65로 인식

하지만 이러한 장치를 개발한 회사들이 서로 달라서 약속한 정보가 서로 다르다면 제대로 문자를 전송할 수 없다는 문제점이 생기게 되었다. 예를 들어, K라는 회사는 'A' 문자 값을 65으로 정의하고 S라는 회사는 'A' 값을 75로 정의해서 제품을 생산했다면 K라는 회사에서 만든 제품과 S라는 회사에서 만든 제품은 서로 문자를 주고 받을 수 없다. 즉, 두 장치가 생각하는 문자의 기준이 다르기 때문이다. 결국 이러한 이유로 표준이 필요했고, 이 필요성 때문에 나온 여러 가지 표준이 있는데 그 중 개인용 컴퓨터에서 가장 많이 사용하는 표준이 바로 아스키코드(ASCII code)이다. 아스키코드는 영문 알파벳을 사용하는 대표적인 문자 인코딩 방법이다. 아스키코드는 컴퓨터뿐만 아니라 통신 장비와 같은 문자를 사용하는 대부분의 장치에서 사용되고 있으며 아스키코드를 기반으로 하고 있는 장치들 간에는 이 표준에 의해서 서로 문자를 주고 받을 수 있다.

아스키(ASCII: American Standard Code for Information Interchange) 코드는 1967년에 표준으로 제정되어 1986년에 마지막으로 개정되었다. 아스키는 초창기에 7비트 인코딩(8비트중 7비트만 데이터 비트로 사용)으로, 33개의 출력 불가능한 제어문자들과 공백을 비롯한 95개의 출력 가능한 문자들로 이루어져 총 128개의 코드로 구성되었다. 하지만 컴퓨터가 발전하고 좀더 서식화되고 다양한 표현이 필요해짐에 따라 8비트 인코딩을 사용하도록 확장되었으며 기존 128개였던 아스키코드값이 주로 그래픽에 관련된 문자와 선 그리기에 관련된 문자가 추가되어 256개로 확장되었다.

십진수	십육진수	문자	십진수	십육진수	문자	십진수	십육진수	문자	십진수	십육진수	문자
0	0	[NULL]	32	20	[SPACE]	64	40	@	96	60	`
1	1	[START OF HEADING]	33	21	!	65	41	A	97	61	a
2	2	[START OF TEXT]	34	22	"	66	42	B	98	62	b
3	3	[END OF TEXT]	35	23	#	67	43	C	99	63	c
4	4	[END OF TRANSMISSION]	36	24	$	68	44	N	100	64	d
5	5	[ENQUIRY]	37	25	%	69	45	E	101	65	e
6	6	[ACKNOWLEDGE]	38	26	&	70	46	F	102	66	f
7	7	[BELL]	39	27	'	71	47	G	103	67	g
8	8	[BACKSPACE]	40	28	(	72	48	G	104	68	h
9	9	[HORIZONTAL TAB]	41	29	)	73	49	I	105	69	i
10	A	[LINE FEED]	42	2A	*	74	4A	J	106	6A	j
11	B	[VERTICAL TAB]	43	2B	+	75	4B	K	107	6B	k
12	C	[FORM FEED]	44	2C	,	76	4C	L	108	6C	l
13	D	[CARRIAGE RETURN]	45	2D	-	77	4D	M	109	6D	m
14	E	[SHIFT OUT]	46	2E	.	78	4E	N	110	6E	n
15	F	[SHIFT IN]	47	2F	/	79	4F	O	111	6F	o
16	10	[DATA LANK ESCAPE]	48	30	0	80	50	P	112	70	p
17	11	[DEVICE CONTROL 1]	49	31	1	81	51	Q	113	71	q
18	12	[DEVICE CONTROL 2]	50	32	2	82	52	W	114	72	r
19	13	[DEVICE CONTROL 3]	51	33	3	83	53	R	115	73	s
20	14	[DEVICE CONTROL 4]	52	34	4	84	54	T	116	74	t
21	15	[NEGATIVE ACKNOWLEDGE]	53	35	5	85	55	U	117	75	u
22	16	[SYNCHRONOUS IDLE]	54	36	6	86	56	V	118	76	v
23	17	[ENG OF TRANS. BLOCK]	55	37	7	87	57	W	119	77	w
24	18	[CANCEL]	56	38	8	88	58	X	120	78	x
25	19	[END OF MEDIUM]	57	39	9	89	59	Y	121	79	y
26	1A	[SUBSTITUTE]	58	3A	:	90	5A	Z	122	7A	z
27	1B	[ESCAPE]	59	3B	;	91	5B	[	123	7B	{
28	1C	[FILE SEPARATOR]	60	3C	<	92	5C	\	124	7C		
29	1D	[GROUP SEPARATOR]	61	3D	=	93	5D	]	125	7D	}
30	1E	[RECORD SEPARATOR]	62	3E	>	94	5E	^	126	7E	~
31	1F	[UNIT SEPARATOR]	63	3F	?	95	5F	_	127	7F	[DEL]

그림 1-43 아스키코드 표

유니코드

유니코드(Unicode)는 전 세계 모든 언어를 하나의 코드 체계 안으로 통합하기 위하여 만들어진 코드이다. 즉 **유니코드는 전 세계의 모든 문자를 컴퓨터에서 일관되게 표현하고 다룰 수 있도록 설계된 산업 표준이며, 유니코드 협회(Unicode Consortium)가 제정하여 1991년 버전 1.0이 발표되**었다. 아스키코드는 영어 문자 기반의 코드 체계이기 때문에 동양권의 2바이트 문자 체계를 수용하기에는 다소 무리가 있는 시스템이다. 또한 동양권의 컴퓨터 관련 시장을 쉽게 접근하기 위해서도 미국 등의 유수의 S/W, H/W업체에게 문자 코드 문제는 가장 시급하게 해결되어야 할 걸림돌이었다. 이러한 문제를 해결하기 위한 방법으로 기존의 아스키에서 사용되었던 8비트 체계에서 벗어나, 전 세계의 문자를 모두 표현하기 위해 2바이트 즉, 16비트로 확장된 코드 체계가 유니코드이다.

그림 1-44 유니코드 홈페이지(unicode.org)

1980년 중반부터 논의가 시작되어 1991년 버전 1.0이 제정되었으며, 1996년 65,536자의 코드영역을 언어학적으로 분류하였으며, 한글 완성자 11,172자의 한글과 중국, 일본을 포함해 세계 유수의 언어 문자를 배열해 만든 유니코드는 국제표준화기구(ISO: International Organization for Standardization)에 상정 확정되었으며 현재 계속 수정, 보완되고 있다.

중간점검

01 논리값에는 무엇이 있는가?

02 C 언어가 사용하는 기본 문자 코드는 무엇인가?

01 ⑤ 소프트웨어 개발

소프트웨어와 알고리즘

소프트웨어 교육의 중요성

프로그램은 컴퓨터에게 어떤 일의 수행을 지시하는 명령어(instruction)의 집합이다. 프로그램과 소프트웨어는 같다고도 볼 수 있지만, **소프트웨어는 보통 '프로그램'이라고 부르는 것 외에도 데이터와 문서까지를 포함하는 포괄적인 개념**이다. 소프트웨어의 교육이 모두 프로그래머를 양성하기 위한 교육만은 아니다. 소프트웨어 교육은 프로그래밍 언어 습득 자체보다 사고를 절차화하는 과정을 통해 논리력과 문제를 해결하는 능력 등 디지털 시대에 필요한 창의적 사고를 할 수 있는 기본 소양을 증진시킨다.

> **NOTE:** **초중고 학생의 소프트웨어 교육 필수 교과목으로**
>
> 최근 우리 나라와 미국은 미래의 창의적인 인재를 육성하려는 노력으로 소프트웨어 교육의 중요성을 강조하고 있다. 이스라엘은 지난 1994년부터 소프트웨어 교육을 정규 과목으로 채택했고, 일본도 2009년부터 소프트웨어 교과를 필수 교과로 지정했다. 세계는 지금 혁신과 성장, 가치창출이 중심이 되고 개인·기업·국가의 경쟁력을 좌우하는 '소프트웨어 중심 사회'(SOS, Software Oriented Society)로 급속히 발전하고 있다. 이러한 영향으로 정부에서도 '소프트웨어 중심사회 실현전략'을 발표하고 소프트웨어 중심사회의 실현을 위해 소프트웨어 교육 기회를 확대하는 방향으로 정책을 수립하고 있다.
>
> 소프트웨어 교육의 중요성에서 거론되는 것은 컴퓨팅 사고력 함양이다. 현재 선정된 일부 학교에서 소프트웨어 교육을 시범 운영하고 있으며, 2017년에는 소프트웨어 교육 과목을 초등학교 정규 교과로 편성하고, 2018년에는 중고등학교 정규 교과로 편성할 예정이다.

알고리즘

알고리즘(algorithm)이란 어떠한 문제를 해결하기 위한 절차나 방법으로 명확히 정의된 (well-defined) 유한 개의 규칙과 절차의 모임이다. 이미 학습한 대로 컴퓨터에게 무슨 일을 시키려면 프로그램을 만들어야 한다. 주어진 문제를 해결하기 위한 프로그램을 만들기 위해서는 컴퓨터에게 하나씩 하나씩 내가 시키려는 일을 설명해야 한다. 결국 프로그램에서 문제를 해결하기 위한 여러 명령을 단계적으로 알려주어야 한다. 이것이 바로 '알고리즘'이다. 알고리즘은 컴퓨터에게 일을 시키는데 있어 가장 기초가 되는 일이다. **컴퓨터 프로그램은 특정한 업무를 수행하기 위한 정교한 알고리즘들의 집합**이라고 간주할 수 있다.

출발지에서 목적지까지 대중교통으로 가는
방법을 찾는 명령 모임의 알고리즘

그림 1-45 대중교통을 이용하여 출발지에서 도착지로 가는 알고리즘

예를 들어 멋진 외국인 친구가 오늘 인천공항에 도착한다고 하자. 이 외국인 친구는 일단 공항에서
우리 집까지 잘 찾아오는 일이 무엇보다 중요하다. 이 친구에게 집까지 오는 길을 설명하는 데는
네 가지 방법이 있다. 이 예와 같이 문제를 해결하는 알고리즘은 다양할 수 있다.

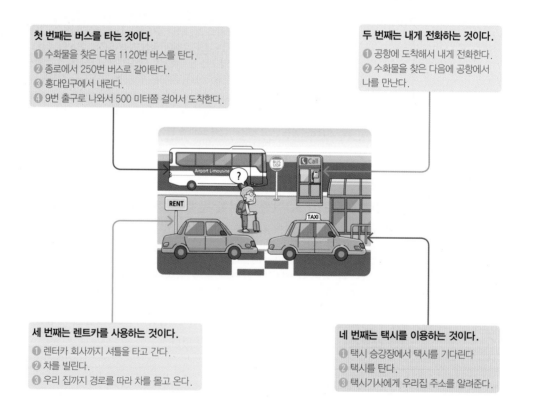

첫 번째는 버스를 타는 것이다.
❶ 수화물을 찾은 다음 1120번 버스를 탄다.
❷ 종로에서 250번 버스로 갈아탄다.
❸ 홍대입구에서 내린다.
❹ 9번 출구로 나와서 500 미터쯤 걸어서 도착한다.

두 번째는 내게 전화하는 것이다.
❶ 공항에 도착해서 내게 전화한다.
❷ 수화물을 찾은 다음에 공항에서
나를 만난다.

세 번째는 렌트카를 사용하는 것이다.
❶ 렌터카 회사까지 셔틀을 타고 간다.
❷ 차를 빌린다.
❸ 우리 집까지 경로를 따라 차를 몰고 온다.

네 번째는 택시를 이용하는 것이다.
❶ 택시 승강장에서 택시를 기다린다
❷ 택시를 탄다.
❸ 택시기사에게 우리집 주소를 알려준다.

그림 1-46 문제를 해결하는 다양한 알고리즘

이 네 가지 알고리즘은 '우리집'에 온다는 결과는 같지만, 그 과정은 모두 다르다. 각각의 알고리즘은 서로 다른 비용과 시간이 든다. 예를 들어 택시를 타면 가장 빠르겠지만 반면에 가장 비싸기도 하다. 버스를 타면 가장 싸겠지만 가장 느리기도 할 것이다. 이렇듯 '알고리즘'이란 각각의 상황에 맞고 가장 효율적인 것을 선택하는 것이다. 컴퓨터 프로그램에서는 주어진 작업을 수행하기 위해 각기 다른 수많은 방법, 즉 알고리즘이 존재할 수 있다. 이 알고리즘은 각기 다른 상황에서 장점도 있고 단점도 있다. 그렇기 때문에 주어진 상황에 맞는 가장 적절한 알고리즘을 구상하는 것이 무엇보다 중요하다.

중간점검

01 알고리즘이란 무엇인가?

02 지하철 이용하여 학교에서 집까지 가는 알고리즘을 찾아보시오.

소프트웨어 개발 방법

소프트웨어 개발 방법을 연구하는 소프트웨어 공학

세계에서 가장 높다는 두바이의 부르즈 할리파라는 건물은 우리나라 업체가 시공하여 더 유명하다. 그렇다면 이러한 건물을 만드는 자세한 과정은 모르더라도 맨 먼저 ❶ **건설을 기획**하고, 다음으로 ❷ **건물의 설계 도면을 제작**하고, 직접 ❸ **건물을 짓는 시공**이라는 3 단계 정도가 있다는 것은 알 것이다. 즉 건물을 만들려면 만들기 전에 건물 시공보다 더 중요한 건물 설계를 해야 한다. 그러므로 건물을 실제 만든다는 것은 먼저 만들어진 설계 도면에 따라 건축물을 시공하는 일이다.

❶ 기획 단계

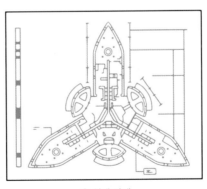
❷ 설계 단계

❸ 시공 단계

그림 1-47 부르즈 할리파와 건축 과정

건물의 건축 과정처럼 소프트웨어를 개발하려면 비슷한 과정이 필요하며, **소프트웨어의 개발 과정을 연구하는 분야를 소프트웨어 공학**(software engineering)이라 한다. 소프트웨어 공학은 실제 컴퓨터에서 신뢰성 있고 효과적으로 작동하는 소프트웨어를 경제적으로 얻기 위해 올바른 공학적 원리들을 체계화시킨 공학 분야이다. 즉 **소프트웨어 공학이란 공학적 원리에 의하여 소프트웨어를 개발하는 학문으로, 소프트웨어 개발과정인 분석, 설계, 개발, 검증, 유지보수 등 개발수명주기 전반에 걸친 계획 · 개발 · 검사 · 보수 · 관리, 방법론 등을 연구하는 분야**이다. 소프트웨어의 개발 단계를 구체적으로 살펴보면 다음 그림과 같다.

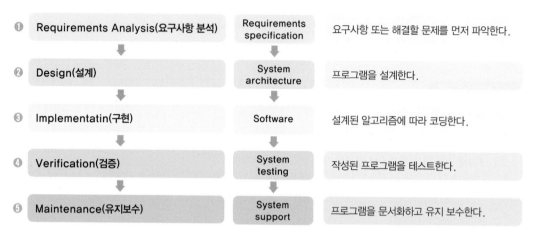

그림 1-48 소프트웨어 개발 과정

- 첫 단계인 ❶ **요구사항 분석에서는 시스템을 사용할 사용자의 요구사항을 파악하여 분석하는 단계**이다. 분석 단계에서 사용자의 요구사항은 보통 '요구 명세서(requirements specification)'를 통하여 제시된다.

- ❷ **두 번째인 설계 단계에서 프로그래머는 알고리즘을 이용하여 소프트웨어를 설계**한다. 사용자 요구사항이 많을수록 알고리즘이 복잡해지며, 이를 지원하기 위하여 자연언어 또는 흐름도(flow chart)나 의사코드(pseudo code) 등의 도구도 사용한다.

- ❸ **구현 단계는 흐름도 또는 의사코드를 컴퓨터가 이해할 수 있는 자바나 C와 같은 특정한 프로그래밍 언어로 개발하는 단계**이다.

- 구현 이후 ❹ **검증 단계에서는 프로그램의 소프트웨어 요구사항에 얼마나 부합하는지, 프로그램이 안정적으로 작동하는지를 검사하는 단계**이다.

- 마지막 단계는 ❺ **프로그램의 문서화 및 유지보수 단계**이다. 프로그램에 대한 관리를 쉽게 하기 위해서는 체계적인 문서화가 필요하며, 사용자의 요구사항이 변화했을 경우에는 프로그램을 적절하게 변경시켜야 하는 등 유지보수 작업이 중요하다.

설계 단계에서의 알고리즘 기술 방법

소프트웨어 개발 과정에서 분석단계가 끝나면 프로그래머는 알고리즘(algorithm)을 생각해 소프트웨어 설계에 들어간다. **문제를 해결하기 위한 절차나 방법의 모임인 알고리즘은 우리가 사용하는 자연어 또는 흐름도(flow chart)나 의사코드(pseudo code) 등을 사용하여 표현**될 수 있다.

- 의사코드는 슈도코드라고도 하는데, 특정 프로그래밍 언어의 문법을 따르지 않고 간결한 특정 언어로 코드를 흉내 내어 알고리즘을 써놓은 코드를 말한다. 의사코드는 다양한 스타일의 언어가 존재한다.
- **흐름도는 알고리즘을 표준화된 기호 및 도형으로 도식화하여 데이터의 흐름과 수행되는 연산들의 순서를 표현하는 방법**으로 순서도라고도 한다.

흐름도에서 사용하는 기호는 다음 그림과 같이 사각형, 원, 타원, 마름모 등의 절차와 화살표의 흐름을 표시하는 다양한 기호로 구성되어 있다.

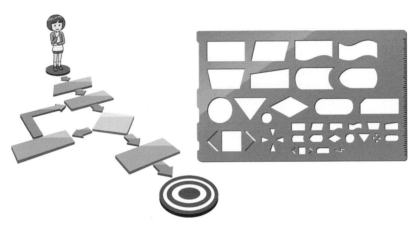

그림 1-49 흐름도와 흐름도를 그리는 모형 틀(template)

흐름도에서 논리적 절차와 흐름, 처리방법 등의 주요 표식 기호에 대한 내용은 다음과 같다. 기호는 기하학적 도형이며, 시작과 종료는 양 옆이 둥근 직사각형인 터미널, 처리는 직사각형, 판단은 마름모꼴, 입출력은 평행사변형 등이 사용된다. 만일 시간을 체크해서 7시 이전이면 버스를 타고, 아니면 지하철을 타서 학교에 가는 과정을 흐름도로 표현하면 다음과 같다.

기호	기능	기호	기능
(타원형)	**터미널** 순서도의 시작과 끝을 표시	(직사각형)	**처리** 각종 연산, 데이터 이동 등을 처리
(마름모)	**판단** 여러 가지 경로 중 하나의 경로 선택을 표시	(평행사변형)	**입·출력** 데이터의 입력 및 출력 표시
(화살표)	**흐름선** 처리간의 연결 기능을 표시	(원)	**연결자** 흐름이 다른 곳과 연결되는 입출구를 나타냄
(서류 모양)	**서류** 서류를 매체로하는 입출력 표시	(준비 도형)	**준비** 기억장소, 초기값 등 작업의 준비 과정을 나타냄
(수동입력 도형)	**수동입력** 콘솔에 의한 입력	(천공카드 도형)	**천공카드** 천공카드의 입출력

그림 1-50 흐름도의 다양한 기호와 교통수단을 선택하는 순서도 예

소프트웨어란 과학적인 중요성을 지닌 프로그램에서부터 개인적인 목적을 풀기 위해 만들어진 프로그램까지 매우 다양하다. 이러한 다양한 **프로그램을 개발하기 위해 알고리즘을 구상**하는 것은 그리 쉬운 일은 아니다. 알고리즘 구상을 위해 계속된 훈련이 필요할 것이다. 간단한 예로 '인터넷에서 기차표를 예매하고 출력'하는 과정을 한글로 기술하고, 흐름도로 그리는 결과를 살펴보자.

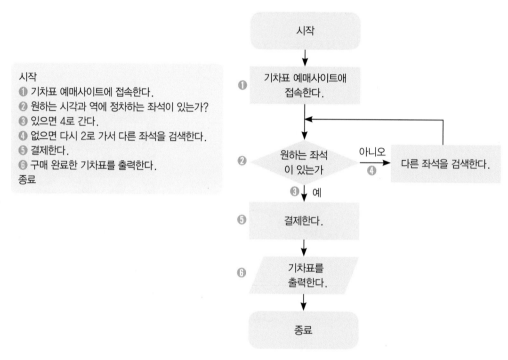

그림 1-51 '인터넷에서 기차표를 예매하고 출력'하는 과정의 자연어 한글 기술과 흐름도 표현

중간점검

01 소프트웨어 공학에서의 소프트웨어 개발과정 5단계는 무엇인가?

02 문제를 해결하기 위한 절차나 방법의 모임인 알고리즘을 기술하는 방법은 무엇이 있는가?

01 6

다양한 '프로그래밍 언어'

50 ~ 60년대에 개발된 프로그래밍 언어

포트란

포트란(FORTRAN)은 IBM 704 시스템에서 과학과 공학 및 수학적 문제들을 해결하기 위해 고안된 프로그래밍 언어로 널리 보급된 최초의 고급 언어이다. 포트란은 FORmula TRANslating system(수식 번역 시스템)의 약자로서, 수학에서 사용하는 수식을 컴퓨터가 읽을 수 있도록 기계어로 변환해준다고 해서 붙인 이름이다. 수학에서 사용하는 +, - , *, /와 같은 사칙연산 기호와, sin,cos,tan의 삼각함수를 비롯하여 log, abs 등 다양한 수학함수들을 프로그램 내에서 그대로 사용할 수 있다.

어셈블리 언어에 익숙해져 있던 1957년경, 포트란은 IBM에서 존 배커스(John Backus) 등의 전문가가 개발한 프로그래밍 언어로서 그 이후 다양한 버전의 포트란이 발표되다가 1966년 포트란66, 1978년에 포트란77이라는 명칭으로 ANSI표준이 발표되었다. FORTRAN은 가장 오래된 언어지만 언어 구조가 단순해 놀라운 생명력을 갖추고 있어 지금도 과학 계산 분야 등에서는 많이 사용되고 있다. 기본적인 수치처리와 적분, 유체역학, 복소수, 방정식 등 계산을 위주로 만들어졌기 때문에 매우 단순하고 간결하여 배우기가 용이하다.

코볼

1950년 말, 미국 국방성에서는 1,000여개의 다양한 컴퓨터를 사용하였고, 수 많은 상품정보와 급여 정보, 그리고 원가 계산 등의 상업용 처리에는 포트란이 적합하지 않았다. 또한 사무용 처리로 사용하던 프로그래밍 언어가 개발업체마다 달라서 여러 문제가 있었다. 이러한 것을 인식한 미국 국방성에서는 사무처리 언어의 통일을 위해 사무처리에 대한 언어발달 모형이 제시되었고, 컴퓨터 언어에 관한 특별 회의를 위한 데이터 시스템 언어 협회(CODASYL: Conference on Data Systems Languages)가 설립되었다.

- 학계 위원과 허니웰, GE, 뷰로우, RCA, IBM등의 업체가 참여한 **협회 CODASYL이 1960년, 사무처리에 적합한 프로그래밍 언어로 개발한 것이 코볼(COmmon Business Oriented Language)**이다. 즉 코볼은 포트란에 이어 두 번째로 개발된 고급 언어이다.

기업에서 다루는 데이터의 특성상 일정한 형식이 존재하므로 이러한 형식을 지원함으로써 대량의 데이터를 효율적으로 입력, 출력 및 처리할 수 있다. 코볼은 컴퓨터의 내부적인 특성에 독립적으로 설계되었다. 코볼 컴파일러만 있으면 어떠한 컴퓨터 기종이라도 코볼 프로그램을 작성하여 실행할 수 있다. 코볼은 사무처리에 목적이 있으므로 다른 프로그래밍 언어에 비하여 파일이나 데이터베이스에서 데이터를 쉽게 읽고 쓰며, 또한 양식을 가진 보고서를 쉽게 만들 수 있는 등 사무처리에 효율적이다. FORTRAN이 수식과 비슷한 반면, 코볼은 일상 영어회화와 비슷한 구어체 문장 형태를 갖고 있으므로 쉽게 이해할 수 있도록 프로그램 작성이 가능하다.

알골

알골(ALGOL)은 미국의 포트란에 대항하기 위해 유럽을 중심으로 취리히에서 열린 국제정보처리학회연합(IFIP) 회의를 통하여 처음에는 IAL(International Algorithmic Language)로 명명했으나 다시 알골58이 제안된 후 1960년, 알골60으로 개발되었다. **알골은 알고리즘(ALGOrithm)을 표현하기 위한 언어로 ALGOrithmic Language 를 줄여서 만든 이름으로, 포트란이 미국을 중심으로 사용했다면 알골은 유럽을 중심으로 과학기술 계산용 프로그래밍 언어**로 사용되었다.

알골의 특징을 살펴보면, 알고리즘의 연구 개발에 적합한 언어로 개발되었으며, 절차적 언어로서 구조화 프로그래밍에 적합하고, 최초로 재귀호출이 가능한 프로그래밍 언어이다. 알골은 파스칼, C 언어 등 이후 언어의 발전에 큰 영향을 주었으나, IBM이 주로 포트란을 사용하여 더 이상 대중화에 성공하지 못하였다. 이후 1968년 ALGOL 68이 개발되었으나, 너무 복잡하고 방대하며, 입출력 문장을 지원하지 않아 실용적으로 보급되지 못하고 현재에는 거의 이용되지 않고 있다.

베이직

1964년에 미국 다트머스(Dartmouth) 대학의 켐니(John Kemeny) 교수와 커쯔(Thomas Kurtz) 교수가 개발한 **베이직(BASIC)은 'Beginner's All-purpose Symbolic Instruction Code'(초보자의 다목적용이고 부호를 사용하는 명령어 코드)의 약어로 초보자도 쉽게 배울 수 있도록 만들어진 대화형 프로그래밍 언어**이다. 대화형의 영어 단어를 바탕으로 약 200여 개의 명령어들로 구성된 가장 쉬운 대화형 프로그래밍 언어여서 문장의 종류가 많지 않고 문법이 간단하며, 배우고 쓰기가 간단하고 쉽다. 베이직은 대화형 프로그래밍 언어로서 인터프리터를 사용하므로 프로그램 작성시 프로그램상의 문제점을 쉽게 파악할 수 있으며, 컴파일 없이 바로 작동된다. 컴파일 언어에서는 소스를 컴파일하여 기계어로 변환한 후 실행이 되지만, 인터프리터 방식인 베이직 언어는 프로그램을 완성한 후 바로 실행할 수 있는데, 베이직 인터프리터가 프로그램을 한 줄씩 읽어 들여 문법을 체크한 후 문법에 문제가 없으면 바로 실행하게 된다. 그러나 인터프리터를 거쳐야 하므로 실행 속도가 느리다는 단점이 있다.

1980년대에 개인용 컴퓨터의 출현과 함께 베이직은 기본 개발 언어로 탑재되어 범용적인 언어로 널리 사용되었으며, 마이크로소프트는 이 베이직을 기본으로 비주얼 베이직(Visual Basic)이라는 프로그램 언어를 개발하였다. 비주얼 베이직은 표준 베이직에 객체지향 특성과 그래픽 사용자 인터페이스를 추가한 프로그램 언어이자 통합개발환경이다. 웹 프로그래밍 기술에서 많이 사용하는 언어 중 하나인 ASP(Active Server Page)도 VBScript를 사용하는데, VBScript도 베이직 문법을 그대로 사용하고 있다.

01 어셈블리 언어에 익숙해져 있던 1957년경, IBM에서 존 배커스(John Backus) 등의 전문가가 개발한 프로그래밍 언어는 무엇인가?

02 1964년, 미국 다트머스(Dartmouth) 대학에서 초보자도 쉽게 배울 수 있도록 개발한 대화형 프로그래밍 언어는 무엇인가?

70년대 이후 개발된 주요 프로그래밍 언어

파스칼

파스칼은 프랑스의 수학자인 파스칼(Pascal)의 이름에서 따온 언어로서 프로그램을 작성하는 방법인 알고리즘 학습에 적합하도록 1971년 스위스 취리히 공과대학교의 니클라우스 비르트(Nicholas Wirth) 교수에 의해 개발된 프로그래밍 언어이다. 파스칼은 알골(Algol)을 모체로 해서 초보자들이 프로그램의 문법적 에러를 줄일 수 있도록 매우 엄격한 문법을 가진 프로그래밍 언어이므로 알고리즘의 실험이나 프로그램을 연습할 수 있는 모든 명령어가 갖추어져 있다. 또한 비교적 자유로운 구조를 가질 수 있는 다른 프로그래밍 언어와는 달리 구조적인 프로그래밍(structured programming)이 가능하도록 begin~end의 블록 구조가 설계되어 있다.

1980년에서 1990년대까지 대부분의 대학에서 프로그래밍 언어의 교과과정으로 파스칼을 채택할 정도로 인기를 누렸다. 애플 사는 1980년 초, 파스칼 문법에 객체지향 기능을 추가시킨 오브젝트 파스칼(Object Pascal)을 만들었으며, 1980년대에는 볼랜드 사에서 파스칼을 발전시켜 터보 파스칼(Turbo Pascal)이라는 제품으로 상용화하여 널리 사용되었다. 볼랜드 사는 1990년 중반에 마이크로소프트 사의 비주얼 베이직과 유사한 오브젝트 파스칼 언어를 기반으로 하며, 그래픽 사용자 인터페이스를 적용한 윈도우 환경의 RAD(Rapid Application Development) 통합개발환경인 델파이(Delphi)를 출시하여 현재까지도 널리 이용되고 있다

C++

1972년에 개발된 C 언어는 1983년에 프로그램 언어 C++로 발전하였다. **C++는 객체지향 프로그래밍(OOP: Object Oriented Programming)을 지원하기 위해 C 언어가 가지는 장점을 그대로 계승하면서 객체의 상속성(inheritance) 등의 개념을 추가한 효과적인 언어로, AT&T의 얀 스트로스트럽(Bjarne Stroustrup)이 개발**하였다. 얀은 이름을 C 언어 이후에 알파벳 순서인 D로 할지, 아니면 BCPL에서 BC 다음에 P로 할지 고민하다가, C다음에 나온 언어라는 의미로 'C+1'의 간결 문장인 C++라고 이름을 붙였다고 한다.

C++는 C 언어의 확장이라고 볼 수 있으므로 기존의 C 언어로 개발된 모든 프로그램들을 수정 없이 그대로 사용할 수 있다. C++언어가 개발될 당시 C언어는 시스템 프로그래밍 능력을 인정받아 이미 많은 프로그래머들이 사용하고 있었고 C++언어가 C언어와 유사한 문법을 사용함으로써 C

언어에 익숙한 프로그래머들이 C++언어를 쉽게 배울 수 있다는 장점을 가지게 되었다. 즉 다른 프로그래밍 언어와는 달리 C 언어에 익숙한 프로그래머에게는 상당히 친숙한 언어이다.

파이썬

파이썬(python)은 현재 미국의 대학에서 컴퓨터 기초 과목으로 가장 많이 가르치는 프로그래밍 언어 중 하나이다. **파이썬은 1991년 네덜란드의 귀도 반 로섬(Guido van Rossum)이 개발한 객체지향 프로그래밍 언어**로서 계속 버전이 향상되어 파이썬3.4까지 사용되고 있다. 파이썬은 비영리의 파이썬 소프트웨어 재단이 관리하는 개방형, 공동체 기반 개발 모델을 가지고 있다. 파이썬은 C#으로 구현된 닷넷프레임워크 위에서 동작하는 IronPython, Java로 구현되어 JVM위에서 돌아가는 Jython, 파이썬 자체로 구현된 PyPy 등 다양한 언어로 만들어진 버전이 있으며, C언어로 구현된 C파이썬(cpython) 구현이 사실상의 표준이다.

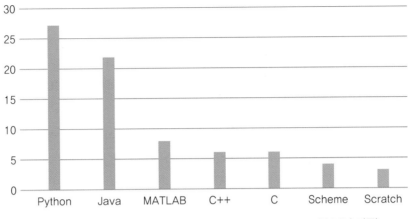

그림 1-53 프로그래밍 언어 사용 수(www.pgbovine.net, 2014년 기준)

프로그래밍 언어 파이썬이 대학의 컴퓨터기초 교육에 많이 활용되는 이유는 파이썬이 무료이며, 간단하면서 효과적으로 객체지향을 적용할 수 있는 강력한 프로그래밍 언어이기 때문이다. 파이썬은 베이직과 같은 인터프리터 언어로 간단한 문법구조를 가진 대화형 언어이다. 파이썬은 동적 자료형(dynamic typing)을 제공하여, 변수를 선언하지 않고 사용할 수 있으며, 또한 다양한 모듈 등을 제공하여 여러 플랫폼에서 활용될 수 있는 프로그램을 쉽고 빠르게 개발할 수 있어, 개발기간이 매우 단축되는 것이 장점이다.

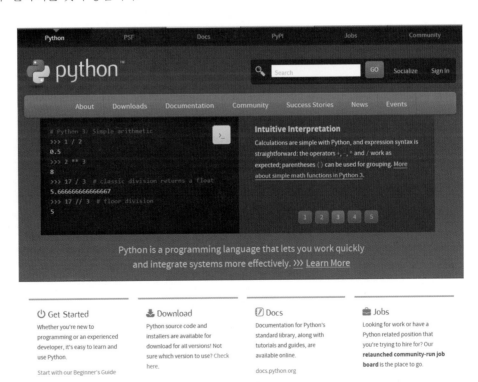

그림 1-54 파이썬 홈페이지(www.python.org)

자바

자바(JAVA)의 시초는 1992년 미국의 SUN 사에서 가전제품들을 제어하기 위해 고안한 언어에서 부터 비롯되었다. 자바 언어는 가전제품들을 대상으로 하였으므로 작은 메모리와 느린 CPU와는 상관없이 효율적으로 작동하여야 했고 그 결과 운영체제나 CPU와는 독립적으로 실행 가능한 프로그래밍 언어가 개발되었다. **자바는 1995년에 공식 발표되었으며 C++를 기반으로 한 객체지향 프로그래밍 언어**이다.

선 마이크로시스템즈(Sun Microsystems) 사는 1990년 양방향 TV를 만드는 제어 박스의 개발을 위한 그린 프로젝트(Green Project)를 시작한다. 이 프로젝트가 진행되면서 모든 하드웨어에서 작동할 수 있는 시스템 소프트웨어의 개발이 중요한 관건이었고, 이를 개발하기 위하여 초기에는 객체지향 언어로 광범위하게 이용되고 있는 C++ 언어를 이용하게 된다. 그러나 이 C++ 언어의 이용에서 다양한 하드웨어를 지원하는 분산 네트워크 시스템 개발에 부족함을 느낀 개발팀은 C++ 언어를 기반으로 오크(Oak, 떡갈나무)라는 언어를 직접 개발하게 된다. 이 개발의 책임자인 제임스 고슬링(James Gosling)은 이 오크라는 언어를 발전시켜 자바라는 범용적인 프로그래밍 언어를 개발한다. 선 마이크로시스템즈 사는 자바를 개발하면서 90년대 초부터 세계적으로 그 이용 범위가 폭발적으로 늘어나는 월드와이드웹(World Wide Web) 이용에도 적합하도록 자바를 발전시키게 된다. 선 마이크로시스템즈 사는 1995년 5월에 SunWorld 95에서 자바를 공식 발표한다. 선 사는 이 전시회를 통하여 범용적인 프로그래밍 언어 자바의 개발도구인 JDK(Java Development Kit)를 발표한다. 선 마이크로시스템즈 사는 오라클(oracle) 사에 합병되어 현재 자바는 오라클 기술이 되었으며, 자바개발환경인 JDK는 현재까지 계속 발표되고 있다.

TIP ▶ 자바 창시자 제임스 고슬링

제임스 고슬링(James Arthur Gosling, 1955 ~)은 캐나다 출신으로 자바 개발자로 알려져 '자바의 아버지'라 불린다. 제임스 고슬링은 카메기 멜론 대학에서 박사 학위를 취득한 후 1984년 선 마이크로시스템즈에 입사하여 자바를 개발하고 최고기술책임자(CTO)로 일하면서, 세계적으로 영향력 있는 프로그래머들 중의 한 사람으로 알려져 있다. 제임스 고슬링은 자바 커피 예찬론자로 자바를 개발할 당시, 인도네시아 자바 섬 원산지인 자바 커피를 하루에도 수도 없이 마셔 자신이 개발한 언어 이름을 자바로 붙였다는 이야기도 있다. 이름에 대한 여러 설이 있지만 자바의 로고가 커피잔과 접시로 구성된 것을 봤을 때 자바산 커피에서 프로젝트 이름을 따왔다는 설이 유력한 듯 하다.

그림 1-55 자바 로고와 제임스 고슬링

2009년 선 마이크로시스템즈가 오라클에 흡수 합병되자 고슬링은 오라클의 클라이언트 소프트웨어 그룹 CTO로 활동하였으며, 2010년 고슬링은 오라클을 떠나 1년 정도 후에 구글에 입사하였다가 5개월 만에 다시 구글을 떠나 해양정보수집 로봇을 개발하는 벤처기업 '리퀴드 로보틱스'의 최고 소프트웨어 아키텍트(CSA)로 자리를 옮겨 일해오고 있다.

중간점검

01 1995년에 선 마이크로시스템즈(Sun Microsystems) 사에서 공식 개발한 언어로, 프로그래밍 언어 C++를 기반으로 한 객체지향 프로그래밍 언어는 무엇인가?

02 1991년 네덜란드의 귀도 반 로섬(Guido van Rossum)이 개발한 객체지향 프로그래밍 언어로, 현재 미국의 대학에서 컴퓨터 기초 과목으로 가장 많이 가르치는 프로그래밍 언어 중 하나는 무엇인가?

프로그래밍 초보를 위한 비주얼 프로그래밍 언어

스크래치

스크래치(scratch)는 2007년 MIT 대학의 미디어랩(Media Lab)에서 개발한 비주얼 프로그래밍 (visual programming) 개발 도구이다. 스크래치는 브라우저에서 직접 개발하는 환경으로 커뮤니티 기반 웹 인터페이스로 구성되어 있다. 즉 스크래치는 컴퓨터에 대한 지식이 전혀 없는 일반인과 청소년 또는 지금 바로 **프로그래밍에 입문한 학생들을 대상으로 컴퓨터 프로그래밍의 개념을 이해할 수 있도록 도와주는 교육용 프로그래밍 언어(educational programming language)**이다. 스크래치는 다양한 이미지나 사운드를 제공하여 쉽게 사용할 수 있으며, 코딩에 의한 프로그램 방식이 아닌 직관적으로 누구나 쉽게 이해할 수 있는 블록을 끼워 맞춰 프로그램을 작성하도록 한다.

그림 1-56 스크래치 홈 페이지

스크래치 웹사이트(scratch.mit.edu)가 개설된 2007년 이후 전 세계의 다양한 연령대의 사람들이 사용하고 있으며, 공유되는 프로젝트도 5백만 개가 넘어서고 있다. 스크래치의 개발 환경은 한국어로도 서비스되고 있는데, 국내에서는 대학보다는 초등학생을 중심으로 스크래치를 활용한 교육과정을 발굴하거나 창의성 계발에 관한 연구가 활발히 이루어지고 있다. 초등학교부터 프로그래밍 교육을 강화하려는 요즘 스크래치와 같은 비주얼 프로그래밍 언어를 활용하면 좋은 성과가 기대된다.

앨리스

앨리스는 카네기 멜론 대학교에서 '마지막 강의'로 알려진 랜디 포시(Randy Pausch) 교수가 주도하여 개발한 프로그래밍 교육 도구로, 쉽게 삼차원 인터랙티브 그래픽 콘텐츠를 제작하면서 객체지향 프로그래밍 기법을 학습할 수 있는 교육용 소프트웨어이다. 앨리스는 컴퓨터 전공학과의 저학년 학생들이 프로그래밍을 어렵게 생각하고 포기하지 않도록 프로그래밍 개념과 실습을 학습할 수 있도록 지원하는 프로그래밍 소프트웨어로, 특히 프로그래밍 언어 자바, C++, C#과 같은 객체지향 프로그래밍 기법을 학습하는데 유용한 개발 도구로 알려져 있다.

앨리스는 다른 비주얼 프로그래밍 개발 도구처럼 문서를 편집하는 형식의 기존 프로그래밍 방법을 벗어나 다양한 캐릭터나 객체를 끌어다 놓는(Drag & Drop) 방식으로 프로그래밍을 할 수 있도록 해준다. 즉 이러한 비주얼 프로그래밍 기법은 프로그래밍언어 문법학습에 대한 학습자들의 부담을 덜어 주고 쉽게 프로그래밍이 가능하도록 한다. 특히 앨리스는 클래스와 객체로 콘텐츠 제작에 사용할 수 있는 다양한 캐릭터를 제공하고, 사용법이 쉬우므로 일반인도 쉽게 삼차원 애니메이션이나 게임을 제작할 수 있다.

그림 1-57 앨리스 홈페이지(http://www.alice.org/index.php)

중간점검

01 2007년 MIT 대학의 미디어랩(Media Lab)에서 개발한 비주얼 프로그래밍(visual programming) 개발 도구는 무엇인가?

02 카네기 멜론 대학의 랜디 포시(Randy Pausch) 교수가 주도하여 개발한 프로그래밍 교육 도구로 객체지향 프로그래밍 기법을 학습하는데 유용한 개발 도구는 무엇인가?

01 아침에 일어나 집을 떠나기 전까지의 과정을 자연 언어의 알고리즘으로 작성하시오.

02 밥을 짓는 과정을 자연 언어의 알고리즘으로 작성하시오.

03 자연 언어를 이용하여 1부터 10까지 출력하는 알고리즘을 작성하시오.

04 자연 언어를 이용하여 반지름이 r인 원의 면적과 원 둘레 길이를 구하여 출력하는 알고리즘을 작성하시오.

05 흐름도를 이용하여 방에 들어가 어두운 정도에 따라 방의 불을 켜고 의자에 앉는 과정의 알고리즘을 작성하시오.

06 흐름도를 이용하여 입력 받은 정수가 양수인지 음수인지, 아니면 0인지 판별하여 출력하는 알고리즘을 작성하시오.

07 흐름도를 이용하여 입력 받은 정수가 짝수인지 홀수인지 판별하여 출력하는 알고리즘을 작성하시오.

08 흐름도를 이용하여 반지름이 r인 원과 높이가 h로 구성되는 원기둥의 체적을 구하여 출력하는 알고리즘을 작성하시오.

02

CHAPTER

C 프로그래밍 첫걸음

학습목표

▶ **프로그램 구현과정과 통합개발환경을 설명할 수 있다.**
 - 프로그램 구상, 소스편집, 컴파일, 링크, 실행 과정
 - 통합개발환경의 필요 소프트웨어

▶ **비주얼 스튜디오로 C 프로그램을 개발할 수 있다.**
 - 솔루션과 프로젝트의 생성, 소스 생성
 - 빌드와 실행

▶ **함수 puts()와 printf()로 구성되는 C 프로그램을 구현할 수 있다.**
 - 함수의 요소와 이해
 - 솔루션에 여러 개의 프로젝트 생성
 - 오류의 종류와 원인 파악
 - 오류 발생에 따른 디버깅 과정

학습목차

02 ① 프로그램 구현 과정과 통합개발환경

프로그램 구현 과정

프로그램 구현 과정 5단계

이전 단원에서 소프트웨어를 개발하려면 **요구분석, 설계, 구현, 검증, 유지보수**라는 5 단계 과정을 거친다고 배웠다. 우리는 프로그래밍에 입문하는 초보자로서 세 번째 단계인 구현[1] 부분에 대해 자세히 알아보고자 한다. 물론 구현을 생각한다는 것은 C나 자바처럼 개발할 프로그래밍 언어는 이미 선정되어 있다고 볼 수 있다.

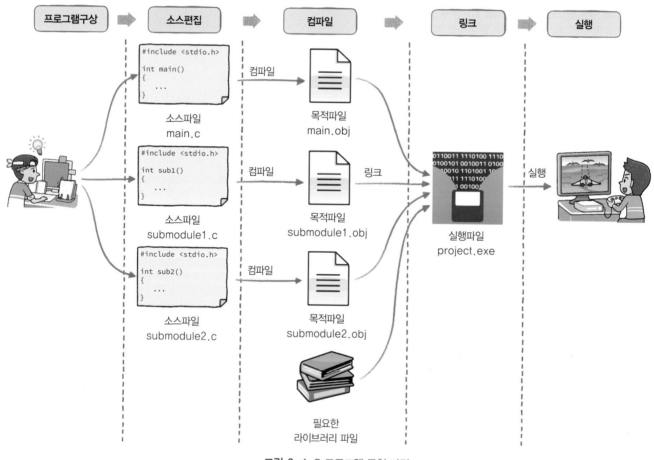

그림 2-1 C 프로그램 구현 과정

---

1 구현의 영어 표현은 주로 implementation을 사용하며, 프로그램을 작성하는 것을 의미한다. 구현은 개발(development)이라고 표현해도 무리는 없을 것으로 보인다. 다만 소프트웨어 개발이라는 표현에서의 개발은 큰 범주의 개념이고, 구현에서의 개발은 프로그램을 작성하는 과정이라고 보면 좋을 듯하다. 그러나 엄격하게 이를 구분할 필요는 없을 것으로 보이며, 일반적으로 프로그램 작성 과정도 구현과 개발을 함께 사용한다.

프로그램을 구현하기 위해서는 프로그램구상, 소스편집, 컴파일, 링크, 실행의 5단계를 거친다. 가장 먼저 수행하는 소스[2] 편집에 앞서 필요한 프로그램을 구상해야 할 것이다. 간단한 프로그램은 하나의 소스파일로 구성되지만 프로그램이 커진다면 여러 개의 소스파일로 구성하는 것이 효율적일 수 있다. 다음은 우리가 배울 C 프로그램 개발 과정에서 프로그램구상에서부터 실행까지의 다섯 단계를 보여주고 있다.

프로그램구상과 소스편집

프로그램을 개발하기 위해 가장 먼저 해야 할 일은 소스파일(source file)을 어떻게 작성해야 할 지 그 내용에 대해 생각하는 것이다. **소스 또는 소스코드는 선정된 프로그래밍 언어인 C 프로그램 자체로 만든 일련의 명령문을 의미한다.** 대규모 프로그램을 작성할 경우 프로그램 구상은 이미 배운 소프트웨어 개발 과정의 설계 단계에서 수행하는 과정이라고 볼 수 있다.

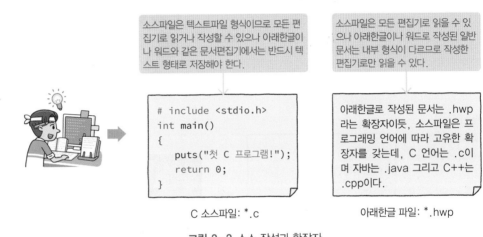

소스파일은 텍스트파일 형식이므로 모든 편집기로 읽거나 작성할 수 있으나 아래한글이나 워드와 같은 문서편집기에서는 반드시 텍스트 형태로 저장해야 한다.

소스파일은 모든 편집기로 읽을 수 있으나 아래한글이나 워드로 작성된 일반 문서는 내부 형식이 다르므로 작성한 편집기로만 읽을 수 있다.

```
# include <stdio.h>
int main()
{
    puts("첫 C 프로그램!");
    return 0;
}
```

아래한글로 작성된 문서는 .hwp라는 확장자이듯, 소스파일은 프로그래밍 언어에 따라 고유한 확장자를 갖는데, C 언어는 .c이며 자바는 .java 그리고 C++는 .cpp이다.

C 소스파일: *.c   아래한글 파일: *.hwp

그림 2-2 소스 작성과 확장자

프로그램 구상 시 이미 배운 대로 순서도나 의사코드를 사용할 수도 있다. 만일 프로그램 구상이 이루어졌으면 다음은 소스파일(source file)을 만드는 일이다. **C와 같은 프로그래밍 언어로 원하는 일련의 명령어가 저장된 파일을 소스파일(source file)[3]이라 하며 일반 텍스트파일로 저장되어야 한다.** 소스파일은 윈도우인 경우 노트패드(notepad), 유닉스인 경우 edit나 vi와 같이 일반 텍스트로 저장되는 편집기로도 만들 수 있으나 통합개발환경[4]이 제공하는 편집기에서는 편리성을 제공하여 보다 손쉽게 소스를 만들 수 있다. 아래한글로 작성된 문서는 .hwp라는 확장자이듯, **소스파일은 프로그래밍 언어에 따라 고유한 확장자를 갖는데, C 언어는 .c이며 자바는 .java 그리고 C++는**

---

2 소스(source)는 C나 자바와 같이 선정된 특정한 언어로 작성한 내용을 말하며, 저장된 파일을 소스 파일(source file), 프로그램 자체를 소스 코드(source code)라고 부른다.

3 소스파일은 원시파일(origin file)이라고도 부른다. 소스파일은 프로그램 관점으로 표현하면 소스프로그램이라고 표현하며, 마찬가지로 원시파일은 원시프로그램이라고도 표현한다.

4 프로그램 개발하기 위해서는 편집기(editor), 컴파일러(compiler), 링커(linker), 디버거(debugger) 등이 필요한데, 이를 통합하여 편리하게 제공하는 개발환경을 통합개발환경, 영문 약자로 IDE라 한다.

.cpp이다. 소스파일 이름은 프로그램의 동작을 설명하는 이름으로, 개발 이후 시간이 지나더라도 알아보기 쉬운 이름으로 저장하기를 권장한다.

컴파일

컴파일러(compiler)는 고급언어인 프로그래밍 언어로 작성된 소스파일에서 기계어로 작성된 목적파일(object file)을 만들어내는 프로그램이다. 즉 고급 프로그래밍언어에서 기계어를 만들어 내는 과정을 컴파일 과정이라 하며, '컴파일한다'(compiling)라고 한다. 앞에서 보았듯이 컴퓨터는 고급 언어로 작성된 프로그램을 직접 인식할 수 없다. 한국어를 모르는 외국인이 한국어를 이해하지 못하는 것과 같다. 따라서 통역사가 한국어를 외국인이 아는 영어로 번역하는 것처럼 컴퓨터가 이해할 수 있는 언어인 기계어로 바꾸어주어야 하는데, 컴파일러가 이를 수행하는 것이다.

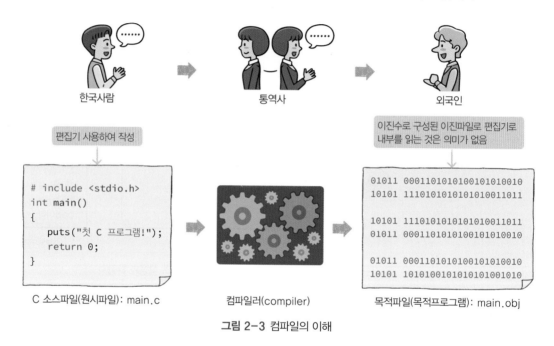

그림 2-3 컴파일의 이해

컴파일러에 의해 처리되기 전의 프로그램을 소스코드(source code)라면 컴파일러에 의해 기계어로 번역된 프로그램은 목적코드(object code)라 한다. 컴파일 결과로 목적코드가 저장된 목적파일이 생성되는데, 비주얼 스튜디오에서 소스파일 main.c, submoudule1.c, submoudule2.c 3개를 컴파일하면, 확장자는 .obj이며 소스파일에 대응하는 3개의 목적파일, main.obj, submoudule1.obj, submoudule2.obj가 생성된다.

링크와 실행

링커(linker)는 하나 이상의 목적파일을 하나의 실행파일(execute file)로 만들어 주는 프로그램이다. 링커(linker)는 **여러 개의 목적파일을 연결하고 참조하는 라이브러리를 포함시켜 하나의 실행파일을 생성하는데, 말뜻 그대로 이 과정을 링크(link) 또는 링킹(linking)이라 한다.** 자주 사용하는 프로그램들은 **프로그램을 작성할 때, 프로그래머마다 새로 작성할 필요 없이 개발환경에서 미**

리 만들어 컴파일해 저장해 놓는데, 이 모듈을 **라이브러리(library)**[5]라 한다. 리포트를 만들 때 자신의 지식과 보관자료가 부족하면 도서관의 자료를 찾듯, 말뜻 그대로 **라이브러리란 공용으로 사용하기 위해 이미 만든 목적코드로 파일 *.lib 또는 *.dll 등으로 제공**된다. 링크의 결과인 실행파일의 확장자는 .exe또는 .dll, .com 등이다. **비주얼 스튜디오에서는 컴파일과 링크 과정을 하나로 합쳐 빌드(build)**라 한다. 즉 빌드는 컴파일한 후, 계속해서 자동으로 링크를 수행하는 과정을 말한다. 빌드가 성공하면 하나의 실행파일이 만들어지고 이를 실행하면 그 결과를 알 수 있다.

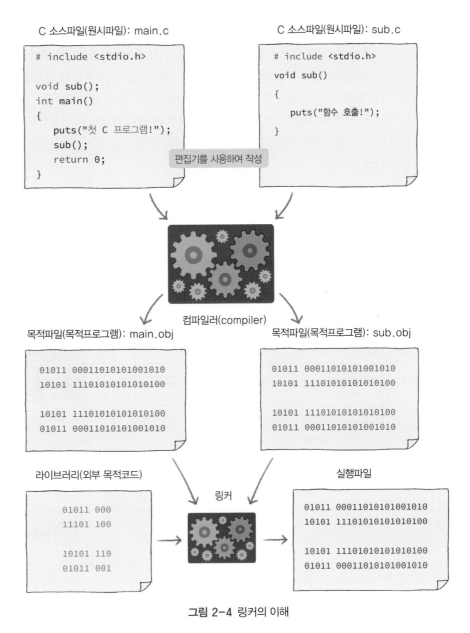

그림 2-4 링커의 이해

---

5 C 언어와 같은 절차지향 언어에서는 라이브러리가 함수로 구성되어 있으므로 라이브러리를 라이브러리 함수라고도 표현한다.

오류와 디버깅

프로그램 개발 과정에서 나타나는 모든 문제를 오류 또는 에러(error)라고 한다. 오류는 그 **발생 시점에 따라 컴파일(시간) 오류와 링크(시간) 오류, 실행(시간) 오류로 구분**할 수 있다. 컴파일 오류는 개발환경에서 오류 내용과 위치를 어느 정도 알려주므로 오류를 찾아 수정하기가 비교적 쉽다. 링크 오류는 컴파일 오류보다 상대적으로 드물고, main() 함수 이름이나 라이브러리 함수 이름을 잘못 기술하여 발생하는 경우가 대부분이다. 링크까지 성공했는데 실행하면서 오류가 발생해 실행이 중지되는 경우가 실행 오류로, 간혹 문법적인 문제가 실행 오류까지 영향을 미치는 경우도 있다.

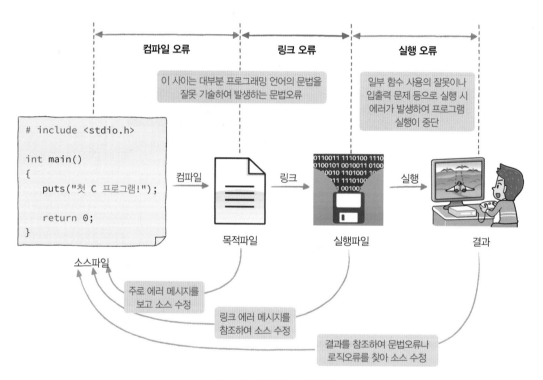

그림 2-5 디버깅의 순환과정

오류의 원인과 성격에 따라, 프로그래밍 언어 문법(syntax)을 잘못 기술한 문법 오류(syntax error)와 내부 알고리즘이 잘못되거나 원하는 결과가 나오지 않은 등의 논리 오류(logic error)로 분류할 수 있다.

- 즉 잘못된 한국어는 영어로 통역이 안되듯이 문법이 잘못된 소스로 발생하는 오류는 문법 오류이다.

- 또한 원의 면적을 구하는데 '2 × 3.14(원주율) × 반지름'으로 계산하거나, 해당년도의 종합소득세를 계산했는데 잘못된 결과가 나오는 등이 논리 오류이다.

대부분의 문법 오류는 컴파일 또는 링크 시간에 발생하며 로직 오류는 실행 시간에 발생할 수도 있고 아예 오류 메시지가 표시되지 않을 수도 있다. 이와 같이 **프로그램 개발 과정에서 발생하는 다양한 오류를 찾아 소스를 수정하여 다시 컴파일, 링크, 실행하는 과정을 디버깅(debugging)이라 하며, 이를 도와주는 프로그램을 디버거(debugger)라 한다.** 여기서 벌레라는 단어의 버그(bug)란 바로 오류를 의미하며, 디버깅이란 버그를 잡는다는 의미에서 오류를 수정하는 과정이다.

실제 대규모 응용 프로그램 개발에서, 처음부터 오류가 없는 프로그램을 작성하기란 거의 불가능하다고 볼 수 있다. 특히 **대규모 프로젝트에서 메모리 할당과 해제 등 잘못된 알고리즘으로 인한 로직 오류는 오류 메시지가 표시되지 않으므로 그 원인을 찾기 위해 소스 코드를 한 줄, 한 줄 자세히 점검해야 하므로 경험과 끈기를 요구**한다. 이러한 어려운 논리 오류 수정은 편리하고 효율적인 디버거의 도움을 받아 처리해야 한다. 특히 설계 과정에서 근원적인 문제로 발생한 논리 오류라면, 아예 설계부터 다시 해야 하는 번거로움도 있을 수 있다. 대부분의 규모가 큰 소프트웨어는 숨어 있는 논리 오류가 있다고 한다. 다만 실행흐름오류가 숨어있는 부분을 지나가지 않기 때문이다. 그래서 대부분의 소프트웨어는 오류수정에 의한 버전 업그레이드가 있는 것이다.

그림 2-6 오류와 디버깅

"아, 이 나방(bug)이 문제였구나!"

컴퓨터에서 일어나는 오작동이 벌레(bug) 때문이라는 것을 최초로 발견한 사람은 미 군함계산식 프로젝트를 맡아 하버드대에서 마크II컴퓨터를 담당하던 그레이스 호퍼 중위였다. 1947년 9월 9일, 호퍼 중위는 컴퓨터가 갑자기 멈추게 되자 컴퓨터 패널의 릴레이를 살펴보게 되었는데 바로 여기에 나방이 끼어 있었던 것이다.

마크II 컴퓨터는 그녀의 상관인 해군 예비역 중령 하워드 에이킨이 만든 것이었는데, 그 당시 최고 성능의 최신식 디지털 컴퓨터였다. 에이킨은 하버드대 물리학과 출신으로 치밀한 성격의 소유자였는데 IBM과 더불어 마크컴퓨터 시리즈를 개발한 천재이자 0세대 컴퓨터계의 대표적인 인물이기도 하다.

호퍼 중위는 릴레이 사이에서 벌레가 발견된 전후 상황을 컴퓨터 로그기록 노트에 자세하게 적었다.

그림 2-7 벌레를 발견한 그레이스 호퍼

"09:00 마크II 작동 시작, 10:00 작동을 멈추다. 패널 릴레이를 교환하다. 11:00 코사인 테이프 시작. 15:25 멀티 덧셈기를 테스트하다. 15:47 70번 패널 릴레이에서 벌레(나방)가 끼인 것을 확인하다. 이것은 벌레가 발견된 실제 케이스이다."

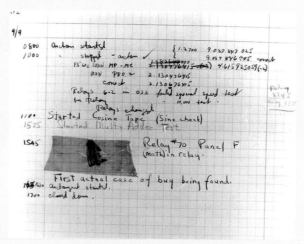

그림 2-8 벌레 발견 정황을 자세하게 기록한 로그 노트

그녀는 곧바로 그 나방을 테이프로 노트에 붙여 놓았다. 지금과 달리 당시의 컴퓨터는 기계식이었고 자전거 체인과 같은 릴레이로 된 방식이 대부분이었다. 이러한 작동부분이 몇 군데나 되었기 때문에 당시에는 나방이나 각종 벌레, 심지어 쥐가 기계를 고장내는 일이 다반사였다. 호퍼 중위가 나방을 발견했을 때 '버그(bug)'라는 단어가 구체적인 의미를 나타나게 되었다. 이후 호퍼의 보고서에 등장한 '버그'는 2차 대전 중 사용되는 레이더의 오작동을 설명하는 데 사용되는 등 컴퓨터나 정밀기기에 가장 많이 쓰이게 되는 단어가 된다.

프로그램 구현 과정 순서도

지금까지 알아본 프로그램 구현 과정에서 배운내용을 순서도로 표시해 보면 다음과 같다. **컴파일, 링크, 실행 시 오류가 발생하면 대부분 소스 코드를 수정해서 다시 컴파일, 링크, 실행을 해야 한다.**

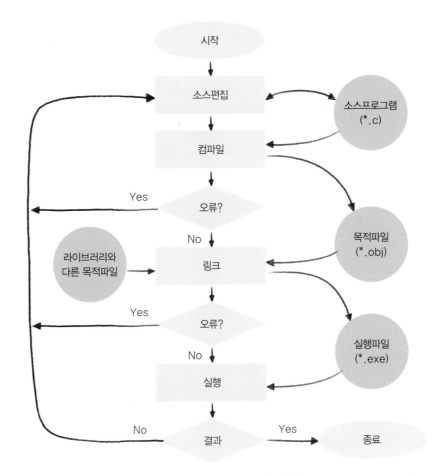

그림 2-9 프로그램 구현 과정 순서도

01 프로그램 구현 과정 5단계 중 나머지 4단계는?

프로그램구상 ⇒ _____ ⇒ _____ ⇒ _____ ⇒ _____

02 소스파일 add.c를 컴파일하여 생성되는 파일은?

03 프로그램을 작성할 때, 프로그래머마다 새로 작성할 필요 없이 개발환경에서 미리 만들어 컴파일해 저장해 놓은 모듈은?

04 프로그램 개발 과정에서 발생하는 다양한 오류를 찾아 소스를 수정하여 다시 컴파일, 링크, 실행하는 과정은?

05 발생 시점에 따른 오류 분류 중, 개발환경에서 오류 내용과 위치를 어느 정도 알려주므로 오류를 찾아 수정하기가 비교적 쉬운 오류 종류는?

다양한 통합개발환경

개발도구와 통합개발환경 IDE

해외 여행 시 가장 먼저 필요한 것은 항공예약이다. 그 다음으로 현지에서의 교통이용, 관광지, 숙박 등 알아봐야 할 내용이 많다. 마찬가지로 개발 도구에서 가장 먼저 필요한 것은 프로그램 명령어인 프로그래밍 언어의 내용을 편집하는 편집기(editor)이다. 또한 개발 도구에서 작성된 고급 프로그래밍 언어를 컴퓨터가 이해할 수 있는 기계어로 변환해주는 컴파일러, 작성된 프로그램에서 발생하는 프로그램 오류를 쉽게 찾아 수정할 수 있도록 도와주는 디버거, 여러 목적 파일을 하나의 실행 파일로 만들어 주는 링커 등 여러 기능을 담당하는 개발 관련 프로그램이 필요하다. 즉 **프로그램 개발 과정에는 컴파일러, 링커, 디버거 등 필요한 프로그램**이 많다.

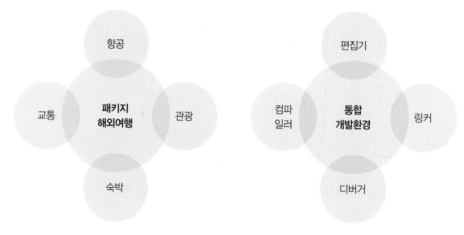

그림 2-10 통합개발환경의 이해

여행사의 패키지 상품을 이용한다면 해외여행에 필요한 각종 예약 및 정보를 일일이 알아볼 필요가 없이 패키지 여행만 따라다니면 된다. 패키지 여행과 같이 **프로그램 개발에 필요한 편집기(editor), 컴파일러(compiler), 링커(linker), 디버거(debugger) 등을 통합하여 편리하고 효율적으로 제공하는 개발환경을 통합개발환경, 영문 약자로 IDE라 한다.**

소프트웨어를 개발함에 있어서 적절한 프로그래밍 언어 및 개발 환경의 선택은 중요하다. 적당한 프로그래밍 언어와 이에 적합한 통합개발환경을 사용하면 코딩과 검사가 수월해지며 유지보수가 쉬워진다. 현재 고급 언어 C와 C++를 이용하여 개인용 컴퓨터의 윈도우즈 기반에서 실행되는 프로그램을 개발하기 위해서 가장 많이 이용하는 통합개발환경은 마이크로소프트 사의 '비주얼 스튜디오(Visual Studio)'이다.

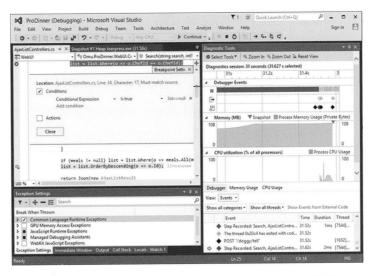

그림 2-11 대표적 IDE 마이크로소프트 사의 '비주얼 스튜디오'의 화면

마이크로소프트 비주얼 스튜디오

마이크로소프트(MS) 사의 비주얼 스튜디오는 여러 프로그래밍 언어와 환경을 지원하는 통합개발환경이다. **비주얼 스튜디오는 프로그램 언어 C/C++ 뿐만 아니라 C#, JavaScript, Python, Visual Basic 등의 여러 프로그램 언어를 이용하여 응용 프로그램 및 앱을 개발할 수 있는 다중 플랫폼 개발 도구**이며, 윈도우 운영체제에서 이용되고 있다. **비주얼 스튜디오 프로페셔널(professional)과 비주얼 스튜디오 엔터프라이즈(enterprise)가 상용 버전이라면 비주얼 스튜디오 커뮤니티(community)는 무료 버전**이다. 우리는 앞으로 비주얼 스튜디오 커뮤니티 2015을 통합개발환경으로 사용한다.

그림 2-12 비주얼 스튜디오의 홈페이지(www.visualstudio.com)

이클립스 C/C++ 개발자용 IDE

이클립스는 이클립스 컨소시엄이 개발한 유니버셜 도구 플랫폼으로 모든 부분에 대해 개방형이며 PDE(Plug-in Development Environment) 환경을 지원하여 확장 가능한 통합개발환경이다. 이클립스를 개발하는 이클립스 컨소시엄은 이클립스 플랫폼을 개발, 지원, 발전시키는 IBM을 주축으로 한 비영리 단체로 소프트웨어 개발 방법을 발전시키려는 단체이다. 이러한 이클립스의 가장 큰 특징은 확장성에 있다. 그러므로 이클립스는 풍부한 개발 환경을 제공하여 개발자가 이클립스 플랫폼으로 유연하게 통합되는 도구를 효율적으로 작성할 수 있도록 한다.

그림 2-13 이클립스 홈페이지의 데스크탑 IDE(www.eclipse.org/ide)

이클립스는 자바 개발자용 IDE(Eclipse IDE for Java Developers)를 시작으로 여러 기능의 모듈을 추가할 수 있는 환경을 갖고 있으며, **C/C++ 개발자용 IDE(Eclipse IDE for C/C++ Developers)가 C/C++를 개발하기 위한 개발도구**로 컴파일러는 따로 설치해야 한다. 그러므로 C/C++ 컴파일러로는 주로 공개 모듈인 GNU의 GCC(GNU Compiler Collection)를 이용한다. 유닉스용 C 컴파일러인 GCC의 윈도우 버전인 MinGW(Minimalist GNU for Windows)를 이용하면 윈도우 환경에서 Eclipse CDT는 C/C++ IDE 역할을 충분히 한다.

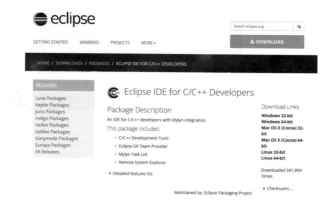

그림 2-14 C/C++ 개발자를 위한 이클립스 IDE 내려받기 페이지
(www.eclipse.org/downloads/packages/eclipse-ide-cc-developers)

Dev-C++

완전 무료인 Dev-C++은 유닉스 운영체제제용 컴파일러인 GCC와 MinGW를 포함하여 배포하는 통합개발환경이다. 다음 웹 사이트에서 무료로 다운로드 받을 수 있다.

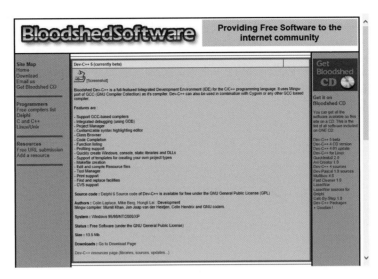

그림 2-15 Dev-C++ 홈페이지(www.bloodshed.net/devcpp)

다음은 Dev-C++를 이용한 간단한 프로그램의 생성 화면이다.

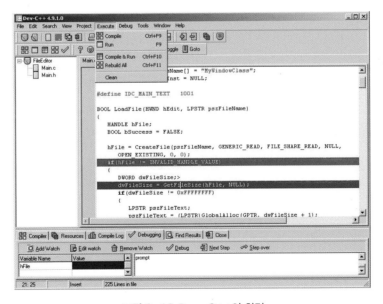

그림 2-16 Dev-C++의 화면

01 프로그램 개발에 필요한 편집기(editor), 컴파일러(compiler), 링커(linker), 디버거(debugger) 등을 통합하여 편리하고 효율적으로 제공하는 개발환경은?

02 마이크로소프트(MS) 사의 비주얼 스튜디오에서 무료 버전의 이름은?

03 이클립스 컨소시엄이 개발한 유니버셜 도구 플랫폼으로 모든 부분에 대해 개방형이며 PDE(Plug-in Development Environment) 환경을 지원하여 확장 가능한 통합개발환경은?

02 ② 비주얼 스튜디오 설치와 C 프로그램의 첫 개발

비주얼 스튜디오 커뮤니티 설치와 이해

비주얼 스튜디오의 다양한 버전

비주얼 스튜디오는 '커뮤니티', '프로페셔널', '엔터프라이즈' 제품으로 나뉜다. '프로페셔널'과 '엔터프라이즈'는 유료 제품으로 가격도 만만치 않다. 상업적으로 프로그램을 개발하려면 당연히 이러한 유료 제품을 사용해야 한다. 그러나 학생과 같이 프로그래밍 학습을 하거나 개인적으로 이용한다면 **마이크로소프트가 무료로 제공하는 '비주얼 스튜디오 커뮤니티'**를 쓰면 된다. 대표적으로 '비주얼 스튜디오 커뮤니티 2015'는 기능성과 확장성에서 상용 제품 수준이다. 비주얼 스튜디오 홈페이지 (www.visualstudio.com)에 접속하면 '비주얼 스튜디오'와 "비주얼 스튜디오 온라인" 그리고 '비주얼 스튜디오 코드'에 각각 접속할 수 있으며, 각종 버전의 비주얼 스튜디오를 내려 받을 수 있다.

그림 2-17 비주얼 스튜디오 홈페이지(www.visualstudio.com)

비주얼 스튜디오 커뮤니티 내려 받기

현재 무료 정식 버전을 받기 위해 홈페이지의 [Visual Studio Community 2015 다운로드] 또는 우측상단의 [무료 Visual Studio →]를 누르면 다음 페이지가 표시된다. 이 페이지에서 왼쪽 시작하기의 [다운로드]를 클릭한다. 하단에 표시된 저장 표시 화면에서 [저장(S)]을 누르면 저장할 수 있으며, [실행(R)]을 눌러 설치를 시작한다.

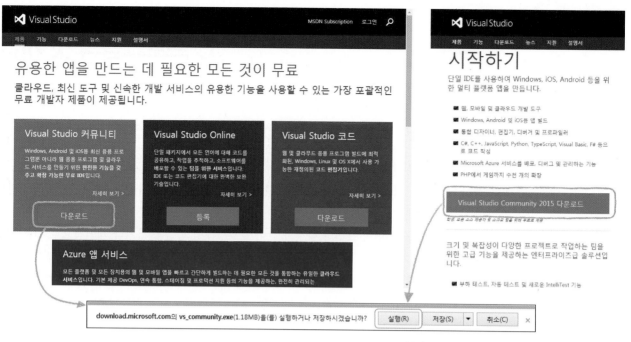

그림 2-18 무료 버전인 비주얼 스튜디오 커뮤니티 2015 내려 받기

비주얼 스튜디오 설치와 실행

비주얼 스튜디오 커뮤니티 버전의 실행이 시작된 후 표시되는 대화상자에서 [표준 설치] 설치 유형을 선택하면 다음과 같이 간단히 설치할 수 있다. [사용자 지정 설치]를 선택하면 여러 모듈 중에서 설치할 모듈을 선택하여 설치할 수 있다. 대화상자 하단 우측의 [설치]를 눌러 설치를 시작하자. 설치가 시작되면 설치 과정 대화상자가 보이고 [설치완료]를 알리는 대화상자가 표시된다.

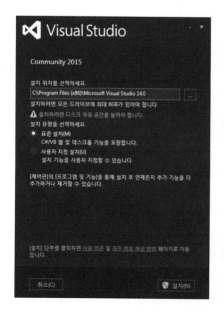

그림 2-19 비주얼 스튜디오 커뮤니티 2015 설치 과정

위 마지막 대화상자에서 [지금 다시 시작]을 누르면 시스템이 다시 부팅되고 비주얼 스튜디오를 실행할 수 있다. 비주얼 스튜디오를 실행하면 [로그인] 대화상자가 표시되고, ①첫 화면에서 본인 인증을 하려면 중간 부분에 위치한 [로그인]을 눌러 마이크로소프트 계정으로 로그인 하도록 한다. 현재로서는 로그인이 그리 필요하지 않으며, [나중에 로그인]을 누르면 [색 테마 선택]을 할 수 있는 대화상자로 이동한다. ② 이 대화상자에서 간단히 [개발 설정]은 '일반'으로 지정하고 [색 테마 선택]을 하나 선택 한 후 [Visual Studio 시작(S)]를 누르면 사용 준비를 알리는 화면이 나타나고, 기다리면 통합개발환경의 첫 화면이 표시된다.

그림 2-20 비주얼 스튜디오 커뮤니티 2015 설치 후 진행과정

다음이 비주얼 스튜디오 커뮤니티의 첫 화면으로, 이전 버전처럼 한글지원 언어 팩의 설치 없이 바로 한글을 지원한다.

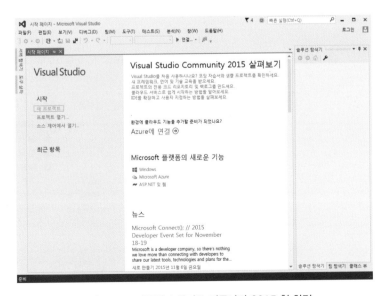

그림 2-21 비주얼 스튜디오 커뮤니티 2015 첫 화면

01 자신의 컴퓨터에 직접 비주얼 스튜디오 커뮤니티를 설치해 보자.

02 비주얼 스튜디오에서 한글지원 언어 팩을 설치하려면 어느 메뉴를 이용하는가?

비주얼 스튜디오의 솔루션과 프로젝트 생성

프로젝트 생성을 위한 설정값 지정

비주얼 스튜디오 커뮤니티에서 나의 첫 C 프로그램을 개발해 보자. 가장 먼저 비주얼 스튜디오의 개념적 콘테이너인 솔루션과 프로젝트를 만들어야 한다. 이를 위해 비주얼 스튜디오 첫 화면의 [시작 페이지] 하단에서 바로 **[새 프로젝트…] 연결을 누르거나, 주 화면에서 메뉴 [파일] → [새로 만들기] → [프로젝트]를 연이어 선택**한다.

❶ 비주얼 스튜디오 첫 화면의 [시작 페이지] 하단에서 바로 [새 프로젝트…] 누른다.

그림 2-22 비주얼 스튜디오의 [새 프로젝트…] 연결

❷ 메뉴에도 보이듯이 단축키 Ctrl + Shift + N으로 바로 [새 프로젝트] 대화상자가 표시된다.

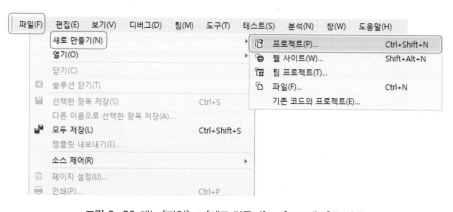

그림 2-23 메뉴 [파일] → [새로 만들기] → [프로젝트]를 선택

대화상자 [새 프로젝트]에서 왼쪽 '템플릿' 하단 'Visual C++'를 선택한다. 중앙에 'Windows 데스크톱용 Visual C++ 2015 도구 설치'가 있다면 이를 선택한 후 '확인'을 눌러 [누락된 기능 설치] 대화상자에서 아직 설치되지 않은 도구를 설치한다. 비주얼 스튜디오의 첫 실행에서 아직 Visual C++에 대한 도구 설치가 미비할 수 있다.

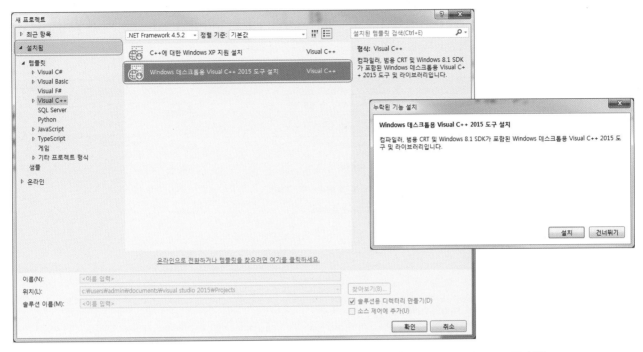

그림 2-24 미비된 Windows 데스크톱용 Visual C++ 2015 도구 설치

다음이 누락된 기능이 설치되는 과정의 대화상자를 나타낸다. 누락된 기능을 설치하려면 비주얼 스튜디오를 종료하고 설치해야 한다.

그림 2-25 누락된 기능 설치 과정

이제 다시 비주얼 스튜디오를 실행시켜 [새 프로젝트] 대화상자를 띄우도록 한다. [새 프로젝트] 대화상자는 솔루션과 프로젝트를 생성하기 위한 여러 설정값을 요구한다. 선택된 템플릿 'Visual C++'에서 프로젝트 형식은 중앙에서 'Win32 콘솔 응용프로그램[6]'으로 선택한다. **앞으로 여기서 다룰 모든 프로그램의 템플릿은 'Win32콘솔 응용 프로그램'이라는 것을 잊지 말자.** '솔루션[7] 이름' 으로 단원이름 'Ch02'을 지정하고, 프로젝트[8] 'First C Project'로 '이름'을 지정하도록 하자. '위치' 는 솔루션과 프로젝트 관련 폴더와 여러 파일이 저장될 상위 폴더이다. '위치'에 지정되는 폴더는 없는 경우 자동으로 생성된다.

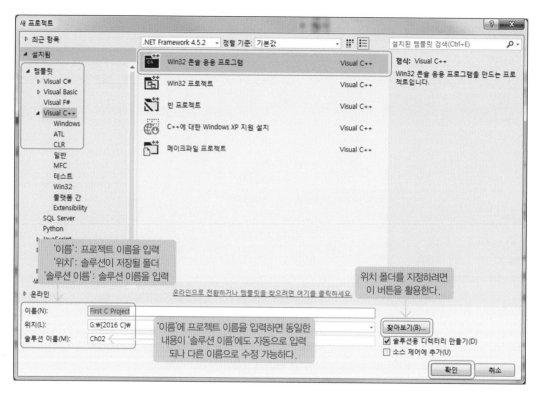

그림 2-26 그림 [새 프로젝트] 대화상자 주요 설정 내용 지정

솔루션과 프로젝트를 만들기 위해 대화상자 [새 프로젝트]의 여러 설정 내용을 다시 한번 확인한 후, [확인]을 누른다.

---

6 콘솔 응용 프로그램은 도스와 같은 콘솔 화면에 프로그램 결과가 텍스트 형태로 표시된다. 그러므로 콘솔 응용 프로그램은 윈도우 프로그램이 아닌 텍스트 기반의 프로그램을 말한다.

7 솔루션은 하나의 프로젝트 또는 여러 개의 프로젝트가 포함되는 비주얼 스튜디오의 개념적 컨테이너이다.

8 프로젝트는 솔루션 내에서 응용 프로그램을 구성하는 항목을 논리적으로 관리, 빌드 및 디버깅하기 위한 컨테이너이며, 소스파일과 관련 파일 및 폴더로 구성된다. 프로젝트는 일반적으로 실행 프로그램(.exe), 동적 연결 라이브러리(.dll) 파일 또는 모듈로 그 결과가 출력된다.

표 2-1 [새 프로젝트]의 여러 설정 내용

주요 설정	설명	설정 내용
템플릿	개발하려는 환경	Visual C++
프로젝트 형식	다양한 프로젝트 형식 중에 하나 선택	Win32 콘솔 응용 프로그램
이름	만들려는 프로젝트 이름을 입력	First C Project
위치	솔루션과 프로젝트가 저장되는 폴더	G:\[2016 C]
솔루션 이름	만들려는 솔루션 이름을 입력	Ch02
솔루션을 디렉토리로 만들기	솔루션을 폴더로 지정하려면 체크	체크

응용 프로그램 설정

계속되는 대화상자 'Win32 응용 프로그램 마법사'의 첫 'Win32 응용 프로그램 마법사 시작' 화면에서 [마침]을 선택하지 말고, [다음]을 누르면 응용 프로그램의 종류와 옵션을 지정할 수 있다. **응용 프로그램의 종류는 [콘솔 응용 프로그램]으로 지정하고 추가 옵션에서 초기에 기본적으로 해제되어 있는 [빈 프로젝트]를 선택한다.** 다시 한번 확인한 후 [마침]을 누르면 원하는 프로젝트와 솔루션이 생성되고 주 화면에 표시된다.

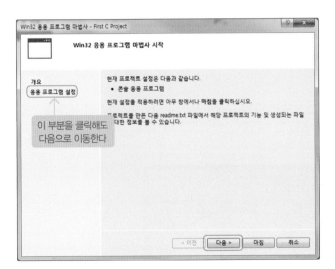 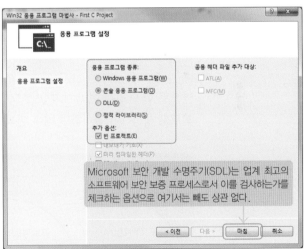

그림 2-27 대화상자 [Win32 응용 프로그램 마법사]의 두 화면

솔루션 탐색기

생성된 솔루션과 프로젝트는 주 화면 오른쪽 '솔루션 탐색기'에서 살펴 볼 수 있다. **솔루션 탐색기는 전체 솔루션의 그래픽 뷰를 제공하여 응용 프로그램을 개발할 때 솔루션의 프로젝트와 파일을 쉽게 관리할 수 있도록 도움**을 준다. 생성된 솔루션 'Ch02' 하단부에 바로 생성된 프로젝트 'First

C Project' 표시를 확인할 수 있으며, 프로젝트는 그 하단부에 관련 폴더인 리소스 파일, 소스 파일, 외부 종속성, 참조, 헤더 파일로 나뉜 것을 볼 수 있다. 또한 솔루션 탐색기 하단의 속성에서는 솔루션 탐색기에서 선택한 프로젝트 'First C Project'에 대한 속성정보가 표시된다.

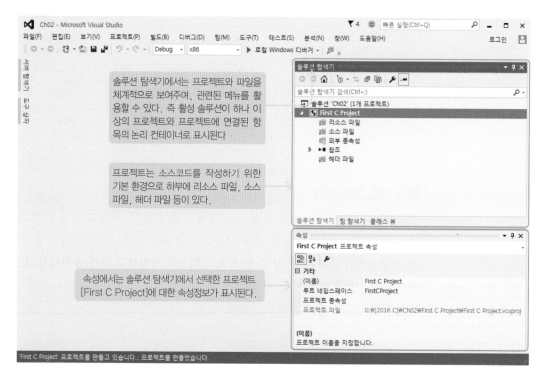

그림 2-28 솔루션과 프로젝트가 생성된 솔루션 탐색기

앞으로 한 단원에 여러 예제 프로그램이 있으므로 단원을 솔루션으로 만들고, 각각의 예제를 프로젝트로 생성하여 관리하면 매우 편리할 것으로 보인다.

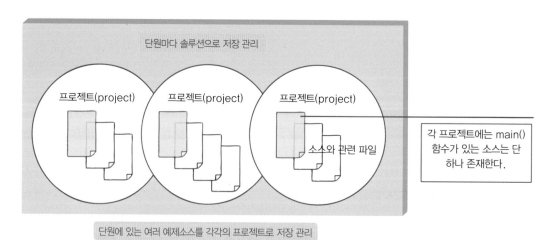

그림 2-29 단원을 솔루션으로, 예제를 프로젝트로 지정

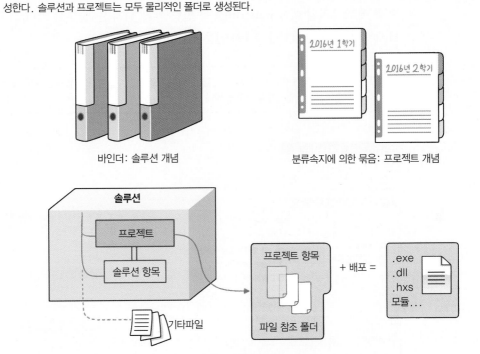

비주얼 스튜디오를 활용하기 위해서는 가장 먼저 솔루션(solution)과 프로젝트(project)의 이해가 필요하다. 우리는 서류 파일이나 노트를 정리할 때 '바인더'와 '분류속지'를 사용한다. 예로 '2016년 1학기'와 '2016년 2학기'라는 이름으로 각각 바인더를 준비하고, 해당 학기의 해당 교과목에 사용하는 노트는 '분류속지'로 구분하여 정리할 수 있다. 여기서 '바인더'는 솔루션에 해당하고 '분류속지'는 프로젝트라고 볼 수 있다. 즉 솔루션은 하나 이상의 프로젝트를 저장·관리하는 콘테이너 단위이다. 프로젝트는 여러 소스와 관련 파일을 저장·관리하는 단위로, 프로젝트 이름으로 하나의 실행파일이나 실행모듈을 생성한다. 솔루션과 프로젝트는 모두 물리적인 폴더로 생성된다.

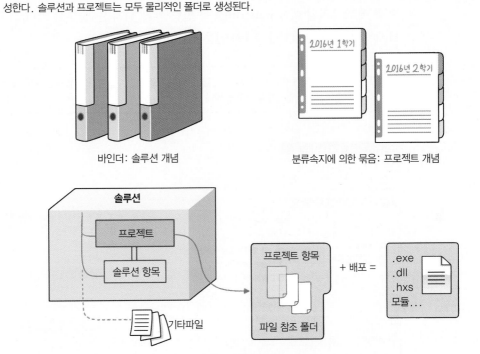

바인더: 솔루션 개념

분류속지에 의한 묶음: 프로젝트 개념

그림 2-30 솔루션과 프로젝트의 이해

중간점검

01 비주얼 스튜디오에서 솔루션과 프로젝트의 개념을 설명하시오.

02 오른쪽 [새 프로젝트] 대화상자에서 '확인' 버튼으로 만든 솔루션과 프로젝트의 폴더 구조를 기술하시오.

03 생성된 솔루션과 프로젝트를 보여주는 창의 이름은?

프로젝트에서 소스 작성과 실행

소스 파일 생성 편집

소스파일을 작성하려면 메뉴 [프로젝트], [새 항목 추가]를 선택한다. 또는 **'솔루션 탐색기'의 '소스 파일' 폴더에서 마우스 오른쪽을 클릭하여 메뉴 [추가] → [새 항목]을 선택**해도 좋다. 표시된 대화 상자 [새 항목 추가 – First C Project]에서 각각 'Visual C++'와 'C++ 파일 (cpp)'을 선택한 후, '이름'에 소스파일 이름 putstring.c를 입력한다. '위치'는 '솔루션 폴더/프로젝트 폴더'인 'Ch01/First C Project'을 확인한 후 [추가]를 누른다.

 NOTE: 파일이름에 반드시 확장자 .c를 입력하도록 하자. 입력하지 않으면 자동으로 확장자가 .cpp가 되어 C++ 컴파일러가 동작하게 된다.

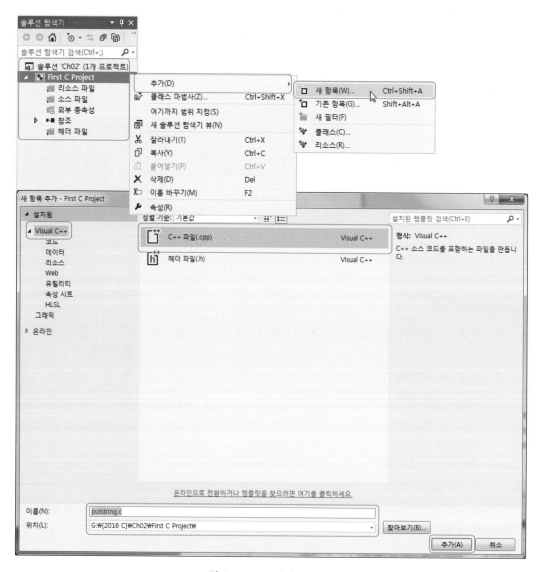

그림 2-31 소스파일 생성 방법

다음은 텅 빈 소스파일 putstring.c가 생성된 화면 모습이다. 솔루션 탐색기의 '소스 파일' 폴더 하단부에 파일 putstring.c가 표시되며 왼쪽에는 소스를 편집할 수 있는 창이 나타난다. 이제 편집기에서 소스를 꼼꼼히 작성하도록 한다. 솔루션 탐색기의 소스파일을 선택하면 하단 속성에 파일의 자세한 정보를 살펴볼 수 있다.

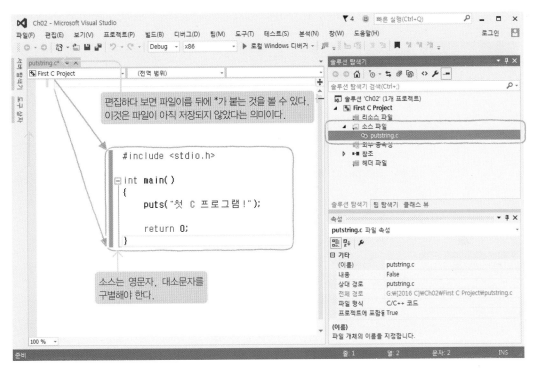

그림 2-32 소스 파일 생성과 편집

 NOTE: **솔루션과 프로젝트, 그리고 프로그램 소스**
솔루션은 여러 개의 프로젝트를 저장하며, 프로젝트는 여러 개의 프로그램 소스를 가질 수 있다. 하나의 프로젝트는 하나의 main() 함수만을 정의할 수 있다.

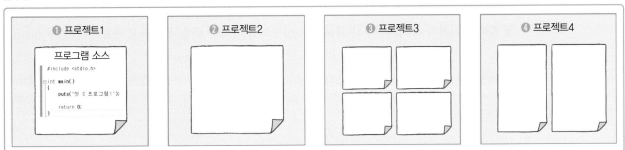

그림 2-33 솔루션과 프로젝트, 그리고 프로그램 소스

첫 예제 소스 간략한 이해와 작성

C로 만드는 첫 예제 소스를 알아보자. 위에서 만든 프로젝트 [First C Project]에 이 예제를 담으려 한다. 이 **첫 예제는 문자열 "첫 C 프로그램!"이 콘솔 창에 출력되는 간단한 C 프로그램**이다. C 소스는 영문자의 대소문자를 구별하며 #, 〈, 〉, (,), ;, {, }와 같은 특별한 의미의 여러 문자들로 구성된다. 다음이 여덟 줄로 구성된 소스와 설명, 그리고 그 실행결과이다.

실습예제 2-1	**putstring.c**
	파일이름은 대소문자의 의미는 크게 없으며, 확장자 c를 붙이도록 한다.

```
01    #include <stdio.h>
02
03    int main()
04    {
05        puts("첫 C 프로그램!");
06
07        return 0;
08    }
```

5줄에서 시작해서 6줄을 지나, 7줄 return 0로 0을 반환하고 프로그램은 종료된다.

설명	
01	컴파일 되기 전에 일련의 작업을 지시하는 문장
02	빈 줄은 문법적인 의미는 없으나 시각적으로 필요
03	int: 함수의 반환 유형을 의미하며, 정수를 의미하는 int
03	main(): C 프로그램의 시작 부분을 알리는 약속된 단어
04	{: main() 함수의 몸체 구현 시작을 의미하며, 8줄의 몸체 구현 종료 문장 }와 대응
05	puts(): 매개변수로 입력된 문자열을 출력하는 문장
05	"첫 C 프로그램!": puts() 함수의 매개변수로, 콘솔에 출력할 문자열을 큰 따옴표로 묶음
05	문장을 종료할 때는 ;(세미콜론)을 입력
06	빈 줄은 문법적인 의미는 없으나 시각적으로 필요하면 사용
07	return: 함수의 결과값을 반환하는 문장으로 이어서 반환값을 기술
07	0: 반환하는 값으로 정수값 0을 지정하는데, 이 반환값이 정수이므로 3줄에서 int로 입력
08	}: 4줄의 함수 시작과 대응되는 함수 종료 의미

실행결과	첫 C 프로그램!

C 프로그램을 실행하려면 항상 main()이라는 함수를 가져야만 한다. **프로그램은 main() 함수의 첫 줄에서 시작하여 거기서부터 차례대로 실행되어 마지막 줄을 실행하고 종료**된다. 함수 main() 은 이미 이름이 main으로 정해진 특수한 함수이다. 함수는 main과 같이 함수이름 다음에 괄호() 가 표시되며, 함수의 시작은 문자 {로, 종료는 문자 }로 표시한다. 이미 정해진 단어 main은 반드시 대소문자로 구분하여 기술하고 중간에 공백이 들어갈 수 없으며, 소괄호 ( )와 중괄호 { }는 구분되어야 한다. 적당한 공백과 빈 줄은 소스의 이해력을 높이기 위해 필요하면 넣을 수 있다. 소스 편집 시 입력되는 단어와 주의해야 할 문자를 살펴보면 다음과 같다.

- `include, stdio.h, int, main, puts, return`
- `# < > ( ) { } ; ""`

 NOTE: 함수 main()의 반환값

운영체제는 C 프로그램이 종료될 때 main()으로부터 값을 돌려받는다. 만일 반환값이 0이라면 정상적인 종료를 의미하며, 다른 값이면 비정상적인 종료를 의미한다. 그러므로 main() 함수의 마지막은 일반적으로 0을 반환하는 return 0; 문장으로 종료된다.

초보자에게 처음으로 하는 코딩 작업은 뭔가 어설프다. 그러나 컴파일러는 하나의 오타도 허용하지 않으므로 편집기에서 주의를 기울여, 행과 열을 맞추어 정확히 소스를 입력하도록 하자. **문장의 종료를 표시하는 세미콜론 ;을 콜론 :으로 잘못 입력하면 컴파일에 문제가 발생**한다. 또한 int와 main()을 붙여 써도 문제가 발생한다. 컴파일러는 잘못된 문자 하나도 용납하지 않는다. 예전에 정확한 원고가 필요하거나 글 연습용으로 원고지를 많이 활용한 기억이 있을 것이다. 다음과 같이 원고지에 소스를 입력한다고 생각하고 하나, 하나 입력한다면 코딩에 익숙하지 않더라도 잘못 없이 쉽게 편집할 수 있을 것이다.

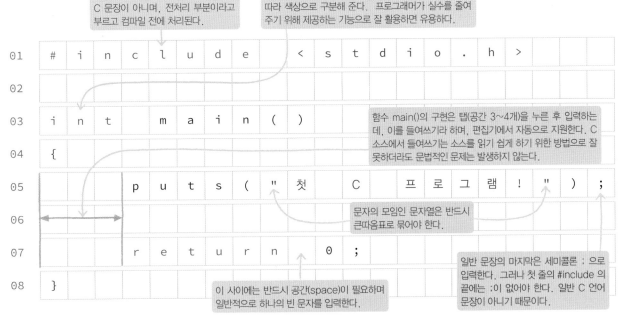

그림 2-34 소스가 기록된 원고지 모습과 주의점

NOTE: **코딩 초보자가 주의해야 할 사항**

- 괄호 (), 중괄호 {}, 대괄호[], 꺽쇠 〈〉, 큰따옴표 ", 작은따옴표 ' 등은 쌍으로 나오니 주의를 요함
- 큰따옴표"와 작은따옴표 ' 그리고 세미콜론 ;과 콜론:은 서로 구분하도록 주의
- 대문자와 소문자는 정확히 구분하도록 주의
- 함수 main(), puts(), printf() 등 철자가 틀리지 않도록 주의
- #include 〈stdio.h〉 지시어에 주의
- 단어 int, return, void 등 철자에 주의

NOTE: **코딩 용지(coding sheet)**

다음은 포트란을 사용할 당시에 사용하던 코딩 용지이다. 입력장치와 편집기의 기능이 떨어지는 고급 언어 사용 초기에는 프로그래밍 언어에 따라 정해진 일정한 양식의 코딩 용지를 사용하였다고 한다. 이러한 코딩 용지를 사용하면 정해진 문법에 따라 알아보기 쉽게 코딩이 가능하여 문법 오류를 줄이는 효과가 있었다. 그러나 성능 좋은 편집기가 발달함에 따라 문법 오류를 줄이는 다양한 방법을 제공하게 되어 이러한 코딩 용지는 사용하지 않고 있다.

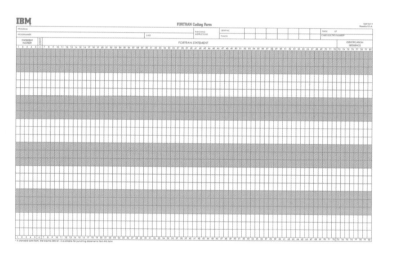

그림 2-35 포트란 언어를 위한 코딩 용지

C 프로그램에서 #include와 같은 전처리 문장을 제외하고, 일반 문장에서의 줄과 엔터키, 탭, 들여 쓰기 등은 프로그램의 실행에는 아무 영향을 미치지 않는다. 즉 소스에서 사용하는 단어를 구분할 수 있거나 문장의 마지막을 나타내는 세미콜론 ; 그리고 < > { } ( ) ""와 같은 각종 구두 문자만 문법에 맞게 사용한다면 컴파일 오류 없이 실행이 가능하다. 다음과 같은 소스는 실행은 가능하나 적합한 소스라고 볼 수 없으며, 위에서 배운 빈 줄이나 적합한 공백은 가독성을 위해 꼭 필요하다.

```
# include <stdio.h>
int main() {puts("첫 C 프로그램!"); return 0;}
```

그림 2-36 실행은 가능하나 가독성이 떨어지는 등 적합하지 않은 소스

NOTE: **자동 들여쓰기 단축 키 Ctrl + K + F**

만일 소스의 들여쓰기에 문제가 있다면 단축키로 쉽게 들여쓰기를 수정할 수 있다. 즉 자동으로 들여쓰기를 원하면, 조정하고 싶은 영역을 마우스 드래그로 선택하거나 Ctrl + A로 전체 소스를 선택한 뒤 Ctrl를 누른 상태에서 K를 눌렀다 떼고 잠시 후 F 키를 누르면(Ctrl + K + F) 자동으로 들여쓰기가 된다.

프로젝트 실행

이제 작성한 첫 프로그램을 실행해 보도록 하자. 첫 프로그램의 실행으로 마음이 급하니 컴파일과 링크 과정 없이 바로 실행하도록 한다. **❶ 작성된 소스에는 문제가 없어야 실행에 성공한다. 실행을 위해서는 메뉴 ❷ [디버그] → ❸ [디버깅하지 않고 시작]을 선택**한다. 처음 실행하고 컴파일과 링크 과정을 합친 빌드 과정을 거치지 않았으므로 **❹ 빌드를 묻는 대화상자가 먼저 표시**되는데, [예]를 눌러 진행한다. 소스에 문제가 없다면 **❺ '출력'에 빌드 과정이 표시**되고, 마지막 줄에 성공 1, 실패 0과 같이 표시된다. 이제 빌드에 성공했다면 바로 실행결과로 다음과 같이 **❻ 검정색 바탕의 콘솔 화면이 표시**될 것이다. 프로젝트를 생성할 때 '콘솔 응용 프로그램'을 설정한 것을 기억할 것이다. **콘솔 응용 프로그램이란 그 결과가 콘솔화면에 텍스트 형태로 출력되는 프로그램을 말한다.** 콘솔 화면의 결과에는 마지막 줄에 항상 '계속하려면 아무 키나 누르십시오…'라는 문장이 출력된다. 이 문장은 프로그램 내용과 관계없이 항상 콘솔 화면의 마지막에 표시되는 문구이다. 결과를 확인했다면 '아무 키나 누르면 콘솔화면이 사라진다'라는 안내문에 불과하다.

● 실행의 단축 키는 [Ctrl + F5]이다. 현재 프로젝트를 실행하려면 바로 이용하자.

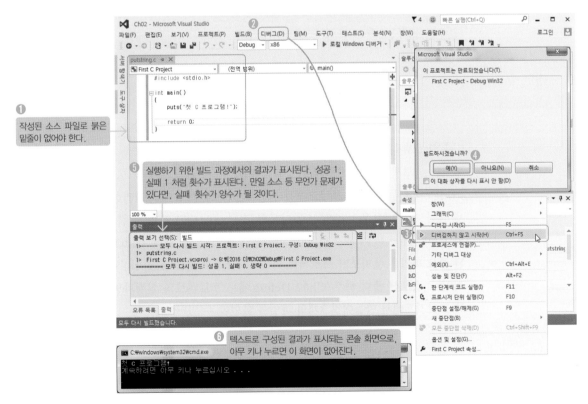

그림 2-37 프로젝트 실행을 위한 메뉴와 실행 과정, 그리고 실행 결과

컴파일과 링크

이번에는 빌드 과정을 직접 수행해 보자. 비주얼 스튜디오에서 **컴파일과 링크 과정을 거쳐 실행파일을 생성하는 과정을 빌드**라 한다. 메뉴 [빌드] → [First C Project 빌드]를 선택하면 화면 하단부의 출력 창에 빌드 과정과 그 결과가 표시되는 것을 확인할 수 있다. 또한 **메뉴 [빌드]에서 마지막 메뉴 [컴파일]을 선택하면 컴파일만 수행**할 수 있으며, 컴파일 후 메뉴 [빌드] → [프로젝트만] → [First c Project만 링크]를 선택하면 링크만 구분하여 실행할 수도 있다.

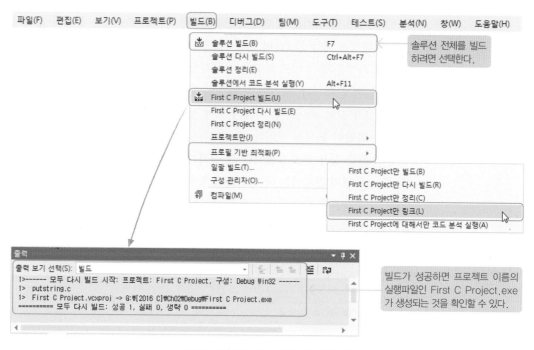

그림 2-38 빌드와 그 결과 화면 '출력'

비주얼 스튜디오 생성 파일

우리는 솔루션 'Ch02' 하부에 프로젝트 'First C Project'를 만들고, 그 하부에 프로그램 소스 putstring.c를 만들어 첫 C 프로그램을 만들어 보았다. 그렇다면 이러한 과정에서 생성된 폴더와 파일을 알아보자. 다음은 비주얼 스튜디오의 '솔루션 탐색기'와 실제 폴더 구조, 그리고 프로젝트 폴더인 'Ch02/First C Project'의 하부 파일을 보이고 있다. **폴더 'Ch02/First C Project' 하부에 생성된 주요 파일을 살펴보면 프로젝트 파일 'First C Project.vcxproj'와 소스 파일 pustring.c가 대표**적이다. **솔루션 폴더 하부 'Ch02/Debug'에는 프로젝트의 실행파일 'First C Project.exe'를 비롯해 프로젝트에서 만들어진 3개의 파일을 확인**할 수 있다.

- 솔루션 'Ch02' 하부/프로젝트 'First C Project', 그 하부에 프로그램 소스 putstring.c
- 빌드의 결과로 프로젝트이름과 같은 실행파일 'First C Project.exe'가 생성

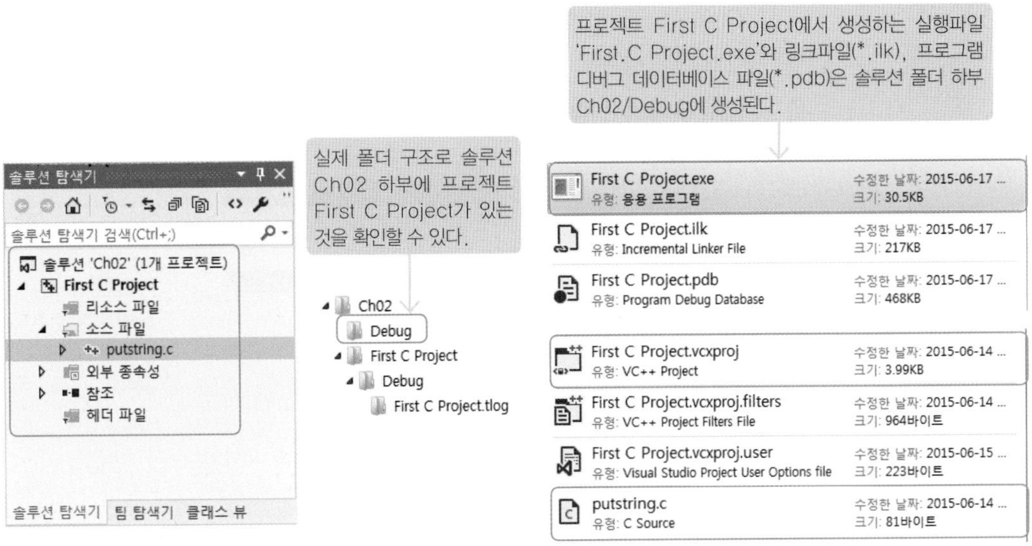

프로젝트 First C Project에서 생성하는 실행파일
'First C Project.exe'와 링크파일(*.ilk), 프로그램
디버그 데이터베이스 파일(*.pdb)은 솔루션 폴더 하부
Ch02/Debug에 생성된다.

실제 폴더 구조로 솔루션
Ch02 하부에 프로젝트
First C Project가 있는
것을 확인할 수 있다.

그림 2-39 솔루션 탐색기와 폴더 구조와 파일

C 프로그램 개발과정에서 많은 파일이 생성된다. 첫 프로그램 개발을 위해 진행한 과정에서 생성된 폴더와 파일을 정리하면 다음과 같다.

표 2-2 비주얼 스튜디오 C 프로젝트 관련 파일

솔루션 폴더: Ch02	프로젝트 폴더: Ch02/First C Project		
파일명.확장명	파일 이름	설명	위치
Ch02.sln	솔루션	프로젝트, 프로젝트 항목 및 솔루션 항목을 솔루션으로 구성	Ch02
First C Project.vcxproj	프로젝트	비주얼 C++ 프로젝트 파일	Ch02/First C Project
putstring.c	소스	C 프로그램 소스 파일	
putstring.obj	목적	컴파일되었지만 링크되지 않은 개체 파일	Ch02/First C Project/Debug
First C Project.ilk	링크	링크 파일	Ch02/Debug
First C Project.exe	실행	실행 파일 또는 동적 연결 라이브러리 파일	
First C Project.pdb	디버그	프로그램 디버그를 위한 데이터베이스 파일	

솔루션 저장과 생성된 솔루션, 프로젝트 열기

프로젝트를 마치려면 메뉴 [파일] → [모두 저장]을 누른 후 [파일] → [끝내기]를 선택하여 비주얼 스튜디오를 종료한다. 물론 '모두 저장'은 아이콘 메뉴 로도 저장이 가능하다.

이제 비주얼 스튜디오를 다시 실행해서 이전에 생성한 솔루션을 열려면 메뉴 [파일] → [최근에 사용한 프로젝트 및 솔루션]을 눌러 하부의 원하는 솔루션을 선택한다. 첫 프로그램에서 작성한 솔루션 'Ch01.sln'을 선택하면 솔루션 탐색기와 소스 putstring.c가 나타난다. 일반적으로 메뉴 [파일] → [열기] → [프로젝트/솔루션]을 선택하면 원하는 프로젝트 또는 솔루션을 찾아 열(open) 수 있다. **솔루션 파일은 확장자가 sln이며, 프로젝트 파일은 vcxproj이다.**

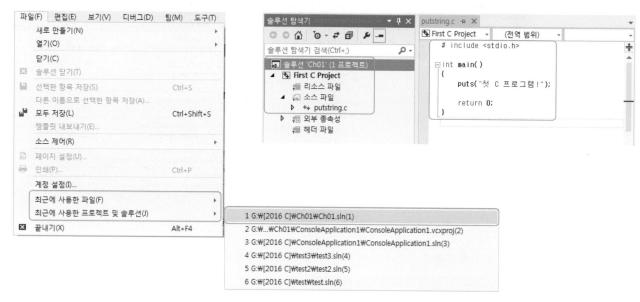

그림 2-40 최근에 사용한 프로젝트 및 솔루션 열기(open)

중간점검

01 자신의 이름과 학번을 출력하는 프로그램을 작성하시오.

02 다음 프로그램을 작성해 실행하시오.

```c
#include <stdio.h>

int main()
{
    puts("소스작성");
    puts("빌드");
    puts("실행");

    return 0;
}
```

03 컴파일의 결과 파일이 저장되는 폴더는?

04 디버그 모드에서 빌드의 결과 파일이 저장되는 폴더는?

C 프로그램의 이해와 디버깅 과정

함수의 이해

함수 개요와 시작함수 main()

C프로그램의 시작과 끝은 함수이다. 바꿔 말하면 함수만 제대로 활용할 수 있다면 C프로그램에서 자신감을 가져도 좋다는 얘기이다. 그렇다면 앞에서 보았던 소스에서 과연 무엇이 '함수'일까? 자, 3행에서 main(), 5행에서 puts()가 보이는가? 이것이 바로 함수이다.

C프로그램과 같은 절차지향 프로그램은 함수(function)로 구성된다. 함수는 아래 그림과 같이 'a, b, c...'와 같은 입력(input)을 받아 'y'와 같은 결과(output) 값을 만들어 내는 기계장치와 같다. 전체 프로그램에서 이러한 기계장치인 함수 하나하나가 프로그램 단위가 된다. 함수에서 주의할 점은 '입력'은 여러 개 사용될 수 있지만 결과값은 꼭 하나여야 한다는 점이다. 함수는 6장에서 자세히 학습하도록 하며, 여기서는 간략히 살펴보자.

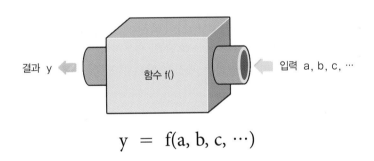

$$y \ = \ f(a, b, c, \cdots)$$

그림 2-41 함수는 입력과 출력 기능을 갖는 프로그램 단위

그렇다면 함수는 어떻게 나누어질 수 있을까? 이것은 굉장히 단순한 문제이다. 즉, 프로그래머인 내가 만들 수 있는 함수와 시스템이 미리 만들어 놓아서 내가 수정할 수 없는 함수로 나누어진다. **프로그래머가 직접 만드는 함수를 사용자 정의 함수(user defined function)라고 하며, 시스템이 미리 만들어 놓은 함수를 라이브러리 함수(library function)라 한다.**

이러한 '함수'를 사용하는 데에도 몇 가지 필수적인 용어와 과정을 알아야 한다. 이것은 마치 인터넷상에서 신용카드로 물품을 사려면 다음의 용어와 과정을 거치는 것과 마찬가지이다.

① 내가 가진 신용카드의 '한도액'을 알아야 하고
② '공인인증서'로 1차 인증을 한 후
③ 신용카드번호를 입력하고, '비밀번호'를 입력한다.
④ 휴대폰을 통해 전달된 '승인번호'를 입력하고
⑤ 카드사의 '승인'을 기다려
⑥ 최종 '결제'한다.

그림 2-42 신용카드와 사용절차

함수에서의 용어는 어떤 것들이 있을까?

- 함수 정의(function definition): 사용자 정의 함수를 만드는 과정
- 함수 호출(function call): 라이브러리 함수를 포함해서 만든 함수를 사용하는 것
- 매개변수(parameters): 함수를 정의할 때 나열된 여러 입력 변수
- 인자(argument): 함수 호출 과정에서 전달되는 여러 입력값

이미 구현해 본 소스에서 **main()은 사용자가 직접 만드는 함수 정의 과정**이며, puts()는 라이브러리 함수로 이를 사용하려면 함수 호출이 필요하다. **문장 puts("Hello World!")는 함수 호출 문장**이며, 문자열 "Hello World!"는 라이브러리 함수 puts()의 매개변수로 전달되는 인자로, 이 문자열이 표준출력으로 출력된다. 특별한 함수 main()을 제외하고는 프로그래머가 직접 만든 함수조차도 사용하기 위해서는 '함수 호출'이 필요하다. 이렇게 생각해보자. 도서관에서 내가 필요한 자료나 서적이 있다면 '대출'하는 과정이 필요하다. 즉 프로그램에서 필요한 함수가 있다면 '함수 호출'을 해야 한다.

다음은 C프로그램에 빠지지 않고 나오는 main()함수의 정의 부분이다.

- 함수 main() 정의의 첫 줄에 int와 void가 있는데, 이것은 각각 함수가 자신의 작업을 모두 마친 후 반환하는 값의 유형과 함수로 값을 전달할 때 필요한 입력 형식을 나타낸다.
- 그 다음에는 중괄호 {와 }를 사용하여 함수의 기능을 구현한다. 즉 함수의 구현이 시작될 때 시작하는 의미로 **여는 집합기호(open brace)**인 '{'를 넣고 함수가 모두 구현되었다면 종료의 의미로 **닫는 집합기호(close brace)**인 '}'를 적어주는 것이다.

함수 main()이 실행되는 과정을 다시 한번 확인해 보자

프로그램이 실행되면 운영체제는 프로그램에서 가장 먼저 main()함수를 찾고 입력 형태의 인자로 main() 함수를 호출한다. **호출된 main()함수의 첫 줄을 시작으로 마지막 줄까지 실행하면 프로그램은 종료**된다. 만일 main() 함수 내부에서 puts()와 같이 라이브러리 함수를 호출하면 라이브러리로 인자 "Hello World!"를 전달하여 puts()를 실행한 후 다시 main()으로 돌아와 그 다음 줄인 return 0;을 실행한다.

- 함수 main()은 프로그램 실행 시 가장 먼저 호출되는 특별한 함수로 이를 CRT 시작함수(C Runtime Startup function)라 한다.

- 함수 main()은 정상적인 작업을 마치면 정수 0을 반환하며, 비정상적으로 작업을 마쳤다면 1과 같은 0이 아닌 정수값을 반환할 수 있다. 이러한 반환 규칙은 미리 정해놓은 규약으로 main()을 호출하는 운영체제는 이 반환값을 보고 main()의 실행 상황을 알 수 있는 것이다.

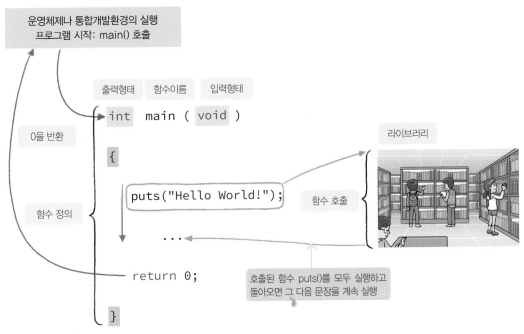

그림 2-43 CRT(C Runtime Startup function) 시작함수 main() 함수 정의와 라이브러리 함수 puts() 호출

두 번째 예제와 함수의 이해

두 번째 예제는 문자열 "Hello World!"가 콘솔 창에 출력되는 C 프로그램이다. 문자열 "Hello World!"를 출력하는 프로그램은 어떤 프로그램 언어를 배우든지 가장 처음에 등장하는 유명한 예제이다.

이 소스에서는 puts() 라이브러리 함수를 호출하지 않고 비슷한 기능의 printf()라는 라이브러리 함수를 호출(call)한다. 함수 printf("문자열")[9]는 인자인 문자열을 출력하는 기능을 수행한다.

---

9 함수 printf()는 '출력하다'라는 단어 print 와 '형식이 있는'의 의미인 'formatted'를 합친 단어로 print + f (에프)라고 읽는다.

```
01    #include <stdio.h>
02
03    int main(void)
04    {
05        printf("Hello World!\n");
06
07        return 0;
08    }
```

> 5줄에서 시작해서 6줄을 지나, 7줄 return 0으로 0을 반환하고 프로그램은 종료된다.

설명

01   #include: #과 include 사이는 빈 공간이 있어도 문제 없으나 일반적으로 #include처럼 붙여서 기술하며, 이 첫 줄은 전처리기 지시자 include라 부름

01   <stdio.h>: stdio.h는 헤더 파일이라 부르며, 헤더 파일은 꺽쇠 모양의 문자 < >로 둘러쌈

03   int: int는 정수라는 integer에서 나온 자료유형이며, 함수 main()의 결과값의 유형

03   main(void): void는 함수 입력이 없다는 것이며, main 뒤의 괄호 ()는 반드시 필요

04   ~ 8 { … }: 집합 기호인 중괄호는 여러 문장을 하나로 묶는 블록이라 함

05   printf(): 함수 이름이 printf로 print formatted의 의미로 지정한 형식을 출력한다는 의미

05   "Hello World!\n": 문자열 Hello World!는 출력할 문자열이며, \n은 새로운 줄로 이동이 라는 new line을 의미하는 문자를 표현하는데, \은 영문 키보드에서는 역슬래쉬 \임

07   return 0: 일반적으로 함수 main()은 0을 반환하면 프로그램이 정상적으로 종료됨을 의미

07   문장 종료인 ;(세미콜론)이 빠지면 컴파일 에러 발생

실행결과

```
Hello World!
계속하려면 아무 키나 누르십시오 . . .
```

C프로그램에서 main() 함수는 자동차에 시동을 켜는 열쇠와 같은 역할을 하므로 반드시 정의되어야 한다. 이러한 함수의 형태는 하나의 사람과 같이 머리와 몸체를 가지게 되는데 함수 머리(function header), 함수 몸체(function body)로 나누어진다.

- 함수 머리(function header): int main(void)와 같이 함수에서 제일 중요한 결과값의 유형, 함수이름, 매개변수인 입력 변수 나열을 각각 표시한다.
- 함수 몸체(function body): 함수 머리 이후 {...}의 구현 부분

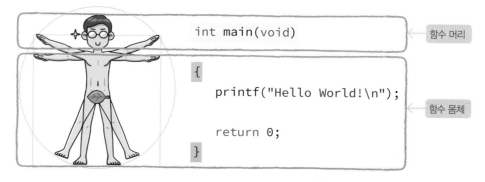

그림 2-44 사람과 같은 함수머리와 함수 몸체

프로그램은 반드시 함수 main()을 정의하는 블록 내부의 문장을 순차적으로 실행하므로, 위 예제에서 printf()를 처음으로 실행한 다음 return 0 문장을 실행하고 종료된다. 함수 헤더에서 괄호 내부의 (void)는 함수 입력이 없다는 뜻이며, 함수 몸체에서 마지막 문장인 return 0는 정수 0 값을 함수가 출력한다는 의미이다. 함수 몸체[10]는 프로그래머가 소스를 쉽게 읽고 빠르게 이해하기 위해 **블록 시작 { 다음 줄을 탭(tab)만큼 오른쪽으로 이동하여 기술하는 들여쓰기(indentation)**를 해야 한다.

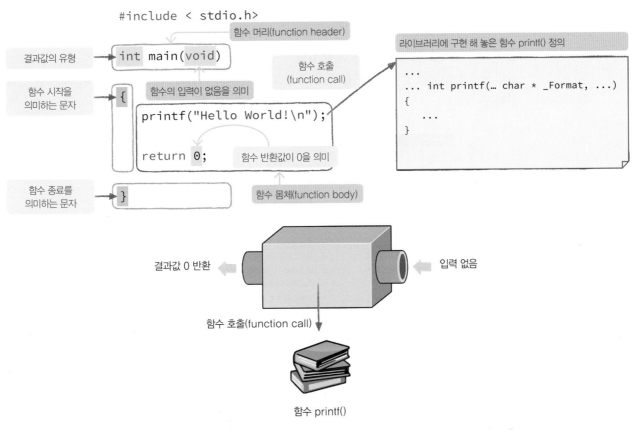

그림 2-45 main() 함수 정의와 라이브러리 함수 printf() 호출

중간점검

01 함수의 정의와 함수의 호출을 비교해 설명하시오.

02 C 프로그램이 시작되면 운영제제가 처음 호출하는 함수는?

03 다음 중 라이브러리 함수의 이름이 아닌 것은?

include   puts   printf

---

10 이를 가독성(readability)이라고도 하며, 들여쓰기는 가독성을 높이기 위해 필요한데, 자세한 내용은 3장에서 알아보자.

기존 솔루션에 프로젝트 추가

새 프로젝트 추가

위에서 살펴본 예제를 실행하기 위해 솔루션 'Ch02'에 새로운 프로젝트를 추가해 보자. 프로젝트 이름은 'Second Project'로, 소스 파일은 printstring.c로 편집한다. **이미 만든 솔루션에 프로젝트를 추가하기 위해 메뉴 [파일] → [추가] → [새 프로젝트]를 순차적으로 선택한다.** 또는 다음 그림과 같이 ❶ **솔루션 'Ch02'에서 오른쪽 마우스를 클릭해 [추가] → [새 프로젝트]를 선택**하면 [새 프로젝트 추가] 대화상자가 나타난다. 항목 '위치'가 솔루션 'Ch02'의 폴더임을 확인한 후 생성하려는 ❷ **프로젝트 이름 'Second Project'을 입력**하여 새 프로젝트를 생성한다. 다음에 [Second Project] 마법사에서 이전과 같이 ❸ **'콘솔 응용 프로그램' 라디오 버튼과 '빈 프로젝트' 체크박스를 선택**한다.

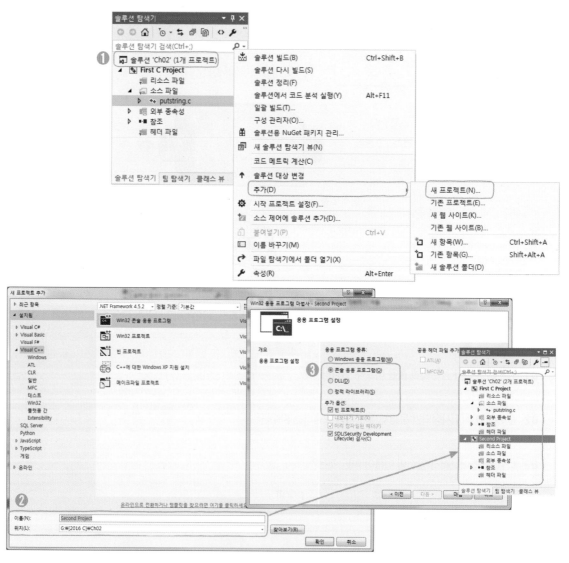

그림 2-46 [Second Project]을 위한 메뉴와 [새 프로젝트 추가] 대화상자와 설정

소스 작성과 실행

프로젝트 'Second Project'에 소스파일 printstring.c를 생성하여 소스를 편집한 후 메뉴 [빌드] → [Second Project 빌드]를 선택한다. **프로젝트를 실행하기 전에 먼저 'Second Project'를 클릭한 후 메뉴 [프로젝트] → [시작 프로젝트로 설정]을 선택한다.** 솔루션 탐색기에서 시작 프로젝트로 설정되면 다른 프로젝트보다 진하게 보인다. 메뉴 [디버그] →[디버깅 하지 않고 실행] 선택 또는 단축키 ctrl + F5로 실행 결과를 확인할 수 있다.

> **NOTE:** **시작 프로젝트로 설정을 하지 않으면?**
>
> 여러 프로젝트를 생성해 작업하다 보면 '시작 프로젝트로 설정' 선택을 지나치기 쉽다. 만일 실행할 프로젝트가 시작 프로젝트로 설정되지 않으면 다른 설정된 시작 프로젝트가 실행되는 일이 발생한다. 시작 프로젝트로 설정된 다른 프로젝트가 현재 실행하고자 하는 프로젝트와 결과가 비슷하다면 어느 것이 실행됐는지 모르고 지나가는 경우가 종종 발생할 수 있다. 조심하도록 하자.

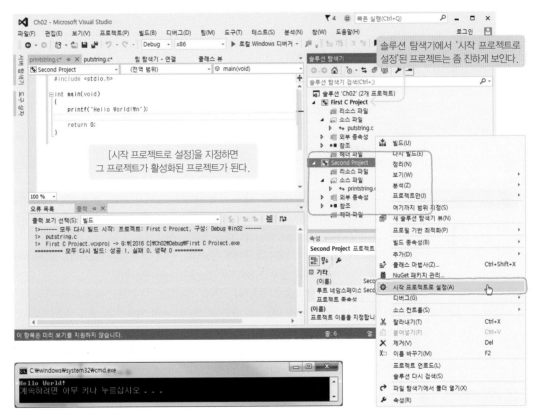

그림 2-47 [Second Project]를 시작 프로젝트로 설정 후 실행한 결과

여러 줄에 문자열을 출력

세 번째 실습예제 printmline.c는 라이브러리 함수 puts()와 printf()를 호출하여 여러 줄에 문자열 정보를 출력하는 프로그램이다. **함수 puts()는 문자열을 전용으로 출력하는 함수이며, 함수 printf("문자열")는 호출 시 전달되는 "문자열"과 같은 다양한 형태의 인자를 적절한 형식으로 출력하는 함수이다.** 다음 정보로 프로젝트와 소스를 생성하고 여러 줄에 문장이 출력되도록 프로그래밍하

자. 특히 문자열에 삽입된 새로운 줄을 의미하는 \n에 주의하여 코딩한다.

- 솔루션: 기존 솔루션 [Ch02]
- 프로젝트: [Third Project]
- 소스파일: [printmline.c]

실습예제 2-3	printmline.c

```
01   #include <stdio.h>
02
03   int main(void)
04   {
05      puts("세 번째 C 프로그램!");
06      puts("");
07      printf("-- 비주얼 스튜디오 C 프로그래밍 과정 --\n");
08      printf("\n");
09      puts("1. 솔루션과 프로젝트 만들기");
10      printf("2. 소스파일 편집\n");
11      printf("3. 실행\n");
12
13      return 0;
14   }
```

설명

05 ~ 11 { … }: 구동 함수 main()의 내부로 5줄에서 처음으로 시작해 11줄까지 순서대로 실행

05 puts(): 라이브러리 함수 puts() 호출하여 인자로 전달된 문자열 "세 번째 C 프로그램!"을 출력하고 다음 줄 첫 열로 이동하여 다음 출력을 준비

06 puts(""): 함수 호출 시 인자로 전달되는 ""은 소위 아무것도 없는 널(null) 문자로, 아무것도 출력하지 않고 다음 줄로 이동하므로 빈 줄이 나타나는 효과

08 printf("\n"): 함수 호출 시 인자로 전달되는 "\n"은 '새 줄(new line)'을 의미하는 문자 표현으로, 현재 위치에 아무것도 출력하지 않고 \n에 의해 다음 줄로 이동하므로 빈 줄이 나타나는 효과

08 ~ 9 함수 printf()의 인자와 puts()의 인자는 모두 문자열이며, printf()의 인자는 문자열 마지막에 \n이 있으나 puts()의 인자는 \n이 없어야 현재 출력 위치에 문자열을 출력 한 후, 다음 줄 첫 열로 이동하여 다음 출력을 준비

실행결과

세 번째 C 프로그램!

-- 비주얼 스튜디오 C 프로그래밍 과정 --

1. 솔루션과 프로젝트 만들기
2. 소스파일 편집
3. 실행

라이브러리 함수 puts()와 printf()를 사용하려면 첫 줄에 #include ⟨stdio.h⟩를 넣어야 한다. #include는 바로 뒤에 기술하는 헤더파일[11] stdio.h를 삽입하라는 명령어이다.

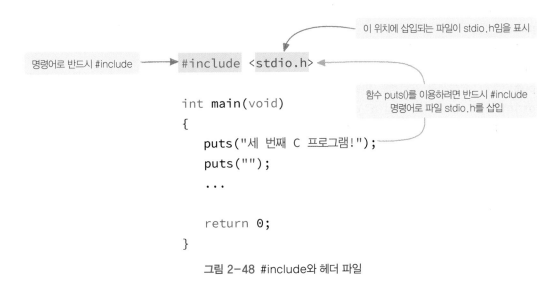

그림 2-48 #include와 헤더 파일

함수 puts()는 원하는 문자열을 괄호 ("원하는 문자열") 사이에 기술하면 그 인자를 현재 위치에 출력한 후 다음 줄 첫 열로 이동하여 출력을 기다리는 함수이다. 만일 괄호 사이에 아무것도 없으면 인자가 없으므로 오류가 발생한다. puts("")와 같이 공백 문자열을 입력하면 현재 출력 위치에 공백 문자열을 출력한 후 다음 줄로 이동하는 효과가 있다. 함수 printf()는 puts()와 비슷하지만 좀 다르다. 함수 printf()는 원하는 문자열을 괄호 ("원하는 문자열") 사이에 기술하면 그 인자를 현재 줄의 출력 위치[12]에 출력하는 함수이다. 함수 printf()도 괄호 사이에 아무것도 없으면 인자가 없으므로 오류가 발생한다. printf("")와 같이 공백 문자열을 인자로 전달하면 현재 위치에 공백문자를 출력하므로 결과는 아무것도 출력되는 것이 없다. 함수 호출 printf("\n")은 출력 위치를 새로운 줄 첫 열로 이동하게 하는 효과가 있다.

결론적으로 인자인 문자열을 출력하고 다음 줄로 이동하여 출력 위치를 지정하려면 함수 puts("문자열") 또는 함수 printf("문자열\n")로 호출해야 한다. 마찬가지로 아무것도 출력 없이 출력 위치를 다음 줄로 이동하려면 함수 puts("") 또는 함수 printf("\n")로 호출해야 한다.

---

11 헤더파일은 프로그램에서 사용되는 여러 상수와 자료형이 정의된 파일로 단원4에서 자세히 알아보자.

12 컴퓨터 모니터 등의 디스플레이 장치 위에서 입력과 출력을 기다리는 위치 또는 그 위치에 표시되는 모양을 커서라고 한다.

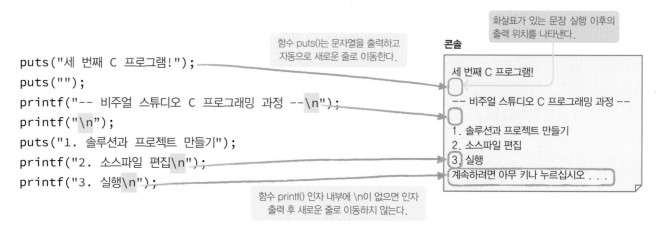

```
puts("세 번째 C 프로그램!");
puts("");
printf("-- 비주얼 스튜디오 C 프로그래밍 과정 --\n");
printf("\n");
puts("1. 솔루션과 프로젝트 만들기");
printf("2. 소스파일 편집\n");
printf("3. 실행\n");
```

> 함수 puts()는 문자열을 출력하고 자동으로 새로운 줄로 이동한다.

> 화살표가 있는 문장 실행 이후의 출력 위치를 나타낸다.

콘솔

```
세 번째 C 프로그램!

-- 비주얼 스튜디오 C 프로그래밍 과정 --

1. 솔루션과 프로젝트 만들기
2. 소스파일 편집
3. 실행
계속하려면 아무 키나 누르십시오 . . .
```

> 함수 printf() 인자 내부에 \n이 없으면 인자 출력 후 새로운 줄로 이동하지 않는다.

그림 2-49 함수 호출 puts()와 printf()의 차이

3 개의 프로젝트를 담은 솔루션 'Ch02'

위 예제 printmline.c는 솔루션 'Ch02'의 하부 프로젝트 'Third Project'에 저장하자. 이제 솔루션 'Ch02'에는 총 3개의 프로젝트를 만들어 보았다. 다음 그림은 이러한 솔루션의 내용을 살펴볼 수 있는 솔루션 탐색기가 보이는 주 화면이다. 2장부터 실습하는 예제소스도 이와 같이 단원이름인 하나의 솔루션에 예제 소스의 여러 프로젝트를 담도록 하자. 편집기의 왼쪽에 소스의 줄 번호를 보이려면 메뉴 [도구] → [옵션]을 선택하여 표시된 '옵션' 대화상자에서 [텍스트 편집기] → [C/C++]를 선택한 후 '설정'의 [줄 번호] 체크박스를 선택한다.

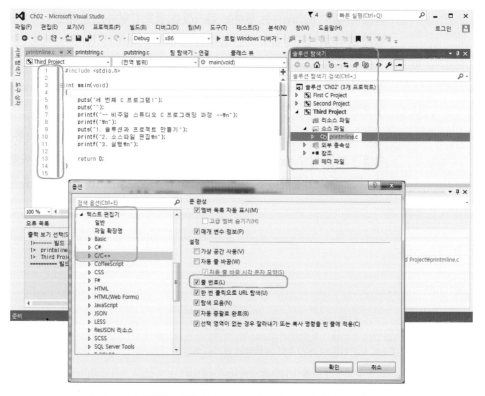

그림 2-50 솔루션 'Ch02'의 여러 프로젝트와 소스 파일의 줄 번호 보이기

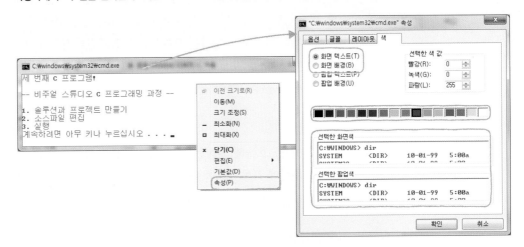
중간점검

01 비주얼 스튜디오의 솔루션 탐색기가 다음과 같이 구성되도록 솔루션과 프로젝트를 만드시오.

02 다음 소스의 출력은?

```
printf("실행파일 *.exe\n솔루션폴더/Debug\n");
puts("목적파일 *.obj\n프로젝트폴더/Debug");
```

03 다음이 출력되는 프로그램을 작성하시오.

C프로그래밍을 배우는 과정은
수많은 에러들과 싸우면서
한 걸음씩 앞으로 걸어나가는 것입니다.

디버깅과 다양한 오류 점검

소스 코딩을 하다 보면 ;나 "", 〈〉, (), {} 등의 구두 문자[13]를 빠뜨려서 발생하는 컴파일 에러는 흔하게 발생하게 된다. 특히 초보자의 경우는 더 심한데 이러한 오류를 줄이는 방법은 특별한 것이 없다. 즉 코딩할 때 조금만 더 주의를 기울여서 최대한 오류 없는 소스를 작성하는 습관을 들이는 것이다. 하지만 그럼에도 불구하고 생기는 오류들은 통합개발환경 IDE가 잡아줄 수 있다. 즉 IDE에서 붉은 색 밑줄이 쳐진 오류 발생 부분에 마우스를 이동해 보자. 그러면 바로 오류 풍선이 뜨면서 그 원인을 알려주기 때문에 수정이 간편해진다.

디버깅 예제

다시 한번 함수 printf()를 호출해 원하는 문자열(string)을 출력하는 프로그램을 작성해 보자. 다음과 같이 'Ch02' 솔루션에 프로젝트를 추가하자. 다음 예제는 문법 오류가 발생하도록 의도적으로 소스에 오류를 심어 놓았다.

- 솔루션: 기존 솔루션 'Ch02'
- 프로젝트: '4th Project'
- 소스파일: debugging.c

다음 소스와 같이 오류가 발생하도록 편집한 후, 소스의 컴파일이나 프로젝트 빌드를 하기 전에 '저장'을 하면 오류가 의심되는 소스 부분에 붉은 색 밑줄이 쳐진다. 이 **부분에 마우스를 이동하면 다음과 같이 바로 "오류: ';'가 필요합니다."와 "오류: 닫는 따옴표가 없습니다."라는 정확한 오류 원인이 바로 표시**된다. 이 오류 표시를 활용하면 수정이 매우 간편하다. 만일 수정을 못하고 계속해서 컴파일이나 빌드를 수행하면, 컴파일 오류가 발생하여 오류 목록 창에 다음과 같은 '오류 내용'이 표시된다.

'오류 목록' 창에는 다음처럼 일목요연한 오류 목록을 볼 수 있다. **오류 목록에는 오류 코드, 설명, 프로젝트, 파일, 줄 번호 등**을 자세히 볼 수 있으며, 출력 창에는 지능적인 오류 표시인 IntelliSense 오류 ≋ 를 볼 수 있다. 창의 상단 오른쪽에는 오류 목록에 보이는 오류의 종류를 세 가지로 선택할 수 있는 콤보박스가 보인다.

---

13 COBOL 프로그램에서 사용했던 피리어드, 세미콜론, 콤마, 등호, 인용부호, 좌우 괄호 및 스페이스 등을 구두 기호 문자(punctuation character)라 하며, 이후 대부분의 언어에서 사용한다. 구두 문자는 문장의 뜻을 돕거나 문장을 구별하여 읽고 이해하기 쉽도록 하기 위하여 쓰여진다.

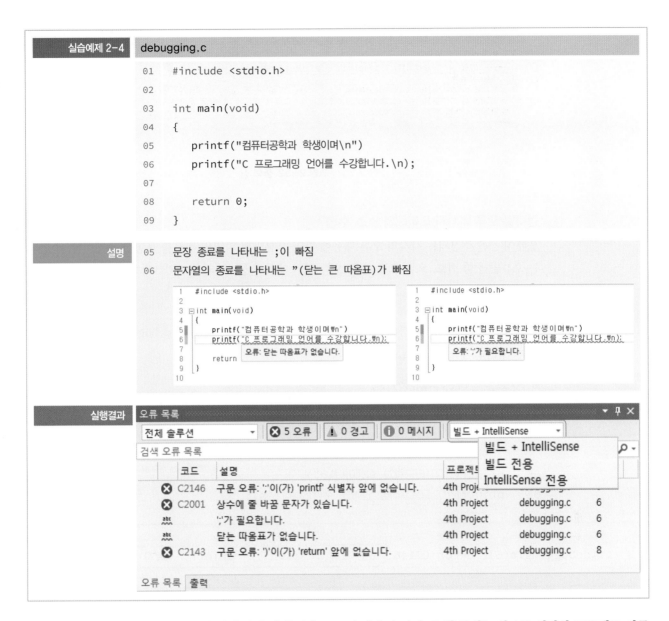

실습예제 2-4	debugging.c

```c
01    #include <stdio.h>
02
03    int main(void)
04    {
05        printf("컴퓨터공학과 학생이며\n")
06        printf("C 프로그래밍 언어를 수강합니다.\n);
07
08        return 0;
09    }
```

설명

05 문장 종료를 나타내는 ;이 빠짐
06 문자열의 종료를 나타내는 ”(닫는 큰 따옴표)가 빠짐

실행결과

오류목록 창의 하단 우측의 출력을 누르면 다음과 같이 ❶ 첫 줄에는 빌드를 시작한 프로젝트 이름과 구성이 표시되며, ❷ 두 번째 줄에는 컴파일한 소스인 **debugging.c**가 표시된다. ❸ 세 번째 줄부터 문제가 발생한 원인의 내용이 표시되는데, 위에서는 3개가 표시되었다. ❹ 마지막으로 "= 빌드: 성공 0, 실패 1, 최신 0, 생략 0 ="와 같이 최종 빌드 결과가 표시된다. 오류 목록과 출력을 활용하면 어떠한 문법 오류도 쉽게 수정이 가능하다.

그림 2-52 출력 창

컴파일 오류 메시지의 이해와 소스 수정

오류 내용은 추정되는 각각의 오류 내용에 따라 오류발생 파일의 경로를 포함한 전체이름, 추정되는 오류발생 줄 번호, 오류 코드 번호, 오류 원인 메시지 등 4개의 요소가 3개의 콜론(:)으로 구분되어 표시된다.

- 오류가 발생한 파일이름(전체경로): g:\[2016 c]\ch01\4th project\debugging.c
- 추정되는 오류발생 줄 번호: (6)
- 오류 코드 번호: error C2146'
- 오류 원인 메시지: 구문 오류 : ';'이(가) 'printf' 식별자 앞에 없습니다.

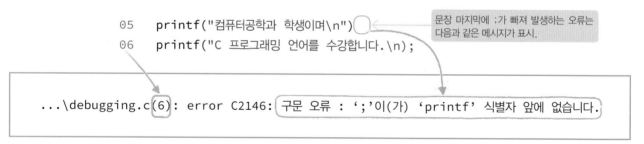

그림 2-53 문장 마지막에 ;이 빠진 오류 내용

위 내용에서 오류 발생 줄 번호는 ;이 빠진 5가 표시되지 않고 그 다음 줄인 6이 표시되는 것을 알수 있다. 그러나 에러 메시지는 6줄의 printf() 앞에 ;가 없다고 하니, 이 메시지 내용으로 쉽게 오류를 찾을 수 있다. 출력 창의 오류 메시지 줄 위에서 마우스를 더블 클릭하면 소스의 해당 줄로 이동되며, 다시 소스 5줄로 이동하여 마지막에 ;를 삽입하면, 이 컴파일 오류는 해결할 수 있다.

다음 오류는 printf("…..) 처럼 함수 printf()의 인자인 출력 문자열에서 문자열의 마지막을 알리는 "이 빠져 생기는 컴파일 오류이다. 그러므로 \n와 같이 "을 삽입하면 오류가 제거된다. 그러나 오류 발생 줄 번호는 다음과 같이 6줄과 8줄로 2개가 표시되고 오류 메시지도 쉽게 이해가 되지 않는다. 이런 오류는 여러 번 경험해야 쉽게 그 원인을 찾아 수정할 수 있다. 이 경우는 **소스의 붉은 줄에 표시되는 오류 풍선의 메시지 '오류: 닫는 따옴표가 없습니다.'가 훨씬 효과적**이다.

```
06    printf("C 프로그래밍 언어를 수강합니다.\n );    ──  문자열의 마지막을 알리는 "이
                                                          빠져 생기는 컴파일 오류
07
08    return 0                                         문자열의 마지막을 알리는 "이 빠져, );도 문자열로
                                                       인식하여 아직 printf()가 종료되지 않은 것으로 인식
```

```
...\debugging.c(6): error C2001: 상수에 줄 바꿈 문자가 있습니다.
...\debugging.c(8): error C2143: 구문 오류 : ')'이(가) 'return' 앞에 없습니다.
```

그림 2-54 문자열 닫힘 "이 없는 경우 발생하는 오류 내용

소스 debugging.c에서 발생한 오류 원인 2개를 수정하기 위해, 5줄에 ;을, 6줄에 "을 삽입하면 컴파일 오류는 사라지고 다음 결과가 출력된다.

```
컴퓨터공학과 학생이며
C 프로그래밍 언어를 수강합니다.
```

그림 2-55 소스 debugging.c 수정 후 콘솔 결과

다음은 초보자에게 흔하게 발생하는 컴파일 오류의 예와 오류 발생 부분 밑줄에 마우스를 이동하면 나타나는 오류 풍선, 그리고 결과 창의 오류 원인 메시지를 보인 표이다. 다음 6가지 오류 원인 중에서 오류 풍선은 대부분 정확한 오류 원인을 알려주고 있으나, 오류 원인 메시지는 오류가 발생한 주위 코드에 따라서 여러 개의 오류 원인 메시지가 나오는 등 복잡한 경우가 많다. 그러므로 **컴파일 오류가 발생하면, 오류 풍선을 통해 먼저 오류 원인을 알아보고, 그 이후 오류 원인 메시지를 확인하여 문제를 해결하는 습관**을 들이는 것이 좋다

표 2-3 다양한 컴파일 오류와 오류 풍선, 오류 원인 메시지

오류	바른 입력	오류 풍선	오류 원인 메시지
#incude	#include	인식할 수 없는 전처리 지시문입니다.	'incude' 전처리기 명령이 잘못되었습니다.
stdi.h	stdio.h	파일 소스를 열 수 없습니다. "stdi.h"	포함 파일을 열 수 없습니다. 'stdi.h': No such file or directory
inte	int	식별자 "inte"가 정의되어 있지 않습니다.	error C2061: 구문 오류 : 식별자 'main' error C2059: 구문 오류 : ';' error C2059: 구문 오류 : '형식'
retun	return	식별자 "retun"이 정의되어 있지 않습니다.	error C2065: 'retun' : 선언되지 않은 식별자입니다. error C2143: 구문 오류 : ';'이(가) '상수' 앞에 없습니다.
{ 빠짐	{	{가 필요합니다.	error C2059: 구문 오류 : ';' error C2059: 구문 오류 : '문자열' error C2143: 구문 오류 : ')'이(가) '문자열' 앞에 없습니다. error C2143: 구문 오류 : '{'이(가) '문자열' 앞에 없습니다.
} 빠짐	}	표시되지 않음	왼쪽 중괄호 '{'(위치: '...\debugging.c(4)')이(가) 짝이 되기 전에 파일의 끝이 나타났습니다.

링크 오류 수정

다음 그림을 보면 사람은 다양한 재료를 이용해 부품을 만들고, 다시 그 부품들을 조립해 자동차를 생산한다. 이러한 자동차 생산과정에서 링크는 '만들어진 부품을 조립하는 과정'이라 할 수 있다. 즉 부품이 함수라면 여러 부품을 조립한 최종 자동차는 최종 프로그램이라 할 수 있다. 이와 같이 **만들어진 부품을 조립하는 링크과정에서 발생하는 오류가 '링크 오류'**인 것이다. 즉 자동차 생산 과정에서 링크 오류의 예를 들자면, 소나타 자동차엔진을 장착해야 하는 과정에서 엉뚱하게 그랜저 자동차엔진이 공급된 것과 같다.

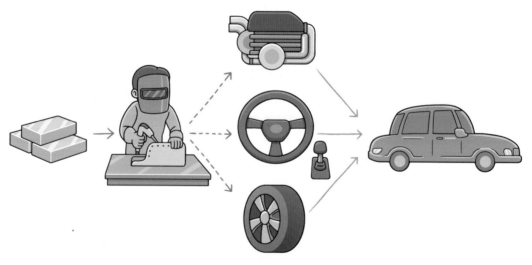

그림 2-56 자동차 생산에서의 링크 과정

대표적인 링크 오류는 라이브러리 함수인 printf()의 철자를 잘못 기술하는 경우이다. 즉 다음 예와 같이 마지막 f를 빼고 print()로 기술해서 빌드하면 경고[14] C4013(warning C4013)이 표시되고 링크 오류도 발생한다. 함수 print()의 호출은 컴파일 시간에는 경고 오류만 표시된다. 링크 과정에서 잘못된 print()로는 라이브러리 함수를 찾을 수 없으니 실행 파일을 못 만들고 결론적으로 실행도 할 수 없게 된다. 경고 문구는 다음과 같이 표시된다.

- "'print'이(가) 정의되지 않았습니다. extern은 int형을 반환하는 것으로 간주합니다."
- "_print 외부 기호(참조 위치: _main함수)에서 확인하지 못했습니다."

위의 경고 문구가 나온다면 바로 print()라는 함수의 철자가 잘못되었다는 것을 알 수 있어야 한다. 또 하나 주의할 것은 링크 오류에서는 오류 추정 줄 번호가 표시되지 않는다라는 것이다..

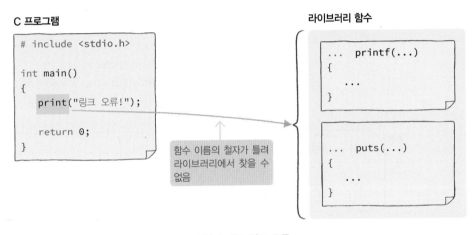

그림 2-57 링크 오류

라이브러리 함수 print()의 문제는 다음과 같이 경고를 포함하여 3개의 오류 내용이 표시되는데, 함수 printf()로 f만 제대로 기술하면 모든 오류는 제거되고 실행에 아무 문제가 없게 된다.

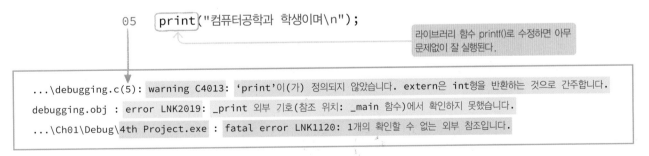

그림 2-58 링크 에러 메시지 "_print 외부 기호(참조 위치: _main 함수)에서 확인하지 못했습니다."

---

[14] 일반적으로 경고는 경미한 오류를 말하며, 계속 진행해도 문제 없이 실행되는 경우가 많다. 그러나 경고 메시지가 항상 문제 없이 실행되는 것이 아니고, 이 경우와 같이 경고를 수정하지 않고는 프로그램을 실행할 수 없는 경우도 있다. 그러므로 표시된 경고는 무시하지 말고 모두 제거되도록 수정하도록 한다.

구동 함수인 **main()**을 **mein()** 등으로 잘못 기술해도 링크 오류가 발생한다. 그러나 mein()의 정의는 컴파일 시간에는 오류가 발생하지 않으나, 빌드 시 2개의 링크 오류가 발생한다. 에러 메시지를 살펴보면 "_main 외부 기호(참조 위치: ___tmainCRTStartup 함수)에서 확인하지 못했습니다"라고 표시되는데 소스에서 **C 콘솔프로그램 실행 시 시작함수(C Run Time startup function)인 함수 main()이 없기 때문에 발생하는 에러**이다. 링크 과정은 여러 함수를 하나의 응용 프로그램으로 연결하는 과정으로 함수 main()이 있어야 응용 프로그램을 만들 수 있다. 이 문제는 철자가 잘못된 mein을 main으로 수정하면 간단히 해결할 수 있다.

```
03    int mein(void)
```

함수 정의 mein을 구동 함수 main()으로 수정하면 아무 문제 없이 잘 실행된다.

링크 오류는 줄 번호가 표시되지 않아, 오류 수정이 어려운 경우가 많다.

```
MSVCRTD.lib(crtexe.obj) : error LNK2019: _main 외부 기호(참조 위치: ___tmainCRTStartup 함수)에서 확인하지 못했습니다.
G:\[2016 C]\Ch01\Debug\4th Project.exe : fatal error LNK1120: 1개의 확인할 수 없는 외부 참조입니다.
```

그림 2-59 링킹 에러 메시지
"_main 외부 기호(참조 위치: ___tmainCRTStartup 함수)에서 확인하지 못했습니다."

> **NOTE: 실행시간 오류**
>
> 컴파일과 링크가 성공해도 실행시간에 오류가 발생할 수 있다. 일반적으로 메모리관리를 실수하거나 0으로 나누는 식을 사용하는 등 프로그램의 잘못으로 발생하는 경우가 대부분이며, 간혹 기계적 결함으로도 발생할 수 있다.

논리 오류 수정

재미있는 오류가 하나 있다. 하지만 이것은 프로그램의 실행에는 아무 문제가 없으니 한편으로는 안심해도 될 수 있으나, 문제는 프로그램의 실행이 프로그래머의 의도와는 전혀 다른 결과가 나온다는 데 있다.

```
# include <stdio.h>

int main()
{
    printf("무지 개같은 내 친구!");

    return 0;
}
```

그림 2-60 가장 흔한 논리 오류

예를 들어보자. 프로그래머인 나는

"무지개 같은 내 친구!"

라고 출력하고 싶었다. 하지만 결과는

"무지 개같은 내 친구!"

으로 출력되었다. 이와 같이 문자열에서 띄어 쓰기를 잘못한다거나 철자를 잘못 쓰는 것도 가장 흔한 논리 오류 중의 하나이다. 당연한 말이지만 논리 오류도 다른 문법 오류와 마찬가지로 소스 코딩을 잘못하여 발생하는 것이 대부분이다.

다음 소스로 문장 전체가 한 줄에 출력되기를 원했다면, 바로 논리 오류가 발생한다. 다음 소스에서 첫 printf()의 문자열 인자 마지막에 \n이 삽입되어 있으므로 "C 프로그래밍 언어를 수강합니다."라는 문장은 그 다음 줄에 출력된다.

함수 printf()의 두 번 호출은 그대로 유지하면서 한 문장을 한 줄에 출력하려면 첫 printf()의 호출 인자 " ~ 학생이며 "로 마지막 부분에 \n을 지우고 공백 문자(space)를 하나 삽입해야 띄어쓰기가 맞는 문장이 한 줄에 출력된다.

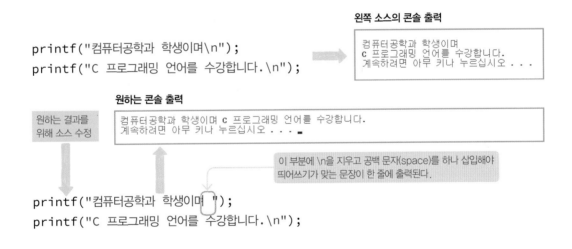

그림 2-61 논리 오류와 수정: 한 줄에 원하는 문장이 출력되기를 원함.

위와 같은 논리 오류는 문제를 찾기도 쉬우며 수정도 간단하다. 그러나 복잡하고 큰 규모의 소프트웨어의 개발에서 다양한 문제로 발생하는 논리 오류는 찾기가 매우 어려운 경우가 많다. 결국 가능한 한 프로그램의 문제해결 절차인 알고리즘을 잘 만든 후, 이를 준수해서 소스를 코딩해야 논리 오류가 적은 프로그램을 완성할 수 있다.

01 컴파일 오류, 링크 오류, 실행 오류의 예를 하나씩 들어 설명하시오.

02 다음과 같은 출력 창에서 표시 내용의 의미를 설명하시오.

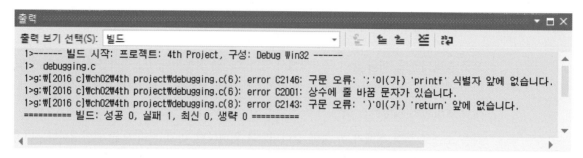

03 다음 문장에서 발생하는 오류는?

```
printf('소스 작성');
```

01 다음을 출력하는 프로그램을 작성하시오.

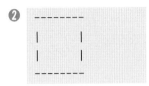

02 함수 printf()를 한번 호출하여 다음을 출력하도록 프로그램을 작성하시오.

❶ 리소스 파일 소스 파일 외부 종속성 헤더 파일++++

❷ 리소스 파일
소스 파일
외부 종속성
헤더 파일

03 함수 puts()를 한번 호출하여 다음을 출력하도록 프로그램을 작성하시오.

❶ 에이다, 존 베커스, 데니스 리치, 제임스 고슬링

❷ 에이다
존 베커스
데니스 리치
제임스 고슬링

04 다음과 같이 문자 C의 모양을 출력하는 프로그램을 작성하시오.

```
    CCCCCCC
  CC         CC
CC             CC
CC
CC
CC          CC
  CC        CC
    CCCCCC
```

05 다음 콘솔화면이 출력되는 프로그램을 작성하시오.

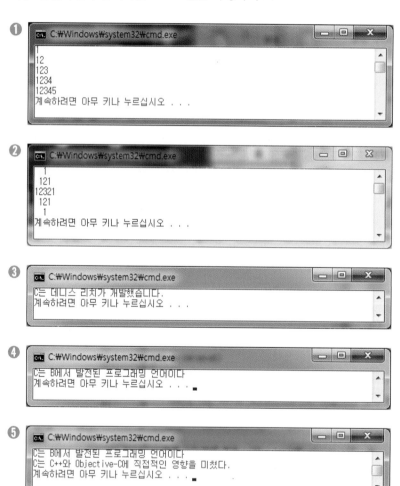

❻
```
C:\Windows\system32\cmd.exe
C 프로그래밍 언어 발달 순서:

C --> C++ --> Java --> C#
계속하려면 아무 키나 누르십시오 . . .
```

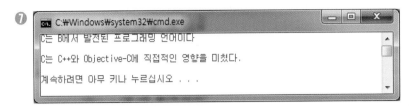

❼
```
C:\Windows\system32\cmd.exe
C는 B에서 발전된 프로그래밍 언어이다

C는 C++와 Objective-C에 직접적인 영향을 미쳤다.

계속하려면 아무 키나 누르십시오 . . .
```

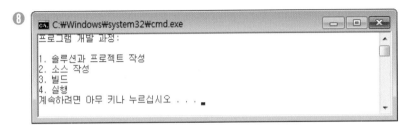

❽
```
C:\Windows\system32\cmd.exe
프로그램 개발 과정:

1. 솔루션과 프로젝트 작성
2. 소스 작성
3. 빌드
4. 실행
계속하려면 아무 키나 누르십시오 . . . ▄
```

Introduction to **C PROGRAMMING**

03

CHAPTER

자료형과 변수

학습목표

▶ **프로그래밍에 필요한 기본 내용을 설명할 수 있다.**
  • C 프로그램의 구조와 실행 순서 과정
  • 키워드와 식별자, 문장과 블록, 그리고 들여쓰기와 주석

▶ **자료형을 이해하고 변수 선언을 할 수 있다.**
  • 자료형과 변수
  • 변수선언과 초기화

▶ **기본 자료형을 활용할 수 있다.**
  • 정수형, 문자형, 부동소수형

▶ **상수의 개념을 이해하고 상수를 활용할 수 있다.**
  • 정수, 문자, 문자열, 실수 등의 리터럴 상수
  • const, 열거형과 매크로를 비롯한 심볼릭 상수

내용 목차

C 프로그램 구조와 프로그램 실행

프로그램 구조

이제 'C프로그램'을 전체적으로 살펴보면, C 프로그램은 하나 이상의 여러 함수가 모여 한 프로그램으로 구성된다는 것을 알 수 있다. 우리의 개발환경인 비주얼 스튜디오에서 솔루션은 여러 개의 프로젝트를 가지며, 다시 프로젝트는 여러 소스파일을 포함한 여러 자원(resource)으로 구성된다. 비주얼 스튜디오의 **한 프로젝트는 단 하나의 함수 main()과 다른 여러 함수로 구현되며, 최종적으로 프로젝트이름으로 하나의 실행 파일이 만들어진다.** 다음은 함수 main()이 구현된 소스의 구조를 요약하고 있다.

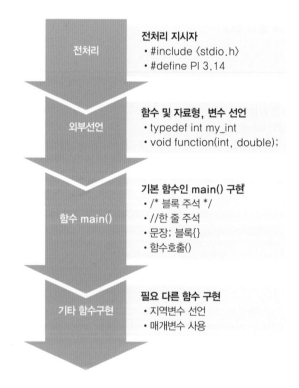

전처리

전처리 지시자
- #include 〈stdio.h〉
- #define PI 3.14

외부선언

함수 및 자료형, 변수 선언
- typedef int my_int
- void function(int, double);

함수 main()

기본 함수인 main() 구현
- /* 블록 주석 */
- //한 줄 주석
- 문장; 블록{}
- 함수호출()

기타 함수구현

필요 다른 함수 구현
- 지역변수 선언
- 매개변수 사용

그림 3-1 C 프로그램 소스의 구조

C 프로그램은 적어도 main() 함수 하나는 구현되어야 응용 프로그램으로 실행될 수 있다. 함수의 구현은 여러 문장으로 구성되는데 이러한 문장에서 프로그래머가 만든 사용자정의 함수 또는 시스템이 만든 표준 라이브러리 함수 호출이 실행될 수 있다.

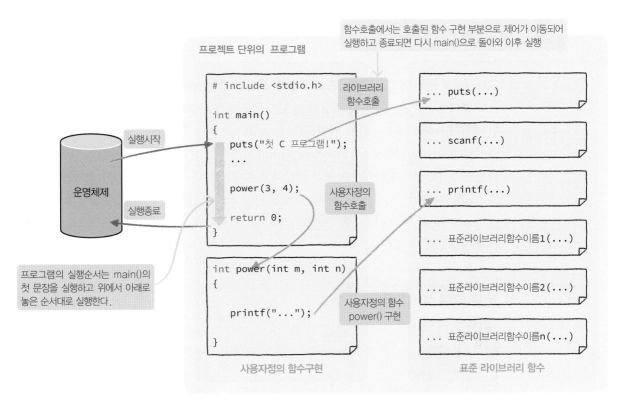

그림 3-2 C 프로그램의 구성과 실행

프로그램 시작과 종료

소설과 같은 책은 당연히 처음부터 순서대로 읽듯이, 여러 함수 중에서 **main() 함수는 프로그램이 실행되면 가장 먼저 시작되는 부분**이다. 프로그램이 시작되면 운영체제는 main 함수를 호출하여 프로그램을 시작한다. 시작된 함수 main() 내부에서는 **위에서 아래로, 좌에서 우로, 문장이 위치한 순서대로 실행**된다. 중간에 puts(…)와 power(…)처럼 함수가 호출되면 호출된 함수로 이동하여 그 함수를 모두 실행한 후 다시 돌아와 그 이후의 문장을 실행한다. 즉 위 소스라면 main() 함수에서 puts()를 실행하고, 다시 이후 문장들을 실행한 후 power()를 실행하고, 다시 main()으로 돌아와 마지막으로 return 문장을 실행하고 종료된다.

그림 3-3 소설을 읽듯이 C 프로그램의 문장을 실행

키워드와 식별자

키워드

프로그래밍 언어에서는 **문법적으로 고유한 의미를 갖는 예약된 단어**가 있다. **'예약'되었다는 의미는 프로그램 코드를 작성하는 사람이 이 단어들을 다른 용도로 사용해서는 안 된다는 뜻**이다. 이러한 **예약어(reserved word)는 '키워드'(keyword)**라고 하는데 C프로그램에서는 미국표준화위원회(ANSI: American National Standard Institute)에서 지정한 32개의 기본적인 단어들이 있다. 물론 통합개발환경의 컴파일러에 따라 기본적인 키워드 이외의 다른 키워드가 추가될 수 있다. 비주얼 스튜디오 컴파일러에서 자신만의 고유한 기능 확장을 위해 주로 선행 밑줄 2개가 있는 키워드 __키워드이름을 주로 사용한다. 비주얼 스튜디오 편집기에서 키워드는 기본적으로 파란색으로 표시되는 것을 볼 수 있다.

이러한 단어가 C에서 사용되는 기본 키워드로 문법적인 고유한 의미가 있다.

auto	do	goto	signed	unsigned
break	double	if	sizeof	void
case	else	int	static	volatile
char	enum	long	struct	while
const	float	return	typedef	
default	for	short	union	

마이크로소프트 C 컴파일러에서 확장된 키워드

_asm	dllimport2	_int8	naked 2
_based 1	_except	_int16	_stdcall
_cdecl	_fastcall	_int32	스레드2
_declspec	_finally	_int64	_try
dllexport 2	_inline	_leave	

그림 3-4 고유한 의미의 키워드

식별자

앞서서 키워드는 C프로그램 자체에서 예약된 단어들이라고 했다. 그렇다면 프로그래머가 자기 마음대로 정의해서 사용하는 단어들은 무엇일까? 그것이 바로 '식별자(identifiers)'이다. 하지만 이러한 식별자에도 나름대로 아래와 같은 사용규칙들이 있다.

- C프로그램에서의 예약자인 키워드와 비교하여 철자라든지, 대문자, 소문자 등 무엇이라도 달라야 한다. 대표적인 식별자로는 미리 정의하여 사용하는 변수이름 age, year 등과 함수이름으로 puts, main, printf등이 있다.

- 식별자는 영문자(대소문자 알파벳), 숫자(0 ~ 9), 밑줄(_)로 구성되며, 식별자의 첫 문자로 숫자가 나올 수 없다.

- 프로그램 내부의 일정한 영역에서는 서로 구별되어야 한다.

- 키워드는 식별자로 이용할 수 없다.

- 식별자는 대소문자를 모두 구별한다. 예를 들어, 변수 Count, count, COUNT는 모두 다른 변수이다.

- 식별자의 중간에 공백(space)문자가 들어갈 수 없다.

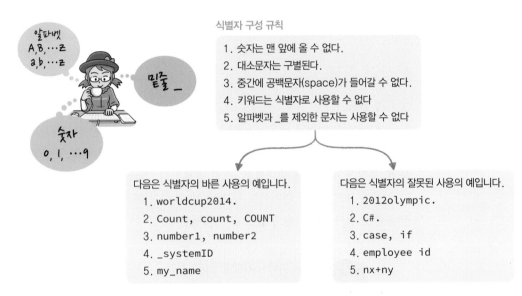

그림 3-5 식별자 구성 규칙과 사용 예

TIP ▶ C프로그램에서 사용되는 문자들

C프로그램의 코드작성에서 사용될 수 있는 공식적인 문자들은 다음과 같다.

분류	문자
26개의 라틴 대문자	A B C D E F G H I J K L M N O P Q R S T U V W X Y Z
10개의 숫자	0 1 2 3 4 5 6 7 8 9
29개의 특수문자	! " # % ' ( ) * + , - . / : ; < = > ? [ ] ^ _ { } ~
기타	공백(white space) 문자, ' '(스페이스), 수평탭, 수직탭, 줄바꿈(엔터)

01 C 프로그램 실행 시 운영체제가 가장 먼저 호출하는 함수는?

02 함수 main()의 실행순서에 대해 설명하시오

03 프로그래밍 언어에서 키워드란?

04 프로그래밍 언어에서 식별자란?

문장과 주석

문장과 블록

한국어 '나는 C 언어를 배우고 있다.'라는 완결된 내용의 표현에서 마침표 .로 끝나는 것을 문장[1]이라고 하듯이, **프로그래밍 언어에서 컴퓨터에게 명령을 내리는 최소 단위를 문장(statement)이라 하며, 문장은 마지막에 세미콜론 ;으로 종료**된다. 한국어나 영어 등의 일반 언어의 문장에도 문법이 있듯이 프로그래밍 언어에도 문법이 있어, 문장 마지막에 ;을 빠뜨리는 등 문법에 맞지 않는 문장은 주로 컴파일 시간에 문법 오류가 발생한다.

"아버지 가방에 들어가신다."	← 띄어쓰기가 잘못된 문장
C 언어가 재미있나요	← ?가 빠져 잘못된 문장
puts("C 언어")	← 문장 마지막에; 이 없어 문법 오류가 발생
print("C 언어");	← 함수 이름에서 마지막에 f가 빠져 문법 오류가 발생

그림 3-6 문장과 문법 오류

일반 언어에서 문장이 여러 개 모이면 단락이듯이, 프로그래밍 언어에서도 **여러 개의 문장을 묶으면 블록(block)**이라고 하며 { 문장1, 문장2, … } 처럼 중괄호로 열고 닫는다. 또한 단락에 들여쓰기가 있듯이 블록에도 **들여쓰기(indentation)**를 하는데, **블록 내부에서 문장들을 탭(tab) 정도만큼 오른쪽으로 들여 쓰는 소스 작성 방식**이다.

---

1 "생각이나 감정을 말로 표현할 때 완결된 내용을 나타내는 최소의 단위로 문장의 끝에 '.', '?', '!' 따위의 마침표를 찍는다."와 같이 정의되는 말이다.

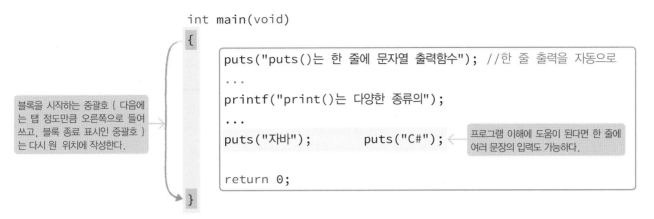

```
                            int main(void)
                        {
                            puts("puts()는 한 줄에 문자열 출력함수"); //한 줄 출력을 자동으로
                            ...
                            printf("print()는 다양한 종류의");
                            ...
                            puts("자바");          puts("C#");

                            return 0;
                        }
```

블록을 시작하는 중괄호 { 다음에
는 탭 정도만큼 오른쪽으로 들여
쓰고, 블록 종료 표시인 중괄호 }
는 다시 원 위치에 작성한다.

프로그램 이해에 도움이 된다면 한 줄에
여러 문장의 입력도 가능하다.

그림 3-7 블록과 들여쓰기의 이해

소스에서 줄 구분과 들여쓰기를 하지 않고 프로그램을 작성해도 오류가 발생하지 않는다. 다음 두 프로그램은 모두 오류 없이 "C 언어"를 출력한다. 그러나 오른쪽 소스는 왼쪽 소스에 비해 상대적으로 훨씬 프로그램의 이해력이 떨어진다는 것을 알 수 있다. 그러므로 왼쪽 소스와 같이 **적절한 줄 구분과 빈 줄 삽입, 그리고 들여쓰기는 프로그램의 이해력을 돕는데 매우 중요한 요소이다.**

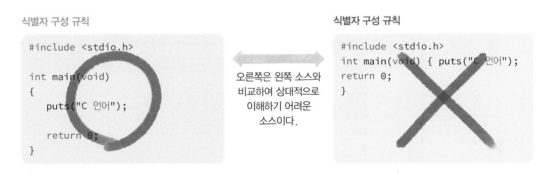

그림 3-8 적절한 줄 구분과 빈 줄의 삽입, 들여쓰기에 의한 소스 작성 방법

주석의 정의와 중요성

일반 문장과 달리 프로그램 내용에는 전혀 영향을 미치지 않는 설명문을 주석(comments)이라 한다. 주석은 프로그램의 실질적인 내용과 결과에는 아무 영향을 미치지 않으므로, 습관화가 되지 않으면 귀찮게 느껴 별로 신경 쓰지 않는 경우가 많으나, 주석을 매우 중요한 프로그램의 과정으로 생각해야 한다. 자신이 구현한 소스라도 양이 많거나 시간이 지난 후에 보면 그 내용이 낯선 경우가 많다. 지금 코딩할 때와는 다르게 조금 시간이 지나면 자신이 직접 코딩한 코드도 전혀 자신이 코딩한 소스라고 믿기지가 않을 정도로 생소한 경우가 많다. 자신의 소스도 이러니, 다른 사람이 작성한 소스라면 오죽하겠는가? 그러므로 **주석은 타인은 물론이거니와 자신을 위해서라도 반드시 필요하며, 주석에는 자신을 비롯한 이 소스를 보는 모든 사람이 이해할 수 있도록 도움이 되는 설명**을 담고 있어야 한다. 주석은 개발 시에도 필요하지만 개발 이후에 유지보수 기간에는 더욱 더

중요한 역할을 하게 되니, 개인이나 팀, 또는 프로젝트에서 주석처리 형식을 통일성 있게 만들어 꼼꼼히 작성할 필요가 있다. **잘 처리된 주석이란 시각적으로 정돈된 느낌을 주어야 하며, 프로그램의 내용을 적절히 설명**해 주어야 한다. 주석은 프로그램의 설명뿐만 아니라 개발 중에 컴파일에서 제외하고 싶은 부분 소스나 코드 동작 예시를 적어 두는 메모 등 다양한 용도로도 사용될 수 있다.

- 코드에서 잠시 작동시키지 않은 곳을 지정: 프로그램 개발 과정에서 경우에 따라 굳이 동작할 필요가 없는 기능들을 잠시 주석 처리해 두면 훨씬 간편하게 다양한 경우의 결과를 검토할 수 있다.

NOTE: **주석의 습관화와 다양한 주석 스타일**

자바의 경우, 주석을 통하여 자동으로 인터넷 문서를 작성할 수 있는 방식도 제공한다. 이와 같이 소프트웨어 개발에서 주석은 바로 문서화(documentation) 작업에 활용될 수 있으니 주석을 습관화해야 한다. 주석의 스타일은 다음과 같이 다양하다.

```
/*
솔루션 / 프로젝트 / 소스파일: Ch02 / Prj01 / comments.c
C 프로그램의 기초를 다지기 위한 주석, 문장, 키워드 등 이해
V 1.0 2015. 06. 29(화) 강 환수 작성
*/
```

```
/***************************************************************
소스: comments.c
내용: C 프로그램의 기초를 다지기 위한 주석, 문장, 키워드 등 이해
버전: V 1.0 2015. 06. 29(화) 강 환수 작성
***************************************************************/
```

```
/***************************************************************
//   소스: comments.c
//   내용: C 프로그램의 기초를 다지기 위한 주석, 문장, 키워드 등 이해
//   버전: V 1.0 2015. 06. 29(화) 강 환수 작성
***************************************************************/
```

```
/**
 *  소스: comments.c
 *  내용: C 프로그램의 기초를 다지기 위한 주석, 문장, 키워드 등 이해
 *  버전: V 1.0 2015. 06. 29(화) 강 환수 작성
 **/
```

그림 3-9 주석의 예

주석 2가지 처리 방법

C 언어의 주석은 한 줄 주석 //와 블록 주석 /* … */을 이용한다. **한 줄 주석인 //은 // 이후부터 그 줄의 마지막까지 주석으로 인식**한다. 현재 줄의 처음이나, 문장 뒤부터 중간에서의 주석은 주로 한

줄 주석을 이용한다. **블록 주석 /* … */은 여러 줄에 걸쳐 설명을 사용할 때 이용**하는데, 주석 시작은 /*로 표시하며, 종료는 */로 표시한다.

프로그램의 처음 부분에는 주로 여러 줄에 걸친 블록 주석을 사용하는데, 작성자와 소스의 목적 또는 프로그램의 전체적 구조와 저작권 정보 등 파일 관련 정보를, 함수의 시작 부분에는 프로그램의 기능과 함께 매개변수를, 소스의 중간 부분에는 한 줄 주석으로 구현 방법이나 작동 방식을 설명하는 주석으로 처리한다. 주석은 컴파일 과정의 대상이 아니므로 프로그램 실행에는 영향을 미치지 않으며 실행파일의 속도와 크기에도 전혀 영향을 미치지 않는다.

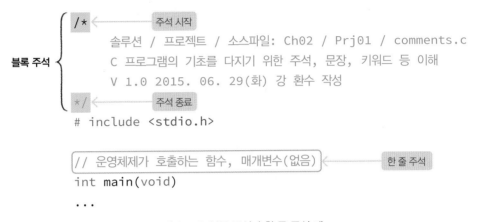

그림 3-10 블록 주석과 한 줄 주석 예

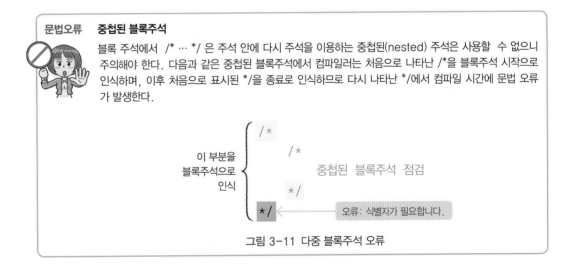

그림 3-11 다중 블록주석 오류

다음 예제 comments.c는 지금까지 설명된 키워드와 식별자 그리고 주석 등을 이해하기 위한 간단한 소스이다. 비주얼 스튜디오에서 다음 솔루션과 프로젝트를 생성하여 프로그램을 실행한다.

- 솔루션과 프로젝트: Ch03 / Prj01
- 소스파일: comments.c

한 줄 주석 //에서 시작 표시인 // 이후부터는 어떤 입력도 주석으로 인식하므로, 한 줄 // 주석은 중복되어도 상관없으며, /* 등이 나타나도 아무 문제가 없다. 주석은 문자열 내부에서는 단지 문자열이지 주석으로 인식되지 못한다.

실습예제 3-1	comments.c
	C 프로그램의 기초를 다지기 위한 주석, 문장, 키워드 등 이해

```
01   /*
02      솔루션 / 프로젝트 / 소스파일: Ch03 / Prj01 / comments.c
03      C 프로그램의 기초를 다지기 위한 주석, 문장, 키워드 등 이해
04      V 1.0 2016.                         주석은 모두 초록색으로 표시
05   */
06   #include <stdio.h>
07
08   // 운영체제가 호출하는 함수, 매개변수(없음)
09   int main(void)
10   {
11      puts("2장 첫 C 프로그램!\n");
12
13      printf("키워드: int void return 등\n");
14      printf("식별자: main puts printf 등\n");
15      printf("블록: { ... }\n");                 한 줄 주석 //에서 시작 이후부터는
16                                                어떤 입력도 주석으로 인식
17      //인자인 문자열 내부는 //주석도 일반 문자열로 인식
18      printf("한 줄 주석: // 이 줄 끝까지 한 줄 주석입니다.\n");
19      // /*블록 주석*/도 일반 문자열로 인식
20      printf("블록 주석: /* 여러 줄에 걸친\n블록 주석입니다./* \n");
21                                                문자열 내부이므로 주석으로
22      return 0;                                 인식하지 못한다.
23   }
```

설명	
01~05	/* ... */: 여러 줄에 걸친 블록 주석으로 컴파일에서는 제외되는 부분
06	컴파일 되기 전에 일련의 작업을 지시하는 전처리 문장
08	// 운영체제가 …: 한 줄 주석으로 // 이후의 열부터 그 행의 끝까지 주석에 해당되므로 컴파일에서 제외
10	{: main() 함수의 몸체 구현 시작을 의미하며, 23행의 몸체 구현 종료 문장 }와 대응
11	puts(): 매개변수로 입력된 문자열을 출력하는 문장으로 첫 실행 문장
22	return: 함수의 결과값을 반환하는 문장으로 반환값 0을 반환하고 프로그램 종료
23	}: 10줄의 함수 시작과 대응되는 함수 종료 의미

실행결과	
	2장 첫 C 프로그램!

```
키워드: int void return 등
식별자: main puts printf 등
블록: { ... }
한 줄 주석: // 이 줄 끝까지 한 줄 주석입니다.
블록 주석: /* 여러 줄에 걸친
블록 주석입니다.*/
```

"\n"의 출력으로 그 다음 실행은 다음 줄에
" 블록 주석입니다.*/"가 출력된다.

NOTE: **출력함수 printf()와 문자열에서의 \n**
함수 printf()는 표준 라이브러리 함수로 문자열 및 다양한 정보를 서식화하여 출력할 수 있다. 함수 printf()를 사용하려면 헤더파일 stdio.h를 삽입해야 한다. 함수 printf()도 괄호 사이에 원하는 문자열을 입력하여 출력한다. 함수 printf()는 문자열 출력 후 계속 현재 줄 다음 칸에서 출력을 준비한다. 함수 printf()의 사용 시, 다음 줄로 이동하려면 원하는 위치에 특수문자 '\n'을 삽입한다. 하나의 **특수문자 '\n'은 새로운 줄(new line)로 이동을 지시하는 문자로 문자열 내부에 사용이 가능하다.**

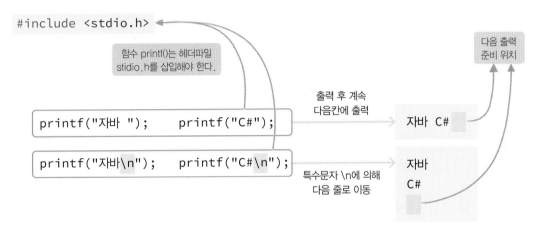

그림 3-12 함수 printf()에서 문자열 출력

 중간점검

01 문장의 마지막은 무엇으로 종료되는가?

02 주석 종류를 기술하시오.

03 다음 주석에서 문법 오류는 무엇인가?

```
/*
  /* 솔루션 / 프로젝트 / 소스파일: Ch02 / Prj01 / comments.c */
  //C 프로그램의 기초를 다지기 위한 주석, 문장, 키워드 등 이해
  //V 1.0 2015. 06. 29(화) 강 환수 작성
*/
```

04 '들여쓰기'가 필요한 이유는 무엇인가?

자료형과 변수 개요

자료형 분류

여기서 배울 자료형을 이해하기 위해서 우리가 직접 요리를 한다고 생각해 보자. 수많은 식재료는 지금부터 설명하는 여러 자료형과 잘 맞아떨어지기 때문이다. 요리를 만들기 위한 다양한 식재료는 채소류, 과일류, 육류, 곡류, 어패류 등으로 구분될 수 있으며, 요리사는 이러한 식재료와 자신만의 요리 방법인 레시피(recipe)로 맛있는 요리를 만들어 낸다. 이처럼 **C 프로그래밍 언어에서 다루는 다양한 자료도 기본형(basic types), 유도형(derived types), 사용자정의형(user defined types)**[2] **등으로 나눌 수 있으며, 기본형은 다시 정수형, 실수형, 문자형, void로 나뉘는데**, 프로그래머는 이러한 자료에 적당한 알고리즘을 적용해 프로그램을 작성한다. 즉 **자료형(data type)**[3]**은 프로그래밍 언어에서 자료를 식별하는 종류**를 말한다.

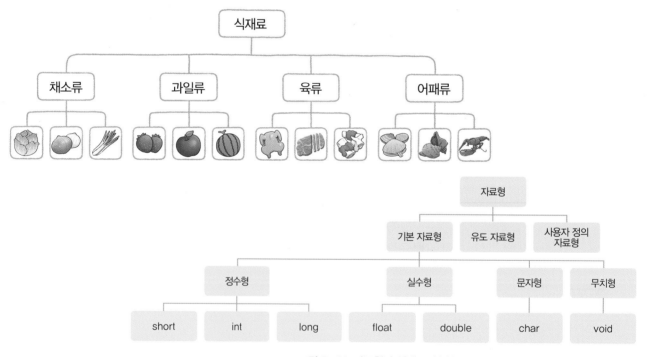

그림 3-13 자료형과 식재료의 분류

---

2 자료형 구분에서 간혹 유도형과 사용자정의형을 합쳐 파생형으로 구분하기도 한다. 이러한 분류를 적용하면 C의 자료형은 기본형과 파생형으로 나눌 수 있다

3 자료형은 자료유형 또는 형(type)이라고도 부른다.

저장 공간인 변수

이제 식재료를 잘 준비했다면 이 식재료를 담을 그릇이나 용기가 필요하다. 한번쯤 요리를 해보았다면 잘 알겠지만, 최종적인 요리를 담을 접시도 필요한 반면, 요리 중간중간에 사용할 후라이팬과 조리용 그릇도 꼭 있어야 한다.

요리에서 프라이팬이나 조리용 그릇처럼 프로그래밍에도 정수와 실수, 문자 등의 자료값을 중간 중간에 저장할 공간이 필요하다. **이 저장 공간을 변수(variables)라 부르는데, 변수에는 고유한 이름이 붙여지며, 물리적으로 기억장치인 메모리에 위치**한다. 변수는 하나의 자료형으로 선언되어야 하며, 변수선언 시 이용되는 자료형 키워드를 살펴보면 정수형을 위한 short, int, long 실수를 위한 float, double 문자를 위한 char 등이 있다. **변수는 선언된 자료형에 따라 변수의 저장공간 크기와 저장되는 자료값의 종류가 결정**된다. 용기에 다양한 식재료를 담듯이 변수에 여러 값을 저장할 수 있고, **저장되는 값에 따라 변수값은 바뀔 수 있으며 마지막에 저장된 하나의 값만 저장 유지**된다.

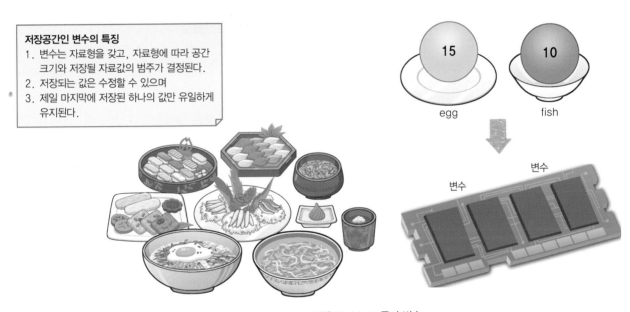

> **저장공간인 변수의 특징**
> 1. 변수는 자료형을 갖고, 자료형에 따라 공간 크기와 저장될 자료값의 범주가 결정된다.
> 2. 저장되는 값은 수정할 수 있으며
> 3. 제일 마지막에 저장된 하나의 값만 유일하게 유지된다.

그림 3-14 그릇과 변수

변수선언과 초기화

변수선언

요리를 준비하는 과정에서 여러 그릇이 필요하다. 그런데 여러분이 중국집에서 자장면 하나를 시켜먹더라도 그 그릇에는 중국집의 상호가 꼭 적혀있다. 또 화학실험실의 약품들을 보면 하나하나 각각의 이름이 적혀있을 것이다. 이처럼 그릇을 변수라고 한다면, 그릇에 이름을 붙여 준비하는 것을 변수선언이라고 한다. 각각의 변수에 변수선언을 하게 되면 여러 변수가 섞여 있을 때 구분하는 것이 편리해진다. **변수선언은 컴파일러에게 프로그램에서 사용할 저장 공간인 변수를 알리는 역할이며, 프로그래머 자신에게도 선언한 변수를 사용하겠다는 약속의 의미**가 있다.

그림 3-15 변수선언의 의미

변수는 고유한 이름이 붙여지고, 자료값이 저장되는 영역이다. 프로그램에서 **변수를 사용하려면 원칙적으로 사용 전에 먼저 변수선언(variables declaration) 과정이 반드시 필요하다.**

- 변수선언은 **자료형을 지정한 후 고유한 이름인 변수이름(variable name)을 나열하여 표시**한다.
- 자료형은 int, double, float와 같이 원하는 자료형 키워드를 사용하며, **변수이름은 관습적으로 소문자를 이용하며, 사용 목적에 알맞은 이름으로 특정한 영역에서 중복되지 않게 붙이도록**한다.
- 변수선언도 하나의 문장이므로 세미콜론으로 종료된다.
- 변수선언 이후에는 정해진 변수이름으로 값을 저장하거나 값을 참조할 수 있다.

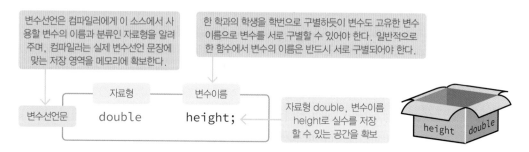

변수선언은 컴파일러에게 이 소스에서 사용할 변수의 이름과 분류인 자료형을 알려주며, 컴파일러는 실제 변수선언 문장에 맞는 저장 영역을 메모리에 확보한다.

한 학과의 학생을 학번으로 구별하듯이 변수도 고유한 변수이름으로 변수를 서로 구별할 수 있어야 한다. 일반적으로 한 함수에서 변수의 이름은 반드시 서로 구별되어야 한다.

자료형   변수이름

변수선언문   double   height;

자료형 double, 변수이름 height로 실수를 저장할 수 있는 공간을 확보

그림 3-16 자료형을 이용한 변수선언

변수선언 위치 제한 해제

비주얼 스튜디오도 예전 버전에서는 main()과 같은 함수에서 변수선언은 함수정의가 시작되는 시작 중괄호 { 이후에 위치해 야 했다. 즉 변수선언의 위치는 선언이 아닌 다른 문장보다 먼저 나와야 하는 제한이 있었으나, 비주얼 스튜디오 2013이후 에는 이러한 제한이 없어졌다. 그러므로 이제 변수를 사용하기 전에만 변수를 선언하면 된다.

하나의 자료형으로 여러 개 변수를 한번에 선언하려면 자료형 이후에 변수이름을 콤마로 나열한 다. 이러한 문장은 여러 변수선언 문장을 한 문장으로 간결하게 선언하는 장점이 있다.

```
int height, weight, waist;  //변수 height, weight, waist 3개 모두 int 자료형으로 선언
```

```
int height;        //변수 height를 int 자료형으로 선언
int weight;        //변수 weight를 int 자료형으로 선언
int waist;         //변수 waist를 int 자료형으로 선언
```

그림 3-17 여러 변수를 하나의 문장으로 선언

변수이름 작성규칙

변수이름 작성에 요구되는 규칙을 다시 한번 살펴보자.

- 변수이름은 대표적인 식별자로 영어 알파벳과 숫자, 그리고 _(밑줄, underscore)로 구성되며, 숫자로 시작할 수 없다.
- 밑줄인 _은 변수이름이 여러 단어로 구성될 때 단어와 단어 중간에 삽입하면 긴 변수를 쉽게 알 수 있는 장점이 있다.
- 하지만 라이브러리에서 밑줄로 시작하는 변수이름을 종종 사용하므로 일반 개발자는 밑줄로 시작하는 변수이름을 선언하 지 않는 것이 관례이다.
- 변수이름은 누구나 이해할 수 있도록 그 변수에 저장하는 값의 목적에 맞는 이름과 적당한 길이로 작명해야 오타를 방지 하고 프로그램의 가독성(readability)이 높아진다.

컴파일 오류 발생

```
int math*;           //특별 문자 * 사용 불가
float my height;     //빈 문자(space) 사용 불가
double 2016year;     //첫 글자로 숫자 2 사용 불가
int switch;          //키워드 switch 사용 불가
short year-2017;     //특별 문자 - 사용 불가
```

변수이름 작성에서 발생하는 문제

관습과 가독성 위배

```
int _my_age;                    //my_age
float WAIST_SIZE;               //waist_size
double variablenameofinttype;   //var_name
```

그림 3-18 변수이름 규칙과 관례

변수에 저장 값 대입

요리를 마쳤으면 그릇에 담아야 하는 것처럼, 원하는 자료값을 선언된 변수에 저장하기 위해서는 대입연산자(assignment operator)표시인 '='를 사용한다. 우리는 '=' 표시를 일반적으로 양변이 '같다'라는 의미로 사용해 왔지만 C프로그램에서는 이제 생각을 달리 해야 한다. 즉, **대입연산자 '='는 오른쪽에 위치한 값을 이미 선언된 왼쪽 변수에 저장한다라는 의미**이다. 그리고 이 **대입연산이 있는 문장을 대입문(assignment statement)**이라 한다.

다음은 변수명 age를 int 형으로 선언한 후, 변수 age에 20을 저장하는 문장이다.

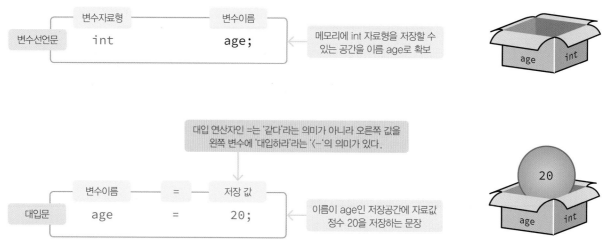

그림 3-19 변수선언과 대입문

프로그램에서 임시로 값을 저장하는 변수는 수시로 값을 저장할 수 있는데, 하나의 값만 저장되며, 가장 마지막에 저장된 값만이 남는다. 다음 소스에서 변수 age에는 마지막에 저장된 21만이 저장된다.

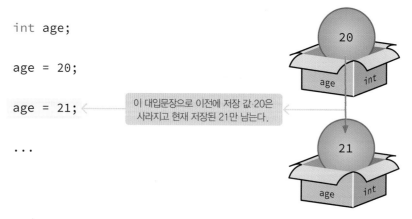

그림 3-20 유일한 변수의 저장 값

실습예제 3-2 **var.c**

변수의 선언과 사용

```
01    /*
02        솔루션 / 프로젝트 / 소스파일: Ch03 / Prj02 / var.c
03        C 프로그램의 기초를 다지기 변수선언 이해
04        V 1.0 2016.
05    */
06
07    #include <stdio.h>
08
09    int main(void)
10    {
11        int snum;    //변수 선언
12        int credits;
13
14        snum = 20163021; //값 지정
15        credits = 18;
16
17        printf("학번: %d\n", snum);
18        printf("신청학점: %d\n", credits);
19
20        return 0;
21    }
```

설명	
11	정수형 int 변수 snum 선언
12	정수형 int 변수 credits 선언
14	변수 snum에 학번 저장
15	변수 credits에 신청한 학점 저장
17~18	각각 변수 snum과 credits에 저장된 값을 출력

실행결과	
	학번: 20163021
	신청학점: 18

TIP ▶ 대입에서 l-value와 r-value

대입연산자 =의 왼쪽에 위치하는 변수를 lvalue 또는 l-value라 하며, 오른쪽에 위치하는 변수나 연산결과의 값을 rvalue 또는 r-value라 한다. l-value와 r-value는 각각 left value와 right value를 의미한다. 즉 대입 문장은 다음과 같은 구조를 가지며, l-value는 반드시 수정이 가능한 하나의 변수이어야 하며, r-value는 l-value에 저장할 자료값을 반환하는 표현식이어야 한다. 그러므로 21 = 20 + 1과 문장은 오류가 발생한다.

$$l\text{-}value\ =\ r\text{-}value;$$

21 = 20 + 1;   //오류발생   오류: 식이 수정할 수 있는 lvalue여야 합니다.

그림 3-21 l-value와 r-value

변수 초기화

변수를 선언만 하고 자료값이 아무것도 저장하지 않으면 원치 않는 값이 저장되며, 오류가 발생한다. 그러므로 **변수를 선언한 이후에는 반드시 값을 저장하도록 한다. 이를 변수의 초기화**라 한다. 다음과 같이 변수를 선언하면서 변수명 이후에 대입연산자 =와 수식이나 값이 오면 바로 지정한 값으로 초기값이 저장된다.

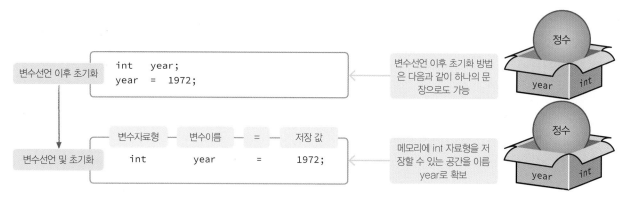

그림 3-22 변수선언과 초기화 방법

하나의 int 자료형으로 여러 변수를 선언하면서 초기화는 다음과 같이 수행할 수 있다.

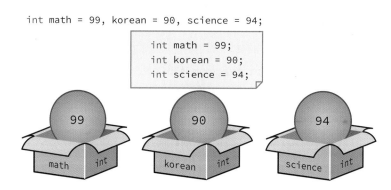

그림 3-23 여러 변수 선언과 초기화

TIP 초기화 되지 않은 지역변수의 저장값과 오류

함수 내부에서 선언된 변수를 지역 변수(local variables)라 한다. 초기화 되지 않은 지역 변수는 그 저장 값이 정의되지 않으며(소위 쓰레기값이라고 부르는 의미 없는 값이 저장), 다른 연산에 참조될 수 없다. 그러므로 초기화 되지 않은 지역 변수를 다른 문장에서 사용하면 C4700 컴파일 오류가 발생한다.

```
int math = 99;
int korean = 90;
int science;
                    error C4700: 초기화되지 않은 'science' 지역 변수를 사용했습니다.
int total = math + korean + science;
```

그림 3-24 초기화 되지 않은 지역변수의 사용에서 컴파일 오류

sum.c

변수 초기화 이해

```c
01   /*
02       솔루션 / 프로젝트 / 소스파일: Ch03 / Prj03 / sum.c
03       변수 초기화 이해
04       V 1.0 2016.
05   */
06
07   #include <stdio.h>
08
09   int main(void)
10   {
11       int math = 99;        //선언과 동시에 변수 초기화
12       int korean = 90;
13
14       int science;
15       science = 94;         //선언된 변수에 초기화
16
17       //더하기 기호인 +를 사용하여 총합을 변수 total에 선언하면서 저장
18       int total = math + korean + science;
19
20       printf("수학: %d\n", math);
21       printf("국어: %d\n", korean);
22       printf("과학: %d\n", science);
23       printf("총점 %d\n", total);
24
25       return 0;
26   }
```

설명		
	11	정수형 int 변수 math를 선언하면서 초기값으로 99 저장
	12	정수형 int 변수 korean를 선언하면서 초기값으로 90 저장
	14	정수형 int 변수 science를 선언하면서 초기값으로 아무 값도 저장하지 않고
	15	바로 뒤에 변수 science에 94를 저장
	18	정수형 int 변수 total을 선언하면서 새 과목의 합을 저장
	20~23	각각 수학, 국어, 과학 점수와 총점을 출력

실행결과	
	수학: 99
	국어: 90
	과학: 94
	총점 283

중간점검

01 C 언어에서 기본 자료형은 무엇으로 구성되는가?

02 변수이름 keyword에 정수값 32를 저장하는 문장을 기술하시오.

03 다음 부분 소스의 문제는 무엇인가?

    3 + 2 = 5;

변수의 3요소와 이용

변수의 3요소

변수(variables)에서 주요 정보인 변수이름, 변수의 자료형, 변수 저장 값을 변수의 3요소라 한다. 즉 변수선언 이후 저장 값이 대입되면 변수의 3요소가 결정된다. 다음과 같은 문장이 수행된 후 변수 num1은 변수이름, 변수자료형, 변수 저장 값이 각각 num1, int, 30이라는 특성을 갖는다. 변수선언 이후 변수 3요소 중에서 변수이름과 변수형은 바뀌지 않으나 대입문장에 의해 변수 저장 값은 계속 바뀔 수 있다. 저장 값이 계속 바뀔 수 있으므로 변수라 하는 것이다.

앞으로 변수를 선언하거나 기존의 변수를 살펴볼 때는 이 변수의 3요소에 대해 생각하는 습관을 기르도록 하자.

```
int num1 = 30;
```

변수 3요소

변수이름: num1

변수자료형: int

변수 저장 값은 대입문장에 의해 계속 바뀔 수 있다. → 변수 저장 값: 30

그림 3-25 변수의 3요소

변수의 이용

문장에서 **변수의 의미는 저장공간 자체와 저장공간에 저장된 값으로 나눌 수 있다.** 대입 연산자 =의 왼쪽에 위치한 변수는 저장공간 자체의 사용을 의미한다. 그러나 대입 연산자 =의 오른쪽에 위치한 변수는 저장 값의 사용을 의미한다. 이것이 좀 전에 알아보았던 l-value와 r-value의 차이이다. 다음 소스의 문장 difference = num1 - num2;에서 difference는 l-value이므로 변수의 저장공간으로서의 **difference**를 의미한다. 변수 num1과 num2는 r-value로 저장 값인 30과 14를 사용하기 위한 변수를 나타낸다. 결국 이 문장은 30-14연산의 결과인 16을 변수 **difference**에 저장하는 기능을 수행한다.

```
int num1 = 30, num2 = 14;
int difference;
difference = num1 - num2;
```

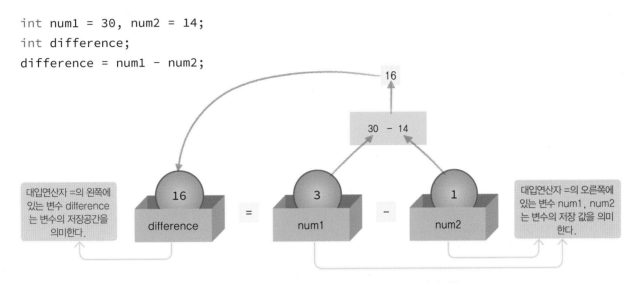

대입연산자 =의 왼쪽에 있는 변수 difference는 변수의 저장공간을 의미한다.

대입연산자 =의 오른쪽에 있는 변수 num1, num2는 변수의 저장 값을 의미한다.

그림 3-26 변수 저장공간과 변수값의 이용

실습예제 3-4 subtraction.c

변수의 l-value와 r-value

```
01  /*
02      솔루션 / 프로젝트 / 소스파일: Ch03 / Prj04 / subtraction.c
03      변수의 저장공간 자체와 변수에 저장된 값을 의미
04      V 1.0 2016.
05  */
06
07  #include <stdio.h>
08
09  int main(void)
10  {
11      int num1 = 30, num2 = 14;
12      int difference;
13
14      //대입 연산자의 왼쪽과 오른쪽에서의 변수의 의미 해석
15      difference = num1 - num2;
16
17      printf("num1: %d, num2: %d\n", num1, num2);
18      printf("num1 - num2 의 결과: %d\n", difference);
```

```
19
20      return 0;
21  }
```

15 difference는 l-value로 변수 자체를 의미하고, num1과 num2는 r-value로 저장값이
        연산에 참여
    17~18 각각 변수 num1과 num2를 출력한 후, 다음 행에 다시 difference를 출력

num1: 30, num2: 14
    num1 - num2 의 결과: 16

중간점검

01 다음 부분 소스에서 변수이름 data에 저장된 값은 무엇인가?

```
int data = 32;
data = 38;
data = 16;
```

02 다음 부분 소스에서 변수이름 data에 저장된 값은 무엇인가?

```
double value = 3.476;
value = 2.987;
```

다음 정보를 이용하여 두 정수의 합과 두 실수의 차를 다음 결과 창으로 출력되는 프로그램을 작성해보자.

- 정수를 위한 자료형은 int로, 실수를 위한 자료형은 double로 이용
- 합을 위한 연산자 +, 두 실수의 차를 위한 연산자 −와 결과 저장을 위한 변수 difference

```
합: 73
차: -7.003000
```

Lab 3-1	basictype.c

```c
01  // basictype.c: 두 정수의 합, 두 실수의 차 출력
02
03  #include <stdio.h>
04
05  int main(void)
06  {
07     int a = 30, b = 43;  //두 정수 선언과 초기값 대입
08     int sum;             //두 정수의 합을 저장할 변수 선언
09     _____;   //두 정수의 합 구하기
10
11     double x = 38.342, y = 45.345;   //두 실수 선언과 초기값 대입
12     _____;               //두 실수의 차을 저장할 변수 선언
13     _____;               //두 실수의 차 구하기
14
15     printf("합: %d\n", _____);   //두 정수의 합 출력
16     printf("차: %f\n", _____);   //두 실수의 차 출력
17
18     return 0;
19  }
```

정답	

```c
09  sum = a + b;                      //두 정수의 합 구하기
12  double difference;                //두 실수의 차을 저장할 변수 선언
13  difference = x - y;               //두 실수의 차 구하기
15  printf("합: %d\n", sum);          //두 정수의 합 출력
16  printf("차: %f\n", difference)    //두 실수의 차 출력
```

기본 자료형

정수 자료형

C 의 자료형은 기본형(basic data types), 유도형(derived data types), 사용자정의형(user defined data types)[4] 등으로 나눌 수 있으며, 기본형은 기본이 되는 자료형으로 다시 정수형, 부동소수형, 문자형, 무치형으로 나뉜다.

- 무치형 자료형인 void는 아무런 자료형도 지정하지 않은 자료형이나 함수의 인자 위치에 놓이면 '인자가 없다'라는 의미로 사용되고, 함수의 반환값에 놓으면 '반환값이 없다'라는 의미로 사용된다.

- 단원8과 14에서 학습할 void 포인터 void *는 모든 자료형의 포인터로 사용될 수 있는 자료형이다.

유도형은 기본형에서 나온 자료형으로 배열(array), 포인터(pointer), 함수(function) 등으로 구성된다. 사용자정의형은 기본형과 유도형을 이용하여 프로그래머가 다시 만드는 자료형으로 열거형(enumeration), 구조체(structure), 공용체(union) 등이 있다.

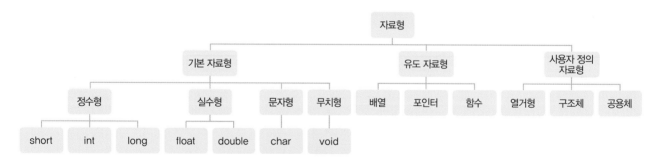

그림 3-27 C 언어의 다양한 자료형

정수형 int

정수형(integer types)의 기본 키워드는 int이다. 즉 int 형으로 선언된 변수에는 365, 1024, 030, 0xF3과 같이 십진수, 팔진수, 십육진수의 정수가 다양하게 저장될 수 있다. 정수형 int에서 파생된 자료형이 short와 long이다. 단어의 뜻처럼 short은 작은 값을, long은 큰 값을 저장하는데 그 기준

---

4 유도형과 사용자정의형은 서로 구분하지 않고 모두 유도형으로 보기도 한다.

이 되는 것은 int이다. 즉 **short은 int보다 작거나 같고, long은 int보다 크거나 같다.** 즉 다양한 범위의 정수를 저장하기 위해 다양한 정수형 자료형이 존재한다. 채소도 그 크기에 따라 적당한 그릇에 담아야 하듯이, 정수도 그 사용 범위에 따라 적절하게 short와 long 자료형을 선택해야 한다. 만일 short에 너무 큰 값을 저장한다면 아예 저장이 되지 않으며, long에 너무 작은 값을 저장한다면 그 만큼 자원의 낭비가 될 것이다.

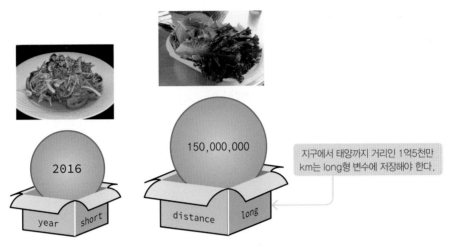

지구에서 태양까지 거리인 1억5천만 km는 long형 변수에 저장해야 한다.

그림 3-28 크기나 사용 범위에 따른 자료형의 선택

signed 자료형

자료형 short는 short int라고도 하며, long은 long int라고도 한다. 즉 자료형 short int와 long int에서 int는 생략 가능하다. 정수형 short, int, long 모두 양수, 0, 음수를 모두 표현할 수 있다. 그러므로 **[부호가 있는]을 의미하는 signed 키워드는 정수형 자료형 키워드 앞에 표시될 수 있다. 물론 이 signed 키워드는 생략될 수 있다. 즉 signed int와 int는 같은 자료형이다.**

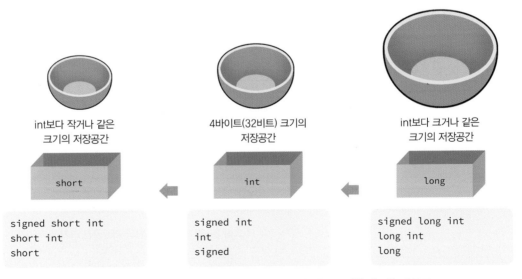

그림 3-29 부호가 있는 signed(음수, 0과 양수) 정수를 위한 자료형 세 종류

C 언어는 정수형 키워드를 short, int, long 세가지를 제공하지만 그 저장 공간의 크기로 보면 일반적으로 2가지 종류를 제공한다. 즉 컴파일러에 따라 int는 자료형 short과 같거나 long과 같다. 비주얼 스튜디오에서 자료형 int는 long과 자료형 공간 크기가 4바이트, 즉 32비트로 같다.

unsigned 자료형

0과 양수만을 처리하는 정수 자료형은 short, int, long 앞에 키워드 unsigned를 표시한다. 즉 **부호가 없는 정수인 unsigned int는 0과 양수만을 저장할 수 있는 정수 자료형이다.** 자료형 unsigned int에서 int는 생략 가능하다. 즉 unsigned int와 unsigned는 같은 자료형이다.

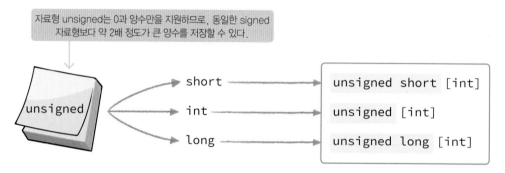

자료형 unsigned는 0과 양수만을 지원하므로, 동일한 signed 자료형보다 약 2배 정도가 큰 양수를 저장할 수 있다.

그림 3-30 부호가 없는 [0과 양수] 정수를 위한 자료형 세 종류

정수형 저장공간

저장공간 크기를 살펴보면, 비주얼 스튜디오에서 **short는 2바이트이며, int와 long은 모두 4바이트이다.** 즉 int는 short보다 표현 범위가 넓으며 long과는 같다.

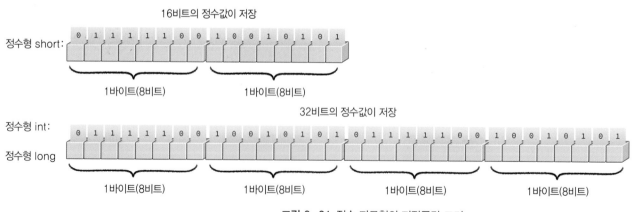

그림 3-31 정수 자료형의 저장공간 크기

저장공간 크기가 n비트인 singed 자료형은 -2^{n-1}에서 $2^{n-1}-1$까지 유효하다. 마찬가지로 저장공간 크기가 n비트인 unsinged 자료형은 0에서 2^n-1까지 유효하다.

표 3-1 정수 자료형의 표현 범위

음수지원 여부	자료형	크기	표현 범위
부호가 있는 정수형 signed	signed short	2 바이트	$-32,768(-2^{15})$ ~ $32,767(2^{15}-1)$
	signed int	4 바이트	$-2,147,483,648(-2^{31})$ ~ $2,147,483,647(2^{31}-1)$
	signed long	4 바이트	$-2,147,483,648(-2^{31})$ ~ $2,147,483,647(2^{31}-1)$
부호가 없는 정수형 unsigned	unsigned short	2 바이트	0 ~ $65,535(2^{16}-1)$
	unsigned int	4 바이트	0 ~ $4,294,967,295(2^{32}-1)$
	unsigned long	4 바이트	0 ~ $4,294,967,295(2^{32}-1)$

TIP 자료형 long long int

1999년에 제정한 C99 표준에 따르면 정수형을 다음과 같이 5개로 구분하고 있다. 비주얼 스튜디오에서도 저장공간 크기가 64비트인 long long int 형을 지원한다. 비주얼 스튜디오에서는 8비트에서 64비트에 이르는 다양한 정수 자료형 키워드로 __int8, __int16, __int32, __int64 등도 지원한다.

표 3-2 C99의 규정과 비주얼 스튜디오의 다양한 정수 자료형

C99 자료형	규정	비주얼 스튜디오 지원 자료형	크기
char	8비트 이상	char, __int8	1바이트(8비트)
short	16비트 이상	short [int], __int16	2바이트(16비트)
int	16비트 이상	int	4바이트(32비트)
long int	32비트 이상	long [int], __int32	4바이트(32비트)
long long int	64비트 이상	long long [int], __int64	8바이트(64비트)

하드웨어의 발전으로 64비트 운영체제에서 64비트의 정수형의 지원은 기본이 되었다. **자료형 long long int는 간단히 long long으로 사용할 수 있으며, 8바이트 64비트로 −9,223,372,036,854,775,808(−2^63)에서 +9,223,372,036,854,775,807(2^63−1)까지 지원**한다. 자료형 long long은 약 922경 정도의 수를 음수와 양수로 지원하니 매우 큰 범위를 지원하며, unsigned long long은 0에서 약 1,844경까지 지원한다. 이제 long 자료형으로 불가능한 지구와 천왕성 간 거리, 해왕성과 태양 간 거리 등, 태양계를 비롯한 우주의 행성 간의 거리를 나타내는 변수로 long long 자료형을 이용하면 가능하다. 다만 long long 자료형은 함수 printf("%lld", …) 처럼 **출력 형식문자를 %lld로 기술**해야 하며, **unsingned long long 형은 %llu를 사용**한다. **자료형 long long은 하나의 키워드인 __int64로도 지원**한다.

행성	태양에서 행성까지의 실제 거리
수성	5,800 km
금성	1억 km
지구	1억 5천만 km
화성	2억 3천만 km
목성	7억 8천만 km
토성	14억 3천만 km
천왕성	28억 7천만 km
해왕성	45억 km
명왕성	60억 km
엘로힘행성	지구에서 9조 km

그림 3-32 자료형 long long으로 지원 가능한 우주의 행성 간의 거리

실습예제 3-5   **integer.c**

정수형 자료형 변수의 선언과 활용

```c
01  /*
02      솔루션 / 프로젝트 / 소스파일: Ch03 / Prj05 / integer.c
03      정수형 자료형 변수의 선언과 활용
04      V 1.0 2016.
05  */
06
07  #include <stdio.h>
08
09  int main(void)
10  {
11      short sVar = 32000;         //-32767에서 32767까지
12      int   iVar = -2140000000;   //약 21억 정도까지 저장 가능
13
14      unsigned short int   usVar = 65000;        //0에서 65535까지 저장 가능
15      unsigned int         uiVar = 4280000000;   //약 0에서 42억 정도까지 저장 가능
16
17      printf("저장값: %d %d\n", sVar, iVar);
18      printf("저장값: %u %u\n", usVar, uiVar);
19
20      long long dist1 = 2720000000000;  //지구와 천왕성 간의 거리(km) 27억 2천
21      __int64 dist2 = 4500000000000;    //태양과 해왕성 간의 거리(km) 45억
22
23      printf("지구와 천왕성 간의 거리(km): %lld\n", dist1);
24      printf("태양과 해왕성 간의 거리(km): %lld\n", dist2);
25
26      return 0;
27  }
```

> unsinged를 출력할 경우,
> 형식제어문자를 %u로 기술

> long long과 __int64를 출력할 경우,
> 형식제어문자를 %lld로 기술

설명	11~15	적절한 변수의 자료형으로 변수 선언
	17~18	signed 정수는 %d로 출력하고 unsigned 정수는 %u로 출력
	20~21	자료형 long long, __int64는 64비트로 약 922경까지 저장 가능
	23~24	자료형 long long, __int64는 %lld로 출력

실행결과	저장값: 32000 -2140000000
	저장값: 65000 4280000000
	지구와 천왕성 간의 거리(km): 2720000000000
	태양과 해왕성 간의 거리(km): 4500000000000

TIP 정수의 내부 표현

변수의 메모리 내부는 0과 1로 표현되는 비트의 조합으로 저장된다. 자료형 short는 16비트로서 -2^{15}에서부터 $2^{15}-1$까지 표현이 가능하다. 부호가 있는 signed 정수에서 저장 공간의 최상위 비트는 1이면 음수, 0이면 0 또는 양수를 나타내는 부호 비트의 역할을 한다. 그러므로 이 최상위 비트인 MSB(most significant bit)를 부호비트(signed bit)라고 부른다. 다음은 정수 자료형 short의 내부 표현을 살펴본 표이다.

표 3-3 정수 자료형 short의 내부 표현

최상위 비트는 부호비트의 역할을 수행한다.

수	메모리 내부 비트	상수 및 연산
32767	0 1 1 1 1 1 1 1 1 1 1 1 1 1 1 1	SHRT_MAX ($2^{15} - 1$)
32766	0 1 1 1 1 1 1 1 1 1 1 1 1 1 1 0	SHRT_MAX - 1 ($2^{15} - 2$)
...	...	
1	0 0 0 0 0 0 0 0 0 0 0 0 0 0 0 1	1 - 1 = 1 + [-1]로 연산
0	0 0 0 0 0 0 0 0 0 0 0 0 0 0 0 0	[0000 0000 0000 0001] + [1111 1111 1111 1111]
-1	1 1 1 1 1 1 1 1 1 1 1 1 1 1 1 1	[0000 0000 0000 0000]
...	...	
-32767	1 0 0 0 0 0 0 0 0 0 0 0 0 0 0 1	SHRT_MIN + 1 ($-2^{15} + 1$)
-32768	1 0 0 0 0 0 0 0 0 0 0 0 0 0 0 0	SHRT_MIN ($-^{215}$)

컴퓨터에서 정수의 음수 표현 방법은 보수를 이용하는 방법을 사용한다. 즉 양수 정수 a에서 음수인 −a의 비트 표현은 2의 보수 표현인 [(a의 1의 보수) + 1]이다. 여기서 a의 1의 보수는 a의 이진수 모든 비트에서 0은 1로, 1은 0으로 바꾼 수이다. 즉 16비트 공간의 1의 보수는 16비트로 [1111 1111 1111 1110]이다. 그러므로 −1은 [1111 1111 1111 1110] + 1로 구하면 [1111 1111 1111 1111]이 된다. 컴퓨터는 빼기의 연산 1−1을 1+(−1)로 계산한다. 즉 1에서 1을 빼는 것이 아니라 1에 (−1)을 더하는 연산을 수행하며, −1은 1의 2의 보수로 구하는 방법을 사용한다. 즉 16비트 연산이라면 1+(−1)은 [0000 0000 0000 0001] + [1111 1111 1111 1111]을 수행하여 결과는 [0000 0000 0000 0000]인 0이 되는 것이다. **이러한 2의 보수는 음수의 더하기 연산으로 빼기(−) 연산을 쉽게 수행할 수 있는 장점이 있다.**

그럼 컴퓨터가 왜 이진수로 변환된 데이터만을 취급하는 지 알아보자. 컴퓨터의 내부는 IC(Integrated Circuit = 집적회로)로 구성되어 있다. 간단히 말하자면 컴퓨터의 내부를 뜯어보았을 때, 중앙처리장치(CPU)의 양쪽에 여러 개에서 수백 개까지 다리처럼 붙어있는 지네 같은 모양을 IC라고 부른다. 이 IC에 달려있는 지네 다리모양의 핀들은 보통 직류전압 0V나 5V중 하나의 전압을 갖게 된다. 따라서 IC의 핀 1개로는 두 가지 상태밖에 나타낼 수 없다. 이러한 하드웨어의 여건상 컴퓨터는 부득이 하게 2진수를 사용하게 되었다. 물론, 더 좋은 IC를 개발할 수 있지만 평이하고 대중화시키기에는 2개의 전압을 갖는 IC를 제작하는 것이 컴퓨터의 가격이나 성능 면에서 결코 떨어지지 않기 때문이었다.

중간점검

01 다음 자료형의 범위를 기술하시오.

```
short
int
long
```

02 다음 자료형 중에서 저장할 수 있는 가장 큰 수는?

```
char, unsiged, int, unsigned short
```

03 다음 자료형 중에서 저장 범위가 다른 하나는 무엇인가?

```
int, signed, signed long, unsigned
```

부동소수 자료형

부동소수형 3가지

부동소수형은(floating point data type) 3.14, 3.26567과 같이 실수를 표현하는 자료형이다. **부동소수형을 나타내는 키워드는 float, double, long double 세 가지이다.** ANSI C 표준에서 double

형은 float형보다 표현범위가 같거나 보다 정확하며, long double형은 double형보다 표현범위가 같거나 보다 정확해야 한다. 저장공간 크기를 살펴보면, 비주얼 스튜디오에서는 **float는 4바이트이며, double과 long double은 모두 8바이트이다.** 즉 double은 float보다 표현 범위가 넓고 세밀하며, long double과는 같다.

표 3-4 부동소수형의 표현범위

자료형	크기	정수의 유효자릿수	표현범위
float	4 바이트	6~7	1.175494351E-38F에서 3.402823466E+38F까지
double	8 바이트	15~16	2.2250738585072014E-308에서 1.7976931348623158E+308까지
long double	8 바이트	15~16	2.2250738585072014E-308에서 1.7976931348623158E+308까지

일반적으로 소수 3.14와 같은 표현은 모두 자료형 double로 인식하므로, float형 변수에 저장하면 컴파일 경고나 오류가 발생할 수 있다. 그러므로 **float형 변수에 저장하면 꼭 3.14F와 같이 float형 상수로 저장**하도록 해야 한다.

```
float x = 3.14;        //float x = 3.14;인 경우, 경고 발생
```

warning C4305: '초기화 중' : 'double'에서 'float'(으)로 잘립니다.

그림 3-33 float 형 변수에 부동소수 상수로 저장한 경우의 경고

실습예제 3-6 **float.c**

부동소수형 변수의 선언과 활용

```
01  /*
02      솔루션 / 프로젝트 / 소스파일: Ch03 / Prj06 / float.c
03      부동소수형 변수의 선언과 활용
04      V 1.0 2016.
05  */
06
07  #include <stdio.h>
08
09  int main(void)
10  {
11      float        x = 3.14F;       //float x = 3.14;인 경우, 경고 발생
12      double       y = -3.141592;   //double 저장공간 크기는 float의 2배
13      long double  z = 180000000.0; //double과 long double은 저장공간이 모두 64비트
14
```

	15	`    printf("저장값: %f %f %f\n", x, y, z);`
	16	
	17	`    return 0;`
	18	`}`
설명	11	부동소수 상수 3.14F로 반드시 F나 f 삽입
	15	부동소수는 %f로 출력
실행결과		저장값: 3.140000 -3.141592 180000000.000000

TIP 부동소수라는 말이 어려워요!

부동소수(浮動小數)는 '소수점(小數點)의 위치가 정해져 있지 않고 떠다닌다(浮動)'라는 의미이다. 부동소수는 실수를 표현할 때 소수점의 위치를 고정하지 않고 그 위치를 나타내는 수를 따로 적는 방법으로, 유효숫자를 나타내는 가수(假數, mantissa)와 소수점의 위치를 풀이하는 지수(exponent, 指數)로 나누어 표현한다. 부동소수 표현 방법은 한정된 비트의 수로 보다 정밀하고 넓은 범주의 수를 표현할 수 있어 대부분의 언어에서 사용하고 있으며, 연산 속도가 느린 단점도 있다. 한 예로 이진 실수인 101.11을 부동소수로 표현하면 1.0111 * 22으로 소수점 이하의 수인 0111이 가수이며, 밑인 2의 지수승 2가 지수가 된다. 부동소수의 더 자세한 내용은 "모바일 시대의 컴퓨터 개론"의 103 페이지를 참고하길 바란다.

문자형 자료형

문자형 char

문자형 자료형은 char, signed char, unsigned char 세 가지 종류가 있다. 여기서 'char'는 영단어 character(문자)의 약자이며, **문자형 저장공간 크기는 모두 1바이트이다.** 문자형 자료형은 정수형과 같이 키워드 signed와 unsigned를 함께 이용할 수 있다. 비주얼 스튜디오에서 char는 signed char와 같으나, 컴파일러에 따라 다를 수 있다. 일반적으로 signed char와 unsigned char는 short보다 작은 범주의 정수 자료형으로 이용한다. 문자형 char는 'a'와 같이 문자 상수를 이용하거나, 정수를 직접 저장할 수 있다. 또한 문자코드값을 '\ddd'와 같이 세 자리의 팔진수로, '\xhh'와 같이 두 자리의 십육진수로 표현할 수 있다. C 언어에서 1바이트인 char로는 한글 문자를 바로 저장할 수 없으며, 단원 09 에서 학습할 char 배열에서 지원이 가능하다.

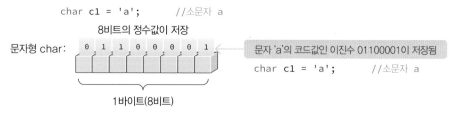

그림 3-34 문자형 자료값의 표현과 저장공간

표 3-5 문자형의 표현범위

자료형	저장공간 크기	표현범위
char	1 바이트	−128에서 127까지(문자는 실제 0에서 127까지 이용)
signed char	1 바이트	−128에서 127까지
unsigned char	1 바이트	0 에서 255까지

아스키 코드

C 언어에서 문자형 자료공간에 저장되는 값은 실제로 정수값이며, 이 정수는 아스키 코드 표에 의한 값이다. **아스키 코드(ASCII: American Standard Code for Information)는 ANSI(American National Standards Institute)에서 제정한 정보 교환용 표준 코드로 총 127 개의 문자로 구성된다.** 아스키 코드에서 0부터 31번까지 그리고 마지막 문자인 127번 문자는 인쇄할 수 없는 문자(Nonprinting Characters)이다. 32부터 126번까지의 문자는 인쇄 문자(Printing Characters)이다. 다음은 아스키 코드표로 소문자 'a'는 16진수로 61이며 이진수로는 1100001, 십진수로 97임을 알 수 있다.

실습예제 3-7 char.c

문자형 변수의 선언과 이용

```
01   /*
02       솔루션 / 프로젝트 / 소스파일: Ch03 / Prj07 / char.c
03       문자형 변수의 선언과 이용
04       V 1.0 2016.
05   */
06
07   #include <stdio.h>
08
09   int main(void)
10   {
11       char c1 = 'a';        //소문자 a
12       char c2 = 65;         //대문자 A가 코드값 65
13       char c3 = '\132';     //대문자 Z의 8진수 코드값 132
14       char c4 = '\x5A';     //대문자 Z의 16진수 코드값 5A
15
16       printf("저장값(문자): %c %c %c %c\n", c1, c2, c3, c4);
17       printf("저장값(정수): %d %d %d %d\n", c1, c2, c3, c4);
18
19       return 0;
20   }
```

%c는 문자가 출력되며, %d는 문자의
코드값 십진수가 출력된다.

표 3-6 아스키 코드표

문자	10진	2진	8진	16진	문자	10진	2진	8진	16진	문자	10진	2진	8진	16진	문자	10진	2진	8진	16진
NUL	0	0000 0000	0	0	SPC	32	0010 0000	40	20	@	64	0100 0000	100	40	`	96	0110 0000	140	60
SOH	1	0000 0001	1	1	!	33	0010 0001	41	21	A	65	0100 0001	101	41	a	97	0110 0001	141	61
STX	2	0000 0010	2	2	"	34	0010 0010	42	22	B	66	0100 0010	102	42	b	98	0110 0010	142	62
ETX	3	0000 0011	3	3	#	35	0010 0011	43	23	C	67	0100 0011	103	43	c	99	0110 0011	143	63
EOT	4	0000 0100	4	4	$	36	0010 0100	44	24	D	68	0100 0100	104	44	d	100	0110 0100	144	64
ENQ	5	0000 0101	5	5	%	37	0010 0101	45	25	E	69	0100 0101	105	45	e	101	0110 0101	145	65
ACK	6	0000 0110	6	6	&	38	0010 0110	46	26	F	70	0100 0110	106	46	f	102	0110 0110	146	66
BEL	7	0000 0111	7	7	'	39	0010 0111	47	27	G	71	0100 0111	107	47	g	103	0110 0111	147	67
BS	8	0000 1000	10	8	(	40	0010 1000	50	28	H	72	0100 1000	110	48	h	104	0110 1000	150	68
HT	9	0000 1001	11	9	)	41	0010 1001	51	29	I	73	0100 1001	111	49	i	105	0110 1001	151	69
LF	10	0000 1010	12	0A	*	42	0010 1010	52	2A	J	74	0100 1010	112	4A	j	106	0110 1010	152	6A
VT	11	0000 1011	13	0B	+	43	0010 1011	53	2B	K	75	0100 1011	113	4B	k	107	0110 1011	153	6B
FF	12	0000 1100	14	0C	,	44	0010 1100	54	2C	L	76	0100 1100	114	4C	l	108	0110 1100	154	6C
CR	13	0000 1101	15	0D	-	45	0010 1101	55	2D	M	77	0100 1101	115	4D	m	109	0110 1101	155	6D
SO	14	0000 1110	16	0E	.	46	0010 1110	56	2E	N	78	0100 1110	116	4E	n	110	0110 1110	156	6E
SI	15	0000 1111	17	0F	/	47	0010 1111	57	2F	O	79	0100 1111	117	4F	o	111	0110 1111	157	6F
DLE	16	0001 0000	20	10	0	48	0011 0000	60	30	P	80	0101 0000	120	50	p	112	0111 0000	160	70
DC1	17	0001 0001	21	11	1	49	0011 0001	61	31	Q	81	0101 0001	121	51	q	113	0111 0001	161	71
DC2	18	0001 0010	22	12	2	50	0011 0010	62	32	R	82	0101 0010	122	52	r	114	0111 0010	162	72
DC3	19	0001 0011	23	13	3	51	0011 0011	63	33	S	83	0101 0011	123	53	s	115	0111 0011	163	73
DC4	20	0001 0100	24	14	4	52	0011 0100	64	34	T	84	0101 0100	124	54	t	116	0111 0100	164	74
NAK	21	0001 0101	25	15	5	53	0011 0101	65	35	U	85	0101 0101	125	55	u	117	0111 0101	165	75
SYN	22	0001 0110	26	16	6	54	0011 0110	66	36	V	86	0101 0110	126	56	v	118	0111 0110	166	76
ETB	23	0001 0111	27	17	7	55	0011 0111	67	37	W	87	0101 0111	127	57	w	119	0111 0111	167	77
CAN	24	0001 1000	30	18	8	56	0011 1000	70	38	X	88	0101 1000	130	58	x	120	0111 1000	170	78
EM	25	0001 1001	31	19	9	57	0011 1001	71	39	Y	89	0101 1001	131	59	y	121	0111 1001	171	79
SUB	26	0001 1010	32	1A	:	58	0011 1010	72	3A	Z	90	0101 1010	132	5A	z	122	0111 1010	172	7A
ESC	27	0001 1011	33	1B	;	59	0011 1011	73	3B	[	91	0101 1011	133	5B	{	123	0111 1011	173	7B
FS	28	0001 1100	34	1C	<	60	0011 1100	74	3C	\	92	0101 1100	134	5C	|	124	0111 1100	174	7C
GS	29	0001 1101	35	1D	=	61	0011 1101	75	3D	]	93	0101 1101	135	5D	}	125	0111 1101	175	7D
RS	30	0001 1110	36	1E	>	62	0011 1110	76	3E	^	94	0101 1110	136	5E	~	126	0111 1110	176	7E
US	31	0001 1111	37	1F	?	63	0011 1111	77	3F	_	95	0101 1111	137	5F	DEL	127	0111 1111	177	7F

■ 제어 문자　■ 공백 문자　■ 구두점　■ 숫자　■ 알파벳

설명	11~14 문자, 코드값 십진수, 팔진수, 십육진수로 저장
	15 %c는 문자로 출력
	16 %d는 코드값을 정수로 출력
실행결과	저장값(문자) : a A Z Z
	저장값(정수) : 97 65 90 90

중간점검

01 부동소수형의 키워드는 무엇인가?

02 다음 소스의 의도와 문제점은 무엇인가?
```
char c1 = 'A';
printf("%c\n", 'c1');
```

03 아스키 코드표를 보고 문자 '&'를 출력하는 다음 소스를 채우시오.
```
printf("%c\n", '\x__'); //문자 & 출력
```

자료형의 크기

자료형 14가지 종류와 표현범위

지금까지 살펴본 기본 자료형은 long long을 포함하면 모두 14가지이다. 그러나 중복되는 자료형도 있기 때문에 표현 범위로 나누어 보면 대략 char, unsigned char, short, int, long long, unsigned short, unsigned, unsinged long long, float, double 10가지 정도이다. 다음은 long long을 포함하여 기본 자료형 14가지의 저장공간의 크기와 표현 범위를 나타낸다.

표 3-7 기본 자료형의 저장공간 크기와 표현범위(자료형에서 []은 생략 가능함)

분류	자료형	크기	표현범위
문자형	`char`	1 바이트	$-128(-2^7) \sim 127(2^7-1)$
	`signed char`	1 바이트	$-128(-2^7) \sim 127(2^7-1)$
	`unsigned char`	1 바이트	$0 \sim 255(2^8-1)$
정수형	`[signed] short [int]`	2 바이트	$-32,768(-2^{15}) \sim 32,767(2^{15}-1)$
	`[signed] [int]`	4 바이트	$-2,147,483,648(-2^{31}) \sim 2,147,483,647(2^{31}-1)$
	`[signed] long [int]`	4 바이트	$-2,147,483,648(-2^{31}) \sim 2,147,483,647(2^{31}-1)$
	`[signed] long long [int]`	8 바이트	$9,223,372,036,854,775,808(-2^{63}) \sim$ $9,223,372,036,854,775,807(2^{63}-1)$

	unsigned short [int]	2 바이트	0 ~ 65,535(2^{16}-1)
정수형	unsigned [int]	4 바이트	0 ~ 4,294,967,295(2^{32}-1)
	unsigned long [int]	4 바이트	0 ~ 4,294,967,295(2^{32}-1)
	[unsigned] long long [int]	8 바이트	0 ~ 18,446,744,073,709,551,615(2^{64}-1)
부동소수형	float	4 바이트	대략 10^{-38} ~ 10^{38}
	double	8 바이트	대략 10^{-308} ~ 10^{308}
	long double	8 바이트	대략 10^{-308} ~ 10^{308}

연산자 sizeof를 이용하면 자료형, 변수, 상수의 저장공간 크기를 바이트 단위로 알 수 있다. 연산자 sizeof는 다음과 같이 이용하며, 자료형 키워드로 직접 저장공간 크기를 알려면 자료형 키워드에 괄호가 반드시 필요하다.

```
sizeof(char)    // sizeof (자료형키워드), 괄호가 반드시 필요
sizeof 3.14     // sizeof 상수, sizeof (상수) 모두 가능
sizeof n        // sizeof 변수, sizeof (변수) 모두 가능
```

그림 3-35 연산자 sizeof의 사용법

실습예제 3-8   **size.c**

연산자 sizeof를 이용한 저장공간 크기 출력

```
01  /*
02      솔루션 / 프로젝트 / 소스파일: Ch03 / Prj08 / size.c
03      연산자 sizeof를 이용한 저장공간 크기 출력
04      V 1.0 2016.
05  */
06
07  #include <stdio.h>
08
09  int main(void)
10  {
11      printf("        자료형 : 크기(바이트)\n");
12      printf("          char : %d %d\n", sizeof(char), sizeof(unsigned char));
13      printf("         short : %d %d\n", sizeof(short), sizeof(unsigned short));
14      printf("           int : %d %d\n", sizeof(int), sizeof(200));
15      printf("          long : %d %d\n", sizeof(long), sizeof(300L));
16      printf("     long long : %d %d\n", sizeof(long long), sizeof(900LL));
17      printf("         float : %d %d\n", sizeof(float), sizeof 3.14F);
18      printf("        double : %d %d\n", sizeof(double), sizeof 3.14);
19      printf("long double : %d %d\n", sizeof(long double), sizeof 3.24L);
20
21      return 0;
22  }
```

오버플로와 언더플로

자료형의 범주에서 벗어난 값을 저장하면 오버플로(overflow) 또는 언더플로(underflow)가 발생한다. 이것은 그릇에 용량 이상의 내용물을 채우면 넘치는 것과 같은 원리이다. 자료형 unsigned char는 8비트로 0에서 255까지 저장 가능하다. 마찬가지로 만일 256을 저장하면 0으로 저장된다. 이것은 마치 999까지 지원하는 디지털 계기판에서 1이 더 증가하면 다시 처음 0으로 돌아가는 것과 같은 원리이다.

그림 3-36 오버플로 발생 원리

자료형 short는 16비트로 -32768에서 32767까지 저장 가능하다. 만일 short 변수에 32768을 저장하면 오버플로가 발생하여 -32768이 된다. 반대로 short 자료형의 가장 작은 수인 -32768에 -1을 수행하면 결과는 32767이 된다. **정수형 자료형에서 최대값+1은 오버플로로 인해 최소값이 된다. 마찬가지로 최소값-1은 최대값이 된다. 이러한 특징을 정수의 순환이라고 한다.** 정수형의 오버플로는 경고 메시지가 발생하지 않는다. 결국 오버플로가 발생하면 의도하지 않은 결과가 발생할 수 있다. 그러므로 수를 다룰 때는 오버플로가 발생하지 않도록 주의해야 한다.

오버플로를 설명하는 정수의 순환을 쉽게 이해할 수 있는 방법은 다음과 같이 정수값이 적혀 있는 큰 시계가 있다고 가정하는 것이다. 현재 값에 1을 더하면 시계방향으로 하나 이동한 값이 결과값이다. 반대로 현재 값에 1을 빼면 시계 반대방향으로 하나 이동한 값이 결과값으로 이해하면 쉽다. 다음은 short와 int의 정수 순환을 나타내는 정수 시계이다.

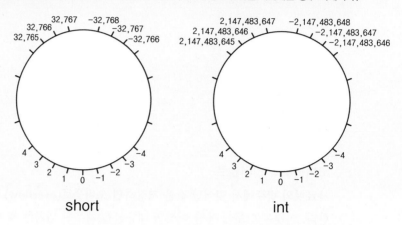

그림 3-37 자료형 short와 int의 정수의 순환을 나타내는 정수 시계

실수형 float와 double에서도 허용 범위의 최대값을 초과하면 오버플로가 발생한다. 실수형 float 변수에 3.403E39 같이 최대값을 초과하는 수를 저장하면 오버플로가 발생한다. 이런 경우 무한대를 의미하는 1.#INF00로 저장 출력된다. 또한 **실수형 float 변수에 1.175E-50와 같이 부동소수점 수가 너무 많아 정밀도가 매우 자세한 수를 저장하면 언더플로(underflow)가 발생하여 0이 저장된다.**

실습예제 3-9	overflow.c
	오버플로와 언더플로의 발생

```
01   /*
02       솔루션 / 프로젝트 / 소스파일: Ch03 / Prj09 / overflow.c
03       오버플로와 언더플로의 발생
04       V 1.0 2016.
05   */
06
07   #include <stdio.h>
08
09   int main(void)
10   {
11       unsigned char  uc = 255 + 1;
12       short          s = 32767 + 1;
13       float          min = 1.175E-50;
```

```
14      float       max = 3.403E39;
15
16      printf("%u\n", uc);      //오버플로 발생
17      printf("%d\n", s);       //오버플로 발생
18      printf("%e\n", min);     //언더플로 발생
19      printf("%f\n", max);     //오버플로 발생
20
21      return 0;
22  }
```

약 10^{38} 이상 되는 실수는 저장 되지 못하고 오버플로 발생

설명

16 연산 255 + 1의 결과는 256이나 자료형 unsigned char에서 256은 오버플로가 발생해서 0이 저장됨

17 연산 32767 + 1의 결과는 32768이나 자료형 short에서 32768은 오버플로가 발생해서 -32767이 저장됨

18 실수 1.175E-50은 매우 작은 수로 float에서는 언더플로가 발생하여 0이 저장됨

19 실수 3.403E39는 매우 큰 수로 float에서는 오버플로가 발생하여 무한대(infinite)라는 의미로 inf가 출력됨

매우 큰 수로 오버플로 발생, 무한대를 의미하는 inf가 저장 출력됨

경고

```
출력                                                        ▼ □ X
출력 보기 선택(S): 빌드                          ▼   ┊┊  ┊┊ ┊┊ ┊┊ ┊┊
1>------ 빌드 시작: 프로젝트: Prj09, 구성: Debug Win32 ------
1>  overflow.c
1>g:\[2016 c]\ch03\prj09\overflow.c(11): warning C4305: '초기화 중': 'int'에서 'unsigned char'(으)로 잘립니다.
1>g:\[2016 c]\ch03\prj09\overflow.c(13): warning C4305: '초기화 중': 'double'에서 'float'(으)로 잘립니다.
1>g:\[2016 c]\ch03\prj09\overflow.c(14): warning C4056: 부동 소수점 상수 산술 연산에서 오버플로가 발생했습니다.
1>g:\[2016 c]\ch03\prj09\overflow.c(14): warning C4756: 상수 산술 연산에서 오버플로가 발생했습니다.
1>  Prj09.vcxproj -> G:\[2016 C]\Ch03\Debug\Prj09.exe
========== 빌드: 성공 1, 실패 0, 최신 0, 생략 0 ==========
```

매우 작은 수로 언더플로 발생, 0이 저장됨

컴파일 시 발생하는 경고 문구

실행결과

```
0
-32768
0.000000e+00
inf
```

중간점검

01 다음 중 가장 큰 값은?

```
sizeof(char), sizeof(int), sizeof(long), sizeof(double),
```

02 다음 소스의 결과는 무엇인가?

```
short  s = -32768 - 1;
printf("%d\n", s);              //오버플로 발생
printf("%d\n", 32767 + 1);
```

아스키 코드값 126번은 물결 문자 '~'이다. 다음 정보를 이용하여 다음 결과 창으로 출력되는 프로그램을 작성해보자.

- 문자 '~'의 코드값: 십진수 126, 팔진수 176, 십육진수 7e
- 출력을 위한 함수 print()에서 %d로 정수를, %c로 문자를 출력

```
126
~
~
~
```

Lab 3-2	intchar.c

```
01   // intchar.c: 아스키 코드값 126 문자 '~'의 다양한 출력
02
03   #include <stdio.h>
04
05   int main(void)
06   {
07      int ch = 126;
08
09      printf("%d\n", ___);      //십진 코드값 출력
10      printf("%___\n", ch);     //문자 출력
11      printf("%c\n", '\___');   //문자 출력
12      printf("%c\n", '\x__');   //문자 출력
13
14      return 0;
15   }
```

정답

```
09   printf("%d\n", ch);        //십진 코드값 출력
10   printf("%c\n", ch);        //문자 출력
11   printf("%c\n", '\176');    //문자 출력
12   printf("%c\n", '\x7e');    //문자 출력
```

상수 표현방법

상수의 개념과 표현방법

상수의 종류와 표현 방법

프로그래밍 언어에서 변수는 이름이 붙여져 필요하면 참조하거나 계속 수정할 수 있는 자료라면 **상수(constant)는 이름 없이 있는 그대로 표현한 자료값이나 이름이 있으나 정해진 하나의 값만으로 사용되는 자료값**을 말한다. 상수는 크게 분리하면 **리터럴 상수(literal constant)와 심볼릭 상수 (symbolic constant)**[5]로 **구분**될 수 있다.

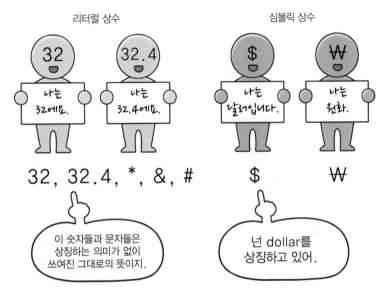

그림 3-38 리터럴 상수와 심볼릭 상수

우린 일상생활에서 숫자 32, 32.4, 문자 *, &, # 그리고 문자열 "Hello World!"등을 사용한다. 이와 같이 **리터럴 상수는 달리 이름이 없이 소스에 그대로 표현해 의미가 전달되는 다양한 자료값**을 말한다. 즉 10, 24.3과 같은 수, "C는 흥미롭습니다."와 같은 문자열이 그 예이다. **심볼릭 상수는 리터럴 상수와 다르게 변수처럼 이름을 갖는 상수**를 말한다. 수학에서 많이 사용하는 원주율인 3.141592를 이름 PI로 사용한다면, PI가 심볼릭 상수이다. 이러한 **심볼릭 상수를 표현하는 방법은 const 상수(const constant), 매크로 상수(macro constant), 그리고 열거형 상수(enumeration constant)를 이용하는 세 가지 방법**이 있다.

---

5 심볼릭 상수는 기호 상수라고도 부른다. 필자는 심볼릭 상수로 기술할 예정이다.

표 3-8 상수의 종류

구분	표현 방법	설명	예
리터럴 상수 (이름이 없는 상수)	정수형 실수형 문자 문자열 상수	다양한 상수를 있는 그대로 기술	32, 025, 0xf3, 10u, 100L, 30LL, 3.2F, 3.15E3, 'A', '\n', '\0', '\24', '\x2f', "C 언어", "프로그래밍 언어\n"
심볼릭 상수 (이름이 있는 상수)	const 상수	키워드 const를 이용한 변수 선언과 같으며, 수정할 수 없는 변수 이름으로 상수 정의	const double PI = 3.141592;
	매크로 상수	전처리기 명령어 #define으로 다양한 형태를 정의	#define PI 3.141592
	열거형 상수	정수 상수 목록 정의	enum bool {FALSE, TRUE};

정수와 실수, 문자와 문자열

프로그래밍에서 쓰는 그대로 의미가 있는 이러한 상수를 사용하는데, **프로그램에서 리터럴 상수란 소스에 그대로 표현해 의미가 전달되는 다양한 자료값**을 말한다. 즉 10, 24.3과 같은 수, "C는 흥미롭습니다."와 같은 문자열이 그 예이다. 상수는 정수, 실수, 문자, 문자열 상수와 같이 4 부류로 나뉘며 표현 방법은 다음과 같다.

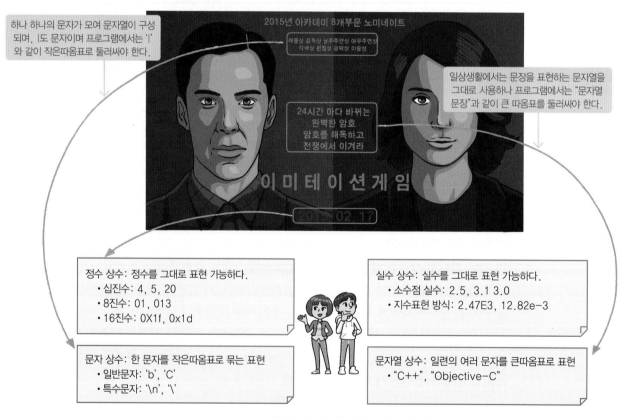

그림 3-39 리터럴 상수의 종류와 표현방법

문자 상수 표현

문자 상수는 문자 하나의 앞 뒤에 작은따옴표(single quote)를 넣어 표현한다. 또 다른 문자 표현 방법으로 \ddd와 같이 문자의 한 자리에서 세 자리까지의 팔진수 코드값을 이용할 수 있다. 또한 \xhh와 같이 \x뒤에 한 자리에서 두 자리까지의 십육진수 코드값을 이용할 수도 있다. 즉 코드값이 97인 문자 'A'는 '\141'와 '\x61'로 표현할 수 있다.

함수 printf()에서 문자 상수를 출력하려면 다음과 같이 %c 또는 %C의 형식 제어문자(format control character)가 포함되는 형식 제어문자열(format control string)을 사용한다. %c의 c는 문자 character를 의미한다.

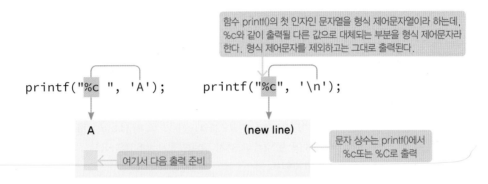

그림 3-40 문자 상수의 표현과 출력

이스케이프 문자

알람(alarm) 소리와 새로운 줄(new line) 등을 의미하는 특수한 문자에 한하여 \n와 같이 **역슬래쉬 \와 문자의 조합으로 표현하는 문자를 이스케이프 문자(escape sequence)**라 한다. 이미 자주 보았던 '\n'이 새로운 줄(new line)을 의미하는 대표적인 이스케이프 문자로 작은따옴표를 둘러싸 표현하며, 문자열에도 사용할 수 있다. 이스케이프 문자는 제어문자, 특수문자 또는 확장문자라고도 부르며, 주로 커서의 이동과 출력을 제어하는 문자들이다. 예로 수평 탭 문자는 \t로 표현하며, 경고음 문자는 \a로 표현한다. 또한 역슬래쉬 \는 제어문자의 시작 문자로 사용하므로 역슬래쉬 \ 자체는 \\로 표현해야 한다. 또한 큰따옴표 "는\"으로, 작은따옴표 '는 \'으로 표현할 수 있다. 또한 팔진수의 코드값으로 표현하면 코드값이 9인 수평 탭 문자 \t는 \011로 표현할 수 있다. 함수 printf()에서 제어문자열 내부에 직접 문자 또는 제어문자를 사용할 수 있다.

표 3-9 이스케이프 문자

제어문자 이름	영문 표현	코드값 (십진수)	\ddd (팔진수)	제어문자 표현	의미
널문자	NULL	0	\000	\0	아스키코드 0번
경고	BEL(Bell)	7	\007	\a	경고음이 울림

백스페이스	BS(Back Space)	8	\010	\b	커서를 한 문자 뒤로 이동
수평탭	HT(Horizontal Tab)	9	\011	\t	커서를 수평으로 다음 탭만큼 이동
개행문자	LF(Line Feed)	10	\012	\n	커서를 다음 줄로 이동
수직탭	VT(Vertical Tab)	11	\013	\v	수직으로 이동하여 탭만큼 이동
폼피드	FF(Form Feed)	12	\014	\f	새 페이지의 처음으로 이동
캐리지 리턴	CR(Carriage Return)	13	\015	\r	커서를 현재 줄의 처음으로 이동
큰따옴표	Double quote	34	\042	\"	" 문자
작은따옴표	Single quote	39	\047	\'	' 문자
역슬래쉬	Backslash	92	\134	\\	\ 문자

실습예제 3-10	charliteral.c

이스케이프 문자를 비롯해서 다양한 문자 리터럴의 표현

```
01  /*
02      솔루션 / 프로젝트 / 소스파일: Ch03 / Prj10 / charliteral.c
03      이스케이프 문자를 비롯해서 다양한 문자 리터럴의 표현
04      V 1.0 2016.
05  */
06
07  #include <stdio.h>
08
09  int main(void)          Basic 출력
10  {
11      printf("%Casic", 'B');          printf("%c", '\n');
12
13      char sq = '\'';          //작은따옴표
14
15      printf("BCPL\tB\tC\tJava\n");   //문자열 내부에서 \t(탭) 문자 사용
16      printf("%C\7\n", '\a');    //알람 문자를 2번 출력하고 공백 줄
17      printf("%c자바언어'\n", sq);    //문자열 내부에서는 '(작은따옴표) 그대로 사용 가능
18
19      //문자열 내부에서는"(큰따옴표) 반드시 \"로 사용
20      printf("\"C언어\" 정말 재미있다!\n");
21
22      return 0;
23  }
```

경고음 소리가 출력되며, 뒤 이은\7도\a 와 같으므로 경고음이 2번 울림

설명	
15	문자열 내부에서 탭은 이스케이프 문자 \t을 사용
16	알람은 \a, \7 모두 사용 가능
17	문자열 내부에서 작은따옴표 표현은 '와 이스케이프 문자 \' 모두 사용 가능
20	문자열 내부에서 큰따옴표 표현은 "는 사용할 수 없으며, 이스케이프 문자 \" 사용 가능

중간점검

01 심볼릭 상수를 표현하는 세 가지 방법을 설명하시오.

02 다음 중 이스케이프 문자가 아닌 것은?

'\a'　　'\b'　'\t'　'\m'

03 다음 문자나 문자열 표현에서 오류를 찾으시오.

'abc'

'''

"\"C언어\" 정말 재미있다!"""

정수와 실수 리터럴 상수

정수형 리터럴 상수의 다양한 형태 100L, 20U, 5000UL

정수형 상수는 int, unsigned int , long, unsigned long, long long, unsigned long long 등의 자료형으로 나뉜다. 즉 일반 정수는 int 유형이며, 정수 뒤에 l 또는 L을 붙이면 long int를 나타낸다. 그러나 소문자 l은 숫자 1과 혼란을 일으킬 수 있으므로 가급적 대문자 L을 사용한다. 정수 뒤에 u또는 U는 unsigned int를 나타내고, 정수 뒤에 ul또는 UL은 unsigned long을 나타낸다. 마찬가지로 64비트인 long long형은 LL, ll과 ULL, ull을 사용한다.

unsigned int형 상수	int형 상수
30u, 6754U, 34566549u	-3, 40, +8000, -1234

unsigned long형 상수	long long형 상수
300000UL, 23456ul, 7834ul	367853345643LL, -2345LL

unsigned long long형 상수	long long형 상수
4200000ULL, 232356456ull,834ul	367853345643LL, -2345LL

그림 3-41 정수형 리터럴 상수

이진수와 십육진수 표현방식

일반적으로 상수의 정수표현은 십진수로 인식되나, **숫자 0을 정수 앞에 놓으면 팔진수(octal number)로 인식**한다. 그러므로 0뒤에 수는 숫자 0에서 7까지 만으로 구성되어야 한다. 마찬가지로 숫자 0과 알파벳으로 **0x 또는 0X를 숫자 앞에 놓으면 십육진수(hexadecimal number)로 인식**한다. 마찬가지로 십육진수는 0에서 9까지의 수와 알파벳 a, b, c, d, e, f(대소문자 모두 가능)로 나타낸다. 함수 printf()에서 정수를 출력하려면 다음과 같이 %d의 형식 제어문자를 사용한다. 형식 제어문자 %d의 d는 십진수라는 decimal에서 나온 d이다.

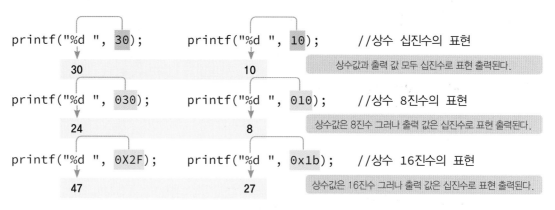

그림 3-42 팔진수와 십육진수의 상수 표현과 출력

표 3-10 팔진수와 십육진수의 상수 표현

표현 방법	의미	예
숫자 앞에 0(zero) 표시	팔진수	`06, 020, 030`
숫자 앞에 영과 문자 x 조합인 0x또는 0X 앞에 표시	십육진수	`0xA3, 0x4, 0X5D`

지수표현 방식

실수는 e 또는 E를 사용하여 10의 지수표현 방식으로 나타낼 수 있다. 즉 3.14E+2는 $3.14*10^2$을 나타낸다. 함수 printf()에서 지수표현 방식과 함께 일반 실수를 출력하려면 다음과 같이 %f의 형식 제어문자를 사용한다. %f의 f는 실수를 의미하는 float에서 나온 f이다. 형식 제어문자 %f로 출력되는 실수는 소수점 6자리까지 출력된다.

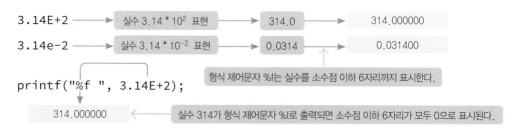

그림 3-43 실수 상수의 지수표현 방식과 출력 방법

실수형 리터럴 상수

실수형 상수도 float, double, long double의 자료형으로 나뉜다. 즉 소수는 double 유형이며, float 상수는 숫자 뒤에 f나 F를 붙인다. long double 상수는 숫자 뒤에 L 또는 l을 붙여 표시한다. 그러나 소문자 l은 숫자1과 구분이 어려우므로 대문자 L을 사용한다.

float형 상수
3.4F, 3.45E3f, 3.0F, 46.7e-2F

float var = 3.14F;

3은 정수형 상수이나 3.0은 double형 상수이다.

double형 상수
3.4, 3.45E3, 3.0, 46.7e-2

long double형 상수
3.4L, 3.45E3L, 3.0L, 46.7e-2L

그림 3-44 실수형 리터럴 상수

다음은 정수형과 실수형 리터럴 상수에서 이용되는 접미어를 정리한 표이다.

표 3-11 리터럴 상수 접미어

구분	표현 방법	접미어	예
정수형 상수	unsinged (int)	u U	1000000u 24563U
	unsigned long	ul UL	87252987ul 10000000UL
	unsigned long long	ull Ull	10000000000000000ull 24500000000000000ULL
	long	l L	-20987l 76528876L
	long long	ll LL	10000000000000000ll -24500000000000000LL
실수형 상수	float	f F	3.14f 3354.9876F
	long double	l L	4356.9876l 5634.984276L

정수형 실수형 리터럴 상수의 다양한 표현

```
01    /*
02        솔루션 / 프로젝트 / 소스파일: Ch03 / Prj11 / numliterals.c
03        정수형 실수형 리터럴 상수의 다양한 표현
04        V 1.0 2016.
05    */
06
07    #include <stdio.h>
08
09    int main(void)
10    {
11        printf("%d ", 30);          printf("%d ", 10);          //십진수
12        printf("%d ", 030);         printf("%d ", 010);         //팔진수
13        printf("%d ", 0X2F);        printf("%d\n", 0x1b);       //십육진수
14
15        printf("%f ", 3.14);        printf("%f ", 2.0);
16        printf("%f ", 3.14E+2);     printf("%f ", 21.8e2);
17        printf("%f ", 3.14E-2);     printf("%f\n", 218e-3);
18
19        return 0;
20    }
```

설명	
11	일반 십진수 리터럴
12	숫자 0이 앞에 나오는 정수는 팔진수로 인식
13	숫자와 문자 조합인 0X나 0x가 앞에 나오는 정수는 십육진수로 인식
15	소수점이 있는 실수의 표현으로 printf()에서 %f로 출력
16~17	부동소수의 10의 지수승 표현으로 printf()에서 %f로 출력

실행결과
```
30 10 24 8 47 27
3.140000 2.000000 314.000000 2180.000000 0.031400 0.218000
```

심볼릭 const 상수

키워드 const

심볼릭 상수는 변수처럼 고유한 이름이 있는 상수로서 변수 선언에서 키워드 const를 자료형 앞에 삽입하면 변수로는 선언되지만 일반 변수와는 달리 초기값을 수정할 수 없으며, 이름이 있는 심볼릭 상수(constant number)가 된다. 즉 일반적으로 **변수선언 시 자료형 또는 변수 앞에 키워드 const가 놓이면 이 변수는 심볼릭 상수**가 된다. **상수는 변수선언 시 반드시 초기값을 저장**해야 한다. 프로그램에서 변수 선언 후 선언된 이름으로 수정 없이 여러 번 이용되는 수를 상수로 정의하여 참조할 수 있다. 상수는 다른 변수와 구별하기 위해 관례적으로 모두 대문자로 선언한다. 다음은 변수 RATE에 이자율을 상수로 선언하는 구문이다.

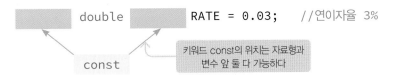

```
double        RATE = 0.03;    //연이자율 3%
```

키워드 const의 위치는 자료형과
변수 앞 둘 다 가능하다

const

그림 3-45 키워드 const의 위치

이미 상수로 선언된 변수 RATE는 선언 이후 저장값을 수정한다면, 대입 문장에서 컴파일 오류 C2166이 발생한다. 만일 현재 이자율을 3%에서 3.2%로 수정하려면 const가 있는 선언문에서 직접 0.03을 0.032로 수정해야 한다.

```
//키워드 const로 상수 만들기

const double RATE = 0.03;      //연이자율 3%
int deposit = 800000;

        error C2166: l-value가 const 개체를 지정합니다.

RATE = 0.032;    //수정이 불가능
```

대입 문장의 왼쪽은 수정 가능한 변수
이어야 하나 수정이 불가능한 심볼릭
상수이므로 오류가 발생한다

const double RATE = (0.0299999999999999999)
연이자율 3%
오류: 식이 수정할 수 있는 lvalue여야 합니다.

그림 3-46 심볼릭 상수 선언과 오류

TIP 문자열을 const 상수에 저장

문자열 리터럴을 변수에 저장하는 방법은 다음과 같이 char* 변수에 저장하는 것이다. 변수 선언에서 처음 보는 *는 포인터(pointer)[6]라는 의미의 문자이다. 다음에서 자료형 char*로 선언되는 변수 str에는 대입한 문자열에서 첫 문자의 주소(address)가 저장되는 변수이다. 만일 다음의 변수 title에서 초기화로 대입된 문자열 "진보된 C 언어"를 다른 문자열로 대체(title에 저장된 주소값이 수정되는 결과)할 수 없도록 상수로 만들려면 반드시 title 앞에 const를 삽입해야 한다. 만일 char* 앞에 const를 삽입하면 문법적으로 다른 의미[7]가 되어, title 변수에 다른 문자열로 대체 수정할 수 있다. 보다 자세한 내용은 포인터에서 학습하자.

```
//문자열을 변수에 저장

char* str = "좋은 C 언어 입문서";      //char *str, char * str 모두 가능
char* const title = "진보된 C 언어"; //title에 다른 문자열 상수 저장이 불가
```

변수 title에 다른 문자열로 대체할 수 없도록 하려면
이 위치에 키워드 const를 삽입해야 한다.

그림 3-47 문자열 리터럴 상수의 변수 저장과 심볼릭 상수 정의

---

6 포인터란 변수의 위치인 주소(address) 값을 저장할 수 있는 자료형이다. 단원 10에서 포인터에 대해 자세히 학습할 예정이다.

7 문장 const char* title = "진보된 C 언어"; 에서 변수 title이 가리키는 문자열 "진보된 C 언어"에서 그 내용 자체를 수정할 수 없다는 의미로, 첫 문자의 주소는 수정이 가능하여 다른 문자열로 대체할 수 있다.

const.c

키워드 const를 사용한 상수 선언

```c
01  /*
02      솔루션 / 프로젝트 / 소스파일: Ch03 / Prj12 / const.c
03      키워드 const를 사용한 상수 선언
04      V 1.0 2016.
05  */
06
07  #include <stdio.h>
08
09  int main(void)
10  {
11      //키워드 const로 상수 만들기
12      const double RATE = 0.03;    //연이자율 3%
13      int deposit = 800000;
14
15      //RATE = 0.032;    //수정이 불가능
16      printf("이자율: %f\n", RATE);
17      printf("계좌 잔고: %d\n", deposit);
18      printf("이자액: %f\n", deposit * RATE);
19
20      //문자열을 변수에 저장
21      char* str = "좋은 C 언어 입문서"; //char *str, char * str 모두 가능
22      char* const title = "진보된 C 언어"; //title에 다른 문자열 상수 저장이 불가
23
24      str = "최근 가장 좋은 C 언어 입문서";
25      //title = "C 언어 스케치"; //수정 불가능
26
27      printf("\n%s: %s\n", str, title); //문자열 변수 출력
28
29      return 0;
30  }
```

필요하면 이자율을 여기서 직접 수정할 수 있다.

printf()에서 변수 이름과 %s로 출력한다.

설명

12	일반 변수 선언에서 가장 앞부분에 키워드 const를 삽입
18	별표 *(키보드에는 수학에서의 x 기호는 없음)는 곱하기 연산자를 나타냄
15	상수는 수정할 수 없으므로 주석을 빼면 컴파일 오류가 발생
21	변수선언에서 char* str는 문자 주소값을 저장할 수 있는 변수 str을 선언하는 의미이며, 선언 이후에 str은 주소값을, *str은 주소가 가리키는 첫 문자 자체를 참조
22	변수 title 자체인 첫 문자의 주소값을 수정할 수 없도록 하는 변수 선언
24	변수 str의 주소값은 수정할 수 있으므로 다른 문자열로 대입

실행결과

```
이자율: 0.030000
계좌 잔고: 800000
이자액: 24000.000000

최근 가장 좋은 C 언어 입문서: 진보된 C 언어
```

01 다음 정수가 의미하는 수는 각각 무엇인가?

    234,   034,   365L,   0xA4,   67543UL

02 다음 부분 소스에서 발생하는 오류를 찾으시오.

    double RATE const = 0.03;   //연이자율 3%
    RATE = 0.028;

03 다음 부분 소스에서 발생하는 오류를 찾으시오.

    char const title = "진보된 C 언어";
    title = "C 언어 스케치";

열거형 상수

키워드 enum

열거형은 키워드 enum를 사용하여 정수형 상수 목록 집합을 정의하는 자료형이다. 열거형 enum 을 사용하여 열거형 정수 상수를 한번에 여러 개 정의하여 활용할 수 있다. 열거형 상수 정의는 enum 다음에 열거형태그명을 기술하고 중괄호를 사용하여 열거형 정수상수 목록을 쉼표로 분리 하여 기술한다. 정의된 열거형은 새로운 자료형으로 사용할 수도 있다. 다음 열거형 상수 enum DAY에서 7개의 열거형 상수 SUN, MON, TUE, WED, THU, FRI, SAT는 각각 0에서 6까지 정 수 상수로 정의된다. 즉 **열거형 상수에서 목록 첫 상수의 기본값이 0이며 다음부터 1씩 증가하는 방식으로 상수값이 자동으로 부여된다.**

```
//키워드 enum으로 열거형 정수상수 목록 만들기
enum DAY {SUN, MON, TUE, WED, THU, FRI, SAT};
          0    1    2    3    4    5    6

enum 열거형태그명 {열거형상수1, 열거형상수2, 열거형상수3, ... };
```

열거 상수 목록으로 순서대로 0, 1, 2 등으로 정의된다.

그림 3-48 열거형 상수 목록 선언

상수 목록에서 특정한 정수 지정 가능

다음과 같이 **상수 목록에 특정한 정수값을 부분적으로 직접 지정할 수도 있다.** 다음 enum SHAPE 의 경우, 첫 번째 POINT 상수는 자동으로 0이 지정되며, LINE은 POINT 다음이므로 1, 상수

TRI는 선언에서 직접 지정한 상수 3, RECT는 이전 상수 TRI보다 1 증가한 4, 상수 OCTA는 지정 상수 8, 마지막으로 상수 CIRCE은 OCTA 다음이므로 9로 정의된다. 즉 열거형 상수에서 **상수값을 지정한 상수는 그 값으로, 따로 지정되지 않은 첫 번째 상수는 0이며, 중간 상수는 앞의 상수보다 1씩 증가한 상수값**으로 정의된다. 열거형 상수 선언에서 상수의 이름은 모두 달라야 하나 상수의 정수값은 같을 수도 있다.

```
enum SHAPE { POINT, LINE, TRI = 3, RECT, OCTA = 8, CIRCLE };
```
정수형 상수 목록

| POINT | 0 | LINE | 1 | TRI | 3 | RECT | 4 | OCTA | 8 | CLRCLE | 9 |

그림 3-49 직접 정수를 지정하는 열거형 상수 목록

C 언어에는 지원하지 않는 논리형[8]을 다음 enum bool을 정의하여 이용할 수 있으며, 열거형 enum pl 정의에서는 필요한 경우 모든 목록에 필요한 정수값을 각 상수에 지정할 수 있다.

```
enum boolean  {FALSE, TRUE};
enum city  {SEOUL, INCHEON, DAEGU, PUSAN};
enum OS  {WINDOW, OSX = 3, ANDROID, IOS = 7, LINUX};
enum pl {c = 1972, cpp = 1983, java = 1995, csharp = 2000};
```
그림 3-50 다양한 열거형 상수

실습예제 3-13	enum.c
	키워드 enum으로 만드는 열거형 정수 상수 목록

```
01   /*
02      솔루션 / 프로젝트 / 소스파일: Ch03 / Prj13 / enum.c
03      키워드 enum으로 만드는 열거형 정수 상수 목록
04      V 1.0 2016.
05   */
06
07   #include <stdio.h>
08
09   int main(void)
10   {
11      //키워드 enum으로 열거형 정수 상수 목록 만들기
```

---

8 프로그래밍 언어에서 참과 거짓을 지원하는 자료형을 논리형이라 한다. 자바 언어는 참은 true, 거짓은 false라는 상수로 논리값을 지원하며, 이 true와 false 값만을 다루는 자료형을 boolean 형이라 한다. C 언어는 논리형이 따로 없으나 논리 개념은 존재한다. 자세한 사항은 단원 05 연산자에서 학습하도록 하자.

```
12      enum DAY {SUN, MON, TUE, WED, THU, FRI, SAT};
13      printf("일요일 상수: %d\n", SUN);  //0
14      printf("수요일 상수: %d\n", WED);  //3
15
16      //상수 목록에서 특정한 정수 지정 가능
17      enum SHAPE {POINT, LINE, TRI = 3, RECT, OCTA = 8, CIRCLE};
18      printf("LINE: %d, RECT: %d, CIRCLE: %d\n", LINE, RECT, CIRCLE);
19
20      enum bool {FALSE, TRUE};
21      enum pl {c = 1972, cpp = 1983, java = 1995, csharp = 2000};
22      printf("false: %d, cpp: %d, csharp: %d\n", FALSE, cpp, csharp);
23
24      return 0;
25  }
```

설명	
12	상수 SUN은 0에서부터 순차적으로 1씩 증가되어 지정되며, 상수 SAT는 6으로 지정
19	FALSE는 0, TRUE는 1로 지정
21	모두 지정한 값으로 상수값이 지정
22	열거형 상수는 모두 정수이므로 printf()에서 %d로 출력

실행결과	
	일요일 상수: 0
	수요일 상수: 3
	LINE: 1, RECT: 4, CIRCLE: 9
	false: 0, cpp: 1983, csharp: 2000

매크로 상수

전처리기 지시자 #define

이름이 붙여진 심볼릭 상수의 표현 방법으로 매크로 상수가 있다. **전처리 지시자 #define은 매크로 상수를 정의하는 지시자이다.** 다른 일반 변수와 구분하기 위해 **#define에 의한 심볼릭 상수도 주로 대문자 이름으로 정의하는데, 이를 매크로 상수(macro constant)라고 부른다.** 전처리기(preprocessor)는 소스에서 정의된 매크로 상수를 모두 #define 지시자에서 정의된 문자열로 대체(replace)한다. 다음 지시자 #define은 정수, 실수 또는 문자열 등의 상수를 KPOP, PI등의 이름으로 정의한다. 다음 소스에서 PI라는 매크로 상수는 전처리 과정에서 모두 3.14라는 실수 값으로 바뀐 소스로 컴파일된다. #define 자세한 내용은 단원4 전처리에서 다시 살펴보도록 하자.

```
#define KPOP 50000000          //정수 매크로 상수
#define PI 3.14                //실수 매크로 상수
```

그림 3-51 매크로 상수 KPOP과 PI

자료형 최대 최소 상수

매크로 상수는 라이브러리에서도 많이 활용된다. 전처리기에 의해 대체 처리되는 매크로 상수의 예로 기본 자료형의 최대, 최소 값을 들 수 있다. **문자형과 정수형의 최대 최소 상수는 헤더파일 limits.h에 정의되어 있으며, 부동소수형의 최대 최소 상수는 헤더파일 float.h에 정의되어 있다.**

표 3-12 자료형과 최대 최소 상수

분류	헤더파일	자료형	관련 상수이름
문자형	limits.h	`char`	`CHAR_MIM`, `CHAR_MAX`
		`signed char`	`SCHAR_MIM`, `SCHAR_MAX`
		`unsigned char`	`UCHAR_MAX`
정수형	limits.h	`[signed] short [int]`	`SHRT_MIM`, `SHRT_MAX`
		`[signed] [int]`	`INT_MIM`, `INT_MAX`
		`[signed] long [int]`	`LONG_MIM`, `LONG_MAX`
		`[signed] long long [int]`	`LLONG_MIM`, `LLONG_MAX`
		`unsigned short [int]`	`USHRT_MAX`
		`unsigned [int]`	`UINT_MAX`
		`unsigned long [int]`	`ULONG_MAX`
		`unsigned long long [int]`	`ULLONG_MAX`
부동소수형	float.h	`float`	`FLT_MIM`, `FLT_MAX`
		`double`	`DBL_MIN`, `DBL_MAX`
		`long double`	`LDBL_MIN`, `LDBL_MAX`

헤더파일 limits.h를 살펴보면, 자료형 int의 최대와 최소값 상수인 INT_MAX와 INT_MIN 등, 문자형과 정수형에 대한 다양한 매크로 상수가 다음과 같이 정의되어 있다.

```
#define SHRT_MIN     (-32768)                       /* minimum (signed) short value */
#define SHRT_MAX     32767                          /* maximum (signed) short value */
#define USHRT_MAX    0xffff                         /* maximum unsigned short value */
#define INT_MIN      (-2147483647 - 1)              /* minimum (signed) int value */
#define INT_MAX      2147483647                     /* maximum (signed) int value */
#define UINT_MAX     0xffffffff                     /* maximum unsigned int value */
#define LONG_MIN     (-2147483647L - 1)             /* minimum (signed) long value */
#define LONG_MAX     2147483647L                    /* maximum (signed) long value */
#define ULONG_MAX    0xffffffffUL                   /* maximum unsigned long value */
#define LLONG_MAX    9223372036854775807i64         /* maximum signed long long int value */
#define LLONG_MIN    (-9223372036854775807i64 - 1)  /* minimum signed long long int value */
#define ULLONG_MAX   0xffffffffffffffffui64         /* maximum unsigned long long int value */
```

그림 3-52 헤더파일 limits.h의 주요 매크로 상수

typemacro.c

정수형 자료형 최대 최소 매크로 상수 출력

```c
01  /*
02      솔루션 / 프로젝트 / 소스파일: Ch03 / Prj14 / typemacro.c
03      정수형 자료형 최대 최소 매크로 상수 출력
04      V 1.0 2016.
05  */
06
07  #include <stdio.h>
08  #include <limits.h>        //문자형, 정수형 상수가 정의된 헤더파일 삽입
09
10  int main(void)
11  {
12      printf("char 범위: %d ~ %d\n", CHAR_MIN, CHAR_MAX);
13      printf("unsigned char 범위: %d ~ %u\n", 0, UCHAR_MAX);
14
15      printf("unsigned short 범위: %d ~ %u\n", 0, USHRT_MAX);
16      printf("int 범위: %d ~ %d\n", INT_MIN, INT_MAX);
17      printf("unsigned int 범위: %d ~ %u\n", 0, UINT_MAX);
18
19      printf("long long int 범위: %lld ~ %lld\n", LLONG_MIN, LLONG_MAX);
20      printf("unsigned long long int 범위: %d ~ %llu\n", 0, ULLONG_MAX);
21
22      return 0;
23  }
```

설명

12 상수 CHAR_MIN과 CHAR_MAX는 자료형 char의 최대 최소 매크로 상수

13 상수 UCHAR_MAX는 자료형 unsigned char의 최대 매크로 상수

15 상수 USHORT_MAX는 자료형 unsigned short의 최대 매크로 상수

16 상수 INT_MIN과 INT_MAX는 자료형 int의 최대 최소 매크로 상수

17 상수 UINT_MAX는 자료형 unsigned int의 최대 매크로 상수로, 출력 시 %u 사용

19 상수 LLONG_MIN, LLONG_MAX는 자료형 long long int의 최대, 최소 매크로 상수로, 출력 시 %lld 사용

20 상수 ULLONG_MAX는 자료형 unsigned long long int의 최대 매크로 상수로, 출력 시 %llu 사용

실행결과

```
char 범위: -128 ~ 127
unsigned char 범위: 0 ~ 255
unsigned short 범위: 0 ~ 65535
int 범위: -2147483648 ~ 2147483647
unsigned int 범위: 0 ~ 4294967295
long long int 범위: -9223372036854775808 ~ 9223372036854775807
unsigned long long int 범위: 0 ~ 18446744073709551615
```

01 다음 매크로 상수 정의에서 오류를 찾으시오.

```
#define    3.14  PI    //실수 매크로 상수
```

02 문자형과 정수형의 최대와 최소를 비롯한 다양한 매트로 상수가 정의된 파일 이름은?

03 다음 중에서 헤더파일 limits.h와 flost.h에 정의된 매크로 상수가 아닌 것은?

USHRT_MIN   USHRT_MAX   UINT_MAX   ULONG_MAX   INT_MIN

헤더파일 float.h에 매크로로 정의된 최대 최소 상수를 다음 결과와 같이 출력해 보는 프로그램을 작성해보자.

- 자료형 float의 최대 최소 매크로 상수: FLT_MIN, FLT_MAX

- 자료형 double의 최대 최소 매크로 상수: DBL_MIN, DBL_MAX

- 위 상수를 참고로 자료형 long double의 최대 최소 매크로 상수 출력

- 출력을 위한 함수 printf()에서 %e로 부동소수형 출력

```
float 범위: 1.175494e-38 3.402823e+38
double 범위: 1.175494e-38 3.402823e+38
long double 범위: 2.225074e-308 1.797693e+308
```

Lab 3-3	minmaxfloat.c

```
01   // minmaxfloat.c: 부동소수형 세가지의 최대 최소 상수 출력
02
03   #include <stdio.h>
04   #include <float.h>        //부동소수형 상수가 정의된 헤더파일 삽입
05
06   int main(void)
07   {
08      printf("float 범위: %e %e\n", _____);
09      printf("double 범위: %e %e\n", _____);
10      printf(_____);
11
12      return 0;
13   }
```

정답

```
08   printf("float 범위: %e %e\n", FLT_MIN, FLT_MAX);
09   printf("double 범위: %e %e\n", FLT_MIN, FLT_MAX);
10   printf("long double 범위: %e %e\n", LDBL_MIN, LDBL_MAX);
```

01 다음 조건을 만족하는 프로그램을 작성하시오.

- 함수 printf()에서 문자 상수를 이용하여 다음 문자를 한 줄에 출력

```
! @ # $ ^ & *
```

- 함수 printf()를 이용하여 다음 실수 상수를 출력

```
523.45, 238.34567E3, 33489.134E-3
```

- 함수 printf()를 이용하여 다음 문자열 상수를 출력

```
"C" 언어는 재미있는 '프로그래밍 언어'이네요.
```

02 다음 조건을 만족하는 프로그램을 작성하시오.

- 함수 printf()만을 이용하여 팔진수 47을 십진수로 출력
- 함수 printf()만을 이용하여 16진수 3df를 십진수로 출력

03 다음 조건을 만족하는 프로그램을 작성하시오.

- 변수를 사용하지 말고 함수 printf()만을 이용하여 반지름이 6.89인 원의 면적을 실수로 출력

04 다음 조건을 만족하는 프로그램을 작성하시오.

- 변수를 사용하지 말고 함수 printf()만을 이용하여 하루가 몇 초인지 출력

05 다음 조건을 만족하는 프로그램을 작성하시오.

- 하루가 몇 초인지 변수 seconds에 저장하여 출력

06 다음 조건을 만족하는 프로그램을 작성하시오.

- 변수 point1을 선언하여 중간고사 성적인 95를 저장, 변수 point2를 선언하여 기말고사 성적인 84를 저장
- 두 수의 합을 변수 total에 저장하여, 두 수와 합을 적절히 출력

07 위 문제에서 다음 조건을 추가하여 프로그램을 작성하시오.

- 두 수의 평균도 추가하여 2회 출력

- 첫 번째는 나누기 계산을 연산식 (total / 2)으로 하고, 결과는 정수로 출력(자동으로 소수점을 버리고 출력됨)

- 두 번째는 나누기 계산을 연산식 (total / 2.0)으로 하고, 결과는 실수로 출력됨

08 다음 조건을 만족하는 프로그램을 작성하시오.

- 1에서 16까지 8진수, 10진수, 16진수의 상수를 십진수로 출력하는 16개의 문장

```
printf("%d %d %d\n", 1, 01, 0x1);
printf("%d %d %d\n", 2, 02, 0x2);
```

09 반지름이 7.58인 원의 면적과 둘레와 길이를 구하는 프로그램을 작성하시오.

- 매크로 상수로 원주율 PI를 3.14로 정의

- 면적공식: 반지름 × 반지름 × 3.14(원주율)

- 둘레공식: 2 × 3.14(원주율) × 반지름

10 위 프로그램에서 다음 조건을 만족하는 프로그램으로 수정하여 작성하시오.

- 원주율을 보다 정확하게 3.141592로 계산

11 다음 4개의 화씨온도를 실수의 섭씨온도로 출력하는 프로그램을 작성하시오.

- 10, 50, 80, 100

- 섭씨온도 = 5.0 / 9.0 × (화씨온도 − 32.0)

12 다음 5개의 섭씨온도를 실수의 화씨온도로 출력하는 프로그램을 작성하시오.

- −10, 5, 15, 25, 35

- 화씨온도 = (9.0 / 5.0) × 섭씨온도 + 32.0

13 컴퓨터에서 경보음이 울리고 다음 문장이 출력되는 프로그램을 작성하시오.

- 수업시간입니다.

14 다음 조건을 만족하는 프로그램을 작성하시오.

- 아스키 코드값이 8진수로 041에서 045까지 문자 출력

15 아파트 면적인 18평, 25평, 32평, 44평, 52평을 제곱미터(m²)의 면적으로 출력하는 프로그램을 작성하시오.

- 1평은 3.305785제곱미터(m²)

16 길이 60km, 80km, 100km, 120km를 마일(mile) 단위로 출력하는 프로그램을 작성하시오.

- 1km는 0.621371마일(mile)

17 다음 문자 5개에 대해 다음 조건을 만족하는 프로그램을 작성하시오.

- 다음 문자, 8진수 코드값, 10진수 코드값, 16진수 코드값 출력

```
# $ ^ & *
```

18 다음 조건을 만족하는 프로그램을 작성하시오.

- 문자형 연산 'A' + 2 결과를 문자로 출력
- 문자형 연산 'A' + 5 결과를 문자로 출력
- 문자형 연산 'S' − 1 결과를 문자로 출력
- 문자형 연산 'S' − 3 결과를 문자로 출력

19 다음 정보로 한화 100만원으로 살 수 있는 미국 화폐를 계산하는 프로그램을 작성하시오.

- 미국 US $1는 1120원으로 계산

20 다음 정보와 조건으로 화성과 천왕성 간의 거리를 계산하는 프로그램을 작성하시오.

- 태양과 화성 간의 거리 117,900,000 km를 변수에 저장
- 태양과 천왕성 간의 거리 2,871,000,000 km를 변수에 저장

04

CHAPTER

전처리와 입출력

학습목표

▶ **전처리기와 전처리 지시자에 대하여 이해하고 설명할 수 있다.**
  - 전처리기 역할
  - 전처리 지시자 #define, #include
▶ **함수 printf()를 이용한 출력을 이해하고 프로그래밍 가능하다.**
  - 여러 자료형에 따른 형식지정 방식
  - 형식 제어문자 및 다양한 출력 방식
  - 출력 폭 지정과 다양한 옵션 +, −, #, 0의 사용
▶ **함수 scanf()를 이용한 입력을 이해하고 프로그래밍 가능하다.**
  - 여러 자료형에 따른 형식지정 방식
  - 형식 제어문자 및 다양한 입력 방식

학습목차

04 ① 전처리

전처리 개요

전처리기의 역할

C 언어는 컴파일러(compiler)가 컴파일(compile)하기 전에 전처리기(preprocessor)의 전처리 (preprocess) 과정이 필요하다. 전처리 과정은 말 그대로 컴파일 이전에 하는 작업으로, 전처리 지시자인 #include로 헤더파일을 삽입하거나 #define에 의해 정의된 상수를 대체시키는 등, 전처리 결과인 전처리 출력파일을 만들어 컴파일러에게 보내는 작업을 수행한다. 이후 컴파일러는 전처리 기가 생성한 소스를 컴파일한다.

- **전처리 과정에서 처리되는 문장을 전처리 지시자(preprocess directives)라** 한다.

- #include, #define과 같은 전처리 지시자는 항상 #으로 시작하고, 마지막에 세미콜론 ; 이 없는 등 일반 C 언어 문장과는 구별된다.

- 단원 16에서 다루게 될 조건 지시자로 #if, #elif, #else, #endif, #ifdef, #ifndef, #undef 등이 있다.

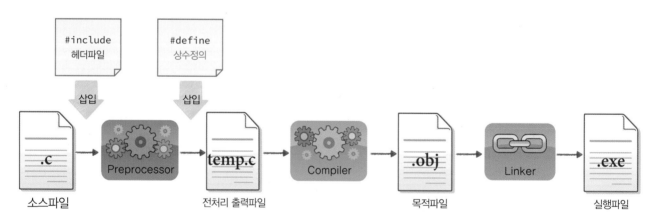

그림 4-1 전처리기와 컴파일러

전처리 지시자 #include

헤더파일

헤더파일을 설명하기에 앞서 소스의 첫 문장으로 사용했던 다음 문장을 살펴보자.

```
#include <stdio.h>
```

위 문장이 전처리 지시자로, 함수 printf()를 사용하는 프로그램이라면 필수적으로 'stdio.h'라는 헤더파일을 사용해야 하기 때문에 항상 이용하는 문장이다.

● 헤더파일(header file)은 전처리 지시자인 #include, #define 등과 앞으로 배울 자료형의 재정의(typedef), 함수원형(prototype) 정의 등과 같은 문장이 있는 텍스트 파일이다.

대표적인 헤더파일인 stdio.h는 printf(), scanf(), putchar(), getchar() 등과 같은 입출력 함수를 위한 함수원형 등이 정의된 헤더파일이다. 그러므로 입출력 함수 printf(), scanf()를 사용하는 소스에서 헤더파일 stdio.h가 반드시 필요한데, 이제 배울 #include로 헤더파일을 소스에 삽입할 수 있다.

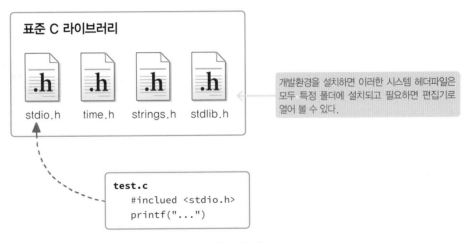

그림 4-2 헤더파일과 #include

함수 printf()와 같은 시스템 라이브러리를 위한 여러 필요 정보를 저장하고 있는 'stdio.h'와 같은 시스템 헤더파일은 이미 개발환경에 저장되어 있으며 필요하면 볼 수 있다. 우리가 사용하는 비주얼 스튜디오에서 헤더파일을 보는 방법을 알아보자.

● 소스의 〈stdio.h〉에서 마우스 오른쪽 메뉴를 열어 '〈stdio.h〉 문서 열기'를 선택하면 편집기에 바로 헤더파일 stdio.h 소스를 볼 수 있다.

● 헤더파일 stdio.h이 있는 위치를 알고 싶다면 소스파일 이름 위에서 마우스 오른쪽 메뉴를 열어 '상위 폴더 열기'를 선택하면 다음과 같이 헤더파일 stdio.h가 보이는 탐색기를 볼 수 있다.

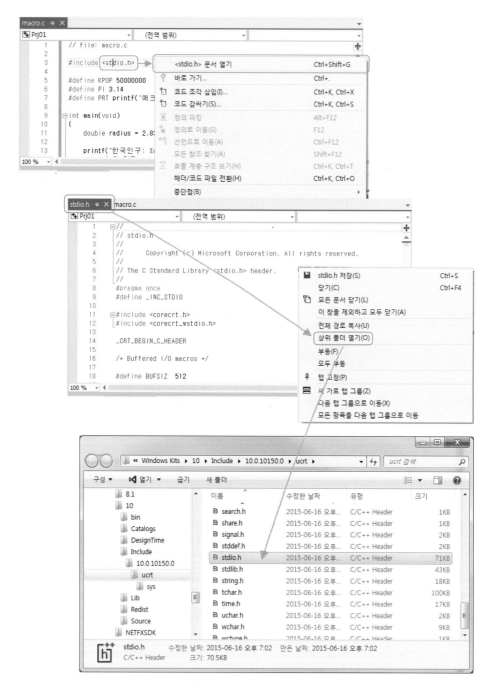

그림 4-3 비주얼 스튜디오에서 헤더파일 열기

다음은 주요 시스템 헤더파일을 요약한 표로 필요한 경우 #include 지시자로 적당한 헤더파일을 삽입해야 한다. **헤더파일(header file)의 확장자는 h이다.**

표 4-1 주요 헤더파일

헤더파일	파일이름	파일 내용
stdio.h	STanDard Input Ouput(표준 입출력)	표준 입출력 함수와 상수
stdlib.h	STanDard LIBrary(표준 함수)	주요 메모리 할당 함수와 상수
math.h	math	수학 관련 함수와 상수
string.h	string	문자열 관련 함수와 상수
time.h	Time	시간 관련 함수와 상수
ctype.h	Character TYPE	문자 관련 함수와 상수
limits.h	limits	정수 상수 등 여러 상수
float.h	float	부동소수에 관련된 각종 상수

전처리 지시자 #include

전처리 지시자 #include는 헤더파일을 삽입하는 지시자이다. 다음 지시자 #include 문장은 명시된 헤더파일 stdio.h를 그 위치에 삽입하는 역할을 수행한다.

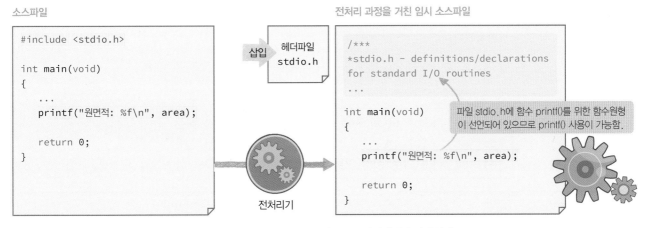

그림 4-4 전처리기와 컴파일러

중간점검

1. 다음 문장에서 오류를 찾아 수정하시오.

   ❶ include <stdio.h>
   ❷ #include stdio.h
   ❸ #include <stdio.h>;

2. 헤더파일의 예를 들어보시오.

전처리 지시자 #define

매크로 상수

이름이 붙여진 심볼릭 상수의 표현 방법으로 매크로 상수가 있다. **전처리 지시자 #define은 매크로 상수를 정의하는 지시자이다.** 다른 일반 변수와 구분하기 위해 **#define에 의한 심볼릭 상수도 주로 대문자 이름으로 정의하는데, 이를 매크로 상수(macro constant)라고 부른다.** 전처리기(preprocessor)는 소스에서 정의된 매크로 상수를 모두 #define 지시자에서 정의된 문자열로 대체(replace)시킨다.

- 다음 #define에 정의된 identifier_name은 전처리기에 의해 모두 value로 대체되어 컴파일된다.

```
#define identifier_name [value]
```

- 다음 지시자 #define은 정수, 실수 또는 문자열 등의 상수를 KPOP, PI, PRT 등의 이름으로 정의한다.

- 다음 소스에서 PI라는 매크로 상수는 전처리 과정에서 모두 3.14라는 실수로 값이 바뀐 소스로 컴파일된다.

- 단 매크로 상수는 문자열 내부 또는 주석 부분에서는 대체되지 않는다.

```
#define   KPOP 50000000          //정수 매크로 상수
#define   PI 3.14                //실수 매크로 상수
#define   PRT printf("종료\n")   //문자열 매크로 상수
```

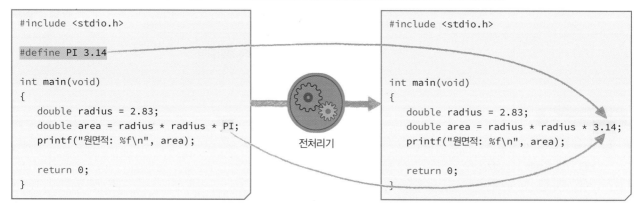

그림 4-5 매크로 상수와 전처리 과정

macro.c

```
01   /*
02      솔루션 / 프로젝트 / 소스파일: Ch04 / Prj01 / macro.c
03      #define을 이용하여 만든 이름이 붙여진 매크로 상수의 이해
04      V 1.0 2016.
05   */
06
07   #include <stdio.h>
08
09   #define    KPOP 50000000                    //정수 매크로 상수
10   #define    PI 3.14                          //실수 매크로 상수
11   #define    PRT printf("매크로 상수 예제 종료\n")    //문자열 매크로 상수
12
13   int main(void)
14   {
15      double radius = 2.83;
16
17      printf("한국인구: %d명\n", KPOP); //컴파일 전에 50000000으로 대체
18      printf("원 면적: %f\n", radius * radius * PI); //마찬가지로 PI가 3.14로 대체
19      PRT; //마찬가지로 PRT가 printf("매크로 상수 예제 종료\n")로 대체
20
21      return 0;
22   }
```

전처리 과정을 거친 다음 문장이 컴파일된다.
```
printf("한국인구: %d명\n". 50000000);
printf("원 면적: %f\n", radius * radius * 3.14);
printf("종료\n");
```

설명

09	#define 이후에 이름 KPOP이 나오며, 여기에 부여된 값이 50000000이라는 정수 상수로 간주
10	#define 이후에 이름 PI이 나오며, 여기에 부여된 값이 printf("매크로 상수 예제 종료\n")라는 문자열 자체로 간주
11	#define 이후에 이름 PRT이 나오며, 여기에 부여된 값이 3.14라는 실수 상수로 간주
17	컴파일 전에 KPOP은 상수인 50000000으로 대체
18	컴파일 전에 PI는 상수인 3.14로 대체
19	컴파일 전에 PRT는 상수인 printf("매크로 상수 예제 종료\n")로 대체

실행결과

```
한국인구: 50000000명
원 면적: 25.147946
매크로 상수 예제 종료
```

TIP 매크로가 한 줄이 넘어가면 어쩌지요?

만일 지시자 #define에서 치환문자열이 길어 여러 줄에 나누어 써야 한다면 계속되는 줄 끝에 역슬래쉬 \를 넣어 줄이 계속되고 있음을 표시해야 한다. **모든 지시자는 원칙적으로 한 줄에 하나의 지시자를 코딩해야 하므로 여러 줄의 지시자를 입력하기 위해서는 줄 끝에 역슬래쉬 \를 이용한다.**

```
#define MESSAGE "프로그램 언어의 학습은 일반 언어의 학습과\
                같이 반복 학습이 중요하다"
```

그림 4-6 지시자에서 \

인자를 사용한 매크로

지시자 #define에서 기호상수 뒤에 오는 치환문자열에는 일반 상수, 상수의 연산, 이미 정의된 기호상수 등이 올 수 있다. **#define에서 그 활용도를 높이기 위한 방안이 함수와 같이 인자(parameter)를 이용하는 방법이다.** 기호 상수에서 이름 뒤의 괄호 ( ) 사이에 인자를 이용할 수 있다. 즉 수의 제곱을 구하는 매크로를 다음과 같이 정의할 수 있다.

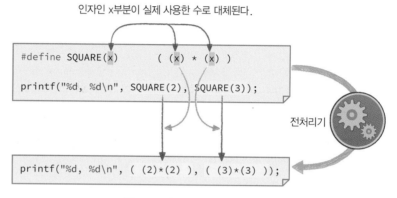

그림 4-7 인자가 있는 매크로의 치환

매크로 정의에서 괄호의 이용은 매우 중요하다. **다음과 같이 괄호를 생략하면 심각한 문제가 발생할 수 있다.**

- 다음 소스에서 변수 a에는 3의 제곱승인 9가 저장되지 못하고 5가 저장된다. 괄호가 없는 연산식 1 + 2 * 1 + 2에서 곱셈 2 * 1이 다른 덧셈보다 먼저 수행되기 때문에 1 + 2 + 2가 되어 5가 된다.

- 이러한 문제를 방지하기 위해서는 매크로를 구성하는 모든 인자와 외부에 괄호를 이용해야 한다.

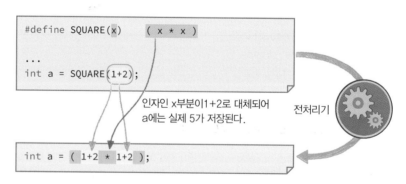

그림 4-8 매크로에서 괄호가 없는 인자의 잘못된 정의

다음 사항도 주의해야 한다.

- 기호 상수에서 매크로 이름과 시작괄호 (사이에는 공백이 올 수 없다. 즉 SQUARE에 이어 바로 ()가 이어 나와 SQUARE()가 되어야 한다.

- 아래와 같이 공백이 들어가 'SQUARE ()'인 경우, 매크로 SQUARE를 문자열 (x) ((x) * (x))로 치환하는 의미가 되어 원하지 않는 결과가 발생한다.

매크로는 이미 정의된 매크로를 다시 사용할 수 있다. 매크로 CUBE(x)의 정의에서 이미 정의된 SQUARE(x)를 사용하여 SQUARE(x)*(x)로 정의할 수 있다.

> 매크로 이름과 시작괄호 사이에는 공백이 허용되지 않는다.

```
#define SQUARE (x) ( (x) * (x) )        //잘못된 매크로 정의
#define SQUARE(x)      ( (x) * (x) )
#define CUBE(x)        ( SQUARE(x) * (x) )
```

그림 4-9 인자를 사용하는 다양한 매크로

실습예제 4-2 **advancemacro.c**

다양한 매크로의 정의 및 활용

```
01   // file: advancemacro.c
02
03   #include <stdio.h>
04
05   #define MESSAGE "프로그램언어의 학습은 일반언어의 학습과 \
06                        같이 반복학습이 중요하다"
07
08   #define PI      3.141592                    //PI를 3.14로 대치하는 지시자
09   #define VOLUME(r)   (4 * PI * CUBE(r) / 3)  //구의 체적를 구하는 매크로
10   #define SQUARE(x)   ( (x) * (x) )           //인자 x의 제곱 구하는 매크로
11   #define CUBE(x)       ( SQUARE(x) * (x) )   //인자 x의 세제곱 구하는 매크로
12   #define MULT(x, y)    ( (x) * (y) )         //인자 x, y의 곱 구하는 매크로
13
14   int main(void)
15   {
16      double radius = 2.32;
17      printf("반지름이 %.2lf인 구의 체적은 %.2lf 입니다.\n", radius, VOLUME(radius));
18      printf("실수 %.2f의 제곱은 %.2f 입니다.\n", 4.29, SQUARE(4.29));
19      printf("실수 %.2f의 제곱은 %.2f 입니다.\n", 3.0, CUBE(3.0));
20      printf("실수 %.2f와 실수 %.2f의 곱은 %.2f입니다.\n", 2.78, 3.62,
            MULT(2.78, 3.62));
```

```
21        puts(MESSAGE);
22
23        return 0;
24    }
```

설명	
05	매크로가 한 줄이 넘어가는 경우 행 마지막에 \ 삽입
09~11	매크로에서 괄호 사용에 주의
11	이전에 만든 매크로 SQUARE()를 다시 이용하여 매크로 정의
12	매크로 MULT(x, y)는 인자가 2개로 두 인자의 곱을 구하는 매크로

실행결과	
	반지름이 2.32인 구의 체적은 52.31 입니다.
	실수 4.29의 제곱은 18.40 입니다.
	실수 3.00의 제곱은 27.00 입니다.
	실수 2.78와 실수 3.62의 곱은 10.06입니다.
	프로그램언어의 학습은 일반언어의 학습과
	같이 반복학습이 중요하다

중간점검

1. 다음 프로그램의 결과를 기술하시오.

```
#include <stdio.h>

#define TRI 3
#define TRI_PLUS_ONE TRI + 1

int main(void)
{
    printf("%d\n", TRI_PLUS_ONE);

    return;
}
```

2. 다음 프로그램의 결과를 기술하시오.

```
#include <stdio.h>

#define MULT(x, y)  x * y

int main(void)
{
    printf("%d\n", MULT(3 + 1, 1));

    return;
}
```

다음 정보를 이용하여 매크로 myprint(x)를 정의해 인자인 문자열 x를 한 행에 출력하는 프로그램을 작성해보자.

- 전처리 지시자 #define으로 인자가 있는 매크로 myprint(x)를 정의
- 입력과 출력을 다음과 같이 되도록

```
매크로로 출력하기
출력함수로 출력하기
```

Lab 4-1 basicmacro.c

```c
01   // file: basicmacro.h
02
03   #include <stdio.h>
04
05   #define myprint(x) _____ \
06       _____
07
08   int main(void)
09   {
10       myprint("매크로로 출력하기");
11       printf("출력함수로 출력하기\n");
12
13       return 0;
14   }
```

정답
```c
05   #define myprint(x) printf(x); \
06       puts("")
```

정수와 실수의 출력

출력함수 printf()에서 형식지정자의 이해

지금까지 다양한 변수와 상수의 출력에 함수 printf()를 사용하였다. 함수 printf()는 일련의 문자 및 값으로 서식을 지정하여 표준 출력인 stdout에 출력하는 함수이다.

printf()[1]의 인자는 크게 형식문자열과 출력할 목록으로 구분되어, **출력 목록의 각 항목을 형식문자열에서 %d와 같이 %로 시작하는 형식지정자 순서대로 서식화하여 그 위치에 출력**한다.

그림 4-10 출력 함수 printf() 개요

함수 printf ()의 첫 번째 인자인 형식문자열[2](format string)은 일반문자와 이스케이프 문자, 그리고 형식 지정자[3](format specification)로 구성된다.

● 여기서 이스케이프 문자는 \"와 \'같이 \로 시작하는 문자이며, %d와 %s와 같이 %로 시작하는 문자는 형식지정자, 그리고 그 외는 일반 문자로 보면 된다.

여기서 한번 생각해 보자. 간단한 출력함수인 printf()에 왜 이렇게 복잡하게 보이는 특수문자들을 사용해야 하는 것일까? 그것은 프로그래머가 의도한 바의 결과물을 제대로 출력하기 위해서이다. 한 가지 예를 들어보자.

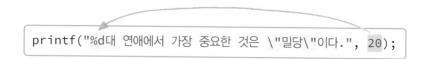

---

1 이미 배웠듯이 함수 printf()는 '프린트에프'라고 읽으며, f는 '형식화' 또는 '서식화'의 의미인 formatted를 나타내며, 지시자 #include ⟨stdio.h⟩로 헤더파일 stdio.h를 삽입해야 한다.

2 형식인자는 format으로 제어문자열, 형식문자열 등으로도 부른다.

3 형식 지정자는 형식제어문자, 서식사양, 변환명세(conversion specification), 변환문자(conversion character) 등 매우 다양하게 부른다.

앞 문장의 결과는 다음과 같다. 이해하겠는가?

> 20대 연애에서 가장 중요한 것은 "밀당"이다.

형식지정자 %d 위치에 바로 20이라는 정수가 출력되고, 이스케이프 문자 \"는 자료형에서 배운 것처럼 문자 "이 그대로 출력된다. 만일 이스케이프 문자 \"를 \를 빼고"로 쓰면 바로 문법 오류가 발생한다. 형식문자열 시작과 끝의 큰 따옴표인 "와 문자열 내부에서 출력을 위한 큰 따옴표 "를 구분할 수 없기 때문이다. **결론적으로 출력하는 문자열 내부에서 적당한 정수와 실수 문자열 등의 자료형을 적당한 위치에 출력하기 위해 형식 지정자와 이스케이프 문자 등이 필요**한 것이다.

함수 printf()에서 다양한 종류의 변수와 상수를 출력하기 위해서는 몇 가지 형식지정자가 필요하다. '형식지정자'는 마치 녹음실에서, 다양한 악기나 가수의 목소리를 최적의 음향으로 세팅해서 들려주는 믹서와 같다.

그림 4-11 형식지정자는 음악의 믹서와 같이 자료형에 맞는 출력을 지정

함수 printf()에서 형식지정자는 크게 정수, 실수, 문자, 문자열 등에 따라 다르다.

- **형식 지정자는 출력 내용의 자료형에 따라 %d, %i, %c, %s 와 같이 %로 시작**한다.
- 두 번째 인자부터는 형식 지정자에 맞게 콘솔로 출력할 값이 표시되는 연산식 목록이 나열된다.
- 형식 지정자는 두 번째부터 표시된 인자인 연산식의 수와 값의 종류에 따라 순서대로 서로 일치해야 한다.

정수의 십진수, 8진수, 16진수 출력

우선 정수의 출력을 알아 보자. 함수 printf()에서 정수 출력을 위한 형식 지정자를 간략히 살펴보면 다음과 같다.

- 정수의 십진수 출력을 위한 형식 지정자는 %d와 %i이다.

- 정수를 8진수로 출력하려면 %o를 이용하며, 앞 부분에 숫자 0이 붙는(leading) 출력을 하려면 #을 삽입하여 %#o를 이용한다.

- 정수를 소문자의 십육진수로 출력하려면 %x와 대문자로 출력하려면 %X를 이용하며, 출력되는 16진수 앞에 0x또는 0X를 붙여 출력하려면 #을 삽입하여 %#x와 %#X를 이용한다.

다음 문장은 정수 255를 다양한 형식 지정자로 출력하는 문장이다. 형식문자열 이후의 인자 수는 고정된 것이 아니며, 형식지정자의 수와 일치하면 아무 문제 없이 출력된다.

- **함수 printf()는 두 번째 인자부터 시작되는 인자의 값을 형식 지정자에 맞게 서식화하여 출력하며,**

- **반환값은 출력한 문자 수이며,**

- **오류가 발생하면 음수를 반환**한다.

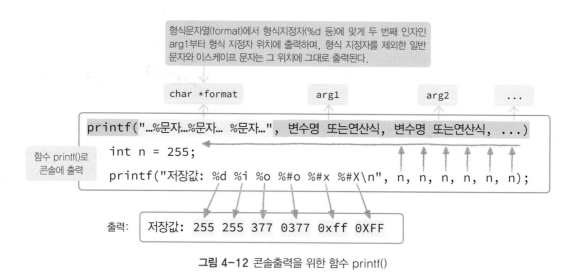

형식문자열(format)에서 형식지정자(%d 등)에 맞게 두 번째 인자인 arg1부터 형식 지정자 위치에 출력하며, 형식 지정자를 제외한 일반 문자와 이스케이프 문자는 그 위치에 그대로 출력된다.

char *format   arg1   arg2   ...

함수 printf()로 콘솔에 출력

```
printf("...%문자...%문자... %문자...", 변수명 또는연산식, 변수명 또는연산식, ...)
int n = 255;
printf("저장값: %d %i %o %#o %#x %#X\n", n, n, n, n, n, n);
```

출력: 저장값: 255 255 377 0377 0xff 0XFF

그림 4-12 콘솔출력을 위한 함수 printf()

형식지정자를 이용하여 출력값의 필드 폭(width)을 지정하려면 %[폭]d와 같이 기술한다.

- 형식지정자 %d와 %i는 정수를 출력한다.

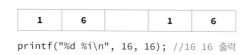

1	6		1	6

```
printf("%d %i\n", 16, 16); //16 16 출력
```

- 형식지정자 %o는 정수를 팔진수(octal)로 출력한다. 그러므로 단어 octal에서 알파벳 o를 사용한다. 형식 지정자 %#o은 팔진수라는 의미로 숫자 0이 앞에 붙어 출력된다.

```
printf("%o %#o\n", 16, 16);//20 020 팔진수 출력
```

- 형식지정자 %x는 정수를 십육진수(heXadecimal)로 출력한다. 그러므로 단어 heXadecimal에서 알파벳 x를 사용한다. 형식 지정자 %#x는 십육진수라는 의미로 숫자 0x가 앞에 붙어 출력된다. 십육진수의 표기에서 알파벳 a에서 f는 모두 대문자도 사용되는데 대문자를 출력하고 싶으면 %x 대신 대문자로 %X를 사용한다.

```
printf("%x %#x %#X\n", 10, 10, 10);//a 0xa 0XA 십육진수 출력
```

실습예제 4-3	**printfintro.c**
	파일이름은 대소문자의 의미는 크게 없으며, 확장자 c를 붙이도록 한다.

```
01    // file: printfintro.c
02
03    #include <stdio.h>
04
05    int main(void)
06    {
07        int n = 16, ret_value = 0;
08
09        ret_value = printf("Hello!\n");
10        printf("printf() 반환값(출력된 문자수): %d\n", ret_value);
11
12        ret_value = printf("출력값: %d %i %o %#o %#x %#X\n", n, n, n, n, n, n);
13        printf("반환값(출력된 문자수): %d\n", ret_value);
14
15        printf("%d %i\n", 16, 16); //16 16 출력
16        printf("%o %#o\n", 16, 16);//20 020 팔진수 출력
17        printf("%x %#x %#X\n", 10, 10, 10);//a 0xa 0XA 십육진수 출력
18
19        return 0;
20    }
```

07행 옆 설명: 출력된 문자수는 'new line'까지 모두 7이므로, 함수 printf()의 반환값도 7

설명	09	변수 `ret_value`에는 함수 `printf()`의 반환값인 `printf()`에 의해 출력된 문자수가 저장
	12	정수 16을 %d, %i 등 다양한 형식지정자로 출력

실행결과

```
Hello!
printf() 반환값(출력된 문자수): 7
출력값: 16 16 20 020 0x10 0X10
반환값(출력된 문자수): 32
16   16
20   020
a 0xa 0XA
```

실수를 위한 출력 %f

함수 printf()에서 float와 double의 실수 출력을 위한 형식 지정자를 살펴보면 다음과 같다.

- 실수의 간단한 출력을 위한 형식 지정자는 %f이다.
- 형식지정자 %f는 실수를 기본적으로 3.400000와 같이 소수점 6자리까지 출력한다.
- 함수 printf()에서 실수 출력으로 %f와 함께 %lf도 사용된다.

실습예제 4-4	realprintf.c
	파일이름은 대소문자의 의미는 크게 없으며, 확장자 c를 붙이도록 한다.

```
01   // file: realprt.c
02
03   #include <stdio.h>
04
05   int main(void)
06   {
07      float   f = 3.1415F;
08      double  d = 42.3876547;
09
10      printf("%f %lf\n", f, f);
11      printf("%f %lf\n", d, d);
12
13      return 0;
14   }
```

설명	10	실수 float 유형의 자료출력은 %f와 %lf를 모두 가능하며, 소수점 이하 여섯 자리 미만인 수는 나머지 자릿수를 0으로 출력
	11	실수 double 유형의 자료출력은 %f와 %lf를 모두 가능하며, 원래의 실수가 소수 6자리가 넘으면 7자리에서 반올림하여 소수 6자리를 출력

실행결과

```
3.141500 3.141500
42.387655 42.387655      ← 반올림되어 5가 출력
```

출력 폭의 지정

기본적으로 정수와 실수의 출력 폭은 시스템이 알아서 출력한다. 그러나 프로그래머의 기호에 맞게 출력을 정교하게 하려면 출력의 자릿수인 출력 폭(width)과 정렬(alignment)이라는 것이 필요할 것이다. 즉 다음은 정수 3567을 출력 폭 10개에 정렬을 오른쪽과 왼쪽으로 달리하여 출력한 모습이다. 일반적으로 **출력 필드 폭이 출력 내용의 폭보다 넓으면 정렬은 기본이 오른쪽이며, 필요하면 왼쪽으로 지정**할 수 있다.

표 4-2 출력을 위한 필드 폭과 정렬

자릿수 번호	1	2	3	4	5	6	7	8	9	10
출력 폭 10, 오른쪽정렬(기본)							3	5	6	7
출력 폭 10, 왼쪽정렬	3	5	6	7						

형식지정자를 이용하여 출력값의 필드 폭(width)을 지정하려면 %[폭]d와 같이 기술한다.

- **형식지정자 %8d는 십진수를 8자리 폭에 출력**한다. **지정한 출력 폭이 출력할 내용보다 넓으면 정렬은 기본적으로 오른쪽**이다. 다음은 정수 7629를 %8d로 출력한 모습이다.

				7	6	2	9

```
printf("%8d\n", 7629);
```

- **출력 폭을 지정하며 정렬을 오른쪽**으로 지정하려면 %-8d처럼 폭 앞에 -를 삽입한다.

7	6	2	9				

```
printf("%-8d\n", 7629);
```

부동소수에서 %f로 필드 폭을 지정하지 않으면 정수는 수만큼 출력되고, 소수 이하는 기본(default)으로 반올림해서 6개 자리수로 출력된다. **부동소수에서 소수점 이하 자릿수를 지정하려면 %[전체폭].[소수점이하폭]f와 같이 표시**한다.

- 형식지정자가 %10.3f이면 소수점을 포함하여 전체 폭은 10, 그 중에서 3은 소수점 이하 자리수로 출력하며, 다음은 정수 32.369를 %10.3f로 출력한 모습으로, 소수점도 전체 폭 10에 해당한다.

				3	2	.	3	6	9

```
printf("%10.3f\n", 32.369);
```

- 또한 %10f는 전체 폭은 10이고 소수점 이하 자릿수는 기본으로 6자릿수로 출력한다.

		3	2	.	3	6	9	0	0	0

```
printf("%10f\n", 32.369);
```

- 지정된 전체 폭이 출력값의 전체 폭보다 작으면, 지정된 작은 폭은 무시하고 원래 출력값의 폭으로 출력된다.

3	2	.	3	6	9	0	0	0

```
printf("%5f\n", 32.369);
```

- **지정된 폭이 출력값의 폭보다 넓으면 기본으로 오른쪽 정렬을 하며, 왼쪽 정렬을 하려면 %-10.3f와 같이 폭 앞에 -를 넣는다.**

3	2	.	3	6	9				

```
printf("%-10.3f\n", 32.369);
```

- **%+10.3f와 같이 폭 앞에 +를 넣으면 양수라도 +부호가 표시된다.**

			+	3	2	.	3	6	9

```
printf("%+10.3f\n", 32.369);
```

- **만일 %+-10.3f와 같이 폭 앞에 +와 -를 함께 붙이면(+-와 -+ 모두 가능) 정렬은 오른쪽이며, 부호 +를 삽입한다.**

+	3	2	.	3	6	9			

```
printf("%+-10.3f\n", 32.369);
```

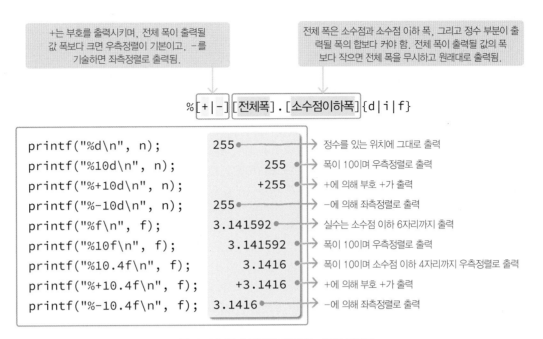

+는 부호를 출력시키며, 전체 폭이 출력될 값 폭보다 크면 우측정렬이 기본이고, -를 기술하면 좌측정렬로 출력됨.

전체 폭은 소수점과 소수점 이하 폭, 그리고 정수 부분이 출력될 폭의 합보다 커야 함. 전체 폭이 출력될 값의 폭보다 작으면 전체 폭을 무시하고 원래대로 출력됨.

%[+|-][전체폭].[소수점이하폭]{d|i|f}

```
printf("%d\n", n);          255         정수를 있는 위치에 그대로 출력
printf("%10d\n", n);              255   폭이 10이며 우측정렬로 출력
printf("%+10d\n", n);            +255   +에 의해 부호 +가 출력
printf("%-10d\n", n);       255         -에 의해 좌측정렬로 출력
printf("%f\n", f);          3.141592    실수는 소수점 이하 6자리까지 출력
printf("%10f\n", f);          3.141592  폭이 10이며 우측정렬로 출력
printf("%10.4f\n", f);          3.1416  폭이 10이며 소수점 이하 4자리까지 우측정렬로 출력
printf("%+10.4f\n", f);        +3.1416  +에 의해 부호 +가 출력
printf("%-10.4f\n", f);     3.1416      -에 의해 좌측정렬로 출력
```

그림 4-13 폭과 정렬을 지정하는 형식 지정자

실습예제 4-5 printwidth.c

```
01    // file: printwidth.c
02
03    #include <stdio.h>
04
05    int main(void)
06    {
07       printf("  1234567890\n");
08
09       printf("1 %8d\n", 7629);
10       printf("2 %-8d\n", 7629);
11       printf("3 %10.3f\n", 32.369);
12       printf("4 %10f\n", 32.369);
13       printf("5 %5f\n", 32.369);
14       printf("6 %-10.3f\n", 32.369);
15       printf("7 %+10.3f\n", 32.369);
16       printf("8 %-+10.3f\n", 32.369);
17
18       int   n = 255;
19       float   f = 3.141592F;
20
21       printf("\n  1234567890\n");
```

```
22      printf("1  %d\n", n);
23      printf("2  %10d\n", n);
24      printf("3  %+10d\n", n);
25      printf("4  %-10d\n", n);
26      printf("5  %f\n", f);
27      printf("6  %10f\n", f);
28      printf("7  %10.4f\n", f);
29      printf("8  %+10.4f\n", f);
30      printf("9  %-10.4f\n", f);
31      //지정한 전체 폭이 작으면 무시하고 출력해야 할 최소의 전체 폭으로 출력
32      printf("10 %5.3f\n", 324.56789);
33
34      return 0;
35   }
```

설명	
16	필드 폭 앞에 +- 또는 -+는 정렬은 왼쪽으로 부호는 양수라도 +가 표시되도록 출력
23, 27	지정한 폭이 넓은 경우, 정수와 실수 출력의 정렬 기본은 오른쪽
25, 30	지정한 폭이 넓은 경우, 전체 폭 앞에 –는 정수와 실수 출력의 정렬을 왼쪽으로 지정

실행결과	
| | ```
   1234567890
1       7629
2 7629
3       32.369
4   32.369000
5 32.369000
6 32.369
7      +32.369
8 +32.369

   1234567890
1  255
2          255
3         +255
4  255
5  3.141592
6     3.141592
7        3.1416
8       +3.1416
9  3.1416
10 324.568
``` |
```

01 다음 세 출력문에 알맞은 문자는 무엇인가?
```
printf("%___\n", 1234);
printf("%___\n", 1234.567);
printf("%___\n", '#');
```

02 형식지정자에서 옵션인 +의 의미는 무엇인가?

형식 지정자 정리

형식 지정자 개요

함수 printf()에서의 형식 지정자를 좀 더 자세히 알아보자. %로 시작하는 형식 지정자는 %와 서식 문자d 사이에 %[flags][width].[precision]{h|l}d와 같이 여러 종류의 지정자가 올 수 있다.

- 정수를 위한 형식 지정자 d바로 앞은 short을 의미하는 h와 long을 의미하는 l, 그리고 long long을 의미하는 ll이 올 수 있다.
- 실수를 위한 형식 지정자 f바로 앞은 double을 의미하는 l이 나와 lf가 될 수 있다. 그러나 출력에서 %f와 %lf는 차이가 없다.
- 옵션 [flags]로는 정렬, 부호표시 등을 지정할 수 있다. 또한 옵션 [width].[precision]으로 출력 부분의 전체 폭과 소수점 이하 자릿수 폭을 지정할 수 있다.

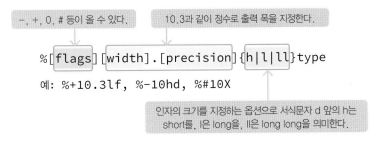

그림 4-14 함수 printf()의 형식 지정자

형식지정자에서 자료형에 따라 %c와 %d처럼 지정하는 서식문자(type field characters)를 다시 한 번 정리하면 표 4-3과 같다.

표 4-3 형식문자(type field characters) 종류

서식문자	자료형	출력 양식
c	char, int	문자 출력
d, i	int	부호 있는 정수 출력으로, lf는 long int, lld는 long long int형 출력
o	unsigned int	부호 없는 팔진수로 출력
x, X	unsigned int	부호 없는 십육진수 출력 x는 3ff와 같이 소문자 십육진수로, X는 3FF와 같이 대문자로 출력, 기본으로 앞에 0이나 0x, 0X는 표시되지 않으나 #이 앞에 나오면 출력
u	unsigned int	부호 없는 십진수(unsigned decimal integer)로 출력
e, E	double	기본으로 m.ddddddExxx의 지수 형식 출력(정수 1자리와 소수점 이하 6자리, 지수승 3자리), 즉 123456.7890이라면 1.234568e+005로 출력
f, lf	double	소수 형식 출력으로 m.123456 처럼 기본으로 소수점 6자리 출력되며, 정밀도에 의해 지정 가능, lf는 long double 출력
g, G	double	주어진 지수 형식의 실수를 e(E) 형식과 f 형식 중에서 짧은 형태(지수가 주어진 정밀도 이상이거나 −4보다 작으면 e나 E 사용하고, 아니면 f를 사용)로 출력, G를 사용하면 E가 대문자로
s	char *	문자열에서 '\o'가 나올 때 까지 출력되거나 정밀도에 의해 주어진 문자 수만큼 출력
p	void *	주소값을 십육진수 형태로 출력
%		%를 출력

형식지정자에서 [flags]에 지정하는 옵션지정 문자를 살펴보면 다음과 같다. 옵션지정 문자는 필요에 따라 여러 개를 지정할 수 있으며, 그 순서는 상관없다.

표 4-4 옵션지정 문자(flags) 종류

문자	기본(없으면)	의미	예와 설명
−	우측정렬	수는 지정된 폭에서 좌측정렬	%-10d
+	음수일 때만 − 표시	결과가 부호가 있는 수이면 부호 +, −를 표시	%+10d
0	0을 안 채움	우측정렬인 경우, 폭이 남으면 수 앞을 모두 0으로 채움	%010x %-0처럼 좌측정렬과 0 채움은 함께 기술해도 의미가 없음
#	리딩 문자 0, 0x, 0X가 없음	서식문자가 o(서식문자 octal)인 경우 0이 앞에 붙고, x(서식문자 heXa)인 경우 0x가 붙으며, X인 경우 0X가 앞에 붙음	수에 앞에 붙는 0이나 0x는 0으로 채워지는 앞 부분에 출력

다음은 정수형 출력지정자인 %d와 %i, %o, %x에 대하여 다양한 전체폭과 옵션을 지정하여 출력 결과를 알아본 표이다.

● 부호가 있는 정수에 사용하는 +는 부호가 없는 정수의 형식지정자 %o, %x, %u에는 사용에 아무 의미가 없다.

표 4-5 정수의 다양한 출력

형식지정자	정수	결과
%d	1234	1234
%6i	1234	__1234
%+6i	1234	_+1234
%+06i	1234	+01234
%6o	037	____37
%-6o	037	37

형식지정자	정수	결과
%-#6o	037	037___
%#-6o	037	037___
%05x	0x1f	0001f
%0#6x	0x1f	0x001f
%-0#5x	0x1f	0x1f_
%#6X	0x1f	__0X1F

실습예제 4-6　　specification.c

```
01    // file: specification.c
02
03    #include <stdio.h>
04
05    int main(void)
06    {
07        printf("%010d %s\n", 12345, "%010d");          0000012345
08        printf("%+010d %s\n\n", 1234, "%+010d" )       +000001234
09        printf("%10o %s\n", 271, "%10o");                     417
10        printf("%0#10o %s\n", 271, "0#10o");           0000000417
11        printf("%-#10o %s\n\n", 271, "%-#10o");        0417
12        printf("%0#10x %s\n", 271, "0#10x");           0x0000010f
13        printf("%-#10X %s\n\n", 271, "%-#10X");        0X10F
14
15        printf("%d %s\n", 32768, "%d");
16        printf("%hd %s\n", 32768, "%hd");
17
18        return 0;
19    }
```

폭이 10이며 0에 의해 정수 앞에 5개의 0이 채워짐

+ 부호가 표시되며, 위와 같이 폭이 10, 0이 채워짐

기본으로 오른쪽 정렬 팔진수 417 출력

0 채움, 폭 10, 팔진수로 출력

-로 왼쪽 정렬, #으로 0이 앞에 나와 출력

0 채움, 폭 10, #에 의해 0x가 표시되고 16진수로 출력

좌측정렬, 폭 10, #에 의해 0X가 표시, 16진수로 출력

설명

07　오른쪽 정렬이고 빈 부분에 0을 채우며, 형식문자열에 기술한 형식지정자를 출력하기 위해 %s와 인자로 형식지정자 "%010d"를 기술

08~16　다른 문장도 결과와 형식 지정자를 함께 출력

16　h에 의해 short 형으로 출력되어 32768이 short의 범위를 벗어나므로 -32768이라는 다른 값이 출력

실행결과

```
0000012345 %010d
+000001234 %+010d

       417 %10o
0000000417 0#10o
0417       %-#10o
```

```
0x0000010f 0#10x
0X10F      %-#10X

32768 %d
-32768 %hd
```

실수 출력 형식 지정자 %f, %e, %g

실수를 위한 형식 지정자는 %f, %lf, %e, %E, %g, %G 등을 사용한다.

- %e와 %E는 실수 123456.789를 지수형태로 1.234568e+005 또는 1.234568E+005로 출력한다.

- 특히 %g는 지수 형식의 실수를 정밀도가 낮으면 %f로 출력하나 정밀도가 높아 소수점 이하 5자리 이상으로 표시하려면 %e로 출력한다. **간단히 %g는 %f나 %e중에서 소수점 자리가 늘어나면 %e로 보기 편한 형식으로 출력**한다고 생각하면 된다.

다음은 실수형 형식지정자인 %f와 %e, %g에 대하여 다양한 전체폭과 옵션을 지정하여 출력 결과를 알아본 표이다.

- 형식지정자 %f나 %e에서 기본 소수점 자릿수는 6개이며, %e에서 지수승의 자릿수는 3이다.

- 왼쪽정렬은 –, 빈 왼쪽자리 0으로 채움은 0이며, 지정한 폭이 적으면 무시하고 원래의 실수를 출력한다.

표 4-6 정수의 다양한 출력

형식지정자	정수	결과
%f	3.1415	3.141500
%2f	3.1415	3.141500
%10f	3.1415	⎵⎵3.141500
%010f	3.1415	003.141500
%+010.3f	3.1415	+00003.142
%-8.3f	3.1415	3.142⎵⎵⎵

형식지정자	정수	결과
%e	3.1415	3.141500e+000
%e	31.415	3.141500e+001
%15e	3.1415	⎵⎵3.141500e+000
%012.2e	3.1415	0003.14e+000
%+012.1E	3.1415	+0003.1E+000
%-12.3E	3.1415	3.142E+000⎵⎵

doubleprt.c

```c
01   // file: doubleprt.c
02
03   #include <stdio.h>
04
05   int main(void)
06   {
07       printf("%f %s\n", 123456.789, "\t%f");
08       printf("%14.3f %s\n", 123456.789, "\t%10.3f");
09       printf("%e %s\n", 123456.789, "\t%e");
10       printf("%10.3E %s\n", 123456.789, "\t%10.3E");
11       printf("%g %s\n", 12.34e-5, "\t%g");
12       printf("%G %s\n", 12.34e-6, "\t%G");
13
14       return 0;
15   }
```

설명

07   %f는 기본으로 소수점 이하를 6자리로 실수를 출력

08   %14.3f에서 지정한 전체 폭 14가 넓으면 오른쪽 정렬 출력

09   %e는 지수 형식으로 출력

10   %E는 지수 형식에서 E+005 처럼 대문자로 출력

11   %f로 출력해도 될 정도로 정밀도가 낮음

12   정밀도가 높아 %E로 출력

실행결과

```
123456.789000    %f
    123456.789    %10.3f
1.234568e+05     %e
 1.235E+05        %10.3E
0.0001234        %g
1.234E-05        %G
```

문자열 출력에서의 출력폭 지정

문자열을 출력하는 방법은 형식 문자열에 직접 기술하는 방법과 문자열 형식 지정자 %s와 인자로 기술하는 방법이 있다.

- 문자열을 형식문자열에 직접 출력하는 방법은 전형적인 방법이다.

  ```c
  printf("사계절은 봄 여름 가을 겨울이다.\n");
  ```

- 형식문자열 내부에 문자열 형식 지정자 %s와 인자로 출력하는 방식은 다소 복잡할 수 있으나, 문자열 형식 지정자 %s에서 다양한 형식을 지정하는 장점이 있다.

  ```c
  printf("사계절은 %s %s %s %s이다.\n", "봄", "여름", "가을", "겨울");
  ```

문자열 출력을 위한 형식지정자도 이미 배운 수의 형식지정자와 비슷하여 %[−][전체폭].[출력할 문자수]s로 좀 더 자세히 문자열 출력을 조정할 수 있다.

- 예를 들어 문자열 출력을 위한 형식지정자 %10.3s를 살펴보자. 이것은 전체폭이 10, 출력할 문자수는 3개이므로 Hel까지 출력되며, 우측정렬이 기본이라는 것을 알 수 있다.

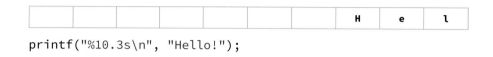

```
printf("%10.3s\n", "Hello!");
```

- 만약 좌측 정렬을 하려면 %−10.3s를 하면 된다.

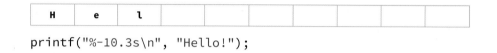

```
printf("%-10.3s\n", "Hello!");
```

- 형식지정자에서 주의할 것은 지정한 전체폭이 출력할 문자열의 수보다 작으면 무시하고, 원래 문자열의 폭만큼 모두 출력한다는 것이다.

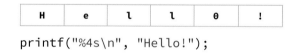

```
printf("%4s\n", "Hello!");
```

- 또한 형식지정자의 전체폭과 정밀도는 형식지정자에 *를 이용한 후, 인자로 그에 대응하는 정수를 지정할 수 있다. 다음은 *이 5로 대체되어 %10.5s로 문자열 "Hello"를 출력한다.

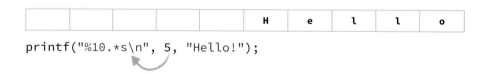

```
printf("%10.*s\n", 5, "Hello!");
```

다음은 문자열 출력지정자인 %s에 대하여 다양한 전체폭과 출력문자수를 살펴본 표이다.

표 4-7 문자열의 다양한 출력

형식지정자	인자(문자열)	결과	형식지정자	인자(문자열)	결과
%5.2s	"Hello!"	___He	"%5.*s", 3	"Hello!"	__Hel
%7.2s	"Hello!"	_____He	"%*.4s", 7	"Hello!"	___Hell
%-8.6s	"Hello!"	Hello!__	%*.*s, 8, 6	"Hello!"	__Hello!
%-8.3s	"Hello!"	Hel_____	%*.*s, -8, 6	"Hello!"	Hello!__

35%와 같이 백분율 표시 %는 어떻게 출력하나요?

백분율 35%를 다음처럼 출력한다면 문법적으로 문제가 발생한다. 형식문자열 내부에서 %로 시작하는 부분은 형식지정자로 인식하는데 %이후에 아무 문자가 없으니 '형식 지정자가 잘못 종료되었다'는 메시지의 경고가 발생한다.

```
printf("%d%\n", 35);
    warning C4778: 'printf' : unterminated format string '%\n'
```

백분율 %를 출력하는 방법은 다음 세 가지로 정리된다. 형식문자열 내부에서 %%는 %로 출력된다. 또한 문자 '%'를 형식지정자 %c로 문자열 "%"를 형식지정자 %s로 출력하는 방법도 있다.

```
printf("%d%%\n", 35);
printf("%d%c\n", 35, '%');
printf("%d%s\n", 35, "%");
```

실습예제 4-8 stringprt.c

```
01    // file: stringprt.c
02
03    #include <stdio.h>
04
05    int main(void)
06    {
07        printf("사계절은 봄 여름 가을 겨울이다.\n");
08        printf("사계절은 %s %s %s %s이다.\n\n", "봄", "여름", "가을", "겨울");
09        printf("%s\n", "123456789012345");
10        printf("%10.3s\n", "Hello!");
11        printf("%-10.3s\n", "Hello!");
12        printf("%4s\n", "Hello!");
13        printf("%10.*s\n\n", 5, "Hello!");
14
15        printf("%s\n", "123456789012345");
16        printf("%s\n", "Hi, C language!");
17        //전체폭 10에서 3개의 문자만 출력, 기본이 오른쪽 정렬
18        printf("%10.3s\n", "Hi, C language!");
19        //전체폭 10에서 3개의 문자만 출력, -는 왼쪽 정렬
20        printf("%-10.3s\n", "Hi, C language!");
21        //*는 정밀도를 입력으로 받아 지정, 정밀도가 3이므로 %10.3f로 출력
22        printf("%10.*f\n", 3, 124.56789);
23
24        //형식 문자열 내부에서는 %%가 % 출력
25        printf("%10.2f%%\n", 3.25);
26        //문자열 인자 내부에서는 %가 % 출력
27        printf("%0+10.1f%s\n", 3.25, "%");
28
29        return 0;
30    }
```

설명	09	9행 이후의 결과를 쉽게 검토하기 위해 자릿수를 의미하는 숫자를 인자로, 형식 지정자 %s로 출력
	15	15행 이후의 결과를 쉽게 검토하기 위해 자릿수를 의미하는 숫자를 인자로, 형식 지정자 %s로 출력
	25	형식 문자열에서 %를 출력하려면 %%를 기술
	27	인자로 %를 출력하려면 형식 지정자에 그대로 %s를 기술

실행결과

```
사계절은 봄 여름 가을 겨울이다.
사계절은 봄 여름 가을 겨울이다.

123456789012345
        Hel
Hel
Hello!
        Hello

123456789012345
Hi, C language!
        Hi,
Hi,
    124.568
       3.25%
+0000003.3%
```

중간점검

01 다음 세 출력문의 차이는 무엇인가?

```
printf("%+10d\n", 1234);
printf("%0+10d\n", 1234);
printf("%010d\n", -1234);
```

02 형식지정자에서 옵션인 '-'의 의미는 무엇인가?

03 문자열 형식지정자 %10.3s에서 10과 3의 의미는 무엇인가?

다음 정보를 이용하여 개인의 성별과 이름, 나이, 성적 등 개인 정보를 출력하는 프로그램을 작성해보자.

- 자료형 int 형인 나이와 double 형 성적 평균평점 등을 출력
- 성별, 나이, 몸무게, 평균평점을 다음과 같이 출력

```
성별: M
이름: 안 병훈
나이: 20
몸무게: 62.49
평균평점(GPA): 3.880
```

Lab 4-2	basictoutput.c

```c
01  // basictoutput.c:
02
03  #include <stdio.h>
04
05  int main(void)
06  {
07      int age = 20;
08      double gpa = 3.88f;
09      char gender = 'M';
10      float weight = 62.489F;
11
12      printf("성별: _____\n", _____);
13      printf("이름: %s\n", "안 병훈");
14      printf("나이: _____\n", _____);
15      printf("몸무게: %.2f\n", weight);
16      printf("평균평점(GPA): _____\n", _____);
17
18      return 0;
19  }
```

정답	

```c
12      printf("성별: %c\n", gender);
14      printf("나이: %d\n", age);
16      printf("평균평점(GPA): %.3f\n", gpa);
```

입력 함수 scanf()

함수 scanf()와 정수 입력

함수 scanf()

지금까지 함수 printf()에 대해 공부했다면 scanf()는 printf()를 복습하는 기분으로 보면 된다. 그것은 printf()가 대표적인 출력함수라면, scanf()는 대표적인 입력함수이고 %s와 %d같은 동일한 형식 지정자를 사용하기 때문이다.

'scan'이라는 단어는 주변에 흔히 볼 수 있는 스캐너와 같이 어떠한 자료를 훑어 복사하거나, 유심히 살펴본다는 의미인데, 표준 입력으로부터 여러 종류의 자료값을 훑어 주소연산자 &가 붙은 변수 목록에 저장한다.

- 함수 printf()함수처럼 함수 scanf()에서 첫 번째 인자는 형식문자열(format string)이라 하며 형식지정자와 일반문자로 구성된다.

- 형식지정자(format specification)는 %d, %c, %lf, %f와 같이 %로 시작한다.

- 함수 scanf()에서 두 번째 인자부터는 키보드 입력값이 복사 저장되는 입력변수 목록으로 변수이름 앞에 반드시 주소연산자 &를 붙여 나열한다.

- 함수 scanf()의 반환 유형은 int로, 표준입력으로 변수에 저장된 입력 개수를 반환한다. 다음 그림 소스에서 함수 scanf()가 성공적으로 수행된다면 반환값은 3이다.

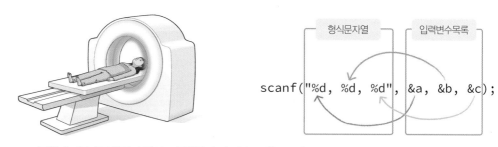

그림 4-15 CT 촬영과 같이 표준입력의 자료를 스캔(scan)하여 주소가 지정된 변수에 저장

함수 scanf()로 int 형 변수 year에 키보드 입력값을 저장하려면, scanf("%d", &year)와 같이 입력값이 저장되는 변수는 주소연산식인 &year로 사용해야 한다.

- **&는 주소연산자로 뒤에 표시된 피연산자인 변수 주소값이 연산값으로, scanf()의 입력변수목록에는 키보드에 입력값이 저장되는 변수를 찾는다는 의미에서 반드시 변수의 주소연산식 '& 변수이름'이 인자로 사용되어야 한다.**

● **만일 주소연산이 아닌 변수 year로 기술하면 입력값이 저장될 주소를 찾지 못해 오류가 발생**한다.

함수 scanf()는 실행 시, **지정된 형식지정자에 맞게 키보드로 적당한 값을 입력한 후 [Enter] 키를 누르기 전까지는 실행을 멈춰 사용자의 입력을 기다린다.**

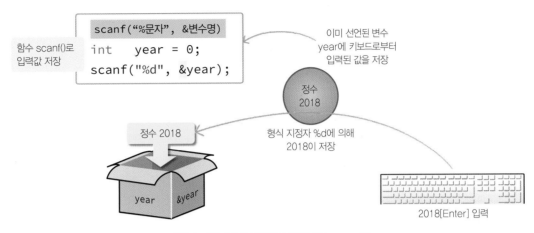

그림 4-16 키보드 입력을 위한 함수 scanf()

만일 년, 월, 일을 2017-4-29과 같이 중간에 –를 넣어 입력 받으려면 함수 scanf("%d - %d - %d", …) 처럼 형식문자열에 입력 형식을 명시할 수 있다. 이와 같이 **여러 입력값을 구분해주는 구분자(separator)로 –, /, 콤마(,) 등을 사용**할 수 있는데, 입력된 구분자는 형식만 체크하고 저장하지 않는다. 만일 지정된 구분자와 입력 형식이 맞지 않으면 이후의 입력값은 제대로 저장되지 않으므로 주의가 필요하다.

그림 4-17 입력값 사이에 특정 형식 지정

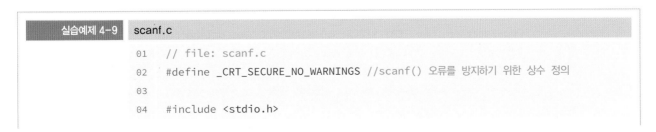

실습예제 4-9	scanf.c

```
01   // file: scanf.c
02   #define _CRT_SECURE_NO_WARNINGS //scanf() 오류를 방지하기 위한 상수 정의
03
04   #include <stdio.h>
```

```
05
06    int main(void)
07    {
08        int   year = 0;
09        printf("당신의 입학년도는? ");
10        scanf("%d", &year); //scanf("당신의 입학년도는 ? %d", &year); 문제 발생
11        printf("입학년도: %d\n\n", year);
12
13        int month, day;
14        printf("당신의 생년월일은? ");
15        scanf("%d - %d - %d", &year, &month, &day);
16        printf("생년월일: %d-%d-%d\n", year, month, day);
17
18        return 0;
19    }
```

설명		
	09	scanf() 바로 이전에 입력에 대한 정보를 주는 문자열인 프롬프트(prompt)를 출력하는데, 이러한 정보가 출력되지 않으면, 실행시 커서만 깜박거려 사용자가 진행을 못하는 경우가 발생
	10	간혹 scanf("당신의 입학년도는 ? %d", &year); 문장으로 값을 입력받으려 하는데, 잘못된 문장으로 scanf()의 형식문자열에 표시된 문자는 꼭 입력이 되어야 하는 형식이며, 콘솔에서 입학년도를 입력한 후 반드시 [return] 키 입력이 필요
	15	입력값이 정수이므로 형식문자열 "%d-%d-%d"도 같은 기능을 수행

실행결과

당신의 입학년도는? 2016 ──── 붉은색인 입학년도를 입력한 후 [Enter] 키를 눌러야 프로그램이 진행됨
입학년도: 2016

당신의 생년월일은? 2000-4-15 ──── 2000과 4 사이, 4와 15 사이에는 반드시 -를 입력해야 함
생년월일: 2000-4-15

TIP scanf() 오류를 방지하기 위한 상수 정의

```
#define _CRT_SECURE_NO_WARNINGS //scanf() 오류를 방지하기 위한 상수 정의
```

현재 비주얼 스튜디오에서 함수 scanf() 사용을 추천하지 않아 위 scanf() 오류방지를 위한 매크로 상수 지시자가 없으면 아래와 같은 error C4996이 발생한다. 일단 위 매크로 지시자로 사용하도록 하자.

```
1>------ 빌드 시작: 프로젝트: Prj06, 구성: Debug Win32 ------
1> scanf.c
1>g:\[2016 c]\ch03\prj06\scanf.c(11): error C4996: 'scanf': This function
or variable may be unsafe. Consider using scanf_s instead. To disable
deprecation, use _CRT_SECURE_NO_WARNINGS. See online help for details.
1> c:\program files (x86)\microsoft visual studio 12.0\vc\include\stdio.
h(283) : 'scanf' 선언을 참조하십시오.
========== 빌드: 성공 0, 실패 1, 최신 0, 생략 0 ==========
```

여러 값의 입력

함수 scanf()를 이용해서 한 번에 여러 개의 자료값을 변수에 저장할 수 있다. 정수를 연속해서 입력 받는 경우, 형식지정자 %d와 %d 사이의 빈 공간은 아무 의미가 없어, "%d%d"와 "%d %d" 모두 이용 가능하며, 입력 시 빈 공간(space)이나 [Enter] 키로 두 입력값을 구분할 수 있으며, 마지막 입력값 이후에는 [Enter] 키를 눌러야 프로그램이 진행된다.

입력값이 정수나 실수인 수라면 입력값 이후의 빈 공간(space)이나 [Enter] 키가 숫자 입력의 종료를 의미하므로, 수를 여러 개 입력 사이에 빈 공간(space)이나 [Enter] 키를 누른다. 실행 시, 입력하는 한 행은 [Enter] 키를 누르기 전까지 [Del]이나 [Backspace] 키로 수정이 가능하다.

실습예제4-10	intscan.c

```
01  // file: intscan.c
02  #define _CRT_SECURE_NO_WARNINGS //scanf() 오류를 방지하기 위한 상수 정의
03
04  #include <stdio.h>
05
06  int main(void)
07  {
08      int snum, credit;          "%d%d"는 "%d %d"처럼 형식지정자 사이
09                                 의 빈 공백은 아무 의미가 없다.
10      printf("당신의 학번과 신청학점은? ");
11      scanf("%d%d", &snum, &credit);
12      printf("학번: %d 신청학점: %d\n", snum, credit);
13
14      return 0;
15  }
```

설명	10	입력은 출력 문장이 있는 줄에도 가능하고 [Enter]키를 눌러 이동된 줄에서도 가능
	11	입력 목록 &snum과 &credit에는 반드시 주소 값을 의미하는 &를 반드시 입력

실행결과	당신의 학번과 신청학점은? 20173286 18 두 정수를 스페이스 또는 [Enter] 키로 구분하여 입력한 후
	학번: 20173286 신청학점: 18 [Enter] 키를 눌러야 프로그램이 진행됨

중간점검

01 다음 표준입력 문장에서 오류 발생의 원인은 무엇인가?

```
int int_var = 0;
scanf("%d\n", int_var);
```

2. 다음 표준입력에서 형식문자열의 의미는 무엇인가?

```
scanf("%d - %d - %d", &year, &month, &day);
```

실수와 문자의 입력

제어문자 %f와 %lf, %c

콘솔입력에서 입력자료를 **실수 float형 변수에 저장하려면 형식 지정자 %f를 사용**하며, **실수 double형 변수에 저장하려면 형식 지정자 %lf를 사용**한다. 또한 콘솔입력 자료를 **문자 char형 변수에 저장하려면 제어문자 %c를 사용**한다.

하나 주의할 것은 출력 printf()에서 실수의 출력을 위한 형식 지정자로 %f와 %lf를 모두 사용할 수 있으나 **입력 scanf()에서는 저장될 자료형이 float이면 %f를, double이면 %lf로 구분하여 사용**해야 한다.

함수 scanf()는 입력에 임시저장 장소인 버퍼(buffer)를 사용하는데, [Enter] 키가 원하지 않는 문자변수에 저장되어 원래 의도한 문자는 입력에 성공 못하는 일이 발생할 수 있다.

'버퍼'란 입력과 출력과 같은 자료의 흐름에서 바로 처리하지 않고 중간에 임시로 사용하는 저장 공간으로, 입력이나 출력을 바로 수행하지 않고 버퍼에 저장하다가 버퍼가 모두 차거나 특정한 명령에 의해 버퍼에 있는 내용을 입력 또는 출력한다.

공원에서 물이 지정된 양만큼 차면 한꺼번에 쏟아지는 큰 양동이를 본적이 있을 것이다. 바로 이러한 큰 양동이가 버퍼인 것이다.

그림 4-18 물놀이 공원의 큰 양동이와 같은 버퍼

다음 부분 소스 실행 시 두 번의 scanf() 호출로, 콘솔에서 실수 234.5하나를 입력한 후 [Enter] 키를 누르고 다음 줄에 문자 'A'를 입력하여 변수 ch에 저장하고자 한다. 그러나 입력버퍼에는 [Enter] 키가 남아 있어, 두 번째 scanf()에서 char형 변수 ch에는 순서대로 [Enter]인 문자 '\n'가 저장되고, 실제 문자 'A'는 저장되지 않는 문제가 발생한다. 이러한 문제를 해결하는 방법은 두 가지가 있다.

- **첫 번째는 버퍼에 남아있는 [Enter] 키를 함수 fflush(stdin)를 호출하여 없애버리는 방법**이다.
  그러나 비주얼 스튜디오 2013에는 잘 작동했으나 비주얼 스튜디오 2015에는 작동하지 않는다.
- 두 번째는 문자를 입력 받는 형식지정자 %c 앞에 **공백문자를 넣어** 형식문자열을 " %c"로 지정하면, 아직 입력버퍼에 남아있는 [Enter] 키가 %c 앞에 공백문자로 인식되어 무시되고, 이어서 커서 위치에 입력되는 'A'가 변수 ch에 저장된다.

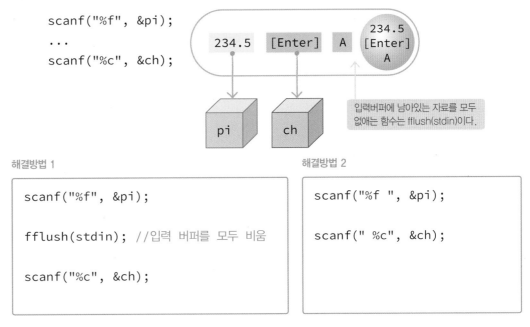

해결방법 1

```
scanf("%f", &pi);

fflush(stdin); //입력 버퍼를 모두 비움

scanf("%c", &ch);
```

해결방법 2

```
scanf("%f ", &pi);

scanf(" %c", &ch);
```

그림 4-19 문자 입력의 문제와 해결 방법

| 실습예제 4-11 | floatcharscan.c |

```
01    // file: floatcharscan.c
02    #define _CRT_SECURE_NO_WARNINGS //scanf() 오류를 방지하기 위한 상수 정의
03
04    #include <stdio.h>
05
06    int main(void)
07    {
08        float pi;
09        printf("원주율을 입력하세요.\n");
10        scanf("%f", &pi);
11        printf("%f\n", pi);
12
13        char ch1, ch2;
14        printf("구분자를 공백으로 두 문자를 입력하세요.\n");
```

```
15      //가장 앞에 공백을 두어 enter를 제거, 구분자로 공백(여러 개도 가능)을 사용
16      scanf(" %c %c", &ch1, &ch2);
17      printf("ch1=%c ch2=%c\n", ch1, ch2);
18
19      return 0;
20  }
```

| 설명 | 10 | scanf()에서 원주율을 입력 받고, 이후 입력한 Enter키도 버퍼에 남이 있으므로 다음에 문자를 계속 입력 받으려면 주의가 필요 |
| | 16 | scanf()에서 이전에 입력된 Enter키를 처리하기 위해 반드시 " %c %c"와 같이 %c 앞에 공백이 필요하며, 이후 문자 입력하는 문자와 문자 사이에도 공백이 필요함 |

| 실행결과 | 원주율을 입력하세요.
3.14159265
3.141593
구분자를 공백으로 두 문자를 입력하세요.
A &
ch1=A ch2=& |

다양한 형식 지정자

함수 scanf()에서 정수의 콘솔입력값을 8진수로 인지하려면 %0를 사용한다. 마찬가지로 %x는 16진수로 인지한다. 다음은 함수 scanf()에서 이용되는 다양한 **형식 지정자**를 나타낸다.

표 4-8 함수 scanf()의 형식 지정자

형식 지정자	콘솔 입력값의 형태	입력 변수 인자 유형
%d	십진수로 인식	정수형 int 변수에 입력값 저장
%i	십진수로 인식하며, 단 입력값에 0이 앞에 붙으면 8진수로 0x가 붙으면 16진수로 인식하여 저장	정수형 int 변수에 입력값 저장
%u	unsigned int로 인식	정수형 unsigned int 변수에 입력값 저장
%o	8진수로 인식	정수형 int 변수에 입력값 저장
%x, %X	16진수로 인식	정수형 int 변수에 입력값 저장
%f	부동소수로 인식	부동소수형 float 변수에 입력값 저장
%lf	부동소수로 인식	부동소수형 double 변수에 입력값 저장
%e, %E	지수 형태의 부동소수로 인식	부동소수형 float 변수에 입력값 저장
%c	문자로 인식	문자형 char 변수에 입력값 저장
%s	일련의 문자인 문자열(string)로 인식	문자열를 저장할 배열에 입력값 저장
%p	주소(address) 값으로 인식	정수형 unsigned int 변수에 입력값 저장

```
01    // file: radixscan.c
02    #define _CRT_SECURE_NO_WARNINGS //scanf() 오류를 방지하기 위한 상수 정의
03
04    #include <stdio.h>
05
06    int main(void)
07    {
08        int a, b, c;
09        printf("십진수, 팔진수, 십육진수를 각각 입력하세요.\n");
10        scanf("%d %o %x", &a, &b, &c);
11        printf("%d %#o %#x\n\n", a, b, c);
12
13        printf("십진수, 팔진수(0리딩 표현), 십육진수(0x리딩 표현)를 각각 입력하세요.\n");
14        scanf("%i %i %i", &a, &b, &c);
15        printf("%d %d %d\n", a, b, c);
16
17        return 0;
18    }
```

설명	
10	형식지정자 %d는 십진수, %o는 팔진수, %x는 십육진수 정수를 입력
14	형식지정자 %i인 경우, 입력값이 03과 같이 0이 리딩하는 수는 팔진수로 인식하며, 0x1f과 같이 0x로 리딩하는 수는 십육진수로 인식

실행결과	
	십진수, 팔진수, 십육진수를 각각 입력하세요. 82 67 1F ← 067 0x1f로 입력도 가능 82 067 0x1f 십진수, 팔진수(0리딩 표현), 십육진수(0x리딩 표현)를 각각 입력하세요. 82 067 0x1f 82 55 31

중간점검 🖉

01 실수를 입력하는 다음 두 형식지정자의 차이는 무엇인가?

```
scanf("%f", &pi); scanf("%lf", &pi);
```

02 다음 표준입력 문장에서 오류 발생의 원인은 무엇인가?

```
scanf("%d %o %x", &a, &b, &c);        DE  19  1G
```

03 입력버퍼를 모두 삭제하는 함수 호출 문장은 무엇인가?

함수 getchar()와 putchar()

문자의 입출력 함수

함수 getchar()는 영문 'get character'의 의미로 문자 하나를 입력하는 매크로 함수이고, putchar()는 'put character'로 반대로 출력하기 위한 매크로 함수이다. 이 함수를 이용하려면 printf()나 scanf()처럼 헤더파일 stdio.h 가 필요하다.

● 함수 getchar()는 인자 없이 함수를 호출하며 입력된 문자값을 자료형 char나 정수형으로 선언된 변수에 저장할 수 있다.

```
char a = getchar();
```

● 함수호출 putchar('a')는 인자인 'a'를 출력하는 함수로 사용한다

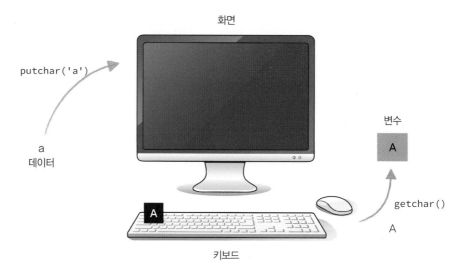

그림 4-20 함수 getchar()와 putchar()

실습예제 4-13	putchar.c

```
01   // file: putchar.c
02
03   #include <stdio.h>
04
05   int main(void)
06   {
07      char a = '\0';
08
```

```
09        puts("문자 하나 입력:");
10        a = getchar();        ← 함수 getchar()는 인자가 필요 없으며 반환값으로 입력값을 저장한다.
11        putchar(a); putchar('\n');

13        return 0;             문자의 출력은 함수 putchar()의 인자에
14   }                          출력하려는 문자를 기술하여 출력한다.
```

| 설명 | 10 | 함수 getchar()는 반환값으로 입력 문자를 전달하므로 반환값을 대입할 대입문이 필요함 |
| | 11 | 함수 petchar()는 petchar('문자')와 같이 출력할 문자를 인자로 전달하여 출력 |

실행결과	문자 하나 입력:
	#
	#

함수 scanf()의 경고와 새로운 함수 scanf_s()

함수 scanf()가 있는 예제 소스를 실행하면 경고가 발생하는 것을 보았을 것이다. Visual C++ 2005 이후부터 함수 scanf()는 보안 문제로 더 이상 사용을 권장하지 않고 있으며, 사용 시 다음과 같은 오류가 발생한다.

```
error C4996: 'scanf': This function or variable may be unsafe. Consider using scanf_
s instead. To disable deprecation, use _CRT_SECURE_NO_WARNINGS. See online help for
details.
```

Visual C++ 2005 이후부터 함수 scanf()는 함수 scanf_s()로 대체되고 있다. 즉 보안이 강화된 함수 scanf_s()의 사용을 권장하고 있다. 기존 함수 이름 뒤에 _s()가 추가된 새로운 함수는 오류 처리 방식이 향상되었고 강화된 버퍼 제어로 보안 처리가 향상된 함수이다. 그러나 함수 scanf_s()의 사용 권장은 아직 Visual C++ 컴파일러에만 해당되는 요구사항이다. 그러므로 이 본문에서는 기존의 함수 사용을 원칙으로 설명하고 권장하는 함수를 추가로 간단히 설명하고자 한다.

❶ 함수 scanf()의 경고 메시지가 발생하지 않게 하는 방법: 매크로 상수 직접 정의

#include 〈stdio.h〉 문장 이전에 #define으로 _CRT_SECURE_NO_DEPRECATE 또는 _CRT_SECURE_NO_WARNINGS를 정의하면 경고 메시지는 더 이상 발생하지 않는다. 즉 다음 소스의 맨 처음 #define 의 두 문장 중에서 어느 하나만 기술하면 더 이상 경고 메시지가 발생하지 않는다.

```
#define _CRT_SECURE_NO_WARNINGS
#define _CRT_SECURE_NO_DEPRECATE

#include <stdio.h>
```

```
int main(void)
{
    float piA;
    double piB;

    printf("원주율(2자리)과 원주율(5자리)를 실수로 입력하세요.\n");
    scanf("%f %lf", &piA, &piB);
...
}
```

❷ 함수 scanf()의 경고 메시지가 발생하지 않게 하는 방법: 프로젝트 속성 수정

프로젝트 속성에서 매크로 _CRT_SECURE_NO_DEPRECATE 또는 _CRT_SECURE_NO_
WARNINGS를 정의하면 오류가 발생하지 않는다. 이를 위해 비주얼 스튜디오의 메뉴 [프로젝
트-프로젝트 속성…]을 눌러 다음 대화상자를 표시한다. 왼쪽에서 '구성 속성' – 'C/C++' – '전처
리기'를 선택한 후, '전처리기 정의' 콤보박스에서 〈편집…〉을 선택하여 [전처리기 정의] 대화상자
를 표시한다. [전처리기 정의] 대화상자에서 상수 _CRT_SECURE_NO_WARNINGS를 삽입하고
'확인'을 누른다.

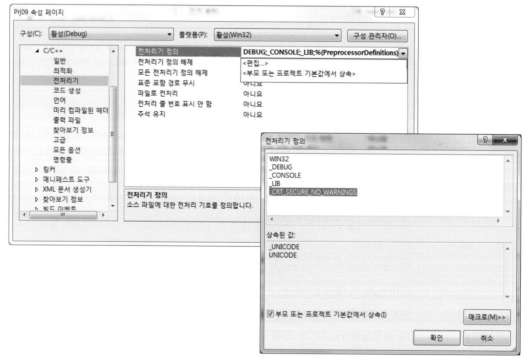

그림 4-21 프로젝트 속성에서 상수 _CRT_SECURE_NO_WARNINGS 추가

❸ 함수 scanf_s()의 사용

함수 scanf()를 함수 scanf_s()로 바꾸어 사용하면 경고 메시지는 더 이상 발생하지 않는다. 그러나 문자열 또는 문자의 입력 시, 함수 scanf_s()의 사용은 약간의 수정이 필요하다. 즉 함수 scanf_s()에서 입력 받을 변수 다음에 입력한 문자의 수가 필요하다. 즉 다음과 같이 변수 ch에는 문자 하나가 저장되므로 인자 1이 더 필요하다.

```
scanf("%c", &ch);
scanf_s("%c", &ch, 1);
```

중간점검

01 char 형 변수 ch에 함수 getchar()로 문자 하나를 입력 받는 문장을 작성하시오.

02 함수 putchar()로 문자 '@'를 출력하는 문장을 작성하시오.

다음 정보를 이용하여 십진수, 팔진수, 십육진수인 세 정수를 입력 받아 다음 조건을 만족하도록
적절히 출력되는 프로그램을 작성해보자.

- 세 정수를 '십진수 – 팔진수 – 십육진수'의 형식으로 입력

- 입력과 출력을 다음과 같이 되도록

```
세 개의 정수를 각각 다음과 같이 입력하세요. 십진수 – 팔진수 – 십육진수
100 - 65 - f3

입력한 수는 다음과 같습니다.
100 - 65 - f3
100 - 53 - 243
```

Lab 4-3	basictio.c

```c
01   // file: basicio.h
02   #define _CRT_SECURE_NO_WARNINGS //scanf() 오류를 방지하기 위한 상수 정의
03
04   #include <stdio.h>
05
06   int main(void)
07   {
08      int dec = 30, oct = 012, hex = 0x5E;
09      printf("세 개의 정수를 각각 다음과 같이 입력하세요. ");
10      printf("십진수 – 팔진수 – 십육진수\n");
11
12      scanf("%d - %o - %x", _____);
13      printf("\n입력한 수는 다음과 같습니다.\n");
14      printf("_____\n", dec, oct, hex);
15      printf("_____\n", dec, oct, hex);
16
17      return 0;
18   }
```

정답	
12	scanf("%d - %o - %x", &dec, &oct, &hex);
14	printf("%d - %o - %x\n", dec, oct, hex);
15	printf("%d - %d - %d\n", dec, oct, hex);

01 표준입력으로 4자리 정수를 하나 입력 받아 다음 조건을 만족하는 프로그램을 작성하시오.

- 만일 입력이 6527이라면 다음과 같은 입출력이 되도록
- 모두 전체폭은 10

```
4자리 정수 입력: 6527
      6527
0000006527
+000006527
6527
     14577
0000014577
      197f
0x0000197f
```

02 표준입력으로 문자 하나를 입력 받아 다음 조건을 만족하는 프로그램을 작성하시오.

- 함수 getchar()로 문자 하나 입력 받음
- 함수 putchar()와 printf()로 문자 그대로 출력
- 문자의 코드값을 십진수, 팔진수, 십육진수로 출력

03 표준입력으로 원의 반지름 값인 실수 하나를 입력 받아 다음 조건을 만족하는 프로그램을 작성하시오.

- 매크로 상수로 원주율 3.141592 정의
- 원 반지름 출력, 원 면적 출력: πr^2, 원 둘레 출력: $2\pi r$

04 표준입력으로 화씨온도를 소수로 입력 받아 섭씨온도를 출력하는 프로그램을 작성하시오.

- 섭씨온도 = 5.0 / 9.0 × (화씨온도 − 32.0)
- 섭씨온도를 소수 4째 자리까지 출력

05 위 프로그램에서 다음 조건을 만족하는 프로그램으로 수정하여 작성하시오.

- 표준입력으로 섭씨온도를 소수로 3개 입력 받아 각각의 화씨온도를 소수 4째 자리까지 출력
- 화씨온도 = (9.0 / 5.0) × 섭씨온도 + 32.0

06 다음 조건을 만족하는 프로그램을 작성하시오.
- 아파트 면적의 평을 표준입력으로 입력받아 제곱미터(m^2)로 출력
- 1평은 3.305785제곱미터(m^2)

07 다음 조건을 만족하는 프로그램을 작성하시오.
- 길이 km를 표준입력으로 입력받아 마일(mile)로 출력
- 1km는 0.621371마일(mile)

08 표준입력으로 문자를 하나 입력 받아 다음 조건을 만족하는 프로그램을 작성하시오.
- 입력된 문자의 문자, 8진수 코드값, 10진수 코드값, 16진수 코드값 출력

09 두 실수를 표준입력으로 입력 받아 다음 조건을 만족하는 프로그램을 작성하시오.
- 두 실수가 가로, 세로인 사각형의 면적을 전체 폭 12, 소수 이하 3자리, 우측정렬로 출력
- 두 실수가 가로, 세로인 삼각형의 면적을 전체 폭 12, 소수 이하 3자지, 좌측정렬로 출력

10 표준입력으로 두 정수를 입력 받아 합과 평균을 구하여 출력하는 프로그램을 작성하시오.
- 합은 정수로, 평균은 실수로 출력

11 표준입력으로 두 실수를 입력 받아 합과 평균을 구하여 출력하는 프로그램을 작성하시오.
- 합과 평균 모두 실수로 출력

12 위 프로그램에서 다음 조건을 만족하는 프로그램으로 수정하여 작성하시오.
- 입력 받은 두 실수를 모두 정수로 변환하여 합과 평균 모두 실수로 출력

05
—— C H A P T E R

연산자

학습목표

▶ **연산자의 기본 개념인 다음 용어를 이해하고 설명할 수 있다.**
- 연산자, 피연산자, 연산식
- 단항연산자, 이항연산자, 삼항연산자

▶ **다음 연산자의 사용 방법과 연산식의 결과를 알 수 있다.**
- 산술연산자 +, −, *, /, %
- 대입연산자 =, +=, −=, *=, /=, %=
- 증감연산자 ++, −−, 조건연산자 ?:
- 관계연산자 〉, 〈, 〉=, 〈=, ==, !=, 논리연산자 &&, ||, !
- 형변환연산자 (type cast)
- sizeof 연산자, 콤마연산자

▶ **연산자 우선순위에 대하여 이해하고 설명할 수 있다.**
- 괄호, 단항, 이항, 삼항연산자의 순위
- 산술연산자의 순위
- 관계와 논리연산자 순위
- 조건, 대입, 콤마연산자 순위

학습목차

05 ① 연산식과 다양한 연산자

연산식과 연산자 분류

연산자와 피연산자, 연산식과 연산값

일상 생활에서 사용하는 (3 + 4 * 5)와 같은 간단한 식을 수식이라고 하듯이, 프로그래밍 언어에서도 덧셈과 뺄셈을 비롯하여 다양한 연산을 제공하는데, **변수와 다양한 리터럴 상수 그리고 함수의 호출 등으로 구성되는 식을 연산식(expression)이라 한다. 연산식은 반드시 하나의 결과값인 연산값을 갖는다.** 연산식을 구성하는 **연산자(operator)는 산술연산자 +, −, * 기호와 같이 이미 정의된 연산을 수행하는 문자 또는 문자조합 기호**를 말한다. 그리고 **연산(operation)에 참여하는 변수나 상수를 피연산자(operand)라 한다.**

그림 5-1 연산식과 연산식 값(연산식 평가 또는 결과값)

좀 더 쉽게 설명한다면 믹서기와 재료가 있을 때 믹서기는 연산자로, 믹서기 속에 들어가는 재료는 피연산자로 볼 수 있는 것이다. 즉, 오렌지와 딸기를 함께 믹서기에 넣어 가는 것을 의미하는 '오렌지 + 딸기'라는 수식에서 오렌지와 딸기는 피연산자가 되고 '+'는 믹서기가 된다고 이해할 수 있다.

그림 5-2 믹서기(연산자)와 야채(피연산자)

피연산자는 변수나 상수, 또는 다른 연산식의 조합으로 표현될 수 있다. 가장 간단한 수식은 7, a와 같이 단일 항목으로 구성되는 식이다. 이러한 연산식이 연산자와 연결되어 새로운 수식으로 구성된다. 간단한 연산식 3 + 4에서 '+'는 연산자이고, 3과 4는 피연산자에 해당된다. **연산식은 평가(evaluation)하여 항상 하나의 결과값**을 갖는다. 앞으로 **연산식의 결과값을 간단히 '연산값'**이라 부르도록 하자. 즉 3 + 4 수식은 7이라는 연산값을 갖는다.

다양한 연산자

다양한 재료에 따라 필요한 믹서기도 다양할 수 밖에 없다. 이것은 연산자도 마찬가지인데, **연산자는 연산에 참여하는 피연산자(operand)의 갯수에 따라 단(일)항(unary), 이항(binary), 삼항(ternary) 연산자로 나눌 수 있다.** 즉 부호를 표시하는 +, −는 단항연산자이며 덧셈, 뺄셈의 +, −, *, / 등의 연산은 이항연산자의 대표적인 예다. **삼항연산자는 조건연산자 '? :'가 유일**하다. 단항 연산자는 연산자의 위치에 따라 전위와 후위로 나뉜다. 즉 **++a처럼 연산자가 앞에 있으면 전위(prefix) 연산자**이며, **a++와 같이 연산자가 뒤에 있으면 후위(postfix) 연산자**라고 한다. C언어는 다음과 같이 다양한 연산자를 제공함으로써 복잡한 연산도 간단히 구현할 수 있다.

그림 5-3 단항, 이항, 삼항연산자

산술연산자와 부호연산자

산술연산자 +, −, *, /, %
산술연산자는 +, −, *, /, %로 각각 더하기(addiction), 빼기(subtraction), 곱하기(multiplication), 나누기(division), 나머지(remainder, modulus) 연산자이다. 산술연산자 +, −, *, /의 피연산자는 정수형 또는 실수형이 가능하며, 나머지 연산자는 피연산자로 정수만 가능하다. 나누기 연산식 10 / 4는 연산값이 2이다.

- **즉 정수끼리의 나누기 연산(/) 결과는 소수 부분을 버린 정수이다.**
- 그러나 실수끼리의 연산 10.0 / 4.0의 결과는 정상적으로 2.5이다.

나머지 연산식 a % b의 결과는 a를 b로 나눈 나머지 값이다. 즉 나머지 연산식 10 % 3의 결과는 1 이다. 나머지 연산자 %의 피연산자는 반드시 정수이어야 한다. 피연산자가 실수이면 오류가 발생한다.

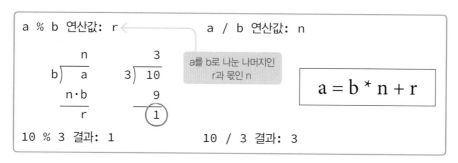

그림 5-4 나누기 연산과 나머지 연산의 이해

연산자 *, /, %는 +, −보다 먼저 계산된다. 다음 연산식을 보면 3/2를 먼저 수행하고 그 결과인 1과 2를 곱하므로 연산값은 2이다. 이러한 결합성은 동일한 연산순서에서 어느 순으로 연신할 지를 결정하는 중요 요소이다. 다음과 같이 연산을 나무 모양으로 그린 그림에서 왼쪽이 바른 그림이다.

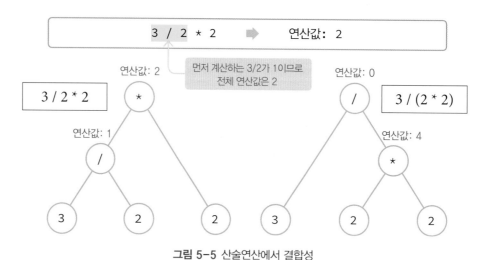

그림 5-5 산술연산에서 결합성

다음은 5개의 산술연산자와 그 사용의 예를 나타낸 그림이다. 여기서 주의할 것은 정수끼리의 연산값은 정수라는 것이다.

a=10, b=2인 경우, 다음 각각의 연산 결과는?

3 + a * b	23
2 + a - b	10
4 - a / b	-1
3.0 + a / 4	5.0
a % 4 - b	0

a = b * n + r (a, b는 정수)이라면

a / b	n
a % b	r
10/3	3
10%3	1
17/5	3
17%5	2

```
        3  ← 14/5
   5 ) 17
       15
        2  ← 17%5
```

산술연산 5가지
```
op1 + op2
op1 - op2
op1 * op2
op1 / op2
op1 % op2
```

나머지 연산자 %의 피연산자는 반드시 정수여야 한다. 그러므로 다음은 잘못된 산술연산식

```
3.0 % 4
5 % 2.0
5.0 % 3.0
```

그림 5-6 산술연산자의 종류와 사용

실습예제 5-1	arithop.c

```
01    // file: arithop.c
02
03    #include <stdio.h>
04
05    int main(void)
06    {
07       printf("3 + 4 ==> %d\n", 3 + 4);
08       printf("3.4 - 4.3 ==> %f\n", 3.4 - 4.3);
09       printf("3.4 * 4.3 ==> %f\n", 3.4 * 4.3);
10       printf("10 / 3 ==> %d\n", 10 / 3);
11       printf("10.0 / 3.0 ==> %f\n", 10.0 / 3.0);
12       printf("10 %% 3 ==> %d\n", 10 % 3);
13
14       return 0;
15    }
```

> 형식문자열에서 %를 출력하려면 %%를 써야한다.

설명	10	정수 / 정수는 정수이므로 연산값은 3, 만일 10 / 3.0 이라면 연산값은 실수인 3.333333

실행결과	

```
3 + 4 ==> 7
3.4 - 4.3 ==> -0.900000
3.4 * 4.3 ==> 14.620000
10 / 3 ==> 3
10.0 / 3.0 ==> 3.333333
10 % 3 ==> 1
```

부호연산자 +, -

연산자 +, -는 피연산자의 부호를 나타내는 연산자이다. 연산식 +3, -4.5, -a와 같이 수 또는 변수의 부호로 표기하는 연산자 +, -는 단항연산자이다. 즉 연산식 -a는 a의 부호가 바뀐 값이 결과값이다. 부호연산자 +, -는 피연산자 앞에 위치하는 전위 단항연산자이다. 변수 a에는 5, b에는 2.5가 저장된 상태에서 다양한 산술 연산식의 결과값을 정리한 표이다.

표 5-1 다양한 산술 연산식

연산식	설명	연산값	연산식	설명	연산값
-a	부호연산자	10	-b + 2.5	부호연산자	0.0
2 - a	빼기연산자	-3	a / b + b * 2	(a / b) + (b * 2)	5.0
2 * a + 3	(2 * a) + 3	13	a * 2 / b - a	((a * 2) / b) - a	-1.0
10 - a / 2	10 - (a / 2)	8	a + b * 2 /a	a + ((b * 2) /a)	6.0
10 % a + 10 / a	(10 % a) + (10 / a)	2	a % b	실수는 %에 오류	오류

중간점검

01 다음 각각의 연산식에서 결과값은 무엇인가?

3 + 5 % 2   3 + 5 / 2   (3 + 5) % 2   (3 + 5) * 2

02 C 언어에서 삼항연산자는 무엇인가?

03 다음 연산식의 값은 무엇인가?

10 + 5 - 2 * 8 / 4 % 3

대입연산자와 증감연산자

대입연산자 =

대입연산자(assignment operator)[1]는 =으로 연산자 오른쪽의 연산값을 변수에 저장하는 연산자이다. 변수에 값을 저장하기 위한 대입연산자는 연산자 오른쪽에 위치한 연산식 exp를 계산하여 그 결과를 왼쪽 변수 var에 저장한다. **대입연산자의 왼쪽 부분에는 반드시 하나의 변수만이 올 수 있다. 이 하나의 변수를 왼쪽을 의미하는 left 단어에서 l-value라 하며 오른쪽에 위치하는 연산식의 값을 오른쪽을 의미하는 right 단어에서 r-value라 한다.**

---

1 대입연산자는 할당 또는 치환연산자라고도 부른다.

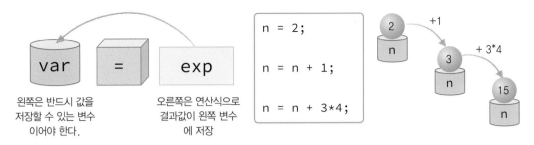

그림 5-7 대입연산자 수행 방법

대입연산자가 있는 연산식도 연산 수행 후 결과값이 존재한다. 즉 대입연산자의 연산값은 왼쪽 변수에 저장된 값이다. 그러므로 a = b = c = 5와 같은 중첩된 대입문은 대입연산자의 결합성이 '오른쪽에서 왼쪽(<--)'이므로 많은 변수에 동일한 값을 한 번에 대입할 수 있다. 즉 변수 a, b, c 모두 5가 저장되는데, 연산값은 마지막으로 a에 저장된 값인 5이다.

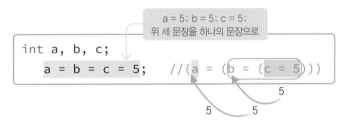

그림 5-8 중첩된 대입문

실습예제 5-2	assignment.c

```
01    // file: assignment.c
02
03    #include <stdio.h>
04
05    int main(void)
06    {
07        int a, b, c;
08        a = b = c = 5;    //(a = (b = (c = 5)))
09
10        printf("a = a + 2 ==> %d\n", a = a + 2);
11        printf("a ==> %d\n", a);
12        printf("a = b + c ==> %d\n", a = b + c);
13        printf("a ==> %d\n", a);
14
15        return 0;
16    }
```

| 설명 | 10 | 대입연산자의 결합성은 오른쪽에서 왼쪽으로 수행 |
| | 11 | 대입연산식의 연산값은 대입된 저장값 |

실행결과	a = a + 2 ==> 7
	a ==> 7
	a = b + c ==> 10
	a ==> 10

축약 대입연산자

대입연산식 a = a+b는 중복된 a를 생략하고 간결하게 a += b로 쓸 수 있다. 마찬가지로 a = a-b 는 간결하게 a -= b로 쓸 수 있다. 이와 같이 **산술연산자와 대입연산자를 이어 붙인 연산자 +=, -=, *=, /=, %=을 축약 대입연산자라 한다.** 즉 a += 2는 a = a+2의 대입연산을 의미한다.

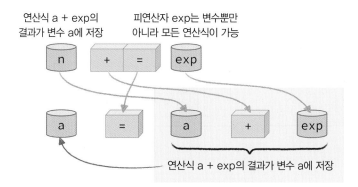

그림 5-9 축약 대입연산자의 연산 방법

다음은 5개의 축약 대입연산자와 그 사용의 예를 나타낸 그림이다.

```
a=10,  b=2인 경우,  다음 각각의 연산 결과는?
   a += b + 2; //a = a + (b + 2)     14
   a -= b + 2;                        6
   a *= b + 2;                       40
   a /= b + 2;                        2
   a %= b + 2;                        2
```

```
산술연산을 간략히 줄인 축약 대입연산자
   op1 += op2   op1 = op1 + op2
   op1 -= op2   op1 = op1 - op2
   op1 *= op2   op1 = op1 * op2
   op1 /= op2   op1 = op1 / op2
   op1 %= op2   op1 = op1 % op2
```

```
축약 대입연산자의 왼쪽 피연산자는 반드시
변수여야 하므로 다음은 잘못된 대입연산식
   ++a += b;
   a+1 -= b;
   a =* b;   //=*가 아니라 *=
   a =/a;    //=/가 아니라 /=
```

그림 5-10 축약 대입연산자의 종류와 사용

```c
01    // file: compoundassign.c
02    #define _CRT_SECURE_NO_WARNINGS //scanf() 오류를 방지하기 위한 상수 정의
03
04    #include <stdio.h>
05
06    int main(void)
07    {
08        int x = 5, y = 10;
09
10        printf("두 정수를 입력 >> ", &x, &y);
11        scanf("%d%d", &x, &y);
12
13        printf("The addition is: %d\n", x += y);
14        printf("x = %d, y = %d\n", x, y);
15        printf("The subtraction is: %d\n", x -= y);
16        printf("x = %d, y = %d\n", x, y);
17        printf("The multiplication is: %d\n", x *= y);
18        printf("x = %d, y = %d\n", x, y);
19        printf("The division is: %d\n", x /= y);
20        printf("x = %d, y = %d\n", x, y);
21        printf("The remainder is: %d\n", x %= y);
22        printf("x = %d, y = %d\n", x, y);
23        printf("x *= x + y is: %d\n", x *= x + y);
24        printf("x = %d, y = %d\n", x, y);
25
26        return 0;
27    }
```

설명	
11	두 정수를 입력하기 위한 scanf()로 변수 앞에 반드시 & 삽입
13	연산식 x += y 결과는 x에 대입된 값으로, 14행의 x값과 동일

실행결과	
두 정수를 입력 >> 10 5
The addition is: 15
x = 15, y = 5
The subtraction is: 10
x = 10, y = 5
The multiplication is: 50
x = 50, y = 5
The division is: 10
x = 10, y = 5
The remainder is: 0
x = 0, y = 5
x *= x + y is: 0
x = 0, y = 5

연산자 ++, --

프로그램에서 많이 사용하는 문장 중의 하나가 변수값을 1 증가시키거나 1 감소시키는 문장인 n=n+1과 n=n-1 이다. **증가연산자 ++와 감소연산자 --는 변수값을 각각 1 증가시키고, 1 감소시키는 기능을 수행한다.** 즉 n++와 ++n은 모두 n=n+1의 기능을 수행한다. 마찬가지로 n--와 --n은 n=n-1의 기능을 수행한다. 그러나 증가, 감소연산자는 연산자의 위치에 따라 다른 결과값을 반환하는 연산자이므로 주의가 필요하다. **증가연산자에서 n++와 같이 연산자 ++가 피연산자 n보다 뒤에 위치하는 후위(postfix)이면 1 증가되기 전 값이 연산 결과값이다. 반대로 ++n과 같이 전위(prefix)이면 1 증가된 값이 연산 결과값이다. 마찬가지로 감소연산자에서 n--와 같이 후위이면 1 감소되기 전 값이 연산 결과값이다. 반대로 --n이면 1 감소된 값이 연산 결과값이다.**

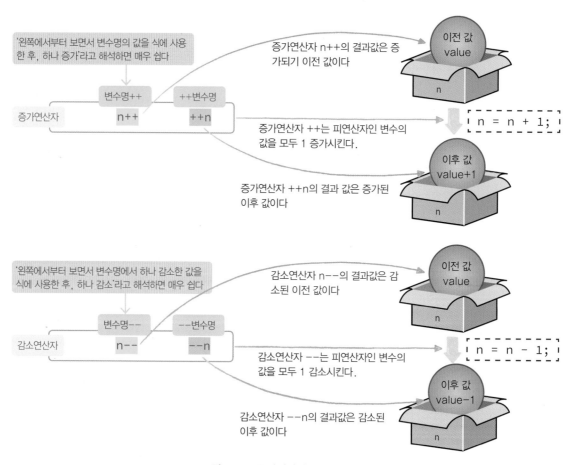

그림 5-11 증가연산자 ++, 감소연산자 --

증감연산자는 ++, --는 연산자 기호 중간에 공백이 들어갈 수 없으며, 다른 연산자보다 그 평가를 먼저 해야 한다. **증감연산자는 변수만을 피연산자로 사용할 수 있으며, 상수나 일반 수식을 피연산자로 사용할 수 없다.** 또한 하나의 연산식에서 같은 변수의 증감연산자를 여러 번 이용하면 컴파일러마다 그 결과가 다를 수 있으므로 이러한 연산식은 피하는 것이 좋다.

```
int n = 10;                        출력

printf("%d\n", n++);               11
printf("%d\n", n);                 11
```

```
int n = 10;                        출력

printf("%d\n", ++n);               11
printf("%d\n", n);                 11
```

```
int n = 10;                        출력

printf("%d\n", n--);               10
printf("%d\n", n);                 9
```

```
int n = 10;                        출력

printf("%d\n", --n);               9
printf("%d\n", n);                 9
```

잘못된 사용 예

```
int a = 10;
++300;              //상수에는 증감연산자를 사용할 수 없다.
(a+1)--;            //일반 수식에는 증감연산자를 사용할 수 없다.

//하나의 연산식에 동일한 변수의 증감연산자는 사용하지 말자.
a = ++a * a--;
```

그림 5-12 증감연산자 사용

실습예제 5-4　increment.c

```
01   // file: increment.c
02
03   #include <stdio.h>
04
05   int main(void)
06   {
07      int m = 10, n = 5;
08      int result;
09
10      result = m++ + --n;
11      printf("m=%d n=%d result=%d\n", m, n, result);
12
13      result = ++m - n--;
14      printf("m=%d n=%d result=%d\n", m, n, result);
15
16      return 0;
17   }
```

m++는 10, --n은 4이므로 10 + 4는 14, 이후 m은 11, n은 4임.

++m은 12, n--는 4이므로 12 - 4는 8, 이후 m은 12, n은 3임.

설명	10	++, --가 위치한 부분이 앞(prefix)이면 증가 또는 감소된 값이며, 뒤(postfix)이면 이전값,
	13	연산에 참여하기 이전에 m에는 11, n에는 4가 저장, 이후에 연산 수행
실행결과		m=11 n=4 result=14
		m=12 n=3 result=8

중간점검

01 다음 대입연산자의 오류는 무엇인가?

```
4 = 5 - 1;
```

02 변수 a와 b가 각각 10, 6이라면 다음 문장이 실행된 이후의 변수 a와 b에 저장된 값은 얼마인가?

```
a += a + b % 7;
b *= 5 + b / 3;
```

03 다음 연속된 문장이 실행되면서 각 줄에서 문장이 실행된 이후의 변수 m의 값을 기술하시오.

```
int m = 10;
m++;   //①
--m;   //②
```

다음 정보를 이용하여 두 실수의 합, 차, 곱, 나누기의 과정과 결과를 출력하는 프로그램을 작성해 보자.

- 자료형 double의 변수 a와 b 에 표준입력으로 받아 저장
- 다음 결과 창과 같은 서식(실수는 모두 폭 8, 정밀도는 2로)으로 출력

```
산술연산을 수행할 두 실수를 입력하세요
54.987, 4.87654
   54.99 +     4.88 ==>    59.86
00054.99 - 00004.88 ==>    50.11
  +54.99 *    +4.88 ==>   268.15
54.99    / 4.88     ==>    11.28
```

Lab 5-1	tworealop.c

```c
01   // file: tworealop.c
02   #define _CRT_SECURE_NO_WARNINGS //scanf() 오류를 방지하기 위한 상수 정의
03
04   #include <stdio.h>
05
06   int main(void)
07   {
08      double a = 0, b = 0;
09
10      printf("산술연산을 수행할 두 실수를 입력하세요\n");
11      scanf("_____", &a, &b);
12
13      printf("%8.2f + %8.2f ==> %8.2f\n", a, b, a + b);
14      printf("%08.2f - %08.2f ==> %8.2f\n", a, b, a - b);
15      printf("_____ ==> %8.2f\n", _____);
16      printf("_____ ==> %8.2f\n", _____);
17
18      return 0;
19   }
```

정답		
11	%lf, %lf	
15	%+8.2f * %+8.2f	a, b, a * b
16	%-8.2f / %-8.2f	a, b, a / b

관계와 논리연산자

두 피연산자의 크기 비교

관계연산자는 두 피연산자의 크기를 비교하기 위한 연산자이다. 관계연산자의 연산값은 비교 결과가 참이면 0, 거짓이면 1이다. 관계연산자는 다음 표와 같이 모두 6가지로서 두 개의 문자로 구성되는 관계연산자 기호 사이에는 공백문자가 없어야 한다.

● 관계연산자 !=, >=, <=는 연산 기호의 순서가 명확해야 한다.

● 또한 관계연산자 ==는 피연산자 두 값이 같은지를 알아보는 연산자로 대입연산자 =와 혼동하지 않도록 주의해야 한다.

● 관계 연산자에서 피연산자는 정수형, 실수형, 문자형 등이 피연산자가 될 수 있다.

● 특히 피연산자가 문자인 경우, 문자 코드값에 대한 비교의 결과이다. 문자 'a'는 코드값이 97이고 문자 'Z'는 코드값이 90이므로 연산식 ('Z' < 'a')는 1인 참을 의미한다.

● **즉 문자 '0' < '1' < '2' < '3' < … < '9'인 관계가 있으며, 'a' < 'b' < 'c' < … < 'x' < 'y' < 'z' 관계가** 있고, 대문자도 마찬가지이며, 'Z' < 'a'로 소문자는 대문자보다 모두 크다.

표 5-2 관계연산자의 종류와 사용

연산자	연산식	의미	예제	연산(결과)값
>	x > y	x가 y보다 큰가?	3 > 5	0 (거짓이면)
>=	x >= y	x가 y보다 큰거나 같은가?	5-4 >= 0	1 (참이면)
<	x < y	x가 y보다 작은가?	'a' < 'b'	1 (참이면)
<=	x <= y	x가 y보다 작거나 같은가?	3.43 <= 5.862	1 (참이면)
!=	x != y	x와 y가 다른가?	5-4 != 3/2	0 (거짓이면)
==	x == y	x가 y가 같은가?	'%' == 'A'	0 (거짓이면)

| 실습예제 5-5 | relation.c |

```
01    // file: relation.c
02
03    #include <stdio.h>
04
05    int main(void)
06    {
```

```
07          printf("(3 > 4) 결과값: %d\n", (3 > 4));
08          printf("(3 < 4.0) 결과값: %d\n", (3 < 4.0));
09          printf("('a' <= 'b') 결과값: %d\n", ('a' <= 'b'));
10          printf("('Z' <= 'a') 결과값: %d\n", ('Z' <= 'a'));
11          printf("(4.27 >= 4.35) 결과값: %d\n", (4.27 >= 4.35));
12          printf("(4 != 4.0) 결과값: %d\n", (4 != 4.0));
13          printf("(4.0F == 4.0) 결과값: %d\n", (4.0F == 4.0));
14
15          return 0;
16      }
```

| 설명 | 10 | 소문자는 대문자보다 코드값이 크므로, 관계연산도 참을 의미 |
| | 13 | 4와 4.0은 같은 것으로 평가 |

실행결과	(3 > 4) 결과값: 0
	(3 < 4.0) 결과값: 1
	('a' <= 'b') 결과값: 1
	('Z' <= 'a') 결과값: 1
	(4.27 >= 4.35) 결과값: 0
	(4 != 4.0) 결과값: 0
	(4.0F == 4.0) 결과값: 1

논리연산자

C 언어는 세 가지의 논리연산자 &&, ||, !을 제공한다. **논리연산자 &&, ||, !은 각각 and, or, not의 논리연산을 의미하며, 그 결과가 참이면 1 거짓이면 0을 반환한다. C 언어에서 참과 거짓의 논리형은 따로 없으므로 0, 0.0, \0은 거짓을 의미하며, 0이 아닌 모든 정수와 실수, 그리고 널(null) 문자 '\0'가 아닌 모든 문자와 문자열은 모두 참을 의미한다.**

논리연산자 &&는 두 피연산자가 모두 참(0이 아니어야)이면 결과가 1(참)이며, 나머지 경우는 모두 0이다. 논리연산자 ||는 두 피연산자 중에서 하나만 참(0이 아니어야)이면 1이고, 모두 0(거짓)이면 0이다. 논리연산자 !는 단항연산자로 피연산자가 0이면 결과는 1이고, 참(0이 아닌 값)이면 결과는 0이다.

x	y	x && y	x || y	!x
0(거짓)	0(거짓)	0	0	1
0(거짓)	Ø(0이 아닌 값)	0	1	1
Ø(0이 아닌 값)	0(거짓)	0	1	0
Ø(0이 아닌 값)	Ø(0이 아닌 값)	1	1	0

```
21 && 3              1
!2 && 'a'            0
3>4 && 4>=2          0
1 || '\0'            1
2>=1 || 3 <=0        1
0.0 || 2-2          0
!0                   1
```

그림 5-13 논리연산자의 연산 결과

실습예제 5-6	logic.c

```
01    // file: logic.c
02
03    #include <stdio.h>
04
05    int main(void)
06    {
07        char null = '\0', a = 'a';
08        int zero = 0, n = 10;
09        double dzero = 0.0, x = 3.56;
10
11        printf("%d ", !zero);
12        printf("%d ", zero && x);
13        printf("%d\n", dzero || null);
14        printf("%d ", n && x);
15        printf("%d ", a || null);
16        printf("%d\n", "java" && "C Lang");
17
18        return 0;
19    }
```

설명	16	문자열에 문자가 있으면 참을 의미하므로 1 출력

실행결과	1 0 0
	1 1 1

단축 평가

논리연산자 &&와 ||는 피연산자 두 개 중에서 왼쪽 피연산자만으로 논리연산 결과가 결정된다면 오른쪽 피연산자는 평가하지 않는다. 이러한 방식을 단축 평가[2](short circuit evaluation)라 하며 연산의 효율을 높일 수 있다. 예를 들어 (x && y) 연산식에서 x의 값이 0(거짓)이라면 y의 값을 평가하지 않고 연산 (x && y) 결과는 0이다. 마찬가지로 (x || y) 수식에서 x가 0이 아니(참)라면 더 이상 y의 값을 평가하지 않고 연산식 (x || y)는 1이라고 평가한다.

---

2 단축 평가는 단축 계산, 단락 연산 등 여러 용어로도 사용된다.

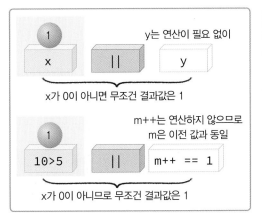
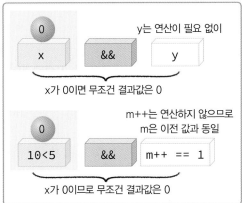

그림 5-14 단축 평가

실습예제 5-7	shorteval.c

```c
01   // file: shorteval.c
02
03   #include <stdio.h>
04
05   int main(void)
06   {
07      int a = 10, b = 5, m = 1;
08      int result;
09
10      result = (a < b) && (m++ == 1);
11      printf("m=%d result=%d\n", m, result);
12
13      result = (a > b) || (--m == 0);
14      printf("m=%d result=%d\n", m, result);
15
16      return 0;
17   }
```

설명	10	&&의 왼쪽 (a < b)가 0이므로 오른쪽 연산을 하지 않고 0으로 판별되며, m은 변하지 않음
	13	||의 왼쪽 (a > b)가 1이므로 오른쪽 연산을 하지 않고 1로 판별되며, m은 변하지 않음

실행결과	m=1 result=0
	m=1 result=1

조건연산자

연산자 ? :

조건연산자는 조건에 따라 주어진 피연산자가 결과값이 되는 삼항연산자이다. 즉 연산식 (x ? a : b)에서 피연산자는 x, a, b 세 개이며, 첫 번째 피연산자인 x가 참이면(0이 아니면) 결과는 a이며, x가 0이면(거짓) 결과는 b이다.

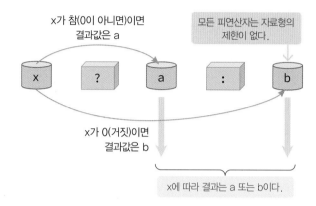

그림 5-15 조건연산자 계산 방법

조건연산자를 이용하면 두 수의 최대값과 최소값을 쉽게 구할 수 있다. 또한 절대값도 다음과 같이 간단히 구할 수 있다.

```
max = (a > b) ? a : b;          //최대값 반환 조건연산
max = (a < b) ? b : a;          //최대값 반환 조건연산
min = (a > b) ? b : a;          //최소값 반환 조건연산
min = (a < b) ? a : b;          //최소값 반환 조건연산
absolute = (a > 0) ? a : -a;    //절대값 반환 조건연산
absolute = (a < 0) ? -a : a;    //절대값 반환 조건연산
```

실습예제 5-8	condition.c

```
01    // file: condition.c
02    #define _CRT_SECURE_NO_WARNINGS //scanf() 오류를 방지하기 위한 상수 정의
03
04    #include <stdio.h>
05
06    int main(void)
07    {
08       int a = 0, b = 0;
09       printf("두 정수를 입력 >> ");
```

```
10        scanf("%d%d", &a, &b);
11
12        printf("최대값: %d ", (a > b) ? a : b);
13        printf("최소값: %d\n", (a < b) ? a : b);
14        printf("절대값: %d ", (a > 0) ? a : -a);
15        printf("절대값: %d\n", (b > 0) ? b : -b);
16
17        ((a % 2) == 0) ? printf("짝수 ") : printf("홀수 ");;
18        printf("%s\n", ((b % 2) == 0) ? "짝수" : "홀수");
19
20        return 0;
21    }
```

설명		
	17	조건 삼항연산자의 두 번째와 세 번째 피연산자는 문장도 가능
	18	조건 삼항연산자의 두 번째와 세 번째 피연산자는 문자열을 비롯하여 모든 자료형도 가능

실행결과	두 정수를 입력 >> 8 -9
	최대값: 8 최소값: -9
	절대값: 8 절대값: 9
	짝수 홀수

중간점검

01 다음 각각의 관계연산식 결과값은 무엇인가?
1. `'b' < 'c'`
2. `'Z' - 'X' == 'C' - 'A'`
3. `3 % 2 >= 3 / 2`
4. `4 * 2 != 17 % 9`

02 다음 두 프로그램의 결과를 비교하시오.

```
int a = 8, b = 6, m = 2;
int result;

result = (a < b) && (++m == 2);
printf("m=%d result=%d\n", m, result);
```

```
int a = 8, b = 6, m = 2;
int result;

result = (++m == 2) && (a < b);
printf("m=%d result=%d\n", m, result);
```

03 다음은 무슨 의미가 있는 조건연산자인지 설명하시오.

`((a % 3) == 0) ? printf("3의 배수 ") : printf("3의 배수가 아님 ")`

비트연산자

이미 알고 있듯이 컴퓨터 정보의 최소 단위는 비트로, 모든 정수도 내부 비트 정보를 갖고 있다. C 언어는 비트 단위의 다양한 데이터 처리 방법을 제공하는데, 특히 **정수의 비트 중심(bitwise) 연산자를 제공**한다. 정수형에 대한 비트 중심 연산자로 비트 논리연산자와 이동연산자가 제공된다.

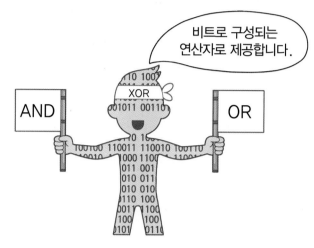

그림 5-16 비트 중심 연산자

비트 논리 연산자

비트 논리 연산자는 피연산자 정수값을 비트 단위로 논리 연산을 수행하는 연산자로, &, |, ^, ~ 4가지이다. 연산자 ~ 는 ~5와 같이 연산자 ~가 피연산자인 4 앞에 위치하는 전위인 단항 연산자이며 나머지는 모두 (3 | 4)처럼 피연산자가 두 개인 이항 연산자이다.

● 비트 논리 연산자에 이용되는 피연산자의 자료형은 정수형에 해당하는 char, int, long, long long 이면 가능하다.

● **비트 연산은 각 피연산자를 int 형으로 변환하여 연산하며 결과도 int 형이다.**

다음은 비트 연산자의 결과를 알 수 있는 연산표이다.

표 5-3 비트 논리 연산자

연산자	연산자 이름	사용	의미
&	비트 AND	op1 & op2	비트가 모두 1이면 결과는 1, 아니면 0
		비트 OR	op1	op2	비트가 적어도 하나 1이면 결과는 1, 아니면 0
^	비트 배타적 OR(XOR)	op1 ^ op2	비트가 서로 다르면 결과는 1, 같으면 0
~	비트 NOT(Negation) 또는 보수 (complement)	~op1	비트가 0이면 결과는 1, 0이면 1

비트 논리 연산은 정수인 두 피연산자의 같은 위치의 두 비트끼리의 연산이며, 결과는 다음과 같으며 비트의 위치도 결과 정수의 그 위치이다. 즉 비트 논리 연산에서 비트가 0이면 거짓으로, 1이면 참으로 간주하여 논리 연산을 생각하면 쉽다. **AND 연산자인 &는 두 비트 모두 1이어야 1이며, OR 연산자인 |는 하나만 1이어도 1이고, ^는 서로 다르면 1이고, 같으면 0이다. NOT(Negation) 또는 보수(complement) 연산자인 ~은 단항연산자로 0인 비트는 1로, 1인 비트는 0으로 모두 바꾸는 연산자**이다.

표 5-4 각 비트 연산 방법

x(비트1)	y(비트2)	x & y	x l y	x ^ y	~x
0	0	0	0	0	1
0	1	0	1	1	1
1	0	0	1	1	0
1	1	1	1	0	0

다음은 3 & 5를 구하는 예를 그림으로 나타내고 있다. 이 연산은 피연산자인 3과 5를 각각 이진수로 표현하여 각각의 비트를 AND 연산으로 수행한 결과를 정수값으로 평가한 값이다.

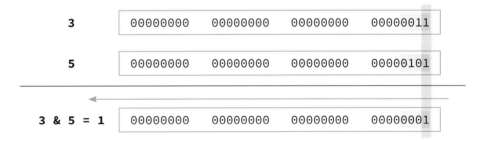

그림 5-17 비트 논리 연산 3 & 5

보수 연산자(bitwise complement operator) ~은 단항연산자로, 각 비트에서 0은 1, 1은 0이 결과이다. 다음과 같이 1이나 4의 보수를 취하면 다음과 같은 결과가 나온다.

표 5-5 보수 연산 예

피연산자		보수 연산	
수	비트표현(이진수)	보수 연산 결과	십진수
1	000000000 000000000 000000000 000000001	11111111 11111111 11111111 11111110	~1 = -2
4	000000000 000000000 000000000 000000100	11111111 11111111 11111111 11111011	~4 = -5

다음은 다양한 비트 논리연산식의 예와 그 결과값을 정리한 표이다.

표 5-6 다양한 비트 논리연산식

연산식	설명	연산값	연산식	설명	연산값
1 & 2	0001 & 0010	0	1 & 3	0001 & 0011	1
3 | 4	0011 | 0100	7	3 & 5	0011 | 0101	7
3 ^ 4	0011 ^ 0100	7	3 ^ 5	0011 | 0101	6
~2	-2 == ~2 + 1	-3	~3	-3 == ~3 + 1	-4

TIP 보수와 음수

컴퓨터에서 정수의 음수 표현 방법은 보수를 이용하는 방법을 사용한다. 즉 양수 정수 a에서 음수인 −a의 비트 표현은 2의 보수 표현인 (~a + 1)이다. 즉 −1은 ((~1)+1)로, 정수 −1을 비트로 표현하면 32비트가 모두 1인 정수이다. 그러므로 비트 논리 연산식 x&−1은 정수 x를 −1로 논리 and연산을 수행하는 식으로 결과는 x이다. 비트 논리 연산식 x|0은 정수 x 를 0으로 논리 or연산을 수행하는 식으로 결과는 x이다.

실습예제 5-9 | **bitlogic.c**

```
01  // bitlogic.c
02
03  #include <stdio.h>
04
05  int main(void)
06  {
07      int x = 127;
08
09      printf("%5d -> %08x\n", x, x);
10      printf("x & 1 -> %08x\n", x & 1);
11      printf("x | 1 -> %08x\n", x | 1);
12      printf("x ^ 1 -> %08x\n", x ^ 1);
13      printf("~(-1) -> %08x\n", ~(-1));
14      printf(" ~1   -> %08x\n", ~1);
15
16      return 0;
17  }
```

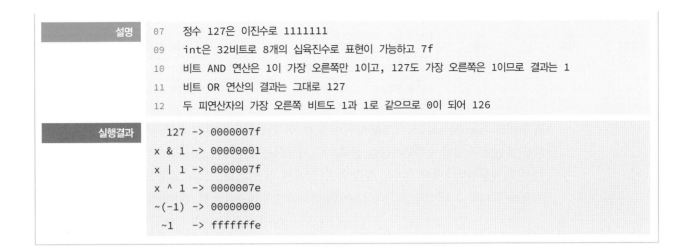

설명	07	정수 127은 이진수로 1111111
	09	int은 32비트로 8개의 십육진수로 표현이 가능하고 7f
	10	비트 AND 연산은 1이 가장 오른쪽만 1이고, 127도 가장 오른쪽은 1이므로 결과는 1
	11	비트 OR 연산의 결과는 그대로 127
	12	두 피연산자의 가장 오른쪽 비트도 1과 1로 같으므로 0이 되어 126

실행결과

```
 127 -> 0000007f
x & 1 -> 00000001
x | 1 -> 0000007f
x ^ 1 -> 0000007e
~(-1) -> 00000000
 ~1   -> fffffffe
```

비트 이동연산자

어릴 적 학교에서 오른쪽 또는 왼쪽으로 줄줄이 자리 이동을 한 경험이 있을 것이다. 바로 **비트 이동연산자(bit shift operators) >>, <<는 연산자의 방향인 왼쪽이나 오른쪽으로, 비트 단위로 줄줄이 이동시키는 연산자**이다.

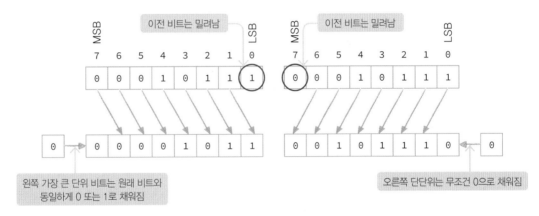

그림 5-18 8비트에서의 비트연산자 수행

위 그림에서 보듯이 비트 연산 <<와 >>은 각각 오른쪽(LSB: Least Significant Bit)과 왼쪽(MSB: Most Significant Bit)에 빈 자리가 생겨, **오른쪽 빈 자리 LSB는 모두 0으로 채워지며, 왼쪽 빈 자리 MSB는 원래의 부호비트에 따라 0또는 1**이 채워진다.

● 위의 그림 설명은 8비트로 하였으나 실제 연산에서는 int 형의 크기인 32비트의 비트에서 연산을 수행한다.

표 5-7 비트 이동 연산자

연산자	이름	사용	연산 방법	새로 채워지는 비트
>>	right shift	op1 >> op2	op1을 오른쪽으로 op2 비트만큼 이동	가장 왼쪽 비트인 부호 비트는 원래의 부호 비트로 채움
<<	left shift	op1 << op2	op1을 왼쪽으로 op2 비트만큼 이동	가장 오른쪽 비트를 모두 0으로 채움

왼쪽 비트 이동 연산식 25 << 2를 생각해 보자. 이 연산식은 좌변의 피연산자인 25의 이진수 표기 값을 우변에 지정한 숫자인 2만큼 왼쪽으로 이동하는 연산이다. 다음 그림으로 보듯이 왼쪽으로 한 비트 이동하면 2배씩 커지는 것을 알 수 있으며 연산식 25 << 2의 결과는 100이다. 같은 원리로 연산식 120 >> 3은 3번 오른쪽으로 이동하므로 한번에 2배씩 감소하여 결과는 15이다.

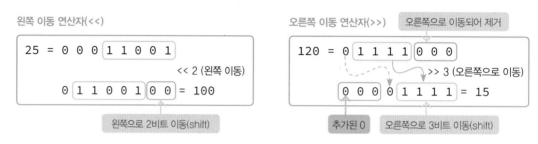

그림 5-19 비트 이동연산자의 예

다음은 16비트의 16397의 16387 << 2, 16387 >> 2의 연산을 설명하고 있다.

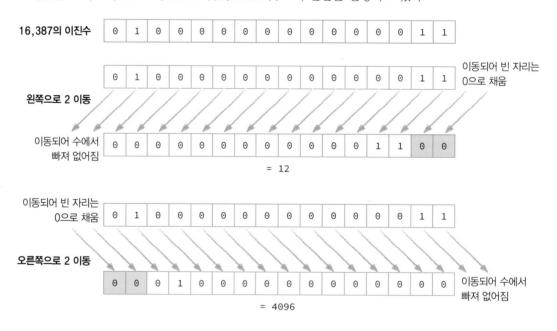

그림 5-20 비트 논리 연산 16387 << 2와 16387 >> 2

다음은 비트 이동 연산자 >>와 <<의 연산식 예와 그 결과값을 정리한 표이다. 왼쪽 이동연산자에 의해 최상위 부호 비트가 0에서 1로, 1에서 0으로 바뀔 수 있으므로 왼쪽 이동연산자에 의해 항상 2배

씩 커지지는 않는다. 음수 홀수에 대한 오른쪽 이동연산자 >>도 −1을 한 짝수를 2로 나눈 결과이다.

표 5-8 다양한 비트 이동연산식

연산식	설명	연산값
15 << 1	0000 1111 << 1 0001 1110	30
0x30000000 << 2	최상위 4비트: 0011 0… << 2 1100 0…	−1073741824 0XC0000000
-30 >> 1	짝수이면 2로 나누기	−15

연산식	설명	연산값
15 << 2	0000 1111 << 2 0011 1100	60
-30 << 2	음수로 4배 커짐	−120
-30 >> 2	한 비트 이동마다. 음수 홀수는 − (a+1)한 수를 2로 나누기	−8

실습예제 5-10 shift.c

```
01    // shift.c
02
03    #include <stdio.h>
04
05    int main(void)
06    {
07        int x = 16391;
08
09        printf("%6d --> %08x\n", x, x);
10        printf("x >> 1 --> %d, %08x\n", x >> 1, x >> 1);
11        printf("x >> 2 --> %d, %08x\n", x >> 2, x >> 2);
12        printf("x >> 2 --> %d, %08x\n", x >> 3, x >> 3);
13        printf("x << 2 --> %d, %08x\n", x << 2, x << 2);
14        printf("x << 2 --> %d, %08x\n", x << 3, x << 3);
15
16        return 0;
17    }
```

설명

09   정수 16391은 십육진수로 4007

10~12   정수 >> n은 정수를 n번 2로 나눈 효과

13~14   정수 << n은 정수를 n번 2로 곱한 효과

실행결과

```
16391 --> 00004007
x >> 1 --> 8195, 00002003
x >> 2 --> 4097, 00001001
x >> 2 --> 2048, 00000800
x << 2 --> 65564, 0001001c
x << 2 --> 131128, 00020038
```

임의 정수 x의 비트 연산 x&1의 결과는 0 또는 1이다. 즉 결과는 정수 x의 가장 오른쪽 비트값이 0이면 0, 1이면 1이 된다. 그렇다면 어느 정수에서 오른쪽 n번째 비트값을 알 수 있는 방법을 생각해 보자. 비트 연산 x 〉〉 (n-1)은 x의 오른쪽 n번째 비트를 가장 오른쪽으로 이동시킨다. 그러므로 비트 연산 (x 〉〉 (n-1)) & 1의 결과가 바로 정수에서 오른쪽 n번째 비트값이라는 것을 알 수 있다. 이와 같은 비트 연산을 이용하면 정수를 이진수로 표현할 수 있다.

```
int x = 0x2f;

printf("%d", x >> 7 & 1); //8 번째 자리
printf("%d", x >> 6 & 1); //7 번째 자리
printf("%d", x >> 5 & 1); //6 번째 자리
printf("%d", x >> 4 & 1); //5 번째 자리
```

중간점검

01 다음에 기술한 내용이 잘못된 이유를 설명하시오.

오른쪽으로 비트 이동을 한 번 하면 2배로 증가한다.

02 다음 부분 소스의 결과와 의미를 설명하시오.

```
int x = 1;
printf("%d\n", 1 << 31 & x ? 1 : 0);
x = -1;
printf("%d\n", 1 << 31 & x ? 1 : 0);
```

03 정수형인 x의 다음 연산식의 결과는 무엇인가?

```
x ^ ~x
```

다음 정보를 이용하여 표준입력으로 받은 두 정수의 6개 비트 연산을 수행하여 결과를 출력하는 프로그램을 작성해보자.

- 비트 연산은 &, |, ^, ~, >>, << 연산을 수행하며, 단항 연산은 첫 번째 변수에 대한 연산 수행
- 출력은 연산과정 문자열과 결과가 표시

```
비트 연산이 가능한 두 정수를 입력하세요
40 3
 40 &   3 ==>   0
 40 |   3 ==>  43
 40 ^   3 ==>  43
 ~ 40 ==> -41
 40 >>  3 ==>   5
 40 <<  3 ==> 320
```

Lab 5-2 **twobitop.c**

```c
01   // twobitop.c:
02   #define _CRT_SECURE_NO_WARNINGS //scanf() 오류를 방지하기 위한 상수 정의
03
04   #include <stdio.h>
05
06   int main(void)
07   {
08       int a = 0, b = 0;
09
10       printf("비트 연산이 가능한 두 정수를 입력하세요\n");
11       scanf("%d %d", _____);
12
13       printf("%3d & %3d ==> %3d\n", a, b, a & b);
14       printf("%3d | %3d ==> %3d\n", a, b, a | b);
15       printf("%3d ^ %3d ==> %3d\n", _____);
16       printf(" ~%3d ==> %3d\n", a, ~a);
17       printf("%3d >> %3d ==> %3d\n", a, b, a >> b);
18       printf("%3d << %3d ==> %3d\n", a, b, _____);
19
```

```
20      return 0;
21   }
```

```
11   scanf("%d %d", &a, &b);
15   printf("%3d ^ %3d ==> %3d\n", a, b, a ^ b);
18   printf("%3d << %3d ==> %3d\n", a, b, a << b);
```

형변환 연산자와 연산자 우선순위

내림변환과 올림변환

자료형 char와 int는 각각 문자와 정수를 표현하고 각각 1바이트와 4바이트로 크기도 다르다. 이러한 char 형과 int 형 간과 같이 필요에 따라 자료의 표현방식을 바꾸는 것을 자료형 변환(type cast, type conversion)이라 한다. 자료형 변환은 크기 자료형의 범주 변화에 따른 구분으로 올림변환과 내림변환으로 나눌 수 있다.

- 올림변환: 작은 범주의 자료형(int)에서 보다 큰 범주인 형(double)으로의 형변환 방식
- 내림변환: 큰 범주의 자료형(double)에서 보다 작은 범주인 형(int)으로의 형변환 방식

또 다른 자료형 변환 구분 방식으로 명시적 형변환과 묵시적 형변환으로 나눈다.

- 명시적(강제) 형변환: 소스에서 직접 형변환 연산자를 사용하는 방식
- 묵시적(자동) 형변환: 컴파일러가 알아서 자동으로 수행하는 방식

표현식에서 피연산자의 자동 올림변환

산술 연산에서 피연산자의 자료형이 서로 다른 경우, 하나의 자료형으로 자동 변환되어 연산이 수행된다. 즉 7 + 5.2에서 피연산자는 자동으로 모두 double 형으로 변환되어 연산식 7.0 + 5.2가 수행된다. 이와 같이 **작은 범주의 int형에서 보다 큰 범주인 double 형으로의 형 변환을 올림변환(promotion)이라고 한다.** 올림변환은 형 넓히기라고도 부른다. 이러한 **올림변환은 정보의 손실이 없으므로 컴파일러에 의해 자동으로 수행**될 수 있다. 이와 같이 **컴파일러가 자동으로 수행하는 형변환을 묵시적 형변환(implicit type conversion)이라 한다.**

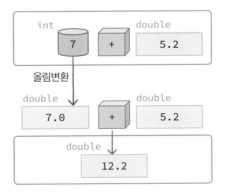
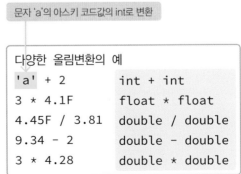

문자 'a'의 아스키 코드값의 int로 변환

다양한 올림변환의 예

'a' + 2	int + int
3 * 4.1F	float * float
4.45F / 3.81	double / double
9.34 - 2	double - double
3 * 4.28	double * double

그림 5-21 피연산자의 자동 올림변환

내림변환

올림변환과 반대로 대입연산 int a = 3.4에서 내림변환이 필요하다. 즉 변수 a는 int형이며 저장하려는 3.4는 double 형이므로 바로 대입 연산을 수행할 수 없다. 이와 같이 저장되는 변수의 자료형이 저장 값과 자료유형이 다르면 변수의 자료형으로 변환되어 저장된다. 즉 3.4는 int 형인 3으로 저장되어야 한다. 그러나 **컴파일러가 스스로 시행하는 묵시적 내림변환의 경우 정보의 손실이 일어날 수 있으므로 경고를 발생**한다. 그러나 식 double x = 3에서는 int형 3에서 double형 3.0으로 정보 손실 없이 올림변환이 발생하는데, 이 경우 아무 경고 없이 묵시적으로 발생한다.

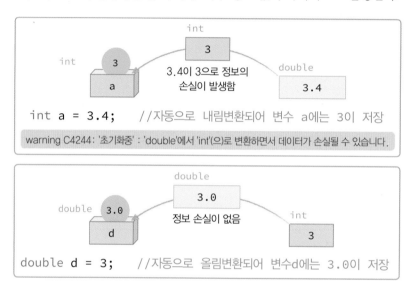

그림 5-22 대입연산에서의 내림변환과 올림변환

형변환 연산자

명시적 형변환

형변환 연산자 '(type) 피연산자'는 뒤에 나오는 피연산자의 값을 괄호에서 지정한 자료형으로 변환하는 연산자이다. 일반적으로 내림변환이 자동으로 발생하면 경고가 발생하며 정보 손실이 있을 수 있다. 그러므로 내림변환에서는 형변환 연산자(type cast)를 사용하여 내림변환을 직접 수행해야 한다. 형변환연산자는 내림변환이나 올림변환 모두 이용 가능하다. 이와 같이 **형변환 연산자를 사용한 방식을 명시적 형변환(explicit type conversion)이라고 한다.**

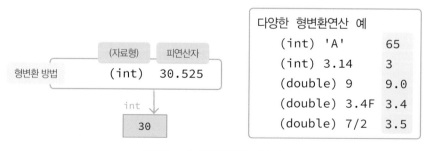

그림 5-23 형변환 연산자와 예

상수나 변수의 정수값을 실수로 변환하려면 올림변환을 사용한다. 반대로 실수의 소수부분을 없애고 정수로 사용하려면 내림변환을 사용할 수 있다. 즉 연산식 (double) 7의 결과는 7.0이며, (int) 3.8의 결과는 3이다. 단항연산자인 형변환 연산자는 모든 이항연산자보다 먼저 계산한다. 그러므로 연산식 (double) 7 / 2는 변환연산 (double) 7을 먼저 수행하여 7.0/2이므로 결과는 double형 3.5가 된다.

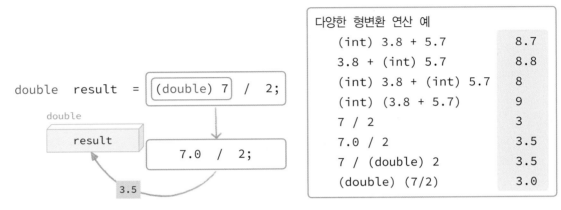

그림 5-24 형변환연산자와 산술연산자의 사용

실습예제 5-11	typecast.c

```
01   // file: typecast.c
02
03   #include <stdio.h>
04
05   int main(void)
06   {
07      int a = 3.4;        //자동으로 내림변환되어 변수 a에는 3이 저장
08      double d = 3;        //자동으로 올림변환되어 변수 d에는 3.00이 저장
09
10      printf("%5d %10f ", a, d);
11      printf("%10f\n", 3 + 4.5);
12
13      printf("%5d ", 10 / 4);
14      printf("%10f ", (double)10 / 4);
15      printf("%10f ", 10 / (double)4);
16      printf("%10f\n", (double)(10 / 4));
17
18      printf("%5d ", (int)(3.4 + 7.8));
19      printf("%10d ", (int) 3.4 + (int) 7.8);
20      printf("%10f ", (int) 3.4 + 7.8);
21      printf("%10f\n", 3.4 + (int) 7.8);
```

```
22
23    return 0;
24  }
```

설명	13	(정수/정수)의 결과는 나머지 버린 결과
	14	자료형 변환연산자 (double)은 다른 이항 연산자보다 먼저 계산
	15	실수와 정수가 함께 하는 연산은 정수를 실수로 자동 변환하여 실수 연산으로

실행결과	3	3.000000	7.500000	
	2	2.500000	2.500000	2.000000
	11	10	10.800000	10.400000

연산자 sizeof와 콤마연산자

연산자 sizeof

연산자 sizeof는 연산값 또는 자료형의 저장장소의 크기를 구하는 연산자이다. 연산자 sizeof의 결과값은 바이트 단위의 정수이다. 다음과 같이 sizeof 연산자는 피연산자 앞에 위치하는 전위연산자이다. **연산자 sizeof는 피연산자가 int와 같은 자료형인 경우 반드시 괄호를 사용해야 한다.** 그러나 피연산자가 상수나 변수 또는 연산식이면 괄호는 생략 가능하다.

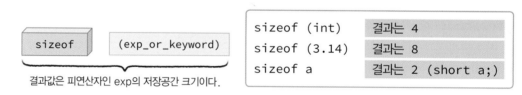

그림 5-25 sizeof 연산자의 연산방법

콤마연산자 ,

콤마연산자 ,는 왼쪽과 오른쪽 연산식을 각각 순차적으로 계산하며 결과값은 가장 오른쪽에서 수행한 연산의 결과이다. 간단히 연산식 2, 4의 결과값은 4이다. 또한 3+4, 2*5의 결과값은 10이다. 콤마연산자가 연속으로 나열된 식에서는 마지막에 수행된 가장 오른쪽 연산식의 결과가 전체 식의 결과값이 된다.

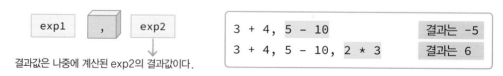

그림 5-26 콤마연산자의 연산방법

콤마 연산자는 우선순위가 가장 늦어 대입연산자보다 나중에 계산된다. 그러므로 연산식 x = 3+4, 2*3은 대입연산자를 먼저 수행하는 (x = 3+4), 2*3를 수행하여 콤마연산의 결과값은 6이며, x에는 7이 저장된다. 그러나 괄호를 사용한 연산식 x = (3+4, 2*3)에서는 콤마연산자의 결과인 6이 변수 x에 저장된다.

```
x = 3+4, 2*3;        // (x = 3+4), 2*3;
x = (3+4, 2*3);      // x = (3+4, 2*3);
```

실습예제 5-12	comma.c

```
01    // file: comma.c
02
03    #include <stdio.h>
04
05    int main(void)
06    {
07       int a = 100, b = 50, c;
08
09       printf("%d ", sizeof(short));
10       printf("%d ", sizeof a);
11       printf("%d ", sizeof 3.5F);
12       printf("%d\n", sizeof 3.14);
13
14       c = ++a, b++;
15       printf("%d %d %d\n", a, b, c);
16       c = (3 + a, b * 2);
17       printf("%d %d %d\n", a, b, c);
18
19       return 0;
20    }
```

설명	
09	연산자 sizeof (자료형)에서 괄호는 필수
14	(c = ++a), (b++); 이므로 변수 a, b, c에는 각각 101, 51, 101
16	변수 C에 저장되는 값은 b * 2 이므로 102

실행결과	
02	4 4 8
	101 51 101
	101 51 102

01. 다음 연산에서 발생하는 형변환에 대하여 설명하시오.

```
double value = 3;
value = 3 + 4.0;
```

02 다음 연산식의 결과값과 자료형은 각각 무엇인가?

① 10 / 2
② 10.0 / 2
③ (double) 10 / 2
④ 9 / 5
⑤ (double) 9 / 5

03 다음 부분 소스의 결과와 의미를 설명하시오.

```
int data = (3, 3 + 4, 3 / 4);
printf("%d\n", data);
```

복잡한 표현식의 계산

연산자 우선순위와 결합성

수식 "3 + 4 * 5"와 같은 계산은 쉽게 할 수 있다. 일반적으로 수식의 계산에는 다음과 같은 규칙 3개를 적용해야 계산이 가능하다.

- 즉 **첫 번째 규칙은 괄호가 있으면 먼저 계산하며,**
- **두 번째 규칙으로 연산의 우선순위(priority)이며,**
- **세 번째 규칙은 동일한 우선순위인 경우, 연산을 결합하는 방법인 결합성(또는 결합규칙)이다.**

그러므로 다음 괄호가 없는 수식 (3 + 8 / 2 * 4)은 우선순위와 결합성 규칙을 적용하면 결과는 쉽게 19를 얻을 수 있다. 만일 곱하기와 나누기의 결합성이 오른쪽에서 왼쪽이라면 결과는 4로 전혀 다른 결과가 나온다. 즉 C 프로그램에서도 지금까지 알아 본 다양한 연산자가 포함된 표현식을 계산하려면 연산자의 우선순위와 결합성을 알아야 한다.

- 괄호 우선 규칙: '괄호가 있으면 먼저 계산한다'라는 규칙
- 연산자 우선순위 규칙: 즉 '곱하기와 나누기는 더하기와 빼기보다 먼저 계산한다.'라는 규칙
- 연산자 결합성: '괄호가 없고 동일한 우선 순위라면, 덧셈과 뺄셈, 곱셈과 나눗셈과 같은 일반적인 연속된 연산은 왼쪽부터 오른쪽으로 차례로 계산한다. 다만 제곱승과 같은 정해진 연산은 오른쪽에서 왼쪽으로 차례로 계산한다'라는 규칙

```
3 + 8 / 2 * 4
```

다음 수식 연산 절차와 방법
1. 3 + ① .
2. ① = ② * 4, ② = 8 / 2 = 4
3. ① = 4 * 4 = 16
4. 3 + ① = 3 + 16 => 1

다음 수식 연산 절차와 방법
1. 8 / 2 * 4를 먼저 계산해야 하므로 3 + ① .
2. ①은 결합성에 따라 8/2를 먼저 계산하여 4
3. 다시 결합성에 따라 위 2의 결과인 4와 다음 4를 곱하면 결과는 16
4. 그러므로 최종 3 + 16이므로 결과는 19

```
3 + ( ( 8 / 2 ) * 4 )
```

그림 5-27 다양한 연산자가 있는 연산 방식

C 언어에서 사용되는 연산자의 우선순위(priority)와 동일한 우선순위에서의 결합성을 알아보면 다음 표로 요약된다. **함수호출과 괄호로 사용되는 ( )와 후위 증감연산자 a++와 a-- 등의 단항 연산자는 우선순위가 1위로 가장 먼저 계산되어야 하며, 이 연산자들이 여러 개 있으면 결합성에 따라 왼쪽에서 오른쪽 순으로 계산**된다. 모든 단항연산자는 우선순위가 1, 2위이며, 전위 증감연산자 ++a와 --a, 주소연산자 &를 비롯한 우선순위 2위인 단항연산자는 오른쪽에서 왼쪽으로 차례로 계산된다. 콤마연산자는 우선순위가 16위로 가장 늦게 계산된다.

표 5-9 C 언어의 연산자 우선순위

우선 순위	연산자	설명	분류	결합성(계산방향)
1	( ) [ ] . -> a++ a--	함수 호출 및 우선 지정 인덱스 필드(유니온) 멤버 지정 필드(유니온) 포인터 멤버 지정 후위 증가, 후위 감소	단항	-> (좌에서 우로)
2	++a --a ! ~ sizeof - + & *	전위 증가, 전위 감소 논리 NOT, 비트 NOT(보수) 변수, 자료형, 상수의 바이트 단위 크기 음수 부호, 양수 부호 주소 간접, 역참조		<- (우에서 좌로)
3	(형변환)	형변환		
4	* / %	곱하기 나누기 나머지	산술	-> (좌에서 우로)
5	+ -	더하기 빼기		-> (좌에서 우로)
6	<< >>	비트 이동	이동	-> (좌에서 우로)
7	< > <= >=	대소 비교	관계	-> (좌에서 우로)
8	== !=	동등 비교		-> (좌에서 우로)

9	&	비트 AND 또는 논리 AND	비트	−〉 (좌에서 우로)
10	^	비트 XOR 또는 논리 XOR		−〉 (좌에서 우로)
11	|	비트 OR 또는 논리 OR		−〉 (좌에서 우로)
12	&&	논리 AND(단락 계산)	논리	−〉 (좌에서 우로)
13	||	논리 OR(단락 계산)		−〉 (좌에서 우로)
14	? :	조건	조건	〈− (우에서 좌로)
15	= += −= *= /= %= 〈〈= 〉〉= &= |= ^=	대입	대입	〈− (우에서 좌로)
16	,	콤마	콤마	−〉 (좌에서 우로)

표 5-9를 보면 아직 배우지 않은 연산자도 있고 복잡해 보이지만 아래와 같은 기본적인 규칙을 따르고 있으므로 천천히 익혀가길 바란다. 연산자의 우선순위를 알아두면 앞으로 대부분의 표현식을 계산하는데 훨씬 수월하게 될 것이다.

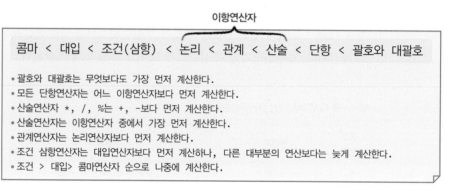

그림 5-28 연산자 우선순위 요약

다음 여러 연산자를 포함한 표현식에 대하여 위에서 살펴본 연산순위를 적용하면 다음과 같은 결과를 얻을 수 있다.

표 5-10 연산 우선순위 예

변수값	표현식	설명	해석	결과
x = 3 y = 3	x >> 1 + 1 > 1 & y	산술 > 이동 > 관계 > 비트	((x >> (1 + 1)) > 1) & y	0
	x - 3 || y & 2	산술 > 비트 > 논리	(x - 3) || (y & 2)	1
	x & y && y >= 4	관계 > 비트 > 논리	(x & y) && (y >= 4)	0
	x && x | y++	증가 > 비트 > 논리	x && (x | (y++))	1

다음 예제도 정수와 실수, 그리고 다양한 연산자가 포함된 연산식을 출력해 본 예제이다.

실습예제 5-13	priority.c

```c
01    // file: priority.c
02
03    #include <stdio.h>
04
05    int main(void)
06    {
07        int a = 4, b = 6;
08        double x = 3.3, y = 4.7;
09
10        printf("%d ", a + b > y && x < y);    //산술 > 관계 > 논리
11        printf("%d ", a++ - --b * 2);         //단항 > 곱셈 > 뺄셈
12        printf("%f ", a > b ? x + 1 : y * 2); //산술 > 관계 > 조건
13        printf("%f ", x += 3 && y + 2);       //산술 > 논리 > 대입
14        printf("%f\n", (x = x + 1, y = y + 1));//괄호 > 산술 > 대입 > 콤마
15
16        return 0;
17    }
```

설명	
10	연산식 ((a + b) > y) && (x < y)로 실행
11	연산식 ((a++) - ((--b) * 2))로 실행
12	연산식 (a > b) ? (x + 1) : (y * 2)로 실행
13	연산식 x += (3 && (y + 2))로 실행
14	연산식 ((x = x + 1), (y = y + 1))로 실행

실행결과	1 -6 9.400000 4.300000 5.700000

결합성

연산자의 결합성은 대부분 좌에서 우(→)로 수행하나 우선 순위가 2위인 전위의 단항 연산자, 우선 순위 14위인 조건연산자 그리고 우선순위 15위인 대입연산자는 우에서 좌(←)로 수행한다. 그러므로 산술연산식 10 * 3 / 2는 ((10 * 3) / 2) 로 계산하여 결과는 15이다. 그러나 축약 대입연산자로 구성된 연산식 n += m /= 3은 우에서 좌(←)로 먼저 결합하여 식 (n += (m /= 3))을 수행한다.

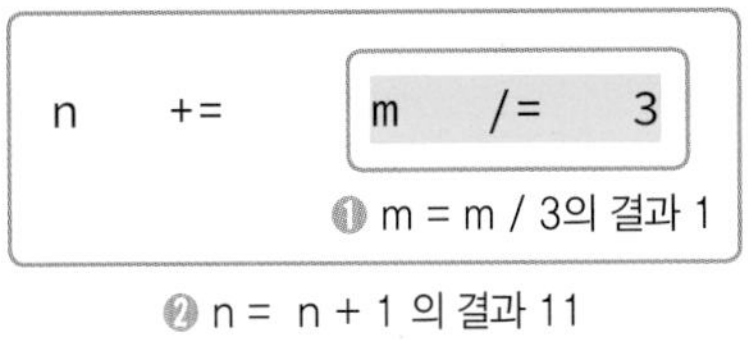

그림 5-29 우에서 좌(←)로 먼저 결합하는 축약 대입연산자

association.c

```c
01    // file: association.c
02
03    #include <stdio.h>
04
05    int main(void)
06    {
07        int m = 5, n = 10;
08
09        //우측에서 좌측으로 결합
10        printf("%d ", n += m /= 3);
11        m = 5; n = 10;
12        printf("%d\n", (n += (m /= 3)));
13
14        printf("%d ", 10 * 3 / 2);    //좌측에서 우측으로 결합
15        printf("%d\n", 10 * (3 / 2)); //우측에서 좌측으로 결합
16
17        //우측에서 좌측으로 결합
18        printf("%d ", 3>4 ? 3-4 : 3>4 ? 3+4 : 3*4);
19        printf("%d\n", 3>4 ? 3-4 : (3>4 ? 3+4 : 3*4));
20
21        return 0;
22    }
```

설명	10~12 연산식 n += m /= 3은 (n += (m /= 3))이므로 모두 결과값인 11 출력
	14~15 연산식 10 * 3 / 2은 (10 * 3) / 2이므로 10 * (3 / 2)과 결과가 다름
	18~19 조건연산자는 결합성이 오른쪽에서 왼쪽으로

실행결과	11 11
	15 10
	12 12

TIP 다양한 연산식

지금까지 살펴본 연산자를 이용하면 C 언어는 수학이나 공학에서의 다양한 수식을 표현할 수 있다. 연산의 우선순위를 고려하여 괄호의 사용이 필요하다. 다음 표의 마지막 행에서 제곱근을 구하는 함수 sqrt()를 활용해 보았다. 이러한 시스템 라이브러리 함수는 함수에서 자세히 학습할 예정이다.

표 5-11 다양한 연산식 표현

수학식	C 연산식
$(a + b)(x + y)^2$	`(a + b) * (x + y) * (x + y)`
$4x^3 + 3x^2 - 5x + 10$	`4*x*x*x + 3*x*x - 5*x + 10`
$\dfrac{a + b}{a - b}$	`(a + b) / (a - b)`
$\dfrac{5}{9}(F - 32)$	`(5.0 / 9) * (F - 32)`
$\dfrac{9}{5}C + 32$	`9.0 / 5 * C + 32`
$\dfrac{1 - x}{x^2}$	`(1 - x) / (x * x)`
$\dfrac{-b + \sqrt{b^2 - 4ac}}{2a}$	`(-b + sqrt(b*b - 4*a*c)) / (2*a)` `sqrt(x)`는 x의 제곱근을 구하는 함수

중간점검

01 다음 우선순위를 고려하여 각각의 연산식의 결과값은 무엇인가?

산술연산자의 우선순위 > 관계연산자의 우선순위

대소비교 관계연산자의 우선순위 > 동등비교 관계연산자의 우선순위

① `3 > 7 != 3 < 7`

② `1 != 3 > 7 - 6`

③ `10 % 4 - 2 == 3 > 1`

④ `3 == 2 - 1 != 3 <= 7`

02 다음 수학에서 사용하는 수식을 C의 연산식으로 쓰시오.

① $2pr$

② pr^2

③ $\dfrac{4}{3}pr^3$

④ $\dfrac{x + a}{(a - b)(a - b)}$

다음 정보를 이용하여 표준입력으로 받은 섭씨(celsius) 온도를 화씨(fahrenheit) 온도로 출력하는 프로그램을 작성해보자.

- 다음과 같은 입력과 출력

- 섭씨(C) 온도를 화씨 온도(F)로 변환하는 식: $F = \dfrac{9}{5}C + 32$

변환할 섭씨온도를 입력하세요. >> 34.765879

입력된 34.77도는 화씨온도로 94.58도 입니다.

Lab 5-3	celtofar.c

```
01  // celtofar.c
02  #define _CRT_SECURE_NO_WARNINGS //scanf() 오류를 방지하기 위한 상수 정의
03
04  #include <stdio.h>
05
06  int main(void)
07  {
08      double fahrenheit, celsius;
09      printf("변환할 섭씨온도를 입력하세요. >> ");
10      scanf("%lf", &celsius);
11
12      _____;
13      printf("\n입력된 %.2f도는 화씨온도로 %.2f도 입니다.\n", _____);
14
15      return 0;
16  }
```

정답

```
12  fahrenheit = (9.0 / 5.0) * celsius + 32.0;
13  printf("\n입력된 %.2f도는 화씨온도로 %.2f도 입니다.\n", celsius, fahrenheit
```

01   표준입력으로 두 정수를 입력 받아 큰 수를 작은 수로 나눈 몫과 나머지를 각각 출력하는 프로그램을 작성하시오.

02   무게의 단위인 킬로그램(kg)을 소수로 입력 받아 파운드(pound)로 계산하여 소수점 3자리까지 출력하는 프로그램을 작성하시오.

- 1파운드(pound)는 0.453592킬로그램(kg)

03   길이의 단위인 센티미터(cm)를 소수로 입력 받아 피트(feet)로 계산하여 소수점 3자리까지 출력하는 프로그램을 작성하시오.

- 1피트(feet)는 30.48센티미터(cm)

04   반지름이 7.58인 구의 체적과 표면적을 구하는 프로그램을 작성하시오.

- 구 체적(V): $\frac{4}{3}\pi r^3$
- 구 표면적(S): $4\pi r^2$

05   위 프로그램에서 다음 조건을 만족하는 프로그램으로 수정하여 작성하시오.

- 구의 반지름을 표준입력으로 처리

06   정수인 천만 이하의 한 수를 입력 받아 우리가 사용하는 단위인 만, 천, 백, 십, 일 단위로 출력하는 프로그램을 작성하시오.

- 즉 입력이 2347653이면 234만 7천 6백 5십 3입니다. 로 출력

07   조건연산자를 이용하여 임의의 달을 입력 받아 이 달이 상반기이면 "상반기입니다."를 하반기이면 "하반기입니다."를 출력하는 프로그램을 작성하시오.

08   세 수를 입력 받아 가장 큰 수를 구하는 프로그램을 조건 연산자를 이용하여 작성하시오.

09   표준입력으로 키와 몸무게를 실수로 입력 받아 다음 조건을 이용하여 정상인지, 비만인지 출력하는 프로그램을 작성하시오.

- (몸무게 〈= (키 − 100) × 0.9)이면 정상, 아니면 비만

10 다음 조건을 만족하는 프로그램을 작성하시오.
- 원금이 1,000,000인 경우, 예치 기간을 년 단위로 입력 받아 만기 시 총 금액을 출력
- 년단위 단리이자 = 원금 × 이율(4.5%) × 년(예치기간)
- 만기 시 총 수령액(단리적용) = 원금(1 + 이율(4.5%) × 년(예치기간))

11 . 위 프로그램에서 다음 조건을 만족하는 프로그램으로 수정하여 작성하시오.
- 원금이 1,000,000인 경우, 예치 기간을 년 단위로 입력 받아 만기 시 총 금액을 출력
- 만기 시 총 수령액(복리적용) = 원금$(1 + 이율(4.5\%))^{년(예치기간)}$
- 함수 pow(a, b) = a^b 이용, #include 〈math.h〉 필요

12 이차원 평면에서 다음 두 점 (3.2, 4.6)와 (−8.3, −2.3)의 중간 지점을 출력하는 프로그램을 작성하시오.
- (X1, Y1)과 (X2, Y2)의 중간지점 = ((X1 + X2)/2, (Y1 + Y2)/2)

13 지불할 금액을 정수로 입력 받아 화폐단위가 각각 몇 개씩 필요한지 출력하는 프로그램을 작성하시오.
- 입력은 최소 천원 단위로 입력
- 화폐단위는 50000, 10000, 5000, 1000 4가지이며, 가능한 큰 화폐단위로 지불
- 입력이 236,000이면 50000원권 4개, 10000원권 3개, 5000원권 1개, 1000원권 1개

06

CHAPTER

조건

학습목표

▶ **제어문에 대하여 다음 용어를 이해하고 설명할 수 있다.**
  - 순차적 실행과 제어문의 차이
  - 조건선택, 반복, 분기처리
▶ **조건에 따른 선택을 구현하는 if 문에 대하여 이해하고 구현할 수 있다.**
  - if, if else, if else if, nested if 구문을 이해하고 샘플 소스 구현
  - 다양한 조건을 연산자로 구성
  - switch문을 이해하고 성적처리 구현
▶ **다양한 선택을 한 눈에 알아볼 수 있는 switch 문에 대하여 이해하고 구현할 수 있다.**

학습목차

제어문 개요

제어문의 종류

비순차적 실행의 제어문

지금까지 배워 온 프로그램의 실행 순서의 원칙은 순차적(sequential) 실행이다. 즉 프로그램은 main 함수 내부에서 배치된 문장이 순차적으로 실행되는 흐름이었다. 그러나 이러한 순차적 실행만으로 프로그램을 모두 작성한다면 매우 비효율적이다. 우리 인생도 대학진학 선택과 대학 전공학과 선택, 결혼 등 선택도 필요하고, 대학진학을 실패하여 한 두 번 대학입시를 반복하기도 한다. 또한 군대를 가기도 하고 가지 않는 경우도 있다. **프로그램의 실행 흐름에서도 순차적인 실행뿐만 아니라 선택과 반복 등 순차적인 실행을 변형하여 프로그램의 실행 순서를 제어하는 제어문(control statement)이** 제공된다.

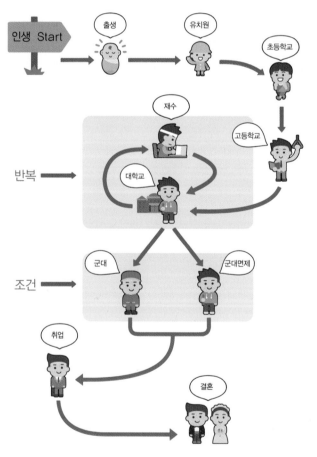

그림 6-1 인생여정과 프로그램의 실행 흐름

제어문 종류

C 언어에서 제공하는 제어문은 조건선택과 반복(순환), 분기처리로 나눌 수 있다. 이러한 조건선택, 반복, 분기처리 구문을 이용하여 문장의 실행 순서를 다양화시킬 수 있다.

조건선택 구문이란 두 개 또는 여러 개 중에서 한 개를 선택하도록 지원하는 구문이다. 우리의 인생도 중요한 선택의 기로에서 여러 길 중에서 하나를 선택하듯이 문제를 해결하는 프로그램에서 여러 개의 사항 중에 하나를 선택하는 조건선택이 자주 활용된다.

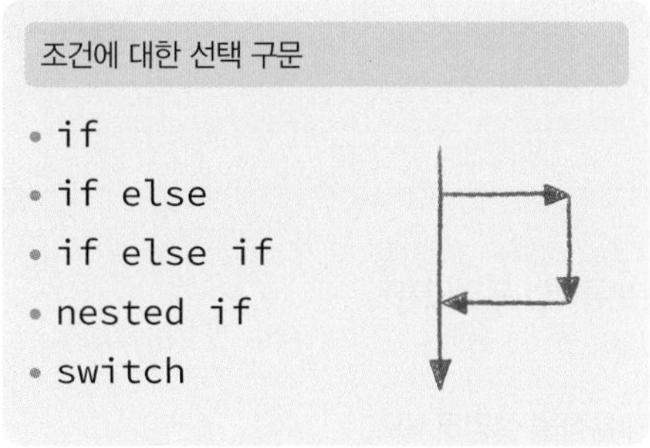

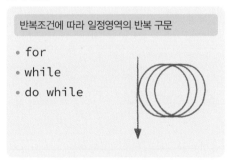

그림 6-2 조건선택

반복 또는 순환 구문이란 정해진 횟수 또는 조건을 만족하면 정해진 몇 개의 문장을 여러 번 실행하는 구문이다. 우리 삶도 어떻게 보면 동일한 일을 반복하는 경우가 많듯이 실제 프로그램에서도 반복 문장의 비중은 상당히 높아 매우 중요한 구문이다.

반복 순환

반복조건에 따라 일정영역의 반복 구문

- for
- while
- do while

그림 6-3 반복순환

분기 구문은 작업을 수행 도중 조건에 따라 반복이나 선택을 빠져 나가거나(break), 일정구문을 실행하지 않고 다음 반복을 실행하거나(continue), 지정된 위치로 이동하거나(goto) 또는 작업 수행을 마치고 이전 위치로 돌아가는(return) 구문이다.

분기처리

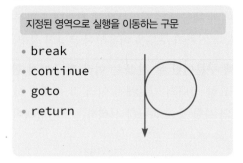

지정된 영역으로 실행을 이동하는 구문
- break
- continue
- goto
- return

그림 6-4 분기처리

01 제어문을 크게 세 가지로 분류하면 무엇인가?

02 제어문의 분류에서 각각의 특징을 설명하시오.

조건에 따른 선택 if 문

조건에 따른 선택 개요

조건에 따른 결정

일상생활에서 조건에 따라 해야 할 내용이 결정되는 사례는 매우 많을 것이다. 예를 들어 이번 학기에도 여러분은 성적에 따라 장학금을 받을 수도 있고 못 받을 수도 있다. 그러므로 프로그램에서도 조건에 따라 처리해야 할 문장이 다른 경우가 자주 발생한다.

평균평점 >= 3.5		석차 <= 0.05 * 학생수
어느 학교는 평균평점이 3.5는 넘어야 장학금을 받을 수 있다.		또 우리 학교는 학과 석차가 상위 5% 이어야 장학금을 받을 수 있다고 한다.

그림 6-5 조건에 따라 장학금이 결정

다음은 **일상생활에서 조건에 따라 선택이 발생하는 다양한 예**를 나타내고 있다. 다음 표에서 첫 번째 열은 조건 선택의 예를 나타내며, 두 번째 열은 선택 조건의 기준이 되는 자료와 변수이름을 표시했고, 세 번째 열은 직접 연산식을 만들어 의사코드를 작성해 보았다. 첫 번째 예에서 조건의 기준은 온도이며, 이 온도를 **temperature 에 저장한다면 이 변수가 조건의 기준변수가 되고, 관계식**(temperature >= 32)으로 조건식을 표현할 수 있으며 다음과 같은 의사코드로 조건 선택의 예를 표현할 수 있다.

표 6-1 조건에 따라 선택이 발생하는 일상생활에서의 사례

조건 선택의 예	기준변수	조건 표현의 의사코드
온도가 32도 이상이면 폭염 주의를 출력	온도 temperature	만일 (temperature >= 32) printf("폭염 주의");
낮은 혈압이 100이상이면 '고혈압 초기'로 진단	혈압 low_pressure	만일 (low_pressure >= 100) printf("고혈압 초기");
속도가 40km와 60km 사이이면 "적정 속도"라고 출력	속도 speed	만일 (40 <= speed && speed <= 60) printf("적정 속도");

운전면허 필기시험에서 60점 이상이면 합격, 아니면 불합격 출력	시험 성적
	point
		만일 (point >= 60)
		    printf("면허시험 합격");
		아니면
		    printf("면허시험 불합격");

남성이면 체력 테스트에서 80이상이면 합격이고, 아니면 불합격, 여성이면 70이상이면 합격, 아니면 불합격	여성, 남성
	type
	
	체력 점수
	point
		`만일 남성이면 (type == 1)`
		`  만일 (point >= 80)`
		`    printf("남성: 합격");`
		`  아니면`
		`    printf("남성: 불합격");`
		`아니고 만일 여성이면 (type == 2)`
		`  만일 (point >= 70)`
		`    printf("여성: 합격");`
		`  아니면`
		`    printf("여성: 불합격");`

if 문장

조건에 따른 선택 if 문장

문장 if는 위에서 살펴본 조건에 따른 선택을 지원하는 구문이다. 우리의 일상생활은 선택의 연속이라고 봐도 과언이 아닐 정도이다. 아침에는 무슨 옷을 입을까, 점심은 뭐를 먹고, 저녁엔 어느 TV 프로그램을 볼까? 등등 말이다.

"만일 두 개의 길이 있는데, 하나의 길 A는 구불구불하고 길지만 비가 와도 걸을 수 있는 길이고, 다른 길 B는 짧은 길이지만 시냇물이 있는 길이라 비가 오면 갈 수 없다고 가정하자. 길을 걷는 사람은 이 두 개의 갈래 길에서 "비가 온다면"이라는 조건을 생각해야 한다. 만일 "비가 온다면" 개울이 없는 길 A로 갈 것이고, "비가 오지 않는다면" 개울이 있지만 지름길인 길 B로 갈 것이다."

그림 6-6 길의 선택

바로 이러한 조건에 따른 문장이 if문이며, 가장 간단한 if문의 **형태는 if (cond) stmt;이다. if 문에서 조건식 cond가 0이 아니면(참) stmt를 실행하고, 0이면(거짓) stmt를 실행하지 않는다.**

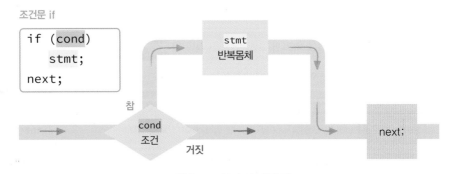

그림 6-7 if문과 두 개의 길

문장 stmt는 여러 문장이라면 블록으로 구성될 수 있으며, if 문이 종료되면 그 다음 문장이 실행된다. **문장 if의 조건식 (cond)는 반드시 괄호가 필요하며, 참이면 실행되는 문장은 반드시 들여쓰기**를 하도록 한다. 다음 if 문장은 학점이 3.2 이상이면 회사에 지원할 수 있고, 졸업 축하 메시지를 출력하나 3.2 미만이면 졸업 축하 메시지만 보내는 문장이다. 이 if문은 마치 자전거를 타고 참이라는 하나의 길을 선택하면 "회사에 지원할 수 있습니다."를 보고 다시 큰길로 합쳐져 다시 "졸업을 축하합니다."를 볼 수 있으나, 그렇지 않으면 "졸업을 축하합니다."만 볼 수 있는 경우와 같다.

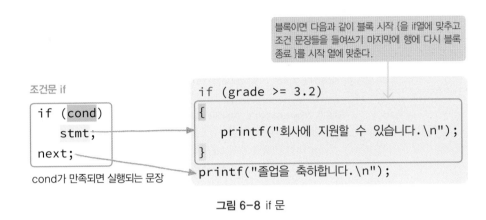

그림 6-8 if 문

TIP 잘못된 if (조건식); 과 if 조건식

처음 if를 사용할 경우, 다음 두 가지 실수를 흔하게 범한다.

- 하나는 if (cond); stmt;와 같이 조건식 다음에 세미콜론을 쓰는 경우다.
- 또 다른 실수 중의 하나는 if cond stmt;와 같이 조건식에 괄호를 빼먹는 경우다.

첫 번째 경우, 문법오류가 없으며 if 문의 조건으로 인해 실행되는 문장은 하나도 없고, 이후 stmt는 무조건 실행된다. 즉 if 조건을 만족하지 않아도 stmt;가 항상 실행된다. 실제 코딩과정에서 문법오류가 발생하지 않아 논리적인 문제를 찾기 쉽지 않다. 두 번째의 경우는 문법오류가 표시되어 바로 수정할 수 있다.

학점이 3.2 미만이라도 다음 두 문장은 항상 실행되는 결과를 낳는다.

if 문에서 조건식 grade >= 3.2에는 괄호가 필요하다. 문법오류로 인한 오류풍선이 발생하여 쉽게 알 수 있다.

```
if (grade >= 3.2);
    printf("회사에 지원할 수 있습니다.\n");

printf("졸업을 축하합니다.\n");
```

```
if grade >= 3.2
    printf("회사에 지원할 수 있습니다.\n");

printf("졸업을 축하합니다.\n");
```

그림 6-9 if 문에서 세미콜론과 조건식 괄호에 주의

다음은 표준입력으로 받은 온도가 32도 이상이면 "폭염 주의보를 발령합니다"와 "건강에 유의하세요."를 출력하며, 온도와 상관없이 항상 현재 온도를 출력하는 프로그램이다.

```
01    // file: if.c
02    #define _CRT_SECURE_NO_WARNINGS
03
04    #include <stdio.h>
05
06    int main(void)
07    {
08        double temperature;
09
10        printf("현재 온도 입력: ");
11        scanf("%lf", &temperature);
12
13        if (temperature >= 32.0)
14        {
15            printf("폭염 주의보를 발령합니다.\n");
16            printf("건강에 유의하세요.\n");
17        }
18        printf("현재 온도는 섭씨 %.2f 입니다.\n", temperature);
19
20        return 0;
21    }
```

> 다음과 같이 블록 { 의 시작을 조건식 오른쪽으로 하기도 함
>
> ```
> if (temperature >= 32.0) {
>     printf("폭염 주의보를 발령합니다.\n");
>     printf("건강에 유의하세요.\n");
> }
> ```

설명

14~17 조건식이 만족한 경우, 여러 문장을 실행하기 위해서는 잊지 말고 중괄호의 블록을 사용
15~16 조건식 (temperature >= 32.0)의 의미인 입력된 온도가 32도 보다 높으면 두 문장이 실행
18   현재 온도를 출력하는 문장은 항상 실행

실행결과

```
현재 온도 입력: 31.3
현재 온도는 섭씨 31.30 입니다.
```

```
현재 온도 입력: 34.678
폭염 주의보를 발령합니다.
건강에 유의하세요.
현재 온도는 섭씨 34.68 입니다.
```

중간점검

01 다음의 조건선택의 예를 의사코드로 표현하시오.

    혈당이 120이상이면 '당뇨병 초기'로 진단

02 다음에 해당하는 if 문장을 구현하시오.

    성적이 70 이상이면 PASS, 아니면 FAIL 출력

03 다음 부분소스의 출력값은?

```
if (10)
   printf("10");
printf("20");
```

if else 문장

조건 만족 여부에 대한 선택 if else

if 문은 조건이 만족되면 특정한 문장을 실행하는 구문이다. 반대로 조건이 만족되지 않은 경우에 실행할 문장이 있다면 else를 사용한다. 조건문 if에서 키워드 else를 사용하여 조건 연산값이 0(거 짓)이면 else 이후의 문장을 실행하는 구문을 만들 수 있다. **조건문 if (cond) stmt1; else stmt2; 는 조건 cond를 만족하면 stmt1을 실행하고, 조건 cond를 만족하지 않으면 stmt2를 실행하는 문 장**이다. 바로 전에 배운 if문장은 if else에서 else를 제거한 문장이다. 조건문 if else는 다음과 같은 제어 흐름을 따른다. 결국 **조건문 if else는 stmt1과 stmt2 둘 중의 하나를 선택하는 구문**이다.

조건문 if else

```
if (cond)
        stmt1;
else
        stmt2;
next;
```

그림 6-10 if else문의 제어흐름

정수 n이 짝수인지 아니면 홀수인지 판단할 수 있는 조건식으로 **(n % 2 == 0) 또는 (n % 2)이 주 로 사용**될 수 있다. 결국 조건식 (n % 2)는 0이 아니면(참) 홀수이고 0이면(거짓) 짝수이므로, 연 산식 (n % 2 != 0)와 같다. 나머지 연산자 %는 정수 n의 배수를 체크하는데 사용되는 연산자이다.

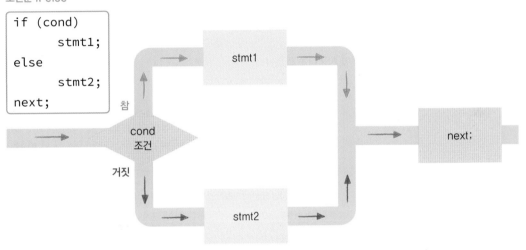

조건문 if else

```
if (cond)
        stmt1;
else
        stmt2;
next;
```

```
if (n % 2 == 0)
    printf("짝수");
else
    printf("홀수");

printf("입니다.\n");
```

```
if (n % 2)
    printf("홀수");
else
    printf("짝수");

printf("입니다.\n");
```

그림 6-11 조건문 if else

조건문 if else에서 주의해야 할 점을 다시 살펴보면 다음과 같다.

- (조건식)은 괄호가 필요하다.

- 조건식에서 등호를 대입으로 잘못 쓰는 것에 주의가 필요하다. 즉 (n == 100)을 (n = 100)로 잘못 쓰면 항상 참으로 인식한다.

- if (조건식); 이나 else; 와 같이 필요 없는 곳에 세미콜론을 넣지 않는다.

- 조건식이 참이면 실행되는 stmt1이나 거짓이면 실행되는 stmt2 부분이 여러 문장이면 {여러문장들}의 블록으로 구성한다.

조건 문장 if에서 사용되는 조건식에서 (n != 0)와 (n)은 같은 식이며, 마찬가지로 (n == 0)와 (!n)도 같은 식이므로, 다음과 같이 활용할 수 있다.

표 6-2 if 문에 사용하는 조건식

조건식	설명	예	

(n != 0)
 	
(n)
	n이 0이 아니어야 참인 연산식이므로 연산식 (n)과 같음	if (n % 2 != 0)
		    printf("홀수");
		else
		    printf("짝수");
			if (n % 2)
			    printf("홀수");
			else
			    printf("짝수");

(n == 0)
 	
(!n)
	n이 0이어야 참인 연산식이므로 연산식 (!n)과 같음	if (n % 2 == 0)
		    printf("짝수");
		else
		    printf("홀수");
			if (!(n % 2))
			    printf("짝수");
			else
			    printf("홀수");

TIP if와 조건연산자

조건 문장 if는 이미 배운 조건연산자와 매우 유사해서 좀 더 편리하게 활용될 수 있다. 즉 다음 오른쪽의 if 문장은 좌측의 조건연산자를 이용한 연산식으로 간단히 대체될 수 있다.

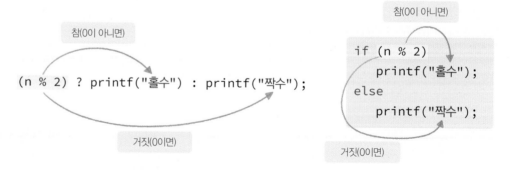

그림 6-12 if문과 조건연산자

다음은 표준입력으로 받은 정수의 짝수와 홀수를 판별하는 프로그램이다.

실습예제 6-2	ifelse.c

```
01   // file: ifelse.c
02   #define _CRT_SECURE_NO_WARNINGS
03
04   #include <stdio.h>
05
06   int main(void)
07   {
08      int n;
09
10      printf("정수 입력: ");
11      scanf("%d", &n);
12
13      if (n % 2) // if (n % 2 != 0)        if (n % 2 != 0)
14         printf("홀수");                       printf("홀수");
15      else                                  else
16         printf("짝수");                       printf("짝수");
17
18      printf("입니다.\n");
19
20      //조건연산자 이용
21      (n % 2) ? printf("홀수") : printf("짝수");
22      printf("입니다.\n");
23
24      return 0;
25   }
```

설명	14	조건식을 만족하면 실행할 문장이 하나이므로 블록으로 하지 않았으나 블록으로 구성해도 좋음
	21	if문과 동일한 기능의 조건연산자

실행결과	정수 입력: 5	정수 입력: 6
	홀수입니다.	짝수입니다.
	홀수입니다.	짝수입니다.

다음은 입력된 정수의 3의 배수를 판별하는 프로그램으로, 조건식이 참이거나 거짓인 경우, 블록을 사용하여 두 문장을 구현하였다.

```
01    // file: multipleof3.c
02    #define _CRT_SECURE_NO_WARNINGS
03
04    #include <stdio.h>
05
06    int main(void)
07    {
08        int n;
09
10        printf("정수 입력: ");
11        scanf("%d", &n);
12
13        if (n % 3) // if (n % 3 != 0)
14        {
15            printf("입력된 %d는 3의 배수가 아닙니다.\n", n);
16        }
17        else
18        {
19            printf("입력된 %d는 3의 배수입니다.\n", n);
20        }
21        printf("조건식 %d %% 3의 결과는 %d입니다.\n", n, n % 3);
22
23        return 0;
24    }
```

```
if (n % 3) // if (n % 3 != 0) {
    printf("입력된 %d는 3의 배수가 아닙니다.\n", n);
} else {
    printf("입력된 %d는 3의 배수입니다.\n", n);
}
```

설명		
	13	조건식 (n % 3)은 (n % 3 != 0)와 같은 의미이며, 1 또는 2(참)이면 0이 아니므로 3의 배수가 아니고, 14~15 문장이 하나이므로 블록은 없어도 상관 없음
	18~19	문장이 하나이므로 블록은 없어도 상관 없음
	21	항상 출력되는 문장

실행결과	
정수 입력: 3 입력된 3는 3의 배수입니다. 조건식 3 % 3의 결과는 0입니다.	정수 입력: 4 입력된 4는 3의 배수가 아닙니다. 조건식 4 % 3의 결과는 1입니다.

반복된 조건에 따른 선택 if else if

조건문 if else문에서 else 이후에 if else를 필요한 횟수만큼 반복할 수 있다. 조건문 반복된 if else 의 구문과 제어흐름은 다음과 같이, **cond1 조건식이 참이면 바로 아래의 문장 stmt1를 실행하고 종료되며, 거짓이면 다음 조건식 cond2 로 계속 이어가며, 조건식이 모두 만족되지 않으면 결국 마지막 else 다음 문장 stmt4를 실행**한다. 즉 마지막 else 내의 문장 stmt4는 위의 모든 연산식이 거짓이면 실행되는 문장으로 필요 없으면 else와 함께 생략될 수 있다. 여기서 **stmt1에서 stmt4에 이르는 여러 문장 중에서 실행되는 문장은 단 하나**라는 것을 기억하자.

```
if (cond1)
    stmt1;
else if (cond2)
    stmt2;
else if (cond3)
    stmt3;
else
    stmt4;
next;
```

여러 개의 문장중
단 하나만 실행된다.

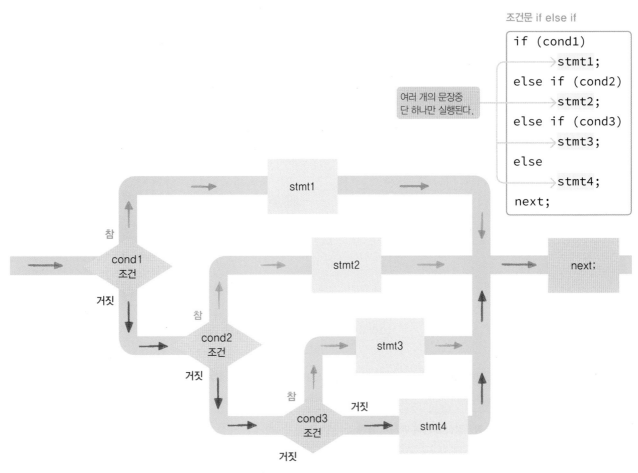

그림 6-13 조건문 if else if 문의 제어흐름

조건문 반복된 if else의 예로 한 대학의 교과목 성적 처리를 알아보자. 점수가 90이상이면 학점이 A, 80 이상에서 90 미만이면 B, 70 이상에서 80 미만이면 C, 60 이상에서 70 미만이면 D, 마지막으로 60 미만이면 F로 학점을 처리하는 모듈처리에 반복된 if else를 이용하면 매우 유용하다. 가장 처음의 if는 if (point>=90)으로 시작한다. 그 다음 if는 else 이후의 if이므로 else if (point>=80)으로 표현하면 80 이상에서 90 미만인 조건(90>point && point>=80)이 만족된다. 그 다음의 조건식도 마찬가지이다.

이 조건식은 첫 if의 조건식인 (point >= 90)이 만족되지 않고 체크되는 것이므로 결국 (!(point >= 90) && (point >= 80))이므로 80 이상에서 90 미만인 조건 (90>point && point>=80)이 만족된다.

```c
if (point >= 90)
    printf("A\n");
else if (point >= 80)
    printf("B\n");
else if (point >= 70)
    printf("C\n");
else if (point >= 60)
    printf("D\n");
else
    printf("F\n");
```

필요하면 이와 같이 블록 사용이 가능하다.

```c
if (point >= 90)
{
    printf("A\n");
}
else if (point >= 80)
{
    printf("B\n");
}
else if (point >= 70)
{
    printf("C\n");
}
else if (point >= 60)
{
    printf("D\n");
}
else
{
    printf("F\n");
}
```

그림 6-14 조건문 if else if else를 사용한 성적처리

다음은 평균평점의 점수에 따라 다음과 같이 출력이 달라지는 예문이다.

표 6-3 평균평점에 따른 메시지 출력

조건	단독 조건식	출력
평균평점 >= 4.3	gpa >= 4.3	성적이 최고 우수한 학생입니다.
4.3 > 평균평점 >= 3.8	gpa < 4.3 && gpa >= 3.8	성적이 매우 우수한 학생입니다.
4.3 > 평균평점 >= 3.8	gpa < 3.8 && gpa >= 3.0	성적이 우수한 학생입니다.
3.0 > 평균평점	gpa < 3.0	성적이 3.0 미만인 학생입니다.

실습예제 6-4 ifelseif.c

```c
01  // file: ifelseif.c
02  #define _CRT_SECURE_NO_WARNINGS
03
04  #include <stdio.h>
05
06  int main(void)
07  {
08      double gpa;
09
10      printf("평균평점 입력: ");
```

```
11        scanf("%lf", &gpa);
12
13        if (gpa >= 4.3)
14            printf("성적이 최고 우수한 학생입니다.\n");
15        else if (gpa >= 3.8)
16            printf("성적이 매우 우수한 학생입니다.\n");
17        else if (gpa >= 3.0)
18            printf("성적이 우수한 학생입니다.\n");
19        else
20            printf("성적이 3.0 미만인 학생입니다.\n");
21
22        return 0;
23    }
```

설명	11	자료형 double이면 형식지정자는 %lf
	21	else if (gpa >= 3.8) 자체가 if (gpa < 4.3 && gpa >= 3.8)의 의미
	20	이 문장은 위 조건식이 모두 거짓인 경우 실행되는 문장

실행결과	평균평점 입력: 4.3 성적이 최고 우수한 학생입니다.	평균평점 입력: 3.9 성적이 매우 우수한 학생입니다.
	평균평점 입력: 3.3 성적이 우수한 학생입니다.	평균평점 입력: 2.7 성적이 3.0 미만인 학생입니다.

중간점검

01 다음 각각의 부분 소스의 문제는 무엇인가?

```
if (n % 2);                   if (n % 2 != 0)
    printf("홀수");               printf("홀수");
else                          else;
    printf("짝수");               printf("짝수");
```

02 다음 부분 소스에서 출력값을 기술하시오.

```
int data = 2;
if (data > 0)
    printf("양수\n");
else if (data < 0)
    printf("음수\n");
else
    printf("0\n");
```

03 표준입력으로 받은 두 정수의 대소를 비교하는 프로그램을 작성하시오.

다음 정보를 이용하여 두 실수를 입력 받아 두 실수의 연산값이 출력되는 프로그램을 작성해보자.

- 만일 x 〉 y 이면 x / y 연산값 출력

- 만일 x 〈 y 이면 x + y 연산값 출력

- 만일 x == y 이면 x * y 연산값 출력

두 실수를 입력: 32.765 3.987
연산 결과: 8.22

Lab 6-1	tworeal.c

```
01   // file: tworeal.c
02   #define _CRT_SECURE_NO_WARNINGS //scanf() 오류를 방지하기 위한 상수 정의
03
04   #include <stdio.h>
05
06   int main(void)
07   {
08      double x = 0, y = 0, result = 0;
09
10      printf("두 실수를 입력: ");
11      scanf("%lf %lf", &x, &y);
12
13      ---------------------
14      {
15         result = x / y;
16      }
17      else if (x == y)
18      {
19         result = x * y;
20      }
21      ------------
22      {
23         result = x + y;
24      }
25
```

```
26        printf("연산 결과: %.2f\n", result);
27
28        return 0;
29    }
```

```
13    if (x > y)
21    else
```

중첩된 if

if 문 내부의 if

if 문 내부에 if문이 존재하면 중첩된 if문이라 한다. 우리나라의 1종 면허 필기시험 최저 합격 점수는 70점이며 2종 면허 필기시험 최저 합격 점수는 60점이라고 한다. 운전면허 종류와 획득점수로 합격여부를 판단하려면 다음과 같은 중첩된 if문이 효과적이다. 즉 다음과 같이 외부 if에서 면허종류를 먼저 분류하면 그 내부에서 획득점수로 합격여부를 판단하기는 매우 간단하다. 프로그램의 이해력을 높이기 위해 외부 if와 else 다음에 블록 {…}을 구성하는 것이 좋다.

```
                                          문장 1
if ( type == 1 )
{                           if ( point >= 70 )
                                printf("1종면허 합격\n");
    문장1; ─────────────→    else
                                printf("1종면허 불합격\n");
}
else if ( type == 2 )       문장 2
{
                            if ( point >= 60 )
    문장2; ─────────────→        printf("2종면허 합격\n");
                            else
}                               printf("2종면허 불합격\n");
```

그림 6-15 중첩된 if

실습예제 6-5 nestedif.c

```c
01  // file: nestedif.c
02  #define _CRT_SECURE_NO_WARNINGS
03
04  #include <stdio.h>
05
06  int main(void)
07  {
08      int type, point;
09
10      printf("번호를 선택: 1(1종면허), 2(2종면허): ");
11      scanf("%d", &type);
12      printf("필기시험 점수 입력: ");
13      scanf("%d", &point);
14
15      if (type == 1)
16      {
17          if (point >= 70)
18              printf("1종면허 합격\n");
```

```
19          else
20              printf("1종면허 불합격\n");
21      }
22      else if (type == 2)
23      {
24          if (point >= 60)
25              printf("2종면허 합격\n");
26          else
27              printf("2종면허 불합격\n");
28      }
29
30      return 0;
31  }
```

설명		
	11	변수 type에는 면허의 종류를 입력 저장
	13	변수 point에는 면허 시험 성적을 입력 저장
	15	외부 if 문
	17~20	1종 면허인 경우, 점수를 합격여부를 판단하는 내부 조건문
	24~27	2종 면허인 경우, 점수를 합격여부를 판단하는 내부 조건문

실행결과		
	번호를 선택: 1(1종면허), 2(2종면허): 1 필기시험 점수 입력: 67 1종면허 불합격	번호를 선택: 1(1종면허), 2(2종면허): 1 필기시험 점수 입력: 77 1종면허 합격
	번호를 선택: 1(1종면허), 2(2종면허): 2 필기시험 점수 입력: 58 2종면허 불합격	번호를 선택: 1(1종면허), 2(2종면허): 2 필기시험 점수 입력: 63 2종면허 합격

블록 표시와 else

다음 소스에서 외부 if문의 블록 표시는 생략할 수 있다. 그러나 블록이 없는 경우 else 문장이 어느 if문의 소속인지 정확히 판단해야 한다. **else는 문법적으로 같은 블록 내에서 else가 없는 가장 근접한 상위의 if문에 소속된 else로 해석**한다. 그러므로 이러한 else의 혼란을 방지하려면 블록을 이용하는 것이 바람직하다.

```
if ( type == 1 )
{
    if ( point >= 70 )
        printf("1종면허 합격\n");
    else
        printf("1종면허 불합격\n");
}
else if ( type == 2 )
{
    if ( point >= 60 )
        printf("2종면허 합격\n");
    else
        printf("2종면허 불합격\n");
}
```

```
if ( type == 1 )
    if ( point >= 70 )
        printf("1종면허 합격\n");
    else
        printf("1종면허 불합격\n");
else if ( type == 2 )
    if ( point >= 60 )
        printf("2종면허 합격\n");
    else
        printf("2종면허 불합격\n");
```

그림 6-16 if에서의 적절한 블록의 사용

다음 부분 소스에서 else는 어느 if의 else인지 알아보자. 다음 소스에서 **들여쓰기는 첫 if의 조건식 (age >= 20)에 else로 되어 있으나 실제 문법적으로 else는 두 번째 if (age >= 65)의 else**이다. 그러므로 이 else는 문법적으로 문제가 없으나 나이가 20 이상 65 미만도 미성년으로 구분되니 논리적으로 잘못되었다. 이를 논리적으로 맞게 하려면 if (age >= 20)의 else로 배치해야 하므로, 조건식 (age >= 20) 이후에 블록을 반드시 사용한 후 else를 배치해야 한다.

```
int age = 30;

if (age >= 20)
    if (age >= 65)
        printf("당신은 어르신입니다.\n");
else
    printf("당신은 미성년자입니다.\n");
```

```
int age = 30;

if (age >= 20)
{
    if (age >= 65)
        printf("당신은 어르신입니다.\n");
    else
        printf("당신은 미성년자입니다.\n");
}
```

```
int age = 30;

if (age >= 20)
{
    if (age >= 65)
        printf("당신은 어르신입니다.\n");
}
else
    printf("당신은 미성년자입니다.\n");
```

그림 6-17 else 구문의 주의

danglingelse.c

```
01    // file: danglingelse.c
02    #define _CRT_SECURE_NO_WARNINGS //scanf() 오류를 방지하기 위한 상수 정의
03
04    #include <stdio.h>
05
06    int main(void)
07    {
08        int   age = 0;
09
10        printf("당신의 나이는? ");
11        scanf("%d", &age);
12
13        if (age >= 20)
14        {
15            if (age >= 65)
16                printf("당신은 어르신입니다.\n");
17            else
18                printf("당신은 성인입니다.\n");
19        }
20        else
21        {
22            printf("당신은 미성년자입니다.\n");
23        }
24
25        return 0;
26    }
```

설명	
14~19	블록 {} 은 없어도 오류는 발생하지 않으나 소스의 가독성을 높이기 위해 삽입
20	19의 블록 종료로 이 else는 조건식 (age >= 20)이 거짓인 경우 실행
21~23	블록 {} 은 없어도 오류는 발생하지 않으나 소스의 가독성을 높이기 위해 삽입

실행결과		
	당신의 나이는? 18 당신은 미성년자입니다.	당신의 나이는? 22 당신은 성인입니다.
	당신의 나이는? 66 당신은 어르신입니다.	

지금 위에서 살펴본 애매한 else의 문제를 댕글링 else 문제라고 한다. 다음 첫 번째 문장에서 else는 어느 조건의 else인지 명확히 하자는 것이다.

```
       if (cond1) if (cond2) s1; else s2;
  ==   if (cond1) { if (cond2) s1; else s2; }
```

C 언어에서 위 첫 번째 문장은 두 번째 문장으로 인식하여 else는 cond2의 else이므로, 이에 맞는 문장으로 활용해야 한다. 만일 else를 cond1의 else로 사용하려면 다음 문장과 같이 cond1 다음에 블록 {}을 삽입해야 한다.

```
       if (cond1) { if (cond2) s1; } else s2;
```

중간점검

01 다음 문장을 간단한 문장으로 수정하시오.

```
if (a == 10)
{
   if (b == 20)
   {
      printf("a와 b가 모두 10입니다.\n");
   }
}
```

02 다음 부분 소스에서 변수 a는 15, b가 8일 때, 출력값을 기술하시오.

```
if (a > 10)               if (a > 10)
   if (b > 10)               if (b > 10)
      printf("B\n");            printf("B\n");
else                      else
   printf("C\n");            printf("C\n");
```

다양한 if문의 이용과 조건연산자

다양한 if문

이 단원 처음에 일상생활에서 조건에 따라 해야 할 내용이 결정되는 사례를 살펴보았다. 이제 이러한 사례에 가장 적절한 if문을 선택해 구현해 보자.

표 6-4 조건에 따라 선택이 발생하는 일상생활에서의 사례와 구현

조건 표현	if 형태	기준변수	다양한 if 문으로 구성
온도가 32도 이상이면 폭염주의를 출력	if	온도 temperature	`if (temperature >= 32)` `    printf("폭염주의");`
속도가 40km와 60km 사이이면 "적정속도"라고 출력	if	속도 speed	`if (40 <= speed && speed <= 60)` `    printf("적정속도");`

운전면허 필기시험에서 60점 이상이면 합격, 아니면 불합격 출력	if else	시험성적 point	`if (point >= 60)`
			`    printf("면허시험 합격");`
			`else`
			`    printf("면허시험 불합격");`

속도 speed가 40km와 60km 사이라는 조건식은 (40 <= speed && speed <= 60)라고 표현해야 맞다. 만일 이 조건식을 수학에서와 같이 (40 <= speed <= 60)[1]로 사용한다면 잘못된 조건식이다. 조건식 (40 <= speed <= 60)은 이미 배운 연산자의 결합성에 따라 왼쪽부터 ((40 <= speed) <= 60)로 계산되므로 speed 값에 관계없이 결과값이 항상 1이 되기 때문이다.

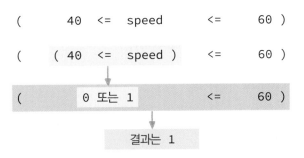

그림 6-18 주의해야 할 조건 연산식

if와 조건연산자

조건연산자에서 두 수 중에서 최대값을 구하는 방법을 알아 보았다. 다음 표와 같이 조건연산자의 기능은 if문으로도 가능하다. 간단히 조건연산자로 구현할 수 있는 기능은 조건연산자를 사용하는 것이 더 효율적이다.

표 6-5 조건연산자와 if

구현 내용	조건연산자	if

두 수의 최대값 구하기	max = x > y ? x : y;	`if (x > y)`
		`    max = x;`
		`else`
		`    max = y;`

두 수의 최소값 구하기	min = x > y ? y : x;	`if (x > y)`
		`    min = y;`
		`else`
		`    min = x;`

절대값 구하기	abs = x >= 0 ? x : -x;	`if (x >= 0)`
		`    abs = x;`
		`else`
		`    abs = -x;`

홀수와 짝수 구하기	a % 2 ? printf("홀수") : printf("짝수");	`if (a % 2)`
		`    printf("홀수");`
		`else`
		`    printf("짝수");`

---

[1] 최근에 각광을 받고 있는 파이썬 언어에서는 수학식 40 <= speed <= 60와 같은 연산식을 지원한다.

01 다음 부분 소스에서 출력값은 무엇을 의미하는가?

```
int n1, n2, n3;
printf("세 정수 입력: ");
scanf("%d %d %d", &n1, &n2, &n3);

int temp = (n1 > n2) ? n1 : n2;
printf("%d\n", temp > n3 ? temp : n3);
```

02 다음 부분 소스에서 출력값을 기술하시오.

```
int x = 3, y = 2, z = 5;
printf("%d\n", ((x > y) ? x : y) > z ? ((x > y) ? x : y) : z);
```

03 다음 수식 조건을 C 언어에서 사용할 수 있는 조건식으로 기술하시오.

```
30 <= x <=40
```

표준입력으로 받은 세 정수에서 최대값이 출력되는 프로그램을 작성해보자.

● 먼저 조건식 x > y 이 참이면 x와 y의 최대값, 거짓이면 x와 y의 최소값

```
세 정수를 입력: 10 30 20
최대 수: 30
```

Lab 6-2	maxof3.c

```
01   // file: maxof3.c
02   #define _CRT_SECURE_NO_WARNINGS
03
04   #include <stdio.h>
05
06   int main(void)
07   {
08      int x, y, z;
09
10      printf("세 정수를 입력: ");
11      scanf("%d %d %d", &x, &y, &z);
12
13      if (x > y)
14      {
15         if (_____)
16            printf("최대수: %d\n", x);
17         else
18            printf("최대수: %d\n", z);
19      }
20      else
21      {
22         if (_____)
23            printf("최대수: %d\n", y);
24         else
25            printf("최대수: %d\n", z);
26      }
27
28      return 0;
29   }
```

정답	15 if (x > z)
	22 if (y > z)

다양한 선택 switch 문

switch 문장 개요

정수 또는 문자 선택

다중선택 구문인 switch문을 사용하면, **문장 if else가 여러 번 계속 반복되는 구문을 좀 더 간략하게 구현**할 수 있다. 특히 if의 조건식이 정수와 등호식이라면 보다 간편한 switch문의 사용이 가능하다. **switch문은 주어진 연산식이 문자형 또는 정수형이라면 그 값에 따라 case의 상수값과 일치하는 부분의 문장들을 수행하는 선택 구문**이다.

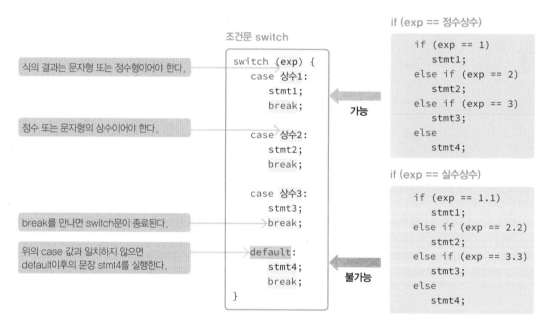

그림 6-19 switch 문 문장구조

switch 다음의 연산식 exp 값이 1, 2, 3 그리고 이외의 값에 따라 처리할 작업이 있다면 위와 같이 if else 또는 switch문으로 처리할 수 있다. **switch (exp) { … } 문은 표현식 exp 결과값 중에서 case의 값과 일치하는 항목의 문장 stmt1을 실행한 후 break를 만나 종료**한다. switch 문에서 switch, case, break, default는 키워드이며 **연산식 exp의 결과값은 반드시 문자 또는 정수여야 한다. 또한 case 다음의 value 값은 변수가 올 수 없으며 상수식(constant expression)으로 그 결과가 정수 또는 문자 상수여야 하고 중복될 수 없다. default는 선택적이므로 사용하지 않을 수 있다.** switch 문의 제어흐름은 다음 그림과 같으며 정확한 실행 순서는 다음과 같다.

- 표현식 exp를 평가하여 그 값과 일치하는 상수값을 갖는 case 값을 찾아 case 내부의 문장을 실행한다. case 상수: 다음에는 블록 구성 없이 여러 문장이 올 수 있다.

- break를 만나면 switch 문을 종료한다. case 문의 내부문장을 실행하고 break 문이 없으면 break 문을 만나기 전까지 다음 case 의 내부로 무조건 이동하여 내부 문장을 실행한다.

- 일치된 case 값을 만나지 못하여 default를 만나면 default 내부의 문장을 실행한다. default의 이후에 다른 case가 없으면 break는 생략 가능하다.

- switch 몸체의 마지막 문장을 실행하면 switch 문은 종료된다.

- default의 위치는 모든 case 뒤에 오는 것이 일반적이나, 어디에도 위치할 수 있으며 중간에 위치하면서 break문이 없으면 하부 case 내부 분장을 무조건 실행하므로 주의가 필요하다.

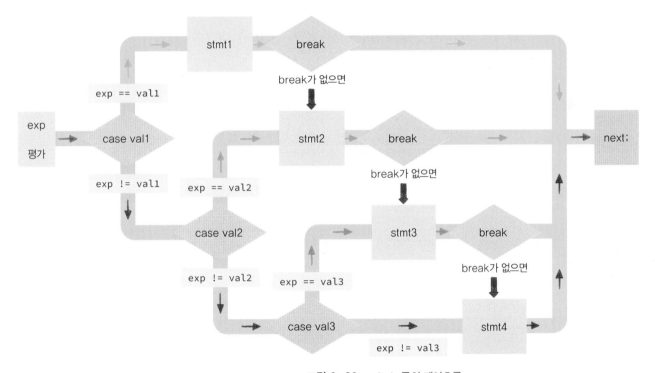

그림 6-20 switch 문의 제어흐름

다음 프로그램은 1에서 4까지 정수 중에서 선택한 번호에 따라 표준 입력한 두 실수의 더하기, 빼기, 곱하기 나누기를 실행하는 프로그램이다.

```c
01  // file: switch.c
02  #define _CRT_SECURE_NO_WARNINGS //scanf() 오류를 방지하기 위한 상수 정의
03
04  #include <stdio.h>
05
06  int main(void)
07  {
08      double x, y, result;
09      int op;
10
11      printf("두 실수 입력: ");
12      scanf("%lf %lf", &x, &y);
13      printf("연산종류 번호선택 1(+), 2(-), 3(*), 4(/): ");
14      scanf("%d", &op);
15
16      switch (op) {
17      case 1:
18          printf("%.2f + %.2f = %.2f\n", x, y, x + y);
19          break;
20      case 2:
21          printf("%.2f - %.2f = %.2f\n", x, y, x - y);
22          break;
23      case 3:
24          printf("%.2f * %.2f = %.2f\n", x, y, x * y);
25          break;
26      case 4:
27          printf("%.2f / %.2f = %.2f\n", x, y, x / y);
28          break;
29
30      default:
31          printf("번호를 잘못 선택했습니다.\n");
32          break; //생략가능
33      }
34
35      return 0;
36  }
```

설명	
12	scanf("두 실수 입력: %lf %lf", &x, &y); 이와 같이 쓰지 않도록 주의, 입력을 위한 프롬프트는 printf() 함수를 이용
19	break를 생략하면 논리오류로 바로 다음 case 2인 빼기도 수행
22	break를 생략하면 논리오류로 바로 다음 case 3인 더하기도 수행
25	break를 생략하면 논리오류로 바로 다음 case 4인 나누기도 수행

28	break를 생략하면 논리오류로 바로 다음 default인 "번호를 잘못 선택했습니다."를 출력
32	입력한 연산종류가 1에서 4번이 아니라도 그 이후에 실행할 문장이 없으므로 break 생략 가능

실행결과

두 실수 입력: 3.765 6.987
연산종류 번호선택 1(+), 2(-), 3(*), 4(/): 1
3.77 + 6.99 = 10.75

두 실수 입력: 4.82 3.987
연산종류 번호선택 1(+), 2(-), 3(*), 4(/): 2
4.82 - 3.99 = 0.83

두 실수 입력: 3.986 4.826
연산종류 번호선택 1(+), 2(-), 3(*), 4(/): 3
3.99 * 4.83 = 19.24

두 실수 입력: 87.354 6.98
연산종류 번호선택 1(+), 2(-), 3(*), 4(/): 4
87.35 / 6.98 = 12.51

break의 적절한 사용

switch문에서 주의할 것 중 하나는 case 이후 정수 상수를 콤마로 구분하여 여러 개 나열할 수 없다는 것이다. 표준입력으로 1년 중 해당하는 월을 입력 받아 그 달에 맞는 계절을 출력하는 프로그램을 생각해 보자. 입력된 4월, 5월을 봄으로 출력하는 모듈을 switch문으로 작성해 보자. **case 문 내부에 break 문이 없다면 일치하는 case 문을 실행하고, break 문을 만나기 전까지 다음 case 내부 문장을 실행**한다. 이러한 break문의 특징을 살려 case 4: case 5: 로 여러 개의 case를 나열한 후 필요한 곳에만 break문을 배치한다면 서로 다른 여러 값에 대해 동일한 기능을 수행할 수 있다. 그러나 **case 4, 5와 같은 나열은 문법오류가 발생**하니 주의하자.

```
switch ( month )
{
    case 4 : case 5 :                          case 4, 5 : //오류발생
        printf("%d월은 봄입니다.\n", month);        ...
        break;                                     break;

    case 6 : case 7 : case 8 :                 case 6, 7, 8 : //오류발생
        printf("%d월은 여름입니다.\n", month);      ...
        break;                                     break;

    ...

    default :
        printf("월(month)을 잘못 입력하셨습니다.\n");
}
```

그림 6-21 여러 개의 정수 선택에 따른 case 처리 방법

실습예제 6-8 | seasonswitch.c

```
01  // file: seasonswitch.c
02  #define _CRT_SECURE_NO_WARNINGS //scanf() 오류를 방지하기 위한 상수 정의
03
04  #include <stdio.h>
```

```
05
06    int main(void)
07    {
08        int   month;
09
10        printf("년도의 월(month)을 입력: ");
11        scanf("%d", &month);
12
13        switch (month) {
14        case 4: case 5:
15            printf("%d월은 봄입니다.\n", month);
16            break;
17
18        case 6: case 7: case 8:
19            printf("%d월은 여름입니다.\n", month);
20            break;
21
22        case 9: case 10: case 11:
23            printf("%d월은 가을입니다.\n", month);
24            break;
25
26        case 12: case 1: case 2: case 3:
27            printf("%d월은 겨울입니다.\n", month);
28            break;
29
30        default:
31            printf("월(month)을 잘못 입력하셨습니다.\n");
32        }
33
34        return 0;
35    }
```

설명	
12	scanf("%d", &month);에 의해 변수 month에 월이 입력
14	입력값이 4월, 5월이면
15	"~ 봄입니다." 출력
16	switch 문 종료
18	입력값이 6월, 7월, 8월이면
19	"~ 여름입니다." 출력
20	switch 문 종료
22	9월, 10월, 11월이면
23	"~ 가을입니다." 출력
24	switch 문 종료
26	12월, 1월, 2월, 3월이면
27	"~ 봄입니다." 출력

```
28    switch 문 종료
30    입력값이 1에서 12까지가 아니면
31    "월(month)을 잘못 입력하셨습니다."를 출력, 이후에 break는 생략 가능
```

실행결과	년도의 월(month)을 입력: 11	년도의 월(month)을 입력: 1
	11월은 가을입니다.	1월은 겨울입니다.
	년도의 월(month)을 입력: 5	년도의 월(month)을 입력: 7
	5월은 봄입니다.	7월은 여름입니다.

중간점검

01 다음 if 문에 해당하는 부분을 switch 문으로 수정하시오.

```
printf("년도의 월(month)을 입력: ");
scanf("%d", &month);

if (month > 12)
    printf("월(month)을 잘못 입력하셨습니다.\n");
else if (10 <= month)
    printf("%d월은 4사분기입니다.\n", month);
else if (7 <= month)
    printf("%d월은 3사분기입니다.\n", month);
else if (4 <= month)
    printf("%d월은 2사분기입니다.\n", month);
else if (1 <= month)
    printf("%d월은 1사분기입니다.\n", month);
else
    printf("월(month)을 잘못 입력하셨습니다.\n");
```

02 위 소스에 해당하는 switch 문을 다음과 같이 작성한다면 무엇이 문제인가?

```
switch (month) {
case 1: 2: 3:
    printf("%d월은 1사분기입니다.\n", month);
    break;

case 4: 5: 6:
    printf("%d월은 2사분기입니다.\n", month);
    break;

case 7: 8: 9:
    printf("%d월은 3사분기입니다.\n", month);
    break;

case 10: 11: 12:
    printf("%d월은 4사분기입니다.\n", month);
    break;

default:
    printf("월(month)을 잘못 입력하셨습니다.\n");
}
```

03 다음 프로그램의 결과를 기술하시오.

```c
int data = 5;

switch (data) {
default:
    printf("자료가 잘못되었습니다.\n");

case 1:
    printf("%d는(은) 1사분기입니다.\n", data);
    break;

case 2:
    printf("%d는(은) 2사분기입니다.\n", data);
    break;

case 3:
    printf("%d는(은) 3사분기입니다.\n", data);
    break;

case 4:
    printf("%d는(은)4사분기입니다.\n", data);
    break;
}
```

표준입력으로 받은 세 정수에서 최대값이 출력되는 프로그램을 작성해보자.

- 먼저 조건식 x 〉 y 의 결과를 switch 문을 이용
- 조건연산자를 이용하여 두 수 중에서 최대값을 출력

```
세 정수를 입력: 5 10 8
최대값: 10
```

Lab 6-3 | simplemaxof3.c

```c
01   // file: simplemaxof3.c
02   #define _CRT_SECURE_NO_WARNINGS
03
04   #include <stdio.h>
05
06   int main(void)
07   {
08      int x, y, z;
09
10      printf("세 정수를 입력: ");
11      scanf("%d %d %d", &x, &y, &z);
12
13      switch ((x > y))
14      {
15      case 0:
16         printf("최대값: %d\n", _____);
17         break;
18
19      case 1:
20         printf("최대값: %d\n", _____);
21         break;
22      }
23
24      return 0;
25   }
```

정답
```c
16   printf("최대값: %d\n", y > z ? y : z);
20   printf("최대값: %d\n", x > z ? x : z);
```

연산식 활용과 default 위치

switch 연산식의 활용

성적을 switch 문장으로 처리하는 프로그램을 작성해 보자. 표준 입력된 성적에 따라 성적 'A'에서 'F'까지 부여하는데, 각 학점의 구간은 다음 표와 같다. 정수로 입력된 점수를 switch에서 그대로 사용할 수 없으며, 구간으로 사용할 수도 없으니 **점수를 10으로 나눈 연산식 (score / 10)을 활용하면 switch 문이 가능**하다. 즉 연산값이 10 또는 9이면 'A', 8이면 'B' 등으로 case 를 사용한다.

표 6-6 점수에 따른 성적처리를 위한 연산값

점수 예	점수 범위	(score / 10) 연산값	성적처리
100, 98, 95, 90	90 <= 점수 <= 100	9 또는 10	'A' 부여
80, 85, 88, 89	80 <= 점수 < 90	8	'B' 부여
80, 85, 88, 89	70 <= 점수 < 80	7	'C' 부여
80, 85, 88, 89	60 <= 점수 < 70	6	'D' 부여
30, 55, 58, 59	점수 < 60	그 외	'F' 부여

실습예제 6-9 scoreswitch.c

```
01  // file: scoreswitch.c
02  #define _CRT_SECURE_NO_WARNINGS //scanf() 오류를 방지하기 위한 상수 정의
03
04  #include <stdio.h>
05
06  int main(void)
07  {
08     int  score;
09
10     printf("점수 입력: ");
11     scanf("%d", &score);
12
13     switch (score / 10) {
14     case 10: case 9:
15        printf("점수가 %d 점으로 성적이 %c 입니다.\n", score, 'A');
16        break;
17     case 8:
18        printf("점수가 %d 점으로 성적이 %c 입니다.\n", score, 'B');
19        break;
20     case 7:
21        printf("점수가 %d 점으로 성적이 %c 입니다.\n", score, 'C');
22        break;
```

```
23        case 6:
24            printf("점수가 %d 점으로 성적이 %c 입니다.\n", score, 'D');
25            break;
26
27        default:
28            printf("점수가 %d 점으로 성적이 %c 입니다.\n", score, 'F');
29        }
30
31        return 0;
32    }
```

설명	
13	연산식 (score / 10)은 정수의 나누기 결과는 정수라는 것을 활용
14	100점도 있으므로 case 10이 필요
16, 19, 22, 25	break를 생략하면 다음 case 내부 문장을 수행하므로 반드시 필요
27	연산값이 0, 1, 2, 3, 4, 5인 경우를 처리

실행결과	
점수 입력: 100 점수가 100 점으로 성적이 A 입니다.	점수 입력: 88 점수가 88 점으로 성적이 B 입니다.
점수 입력: 75 점수가 75 점으로 성적이 C 입니다.	점수 입력: 62 점수가 62 점으로 성적이 D 입니다.

default의 위치

엄밀히 보자면 위 프로그램은 문제가 있다. 즉 성적 입력이 110, 120과 같이 110이상이면 'F'가 출력된다. 물론 구체적인 언급이 없었으니 별 문제가 없을 수도 있으나 좀 더 상세히 구현해 보도록 하자. 즉 입력 점수의 허용 범위를 엄밀히 0에서 100으로 한정하다면, 점수를 입력 받은 후에 다음과 같은 if 조건문을 바로 삽입하여 점수의 범위를 벗어나면 프로그램을 바로 종료하도록 하자.

```
if (score < 0 || score > 100) {
    printf("점수 입력이 잘못되었습니다.\n:");
    return 0;
}
```

그림 6-22 입력값의 범위 검사

일반적으로 switch 문에서 default는 생략될 수 있으며, 그 위치도 제한이 없다. 다만 다음과 같이 **default를 위치시킨 이후에 다른 case가 있다면 break를 반드시 입력**하도록 한다. 만일 break문이 제거되면 case 상수 외에도 다시 상수 10과 9에 기술된 내부 문장이 실행되는 논리 오류가 발생하니, 주의하길 바란다.

```
switch (score / 10) {
default:
    printf("점수가 %d 점으로 성적이 %c 입니다.\n", score, 'F');
    break; //반드시 필요한 break

case 10: case 9:
    printf("점수가 %d 점으로 성적이 %c 입니다.\n", score, 'A');
    break;
    ...
}
```

그림 6-23 default의 위치에 따른 break의 추가

scoreswitch2.c

```
01  // file: scoreswitch2.c
02  #define _CRT_SECURE_NO_WARNINGS //scanf() 오류를 방지하기 위한 상수 정의
03
04  #include <stdio.h>
05
06  int main(void)
07  {
08      int  score;
09
10      printf("점수(0에서 100사이) 입력: ");
11      scanf("%d", &score);
12
13      if (score < 0 || score > 100) {
14          printf("점수 입력이 잘못되었습니다.\n");
15          return 0;
16      }
17
18      switch (score / 10) {
19      default:
20          printf("점수가 %d 점으로 성적이 %c 입니다.\n", score, 'F');
21          break;
22
23      case 10: case 9:
24          printf("점수가 %d 점으로 성적이 %c 입니다.\n", score, 'A');
25          break;
26      case 8:
27          printf("점수가 %d 점으로 성적이 %c 입니다.\n", score, 'B');
```

```
28          break;
29      case 7:
30          printf("점수가 %d 점으로 성적이 %c 입니다.\n", score, 'C');
31          break;
32      case 6:
33          printf("점수가 %d 점으로 성적이 %c 입니다.\n", score, 'D');
34          break;
35      }
36
37      return 0;
38  }
```

설명	13	연산식 (score < 0 || score > 100)은 점수가 음수이거나 100을 초과하면 참
	15	프로그램 중간에도 return하면 프로그램 종료
	23	점수는 100점을 허용하므로 잊지 말고 case 10:을 삽입

| 실행결과 | 점수(0에서 100사이) 입력: 101
점수 입력이 잘못되었습니다. | 점수(0에서 100사이) 입력: 94
점수가 94 점으로 성적이 A 입니다. |
| | 점수(0에서 100사이) 입력: 65
점수가 65 점으로 성적이 D 입니다. | 점수(0에서 100사이) 입력: 55
점수가 55 점으로 성적이 F 입니다. |

다음은 다중선택 구문인 switch 문에서의 주의점을 다시 한번 정리해 보았다.

- switch의 연산식 결과는 정수형 또는 문자형이어야 한다.

- 각 case 뒤에 나오는 식은 상수식이어야 하며, 그리고 그 결과는 모두 달라야 한다. 여기서 상수식에는 변수와 const 상수를 절대 사용할 수 없으며, 리터럴 상수와 매크로 상수의 연산식은 사용 가능하다.

- default 는 선택적으로 없거나 하나이며 어디에 위치해도 모든 case 처리를 하지 않은 경우 실행되며, 다른 case가 뒤에 있다면 break가 필요하다.

중간점검

01 다음은 표준입력으로 받은 월의 분기를 출력하는 프로그램이다. 다음 빈 부분을 채우시오.

```
int  month;

printf("년도의 월(month)을 입력: ");
scanf("%d", &month);

if ( !(_____) )
{
   printf("월(month)을 잘못 입력하셨습니다.\n");

   return 0;
```

```
    }

    int data = _____;
    switch (data) {
    case 0:
        printf("%d월은 1사분기입니다.\n", month);
        break;

    case 1:
        printf("%d월은 2사분기입니다.\n", month);
        break;

    case 2:
        printf("%d월은 3사분기입니다.\n", month);
        break;

    case 3:
        printf("%d월은 4사분기입니다.\n", month);
        break;
    }
```

02 다음 프로그램의 결과를 기술하시오.

```
    int data = 5;

    switch (data) {
    default:
        printf("자료가 잘못되었습니다.\n");

    case 1:
        printf("%d는(은) 1사분기입니다.\n", data);
        break;

    case 2:
        printf("%d는(은) 2사분기입니다.\n", data);
        break;

    case 3:
        printf("%d는(은) 3사분기입니다.\n", data);
        break;

    case 4:
        printf("%d는(은)4사분기입니다.\n", data);
        break;
    }
```

표준입력으로 받은 정수에 대응하는 열거 상수로 switch 문 활용

표준입력으로 받은 정수에 대응하는 열거 상수로 switch문에서 분기를 처리하는 프로그램을 작성해보자.

- 삼원색을 표현하는 열거상수로 RED, GREEN, BLUE를 정의
- 세 정수(R[0], G[1], B[2]) 중의 하나를 입력
- switch의 case 상수로 열거 상수를 이용

```
세 정수(R[0], G[1], B[2]) 중의 하나를 입력: 0
Red
```

Lab 6-4   **enumswitch.c**

```c
01    // enumswitch.c
02    #define _CRT_SECURE_NO_WARNINGS //scanf() 오류를 방지하기 위한 상수 정의
03
04    #include <stdio.h>
05
06    int main(void)
07    {
08        enum color { RED, GREEN, BLUE };
09        int input;
10
11        printf("세 정수(R[0], G[1], B[2]) 중의 하나를 입력: ");
12        scanf("%d", &input);
13
14        switch (input) {
15        case _____:
16            printf("Red\n");
17            break;
18
19        case _____:
20            printf("Green\n");
21            break;
22
23        case _____:
24            printf("Blue\n");
```

```
25        break;
26
27    default:
28        printf("잘못된 입력\n");
29    }
30
31    return 0;
32 }
```

정답

```
15    case RED:
19    case GREEN:
23    case BLUE:
```

01 다음을 참고로 표준입력으로 받은 0에서 360도의 각도가 있는 평면의 사분면을 출력하는 프로그램을 작성하시오.

● 사분면과 각도

예로 50도는 '1사분면' 출력
다만 경계선인 0도는 '양의 X축', 90도는 '양의 Y축', 180도는 '음의 X축', 270도는 '음의 Y축'으로 출력

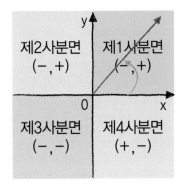

02 다음을 참고로 표준입력으로 받은 두 실수의 연산을 수행하는 프로그램을 작성하시오.

● 조건선택 문을 사용하며, 다음과 같은 입출력이 되도록

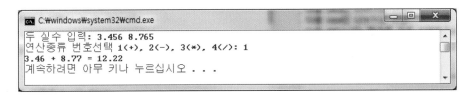

03 다음을 참고로 표준입력으로 받은 신장(키)과 몸무게를 이용하여 비만 정도를 출력하는 프로그램을 작성하시오.

● BMI(Body Mass Index) 계산법

BMI 지수 = 몸무게(kg) ÷ (신장(m) × 신장(m))
BMI 지수가 18.5 미만: 저체중, 18.5~23은 정상, 23~25은 과체중
25~30은 비만, 30~35는 고도비만, 35 이상은 초고도비만

BMI	비만여부
~ 18.4	저체중
18.5 ~ 23.9	정상
23.0 ~ 24.8	과체중
25.0 ~ 29.9	경도비만
30 이상	중등도비만

04 다음을 참고로 표준입력으로 받은 성별, 신장(키), 몸무게를 이용하여 비만도를 출력하는 프로그램을 작성하시오.

● (현재 체중/표준 체중)×100(%)을 비만 지수라고 하며,

● 비만도는 다음으로 측정

±10%: 정상, 10~20%: 체중 과다, 20% 초과: 비만

● 표준 체중 계산하는 방법은 다음과 같다.

```
남자: 신장(m) × 신장(m) × 22
여자: 신장(m) × 신장(m) × 21
```

05 다음을 참고로 프로그램에서 임의로 정한 1에서 20사이의 수를 찾는 프로그램을 작성하시오.

● 사용자가 추측하여 입력한 수가 정답보다 작은 지, 큰 지를 알려 주도록 함

06 다음을 참고로 표준입력으로 받은 종합소득 금액에 따른 세율을 출력하는 프로그램을 작성하시오.

● 종합소득 과세 표준

과세표준	세율
1200만원 이하	6%
4600만원 이하	15%
8800만원 이하	24%
3억원 이하	35%
3억원 초과	38%

07 다음을 참고로 표준입력으로 받은 종합소득 금액에 따른 세율을 정한 후 과세금액을 계산하여 출력하는 프로그램을 작성하시오.

● 종합소득 과세 표준과 세금

예로 종합소득이 2000천만원이면, 1천200만원까지의 세금 72만원 + 1천200만원을 초과하는 금액 800만원에 대한 세금 120만원(800만원 × 15%) 을 계산하면 세금은 총 192만원

과세표준	세율	비고
1천200만원 이하	과세표준의 100분의 6	6%
1천200만원 초과 ~ 4천600만원 이하	72만원 + (천이백만원을 초과하는 금액의 100분의 15)	15%
4천600만원 초과 ~ 8천800만원 이하	582만원 + (사천육백만원을 초과하는 금액의 100분의 24)	24%
8천800만원 초과 ~ 3억원 이하	1천590만원 + (팔천팔백만원을 초과하는 금액의 100분의 35)	35%
3억원 초과	9천10만원 + (**삼억원을 초과하는 금액의 100분의 38**)	2012년 신설구간, 38%

08 다음을 참고로 표준입력으로 두 실수 x, y를 이용하여 연산 값을 출력하는 프로그램을 작성하시오.

- x: 양수 y: 양수 : x + y

- x: 양수 y: 0 또는 음수 : x − y

- x: 0 또는 음수 y: 양수 : −x + y

- x: 0 또는 음수 y: 0 또는 음수 : −x − y

09 다음을 참고로 표준입력으로 받은 월(month)에 해당하는 분기를 출력하는 프로그램을 if 문을 사용하여 작성하시오.

- 1사분기: 1, 2, 3월, 2사분기: 4, 5, 6월, 3사분기: 7, 8, 9월, 4사분기: 10, 11, 12월

10 다음을 참고로 표준입력으로 받은 년도의 윤년을 판단하는 프로그램을 if 문을 사용하여 작성하시오.

- 기원 연수가 4로 나누어 떨어지는 해는 우선 윤년으로 하고,

- 1번 중에서 100으로 나누어 떨어지는 해는 평년으로 하며,

- 다만 400으로 나누어 떨어지는 해는 윤년으로 정한다

11 위 문제를 참고로 표준입력으로 받은 년도와 달을 이용하여 월의 말일을 출력하는 프로그램을 switch 문을 사용하여 작성하시오.

12 문자 하나와 온도를 실수형으로 입력 받아, 문자가 F나 f이면 입력 받은 값을 화씨로 간주하여 섭씨로 바꾸고, 입력 받은 문자가 C나 c이면 입력 받은 값을 섭씨로 간주하여 화씨로 바꾸어 결과를 출력하는 프로그램을 작성하시오.

- F = (9.0 / 5.0) × C + 32

- C = (5.0 / 9.0) × (F − 32)

Introduction to **C PROGRAMMING**

07

—————— CHAPTER

반복

학습목표

▶ **반복문에 대하여 이해하고 구현할 수 있다.**
  · while문의 구조를 이해하고 필요한 반복의 구현이 가능
  · do while문의 구조를 이해하고 필요한 반복의 구현이 가능
  · for문의 구조를 이해하고 필요한 반복의 구현이 가능
  · 반복문 내부에서의 break와 continue의 기능
  · 의도적인 무한반복과 반복의 종료

▶ **중첩된 반복에 대하여 다음을 이해하고 구현할 수 있다.**
  · 외부 제어변수와 내부 제어변수 변화를 이해
  · 구구단 구현
  · 입력의 종료를 알리는 방식과 구현

학습목차

반복 개요와 while 문

반복 개요

반복의 개념과 구문 종류

반복(repetition)은 말 그대로 같거나 비슷한 일을 여러 번 수행하는 작업이다. 우리의 주위에는 생각보다 반복되는 현상이나 작업이 많다. 매일 비슷비슷한 일이 반복되고, 월이 반복되며, 또한 월이 모여 1년이라는 것도 계속 반복된다. 스포츠 중에는 사이클 경기가 벨로드롬(velodrome)이 라는 원형의 경기장을 반복해서 돌며 경주를 하고, 세계적으로 유명한 F1 자동차 경주도 경기장인 서킷(circuit)을 정해진 횟수만큼 반복한다. 또한 스키장에서는 슬로프에서 스키를 즐기고 내려와 서 다시 리프트를 타는 일을 계속 반복하기도 한다. 또한 공원의 롤러코스터도 정해진 궤도를 계속 반복한다. **반복과 같은 의미로 순환(loop, 루프)이라는 표현도 함께 사용**하는데, 롤러코스터의 원 형 궤도처럼 원래 고리 또는 순환이라는 의미가 루프(loop)이다.

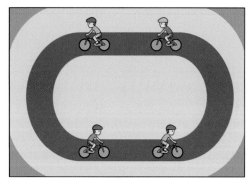
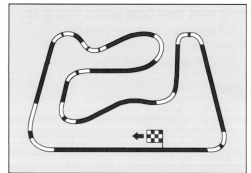
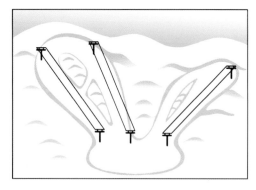

그림 7-1 스포츠와 일상에서의 반복과 순환

프로그램에서도 반복 구문은 매우 높은 비중을 차지하며, 반복이 없는 프로그램은 상상도 할 수 없을 정도이다. **C 언어는 while, do while, for 세 가지 종류의 반복 구문을 제공**한다. 반복은 순환 (loop)이라고도 부르며, 먼저 반복조건을 검사하여 반복을 수행하는 while 구문, 제일 나중에 반복 조건 검사하여 반복을 수행하는 do while 구문, 초기화와 반복조건, 그리고 증감연산의 세 부분으로 나누어 일정한 횟수의 반복에 적합한 for 구문으로 나눌 수 있다. **반복조건을 만족하면 일정하게 반복되는 부분을 반복몸체(repetition body)라 한다.**

반복문 while은 단순한 숫자의 반복이 아니라 반복할 때마다 조건을 따지는 반복문으로, 조건식이 반복몸체 앞에 위치한다.

```
while ( <반복조건> )
{
    //반복몸체(loop body);
    <해야할 일>;
}
```

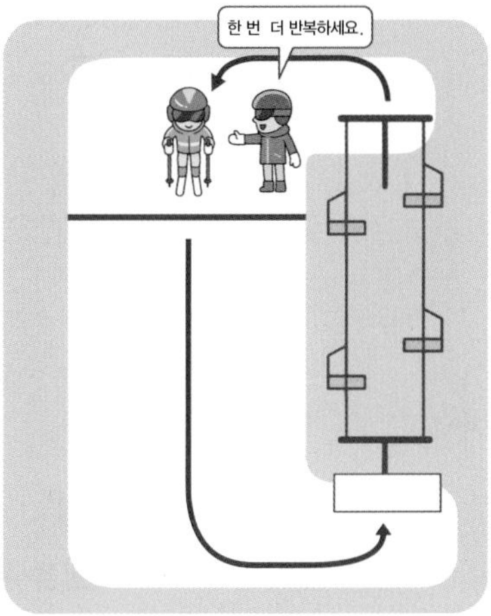

그림 7-2 while 반복

반복문 do while은 조건식이 반복몸체 뒤에 위치하므로 처음에 조건을 검사할 수는 없다. 따라서 무조건 한 번 실행 한 후 조건을 검사하고 이때 조건식이 참(0이 아니면)이면 반복을 더 실행한다.

```
do
{
    //반복몸체(loop body);
    <해야할 일>;
} while ( <반복조건> );
```

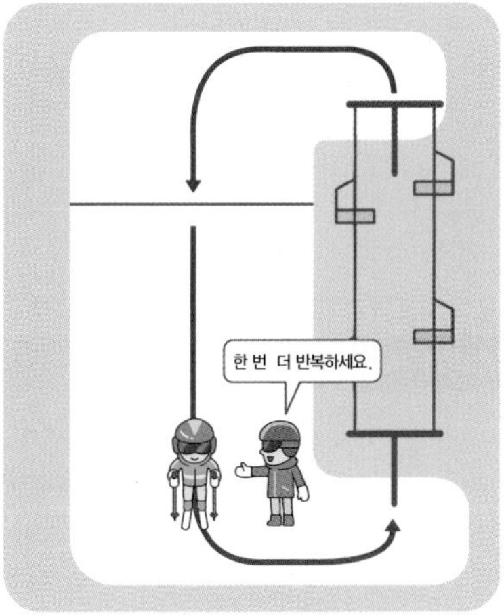

그림 7-3 do while 반복

반복문 for는 숫자로 반복하는 횟수를 제어하는 반복문이다. 명시적으로 반복 횟수를 결정할 때 주로 사용한다.

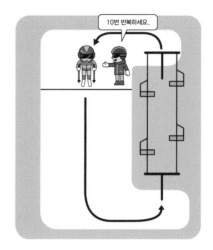

```
for ( <초기화>; <반복조건>; <증감> )
{
    //반복몸체(loop body);
    <해야할 일>;
}
```

그림 7-4 for 반복

반복 구문의 필요성

그 동안 C 프로그램을 하면서 단순한 문장의 반복을 코딩한 경험이 있을 것이다. 즉 동일하거나 또는 약간 다른 출력을 위해 함수 printf() 호출을 여러 번 반복하는 작업을 하면서, 뭔가 효율성이 떨어지고 다른 대안이 있을 것이라고 생각했을 것이다. 완전 동일한 문장을 여러 줄에 출력하거나 1에서부터 1씩 증가되는 값을 출력하는 작업 등이 그 예이다.

그림 7-5 단순 반복의 출력

실습예제 7-1	repetition.c

```
01    // file: repetition.c
02    #include <stdio.h>
03
04    int main(void)
05    {
06        //모두 동일한 문자열의 단순한 반복
07        printf("C 언어 재미있네요!\n");
```

```
08        printf("C 언어 재미있네요!\n");
09        printf("C 언어 재미있네요!\n");
10
11        int n = 1;
12        //정수값을 1씩 증가시키면서 출력 반복
13        printf("%d\n", n++);
14        printf("%d\n", n++);
15        printf("%d\n", n++);
16        printf("%d\n", n++);
17        printf("%d\n", n++);
18
19        return 0;
20    }
```

설명		
	07	단순한 문자열 출력
	8~9	동일한 문자열을 여러 번 출력하려고 7행과 같은 문장 기술
	13	후위 증가연산자는 연산값이 1 증가 이전의 값이므로 1이 출력, 이후 n은 2로 증가
	14	후위 증가연산자는 연산값이 1 증가 이전의 값이므로 2가 출력, 이후 n은 3으로 증가
	17	출력은 5이며, 17행 이후 n은 6이됨

실행결과	
	C 언어 재미있네요!
	C 언어 재미있네요!
	C 언어 재미있네요!
	1
	2
	3
	4
	5

연산자에서 배운 섭씨온도와 화씨 온도의 관계인 다음 식을 활용하여, 여러 섭씨온도에 해당하는 화씨온도를 다음과 같이 출력해 보자. 다음 소스와 같이 함수 printf()를 3번 반복 호출하면서, 섭씨온도는 12.46도에서 10씩 2번 증가하면 각각의 화씨온도를 출력할 수 있다. 이러한 소스도 뭔가 반복을 지원하는 간편한 구문이 있으면 훨씬 손쉽게 해결될 것으로 보인다.

$$F(화씨온도) = \frac{9}{5} C(섭씨온도) + 32$$

```
double celcius = 12.46;
```

9/5로 쓰면 이 결과가 1이므로 부정확한 결과가 나온다.

```
printf("%8.2lf %8.2lf\n", celcius, 9.0 / 5 * celcius + 32);
celcius += 10;
printf("%8.2lf %8.2lf\n", celcius, 9.0 / 5 * celcius + 32);
celcius += 10;
printf("%8.2lf %8.2lf\n", celcius, 9.0 / 5 * celcius + 32);
```

```
  섭씨(C)    화씨(F)
--------------------
  12.46    54.43
  22.46    72.43
  32.46    90.43
```

그림 7-6 여러 섭씨온도를 화씨온도로 바꾸는 반복

실습예제 7-2 **cel2far3.c**

```c
01   // file: cel2far3.c
02   #include <stdio.h>
03
04   int main(void)
05   {
06      double celcius = 12.46;
07
08      printf("  섭씨(C)   화씨(F)\n");
09      printf("--------------------\n");
10      printf("%8.2lf %8.2lf\n", celcius, 9.0 / 5 * celcius + 32);
11      celcius += 10;
12      printf("%8.2lf %8.2lf\n", celcius, 9.0 / 5 * celcius + 32);
13      celcius += 10;
14      printf("%8.2lf %8.2lf\n", celcius, 9.0 / 5 * celcius + 32);
15      celcius += 10;
16
17      return 0;
18   }
```

설명	
06	섭씨온도가 저장되는 변수 celcius 선언과 초기값 12.46 저장
8~9	출력 양식을 위한 제목 등의 헤드라인 출력
10	섭씨온도 celcius와 변환식으로 화씨온도 출력, 변환식에서 9.0으로 해야 나누기 연산의 결과가 실수로 나오니 주의해야 한다.
11	다음 온도에 대한 변환을 위해 섭씨온도인 celcious를 10 증가
12	10행과 동일한 출력문이나 실제 출력 내용은 celcious가 10 증가되었으므로 다름

실행결과

```
  섭씨(C)   화씨(F)
--------------------
   12.46    54.43
   22.46    72.43
   32.46    90.43
```

비트 AND 연산자인 &를 이용하면 한 정수의 n번째 비트값을 알 수 있다.

● 즉 정수와 1의 & 값인 연산식 (정수 & 1)의 결과값은 0과 1로 정수의 LSB(LSB: Least Significant Bit)인 오른쪽 첫 비트값이다.

● 1의 비트값은 오른쪽 첫 비트만 1이고 나머지 모든 비트는 0이기 때문이다. 그리고 (정수 ≫ n−1)은 정수의 오른쪽 n 번째 비트를 가장 오른쪽으로 이동시키는 연산이므로, 비트 연산식 ((정수 ≫ n−1) & 1)의 결과값은 결국 정수의 오른쪽 n 번째 비트값이다.

그러므로 다음은 정수 13의 오른쪽 첫 번째 비트값을 출력하는 문장이다.

```
                printf("%d", 13 & 1);        //오른쪽 첫 비트값 출력
```

그림 7-7 정수 13의 오른쪽 첫 비트(LSB) 출력

그렇다면 비트 AND 연산자 &를 사용하면 정수의 32비트 모두를 알 수 있으며, 효율성은 떨어지지만 32번의 printf() 출력으로 정수의 내부 비트값을 표현할 수 있다. 만일 정수의 오른쪽 8비트만 알고 싶다면 다음과 같이 8번 printf()를 반복하면 된다. 이러한 반복에서 모든 문장이 동일하지는 않지만 일정한 규칙을 가지고 조금씩 바뀌는 것을 알 수 있다.

```
          printf("%d", 13 >> 7 & 1);      //오른쪽 8번째 비트값 출력
          ...
          printf("%d", 13 >> 1 & 1);
          printf("%d", 13 >> 0 & 1);      //오른쪽 첫 비트값 출력
```

그림 7-8 정수 13의 오른쪽 8개의 비트 모두 출력

실습예제 7-3	onebyte.c

```
01   // file: onebyte.c
02   #include <stdio.h>
03
04   int main(void)
05   {
06      int num = 13;
07      printf("정수 %d의 오른쪽 8비트 내부값:\n", num);
08
09      printf("%d", num >> 7 & 1); //오른쪽 8번째 비트값 출력
10      printf("%d", num >> 6 & 1);
11      printf("%d", num >> 5 & 1);
12      printf("%d", num >> 4 & 1);
13      printf(" %d", num >> 3 & 1);
14      printf("%d", num >> 2 & 1);
15      printf("%d", num >> 1 & 1);
16      printf("%d\n", num >> 0 & 1); //오른쪽 첫 비트값 출력
17
18      return 0;
19   }
```

설명	
09	정수 13의 오른쪽 8번째 비트값 0 또는 1을 그대로 출력
10	위 출력값 바로 오른쪽에 7번째 비트값 0 또는 1을 그대로 출력
13	4비트 출력 후 빈 공간을 확보하기 위해 % 앞에 공간 확보
11~15	계속해서 오른쪽 6번째부터 첫 번째 비트까지 출력, 9줄에서 16줄까지를 간단히 처리할 방법이 필요

실행결과	
정수 13의 오른쪽 8비트 내부값: 0000 1101	

01 프로그램에서 반복이 필요한 경우를 토론해 보자.

02 C 언어에서 지원하는 반복 구문은 무엇인가?

03 정수 25의 오른쪽 4번째 비트를 출력하는 문장은 무엇인가?

while 문장

while 문 구조와 제어흐름

앞서 표에서도 보았지만 while문은 단순한 숫자의 반복이 아니라 반복할 때마다 조건을 따지는 반복문이다. 주의할 것은 조건식이 반복몸체 앞에 있다는 것이다. 즉, 단순한 반복이 아니라 조건식을 만족할 때 반복이 실행된다는 것이다. 아래의 그림을 보면 **문장 while (cond) stmt;는 반복조건인 cond를 평가하여 0이 아니면(참) 반복몸체인 stmt[1]를 실행하고 다시 반복조건 cond를 평가하여 while 문 종료 시까지 반복**한다.

● 이 반복은 cond가 0(거짓)이 될 때 계속된다.

● **반복이 실행되는 stmt를 반복몸체(repetition body)라 부르며, 필요하면 블록으로 구성**될 수 있다.

● while 문은 for나 do while 반복문보다 간단하며 모든 반복 기능을 수행할 수 있다.

반복문 while의 제어흐름을 살펴보면 다음과 같다.

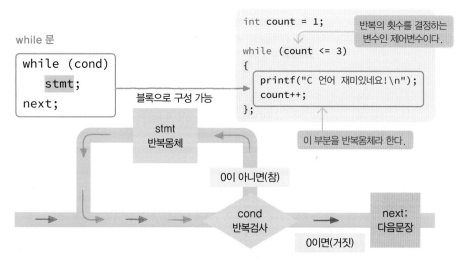

그림 7-9 반복 while문과 제어흐름

---

1 cond는 조건식 condition을 나타내고, stmt는 문장인 statement를 표현한다.

자 그럼, 반복 개요에서 살펴본 동일한 printf() 출력이 3번 반복되는 작업을 while 문으로 구현해 보자. 가장 먼저 반복횟수를 제어하는 변수가 하나 필요한데, 이를 count라 하고 초기값으로 1을 저장하자. 반복구문에서 이와 같이 **반복횟수를 제어하는 변수를 제어변수**라 한다. 조건식 (count ⟨=3)으로 while의 조건을 구성하고 반복몸체를 위한 블록으로 출력문 printf("C 언어 재미있네요!\n");와 count++;를 삽입한다. **조건식 (count ⟨=3)에서 상수 3은 최대 반복횟수를 지정하는 상수**인 셈이다. **반복몸체에서 제어변수 count 횟수만큼 반복을 위해 count를 1 증가시키는 count++ 문장이 반드시 필요**하다.

```
printf("C 언어 재미있네요!\n");
printf("C 언어 재미있네요!\n");
printf("C 언어 재미있네요!\n");
```

```
int count = 1;

while (count <= 3)
{
    printf("C 언어 재미있네요!\n");
    count++;
};
```

그림 7-10 동일 출력문 3개를 위한 while

위 while 문의 실행과정을 찬찬히 살펴보면 다음과 같다. 처음 반복에서는 count 변수가 1이고 while (1 ⟨=3) 이 만족하므로 반복몸체가 실행된다. 이때 count++에 의해 제어변수 count가 2가 되고 다시 2회의 반복 구문을 시작하게 되며, 같은 과정으로 2회와 3회의 반복이 실행된다. 3회의 반복에서 count는 4가 되고, 다시 while (4 ⟨= 3)를 실행하는데 조건식이 0(거짓)이 되므로 반복몸체는 실행되지 못하고 while 문은 종료된다. 그러므로 반복몸체인 printf("C 언어 재미있네요!\n") 문은 3번 실행된다. 그러나 **조건식 (count ⟨= 3)은 4번 실행되며, 제어변수 count는 4**이다.

반복을 처음 배우는 경우, 아래와 같이 반복횟수에 따른 제어변수의 값과 조건식의 결과를 살피는 것이 필요하며, 특히 반복의 초기 상황과 반복이 종료되는 1-2회 이전의 상황을 잘 파악하여 조건식이 만족되는지를 정확히 파악하는 것이 중요하다.

표 7-1 while 문의 실행 과정

반복횟수	변수 count 값	조건식	조건식 평가	반목몸체
1	1	conut <= 3 1 <= 3	while (1)	printf("C 언어 재미있네요!\n"); count++;
2	2	conut <= 3 2 <= 3	while (1)	printf("C 언어 재미있네요!\n"); count++;
3	3	conut <= 3 3 <= 3	while (1)	printf("C 언어 재미있네요!\n"); count++;
4	4	conut <= 3 4 <= 3	while (0) while 종료	실행되지 못함

위 프로그램에서 반복몸체에 만일 count++ 문장이 없다면, count는 항상 1이므로 조건식 (count <=3)의 결과값은 항상 1(참)이 되므로 반복이 무한히 계속된다. 이렇게 무한히 반복되면 위 프로그램의 경우 다음과 같이 출력이 계속되는데, 이러한 상황을 **무한반복(indefinite loop)**이라 한다. 이런 경우 콘솔 창을 닫거나, **Ctrl + C로 무한반복을 종료**할 수 있다.

Ctrl + C로 무한반복을 종료

그림 7-11 무한반복을 종료하는 Ctrl + C

실습예제 7-4	whilebasic.c

```
01    // file: whilebasic.c
02
03    #include <stdio.h>
04
05    int main(void)
06    {
07        int count = 1;
08
09        while (count <= 3)
10        {
11            printf("C 언어 재미있네요!\n");
12            count++;
13        };
14        printf("\n제어변수 count => %d\n", count);
15
16        return 0;
17    }
```

설명	
09	조건식 (count <= 3)은 count 값이 3보다 작거나 같으면 참, 3보다 크면 즉 4 이상이면 거짓이 되어 while 문이 종료
10~13	while 반복몸체가 두 문장이므로 반드시 블록이 필요한데, 실수로 블록이 빠지면 논리오류가 발생하여 무한반복이 발생
11	반복몸체인 출력문
12	반복몸체로 제어변수 count를 1 증가시키는데, 결과값이 연산에 참여하지 않으므로 ++count도 가능하고, 결국 count += 1도 가능
14	while 문이 종료된 이후의 count 값은 3이 아니라 4라는 사실에 주의, 그러므로 출력값은 4

실행결과	C 언어 재미있네요! C 언어 재미있네요! C 언어 재미있네요! 제어변수 count => 4

TIP **while에서 여러 문장으로 구성되는 반복몸체**

다음 부분 소스는 문법오류는 없으나 의도와는 다르게 논리오류가 발생하여 무한반복이 실행된다. 다음 소스에서 while의 반복몸체는 printf() 하나이며, 변수 count가 계속 1이어서 반복이 무한히 계속된다. 다만 count++ 문장의 들여쓰기를 while의 반복몸체로 하였으나 블록이 없어 반복몸체가 아니므로 하단부의 소스와 동일하다. 이러한 문제는 위 소스처럼 printf()와 count++를 하나의 블록으로 묶어 while의 반복몸체로 처리하면 해결된다.

```
int count = 1;
while (count <= 3)
    printf("C 언어 재미있네요!\n");
    count++;
```

논리오류로 무한반복 발생

동일

```
int count = 1;
while (count <= 3)
    printf("C 언어 재미있네요!\n");
count++;
```

그림 7-12 while 블록의 중요성

이제 while문을 이용하여 1에서부터 5까지 1씩 증가되는 값을 출력하는 프로그램을 작성해 보자. 다음 왼쪽은 while 문장 없이 printf()를 이용한 프로그램이며, 오른쪽은 지금 배운 while 문을 이용한 문장이다. 제어변수 n을 사용하는 while 문에서 조건식 (n <= MAX)을 지정하며, 상수 MAX는 출력되는 수의 최대값으로 매크로 상수 5를 정의한다. 이와 같이 MAX를 매크로 상수로 정의하면 반복횟수가 더 명확하고 최대값을 수정할 때 매크로만 수정하면 간편하다. while의 반복몸체는 printf("%d\n", n++); 문장 하나이므로 블록은 선택사항이다. 후위 증가연산자 n++의 연산값은 증가되기 이전 값이므로 반복이 시작된 1부터 5까지 출력된다. **연산식 n++에서 5가 출력되면, n이 6이 되고, while 조건식 (6 <= 5) 값이 0이 되어 while 문장을 빠져 나온다.**

```
int n = 1;
//정수값을 1씩 증가시키면서 출력 반복
printf("%d\n", n++);
printf("%d\n", n++);
printf("%d\n", n++);
printf("%d\n", n++);
printf("%d\n", n++);
```

```
#define MAX 5
...

int n = 1;

while (n <= MAX)
    printf("%d\n", n++);
```

출력하고 싶은 최대 정수를 수정할 수 있다.

그림 7-13 1에서 5까지 출력하는 while

whilenumber.c

```c
01    // file: whilenumber.c
02
03    #include <stdio.h>
04    #define MAX 5
05
06    int main(void)
07    {
08       int n = 1;
09
10       while (n <= MAX)
11          printf("%d\n", n++);
12
13       printf("\n제어변수 count => %d\n", n);
14
15       return 0;
16    }
```

설명	
04	매크로 상수 5를 정의, MAX는 반복횟수값으로 지정
08	제어변수 n 선언하면서 초기값으로 1 저장
10	전처리 수행 후, MAX가 5로 대체되어 while (n <= 5)가 됨
11	반복몸체인 출력문으로, n++의 연산값이 출력되는데, n++는 후위 증가연산자로 증가되기 이전값이 연산값이므로 1, 2, 3, 4, 5 출력
11	만일 ++n이라면, 전위 증가연산자로 증가된 이후 값이 연산값이므로 2, 3, 4, 5, 6 출력
14	while 문이 종료된 이후의 n 값은 5가 아니라 6이라는 사실에 주의, 그러므로 출력값은 6

실행결과	
	1
	2
	3
	4
	5
	제어변수 n => 6

중간점검

01 다음 while 문에서 잘못된 것을 찾아 수정하시오.

```c
while (n <= 10);
   printf("%d\n", n++);
```

02 다음 부분 while 소스에서 출력값을 기술하시오.

```c
int n = 1;

while (n < 10)
   printf("%d ", n++)
```

반복문 while 문을 사용하여 0부터 20까지의 3의 배수를 출력하는 프로그램을 작성해보자.

● 정수는 모두 한 줄에 출력

```
   0   3   6   9  12  15  18
```

Lab 7-1	whilelab.c

```
01   // file: whilelab.c
02
03   #include <stdio.h>
04   #define MAX 20
05
06   int main(void)
07   {
08      int n = 0;
09
10      while (_____) {
11          printf("%4d", n);
12          _____;
13      }
14      puts("");
15
16      return 0;
17   }
```

정답	
```
10   while ((n <= MAX)) {
12   n += 3;
```

07 ② do while 문과 for 문

do while문

do while문 구조와 제어흐름

while문은 반복 전에 반복조건을 평가한다. 이와 다르게 **do while문은 반복몸체 수행 후에 반복조건을 검사한다.** 그러므로 do while 문은 반복조건을 나중에 검사해야 하는 반복에 적합하다. **문장 do stmt; while (cond)는 가장 먼저 stmt를 실행한 이후 반복조건인 cond를 평가하여 0이 아니면(참) 다시 반복몸체인 stmt;를 실행하고, 0이면(거짓) do while 문을 종료**한다.

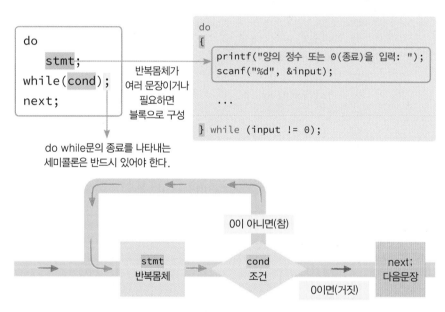

그림 7-14 반복 do while문의 제어흐름

특히 **반복 횟수가 정해지지 않고 입력 받은 자료값에 따라 반복 수행의 여부를 결정하는 구문에 유용하다.** 반복몸체에 특별히 분기 구문이 없는 경우, **do while 의 몸체는 적어도 한 번은 실행되는 특징이 있다.** 코딩 시 주의할 것은 do {…} while;과 같이 **while 이후의 세미콜론은 반드시 필요하다는 것이다.** 위 그림은 do while 문의 구문과 제어흐름을 나타낸다.

센티널 값 검사에 유용

표준입력으로 받은 정수가 양수 또는 음수이면 계속 입력을 반복하고, 입력한 수가 0이면 프로그램이 종료되는 프로그램을 작성해 보자. 이 프로그램은 **입력 후에 반복 검사를 진행하는 처리 과정**

으로 do while 문으로 구현이 적합하다. 즉 이와 같은 프로그램은 반복횟수를 미리 알 수 없으며 특수한 자료값에 따라 반복이 종료될 수 있다. 이와 같이 **반복의 종료를 알리는 특정한 자료값을 센티널 값(sentinel value)이라 한다.** 즉 미리 센티널 값을 정한 후 프로그램에서 표준입력 되는 자료값이 센티널 값과 같으면 반복을 종료하는 것이다. 센티널 값은 가능한 한 처리를 하는 자료값과 다르게 잘 발생하지 않는 값으로 정하는 것이 좋다. 특히 **do while 반복문은 이러한 센티널 값 검사에 유용하게 사용**된다.

반복 do while 문도 반복몸체가 여러 문장이면 다음과 같이 블록을 구성하며, 이 프로그램의 구현을 위해 표준입력을 위한 프롬프트(prompt)인 메시지를 먼저 출력하고, 이어 표준입력을 위한 scanf()로 변수 input에 입력값을 저장한다. while의 조건식으로 (input != 0)을 사용하여 입력값이 0이 아니면 계속 반복을 입력을 받도록 한다. 입력값 input이 0이면 반복을 종료한다. 조건식 (input != 0)은 0이 아니어야 참이므로 간단히 연산식 (input)과 같다. 처음에는 (input != 0)이 익숙할 지 모르나 (input)이 간편하다.

```
do
{
   printf("정수 또는 0(종료)을 입력: ");
   scanf("%d", &input);
} while (input != 0); //while (input);
```

그림 7-15 프롬프트와 표준입력으로 구성된 do while 몸체

실습예제 7-6	dowhile.c

```
01   // file: dowhile.c
02   #define _CRT_SECURE_NO_WARNINGS //scanf() 오류를 방지하기 위한 상수 정의
03
04   #include <stdio.h>
05
06   int main(void)
07   {
08      int input;
09
10      do
11      {
12         printf("정수 또는 0(종료)을 입력: ");
13         scanf("%d", &input);
14      } while (input != 0); //while (input);
15
16      puts("종료합니다.");
```

```
17
18        return 0;
19    }
```

설명	08	표준입력값이 저장되는 변수 input
	12	사용자에게 입력을 알리는 프롬프트인 메시지 "정수 또는 0(종료)을 입력:"를 출력
	13	표준입력으로 입력한 값을 변수 input에 저장하는데, 반드시 &input으로 기술
	11	조건식 (input != 0)을 사용하므로 0이 아니어야 12행으로 이동하여 반복하며, 0이면 반복을 종료하고 16행을 실행, 조건식 (input != 0)는 (input)과 같음

실행결과	정수 또는 0(종료)을 입력: 7
	정수 또는 0(종료)을 입력: -3
	정수 또는 0(종료)을 입력: 5
	정수 또는 0(종료)을 입력: 0
	종료합니다.

다음은 while문에서도 살펴본 1에서부터 5까지 1씩 증가되는 값을 출력하는 프로그램을 do while 문을 이용해 작성한 프로그램이다.

실습예제 7-7	dowhilenumber.c

```
01    // file: dowhilenumber.c
02
03    #include <stdio.h>
04    #define MAX 5
05
06    int main(void)
07    {
08       int n = 1;
09
10       do
11       {
12          printf("%d\n", n++);
13       } while (n <= MAX);
14
15       printf("\n제어변수 n => %d\n", n);
16
17       return 0;
18    }
```

설명	04	매크로 상수 5를 정의, MAX는 반복횟수값으로 지정
	08	제어변수 n을 선언하면서 초기값으로 1 저장
	11,13	반복몸체가 하나이므로 블록을 위한 {}은 없어도 무방

12	반복몸체인 출력문으로, n++의 연산값이 출력되는데, n++는 후위 증가연산자로 증가되기 이전값이 연산값이므로 1, 2, 3, 4, 5 출력, 만일 ++n이라면, 전위 증가연산자로 증가된 이후 값이 연산값이므로 2, 3, 4, 5, 6 출력
13	전처리 수행 후, MAX가 5로 대체되어 while (n <= 5)가 됨, 조건식 이후에 세미콜론 ;은 반드시 필요
15	while 문이 종료된 이후의 n 값은 5가 아니라 6라는 사실에 주의, 그러므로 출력값은 6

실행결과

```
1
2
3
4
5

제어변수 n => 6
```

중간점검

01 다음 do while 문에서 잘못된 것을 찾아 수정하시오.

```
int n = 1;
do
{
   printf("%d\n", n++);
} while (n <= MAX)
```

02 다음 부분 do while 소스에서 출력값을 기술하시오.

```
int n = 1;
do
{
} while (n++ <= 5);
printf("%d\n", n);
```

03 센티널 값은 무엇인가?

반복문 do while 문을 사용하여 백단위의 양의 정수를 입력 받아 각각 100단위, 10단위, 1단위 값을 출력하는 프로그램을 작성해보자.

- 정수는 100에서 999 사이의 정수를 입력하며, 나누기 연산자 /와 나머지 연산자 %를 잘 활용하여 다음과 같이 출력
- 정수의 나누기 연산자 /의 결과는 정수 몫으로, 673 / 100은 6
- 정수의 나머지 연산자 %의 결과는 나머지 값으로, 673 % 100은 73

```
양의 정수[100~999] 입력 : 853
100단위 출력: 8
 10단위 출력: 5
  1단위 출력: 3
```

Lab 7-2	dowhilelab.c

```c
01    // file: forlab.c
02    #define _CRT_SECURE_NO_WARNINGS
03
04    #include <stdio.h>
05
06    int main(void)
07    {
08       int input = 0, result = 0, digit = 0;
09       int devider = 100;
10
11       printf("양의 정수[100~999] 입력 : ");
12       scanf("%d", &input);
13       result = input;
14       do
15       {
16          digit = _____;
17          result %= devider;
18          printf("%3d단위 출력: %d\n", devider, digit);
19          _____;
20       } while (devider >= 1);
21
```

```
22        return 0;
23    }
```

```
16    result / devider
19    devider /= 10;
```

for문

for문 구조와 제어흐름

지금까지 살펴 본 while과 do while 구문은 단순하게 조건식에 따라 반복을 구현한다면 for 반복문은 반복에 대한 제어변수의 초기화와 증감을 일정한 영역에서 코딩하도록 지원한다. **반복문 for (init; cond; inc) stmt;에서 init에서는 주로 초기화(initialization)가 이루어지며, cond에서는 반복조건을 검사하고, inc에서는 주로 반복을 결정하는 제어변수의 증감(increment)을 수행한다.** 반복문 for 의 구문 구조와 제어흐름을 살펴보면 다음과 같다.

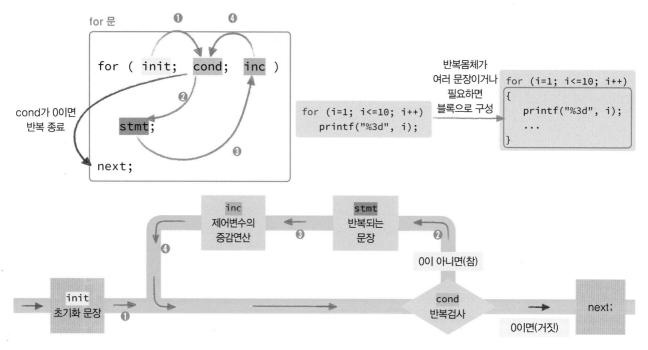

그림 7-16 반복 for문의 제어흐름

for(; ;)의 괄호 내부에서 세미콜론으로 구분되는 항목은 모두 생략될 수 있다. 그러나 **2개의 세미콜론은 반드시 필요**하다. **반복조건 cond를 아예 제거하면 반복은 무한히 계속**된다. 반복할 문장인 반복몸체 stmt가 여러 개라면 반드시 블록으로 묶어야 한다. 문장 for (i=1; i<=10; i++) printf("%3d", i);은 1부터 10까지 출력하는 for문으로, for 문의 실행순서를 자세히 살펴보면 다음과 같다.

❶ 초기화를 위한 init를 실행한다. 이 init는 단 한번만 수행된다.

❷ 반복조건 검사 cond를 평가해 0이 아닌 결과값(참)이면 반복문의 몸체에 해당하는 문장 stmt를 실행한다. 그러나 조건검사 cond가 결과값이 0(거짓)이면 for 문을 종료하고 다음 문장 next를 실행한다.

❸ 반복몸체인 stmt를 실행한 후 증감연산 inc를 실행한다.

❹ 다시 반복조건인 cond를 검사하여 반복한다.

다음 그림의 부분 소스는 for 문을 이용하여 1에서 10까지 출력하는 프로그램이다. 반복횟수를 제어하는 제어변수 i를 1로 초기화하고 조건검사 i <= 10를 이용하여 변수 i를 출력한다. **변수 i와 같이 반복의 횟수를 제어하는 변수를 제어변수라 한다.**

처음에는 대부분 for 문이 익숙하지 않다. 이런 경우, 다음 그림과 같이 제어변수 i의 초기값인 변수 i가 1일 때 반복조건을 통과하여 출력값은 1이 되고, 이후 i가 2, 3인 경우도 각각 2, 3이 출력된다는 것을 검사한 후, 중간을 간단히 예측한 후 마지막 부분으로 이동하여 i가 9일때의 9출력, 10일때도 10출력하고, 다음 11일때는 조건식이 거짓이므로 for문이 종료된다는 방법으로 for문을 평가하도록 한다.

다음 그림에서 보듯이 다음 for 문은 오른쪽의 while문과 같은 기능을 수행한다.

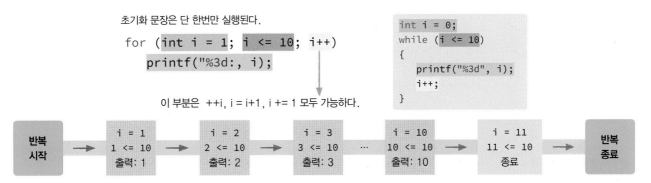

그림 7-17 1부터 10까지 출력하는 for문

다음 표는 위 for문 소스에서 실행순서인 초기화, 조건식, 반복몸체, 증감으로 나누어 그 내부 상태를 하나씩 검사하여 실행 과정을 나타낸 표이다. 즉 반복몸체를 10번 실행한 후 i는 11이 되고 다시 조건식을 검사한 후 0(거짓)이 되어 반복을 종료한다.

표 7-2 for 문의 실행 과정

반복횟수	❶ 초기화	❶ 조건식			❷ 반복몸체		❸ 증감 연산이후
	int i = 1;	i	i < = 10	결과	printf("%3d", i);	출력	i++ 이후 i 값
1	int i = 1;	1	1 < = 10	1(참)	printf("%3d", i);	1	2
2	X	2	2 < = 10	1(참)	printf("%3d", i);	2	3
· · · (중간생략)							
9	X	9	2 < = 10	1(참)	printf("%3d", i);	9	10
10	X	10	10 < = 10	1(참)	printf("%3d", i);	10	11
11	X	11	11 < = 10	0(거짓)	실행 못함		

다음은 for문을 이용한 첫 예제로, 위에서 살펴본 문장 "C 언어 재미있네요!"라는 문구에 정수를 1에서 5까지 함께 출력하는 프로그램이다.

```
01   // file: forbasic.c
02
03   #include <stdio.h>
04   #define MAX 5
05
06   int main(void)
07   {
08      int i;
09
10      for (i = 1; i <= MAX; i++)
11      {
12         printf("C 언어 재미있네요! %d\n", i);
13      }
14
15      printf("\n제어변수 i => %d\n", i);
16
17      return 0;
18   }
```

설명	
04	매크로 상수 5를 정의, MAX는 반복횟수값으로 지정
08	제어변수 i 선언
10	초기화에서 i = 1로 초기값 1저장, 이 문장은 시작할 때 한 번만 실행
10	조건식 i <= MAX은 전처리 수행 후, MAX가 5로 대체되어 i <= 5가 되며, i가 5보다 크면 조건식이 거짓이 되어 반복을 종료
10	증감의 i++는 반복몸체인 12 행의 문장이 실행된 이후 실행
11~13	반복몸체가 하나이므로 블록을 위한 {}은 없어도 무방
12	반복몸체인 출력문으로, 문자열 "C 언어 재미있네요!"가 출력되고, i값이 출력되므로 첫 출력값은 초기값인 1
10	12 행이 실행되고 이어 증가의 i++가 실행으로 이전 값을 1증가시키므로, ++i, i += 1, i = i + 1도 가능
10	다시 조건식 i <= 5가 실행되며, 만족하면 반복몸체를 다시 실행
15	for 문이 종료된 이후의 i값은 5가 아니라 6라는 사실에 주의, 그러므로 출력값은 6

실행결과

```
C 언어 재미있네요! 1
C 언어 재미있네요! 2
C 언어 재미있네요! 3
C 언어 재미있네요! 4
C 언어 재미있네요! 5

제어변수 i => 6
```

다양한 for문

다음은 반복의 필요성에서 살펴본 10도씩 증가하는 3개의 섭씨온도 celcius를 화씨온도로 출력하는 기능의 for문 소스이다. 다음 for 문에서 사용하는 변수는 제어변수 i와 섭씨온도인 celcius 2개이다. 다음 for 문의 특징은 초기화에서 제어변수를 선언하고 초기값을 저장한 것과 증감에 2개의 문장이 콤마로 나열되어 있다는 것이다. 초기화에서 선언된 제어변수 i는 for 문에서만 사용할 수 있는 지역 변수이다. 증감에서는 제어변수인 i를 증가시키는 i++와 섭씨온도를 10 증가시키는 celcius += 10 이다. 오른쪽 소스가 반복의 필요성에서 구현해 본 반복구문을 사용하지 않은 부분 소스이다.

10도씩 증가하는 3개의 섭씨온도를 화씨온도 변환하여 출력하는 소스

```
printf("%8.2lf %8.2lf\n", celcius, 9.0 / 5 * celcius + 32);
celcius += 10;
printf("%8.2lf %8.2lf\n", celcius, 9.0 / 5 * celcius + 32);
celcius += 10;
printf("%8.2lf %8.2lf\n", celcius, 9.0 / 5 * celcius + 32);
celcius += 10;
```

```
for (int i = 1; i <= 3; i++, celcius += 10)
{
    printf("%8.2lf %8.2lf\n", celcius, 9.0 / 5 * celcius + 32);
}
```

그림 7-18 여러 개의 섭씨온도를 화씨온도로 변환

다음 예제는 섭씨와 화씨온도를 출력할 반복횟수는 매크로 상수 MAX로 정의하고, 섭씨 온도의 증가 값은 매크로 상수 INCREMENT로 정의하여, 섭씨온도 celcius를 12.46으로 시작으로 3개의 화씨온도를 각각 출력하는 for문이다.

실습예제 7-9	forcel2far3.c

```
01    // file: forcel2far3.c
02
03    #include <stdio.h>
04    #define MAX 3
05    #define INCREMENT 10
06
07    int main(void)
08    {
09        double celcius = 12.46;
10
11        printf("  섭씨(C)  화씨(F)\n");
12        printf("-------------------\n");
13
14        for (int i = 1; i <= MAX; i++, celcius += INCREMENT)
15        {
16            printf("%8.2lf %8.2lf\n", celcius, 9.0 / 5 * celcius + 32);
17        }
18
```

```
19
20      return 0;
21  }
```

설명		
04	매크로 상수 3을 정의, MAX는 반복횟수값으로 지정	
05	섭씨온도의 간격을 10도 증가시키면서 변환하기 위한 증분값 10도 매크로 상수로 정의	
09	섭씨온도가 저장되는 변수 celcius 선언과 초기값 12.46 저장	
11~12	출력 양식을 위한 제목 등의 헤드라인 출력	
14	for 문 초기화는 int i = 1과 같이 변수선언과 초기화도 가능, 변수 i는 for 문 내부에서만 사용 가능한 지역변수라고 함	
14	조건식인 i <= MAX 은 전처리 수행 후, MAX가 3으로 대체되어 i <= 3 이 되며, 3보다 크면 조건식이 거짓이 되어 반복을 종료	
14	증감은 i++, celcius += INCREMENT와 같이 여러 문장을 콤마로 나열이 가능하며, 제어변수도 1 증가시키고, 섭씨온도도 증분인 INCREMENT(10) 만큼 증가시킴	
15~17	for 반복몸체가 한 문장이므로 블록은 없어도 상관 없음	
16	반복몸체인 printf()에서 섭씨온도와 연산식에 의해 화씨온도 출력	

실행결과

```
섭씨(C)    화씨(F)
--------------------
  12.46    54.43

  22.46    72.43

  32.46    90.43
```

TIP ▶ 반복조건에서의 주의

반복조건에서 ==나 != 또는 =의 사용은 주의를 요한다. 비교연산자 ==와 !=에서 피연산자로 실수는 가급적 사용하지 않도록 하자. 예를 한 가지 들자면, 다음과 같이 0.0에서 0.1씩 증가시켜 1.0까지 10회를 반복하고자 하는 경우, 반복조건을 d != 1.0으로 하면 실수 연산의 오차로 인해 조건식 d != 1.0이 항상 참인 결과로 반복이 무한히 계속될 수 있다.

```
for (double d = 0.0; d != 1.0; d += 0.1)
    printf("%f ", d);
```

이 조건식은 d <= 1.0 와 같은 연산식을 사용하면 좋다

그림 7-19 실수의 연산에서 != 또는 ==의 문제

또한 대입연산자 =과 등호연산 ==도 서로 혼돈되지 않도록 유의하자. 다음 왼쪽 소스는 1 2 3 4 5가 출력되나, 오른쪽 소스는 대입연산자인 =을 잘못 사용하여 출력되는 것이 하나도 없다.

```
int i = 1;
while (!(i == 6))
{
    printf("%d ", i++);
}
```

```
int i = 1;
while (!(i = 6))
{
    printf("%d ", i++);
}
```

그림 7-20 ==를 =로 잘못 사용

다음은 반복의 필요성에서 살펴본 비트 AND 연산자 &를 사용하여 정수의 오른쪽 8비트를 출력하는 for 문이다. 반복구문을 사용하지 않으면 원래 8개의 출력문이 필요하지만 for문을 사용하면 다음과 같이 두 줄로 간단하다. 여기에서는 제어변수 i가 7에서 시작하여 1씩 감소해야 하므로, 증감에 i-- 로 1씩 감소하도록 하며, 조건식도 i >= 0으로 7에서 6, 4, 3, 2, 1, 0까지 연산값이 참으로 반복 몸체를 실행하고 −1이 되면 거짓으로 for 문을 종료한다. 그러므로 정수의 8비트가 출력된다.

```
printf("%d", 13 >> 7 & 1); //오른쪽 8번째 비트값 출력
printf("%d", 13 >> 6 & 1);
...
printf("%d", 13 >> 2 & 1);
printf("%d", 13 >> 1 & 1);
printf("%d\n", 13 >> 0 & 1); //오른쪽 첫 비트값 출력
```

```
for (int i = 7; i >= 0; i--)
    printf("%d", 13 >> i & 1);
```

그림 7-21 정수의 8비트를 출력하는 for 문

이제 int 형 정수의 32 비트 모두를 출력하는 프로그램을 작성해 보자.

● 출력할 비트의 수를 TOTAL_BIT 매크로 상수로 정의

실습예제 7-10	forbit.c

```
01  // file: forbit.c
02  #include <stdio.h>
03
04  #define TOTAL_BIT 32
05
06  int main(void)
07  {
08      int num = 13;
09      printf("정수 %d의 %d비트 내부값:\n", num, TOTAL_BIT);
10
11      for (int i = TOTAL_BIT-1; i >= 0; i--)
12          printf("%d", num >> i & 1);
13
14      printf("\n");
15
16      return 0;
17  }
```

설명	
04	매크로 상수 TOTAL_BIT를 32로 정의, 출력하려는 비트 수로 32 이하로 수정 가능
08	출력하려는 정수 13을 저장, 만일 표준입력으로 받으려면 이 부분을 수정

09	정보 출력
11	for 문 초기화는 `int i = TOTAL_BIT-1`과 같이 변수선언과 초기값 31(상수 TOTAL_BIT는 전처리 수행 후 32로 대체되어) 저장, 변수 i는 for 문 내부에서만 사용 가능한 지역변수라고 함
11	조건식인 `i >= 0` 에서 0까지 반복이 수행되고 음수이면 조건식이 거짓이 되어 반복을 종료
14	증감은 `i--` 에서 i 값을 1 감소시키므로, `--i`, `i -= 1`, `i = i - 1` 도 가능
16	반복몸체인 `printf()`에서 각 비트를 출력, 첫 출력은 `num >> 31 & 1`로 최상위 비트 출력하며, 다음은 `num >> 30 & 1` 으로 진행되고, 마지막은 `num >> 0 & 1` 으로 최하위 비트를 출력

실행결과
```
정수 13의 32비트 내부값:
00000000000000000000000000001101
```

중간점검

01 다음 for 문 구조에서 init, cond, inc, stmt 각각의 기능을 설명하시오.

```
for (init; cond; inc)
stmt;
```

02 다음 부분 for 소스에서 출력값을 기술하시오.

```
for (int i = 1; i <= 5; i++)
printf("%3d", i);
```

for문 활용

for문의 합 구하기

for문을 이용하여 1에서 10까지 합을 구하는 모듈을 작성해 보자. 이미 배웠듯이 제어변수 i를 이용하여 1부터 10까지 순회하는 방법을 이용하자. **순회하는 제어변수 i 값을 계속 합하여 변수 sum에 누적**시킨다. 초기화 부분에서 제어변수 i와 합을 저장하는 변수 sum의 초기값 지정이 필요하다. 즉 i를 1로 설정하고, sum을 0으로 초기화하는 문장을 **for (i=1, sum=0; i<10; i++)와 같이 초기화 부분에 콤마연산자를 이용하여 나열**할 수 있다.

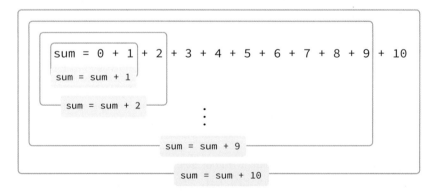

그림 7-22 1부터 10까지 합을 구하는 for문(계속)

```
for (i = 1, sum = 0; i <= 10; i++) ─────→ 이 부분은 i = i+1, ++i, i+=1 모두 가능하다.
    sum = sum + i;                   ─────→ 초기화 문장을 콤마연산자로 나열한다.
printf("1에서 10까지합: %3d\n", sum);
```

| 반복
시작 | i = 1
sum = sum + i;
(sum ← 0 + 1) | i = 2
sum = sum + i;
(sum ← 0 + 1 + 2) | i = 3
sum = sum + i;
(sum ← 0 + 1 + 2 + 3) |

```
                            i = 10
                         sum = sum + i;
          (sum ← 0 + 1 + 2 + 3 + 4 + ... + 9 + 10)
```

반복
종료

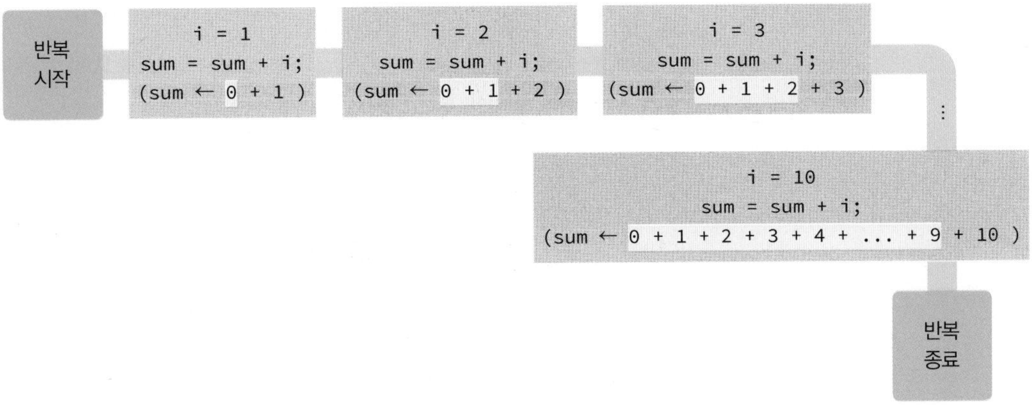

그림 7-23 1부터 10까지 합을 구하는 for문

반복몸체의 문장 sum = sum + i; 는 축약대입연산자 +=를 이용하여 sum += i로 가능하다. 만일 sum += i++로 증가연산자를 이용한다면 for 문의 증감부분은 생략될 수 있다. 그러나 sum += ++i로 증가연산자를 이용한다면 제어변수 i를 0에서 9까지 반복해야 1에서 10까지 합을 구할 수 있다. 또한 반복몸체에 있던 문장 sum += i++를 for () 내부의 증감부분으로 이동한 후, for 문 바로 뒤에 반복문을 종료하는 세미콜론 넣으면 같은 결과를 얻을 수 있다.

다음 모두 가능: ++i, i=i+1, i+=1

```
for (i=1, sum=0; i<=10; i++)          for (i=1, sum=0; i<=10; )
    sum += i;                             sum += i++;


for (i=1, sum=0; i<=10; sum += i++);  for (i=0, sum=0; i<=9; )
                                          sum += ++i;
```

그림 7-24 1부터 10까지 합을 구하는 다양한 for문

실습예제 7-11   forsum.c

```
01    // file: forsum.c
02    #include <stdio.h>
03
04    int main(void)
05    {
06        int i, sum;
07
08        for (i = 1, sum = 0; i <= 10; i++) //++i도 가능
```

```
09          sum += i; // sum = sum + i;
10      printf("1에서 10까지 합: %3d\n", sum);
11
12      for (i = 1, sum = 0; i <= 10;  )
13          sum += i++;
14      printf("1에서 10까지 합: %3d\n", sum);
15
16      for (i = 0, sum = 0; i <= 9;  )
17          sum += ++i;
18      printf("1에서 10까지 합: %3d\n", sum);
19
20      for (i = 1, sum = 0; i <= 10; sum += i++);//반복몸체가 없는 for 문
21      printf("1에서 10까지 합: %3d\n", sum);
22
23      return 0;
24  }
```

설명		
	08	초기화에 두 개의 문장이 가능하며, 제어변수 i는 1로, 합이 저장되는 변수 sum에는 0으로 초기화
	08	조건식 i <= 10 이어야 1부터 10까지의 합이 계산
	08	증감의 i++는 1만 증가시키면 되므로, ++i, i += 1, i = i + 1 도 가능
	09	반복몸체인 sum += i는 들여쓰기가 반드시 필요하며, sum = sum + i의 축약
	12	증감부분이 비어 있어도, 앞에 세미콜론은 반드시 필요
	13	반복몸체인 sum += i++는 sum += i; i++; 의 두 문장을 줄인 효과를 나타내므로 다음에 실행할 증감부분을 비울 수 있음
	16	제어변수 i를 0에서 9까지 수행
	17	반복몸체인 sum += ++i는 i++; sum += i; 의 두 문장과 같은 효과를 나타내므로 제일 처음 합에 참여하는 수는 1이며, 마지막은 10이 됨
	20	이 for 문의 반복몸체는 따로 없으므로, 반드시 뒤에 for 문을 종료하는 세미콜론 ;이 필요하며, 반복몸체에 해당하는 문장 sum += i++ 이 증감 부분에 삽입되어 있어, 결국 12-13 줄의 for 문과 같은 문장임

실행결과	
	1에서 10까지 합: 55
	1에서 10까지 합: 55
	1에서 10까지 합: 55
	1에서 10까지 합: 55

for문과 while문의 비교

for 문은 주로 반복횟수를 제어하는 제어변수를 사용하며 초기화와 증감부분이 있는 반복문에 적합하다. while문은 문장구조가 간단하므로 다양한 구문에 이용될 수 있다. 특히 **while문은 반복횟수가 정해지지 않고 특정한 조건에 따라 반복을 결정하는 구문에 적합하다.** for문과 while문은 서로 변환이 가능하다. 다음 설명과 같이 for문장 pre; for (A;B;C) body;는 pre; A; while(B) { body; C;}로 변환이 가능하다. 간단한 예로 1에서 n까지 합을 구하는 모듈도 다음과 같이 간단히 서로 변환이 가능하다.

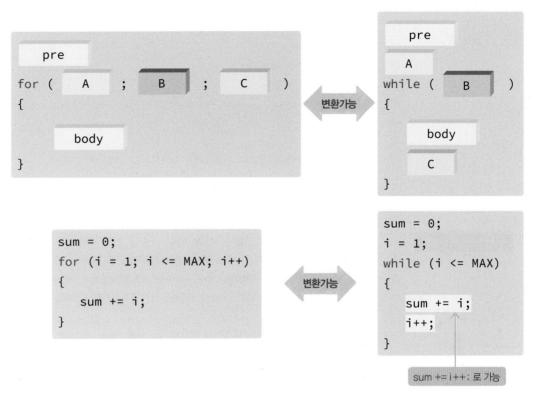

그림 7-25 반복문 for와 while간의 변환

다음은 1에서부터 표준입력으로 받은 양의 정수까지의 합을 for와 while로 각각 구한 프로그램이다.

실습예제 7-12	inputsum.c

```c
01  // file: inputsum.c
02  #define _CRT_SECURE_NO_WARNINGS //scanf() 오류를 방지하기 위한 상수 정의
03
04  #include <stdio.h>
05
06  int main(void)
07  {
08      int i, sum, max;
09
10      printf("1에서부터 정수까지의 합을 구할 양의 정수 하나 입력: ");
11      scanf("%d", &max);
12
13      for (i = 1, sum = 0; i <= max; i++) //++i도 가능
14          sum += i; // sum = sum + i;
15      printf("\nfor 문으로 구한 1에서 %d까지 합: %3d\n", max, sum);
```

```
16
17      i = 1, sum = 0;
18      while (i <= max)
19      {
20         sum += i;    // sum = sum + i;
21         i++;         // ++i도 가능
22      }
23      printf("while 문으로 구한 1에서 %d까지 합: %3d\n", max, sum);
24
25      return 0;
26   }
```

설명		
	08	변수 i는 제어변수, sum은 합이 저장될 변수, max는 1에서부터 정수까지 합이 계산될 정수
	11	표준입력을 변수 max에 저장, 주소연산자 & 빠지지 않도록 주의
	13	제어변수 i는 1로, 합이 저장되는 변수 sum에는 0으로 초기화
	13	조건식 i <= max로, 증감은 i++로, 증감은 1만 증가시키면 되므로, ++i, i += 1, i = i + 1 도 가능
	14	반복몸체인 sum += i;는 들여쓰기가 반드시 필요하며, sum = sum + i의 축약
	15	정수의 값과 for로 구한 합 출력
	17	while로 다시 합을 구하기 위해 다시 제어변수 i는 1로, 합이 저장되는 변수 sum에는 0으로 초기화
	18	while의 조건식도 (i <= max)로, 괄호는 반드시 필요
	20	반복몸체의 첫 문장인 sum += i;는 들여쓰기가 반드시 필요하며, sum = sum + i의 축약
	21	반복몸체의 두 번째 문장인 i++는 for 문에서 증감에 있던 문장으로, 증감은 1만 증가시키면 되므로, ++i, i += 1, i = i + 1 도 가능
	23	정수의 값과 while로 구한 합 출력

실행결과	
	1에서부터 정수까지의 합을 구할 양의 정수 하나 입력: 20
	for 문으로 구한 1에서 20까지 합: 210
	while 문으로 구한 1에서 20까지 합: 210

중간점검

01 5에서부터 1까지의 정수를 출력하는 for 문을 작성하시오.

02 1에서부터 10까지의 홀수를 모두 더하는 for 문을 작성하시오.

03 1에서부터 10까지의 홀수를 모두 더하는 while 문을 작성하시오.

반복문 for 문을 사용하여 2단부터 9단까지의 구구단의 제목을 출력하는 프로그램을 작성해보자.

- 다음 콘솔창과 같이 제목을 출력

```
=== 구구단 출력 ===
     2단 출력
     3단 출력
     4단 출력
     5단 출력
     6단 출력
     7단 출력
     8단 출력
     9단 출력
```

Lab 7-3	forlab.c

```c
01  // file: forlab.c
02
03  #include <stdio.h>
04  #define MAX 9
05
06  int main(void)
07  {
08      printf("=== 구구단 출력 ===\n");
09      for (int _____; i <= _____; i++)
10      {
11          printf("%6d단 출력\n", i);
12      }
13
14      return 0;
15  }
```

정답	09	for (int i = 2; i <= MAX; i++)

분기문

분기문은 정해진 부분으로 바로 실행을 이동(jump)하는 기능을 수행한다. C가 지원하는 분기문으로는 **break, continue, goto, return 문**이 있다. 특정 구문의 실행을 종료하는 break는 반복이나 switch문에서 사용되며, continue문은 반복에서 사용되어 다음 반복으로 이동하여 실행된다. 특정 레이블이 있는 위치로 실행을 이동하는 goto문은 어디에서나 사용이 가능하다. 자신이 속한 함수의 실행을 종료하는 return 문은 함수에서 알아보도록 하자.

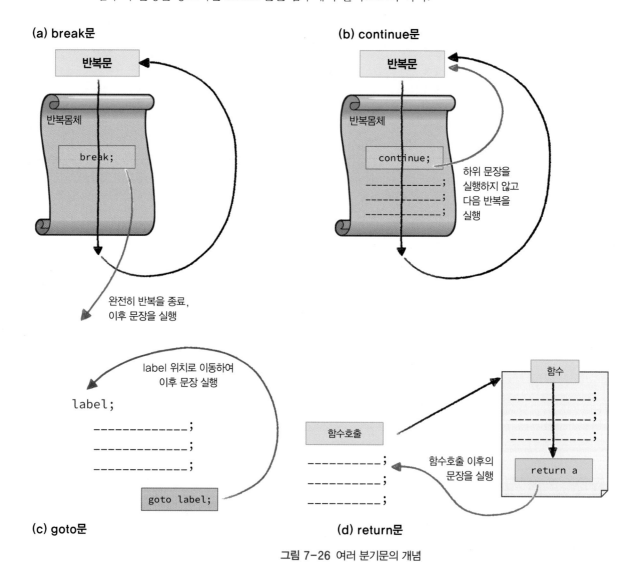

그림 7-26 여러 분기문의 개념

break와 continue문

반복의 중단 break

반복내부에서 반복을 종료하려면 break문장을 사용한다. 만일 반복문이 중첩되어 있다면 break를 포함하는 가장 근접한 내부반복을 종료하고 반복문 다음 문장을 실행 한다. switch에서 보았듯이 break는 반복문의 종료뿐만 아니라 switch 문의 종료에도 이용된다.

```
for ( ; ; )
{
    ...         break;
    ...
}
next;
```

```
while ( ... )
{
    ...         break;
    ...
}
next;
```

```
do
{
    ...         break;
    ...
} while ( ... );
next;
```

그림 7-27 반복문의 break

중첩된 반복에서의 break는 자신이 속한 가장 근접한 반복에서 반복을 종료한다. 즉 다음 그림에서 내부 for 문에서의 ❶ break는 for 반복을 종료하며, 외부 while에서의 ❷ break는 while 반복을 종료하고 그 다음 문장을 실행한다.

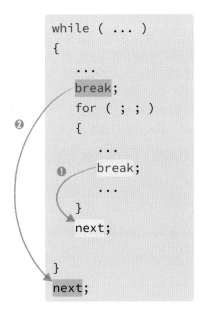

그림 7-28 중첩된 반복문의 break

다음 예제는 while (1)으로 정수를 입력 받아 출력하는데, 0이 입력되면 break 문을 이용하여 while 문을 빠져 나와 프로그램이 종료된다. while(1)과 같이 조건식을 1과 같이 항상 참인 연산식 으로 지정하면 무한반복이 실행되며, break 분기문으로 빠져 나오도록 한다.

break.c

```c
01  // file: break.c
02  #define _CRT_SECURE_NO_WARNINGS //scanf() 오류를 방지하기 위한 상수 정의
03
04  #include <stdio.h>
05
06  int main(void)
07  {
08     int input;
09
10     while (1)
11     {
12        printf("정수[음수, 0(종료), 양수]를 입력 후 [Enter] : ");
13        scanf("%d", &input);
14        printf("입력한 정수 %d\n", input);
15        if (input == 0)
16           break;
17     }
18  puts("종료합니다.");
19
20     return 0;
21  }
```

설명	
10	while (1) 에서 조건식 1이 항상 참이므로 무한반복
12	입력을 위한 프롬프트인 문자열 출력문
13	정수 입력을 위한 scanf에서 주소연산자 빠지지 않도록 &input
14	입력 받은 정수 출력
15	반복을 빠져나가기 위한 조건문
16	break는 while 문을 종료

실행결과

```
정수[음수, 0(종료), 양수]를 입력 후 [Enter] : 10
입력한 정수 10
정수[음수, 0(종료), 양수]를 입력 후 [Enter] : -5
입력한 정수 -5
정수[음수, 0(종료), 양수]를 입력 후 [Enter] : 0
입력한 정수 0
종료합니다.
```

반복의 계속 continue

continue 문은 반복의 시작으로 이동하여 다음 반복을 실행하는 문장이다. 즉 continue 문은 continue 문이 위치한 이후의 반복몸체의 나머지 부분을 실행하지 않고 다음 반복을 계속 유지하는 문장이다. 3개의 각기 다른 반복문에서 continue문으로 이동되는 위치가 다른데, **반복문 while**

과 do while반복 내부에서 continue를 만나면 조건검사로 이동하여 실행한다. **반복문 for 문에서 continue 문을 만나면 증감 부분으로 이동하여 다음 반복 실행을 계속**한다.

● 다시 한번 정리하면 while문은 앞쪽 조건문으로, do while문은 뒤쪽 조건문으로, for문은 증감 부분으로 이동한다.

● 또한 다시 기억해야 할 것은 다음 그림과 같이 **continue 이후의 문장은 실행되지 않고 뛰어 넘어간다**는 것이다.

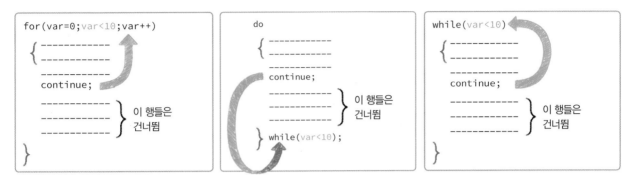

그림 7-29 다양한 continue문 이후의 실행 순서

중첩된 반복에서의 continue는 자신이 속한 가장 근접한 반복에서 다음 반복을 실행한다. 즉 다음 그림에서 내부 for 문에서의 ❶ continue는 inc 증감 부분으로 이동하여 반복하며, 외부 while에서의 ❷ continue는 하부 for 문을 뛰어 넘어 반복조건 cond1으로 이동하여 반복한다.

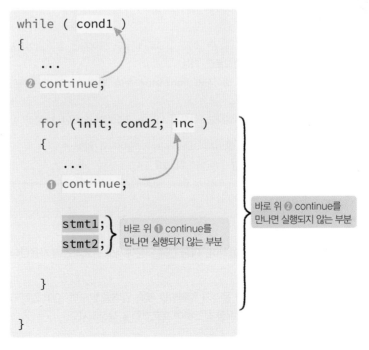

그림 7-30 중첩된 반복에서의 continue

다음 예제는 continue문을 이용하여 1에서 15까지 정수 중에서 3으로 나누어 떨어지지 않는 수를 출력하는 프로그램이다.

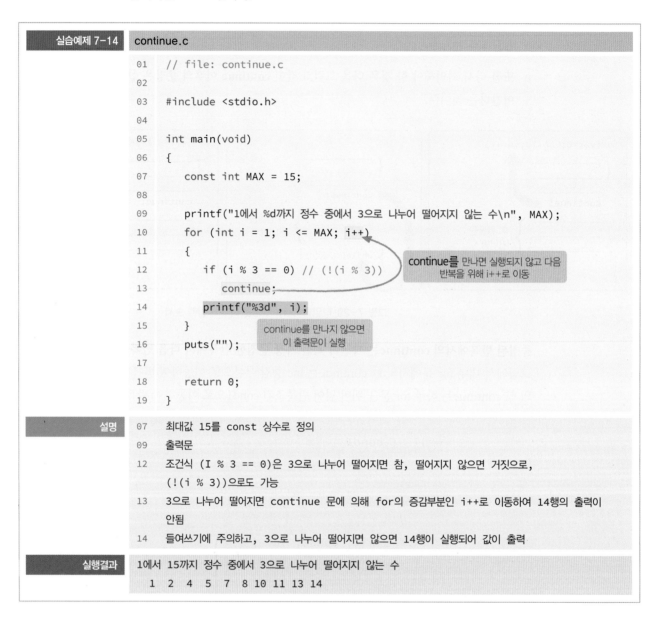

실습예제 7-14	continue.c

```c
01    // file: continue.c
02
03    #include <stdio.h>
04
05    int main(void)
06    {
07        const int MAX = 15;
08
09        printf("1에서 %d까지 정수 중에서 3으로 나누어 떨어지지 않는 수\n", MAX);
10        for (int i = 1; i <= MAX; i++)
11        {
12            if (i % 3 == 0) // (!(i % 3))
13                continue;
14            printf("%3d", i);
15        }
16        puts("");
17
18        return 0;
19    }
```

continue를 만나면 실행되지 않고 다음 반복을 위해 i++로 이동

continue를 만나지 않으면 이 출력문이 실행

설명	
07	최대값 15를 const 상수로 정의
09	출력문
12	조건식 (I % 3 == 0)은 3으로 나누어 떨어지면 참, 떨어지지 않으면 거짓으로, (!(i % 3))으로도 가능
13	3으로 나누어 떨어지면 continue 문에 의해 for의 증감부분인 i++로 이동하여 14행의 출력이 안됨
14	들여쓰기에 주의하고, 3으로 나누어 떨어지면 않으면 14행이 실행되어 값이 출력

실행결과	
1에서 15까지 정수 중에서 3으로 나누어 떨어지지 않는 수
1   2   4   5   7   8 10 11 13 14

중간점검

01 break 문은 반복문을 종료하는데 사용하며, 다중 선택 구문에서도 종료하는데 사용한다. 이 다중 선택 구문은 무엇인가?

02 정수를 입력 받아 출력하는데, 양수나 음수가 입력되면 계속 입력을 받으며, 0이 입력되면 do while 문을 빠져 나와 프로그램이 종료되도록 한다. 예제 13의 break를 참조하여 프로그램을 작성하시오.

goto와 무한반복

goto

goto 문은 레이블(label)이 위치한 다음 문장으로 실행순서를 이동하는 문장이다. 레이블은 식별자와 콜론(:)을 이용하여 지정한다. goto 문을 적절히 이용하면 반복문처럼 이용할 수 있으나 goto 문은 프로그램의 흐름을 어렵고 복잡하게 만들 수 있으므로 사용하지 않는 것이 바람직하다. 다음 예제는 goto 문을 이용해 1에서 10까지 출력하는 프로그램이다. 이와 같이 goto 문을 이용하면 반복문처럼 사용할 수 있으나 사용하지 않는 것이 바람직하다.

실습예제 7-15	goto.c

```
01    // file: goto.c
02
03    #include <stdio.h>
04
05    int main(void)
06    {
07       int count = 1;
08
09    loop :
10       printf("%3d", count);          문장 goto 문은 무조건 lable이
11       if (++count <= 10)             있는 곳으로 이동하여 실행
12          goto loop;
13
14       printf("\n프로그램을 종료합니다.\n");
15
16       return 0;
17    }
```

설명	
09	레이블 loop는 레이블 이름 뒤에 콜론으로 정의
10	출력은 1부터 10까지 출력
12	goto 이후에 이동할 레이블을 기술, 변수 count가 11이 되면 if의 조건식이 거짓이 되어 14행으로 이동

실행결과	
	1 2 3 4 5 6 7 8 9 10 프로그램을 종료합니다.

무한반복

반복문에서 무한히 반복이 계속되는 것을 무한반복이라 한다. 개발자가 의도하지 않은 무한반복은 프로그램이 종료되지 않는 결과가 발생한다. 이런 경우 ctrl+C를 누르면 프로그램이 종료된다. 그러나 의도적으로 무한반복을 만들려면 반복조건에 1(0이 아닌 값)을 써 준다. **while과 do while은 반복조건이 아예 없으면 오류가 발생하니 주의하도록 하자.** 그러나 for문에서 for (init ; ;inc)와 같이 반복조건에 아무것도 없으면 오류 없이 무한반복이 실행된다.

무한반복	무한반복	무한반복	무한반복
| ```
for ( ; ; )
{

    ...

}
``` | ```
for ( ; 1 ; )
{

    ...

}
``` | ```
while ( 1 )
{

    ...

}
``` | ```
do
{

    ...

} while ( 1 )
``` |

		오류	오류
|  |  | ```
while ( )
{

    ...

}
``` | ```
do
{

    ...

} while ( )
``` |

그림 7-31 반복문의 무한반복

다음은 간단한 음식 메뉴 구성으로 사용자가 메뉴를 선택하면 프로그램을 종료하고, 적당한 메뉴를 선택하지 못하면 선택할 때까지 반복을 실행하는 프로그램이다.

실습예제 7-16 menu.c

```c
01    // file: menu.c
02    #define _CRT_SECURE_NO_WARNINGS //scanf() 오류를 방지하기 위한 상수 정의
03
04    #include <stdio.h>
05
06    int main(void)
07    {
08       int input;
09
10       do {
11          printf("\t [1] 한식\n");
12          printf("\t [2] 양식\n");
13          printf("\t [3] 분식\n");
14          printf("\t [4] 기타\n");
15          printf("메뉴 번호 선택 후 [Enter] : ");
16          scanf("%d", &input);
17          printf("선택 메뉴 %d\n", input);
18
```

```
19          if (input <= 4 && input >= 1)
20              break;
21      } while (1);
22
23      return 0;
24  }
```

설명	
11~14	사용자가 선택할 메뉴를 출력
15	메뉴 선택을 알리는 프롬프트 출력
16	정수 입력을 위한 scanf에서 주소연산자 빠지지 않도록 &input
17	입력 받은 정수 출력
19	반복을 빠져나가기 위한 조건문으로 입력한 값이 메뉴인 1에서 4이면 반복문을 종료하며, 메뉴에 해당하는 번호를 입력하지 않으면 다시 반복을 실행하여 메뉴를 선택하도록 계속
20	break는 while 문을 종료
21	while (1)로 무한반복

실행결과

```
        [1] 한식
        [2] 양식
        [3] 분식
        [4] 기타
메뉴 번호 선택 후 [Enter] : 5
선택 메뉴 5
        [1] 한식
        [2] 양식
        [3] 분식
        [4] 기타
메뉴 번호 선택 후 [Enter] : 3
선택 메뉴 3
```

분기문 continue 문을 사용하여 1부터 15까지의 정수 중에서 5의 배수가 아닌 수를 출력하는 프로그램을 작성해보자.

● 정수는 모두 한 줄에 계속 출력

1에서 15까지 정수 중에서 5로 나누어 떨어지지 않는 수
  1 2 3 4 6 7 8 9 11 12 13 14

Lab 7-4	continuelab.c

```
01   // file: continuelab.c
02
03   #include <stdio.h>
04
05   int main(void)
06   {
07      const int MAX = 15;
08
09      printf("1에서 %d까지 정수 중에서 5로 나누어 떨어지지 않는 수\n", MAX);
10      for (int i = 1; i <= MAX; i++)
11      {
12         if (_____)
13            continue;
14         printf("%3d", i);
15      }
16      puts("");
17
18      return 0;
19   }
```

정답	12	if (i % 5)

07 ④ 중첩된 반복문

중첩된 for문

외부반복과 내부반복

반복문 내부에 반복문이 또 있는 구문을 중첩된 반복문(nested loop)이라 한다. 다음 그림과 같이 스키장의 가장 아래에서 정상으로 올라가는 리프트가 있고 그 안에 여러 리프트가 있는 상황을 중첩된 반복이라고 할 수 있다.

그림 7-32 중첩된 반복문: 스키장의 중첩된 리프트

다음 그림은 for문 내부에 for문이 있는 중첩된 반복문의 설명이다. 외부 for 문의 제어변수는 m이며, 내부 for문의 제어변수는 n이다. 외부반복에서 m은 1에서 4까지 반복한다. m 값이 1인 경우, 다시 내부반복에서 n이 1에서 3까지 반복된다. 마찬가지로 m 값이 2인 경우도 n은 1에서 3까지 반복된다. 즉 m의 모든 값에서 n은 1에서 3까지 동일한 반복을 실행한다.

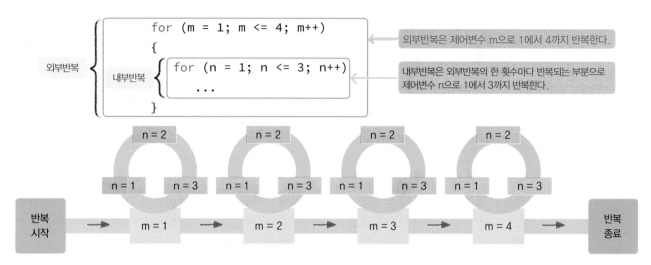

외부반복은 제어변수 m으로 1에서 4까지 반복한다.

내부반복은 외부반복의 한 횟수마다 반복되는 부분으로 제어변수 n으로 1에서 3까지 반복한다.

그림 7-33 중첩된 for문에서 제어변수의 변화(외부반복 제어변수: m, 내부반복 제어변수: n)

다음은 외부반복에서 1에서 5까지, 내부반복에서 1에서 7까지 반복하면서 각각의 변수값을 출력하는 예제 프로그램이다. 내부반복에서 출력되는 변수 n은 1에서 7까지 한 행에 출력되도록 구현하였다.

실습예제 7-17	nestedloop.c
	내부 반복과 외부 반복에서 각각의 변수값의 변화를 이해

```
01    // file: nestedloop.c
02
03    #include <stdio.h>
04
05    int main(void)
06    {
07       int m, n;
08
09       for (m = 1; m <= 5; m++)
10       {
11          printf("m = %-2d\n", m);
12          for (n = 1; n <= 7; n++)
13             printf("n = %-3d", n);
14          puts("");
15       }
16
17       return 0;
18    }
```

설명	
07	외부반복의 제어변수 m, 내부반복의 제어변수 n 선언
09	외부반복의 for문으로 1에서 5까지 반복
10~15	외부반복 for문의 반복몸체는 printf(), for(), puts() 3개의 문장으로 구성
11	m 값을 2자리 폭에 왼쪽 정렬로 출력
12	외부반복의 for문으로 1에서 7까지 반복

13	외부반복 for문의 반복몸체로 n값을 3자리 폭에 왼쪽 정렬로 한 줄에 출력
14	puts()는 내부반복을 실행한 후 새로운 줄로 이동하기 위한 문장으로, 12줄의 내부반복 반복몸체가 아니라는 것에 주의하면서 적절한 들여쓰기가 필요

실행결과

```
m = 1
n = 1  n = 2  n = 3  n = 4  n = 5  n = 6  n = 7
m = 2
n = 1  n = 2  n = 3  n = 4  n = 5  n = 6  n = 7
m = 3
n = 1  n = 2  n = 3  n = 4  n = 5  n = 6  n = 7
m = 4
n = 1  n = 2  n = 3  n = 4  n = 5  n = 6  n = 7
m = 5
n = 1  n = 2  n = 3  n = 4  n = 5  n = 6  n = 7
```

내부반복이 외부반복에 의존

다음 소스는 *을 삼각형 모양으로 출력하는 소스이다. 소스를 살펴보면 **외부반복에서 변수 i는 1 에서 5까지 반복**한다. **내부반복에서 제어변수 j는 1에서 외부반복의 제어변수 i까지 반복**하도록 한 다. 즉 변수 i가 1이면 내부반복은 1회만 실행하여 *를 출력한다. 다음 변수 i가 2이면 내부반복은 1에서 2까지 2번 수행하면서 *을 출력하므로 결과는 동일한 행에 **이 출력된다. 마지막으로 변수 i가 5이면 내부반복은 1에서 5까지 5번 하면서 동일한 행에 *****을 출력한다.

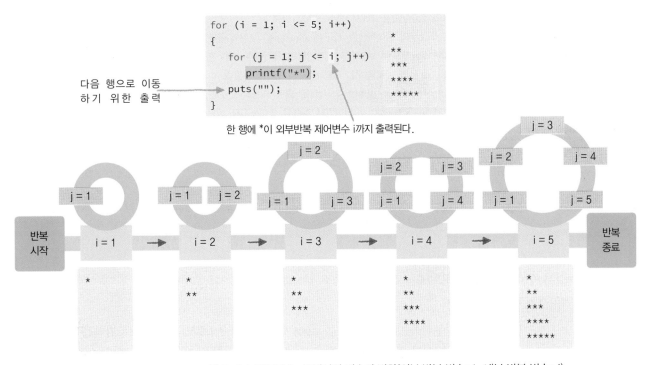

그림 7-34 중첩된 for문에서의 변수의 변화(외부 반복 변수: i, 내부 반복 변수: j)

triangle.c

별을 삼각형 모양으로 출력

```c
01  // file: triangle.c
02
03  #include <stdio.h>
04
05  int main(void)
06  {
07     const int MAX = 5;
08     int i, j;
09
10     for (i = 1; i <= MAX; i++)
11     {
12        for (j = 1; j <= i; j++)
13           printf("*");
14        puts("");
15     }
16
17     return 0;
18  }
```

설명	
07	외부반복의 횟수인 5를 const 상수 MAX로 정의
08	외부반복의 제어변수 i, 내부반복의 제어변수 j 선언
10	외부반복의 for문으로 1에서 상수 5까지 반복
12~14	외부반복 for문의 반복몸체는 for(), puts() 2개의 문장으로 구성
12	내부반복의 for문으로 1에서 i(내부반복의 제어변수)까지 반복, i는 반복에 따라 1에서 5까지 변화
13	내부반복 for문의 반복몸체로 *를 i번까지 한 줄에 출력
14	puts()는 내부반복을 실행한 후 새로운 줄로 이동하기 위한 문장으로, 12줄의 내부반복 반복몸체가 아니라는 것에 주의하면서 적절한 들여쓰기가 필요

실행결과

```
*
**
***
****
*****
```

다중 중첩반복

삼중 중첩반복

다음 모듈의 외부반복은 1에서 입력값 input까지 제어변수 i로 반복한다. 내부반복은 제어변수 j를 사용하여 1에서 i까지 반복한다. 변수sum은 1에서 i까지 합을 저장한다. 출력되는 콘솔 한 행에 1에서 j까지 합을 1+2+⋯+j = sum으로 출력한다. 이를 위하여 조건연산자 j == i ? printf(" = ") :

printf(" + ")를 이용한다. 즉 출력값이 중간이며 +를 출력하고 마지막이면 =를 출력하고 내부 for 반복을 종료한 후, 바로 그 때까지의 합인 sum을 출력한다. 그러므로 한 행에 1 + 2 + 3 + 4 + 5 = 15 형태의 출력이 가능하다.

```
for (i = 1; i <= input; i++) {
    for (j = 1, sum = 0; j <= i; j++)
    {
        printf("%d", j);
        j == i ? printf(" = ") : printf(" + ");
        sum += j;
    }
    printf("%d\n", sum);
}
```

```
양의 정수 또는 0(종료)을 입력: 5
1 = 1
1 + 2 = 3
1 + 2 + 3 = 6
1 + 2 + 3 + 4 = 10
1 + 2 + 3 + 4 + 5 = 15
```

그림 7-35 1에서 n까지 합에서 모든 과정이 보이도록 하는 모듈

다음 예제는 양의 정수를 입력 받아 합을 출력하고, 0 또는 음수를 입력할 때까지 계속 수행하는 프로그램이다. 위와 같이 합의 출력은 그 과정이 모두 보이도록 하며, 센티널 값인 0또는 음수를 입력하면 프로그램이 종료된다. 입력을 계속할 수 있도록 외부에 while (1) { ⋯ }의 무한반복을 수행하도록 한다.

실습예제 7-19 | loops.c

```c
01    // file: loops.c
02    #define _CRT_SECURE_NO_WARNINGS
03
04    #include <stdio.h>
05
06    int main(void)
07    {
08        int input, sum, i, j;
09
10        do
11        {
12            printf("양의 정수 또는 0(종료)을 입력: ");
13            scanf("%d", &input);
14
15            for (i = 1; i <= input; i++)
16            {
17                for (j = 1, sum = 0; j <= i; j++)
18                {
19                    printf("%d", j);
20                    j == i ? printf(" = ") : printf(" + ");
```

```
21              sum += j;
22          }
23          printf("%d\n", sum);
24      }
25  } while (input > 0);
26
27  puts("종료합니다.");
28
29  return 0;
30  }
```

설명

08 외부반복의 제어변수 i, 내부반복의 제어변수 j 선언

13 입력 정수를 변수 input에 저장, &input과 같이 &가 빠지지 않도록 주의

15 외부반복의 for문으로 1에서 입력된 정수까지 반복

16~24 외부반복 for문의 반복몸체는 for(), printf() 2개의 문장으로 구성

17 내부반복의 for문으로 1에서 i(내부반복의 제어변수)까지 반복, i는 반복에 따라 1에서
    input까지 변화

17 초기화에서 j = 1 로, sum = 0가 반드시 필요

19~21 내부반복 for문의 반복몸체는 printf(), 조건연산자, 축약대입연산문 3개의 문장으로 구성

19 j 값을 한 줄에 출력

20 연산식 (j == i)는 j가 마지막이면 참으로, 반복의 중간이며 거짓, 중간이면j 값을 한 줄에
    출력한 이후에 + 연산자 출력, 마지막이면 = 를 출력

21 sum에는 1에서부터 j까지의 합이 저장

23 합 sum을 출력

25 입력 정수가 양수이면 반복 계속 실행하고, 0이나 음수이면 종료

실행결과

```
양의 정수 또는 0(종료)을 입력: 7
1 = 1
1 + 2 = 3
1 + 2 + 3 = 6
1 + 2 + 3 + 4 = 10
1 + 2 + 3 + 4 + 5 = 15
1 + 2 + 3 + 4 + 5 + 6 = 21
1 + 2 + 3 + 4 + 5 + 6 + 7 = 28
양의 정수 또는 0(종료)을 입력: 3
1 = 1
1 + 2 = 3
1 + 2 + 3 = 6
양의 정수 또는 0(종료)을 입력: 0
종료합니다.
```

01 다음 프로그램의 결과를 기술하시오.

```c
#include <stdio.h>

int main(void)
{
    const int MAX = 5;

    for (int i = 1; i <= MAX; i++)
    {
        for (char j = 'A'; j <= 'A' + (i-1) ; j++)
            printf("%c", j);
        puts("");
    }

    return 0;
}
```

02 다음 프로그램의 결과를 기술하시오.

```c
// file: dowhilefor.c
#define _CRT_SECURE_NO_WARNINGS //scanf() 오류를 방지하기 위한 상수 정의

#include <stdio.h>

int main(void)
{
    int input;

    do
    {
        printf("양의 정수 또는 0(종료)을 입력: ");
        scanf("%d", &input);
        if (input > 0)
        {
            int sum = 0, i;
            for (i = 1; i <= input; i++)
                sum += i;
            printf("1에서 %d까지 합: %d\n", input, sum);
        }
    } while (input > 0);

    puts("종료합니다.");

    return 0;
}
```

반복문 for 문을 사용하여 2단부터 9단까지의 구구단을 출력하는 프로그램을 작성해보자.

- 다음 콘솔창과 같이 출력

```
=== 구구단 출력 ===
    2단 출력
2*2 =   4 2*3 =   6 2*4 =   8 2*5 = 10 2*6 = 12 2*7 = 14 2*8 = 16 2*9 = 18
    3단 출력
3*2 =   6 3*3 =   9 3*4 = 12 3*5 = 15 3*6 = 18 3*7 = 21 3*8 = 24 3*9 = 27
    4단 출력
4*2 =   8 4*3 = 12 4*4 = 16 4*5 = 20 4*6 = 24 4*7 = 28 4*8 = 32 4*9 = 36
    5단 출력
5*2 = 10 5*3 = 15 5*4 = 20 5*5 = 25 5*6 = 30 5*7 = 35 5*8 = 40 5*9 = 45
    6단 출력
6*2 = 12 6*3 = 18 6*4 = 24 6*5 = 30 6*6 = 36 6*7 = 42 6*8 = 48 6*9 = 54
    7단 출력
7*2 = 14 7*3 = 21 7*4 = 28 7*5 = 35 7*6 = 42 7*7 = 49 7*8 = 56 7*9 = 63
    8단 출력
8*2 = 16 8*3 = 24 8*4 = 32 8*5 = 40 8*6 = 48 8*7 = 56 8*8 = 64 8*9 = 72
    9단 출력
9*2 = 18 9*3 = 27 9*4 = 36 9*5 = 45 9*6 = 54 9*7 = 63 9*8 = 72 9*9 = 81
```

Lab 7-5	mtable.c

```c
01   // file: mtable.c
02
03   #include <stdio.h>
04   #define MAX 9
05
06   int main(void)
07   {
08      printf("=== 구구단 출력 ===\n");
09      for (int i = 2; i <= MAX; i++)
10      {
11         printf("%6d단 출력\n", i);
12         for (int j = 2; j <= MAX; j++)
13            _____;
```

```
14                    _____;
15        }
16
17        return 0;
18    }
```

정답

```
13        printf("%d*%d = %2d ", i, j, i*j);
14    printf("\n");
```

01 다음을 출력하는 프로그램을 for 문을 이용하여 작성하시오.

```
54321
5432
543
54
5
```

02 다음을 출력하는 프로그램을 for 문을 이용하여 작성하시오.

```
    1
   21
  321
 4321
54321
```

03 1에서부터 표준입력으로 받은 양의 정수까지의 합을 출력하는 프로그램을 작성하시오.

04 1에서 100까지의 정수 중에서 2, 3, 5, 7의 배수를 제외한 수를 한 행에 10 개씩 출력하는 프로그램을 작성하시오.

05 1부터 100까지 정수 중에서 소수(prime number)를 출력하는 프로그램을 작성하시오.

- 소수는 약수가 1과 자신 뿐인 수
- 2에서부터 자기 자신까지 수로 나누어 떨어지지 않는 수

06 다음을 출력하는 프로그램을 중첩된 for 문을 이용하여 작성하시오.

```
        0
      101
    21012
   3210123
  432101234
 54321012345
6543210123456
765432101234567
```

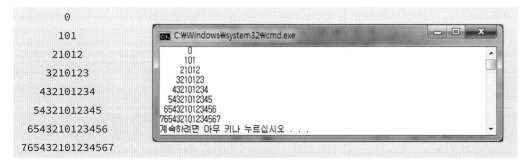

07 표준입력으로 입력한 정수에서 각각의 자리에 해당하는 수를 반대로 출력하는 프로그램을 do while 문을 이용하여 작성하시오.

08 다음 수식과 내용을 참고로 해당하는 x와 y 값을 출력하는 프로그램을 작성하시오.

- $y = 3x^3 + 2x^2 + x + 5$, x는 5에서 10사이 0.5씩 증가하도록

09 다음 조건을 만족하는 프로그램을 작성하시오.

- 원금이 1,000,000인 경우, 예치 기간을 1년에서 10년까지 매년 말에 받을 총 금액을 출력
- 년단위 단리이자 = 원금 × 이율(4.5%) × 년(예치기간)
- 만기 시 총 수령액(단리적용) = 원금(1 + 이율(4.5%) × 년(예치기간))

10 . 위 프로그램에서 다음 조건을 만족하는 프로그램으로 수정하여 작성하시오.

- 원금이 1,000,000인 경우, 예치 기간을 1년에서 10년까지 매년 말에 받을 총 금액을 출력
- 만기 시 총 수령액(복리적용) = 원금$(1 + 이율(4.5\%))^{년(예치기간)}$
- 함수 pow(a, b) = a^b 이용, #include ⟨math.h⟩ 필요

11 표준입력으로 받은 9이하의 정수로 구구단을 출력하는 프로그램을 작성하시오.

12 다음 식을 참고로 섭씨 온도(C)를 화씨 온도(F)로 변환하는 프로그램을 다음과 같은 출력이 나오도록 작성하시오.

- F = (9.0 / 5.0) × C + 32
- 섭씨온도가 −60부터 140까지 20씩 증가, 이 때의 화씨온도를 구하여 출력하는데, 온도는 모두 정수 형태로 출력

13 1부터 n까지의 합 중에서 10000을 넘지 않는 가장 큰 합과 그 때의 n을 구하는 프로그램을 작성하시오.

14 1부터 n까지의 곱 중에서 10000을 넘지 않는 가장 큰 곱과 그 때의 n을 구하는 프로그램을 작성하시오.

15 다음 조건을 만족하면서 정수를 입력 받아 32비트의 비트 정보를 모두 출력하는 프로그램을 작성하시오.

- 입력 받은 정수가 0이면 종료하고 0이 아니면 계속 수행

프로젝트 실습에 대하여

프로젝트 실습은 지금까지 배운 내용을 바탕으로 몇 가지의 실무 프로젝트를 직접 수행해 보는 파트이다. 각각의 프로젝트는 '주요 입출력', '프로그래밍 요소'와 같은 장치들을 통해 상세히 설명되고 '결과 사례'를 통해 해당 프로젝트의 대표적인 '실행결과'가 보여지지만, 이것은 어디까지나 결과일 뿐이다. 즉, 결과를 도출해 내는 프로그래밍은 여러 가지일 수 있는 것이다. 가장 효율적이고 적합하게 프로그래밍하여 정확한 결과를 이끌어낼 수 있는 것, 이것이 '프로젝트 실습'의 핵심이다.

본서의 프로젝트 실습은 총 3개 Part로 구성되며, 전체적으로 15개의 실습으로 나누어지는데, 7장, 11장, 16장의 단원끝에 각각 한 개의 Part가 배치되어있다.

자료형과 변수 | 입출력 | 연산자 | 조건 | 반복

프로젝트 내용

- 미터(m), 인치(in), 피트(ft), 야드(yd) 간의 길이 변환 구하기

목적

- 조건 if 또는 switch 문과 반복문 while을 사용하여 간단한 연산자 활용

주요 입출력

[입력]

- 네 개의 길이 중 [변환할 단위]와 [변환된 단위]를 선택할 정수
- [변환할 단위]를 입력 받아 저장할 실수

[출력]

- 선택한 길이의 변환에 의해 구한 결과 출력

프로그래밍 요소

주요 자료

- 정수형 변수:
  - 메뉴 선택 입력 받을 수 있는 변수 두 개로 [변환할 단위]와 [변환된 단위]
- 실수형 변수:
  - [변환할 단위]의 길이를 저장할 변수

처리

- 메뉴 [from 단위] [변환할 단위]와 [to 단위]인 [변환된 단위]를 입력 받고, from단위의 길이를 입력 받아, switch문을 사용하여 필요하면 반복적으로 입력 받아 그 결과를 출력
  - 예로 메뉴 1은 미터(m) 단위
  - 메뉴 2는 인치(in) 단위
  - 메뉴 3은 피드(ft) 단위
  - 메뉴 4는 야드(yd) 단위
- [변환할 단위]와 [변환된 단위]는 한번만 선택하나 길이의 입력과 변환된 출력은 반복적으로 진행되며, 단 입력 길이를 0 입력하면 프로그램이 종료되도록
  - 선택한 [변환할 단위]와 [변환된 단위]로만 출력
  - [변환할 단위]와 [변환된 단위]의 입력이 하나라도 0이면 프로그램 종료

- 입력길이를 0 입력하면 프로그램이 종료
- 프로그램 구조
  - 문장 while 내부에 switch 또는 if 문으로 구성

길이 구하기

기본적으로 길이의 변환을 위한 공식은 네이버의 '단위변환' 페이지를 이용해 공식을 얻도록

- 변환단위는 미터(m) 단위, 인치(in) 단위, 피드(ft) 단위, 야드(yd) 단위를 지원

결과 사례

```
다음 단위에서 [변환할 단위] --> [변환결과 단위]로 연산합니다.

 [1] 미터(m)   [2] 인치(in)   [3] 피트(ft)   [4] 야드(yd)   [0] 종료(stop)

[이전단위] --> [변환단위], 두 개의 메뉴 번호를 선택하세요. >> 1 2

[변환할 단위]의 길이를 입력하세요. >> 3.78

 [결과]   3.78(미터) -->148.82(인치)

[변환할 단위]의 길이를 입력하세요. >> 45.987

 [결과]   45.99(미터) -->1810.51(인치)

[변환할 단위]의 길이를 입력하세요. >> 0

종료합니다.
```

자료형과 변수 | 연산자 | 조건 | 반복

프로젝트 내용

- 이항 비트연산자 &, |, ^와 단항 비트연산자 ~를 수행하고, 정수를 이진수로 표현하여 비트 연산 확인

목적

- 반복을 이용한 이진수의 출력과 다양한 비트 연산자의 이해와 구현

비트 연산

[이항 비트 연산자 & | ^]

- 비트 AND 연산자 &

  - 피연산자인 정수의 각 비트가 모두 1이면 1, 나머지는 모두 0

- 비트 OR 연산자 |

  - 피연산자인 정수의 각 비트가 적어도 하나 1이면 1, 모두 0이어야 0

- 비트 XOR 연산자 ^

  - 피연산자인 정수의 각 비트가 서로 다르면 1, 같으면 0

[단항 보수 비트 연산자 ~]

- 피연산자인 정수의 각 비트에서 0은 1로, 1은 0으로

주요 입출력

[입력]

- 네 개의 연산자 중에 하나의 연산자 번호 선택, 피연산자인 정수 값

[출력]

- 피연산자의 정수와 이진수

- 결과의 정수와 이진수

프로그래밍 요소

주요 자료

- 정수형 변수:

  - 메뉴 선택 변수와 피연산자 변수 하나 또는 두 개

처리

- 연산자 종류 선택 메뉴

- - [1] 비트 AND(&)
  - [2] 비트 OR(|)
  - [3] 비트 XOR(^)
  - [4] 비트 COMPLEMENT(~)
  - [0] 종료(stop)
- 정수 x의 이진수 출력 모듈
  - 변수 x의 32번째 비트의 값 출력: printf("%c", ((x >> 31) & 1) ? '1' : '0');
  - 변수 x의 31번째 비트의 값 출력: printf("%c", ((x >> 30) & 1) ? '1' : '0');
  - 변수 x의 두 번째 비트의 값 출력: printf("%c", ((x >> 1) & 1) ? '1' : '0');
  - 변수 x의 첫 번째 비트의 값 출력: printf("%c", (x & 1) ? '1' : '0');
  - 위 모듈을 적절히 반복문을 사용하여 출력
- 프로그램 구조
  - switch 또는 if 문으로 구성

결과 사례

```
        [1] 비트 AND(&)

        [2] 비트 OR(|)

        [3] 비트 XOR(^)

        [4] 비트 COMPLEMENT(~)

        [0] 종료(stop)

    위 연산 중 하나를 선택하세요. >> _3_


    비트 연산할 두 정수 입력 >> 11 21

    x   =   00000000000000000000000000001011   11

    y   =   00000000000000000000000000010101   21

x ^ y   =   00000000000000000000000000011110   30
```

```
        [1] 비트 AND(&)
```

```
        [2] 비트 OR(|)

        [3] 비트 XOR(^)

        [4] 비트 COMPLEMENT(~)

        [0] 종료(stop)

위 연산 중 하나를 선택하세요. >> _4_



비트 보수(~) 연산할 하나의 정수 입력 >> 17

   x =     00000000000000000000000000010001

  ~x =     11111111111111111111111111101110  -18
```

자료형과 변수 | 입출력 | 연산자 | 조건 | 반복

프로젝트 내용

- 두 정수를 교환(swap)하는 방법 4가지 중의 하나를 선택하여 두 수를 교환한 결과를 출력

목적

- 변수의 활용, 대입연산, 덧셈연산, 뺄셈연산, 곱셈 및 나누기 연산, 그리고 배타적 비트 OR 연산 XOR($^\wedge$)을 사용하여 두 정수를 교환하는 방법의 이해와 활용

다양한 두 정수 교환 연산

[다른 변수를 활용한 방법]

- 임시변수인 dump와 다음 세 번의 대입 연산으로 교환
  - dump = x;
  - x = y;
  - y = dump

[덧셈과 뺄셈 연산을 활용한 방법]

- 다음과 같이 변수 x와 y에서 덧셈 한번과 뺄셈 두 번을 다음 순서로 연산하여 교환
  - x = x + y;
  - y = x - y; //[(x + y) - y]
  - x = x - y; //[(x + y) - x]

[곱셈과 나눗셈 연산을 활용한 방법]

- 위의 덧셈과 뺄셈 연산 방법과 비슷한 방법으로 다음과 같이 변수 x와 y에서 곱셈 한번과 나눗셈 두 번을 다음 순서로 연산하여 교환
  - x = x * y;
  - y = x / y; //[(x * y) / y]
  - x = x / y; //[(x * y) / x]

[곱셈과 나눗셈 연산을 활용한 방법]

- 배타적 OR 연산인 XOR 연산자 $^\wedge$을 사용하는 방법으로 다음과 같이 변수 x와 y에서 XOR($^\wedge$) 연산 세 번으로 교환
  - x = x $^\wedge$ y;
  - y = x $^\wedge$ y; //[(x $^\wedge$ y) $^\wedge$ y] == [x $^\wedge$ (y $^\wedge$ y)] == [x $^\wedge$ 0] == [x]
  - x = x $^\wedge$ y; //[(x $^\wedge$ y) $^\wedge$ x] == [(y $^\wedge$ x) $^\wedge$ x] == [y $^\wedge$ (x $^\wedge$ x)] == [y $^\wedge$ 0] == [y]

- 연산 XOR(^)은 교환법칙과 결합법칙이 성립하고, (y ^ y) == 0이며 (x ^ 0) == x 이므로 위 두 번째와 세 번째가 각각 x와 y의 결과를 나옴

주요 입출력

[입력]

- 교환할 두 정수와 4 가지 교환 방법 중에 하나의 방법을 선택하여 저장

[출력]

- 입력한 두 정수
- 교환한 두 정수

결과 사례

```
교환할 두 정수를 입력하세요. >> 15 98
입력한 두 수: x = 15 and y = 98

 임시 저장 장소 이용 방법[1]
 덧셈과 뺄셈으로 교환 방법[2]
 곱셈과 나눗셈으로 교환 방법[3]
 XOR 연산자 ^ 이용 방법[4]

위 교환 방법 중 한 번호를 선택하세요. >> 4

교환한 두 수: x = 98 and y = 15
```

연산자 | 조건 | 반복

프로젝트 내용

- 2부터 n까지의 소수(prime number)를 첫 행에는 하나, 두 번째 행에는 두 개 등 계속해서 삼각형 모양으로 10행 출력

목적

- 조건과 반복을 이용해서 삼각형의 모양으로 소수 출력

주요 입출력

[입력]

- 입력은 없음

[출력]

- 2부터 n까지의 소수를 삼각형 모양으로 출력

프로그래밍 요소

소수

- 약수가 1과 자기 자신만인 정수

  - 정수 중에서 1과 자기 자신만으로 나누어지는 수

- 검사 모듈

  - 검사하고자 하는 정수를 2부터 1씩 증가시키면서 자기 자신 이전까지 나누어 봐서 하나도 나누어지는 것이 없으면 소수로 판정, 반대로 하나라도 나누어지면 소수가 아닌 정수로 판정

결과 사례

```
                    2
                 3   5
              7  11  13
            17  19  23  29
          31  37  41  43  47
        53  59  61  67  71  73
      79  83  89  97 101 103 107
   109 113 127 131 137 139 149 151
  157 163 167 173 179 181 191 193 197
199 211 223 227 229 233 239 241 251 257
```

자료형과 변수 | 입출력 | 연산자 | 조건 | 반복

프로젝트 내용

- 정수를 이진수, 8진수, 16진수로 출력

목적

- 배열과 함수를 사용하지 않고 이진수, 8진수, 16진수로 출력

주요 입출력

[입력]

- 다양한 진수로 변환할 정수

[출력]

- 변환 결과인 이진수, 8진수, 16진수 출력

프로그래밍 요소

이진수 출력

- 비트 AND 연산자 &을 이용하면 1 & 1의 결과는 1, 0 & 1의 결과는 0이므로
  - 정수 n을 비트 이동연산자 (n >> 31) & 1의 결과에 따라 32비트의 비트값을 알 수 있음

8진수 출력

- 8진수는 0에서 7까지만의 수를 사용하는 수로 직접 십진수를 8진수로 모두 바꾼 후 그 수를 출력
  - %8o로 출력하여 본인이 출력한 8진수와 비교

16진수 출력

- 0에서 9까지는 숫자로, 10에서 15까지는 알파벳 A, B, C, D, E, F로 출력
  - 알파벳을 출력하기 숫자 10 이상이면 55를 더해 %c로 출력하면 대문자로 A에서 F까지 출력
  - 가장 큰 자릿수부터 출력하기 위해 먼저 전체 자릿수를 계산하여 16진수를 만들어 한 자리씩 출력
  - %8X로 출력하여 본인이 출력한 16진수와 비교

```
if (out < 10)
    printf("%d", out);
else
    printf("%c", out + 55);
```

반복 입력 처리

- 여러 번 반복 수행하기 위해 입력 받은 정수가 양수이면 변환 출력하고 계속 다음 입력으로 수행하나 0이면 종료

```
정수를 하나 입력하세요. >> 500

    이진수: 00000000000000000000000111110100

    팔진수:                         764      764

    16진수:                         1F4      1F4


정수를 하나 입력하세요. >> 672876

    이진수: 00000000000010100100010001101100

    팔진수:                      2442154  2442154

    16진수:                       A446C    A446C


정수를 하나 입력하세요. >> 0
종료합니다.
```

08

포인터 기초

학습목표

▶ **포인터 변수를 이해하고 설명할 수 있다.**
- 메모리와 주소, 주소 연산자 &
- *를 사용한 포인터 변수 선언과 간접참조 방법
- 포인터 변수의 연산과 형변환

▶ **다중 포인터와 배열 포인터를 이해하고 설명할 수 있다.**
- 이중 포인터의 필요성과 선언 및 사용 방법
- 증감연산자와 포인터와의 표현식
- 포인터 상수

학습목차

포인터 변수와 선언

메모리 주소와 주소연산자 &

주소개념

메모리 공간은 8비트인 1 바이트마다 고유한 주소(address)가 있다. 마치 우리의 주소처럼 도로에 있는 건물에 고유 번호가 있는 것과 같다. 충절로 6과 같이 도로 이름과 번호로 집을 찾듯이 메모리 주소 12 등을 이용하여 변수의 위치를 파악하는 것이다.

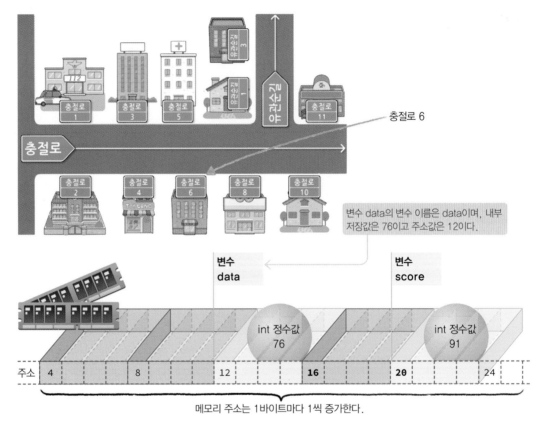

그림 8-1 메모리 주소

메모리 주소는 0부터 바이트마다 1씩 증가한다. 메모리 주소는 저장 장소인 변수이름과 함께 기억 장소를 참조하는 또 다른 방법이다. 마치 예전 주소인 '렉슬아파트'와 같이 아파트이름이 변수이름이라면 '선릉로 888'과 같이 도로명과 번호가 메모리 주소라고 할 수 있다. 물론 메모리 주소는 주 기억장치라는 이름이 있으므로 도로이름은 따로 없어 도로 주소 체계보다도 간편하다고 볼 수 있다.

이 메모리 주소값을 이용하면 보다 편리하고 융통성 있는 프로그램이 가능하다. 그러나 메모리 주소를 잘못 다루면 시스템에 심각한 문제를 일으킬 수 있다. 그리고 메모리 주소를 처음 학습하는 초보자에겐 좀 어렵다는 단점이 있다. 그러나 걱정하지 말자. 이 단원을 차근차근 알아가면 메모리 주소도 어렵지 않다는 것을 이해할 것이다.

- 주소 정보를 이용하여 주소가 가리키는 변수의 값을 참조할 수 있다.
- 주소 정보의 이전 또는 이후의 이웃한 저장 공간의 값도 쉽게 참조할 수 있다.

주소연산자 &

주소는 변수이름과 같이 저장장소를 참조하는 하나의 방법이다. 지금까지 함수 scanf()를 사용하면서 입력 자료의 값을 저장하기 위해 인자를 '&변수이름'으로 사용하였다. 바로 **&(ampersand)가 피연산자인 변수의 메모리 주소를 반환하는 주소연산자이다.**

- 즉 함수 scanf()에서 입력값을 저장하는 변수의 주소값이 인자의 자료형이다.
- 그러므로 함수 scanf()에서 일반 변수 앞에는 주소연산자 &를 사용해야 한다.

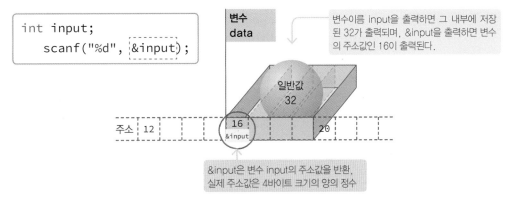

그림 8-2 주소연산자 & 이해

변수의 주소값은 형식제어문자 %u 또는 %d로 직접 출력할 수 있다. 그러나 최근 비주얼 스튜디오에서는 경고가 발생하니 주소값을 int 또는 unsigned로 변환하여 출력한다. 만일 16진수로 출력하려면 형식제어문자 %p를 사용한다. 주소 연산자 &는 다음 사용에 주의가 필요하다.

- & 연산자는 '&변수'와 같이 피연산자 앞에 위치하는 전위연산자로 변수에만 사용할 수 있다.
- '&32'와 '&(3+4)'와 같이 상수나 표현식에는 사용할 수 없다.

```c
01  // file: address.c
02  #define _CRT_SECURE_NO_WARNINGS
03  #include <stdio.h>
04
05  int main(void)
06  {
07     int input;
08
09     printf("정수 입력: ");
10     scanf("%d", &input);
11     printf("입력값: %d\n", input);
12     printf("주소값: %u(10진수), %p(16진수)\n", (int) &input, &input);
13     printf("주소값: %d(10진수), %#X(16진수)\n", (unsigned) &input,
           (int) &input);
14     printf("주소값 크기: %d\n", sizeof(&input));
15
16     return 0;
17  }
```

설명	
07	int 형 변수 input 선언
09	저장값 입력을 위한 프롬프트
10	표준입력에서 반드시 &input
12	변수 data의 주소값을 참조하려면 &input을 사용하며, 표준출력에서 %u, %p등 사용
13	변수 data의 주소값을 참조하려면 &input을 사용하며, 표준출력에서 %d, %#X등 사용, 변환명세에서 필요한 자료값으로 변환
14	주소값의 크기도 4바이트

실행결과

```
정수 입력: 100
입력값: 100
주소값: 3799464(10진수), 0039F9A8(16진수)          %p
주소값: 3799464(10진수), 0X39F9A8(16진수)
주소값 크기: 4                                       %#X
```

중간점검

01 주소연산자는 무엇이며, 연산자 우선순위가 몇 위인가?

02 다음 소스의 문제는 무엇인가?

```c
int input;
scanf("%d", input);
```

03 double 변수를 하나 선언하여 표준입력으로 실수를 저장하는 소스를 작성하시오.

포인터 변수 개념과 선언

메모리 주소 저장 변수인 포인터 변수

우리가 친구의 주소를 스마트폰의 주소록에 저장하듯이 어느 **변수의 주소도 포인터 변수에 저장**할 수 있다. 어느 변수의 주소도 일반 정수값이라고 볼 수 있으나 일반 변수에 저장하면 주소값이라는 의미가 없어지므로 **변수의 주소값은 반드시 포인터 변수에 저장**해야 한다. 즉 **포인터 변수는 주소값을 저장하는 변수로 일반 변수와 구별되며 선언방법이 다르니** 이에 대해 자세히 알아 보자. 주소 연산자를 이용한 연산식 &data의 결과값은 바로 포인터 변수(pointer variable)에 저장하여 사용할 수 있다.

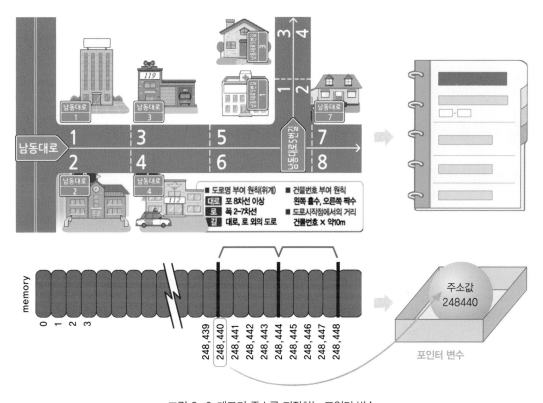

그림 8-3 메모리 주소를 저장하는 포인터 변수

포인터 변수 선언

포인터 변수는 일반 변수와 선언 방법이 다르다. 그렇다고 변수 선언이 복잡한 것은 아니고 **포인터 변수 선언에서 자료형과 포인터 변수 이름 사이에 연산자 *(asterisk)를 삽입**한다. 즉 다음 변수선언에서 ptrint, ptrshort, ptrchar, ptrdouble은 모두 **포인터 변수이며 간단히 포인터**라고도 부른다. 예로 'int *ptrint' 선언은 'int 포인터 ptrint'라고 읽는다.

자료형 *변수이름 ;	`int *ptrint;`
	`short *ptrshort;`
	`char *ptrchar;`
	`double *ptrdouble;`
		`int *ptrint; //가장 선호`
		`short*ptrshort;`
		`char * ptrchar;`
		`double *ptrdouble;`

그림 8-4 포인터 변수선언 구문

위 포인터 변수선언에서 보듯이 변수 자료형이 다르면 그 변수의 주소를 저장하는 포인터의 자료형도 달라야 한다. 즉 int형 변수의 주소를 저장하는 포인터는 int *이고, double형 변수의 주소를 저장하는 포인터는 double *이어야 한다. 즉 **어느 변수의 주소값을 저장하려면 반드시 그 변수의 자료유형과 동일한 포인터 변수에 저장해야 한다. 포인터 변수선언에서 포인터를 의미하는 *는 자료형과 변수이름 사이에만 위치**하면 된다. 일반적으로 변수이름 앞에 *를 붙이는 방식을 가장 선호한다.

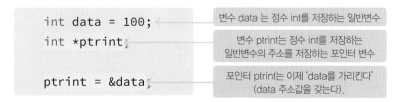

`int data = 100;`	변수 data 는 정수 int를 저장하는 일반변수
`int *ptrint;`	변수 ptrint는 정수 int를 저장하는 일반변수의 주소를 저장하는 포인터 변수
`ptrint = &data;`	포인터 ptrint는 이제 'data를 가리킨다' (data 주소값을 갖는다).

그림 8-5 포인터 변수와 일반 변수의 주소 저장

포인터 변수도 선언된 후 초기값이 없으면 의미 없는 쓰레기(garbage) 값이 저장된다. 포인터 변수에 data 주소를 대입하려면 주소연산자 &를 사용한 연산식 &data를 이용한다. 그러므로 **문장 ptrint = &data;는 포인터 변수 ptrint에 변수 data의 주소를 저장하는 문장**이다.

다음 그림에서 &data에서 ptrint로의 화살표는 포인터 변수 ptrint에 변수 data의 주소가 저장되었다는 것을 나타낸다. **이러한 관계를 '포인터 변수 ptrint는 변수 data 를 가리킨다' 또는 '참조(reference)한다'라고 표현한다. 포인터 변수는 가리키는 변수의 종류에 관계없이 크기가 모두 4바이트**이다.

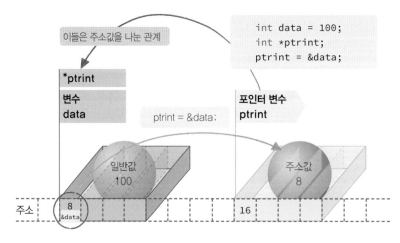

그림 8-6 포인터 변수선언과 주소의 대입

pointer.c

포인터 변수선언과 주소값 대입

```c
01    // file: pointer.c
02    #include <stdio.h>
03
04    int main(void)
05    {
06        int data = 100;
07        int *ptrint;
08        ptrint = &data;
09
10        printf("변수명   주소값       저장값\n");
11        printf("--------------------------\n");
12        printf(" data  %p  %8d\n", &data, data);
13        printf("ptrint  %p  %p\n", &ptrint, ptrint);
14
15        return 0;
16    }
```

설명	
06	int 형 변수 data 선언하여 100 저장
07	int 형 포인터 변수 ptrint 선언
08	int 형 포인터 변수 ptrint에 변수 data의 주소를 저장
12	변수 data의 주소(0024FB44)와 내부 저장값 100을 출력
13	변수 ptrint의 주소(0024FB38)와 내부 저장값 0024FB44를 출력, 변수 ptrint의 내부 저장 값은 바로 data의 주소값인 0024FB44인 것을 확인할 수 있으며, 이러한 주소값은 실행 때마다 다를 수 있음

실행결과

```
변수명      주소값         저장값
--------------------------
 data   0024FB44         100
ptrint  0024FB38   0024FB44
```

중간점검

01 포인터 변수와 일반 변수의 차이점을 설명하시오.

02 다음 각각의 부분 소스의 잘못은 무엇인가?

```c
int data = 100;        int data = 100;
int ptrint;            double *ptr;

ptrint = &data;        ptr = &data;
```

03 다음 부분 소스에서 출력되는 값은 무엇을 의미하는가?

```
double data = 100.345;
double *p = &data;

printf("%u  %f\n", p, *p);
```

다양한 자료형 포인터 변수 선언에 의한 주소값 출력

자료형 char, int, double의 변수를 각각 선언하여 적당한 값을 저장하고, 다시 그 변수의 주소를 저장하기 위해 자료형 char, int, double의 포인터 변수를 각각 선언해 그 주소값과 저장한 후, 주소값과 저장값을 출력하는 프로그램을 작성해보자.

- char 포인터 변수 선언: char *pc
- int 포인터 변수 선언: int *pm
- double 포인터 변수 선언: double *px

```
변수명      주소값        저장값
----------------------------
  c       002DFE0B          @
  m       002DFDF0        100
  x       002DFDD4    5.830000
```

Lab 8-1 | basicpointer.c

```c
01  // file: basicpointer.c
02  #include <stdio.h>
03
04  int main(void)
05  {
06      char c = '@';
07      char *pc = ___;
08      int m = 100;
09      int *pm = ___;
10      double x = 5.83;
11      double *px = ___;
12
13      printf("변수명    주소값     저장값\n");
14      printf("--------------------------\n");
15      printf("%3s %12p %9c\n", "c", ___, c);
16      printf("%3s %12p %9d\n", "m", ___, m);
17      printf("%3s %12p %9f\n", "x", ___, x);
18
19      return 0;
20  }
```

```
07    char *pc = &c;
09    int *pm = &m;
11    double *px = &x;
15    printf("%3s %12p %9c\n", "c", pc, c);
16    printf("%3s %12p %9d\n", "m", pm, m);
17    printf("%3s %12p %9f\n", "x", px, x);
```

08 ② 간접 연산자 *와 포인터 연산

다양한 포인터 변수 선언과 간접 연산자 *

여러 포인터 변수선언

여러 개의 포인터 변수를 한 번에 선언하기 위해서는 다음과 같이 콤마 이후에 변수마다 *를 앞에 기술해야 한다. 다음 첫 번째 문장에 의해 ptr1, ptr2, ptr3은 int 형 포인터(int *)의 변수가 된 것이다.

```
int    *ptr1, *ptr2, *ptr3; //ptr1, ptr2, ptr3 모두 int형 포인터임
int    *ptr1, ptr2, ptr3; //ptr1은 int형 포인터이나 ptr2와 ptr3는 int형 변수임
```

그림 8-7 포인터 변수 여러 개 선언과 주의 사항

위 두 번째 선언은 ptr1은 int 형 포인터를 의미하나 ptr2와 ptr3은 단순히 int형을 나타내므로 주의가 필요하다. 포인터 변수도 다른 일반변수와 같이 지역변수[1]로 선언하는 경우, **초기값을 대입하지 않으면 쓰레기값이 들어가므로 포인터 변수에 지정할 특별한 초기값이 없는 경우에 0번 주소값인 NULL로 초기값을 저장**한다.

```
int    *ptr = NULL;
```

이 NULL은 헤더파일 stdio.h에 다음과 같이 정의되어 있는 포인터 상수로서 0번지의 주소값을 의미한다. 그러므로 ptr을 출력하면 실제로 0이 출력된다. 여기서 **(void *)는 아직 결정되지 않은 자료형의 주소를 나타낸다.** 그러므로 NULL이 저장된 포인터 변수는 아무 변수도 가리키고 있지 않다는 의미로서 이용된다. 또한 **자료유형 (void *)는 아직 유보된 포인터이므로 모든 유형의 포인터 값을 저장할 수 있는 포인터 형**이다.

```
#define  NULL   ((void *)0)
```

다음 예제에서 초기값을 지정하지 않은 포인터 변수 ptr2를 출력하면 "warning C4101: 'ptr2' : 참조되지 않은 지역 변수입니다."라는 컴파일오류가 발생한다.

---

[1] 지역변수(local variable)는 함수 내부에서 선언되어 사용되는 변수를 말한다.

nullpointer.c

한번에 여러 포인터 변수 선언과 NULL 주소값 대입

```
01    // file: nullpointer.c
02    #include <stdio.h>
03
04    int main(void)
05    {
06        int *ptr1, *ptr2, data = 10;
07        ptr1 = NULL;
08
09        printf("%p\n", ptr1);
10        //printf("%p\n", ptr2);  ←  초기값이 없어서 컴파일 오류발생
11        printf("%d\n", data);
12
13        return 0;
14    }
```

설명	
06	int 형 포인터 변수 ptr1과 ptr2를 선언하면서 int 형 변수 data 선언하여 10 저장
07	int 형 포인터 변수 ptr1에 주소값 0인 NULL을 저장
09	int 형 포인터 변수 ptr1에 저장된 주소값인 0을 출력
10	int 형 포인터 변수 ptr2에 저장된 주소값을 출력하려 하나 저장된 것이 없어 컴파일오류 발생
11	int 형 변수 data에 저장된 값인 10을 출력

실행결과	
	00000000
	10

간접연산자 *

포인터를 사용하는 이유를 알아보면, 포인터는 변수를 참조할 수 있는 또 다른 방법을 제공한다는 것이다. 즉 **포인터 변수가 갖는 주소로 그 주소의 원래 변수를 참조**할 수 있다. **포인터 변수가 가리키고 있는 변수를 참조하려면 간접연산자[2](indirection operator) *를 사용한다.**

```
int data1 = 100;
int *ptrint = &data;
printf("간접참조 출력: %d \n", *ptrint);

*ptrint = 200;
```

그림 8-8 간접연산자 *와 간접참조

---

2 간접연산자는 역참조 연산자(dereference operator)라고도 부른다.

간접연산자를 이용한 *ptrint는 포인터 ptrint가 가리키고 있는 변수 자체를 의미한다. **즉 포인터 ptrint가 가리키는 변수가 data라면 *ptrint은 변수 data 를 의미한다.** 그러므로 이제 *ptrint를 사용하면 data 변수 저장값을 참조할 수 있다. 이제 변수 data로 가능한 작업은 *ptrint로도 가능하다. 문장 *ptrint = 200;으로 변수 data 의 저장값을 200으로 수정할 수 있다.

변수 data 자체를 사용해 자신을 참조하는 방식을 직접참조(direct access)라 한다면, *ptrint를 이용해서 변수 data를 참조하는 방식을 간접참조(indirect access)라 한다.

```
int data = 100;
char ch = 'A';
int *ptrint = &data;
char *ptrchar = &ch;
printf("간접참조 출력: %d %c\n", *ptrint, *ptrchar);

*ptrint = 200;
printf("직접참조 출력: %d %c\n", data, ch);
```

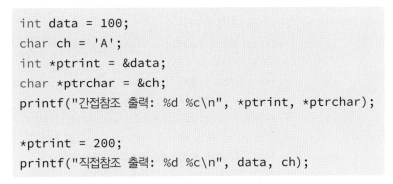

그림 8-9 포인터 변수와 주소값이 저장된 변수 사이의 관계

TIP 주소 연산자 &와 간접 연산자 *

주소 연산자 &와 간접 연산자 *, 모두 전위 연산자로 서로 반대의 역할을 한다. 즉 **주소 연산 '&변수'는 변수의 주소값이 결과값**이며, **간접 연산 '*포인터변수'는 포인터 변수가 가리키는 변수 자체가 결과값**이다.

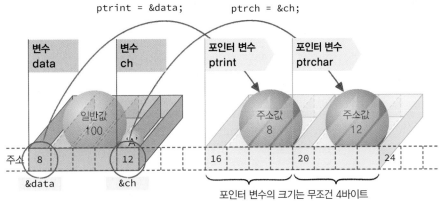

- '*포인터변수'는 l-value와 r-value로 모두 사용이 가능하나, 주소값인 '&변수'는 r-value로만 사용이 가능하다.

- '*포인터변수'와 같이 간접연산자는 포인터 변수에만 사용이 가능하나, 주소 연산자는 '&변수'와 같이 모든 변수에 사용이 가능하다.

```
01    // file: dereference.c
02    #include <stdio.h>
03
04    int main(void)
05    {
06        int data = 100;
07        char ch = 'A';
08        int *ptrint = &data;        변수 data와 같다.      변수 ch와 같다.
09        char *ptrchar = &ch;
10        printf("간접참조 출력: %d %c\n", *ptrint, *ptrchar);
11
12        *ptrint = 200;  //변수 data를 *ptrint로 간접참조하여 그 내용을 수정
13        *ptrchar = 'B'; //변수 ch를 *ptrchar로 간접참조하여 그 내용을 수정
14        printf("직접참조 출력: %d %c\n", data, ch);
15
16        return 0;
17    }
```

설명	
06	int 형 변수 data 선언하여 100 저장
07	char 형 변수 ch 선언하여 문자 'A' 저장
08	int 형 포인터 변수 ptrint를 선언하여 변수 data의 주소값을 저장
09	char 형 포인터 변수 ptrchar를 선언하여 변수 ch의 주소값을 저장
10	int 형 포인터 변수 ptrint와 간접연산자 *를 이용한 *ptrint를 사용하여 data의 저장값을 출력
10	char 형 포인터 변수 ptrchar와 간접연산자 *를 이용한 *ptrchar를 사용하여 ch의 저장값을 출력
12	int 형 포인터 변수 ptrint와 간접연산자 *를 이용한 *ptrint를 사용하여 data의 저장값을 200으로 수정
13	char 형 포인터 변수 ptrchar와 간접연산자 *를 이용한 *ptrchar를 사용하여 ch의 저장값을 'B'로 수정
14	int 형 변수 data에 저장된 값과 char 형 변수 ch에 저장된 값을 출력

실행결과	간접참조 출력: 100 A
	직접참조 출력: 200 B

중간점검

01 다음 문장의 문제는 무엇인가?

```
int   *ptr = null;
```

02 다음 부분 소스에서 문제는 무엇인가?

```
double x = 5.29, *y;
y = 10.28;
```

03 다음 프로그램의 출력을 기술하시오.

```
double x = 5.29, *y;
double *p = &x;
y = p;
*y = 3.89;

printf("%f\n", x);
```

포인터 변수의 연산

주소 연산

포인터 변수는 간단한 더하기와 뺄셈 연산으로 이웃한 변수의 주소 연산을 수행할 수 있다. 포인터의 연산은 절대적인 주소의 계산이 아니며, 포인터가 가리키는 변수 크기에 비례한 연산이다. 즉 **포인터에 저장된 주소값의 연산으로 이웃한 이전 또는 이후의 다른 변수를 참조**할 수 있다.

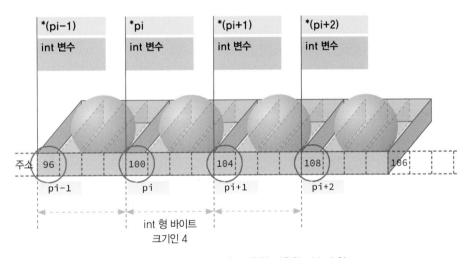

그림 8-10 주소의 연산을 이용한 이웃한 변수의 참조

위 그림과 같이 int형 포인터 pi에 저장된 주소값이 100이라고 가정하자. 그렇다면 (pi+1)은 101이 아니라 주소값 104이다. 즉 (pi+1)은 pi가 가리키는 다음 int형의 주소를 의미한다. 그러므로 (pi+1)은 int형의 바이트 크기인 4만큼 증가한 주소값 104가 되는 것이다. 또한 (pi−1)은 4만큼 감소한 96이 된다. 마찬가지로 double형 포인터 pd의 값이 100이라면, (pd+1)은 108이며, pd−1은 92가 된다. **더하기와 빼기 연산에는 포인터 변수가 피연산자로 참여할 수 있다.** 그러나 곱하기와 나누기에는 포인터 변수가 피연산자로 참여할 수 없다. 즉 포인터 변수의 나누기와 곱하기 연산은 문법오류를 발생시킨다.

다음 문장과 같이 포인터 pd에 정수 100을 직접 저장하면 경고가 발생한다. 포인터 변수에 주소값이 아닌 일반 정수를 저장하므로 경고가 발생하는 것이다.

```
double *pd = 100;              //경고발생
double *pd = (double *)100;    //가능하나 잘 이용하지 않음
```

double형 포인터에 100이라는 주소값을 저장하려면 포인터 자료형으로 100을 변환하는 연산식 (double *) 100을 사용해 저장한다. 그러나 이와 같이 포인터에 메모리의 실제 주소값을 대입하는 것은 흔한 문장은 아니다. 주소값 100에 무엇이 있을 지 모르는 상황에서 포인터 변수를 사용한 간접참조는 시스템에 심각한 문제를 일으킬 수 있기 때문이다.

실습예제 8-5	calcptr.c
	포인터 변수의 간단한 덧셈 뺄셈 연산

```
01  // file: calcptr.c
02  #include <stdio.h>
03
04  int main(void)
05  {
06      char *pc = (char *)100;//가능하나 잘 이용하지 않음
07      int *pi = (int *)100;    //가능하나 잘 이용하지 않음
08      double *pd = (double *)100;//가능하나 잘 이용하지 않음
09      pd = 100;          //경고발생
10
11      printf("%u  %u  %u\n", (int)(pc - 1), (int)pc, (int)(pc + 1));
12      printf("%u  %u  %u\n", (int)(pi - 1), (int)pi, (int)(pi + 1));
13      printf("%u  %u  %u\n", (int)(pd - 1), (int)pd, (int)(pd + 1));
14
15      return 0;
16  }
```

설명	
06	char형 포인터 변수 pc 선언하여 char형 포인터 주소값 100을 저장
07	int형 포인터 변수 pi 선언하여 int형 포인터 주소값 100을 저장
08	double형 포인터 변수 pd 선언하여 double형 포인터 주소값 100을 저장
09	double형 포인터 변수 pd에 정수 100을 저장하므로 경고 발생
11	char형 포인터 변수 pc에 저장된 값 100과 비교하여 pc-1과 pc+1을 출력, char의 크기가 1이므로 각각 1만큼의 차이가 나므로 99 100 101 출력
12	int형 포인터 변수 pi에 저장된 값 100과 비교하여 pi-1과 pi+1을 출력, int의 크기가 4이므로 각각 4만큼의 차이가 나므로 96 100 104 출력
13	double형 포인터 변수 pd에 저장된 값 100과 비교하여 pd-1과 pd+1을 출력, double의 크기가 8이므로 각각 8만큼의 차이가 나므로 92 100 108 출력

```
99     100    101
96     100    104
92     100    108
```

이웃한 변수의 주소값

이웃한 변수의 주소값을 알아 보기 위해 int 형 변수 3개를 선언해 그 저장값과 주소값을 출력해 보자. 일반적으로 정수 int와 int 사이는 주소값으로 그 차이가 절대 값으로 12 정도인 것으로 알려져 있다. 즉 나중에 선언되는 변수의 주소값이 12가 적다. 정수 int 형 자료 크기가 4이므로 나중에 선언된 변수의 주소값을 포인터 변수 p에 저장한다면 바로 이전에 선언한 변수의 주소는 p+3으로 참조할 수 있다.

```
int a = 1, b = 3, c = 6;
int *p = &c;

printf("   b      %d      %u\n", *(p + 3), p+3);
printf("   a      %d      %u\n", *(p + 6), p+6);
```

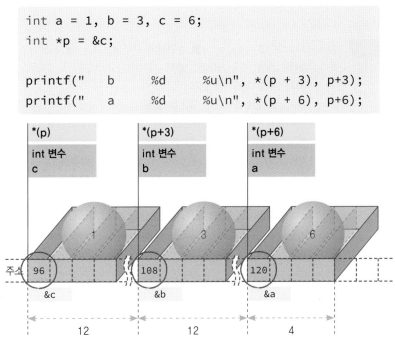

그림 8-11 포인터 변수를 이용한 배열의 참조

---

neighborvar.c

간접연산자와 증감연산자의 이용

```
01    // file: neighborvar.c
02    #include <stdio.h>
03
04    int main(void)
05    {
```

```
06      int a = 1, b = 3, c = 6;

07

08      printf("변수명  저장값  주소값   \n");
09      printf("------------------------\n");
10      printf("   c       %d       %p\n", c, &c);
11      printf("   b       %d       %p\n", b, &b);
12      printf("   a       %d       %p\n", a, &a);

13

14      int *p = &c;
15      printf("   c       %d       %p\n", *p, p);
16      printf("   b       %d       %p\n", *(p + 3), p+3);
17      printf("   a       %d       %p\n", *(p + 6), p+6);

18

19      return 0;
20  }
```

설명	
01	int 형 변수 a, b, c를 선언하여 각각 1, 3, 6을 저장
08	출력을 위한 제목 헤드라인 출력
09	출력을 위한 헤드라인 출력
10	변수 c의 변수명 저장값 주소값 출력
11	변수 b의 변수명 저장값 주소값 출력, 변수 b와 c의 주소 차이는 12
12	변수 a의 변수명 저장값 주소값 출력, 변수 a와 b의 주소 차이는 12
14	int 형 포인터 변수 p 선언하여 int 형 변수 c의 주소값 &c를 저장
15	변수 c의 변수명 저장값 주소값 출력, 저장값은 *p로, 주소값은 p로 출력
16	변수 b의 변수명 저장값 주소값 출력, 저장값은 *(p + 3)으로, 주소값은 p+3으로 출력, int는 하나의 차이가 4이므로 12는 p+3으로 이동
17	변수 a의 변수명 저장값 주소값 출력, 저장값은 *(p + 6)으로, 주소값은 p+6으로 출력, int는 하나의 차이가 4이므로 24는 p+6으로 이동

실행결과

```
변수명  저장값     주소값
------------------------
   c      6      0033FCC0
   b      3      0033FCCC
   a      1      0033FCD8
   c      6      0033FCC0
   b      3      0033FCCC
   a      1      0033FCD8
```

01 다음 부분 소스에서 출력값을 기술하시오.

```
double *pd = (double *) 900;
printf("%u  %u  %u\n", pd - 1, pd, pd + 1);
```

02 다음 부분 소스의 출력값을 참고로 빈 부분을 완성하시오.

```
 4651636    4651620    4651604
2.780000   8.420000   7.820000
2.780000   8.420000   7.820000
계속하려면 아무 키나 누르십시오...
```

```
double x = 2.78, y = 8.42, z = 7.82;
printf("%9u %9u %9u\n", &x, &y, &z);
printf("%9f %9f %9f\n", x, y, z);


double *p = &z;
printf("%9f %9f %9f\n", _____, _____, *p);
```

정수 int 자료형 두 변수 m, n에 저장된 두 값을 서로 교환하는 프로그램을 작성해보자. 제한 사항은 임시변수인 dummy를 사용하고, 포인터 변수 p를 사용하나 변수 m, n 자체는 사용하지 않으며, 주소값 &m과 &n 만을 사용하도록 한다.

● 포인터 변수 선언 int *p = &m;으로 *p는 m 자체를 의미함

● 마찬가지로 대입문장 p = &n;으로 *p는 n 자체를 의미함

```
100 200
200 100
```

Lab 8-2 swap.c

```
01    // file: swap.c
02    #include <stdio.h>
03
04    int main(void)
05    {
06        int m = 100, n = 200, dummy;
07        printf("%d %d\n", m, n);
08
09        //변수 m과 n을 사용하지 않고 두 변수를 서로 교환
10        int *p = &m;              //포인터 p가 m을 가리키도록
11        _____;      //변수 dummy에 m을 저장
12        *p = n;                   //변수 m에 n을 저장
13        p = &n;                   //포인터 p가 n을 가리키도록
14        _____;      //변수 n에 dummy 값 저장
15
16        printf("%d %d\n", m, n);
17
18        return 0;
19    }
```

정답
```
11    dummy = *p;   //변수 dummy에 m을 저장
14    *p = dummy;   //변수 n에 dummy 값 저장
```

포인터 형변환과 다중 포인터

내부 저장 표현과 포인터 변수의 형변환

내부 저장 표현

변수 value에 16진수 0x61626364를 저장해 보자. 만일 변수 value의 주소가 56번지라면 56번지에는 16진수 64가 저장되고, 다음 주소 57번지에는 63이 저장되고, 다음에 각각 62, 61이 저장된다. 다음은 이 메모리의 모습을 간단히 그린 것이다.

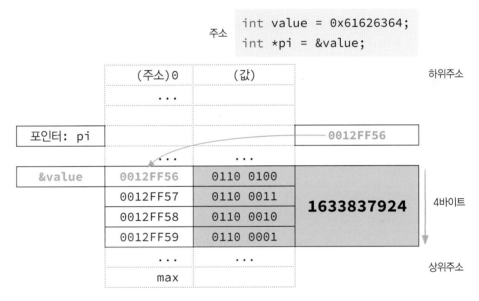

```
int value = 0x61626364;
int *pi = &value;
```

그림 8-12 지역변수가 선언된 메모리 내부 모습

TIP · 리틀 엔디안과 빅 엔디안

만일 변수 num에 100이 저장되었다면, 변수 num의 내부를 자세히 살펴보면 **주소값이 큰 위치에서 작은 위치로 메모리 각각의 비트값이 채워져 100(32비트의 이진수로 00000000 00000000 00000000 01100100)이 저장**되는 것을 알 수 있다. 이러한 **저장 방법을 리틀엔디안(little endian)**이라 한다. 즉 리틀엔디안 방식에서는 시작 주소값에서 저장값의 하위 바이트부터 저장하는 방식이다.

표 8-1 주소값 0012FF78일 때 정수 int형의 저장값 100(00000064)을 리틀엔디안 방식으로 저장한 메모리

십육진수	0 0	0 0	0 0	6 4
이진수	0000 0000	0000 0000	0000 0000	0110 0100
주소값	0012FF7B	0012FF7A	0012FF79	0012FF78

리틀엔디안 방식과 반대로 **시작 주소값에서 저장값의 상위 바이트부터 저장하는 방식을 빅엔디안(big endian)**이라 한다.

표 8-2 주소값 0012FF78일 때 정수 int형의 저장값 100(00000064)을 빅엔디안 방식으로 저장한 메모리

십육진수	6 4	0 0	0 0	0 0
이진수	0110 0100	0000 0000	0000 0000	0000 0000
주소값	0012FF7B	0012FF7A	0012FF79	0012FF78

시스템에 따라 저장방식이 다른데 리틀엔디안은 인텔의 80x86계열과 DEC 의 CPU를 이용하는 시스템에서 이용하며, 빅엔디안은 IBM370과 모토롤라의 68000 계열의 CPU를 이용하는 시스템에서 이용한다.

명시적 형변환

포인터 변수는 동일한 자료형끼리만 대입이 가능하다. 만일 대입문에서 포인터의 자료형이 다르면 경고가 발생한다. 포인터 변수는 자동으로 형변환(type cast)이 불가능하며 필요하면 명시적으로 형변환을 수행할 수 있다.

```
int value = 0x61626364;
int *pi = &value;
char *pc = &value;
```

warning C4133: '초기화중' : 'int *'과(와) 'char *' 사이의 형식이 호환되지 않습니다.

그림 8-13 포인터의 형변환 경고

다음 소스와 같이 자료형 (int *)를 (char *)로 변환하여 (char *) 형 변수 pc에 저장하는 것은 가능하다. 이제 ***pc로 수행하는 간접참조는 pc가 가리키는 주소에서부터 1바이트 크기의 char 형 자료를 참조한다는 것을 의미**한다. *pi 는 4바이트인 정수 0x61626364를 참조하며, *pc는 1바이트인 문자코드 0x64를 참조한다. 다음과 같이 변환된 포인터 변수는 지정된 주소값을 시작하여 그 변수 자료형의 크기만큼 저장공간을 참조한다. 결과적으로 동일한 메모리의 내용과 주소로부터 참조하는 값이 포인터의 자료형에 따라 달라진다는 것을 알 수 있다.

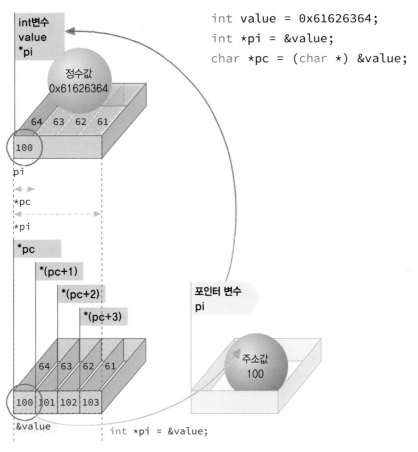

```
int value = 0x61626364;
int *pi = &value;
char *pc = (char *) &value;
```

그림 8-14 동일한 메모리의 내용이 포인터의 자료형에 따라 참조 단위가 달라짐

그림 8-14에서 포인터 pc를 이용하여 간접 연산자를 활용하면, 각각 *(pc + 1), *(pc + 2), *(pc + 3)으로 pc의 다음, 다음, 다음의 문자를 각각 참조할 수 있다. 다음 예제에서 이를 for 반복문을 이용하여 구현하고 있다.

실습예제 8-7	ptrtypecast.c
	포인터 자료형의 변환

```
01    // file: ptrtypecast.c
02    #include <stdio.h>
03
04    int main(void)
05    {
06       int value = 0x61626364;
07       int *pi = &value;
08       char *pc = (char *) &value;
09
10       printf("변수명    저장값      주소값\n");
```

```
11          printf("-------------------------\n");
12          printf(" value   %0#x   %u\n", value, pi); //정수 출력
13
14          //문자 포인터로 문자 출력 모듈
15          for (int i = 0; i <= 3; i++)
16          {
17             char ch = *(pc + i);
18             printf("*(pc+%d)   %0#6x   %2c   %u\n", i, ch, ch, pc + i);
19          }
20                    문자를 6자리의 16진수로 출력        문자를 직접 출력
21          return 0;
22       }
```

설명

06   int 형 변수 value를 선언하여 16진수 0x61626364을 저장, 0x61은 1바이트인 문자로 해석하면
     문자 'a'이며, 마찬가지로 0x62는 문자 'b'이며, 0x63은 문자 'c'이고, 0x64은 문자 'd'임

07   int 포인터 pi 선언하여 int 변수 value의 주소를 저장

08   char 포인터 pc 선언하여 int 변수 value의 주소를 char 포인터로 형변환하여 저장, 이제 pc는
     char 포인터이므로 1바이트씩 이동 가능

10   출력을 위한 제목 헤드라인 출력

11   출력을 위한 헤드라인 출력

12   변수 value의 변수명 저장값 주소값 출력, 저장값은 16진수로 출력

15   반복 for는 제어변수 i가 0, 1, 2, 3까지 4회 실행

16~19 반복몸체가 두 문장이므로 반드시 블록이 필요

17   char 변수 ch에 (pc+i)가 가리키는 문자 변수를 저장

18   (pc+i)가 가리키는 문자 변수의 변수명 저장값 주소값 출력, 저장값은 16진수와 문자 각각 2번 출력

실행결과

```
변수명       저장값        주소값
---------------------------
 value     0x61626364   0045F910
*(pc+0)    0x0064    d   0045F910
*(pc+1)    0x0063    c   0045F911
*(pc+2)    0x0062    b   0045F912
*(pc+3)    0x0061    a   0045F913
```

중간점검

01 다음 부분 소스에서 빈 부분을 완성하시오.

```
int value = 'A';
int *pi = &value;
char *pc = _____ &value;
```

02 다음 부분 소스에서 출력값을 기술하시오.

```
int value = 'A';
int *pi = &value;
char *pc = (char *)&value;


printf("%c\n", (char) *pi);
printf("%c\n", *pc);
```

다중 포인터와 증감 연산자의 활용

이중 포인터

포인터 변수의 주소값을 갖는 변수를 이중 포인터라 한다. 다시 이중 포인터의 주소값을 갖는 변수는 삼중 포인터라고 할 수 있다. 이러한 **포인터의 포인터를 모두 다중 포인터**라고 하며 변수 선언에서 *를 여러 번 이용하여 다중 포인터 변수를 선언한다. 다음 소스에서 **pi는 포인터이며, 포인터 변수 pi의 주소값을 저장하는 변수 dpi는 이중 포인터**이다.

```
int i = 20;
int *pi = &i;
int **dpi = &pi;
```

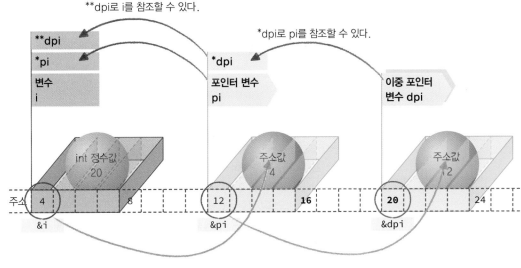

그림 8-15 이중포인터의 메모리와 변수

다중 포인터 변수를 이용하여 일반 변수를 참조하려면 가리킨 횟수만큼 간접연산자를 이용한다. 즉 **이중 포인터 변수 dpi는 **dpi가 바로 변수 i이다.** 그러므로 문장 *pi = i + 2;는 변수 i를 2 증가시키는 문장이다. 이미 배웠듯이 포인터 변수 pi에서 *pi도 변수 i이다. 그러므로 *pi, **dpi를 이용하여 모두 변수 i를 참조할 수 있다. 문장 **dpi = *pi + 2;는 변수 i를 2 증가시키는 문장이다.

$$*pi = i + 2; \qquad // \ i = i + 2;$$
$$**dpi = *pi + 2; \quad // \ i = i + 2;$$

그림 8-16 다중포인터의 이용

실습예제 8-8	multipointer.c
	이중 포인터를 이용한 변수의 참조

```
01    // file: multipointer.c
02    #include <stdio.h>
03
04    int main(void)
05    {
06        int i = 20;
07        int *pi = &i;        //포인터 선언
08        int **dpi = &pi;     //이중 포인터 선언
09
10        printf("%p %p %p\n", &i, pi, *dpi);    모두 변수 i의 주소값을 참조하는 방식이다.
11
12        *pi = i + 2;   // i = i + 2;
13        printf("%d %d %d\n", i, *pi, **dpi);
14
15        **dpi = *pi + 2;// i = i + 2;
16        printf("%d %d %d\n", i, *pi, **dpi);
17
18        return 0;
19    }
```

설명	
06	int 형 변수 i를 선언하여 20 저장
07	int 포인터 pi 선언하여 int 변수 i의 주소를 저장
08	int 이중 포인터 dpi 선언하여 int 포인터 변수 pi의 주소를 저장
10	&i는 i의 주소, pi도 i의 주소, *dpi는 pi이므로 i의 주소이므로 모두 i의 주소가 출력
12	*pi는 변수 i와 같으므로 i = i + 2;와 같음
13	*pi는 변수 i, **dpi도 변수 i이므로 모두 i의 저장값인 22가 출력
15	**dpi는 변수 I, *pi는 변수 i와 같으므로 i = i + 2;와 같음
16	*pi는 변수 i, **dpi도 변수 i이므로 모두 i의 저장값인 24가 출력

실행결과	
	003EFD50 003EFD50 003EFD50 모두 변수 i의 주소값임
	22 22 22
	24 24 24

간접 연산자와 증감 연산자 활용

간접 연산자 *는 증감 연산자 ++, --와 함께 사용하는 경우가 흔하다. 간접 연산자 *는 전위 연산자로 연산자 우선순위가 2위이며, 증감 연산자 ++, --는 전위이면 2위이고, 후위이면 1위이다. 다음은 단항 연산자 *, &, ++, --의 우선순위를 정리한 표이다.

표 8-3 연산자 우선순위

우선순위	단항 연산자	설명	결합성(계산방향)
1	a++ a--	후위 증가, 후위 감소	-> (좌에서 우로)
2	++a --a & *	전위 증가, 전위 감소 주소 간접 또는 역참조	<- (우에서 좌로)

포인터 변수 p에서 다음과 같이 정리할 수 있으며, 그 의미를 정리하면 다음 표와 같다.

- *p++는 *(p++)으로 (*p)++와 다르다.
- ++*p와 ++(*p)는 같다.
- *++p는 *(++p)는 같다.

표 8-4 증가연산자 ++와 간접연산자 *의 사용 사례

연산식		결과값	연산 후 *p의 값	연산 후 p 증가
*p++	*(p++)	*p: p의 간접참조 값	변동 없음	p+1: p 다음 주소
*++p	*(++p)	*(p+1): p 다음 주소 (p+1) 간접참조 값	변동 없음	p+1: p 다음 주소
(*p)++		*p: p의 간접참조 값	*p가 1 증가	p: 없음
++*p	++(*p)	*p + 1: p의 간접참조 값에 1 증가	*p가 1 증가	p: 없음

실습예제 8-9 variousop.c

```
01    // file: variousop.c
02    #include <stdio.h>
03
04    int main(void)
05    {
06        int i;
07        int *pi = &i;        //포인터 선언
08        int **dpi = &pi;     //이중포인터 선언
09
10        *pi = 5;
11        *pi += 1;            //*pi = *pi + 1과 같음
12        printf("%d\n", i);
```

```
13
14        // 후위 연산자 pi++는 전위 연산자보다 *pi보다 빠름
15        printf("%d\n", (*pi)++); //*pi++ 는 *(pi++)로 (*pi)++와 다름
16        printf("%d\n", *pi);
17
18        *pi = 10;
19        printf("%d\n", ++*pi); //++*pi와 ++(*pi)는 같음
20        printf("%d\n", ++**dpi); //++**dpi와 ++(**dpi)는 같음
21        printf("%d\n", i);
22
23        return 0;
24  }
```

설명		
	06	int 형 변수 i를 선언
	07	int 포인터 pi 선언하여 int 변수 i의 주소를 저장
	08	int 이중 포인터 dpi 선언하여 int 포인터 변수 pi의 주소를 저장
	10	*pi는 변수 i와 같으므로 i = 5와 같음
	11	*pi는 변수 i와 같으므로 i = i + 1와 같음
	12	변수 I 출력
	15	(*pi)++에서 *pi는 변수 i와 같으므로 i++와 같음
	16	*pi는 변수 i, 그러므로 i 출력
	18	*pi는 변수 i, 그러므로 i = 10과 같음
	19	전위연산자의 결합성은 우에서 좌이므로 ++*pi는 ++(*pi)로, ++i와 같음
	20	전위연산자의 결합성은 우에서 좌이므로 ++**dpi는 ++(**dpi)로, ++i와 같음
	21	최종 변수 i 출력

실행결과	
	6
	6
	7
	11
	12
	12

중간점검

01 포인터와 이중 포인터를 설명하시오.

02 다음 소스를 바르게 수정하시오.
```
double d = 3.87;
double *p = *d;
double **dp = *p;
```

03 다음 프로그램의 결과를 기술하시오.

```c
char c;
char *p = &c;     //포인터 선언
char **dp = &p;  //이중포인터 선언


*p = 'A';
*p += 1;
printf("%c\n", *p);
printf("%c\n", ++*p);
printf("%c\n", ++**dp);
```

포인터 상수

대입연산자의 l-value사용 제한

키워드 const를 이용하는 변수 선언은 변수를 상수로 만들듯이 포인터 변수도 포인터 상수로 만들 수 있다. 포인터 변수 선언에서 키워드 const를 삽입하는 방법은 다음과 같이 3 종류가 있을 수 있으나 첫 번째와 두 번째는 같은 의미이므로 두 가지 방식이 있다고 볼 수 있다.

그림 8-17 다양한 포인터 상수 선언

- **❶** 키워드 const가 가장 먼저 나오는 선언은 *pi를 사용해 포인터 pi가 가리키는 변수인 i를 수정할 수 없도록 하는 상수 선언 방법이다. 즉 간접 연산식 *pi를 상수로 만들면 *pi를 l-value로 사용할 수 없다.

- **❷** 키워드 const가 중간에 나오는 선언은 1번과 동일한 문장으로 간접 연산식 *pi를 상수로 만드는 방법이다.

● ❸ 키워드 const가 int*와 변수 pi 사이에 나오는 선언은 포인터 pi에 저장되는 초기 주소값을 더 이상 수정할 수 없도록 하는 상수 선언 방법이다. 즉 이 문장은 포인터 변수 pi 자체를 상수로 만드는 방법으로, 선언 이후 pi를 l-value로 사용할 수 없다.

실습예제 8-10	constptr.c

```c
01   /* constptr.c */
02   #include <stdio.h>
03
04   int main()
05   {
06      int i = 10, j = 20;
07      const int *p = &i; //*p가 상수로 *p로 수정할 수 없음
08      //*p = 20; //오류 발생
09      p = &j;
10      printf("%d\n", *p);
11
12      double d = 7.8, e = 2.7;
13      double * const pd = &d;
14      //pd = &e; //pd가 상수로 다른 주소값을 저장할 수 없음
15      *pd = 4.4;
16      printf("%f\n", *pd);
17
18      return 0;
19   }
```

설명	
06	int 형 변수 i와 j를 선언
07	포인터 변수 p를 선언하면서 간접 연산 *p를 상수로 선언
09	포인터 변수 p의 내용인 주소값을 j의 주소값으로 수정
10	*p는 변수 j와 같으므로 20 출력
12	double 형 변수 d와 e를 선언
13	포인터 변수 pd를 선언하면서 포인터 pd를 상수로 선언
15	포인터 변수 pd가 가리키는 변수 d의 내용을 4.4로 수정
16	*pd는 변수 d와 같으므로 4.4 출력

실행결과	
20	
4.400000	

01 포인터 상수의 종류 두 가지를 설명하시오.

02 다음 소스의 오류 원인을 찾아보고 바르게 수정하시오.

```c
char c = 'A';
char * const p;
p = &c;
```

03 다음 소스의 오류 원인을 찾아보고 바르게 수정하시오.

```c
float f = 3.14f;
float const * p;
p = &f;
*p = 5.62;
```

자료형 double로 선언된 두 x와 y에 표준입력으로 두 실수를 입력 받아 두 실수의 덧셈 결과를 출력하는 프로그램을 작성해보자. 제한 사항은 두 변수 x와 y는 선언만 수행하며, 포인터 변수인 px와 py만을 사용하여 모든 과정을 코딩하도록 한다.

- double 포인터 변수 px 선언: double *px = &x;
- double 포인터 변수 py 선언: double *py = &y;

```
두 실수 입력: 3.874 7.983
3.87 + 7.98 = 11.86
```

Lab 8-3	sumpointer.c

```c
01  // file: sumpointer.c
02  #define _CRT_SECURE_NO_WARNINGS //scanf() 오류를 방지하기 위한 상수 정의
03  #include <stdio.h>
04
05  int main(void)
06  {
07      double x, y;
08      double *px = &x;
09      double *py = &y;
10
11      //포인터 변수 px와 py를 사용
12      printf("두 실수 입력: ");
13      scanf("%lf %lf", _____, _____);
14      //합 출력
15      printf("%.2f + %.2f = %.2f\n", _____, _____, _____);
16
17      return 0;
18  }
```

정답	
13	scanf("%lf %lf", px, py);
15	printf("%.2f + %.2f = %.2f\n", *px, *py, *px + *py);

01 다음을 참고로 char 형 포인터에 관한 프로그램을 작성하시오.

- 변수를 선언하여 문자 '*'를 저장
- 포인터 변수를 선언하여 위 변수의 주소, 코드값, 문자를 출력

02 다음을 참고로 int 형 포인터에 관한 프로그램을 작성하시오.

- 두 정수를 저장하기 위해 변수를 선언하여 각각 10, 20을 저장

```
int data1 = 10, data2 = 20;
```

- 다음 변수 sum과 포인터 변수 p를 선언한 후 p와 sum 만을 사용하여 data1에는 100을 data2 에는 200을 저장한 후 위의 두 변수의 합을 변수 sum에 저장하여 출력

03 다음을 참고로 int 형 포인터에 관한 프로그램을 작성하시오.

- 두 정수를 저장하기 위해 변수를 선언하여 각각 10, 20을 저장하고, 두 변수의 주소값을 저장하 는 포인터 두 개를 선언하여 저장

```
int data1 = 10, data2 = 20;
int *p1 = &data1, *p2 = &data2;
```

- 다음 변수 sum과 이중 포인터 변수 dp를 선언한 후 dp와 p1, p12 그리고 sum 만을 사용하여 data1에는 100을 data2에는 200을 저장한 후 위의 두 변수의 합을 변수 sum에 저장하여 출력

```
int sum = 0;
int **dp;
```

04 다음과 같이 int 형 변수 value에 0x2F24263F를 정의한 후, char * 변수 pc를 선언하고, pc 변수를 이용하여 value의 저장값을 각각 byte 단위로 인지하여 각각의 문자를 출력하는 프로그램을 작성 하시오.

- value n = 0x2F24263F;
- 각각 2F는 문자 '/', 24는 '$', 26은 '&', 3F는 '?'이며, 순서는 이의 역순으로 출력
  - 즉 ? & $ / 순으로 출력하며, 각각의 주소값도 출력하도록

05 다음과 같이 int 형 변수 i에 0x324F3A24를 정의하고, char * 변수 p를 선언한 후, 포인터 변수 p를 이용하여 i의 저장값을 각각 바이트로 인지하여 바로 324F3A24로 출력하는 프로그램을 작성하시오.

- int n = 0x324F3A24;

06 다음과 같이 int 형 변수 i에 0x3C405B7B를 정의하고, char * 변수 p를 선언한 후, 포인터 변수 p가 다음 내용 5B인 문자 '['를 가리키도록 하여 다음 조건이 만족하는 프로그램을 작성하시오.

- int n = 0x3C405B7B;
- 변수 n에 저장된 각 바이트를 분석하면 다음과 같으며 포인터 p가 주소 p를 가리키도록

주소 p+2	주소 p+1	주소 p	주소 p-1
3C (<)	40 (@)	5B ([ )	7B ({ }

- 다음 표에서 결과값을 위의 값에서 각각 출력하도록 하여 빈 부분을 채우시오.

연산식		결과값 의미	위 자료에서 실제 결과값
*p++	*(p++)	*p: p의 간접참조 값	
*++p	*(++p)	*(p+1): (p+1) 간접참조 값	
(*p)++		*p: p의 간접참조 값	
++*p	++(*p)	*p + 1: p의 간접참조 값에 1 증가	

07 다음을 참고로 표준입력으로 받은 int 형의 두 정수의 사칙연산을 수행하는 프로그램을 작성하시오.

- double 형 변수의 8바이트 저장 구조를 각각 4바이트의 저장 구조로 생각해서 표준입력으로 받은 두 정수를 저장
- 두 정수에 대하여 사칙연산을 수행

08 다음을 참고로 표준입력으로 받은 double 형의 두 실수의 사칙연산을 수행하는 프로그램을 작성하시오.

- 두 개의 double 형 변수를 선언하여 표준입력을 받음
- 두 개의 double 형 포인터 변수를 선언하여 위 두 정수에 대한 사칙연산을 수행

09
—— CHAPTER

배열

학습목표

▶ **배열의 개요와 배열선언 구문에 대하여 이해하고 설명할 수 있다.**
  - 여러 자료의 처리에 필요한 자료구조
  - 자료형, 배열이름, 배열크기를 이용한 배열선언
  - 생성된 배열에서 원하는 원소를 참조
  - 배열선언 시 동시에 초기값 지정 방법
  - 배열선언 초기값 설정에서 배열크기 관계
  - 배열에서의 기본값과 쓰레기값

▶ **다차원 배열에 대하여 다음을 이해하고 설명할 수 있다.**
  - 이차원 배열의 개념과 선언 방법
  - 이차원 배열의 배열선언 초기값 설정
  - 삼차원 배열의 개념과 배열선언과 초기값 설정

▶ **배열과 포인터 관계에 대하여 이해하고 설명할 수 있다.**
  - 배열이름은 포인터 상수이며 포인터 변수로도 참조
  - int 자료형을 char 저장공간으로 활용
  - double 자료형을 int 저장공간으로 활용
  - 포인터 배열과 배열 포인터를 구분
  - 일차원과 이차원 배열에서 여러 크기를 계산하는 연산식

학습목차

09 ① 배열 선언과 초기화

배열의 필요성과 정의

배열의 필요성

지금까지 함수 내부에서 사용한 변수는 많아야 10개를 넘지 않았다. 만일 값을 저장할 변수가 많이 필요하다면 어떻게 할 것인가? 이런 일은 흔히 발생한다. 만일 40명 학생 성적을 변수에 저장하려면 40개의 변수를 선언해야 한다. 이는 변수이름도 걱정이지만 변수이름을 score1, score2, …, score40과 같이 선언한다고 해도 매우 번거로운 일이다. 배열은 이러한 상황에서 유용하게 사용되는 자료구조(data structure)이다.

- **배열(array)은 여러 변수들이 같은 배열이름으로 일정한 크기의 연속된 메모리에 저장되는 구조이다.**
- **배열을 이용하면 변수를 일일이 선언하는 번거로움을 해소할 수 있고, 배열을 구성하는 각각의 변수를 참조하는 방법도 간편하며, 반복 구문으로 쉽게 참조할 수 있다.**

사람이 사는 집을 변수라 생각하면, 일반 변수는 단독주택에 비유할 수 있고 배열은 아파트라고 생각할 수 있다.

일반 변수의 활용

여러 값을 저장하기 위한 배열의 활용

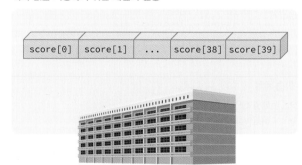

그림 9-1 배열의 필요성과 개념

배열 정의

배열은 동일한 자료 유형이 여러 개 필요한 경우에 유용한 자료 구조[1](data structure)이다. 즉 배

---

1 자료구조란 관련된 여러 자료를 효율적으로 저장하기 위한 구조를 말한다.

열은 한 자료유형의 저장공간인 원소를 동일한 크기로 지정된 배열크기만큼 확보한 연속된 저장공간이다. 배열은 변수이므로 배열마다 고유한 배열이름을 갖는다. **배열을 구성하는 각각의 항목을 배열의 원소(elements)라 한다.** 그러므로 **배열에서 중요한 요소는 배열이름, 원소 자료유형, 배열크기이다. 배열원소는 첨자(index) 번호라는 숫자를 이용해 쉽게 접근할 수 있다.** 이것은 아파트를 호수로 쉽게 찾을 수 있는 것과 같은 개념이라고 볼 수 있다.

배열 선언과 원소참조

배열선언 구문

배열도 변수이므로 사용 전에 먼저 선언을 반드시 해야 한다. **배열선언은 int data[10];과 같이 원소자료유형 배열이름[배열크기];로 한다. 배열선언 시 초기값 지정이 없다면 반드시 배열크기는 양의 정수로 명시**되어야 한다.

배열선언

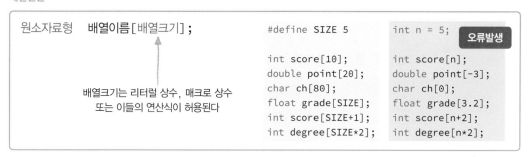

그림 9-2 배열선언 구문

● 배열크기는 대괄호(bracket) 사이에 [배열크기]와 같이 기술한다.

● **배열의 크기를 지정하는 부분에는 양수 정수로 리터럴 상수와 매크로 상수 또는 이들의 연산식이 올 수 있다.** 그러나 **변수와 const 상수로는 배열의 크기를 지정할 수 없다.**

● 원소 자료형으로는 모든 자료형이 올 수 있으며, 배열이름은 식별자 생성 규칙에 따른다.

> **TIP** 배열 선언 문법 오류
>
> 다음 두 구문 모두 문법 오류가 발생한다. 왼쪽은 배열크기가 변수라 오류이고, 오른쪽도 마찬가지로 배열 크기로 const 상수는 지원하지 않는다.
>
> ```
> int n = 5;                     잘못된 배열 선언
>
> int score[n];
> int grade[n + 4];
> ```
>
> ```
> const int size = 6;           잘못된 배열 선언
>
> int cpoint[size];
> double width[size + 4];
> ```

배열원소 접근

배열선언 후 배열원소에 접근하려면 배열이름 뒤에 대괄호 사이 첨자(index)를 이용한다. 첫 번째 배열원소를 접근하는 첨자값은 0, 다음 두 번째 원소는 1이다. 그리고 그 다음 원소를 접근하려면 순차적으로 1씩 증가한다.

- **배열에서 유효한 첨자의 범위는 0부터 (배열크기−1)까지이며, 첨자의 유효 범위를 벗어나 원소를 참조하면 문법오류 없이 실행오류가 발생한다.** 항상 배열 첨자의 사용에 주의해야 한다.
- **배열선언 시 대괄호 안의 수는 배열 크기이다. 그러나 선언 이후 대괄호 안의 수는 원소를 참조하는 번호인 첨자라는 것을 명심하자.**

다음과 같이 int score[5]; 로 배열을 선언하면 배열크기는 5이다. 즉 총 저장공간의 크기가 20바이트인 배열 score가 생성된다. 두 번째 배열원소에 값을 저장하려면 첨자를 이용하여 score[1] =97; 와 같이 수행할 수 있다. **첨자의 시작이 0이므로 배열의 순번은 첨자보다 1이 크다는 것을 명심하자. 또한 배열크기가 5이므로 첨자는 0에서 4까지 유효하다.** 만일 score[5] = 50;과 같이 첨자의 유효범위를 벗어나면 문법오류는 발생하지 않으나 실행오류가 발생한다. 만일 **배열을 함수내부에서 선언 후 원소에 초기값을 저장하지 않으면 쓰레기값이 저장되니 항상 초기값을 저장하도록 한다.**

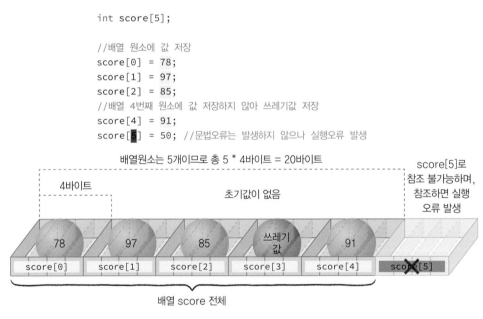

```
int score[5];

//배열 원소에 값 저장
score[0] = 78;
score[1] = 97;
score[2] = 85;
//배열 4번째 원소에 값 저장하지 않아 쓰레기값 저장
score[4] = 91;
score[5] = 50; //문법오류는 발생하지 않으나 실행오류 발생
```

그림 9-3 배열선언과 원소참조

배열원소 일괄 출력

C 언어에서 배열원소값을 한번에 출력하는 방법은 제공되지 않으므로 이를 위해 주로 반복 for 문을 사용한다. **반복 for 문의 제어변수를 0에서 시작하여 배열크기보다 작을 때까지 출력을 반복**한

다. 반복 출력구문에서는 참조하려는 배열 원소의 첨자로 제어변수를 이용한다.

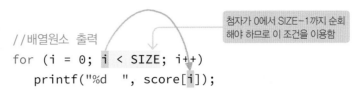

```
//배열원소 출력
for (i = 0; i < SIZE; i++)
    printf("%d  ", score[i]);
```

그림 9-4 배열원소 출력을 위한 반복 구문

다음 예제는 정수형의 크기 5인 배열선언 후 배열원소에 값을 저장하고 순차적으로 출력하는 예제이다. 배열원소 score[3]에는 초기값을 저장하지 않고 출력하면 쓰레기값이 출력되는 것을 확인할 수 있다. 만일 20행의 주석을 제거하면 배열첨자의 유효범위를 초과한 5를 참조하므로 실행오류가 발생한다.

실습예제 9-1	declarearray.c
	배열선언 후 배열원소에 값을 저장한 후 순차적으로 출력

```
01    // file: declarearray.c
02    #include <stdio.h>
03
04    #define SIZE 5
05
06    int main(void)
07    {
08       //배열선언
09       int score[SIZE];//int score[5];
10
11       //배열 원소에 값 저장
12       score[0] = 78;
13       score[1] = 97;
14       score[2] = 85;
15       //배열 4번째 원소에 값 저장하지 않아 쓰레기값 저장
16       score[4] = 91;
17       //score[5] = 50; //문법오류는 발생하지 않으나 실행오류 발생
18
19       //배열원소 출력
20       for (int i = 0; i < SIZE; i++)
21          printf("%d  ", score[i]);
22       printf("\n");
23
24       return 0;
25    }
```

설명	09	SIZE는 리터럴 상수 또는 매크로 상수로 양의 정수이어야 함
	12	배열에서 첫 번째 원소의 첨자는 0이므로 score[0]에 78 저장
	12~16	score[0], score[1], score[2], score[4]에 값 저장, score[3]에는 값을 저장하지 않아 출력 시 쓰레기값 출력
	17	첨자가 0에서 4를 벗어나면 실행 오류가 발생
	20	반복문에서 제어문자 i를 첨자로 사용
	21	반복의 몸체가 printf() 문장 하나로 배열원소를 참조하기 위해 제어문자 i를 첨자로 하여 score[i]로 기술
	22	이 출력문은 for 반복 몸체가 아니므로 들여쓰기에 신경
실행결과		78 97 85 -858993460 91 ← 초기값을 저장하지 않아 쓰레기값이 출력됨

중간점검

01 다음과 같은 수를 저장할 배열을 선언하시오.

```
43.5  5.0  3.89  4.29  87.29
```

02 위에서 선언된 배열에서 마지막 자료인 87.29를 배열에 저장하는 문장을 작성하시오.

03 다음 문장의 오류를 수정하시오.

```
short input[4.2];
```

배열 초기화

배열선언 초기화

배열크기가 크면 원소값을 일일이 저장하는 일도 쉽지 않다. 그래서 C 언어는 **배열을 선언하면서 동시에 원소값을 손쉽게 저장하는 배열선언 초기화(initialization) 방법을 제공**한다. **배열선언 초기화 구문은 배열선언을 하면서 대입연산자를 이용하며 중괄호 사이에 여러 원소값을 쉼표로 구분하여 기술하는 방법**이다.

배열선언 초기화

원소자료형　배열이름[배열크기] = {원소값1, 원소값2, 원소값3, 원소값4, 원소값5, ... } ;

배열크기는 생략 가능하며, 생략 시 원소값의 수가 배열크기가 된다.

```
int grade[4] = {98, 88, 92, 95};
double output[] = {78.4, 90.2, 32.3, 44.6, 59.7, 98.9};
int cpoint[] = {99, 76, 84, 76, 68};
```

그림 9-5 배열 초기화 구문

- 중괄호 사이에는 명시된 배열크기를 넘지 않게 원소값을 나열할 수 있다.

- 일반 배열 선언과 다르게 **배열크기는 생략할 수 있으며, 생략하면 자동으로 중괄호 사이에 기술된 원소 수가 배열크기가 된다.**

- **원소값을 나열하기 위해 콤마를 사용하고 전체를 중괄호로 묶는다**

다음은 배열크기가 지정되고 배열크기만큼 초기값이 지정된 배열의 구조를 보이고 있다.

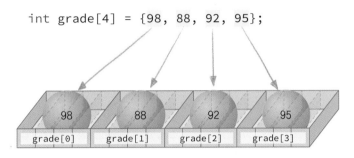

그림 9-6 배열크기가 지정된 경우의 배열원소 초기값 지정

다음은 배열크기가 지정되지 않고 초기값이 지정된 배열의 구조를 보이고 있다.

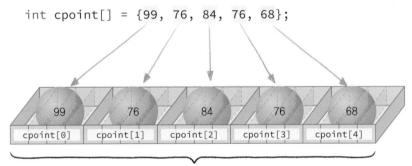

5: 배열크기를 지정하지 많으면 자동으로 초기값 지정 원소 수가 배열크기가 된다.

그림 9-7 배열크기가 없는 경우 배열크기는 자동으로 지정

만일 배열크기가 초기값 원소 수보다 크면 지정하지 않은 원소의 초기값은 자동으로 모두 기본값으로 저장된다. 여기서 기본값이란 자료형에 맞는 0을 말하는데, **즉 정수형은 0, 실수형은 0.0 그리고 문자형은 '\0'인 널문자가 자동으로 채워진다.** 그러므로 다음과 같은 배열선언 초기화 문장에서는 dist[3]과 dist[4]는 모두 0이 자동으로 채워진다. 반대로 **배열크기가 초기값 원소 수보다 작으면 배열 저장공간을 벗어나므로 "이니셜라이저가 너무 많습니다."라는 문법오류가 발생한다.** 다음 마지막 문장과 같이 원소의 하나만 0으로 초기화하면 나머지 모두 0으로 채워지므로 배열의 모든 원소값을 0으로 초기화가 가능하다.

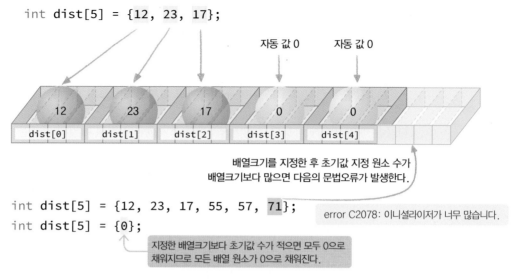

```
int dist[5] = {12, 23, 17};
```

자동 값 0   자동 값 0

| 12 | 23 | 17 | 0 | 0 | | |
| dist[0] | dist[1] | dist[2] | dist[3] | dist[4] | | |

배열크기를 지정한 후 초기값 지정 원소 수가
배열크기보다 많으면 다음의 문법오류가 발생한다.

```
int dist[5] = {12, 23, 17, 55, 57, 71};
int dist[5] = {0};
```

error C2078: 이니셜라이저가 너무 많습니다.

지정한 배열크기보다 초기값 수가 적으면 모두 0으로
채워지므로 모든 배열 원소가 0으로 채워진다.

그림 9-8 배열크기가 지정된 경우의 초기값 수

TIP 배열 선언 초기화에서 주의점

다음 배열선언 초기화 구문에서 왼쪽은 바른 문장이나, 오른쪽 구문은 잘못된 문장이다. 중괄호를 사용한 **초기화 방법은 반드시 배열선언 시에만 이용이 가능하며 배열선언 이후에는 사용할 수 없다.**

올바른 초기화 문장
```
#define SIZE 3

int grade[4] = {98, 88, 92, 95};
double output[SIZE] = {8.4, 0.2, 2.3, 44.6};
int cpoint[] = {99, 76, 84, 76, 68, 93};
char ch[] = {'a', 'b', 'c'};
double width[4] = {23.5, 32.1};
```

잘못된 초기화 문장
```
int n = 5;

int score[n] = {89, 92, 91};
int grade[3] = {98, 88, 92, 95};
int cpoint[] = {99 76 84 76 68 93};
char ch[] = {a, b, c};
double width[4]; width = {23.5, 32.1};
```

그림 9-9 다양한 배열선언 초기화 구문

다음 예제는 실수의 점수를 위한 배열 score를 선언하면서 초기값으로 6개의 점수를 저장한 후 합과 평균을 구하여 출력하는 예제이다.

실습예제 9-2 | initarray.c

배열선언 초기화를 이용한 합과 평균 출력

```
01   // file: initarray.c
02   #include <stdio.h>
03   #define SIZE 6
04
05   int main(void)
06   {
```

```
07      //배열 score의 선언과 초기화
08      double score[] = { 89.3, 79.2, 84.83, 76.8, 92.52, 97.4 };
09      double sum = 0;
10
11      //for 문을 이용하여 합을 구함
12      for (int i = 0; i < SIZE; i++)
13      {
14         sum += score[i];
15         printf("score[%d] = %.2f\n", i, score[i]);
16      }
17      printf("성적의 합은 %.2f이고 평균은 %.2f이다.\n", sum, sum/SIZE);
18
19      return 0;
20   }
```

설명		
	03	SIZE는 배열크기인 매크로 상수로 양의 정수인 6으로 정의, 12행의 for 문의 조건에 사용
	08	배열 score의 초기화에서 배열크기를 지정하지 않고 6개의 점수를 직접 기술
	09	모든 점수의 합이 저장될 변수 sum 선언하고 0 저장
	12	반복문에서 제어문자 i를 첨자로 사용하여 0에서 5까지 반복
	14	변수 sum에 점수의 합을 계속 추가
	15	배열원소의 첨자와 저장값을 각각 출력, printf() 문장에서 배열원소를 참조하기 위해 제어문자 i를 첨자로 하여 score[i]로 기술
	17	성적의 합과 평균을 출력

실행결과	
	score[0] = 89.30
	score[1] = 79.20
	score[2] = 84.83
	score[3] = 76.80
	score[4] = 92.52
	score[5] = 97.40
	성적의 합은 520.05이고 평균은 86.67이다.

01 다음 각각의 배열 초기화 문장에서 문법오류를 찾아 수정하시오.

```
int score[] = { 89 92 91 };
int grade[3] = { 98, 88, 92, 95 };
int cpoint = { 99, 76, 84, 76 };
char ch[] = { a, b, c };
```

02 다음 부분소스 이후 배열 data 원소에 저장된 값은 각각 무엇인가?

```
int data[4] = {3};
data[1] = 8;
```

03 다음 문장의 문법오류를 찾아 수정하시오.

```
double width[4];
width = { 23.5, 32.1 };
```

자료형 int로 선언된 배열 input에서 표준입력으로 받은 정수를 순서대로 저장하여 출력하는 프로그램을 작성해보자. 배열 input을 선언하면서 초기화로 모두 0을 저장하며, 표준입력으로 받은 정수는 0이 입력될 때까지 저장하도록 한다.

● 입력된 배열은 while 문을 사용하여 마지막 0 값 이전까지 다음 결과와 같이 출력한다.

```
배열에 저장할 정수를 여러 개 입력하시오. 0을 입력하면 입력을 종료합니다.
30    26 65 39 87 76 0
30    26 65 39 87 76
```

Lab 9-1	inputarray.c

```c
01    // file: inputarray.c
02    #define _CRT_SECURE_NO_WARNINGS
03    #include <stdio.h>
04
05    int main(void)
06    {
07        //초기화로 모든 원소에 0을 저장
08        int input[20] = _____;
09
10        printf("배열에 저장할 정수를 여러 개 입력하시오.");
11        printf(" 0을 입력하면 입력을 종료합니다.\n");
12        int i = 0;
13        do {
14            scanf("%d", _____);
15        } while (input[i++] != 0);
16
17        i = 0;
18        while (input[i] != 0) {
19            printf("%d ", _____);
20        }
21        puts("");
22
23        return 0;
24    }
```

정답	
```c
08    int input[20] = { 0 };
14        scanf("%d", &input[i]);
19        printf("%d ", input[i++]);
```

이차원 배열 선언과 사용

이차원 배열 개요

스프레드시트 소프트웨어인 엑셀을 살펴보자. 테이블 구조에 각종 자료를 입력할 수 있다. 만일 이번 학기 주요 수강 과목의 성적을 엑셀에 저장한다면 다음과 같이 이용할 것이다. 이러한 자료에서 정수값을 변수에 저장하려면 정수형의 이차원 배열이 필요하다. **이차원 배열은 테이블 형태의 구조를 나타낼 수 있으므로 행(row)과 열(column)의 구조로 표현할 수 있다.** 즉 다음 성적을 저장하려면 4행 2열(4 x 2)의 이차원 배열이 필요하다. 즉 총 배열원소는 8개이다.

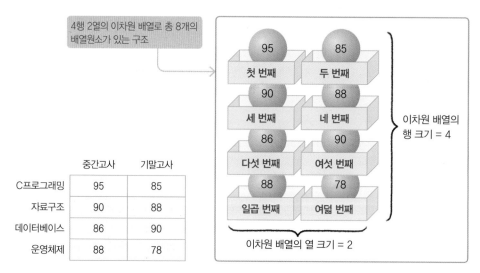

	중간고사	기말고사
C프로그래밍	95	85
자료구조	90	88
데이터베이스	86	90
운영체제	88	78

그림 9-10 이차원 배열의 구조

이차원 배열선언

이제 이차원 배열선언 방법을 알아보자. **이차원 배열선언은 2개의 대괄호가 필요하다. 첫 번째 대괄호에는 배열의 행 크기, 두 번째는 배열의 열 크기를 지정한다. 배열선언 시 초기값을 저장하지 않으면 반드시 행과 열의 크기는 명시되어야 한다.**

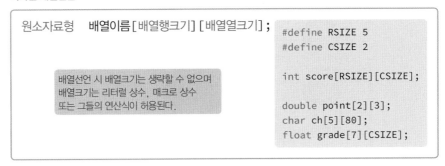

이차원 배열선언

원소자료형　배열이름[배열행크기][배열열크기];

배열선언 시 배열크기는 생략할 수 없으며
배열크기는 리터럴 상수, 매크로 상수
또는 그들의 연산식이 허용된다.

```
#define RSIZE 5
#define CSIZE 2

int score[RSIZE][CSIZE];

double point[2][3];
char ch[5][80];
float grade[7][CSIZE];
```

그림 9-11 이차원 배열선언 구문

이차원 배열 구조

이차원 배열에서 각 원소를 참조하기 위해서는 2개의 첨자가 필요하다. 배열선언 int td[2][3];으로 선언된 배열 td에서 첫 번째 원소는 td[0][0]로 참조한다. 이어서 두 번째 원소는 td[0][1]로 열의 첨자가 1 증가한다. 두 번째 행의 첫 항목인 네 번째 원소는 td[1][0]로 행 첨자가 1 증가한다. 마지막으로 여섯 번째 원소는 td[1][2]로 참조한다. **일차원 배열과 같이 이차원 배열원소를 참조하기 위한 행 첨자는 0에서 (행크기−1)까지 유효하다. 마찬가지로 열 첨자는 0에서 (열크기−1)까지 유효하다.**

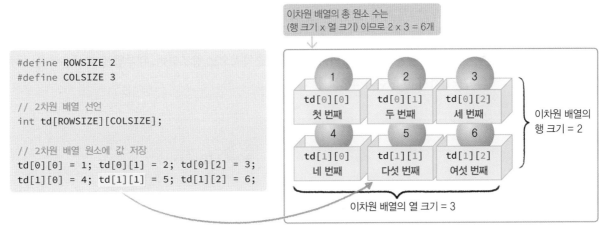

그림 9-12 이차원 배열선언과 구조

이차원 배열의 구조를 행과 열의 개념으로 보는 것은 우리가 좀 더 쉽게 배열을 이해하기 위한 방법이다. 실제로 이차원 배열이 메모리에 저장되는 모습은 행과 열의 개념이 아니라 일차원과 같은 연속적인 메모리 공간에 저장된다. **이차원 배열은 첫 번째 행 모든 원소가 메모리에 할당된 이후에 두 번째 행의 원소가 순차적으로 할당된다. C 언어와 같은 배열의 이러한 특징을 행 우선(row major) 배열이라 한다.**

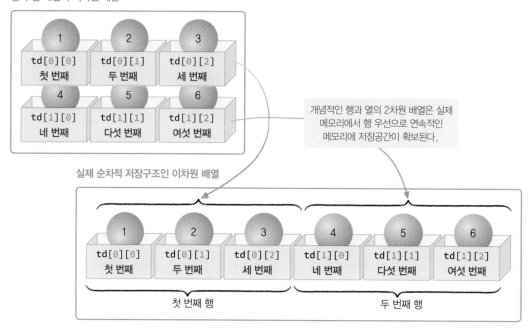

행과 열 개념의 이차원 배열

1	2	3
td[0][0] 첫 번째	td[0][1] 두 번째	td[0][2] 세 번째
4	5	6
td[1][0] 네 번째	td[1][1] 다섯 번째	td[1][2] 여섯 번째

개념적인 행과 열의 2차원 배열은 실제 메모리에서 행 우선으로 연속적인 메모리에 저장공간이 확보된다.

실제 순차적 저장구조인 이차원 배열

1	2	3	4	5	6
td[0][0] 첫 번째	td[0][1] 두 번째	td[0][2] 세 번째	td[1][0] 네 번째	td[1][1] 다섯 번째	td[1][2] 여섯 번째

첫 번째 행   두 번째 행

그림 9-13 이차원 배열의 메모리 내부 구조

이차원 배열 원소 참조

다음은 2행 3열의 배열 td의 원소를 출력하는 소스이다. 이차원 배열의 모든 원소를 참조하려면 배열의 하나의 행 내부에서 열을 순차적으로 참조하는 과정을 모든 행에 대하여 반복한다. **외부반복 제어변수 i는 행을 0에서 (행의 수−1)까지 순차적으로 참조하며, 내부반복 제어변수 j는 0에서 (열의 수−1)까지 열을 순차적으로 참조한다.**

외부반복 제어변수 i는 행을 순차적으로 참조

```
for (i = 0; i < ROWSIZE; i++)
{
    for (j = 0; j < COLSIZE; j++)
        printf("%d ", td[i][j]);
    puts("");
}
```

내부반복 제어변수 j는 한 행에서 열을 순차적으로 참조

그림 9-14 이차원 배열에서 배열원소 순차적으로 출력

다음 예제에서 1에서 6까지 값을 순차적으로 배열원소에 일일이 저장하였다. 만일 **배열원소의 저장값이 행과 열의 관계식으로 만들 수 있다면 출력과 같이 중복된 반복문을 사용하여 값을 저장**할

수 있다. 이 예에서는 1에서부터 배열원소 수까지 순차적으로 저장하므로 행과 열을 나타내는 제어변수 i와 j의 연산식 (i*COLSIZE + j + 1)을 이용하면 쉽게 저장값을 대입할 수 있다.

```
for (i = 0; i < ROWSIZE; i++)
    for (j = 0; j < COLSIZE; j++)
        td[i][j] = i*COLSIZE + j + 1;
```

```
// 2차원 배열원소에 값 저장
td[0][0] = 1; td[0][1] = 2; td[0][2] = 3;
td[1][0] = 4; td[1][1] = 5; td[1][2] = 6;
```

그림 9-15 연산식으로 배열원소에 값 대입

실습예제 9-3	twodarray.c
	이차원 배열선언과 초기값 직접 저장 후 출력

```
01   // file: twodarray.c
02   #include <stdio.h>
03
04   #define ROWSIZE 2
05   #define COLSIZE 3
06
07   int main(void)
08   {
09       // 2차원 배열선언
10       int td[ROWSIZE][COLSIZE];
11
12       // 2차원 배열원소에 값 저장
13       td[0][0] = 1; td[0][1] = 2; td[0][2] = 3;
14       td[1][0] = 4; td[1][1] = 5; td[1][2] = 6;
15
16       printf("반복문 for를 이용하여 출력\n");
17       for (int i = 0; i < ROWSIZE; i++)
18       {
19           for (int j = 0; j < COLSIZE; j++)
20               printf("td[%d][%d] == %d ", i, j, td[i][j]);
21           printf("\n");
22       }
23
24       return 0;
25   }
```

```
for (i = 0; i < ROWSIZE; i++)
    for (j = 0; j < COLSIZE; j++)
        td[i][j] = i*COLSIZE + j + 1;
```

위 반복문으로 대체 가능함.

설명	
04	ROWSIZE는 이차원배열 행 크기인 매크로 상수로 양의 정수인 2로 정의, 17행의 for 문의 조건에 사용
05	COLSIZE는 이차원배열 열 크기인 매크로 상수로 양의 정수인 3으로 정의, 19행의 for 문의 조건에 사용
10	배열 td를 2행 3열의 이차원 배열로 선언
13	배열 td의 1행의 각 원소를 1, 2, 3으로 저장

14	배열 td의 2행의 각 원소를 4, 5, 6으로 저장
16	출력 내용 출력
17	반복문에서 제어문자 i를 첨자로 사용하여 0에서 1까지 반복하며, 이 반복은 내부반복 for와 printf()의 두 문장으로 구성되므로 18행과 22행의 중괄호는 반드시 필요
19	내부 반복문에서 제어문자 j를 첨자로 사용하여 0에서 2까지 반복하며, 이 반복은 20행 printf()의 한 문장으로 구성되므로 중괄호는 필요 없으며, 출력 내용은 i, j와 배열 저장값인 td[i][j]
21	한 행을 모두 출력한 이후에 다음 줄로 이동하기 위한 출력으로 들여쓰기에 주의

실행결과	반목문 for를 이용하여 출력
	td[0][0] == 1 td[0][1] == 2 td[0][2] == 3
	td[1][0] == 4 td[1][1] == 5 td[1][2] == 6

중간점검

01 다음 배열선언 문장에서 문법오류를 찾아 수정하시오.

```
double value[][];
int data[3][];
float degree[][4];
```

02 다음 문장에서 문법오류를 찾아 수정하시오.

```
int point[2][3];
point[2][3] = 10;
```

이차원 배열 초기화

이차원 배열선언 초기화

이차원 배열을 선언하면서 초기값을 지정하는 방법은 중괄호를 중첩되게 이용하는 방법과 일차원 배열 같이 하나의 중괄호를 사용하는 방법이 있다. 중괄호 내부에 행에 속하는 값을 다시 중괄호로 묶고, 중괄호와 중괄호 사이에는 쉼표로 분리한다. 행인 중괄호 내부의 초기값들은 쉼표로 분리한다. 이 방법은 이차원 구조를 행과 열로 표현할 수 있는 장점이 있다.

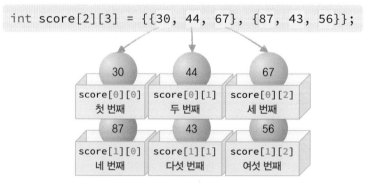

그림 9-16 이차원 배열선언 초기화

이차원 배열선언 초기값 지정의 다른 방법으로는 일차원 배열과 같이 하나의 중괄호로 모든 초기값을 쉼표로 분리하는 방법이다.

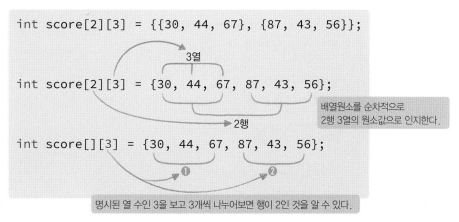

그림 9-17 이차원 배열선언 초기화

이차원 배열선언 초기값 지정에서도 첫 번째 대괄호 내부의 행의 크기는 명시하지 않을 수 있다. 그러나 **두 번째 대괄호 내부의 열의 크기는 반드시 명시해야 한다.** 만일 행 크기는 명시하지 않고 열 크기만 명시한다면 명시된 배열원소 수와 열 크기를 이용하여 행의 크기를 자동으로 산정한다.

● 즉 ((배열원소 수) / (열 수)) 결과값에서 소수점인 경우 무조건 올림 하면 행의 수이다.

이차원 배열의 총 배열원소 수보다 적게 초기값이 주어지면 나머지는 모두 기본값인 0, 0.0 또는 '\0'이 저장된다. 다음 배열선언 초기화는 모두 이차원 배열에 순차적으로 10, 30, 40, 50, 1, 3, 0, 0인 8개의 값이 저장되는 선언문장이다.

```
int a[2][4] = {10, 30, 40, 50, 1, 3, 0, 0};
int a[2][4] = {10, 30, 40, 50, 1, 3};
int a[][4] = {10, 30, 40, 50, 1, 3};
int a[2][4] = { {10, 30, 40, 50}, {1, 3} };
int a[][4] = { {10, 30, 40, 50}, {1, 3} };
```

그림 9-18 이차원 배열 2행 4열에 순차적으로 10, 30, 40, 50, 1, 3, 0, 0이 저장된 초기화 문장

TIP 이차원 배열 선언에서의 오류

다음 왼쪽 초기화 문장은 잘못된 문장이며 오른쪽은 이를 수정한 문장이다. 특히 행 크기는 생략할 수 있어도 열 크기는 절대 생략할 수 없다는 것에 주의하자.

```
int data[2][2] = {1, 2, 3, 4, 5};    //원소 수 초과
int data[2][2] = {{1, 2}  {3, 4}};   //쉼표 , 빠짐
int data[2][] = {1, 2, 3, 4};        //행 크기만 기술
int data[][] = {1, 2, 3, 4};  //행, 열 크기 모두 없음
```

오류
수정

```
int data[2][2] = {1, 2, 3, 4};
int data[2][2] = {{1, 2}, {3, 4}};
int data[][2] = {1, 2, 3, 4};
int data[][3] = {1, 2, 3, 4};
```

그림 9-19 잘못된 이차원 배열선언 초기화 문장과 수정

이차원 배열 초기화와 원소 출력

```c
01    // file: inittwodarray.c
02    #include <stdio.h>
03
04    #define ROWSIZE 2
05    #define COLSIZE 3
06
07    int main(void)
08    {
09       // 2차원 배열 초기화
10       int td[][3] = { { 1 }, { 1, 2, 3 } };
11
12       printf("반복문 for를 이용하여 출력\n");
13       for (int i = 0; i < ROWSIZE; i++)
14       {
15          for (int j = 0; j < COLSIZE; j++)
16             printf("%d ", td[i][j]);
17          printf("\n");
18       }
19
20       return 0;
21    }
```

설명	
04	ROWSIZE는 이차원배열 행 크기인 매크로 상수로 양의 정수인 2로 정의, 13행의 for 문의 조건에 사용
05	COLSIZE는 이차원배열 열 크기인 매크로 상수로 양의 정수인 3으로 정의, 15행의 for 문의 조건에 사용
10	배열 td를 3열의 이차원 배열로 선언하면서 초기값을 저장, 초기값 { { 1 }, { 1, 2, 3 } } 을 통하여 2행임을 알 수 있으며, 1행의 각 원소를 1, 0, 0으로 저장, 2행의 각 원소를 1, 2, 3 으로 저장
12	출력 내용 출력
13	반복문에서 제어문자 i를 첨자로 사용하여 0에서 1까지 반복하며, 이 반복은 내부반복 for와 printf()의 두 문장으로 구성되므로 14행과 18행의 중괄호는 반드시 필요
19	내부 반복문에서 제어문자 j를 첨자로 사용하여 0에서 2까지 반복하며, 이 반복은 16행 printf()의 한 문장으로 구성되므로 중괄호는 필요 없으며, 출력 내용은 저장값인 td[i][j]
17	한 행을 모두 출력한 이후에 다음 줄로 이동하기 위한 출력으로 들여쓰기에 주의

실행결과	
	반복문 for를 이용하여 출력
	1 0 0
	1 2 3

이차원 배열을 이용한 성적 처리

이차원 배열 처음에 설명한 성적을 이차원 배열에 저장한 후 중간고사와 기말고사 별로 평균을 출력해 보자. 또한 전체 성적의 합과 평균도 출력해 보자. 변수 midsum은 중간고사의 합을 구하기 위한 변수이다. 또한 변수 finalsum은 기말고사의 합을 구하기 위한 변수이다. 중간고사의 합과 기말고사의 합이 전체 성적의 합이나 검증을 위해 전체 합을 저장할 변수 sum을 두고 여기에 모든 성적을 더하도록 한다. 평균은 소수로 출력되도록 계산시 합을 (double)로 형변환 하도록 한다.

실습예제 9-5	tdscore.c
	이차원 배열 초기화를 이용한 성적 처리

```c
01  // file: tdscore.c
02  #include <stdio.h>
03
04  #define ROWSIZE 4
05  #define COLSIZE 2
06
07  int main(void)
08  {
09      int sum = 0, midsum = 0, finalsum = 0;
10
11      // 2차원 배열 초기화
12      int score[][COLSIZE] = { 95, 85, 90, 88, 86, 90, 88, 78 };
13
14      printf("        중간      기말\n");
15      printf("------------------------\n");
16      for (int i = 0; i < ROWSIZE; i++)
17      {
18          for (int j = 0; j < COLSIZE; j++)
19          {
20              printf("%10d ", score[i][j]);
21              sum += score[i][j];
22              if (j == 0) midsum += score[i][j];
23              else finalsum += score[i][j];
24          }
25          puts("");
26      }
27
28      printf("------------------------\n");
29      printf("평균: %7.2f %7.2f\n", (double)midsum / ROWSIZE,
                (double)finalsum / ROWSIZE);
30      printf("\n성적의 합은 %d이고 ", sum);
31      printf("평균은 %.2f이다.\n", (double)sum / (ROWSIZE * COLSIZE));
```

```
32
33      return 0;
34  }
```

설명

04	ROWSIZE는 이차원배열 행 크기인 매크로 상수로 양의 정수인 4로 정의, 16행의 for 문의 조건에 사용
05	COLSIZE는 이차원배열 열 크기인 매크로 상수로 양의 정수인 2로 정의, 12행의 이차원 배열의 초기화에서 사용하며, 18행의 for 문의 조건에 사용
09	모든 점수의 합이 저장될 변수 sum 선언하고 0 저장, 중간고사의 합을 저장하는 변수 midsum 선언하고 0 저장, 기말고사의 합을 저장하는 변수 finalsum 선언하고 0 저장,
12	배열 score의 초기화에서 배열의 열 크기를 2로 지정하고 8개의 점수를 직접 기술하므로, 행은 자동으로 4가 지정
14	제목 출력
15	구분선 출력
16	반복문에서 제어문자 i를 첨자로 사용하여 0에서 3까지 반복하며, 이 반복은 내부반복 for와 puts()의 두 문장으로 구성되므로 17행과 26행의 중괄호는 반드시 필요
18	반복문에서 제어문자 j를 첨자로 사용하여 0에서 1까지 반복하며, 이 반복은 20행에서 23행까지의 여러 문장으로 구성되므로 중괄호는 반드시 필요
20	출력 내용은 저장값인 score[i][j]
21	이차원 배열의 저장값 score[i][j]을 sum에 저장
22	첫 번째 열이면 중간고사 합인 midsum에 저장
23	두 번째 열이면 기말고사 합인 finalsum에 저장
25	한 행을 모두 출력한 이후에 다음 행으로 이동하기 위한 출력
29	중간고사와 기말고사의 평균을 출력
30	성적의 모든 합을 출력
31	성적의 모든 평균을 출력

실행결과

```
        중간        기말
    ------------------------
         95         85
         90         88
         86         90
         88         78
    ------------------------
평균:   89.75      85.25

성적의 합은 700이고 평균은 87.500이다.
```

중간점검

01 다음 이차원 배열선언 문장에서 문법오류를 찾아 수정하시오.

```
int a[2][2] = { 1, 2, 3, 4, 5 };
int b[2][2] = { { 1, 2 }  {3, 4} };
int c[2][] = { 1, 2, 3, 4 };
```

02 다음 배열선언에서 point[1][0]에 저장된 값은 무엇인가?

```
int point[][3] = {1, 2, 3, 4, 5, 6};
```

03 다음 이차원 배열에서 모든 배열 원소를 합한 값은 얼마인가?

```
int ary[][3] = { { 1, 2 }, { 3, 4, 5 } };
ary[1][1] = 5;
```

삼차원 배열

삼차원 배열 구조

C 언어는 다차원 배열을 지원한다. 이차원 배열을 확장하면 삼차원, 4차원, 5차원 배열도 생각할 수 있다. 그러나 실제로 삼차원 이상의 배열을 사용하는 경우는 매우 드물다. 다음은 **일차원, 이차원, 삼차원 배열을 위한 선언문과 그 구조**를 나타낸다.

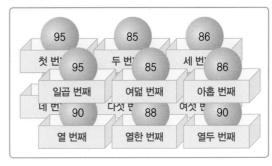

그림 9-20 이차원 배열의 구조

3차원 배열선언

배열선언 int threed[2][2][3];은 3차원 배열의 선언문장이다. 배열 threed는 총 2*2*3 = 12개의 배열원소로 구성된다. 배열선언 시 대괄호 내부 3개의 크기는 모두 필요하다. 또한 3차원 배열의 각 원소를 참조하기 위해 세 개의 첨자가 필요하다. 배열 threed에서 첫 번째 원소는 threed[0][0][0]이며, 두 번째 원소는 threed[0][0][1]이다. 배열 threed에서 마지막 원소는 threed[1][1][2]이다. 그러므로 모든 첨자는 0에서 크기 −1까지 유효하다.

```
int threed[2][2][3]; //총 2*2*3 = 12개 원소의 삼차원 배열

threed[0][0][0] = 1; // 첫 번째 원소
threed[0][0][1] = 1; // 두 번째 원소
threed[0][0][2] = 1; // 세 번째 원소
threed[0][1][0] = 1; // 네 번째 원소
    ...(중간생략)
threed[1][1][2] = 1; // 열두 번째(마지막) 원소
```

그림 9-21 3차원 배열의 선언과 원소참조

3차원 배열 초기화

만일 강좌 2개에 대한 C 언어 성적 저장을 위한 배열을 만든다면 다음과 같이 3차원 배열 score[2][4][2]로 선언하여 학생의 점수를 초기값으로 저장할 수 있다. 순서대로 첫 번째 상수인 2는 강좌의 수이며, 두 번째 상수 4는 각 반의 학생 수이며, 마지막 세 번째 상수 2는 중간과 기말고사인 시험 횟수를 나타낸다.

[강좌 1]	중간	기말
학생 1	95	85
학생 2	85	83
학생 3	92	75
학생 4	90	88

[강좌 2]	중간	기말
학생 1	88	77
학생 2	72	95
학생 3	88	92
학생 4	93	83

```
int score[2][4][2] = {
  { { 95, 85 },
    { 85, 83 },
    { 92, 75 },
    { 90, 88 } },
  { { 88, 77 },
    { 72, 95 },
    { 88, 92 },
    { 93, 83 } }
};
```

그림 9-22 3차원 배열의 예와 초기화 방법

다음 프로그램은 위와 같이 강좌 2개의 각반 4명에 대한 중간과 기말고사 성적을 초기화하여 출력하는 프로그램이다.

threedary.c

3차원 배열 초기화를 이용한 성적 점수 출력

```c
01  // file: threedary.c
02  #include <stdio.h>
03
04  #define ROWSIZE 4
05  #define COLSIZE 2
06
07  int main(void)
08  {
09      // 3차원 배열 초기화, 첫 번째 크기는 지정하지 않을 수 있음
10      int score[][ROWSIZE][COLSIZE] = {
11          { { 95, 85 },
12            { 85, 83 },
13            { 92, 75 },
14            { 90, 88 } },
15          { { 88, 77 },
16            { 72, 95 },
17            { 88, 92 },
18            { 93, 83 } }
19      };
20
21      for (int i = 0; i < 2; i++)
22      {
23          if (i == 0) printf("[강좌 1]");
24          else printf("[강좌 2]");
25          printf("%11s%7s\n", "중간", "기말");
26
27          for (int j = 0; j < ROWSIZE; j++)
28          {
29              printf("%10s%2d", "학생", j+1);
30              for (int k = 0; k < COLSIZE; k++)
31                  printf("%6d ", score[i][j][k]);
32              printf("\n");
33          }
34          printf("\n");
35      }
36
37      return 0;
38  }
```

| 설명 | 04 | ROWSIZE는 3차원배열 두 번째 크기(학생 수)로 쓰일 매크로 상수로 양의 정수인 4로 정의, 10행의 3차원 배열의 초기화에서 사용하며, 27행의 for 문의 조건에 사용 |

05	COLSIZE는 3차원배열 세 번째 크기(시험 횟수)로 쓰일 매크로 상수로 양의 정수인 2로 정의, 10행의 3차원 배열의 초기화에서 사용하며, 30행의 for 문의 조건에 사용
10	3차원 배열 int score[][4][2]를 선언하면서 초기값 지정, 배열 score의 초기화에서 학생 수는 4로 지정하고 2개의 점수를 직접 기술하므로 세 번째 크기는 2가 지정되며, 비어있는 첫 번째 크기는 자동으로 2가 지정
10~19	중첩된 블록을 사용하여 초기값 저장
21	반복문에서 제어문자 i를 첨자로 사용하여 0에서 1까지 반복하며, 이 반복 몸체는 내부반복 for를 비롯하여 여러 문장이 있으므로 22행과 35행의 중괄호는 반드시 필요
23~24	강좌 구분 문자열 [강좌 1]과 [강좌 2] 출력
25	강좌 별 시험 제목 출력
27	반복문에서 제어문자 j를 첨자로 사용하여 0에서 3까지 반복하며, 이 반복 몸체는 내부반복 for를 비롯하여 여러 문장이 있으므로 28행과 33행의 중괄호는 반드시 필요
29	학생번호 출력
30	반복문에서 제어문자 k를 첨자로 사용하여 0에서 1까지 반복하며, 이 반복은 31행의 printf() 하나이므로 중괄호는 필요 없으며, 각 학생의 중간고사(score[i][j][0])와 기말고사 성적(score[i][j][1])이 출력
32	한 학생의 중간고사와 기말고사 성적이 출력되었으면 이후 다음 줄로 이동하여 출력하기 위한 문장
34	한 강좌의 모든 학생의 성적이 출력된 이후 한 줄을 비우기 위한 출력 문장

실행결과

```
[강좌 1]        중간      기말
       학생 1    95       85
       학생 2    85       83
       학생 3    92       75
       학생 4    90       88

[강좌 2]        중간      기말
       학생 1    88       77
       학생 2    72       95
       학생 3    88       92
       학생 4    93       83
```

중간점검

01 다음 삼차원 배열선언 문장에서 문법오류를 찾아 수정하시오.

```
int data[3, 4, 5];
double value(2)(3)(2);
```

02 다음 부분 소스에서 출력값을 기술하시오.

```
int a[][2][3] = { 1, 2, 3, 4, 5, 6, 7, 8, 9, 10 };
printf("%d\n", a[0][1][2]);
```

자료형 int로 선언된 이차원 배열 a에서 초기화로 값을 저장하고 배열의 모든 원소를 순서대로 원소참조, 주소와 저장값을 출력하는 프로그램을 작성해보자.

- 이차원 배열 구조와 저장값은 다음과 같으며 초기화는 원소를 콤마로 구분한다.
- 배열 원소의 주소와 저장값은 각각 &a[i][j]와 a[i][j]로 참조할 수 있다.

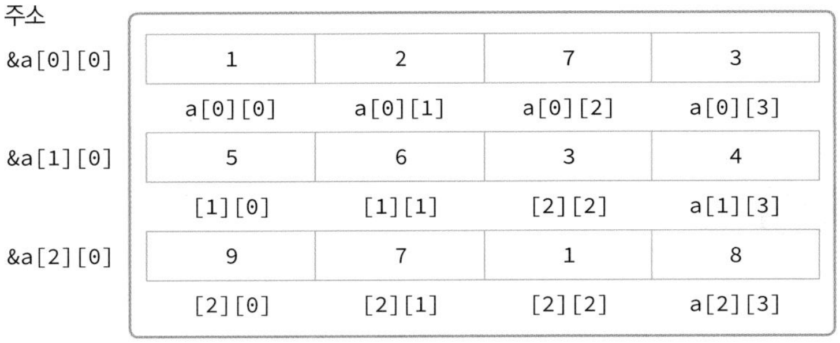

주소

&a[0][0]	1	2	7	3
	a[0][0]	a[0][1]	a[0][2]	a[0][3]
&a[1][0]	5	6	3	4
	[1][0]	[1][1]	[2][2]	a[1][3]
&a[2][0]	9	7	1	8
	[2][0]	[2][1]	[2][2]	a[2][3]

그림 9-23 이차원 배열과 구조

```
 원소     주소    값    원소     주소    값    원소     주소    값    원소     주소    값
----------------------------------------------------------------------------------
a[0][0] 4454812  1   a[0][1] 4454816  2   a[0][2] 4454820  7   a[0][3] 4454824  3
a[1][0] 4454828  5   a[1][1] 4454832  6   a[1][2] 4454836  3   a[1][3] 4454840  4
a[2][0] 4454844  9   a[2][1] 4454848  7   a[2][2] 4454852  1   a[2][3] 4454856  8
계속하려면 아무 키나 누르십시오 . . .
```

Lab 9-2 arrayprint.c

```c
01  // file: arrayprint.c
02  #include <stdio.h>
03
04  int main()
05  {
06    int a[3][4] = {
07      { 1, 2, 7, 3 },    /* initializers for row indexed by 0 */
08      _____    /* initializers for row indexed by 1 */
09      { 9, 7, 1, 8 }     /* initializers for row indexed by 2 */
10    };
```

```
11
12        printf("%6s %6s %3s  ", "원소", "주소", "값");
13        printf("%6s %6s %3s  ", "원소", "주소", "값");
14        printf("%6s %6s %3s  ", "원소", "주소", "값");
15        printf("%6s %6s %3s\n", "원소", "주소", "값");
16        printf("------------------------------------");
17        printf("-------------------------------------\n");
18
19        for (int i = 0; i < 3; i++)
20        {
21           for (int j = 0; j < ___; j++)
22              printf("a[%d][%d] %d %d  ", _____);
23           puts("");
24        }
25
26        return 0;
27     }
```

배열과 포인터 관계

일차원 배열과 포인터

배열이름을 이용한 참조

배열은 실제 포인터와 연관성이 매우 많다. 다음 **배열 score에서 배열이름 score 자체가 배열 첫 원소의 주소값인 상수이다.** 다음과 같은 특징으로 배열이름 score를 이용하여 모든 배열원소의 주소와 저장값을 참조할 수 있다.

```
int score[] = {89, 98, 76};
```

- **배열이름 score는 배열 첫 번째 원소의 주소를 나타내는 상수로 &score[0]와 같으며** 배열을 대표한다. 그러므로 **간접연산자를 이용한 *score는 변수 score[0]와 같다.**

- 배열이름 score가 포인터 상수로 연산식 (score + 1)이 가능하다. 즉 연산식 (score + 1)은 score 의 다음 배열원소의 주소값을 의미한다. 즉 (score + 1)은 &score[1]이다. **이것을 확장하면 (score + i)는 &score[i]이다.**

- 마찬가지로 간접연산자를 이용한 *score는 변수 score[0]인 것을 확장하면 ***(score + i)는 score[i]와 같다.**

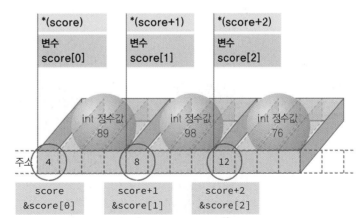

그림 9-24 배열이름을 이용한 배열원소의 참조

주소값 (score + 1)을 출력해 보면 score 주소값에 int 형의 크기인 4를 더한 주소값인 것을 알 수 있다. 그러므로 연산식 (score + i)는 물리적 주소 i를 더하는 연산식이 아니라 score 다음 i번째 원소의 주소값을 알아내는 연산식이다.

- **간접연산자 *를 사용한 연산식 *(score + i)는 배열 score의 (i+1) 번째 배열원소로 score[i]와 같다.**

- 그런데 연산식 *(score+1)과 (*score + 1)은 다르므로 주의하도록 한다. (*score + 1)은 배열 첫 번째 원소에 1을 더하는 연산식이다.

다음은 지금까지 살펴본 일차원 배열에서 배열원소와 주소값을 참조하는 다양한 방식을 정리한 표이다.

표 9-1 배열원소의 주소와 내용 값의 다양한 접근방법

배열 초기화 문장		int score[] = {89, 98, 76};		
배열 원소값		89	98	76
배열원소 접근방법	**score[i]**	score[0]	score[1]	score[2]
	*(score+i)	*score	*(score+1)	*(score+2)
주소값 접근 방법	**&score[i]**	&score[0]	&score[1]	&score[2]
	score+i	score	score+1	score+2
실제 주소값	**base + 원소크기*i**	만일 4라면	8 = 4+1*4	12 = 4+2*4

실습예제 9-7 **array.c**

배열에서 배열이름을 사용한 원소값과 주소값의 참조

```
01   // file: array.c
02   #include <stdio.h>
03   #define SIZE 3
04
05   int main(void)
06   {
07       int score[] = { 89, 98, 76 };
08
09       //배열이름 score는 첫 번째 원소의 주소
10       printf("score: %u, &score[0]: %u\n", score, &score[0]);
11
12       //배열이름 score는 첫 번째 값
13       printf("*score: %d, score[0]: %d\n\n", *score, score[0]);
```

```
14
15      printf("첨자    주소       저장값\n");
16      //배열이름 score를 사용한 주소와 원소값 참조
17      for (int i = 0; i < SIZE; i++)
18          printf("%2d %10u %6d\n", i, (score + i), *(score + i));
19
20      return 0;
21  }
```

설명		
	03	배열크기를 매크로 상수 SIZE 3으로 정의
	07	int 형 배열 score를 선언하면서 초기화 지정하며, 배열의 크기는 생략되고 초기화 값이 3개이므로 배열크기는 3으로 자동 지정
	10	score, &score[0]는 모두 배열에서 첫 번째 원소의 주소값
	13	*score, score[0]는 모두 배열에서 첫 번째 원소의 저장값
	15	출력을 위한 제목
	17	반복문에서 제어문자 i를 첨자로 사용하며, 0에서 SIZE-1인 2까지 실행
	18	반복의 몸체가 printf() 문장 하나로 배열원소를 참조하기 위해 제어문자 i를 첨자로 하여 (score + i), *(score + i)를 출력, (score + i)는 주소값이며, *(score + i)는 저장값이 출력

실행결과
```
score: 0041F848, &score[0]: 0041F848
*score: 89, score[0]: 89


첨자     주소       저장값
 0    0041F848       89
 1    0041F84C       98
 2    0041F850       76
```

포인터 변수를 이용한 배열의 원소 참조

이전 단원에서 배운 포인터 변수를 이용하는 주소값을 이동하면서 여러 변수를 참조할 수 있다. 특히 배열 첫 원소의 주소를 포인터에 저장한 후 이 주소를 1씩 증가시키면 각각의 원소를 참조할 수 있다.

```
int a[4] = {1, 3, 6};
int *pa = &a[0];
```

- 포인터 pa에 &a[0]를 저장하면 연산식 *(pa+i)으로 배열원소를 참조할 수 있다.
- 특히 포인터 pa로도 배열과 같이 첨자를 이용하여 pa[i]로 배열원소를 참조할 수 있다.

```
int a[4] = {1, 3, 6};
int *pa = &a[0];

printf("%d  %d  %d\n", *(pa), *(pa+1), *(pa+2));    //1, 3, 6 출력
printf("%d  %d  %d\n", pa[0], pa[1], pa[2]);        //1, 3, 6 출력
```

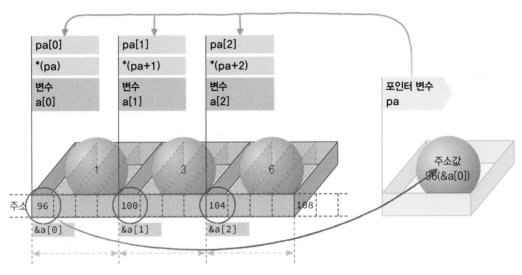

그림 9-25 포인터 변수를 이용한 배열의 참조

참조연산자 *의 우선순위는 ++p의 전위 증감연산자와 같고, 괄호나 p++의 후위 증감연산자보다 낮다. 그러므로 연산식 *p++는 *(p++)를 의미한다. 즉 *p++는 포인터 p가 가리키는 변수를 참조하고 p의 주소를 1 증가시킨다. 반면 (*p)++는 포인터 p가 가리키는 변수를 참조하고 그 값을 1 증가시키는 연산식이다. 또한 연산식 *++p는 *(++p)으로 포인터 p를 1 증가시킨 후 가리키는 변수를 참조한다. **연산식 ++*p는 ++(*p)으로 포인터 p가 가리키는 값을 1 증가시킨 후 참조**한다. 다음은 포인터 p와 증가연산자와 간접연산자 *의 연산식을 정리한 표이다.

표 9-2 포인터와 증감연산의 다양한 연산식

연산식		결과값	연산 후 *p의 값	연산 후 p 증가
++*p	++(*p)	*p + 1: p의 간접참조 값에 1 증가	*p가 1 증가	p: 없음
*p++	*(p++)	*p: p의 간접참조 값	변동 없음	p+1: p 다음 주소
--*p	--(*p)	*p - 1: p의 간접참조 값에 1 감소	*p가 1 감소	p: 없음
(*p)--		*p: p의 간접참조 값	*p가 1 감소	p: 없음

ptrtoary.c

배열의 다양한 참조 방법

```c
01    // file: ptrtoary.c
02    #include <stdio.h>
03
04    int main(void)
05    {
06        int a[4] = { 1, 3, 6, 8 };
07        int *pa = a; //a == &a[0]
08
09        //새로 선언한 포인터 변수를 사용
10        printf("%d  %d  %d  %d\n", *(pa), *(pa + 1), *(pa + 2), *(pa + 3));
11        //새로 선언한 포인터 변수를 배열과 같이 사용 가능
12        printf("%d  %d  %d  %d\n", pa[0], pa[1], pa[2], pa[3]);
13        //물론 원래 배열로도 사용 가능
14        printf("%d  %d  %d  %d\n", a[0], a[1], a[2], a[3]);
15        //물론 원래 배열 주소의 간접참조로도 가능
16        printf("%d  %d  %d  %d\n\n", *a, *(a + 1), *(a + 2), *(a + 3));
17
18        pa = &a[1]; // &a[1] == a+1
19        //a[1]을 하나 증가시켜 출력
20        printf("%d  ", ++*pa);   //++(*pa), 4
21        //a[1]를 출력한 후 pa를 하나 증가시켜 a[2]를 가리키도록
22        printf("%d  ", *pa++);   //*(pa++), 4
23        //a[2]를 하나 감소시켜 출력
24        printf("%d  ", --*pa);   //--(*pa)), 5
25        //a[2]를 출력하고 하나 감소시킴
26        printf("%d\n\n", (*pa)--); // 5
27        //현재 포인터 변수 pa는 a[2]를 가리키고 있으며 다음으로 배열 모두 출력
28        printf("%d  %d  %d  %d\n", *(pa - 2), *(pa - 1), *pa, *(pa + 1));
29
30        return 0;
31    }
```

설명	
06	배열 초기화로 배열 선언
07	포인터 변수 pa를 선언하면서 배열의 a의 첫 원소의 주소를 저장
10	포인터 변수 pa를 사용하여 배열 a의 모든 원소 출력
12	포인터 변수 pa를 배열과 같은 참조 방식으로 배열 a의 모든 원소 출력
14	원 배열 참조 방식으로 배열 a의 모든 원소 출력
16	배열 주소 상수 a를 사용하여 배열 a의 모든 원소 출력
18	배열 a의 두 번째 원소의 주소를 포인터 pa에 저장
20	++*pa: 의미는 pa에 가리키는 a[1]을 하나 증가시켜 출력
22	*pa++: pa에 가리키는 a[1]를 출력한 후 pa를 하나 증가시켜 pa는 a[2]를 가리키도록 함

24	--*pa: pa에 가리키는 a[2]를 하나 감소시켜 출력
26	(*pa)--: pa에 가리키는 a[2]를 출력하고 a[2]의 값을 하나 감소시킴
28	현재 포인터 pa에는 배열원소 a[2]를 가리키고 있으므로 이와 같이 배열 a의 모든 원소 출력

실행결과

```
1   3   6   8
1   3   6   8
1   3   6   8
1   3   6   8

4   4   5   5

1   4   4   8
```

중간점검

01 다음 부분 소스에서 출력값을 기술하시오.

```
int score[] = { 89, 98, 76, 92 };
printf("%d\n", *(score + 2));
```

02 다음 부분 소스에서 출력값을 기술하시오.

```
int b[] = { 1, 3, 6, 9, 12 };
int *pa = b + 1;
printf("%d\n", pa[2]);
```

03 다음 부분 소스에서 출력값을 기술하시오.

```
int c[] = { 12, 45, 37, 32, 58 };
int *p = &c[2];
printf("%d\n", *--p);
```

char 배열을 int 자료형으로 인식

명시적 형변환

이미 **배운 것과 같이 포인터 변수는 동일한 자료형끼리만 대입이 가능**하다. **만일 대입문에서 포인터의 자료형이 다르면 경고가 발생**한다. 다음 소스에서 자료형 (char *)를 (int *)에 저장하니 경고가 발생한다. 포인터 변수는 자동으로 형변환(type cast)이 불가능하며 필요하면 명시적으로 형변환을 수행할 수 있다.

```
char c[4] = {'A', '\0', '\0', '\0'}; //문자'A' 코드값: 65

int *pi = &c[0];
```

> warning C4133: '초기화중' : 'char *'과(와) 'int *' 사이의 형식이 호환되지 않습니다.

그림 9-26 배열 원소의 주소와 포인터 변수 형과의 불일치

다음 소스와 같이 자료형 (char *)를 (int *)로 변환하여 (int *) 형 변수 pi에 저장하는 것은 가능하다. 이제 ***pi로 수행하는 간접참조는 pi가 가리키는 주소에서부터 4바이트 크기의 int 형 자료를 참조한다는 것을 의미한다.** 그러므로 *pi 는 문자배열에 저장된 문자 4개를 그대로 4바이트인 정수 65로 참조한다. 다음과 같이 변환된 포인터 변수는 지정된 주소값을 시작하여 그 변수 자료형의 크기만큼 저장공간을 참조한다. 결과적으로 **동일한 메모리의 내용과 주소로부터 참조하는 값이 포인터의 자료형에 따라 달라진다는 것**을 알 수 있다.

```
char c[4] = {'A', '\0', '\0', '\0'}; //문자'A' 코드값: 65
int *pi = (int *) &c[0];
printf("%d %c\n", (int) *pi, (char) *pi); //정수값 65와 문자'A'가 출력
```

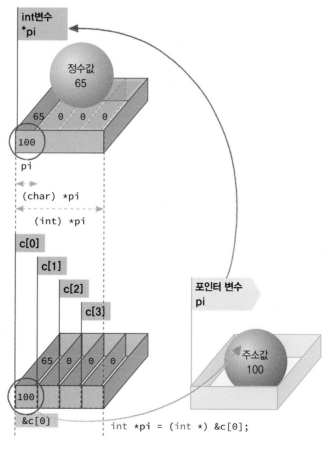

그림 9-27 동일한 메모리의 내용이 포인터의 자료형에 따라 참조 단위가 달라짐

ptypecast.c

포인터 자료형의 변환

```c
01    // file: ptypecast.c
02    #include <stdio.h>
03
04    int main(void)
05    {
06        char c[4] = { 'A', '\0', '\0', '\0' }; //문자'A' 코드값: 65
07        //int *pi = &c[0]; //경고 발생
08        int *pi = (int *) &c[0];
09
10        printf("%d %c\n", (int) c[0], c[0]);
11        printf("%d %c\n", *pi, (char) *pi);
12
13        return 0;
14    }
```

설명	
06	배열 초기화로 char 배열 선언, 배열 char는 문자 1바이트가 연속적으로 4개이므로 전체는 4바이트
08	int 형 포인터 변수 pi를 선언하면서 배열의 c의 첫 원소의 주소를 저장하는데, (int *)로 변환하여 저장
10	char 형인 c[0]를 int 형으로 변환하여 출력하므로 코드값이 출력, char 형인 c[0]를 출력하면 문자 'A' 출력
11	int *형인 pi를 *pi로 출력하므로 c[0]에서 c[3]에 이르는 4바이트의 정수가 출력되는데, c[1], c[2], c[3]가 모두 0이므로 그대로 코드값인 65가 출력되며, char 형으로 변환하면 1바이트인 c[0]만 출력되는데, %c이므로 문자 'A' 출력

실행결과	
	65 A
	65 A

이차원 배열과 포인터

배열이름과 행이름으로 참조

다음과 같은 **이차원 배열에서 배열이름인 td는 포인터 상수 td[0]를 가리키는 포인터 상수이다.** 그러면 td[0]는 무엇일까? 포인터 상수 td[0]는 배열의 첫 번째 원소 td[0][0]의 주소값 &td[0][0]을 갖는 포인터 상수이다. 그러므로 배열이름인 td는 포인터의 포인터인 이중 포인터이다.

```c
int td[][3] = {{8, 5, 4}, {2, 7, 6}};
```

- 배열이름 td는 이차원 배열을 대표하는 이중 포인터이며, sizeof(td)는 배열전체의 바이트 크기를 반환한다.

- 배열이름 td를 이용하여 변수 td[0][0]의 값을 20으로 수정하려면 **td = 20; 문장을 이용할 수 있다. td가 이중 포인터이므로 간접연산자 *이 2개 필요하다.

- td[i]는 (i+1) 번째 행을 대표하며, (i+1) 번째 행의 처음을 가리키는 포인터 상수이다. 그리고 sizeof(td[0])와 sizeof(td[1])은 각각 첫 번째 행의 바이트 크기와 두 번째 행의 바이트 크기를 반환한다.

- 마찬가지로 td[1]은 두 번째 행의 첫 원소의 주소이므로 *td[1]로 td[1][0]를 참조할 수 있다.

다음 그림에서 td와 td[0] 그리고 이차원 배열 구조에서 보듯이 td와 td[0] 등 점선 상자는 포인터 상수임을 표시한다.

```
int td[][3] = {{8, 5, 4}, {2, 7, 6}};
int i = 0, j = 0, cnt = 0;

printf("%d, %d, %d\n", sizeof(td), sizeof(td[0]), sizeof(td[1]));
printf("%u, %u, %u\n", td, td[0], td[1]);
printf("%u, %u\n", &td[0][0], &td[1][0]);

**td = 10;    //td[0][0] = 10;
*td[1] = 20;  //td[1][0] = 20;
```

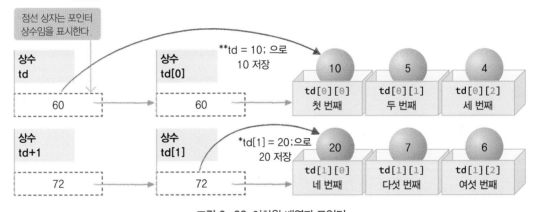

그림 9-28 이차원 배열과 포인터

- 연산식 (*td+n)은 배열의 (n+1)번째 원소의 주소값이다. 그러므로 역참조 연산자를 이용한 연산식 *(*td+n)은 배열의 (n+1)번째 원소 자체를 나타낸다.

- td[i]는 (i+1) 번째 행의 주소이다. 그러므로 연산식 (td[i] + j)는 &td[i][j]이다. 여기서 역참조 연산자를 이용한 연산식 *(td[i]+j)는 배열의 td[i][j] 원소 자체를 나타낸다.

일차원 배열에서 a[i]는 *(a+i)로 표현 가능하다. 이차원 배열 td[i][j]에서 j크기의 일차원 배열로 간주하면 *(td[i] + j)라는 연산식을 바로 얻을 수 있다.

- a[i] == *(a+i)

- td[i][j] == (td[i]) [j] == * (td[i] + j) == * (*(td + i) + j)

이제 다음과 같이 반복문에서 연산식 *(*td + cnt)와 *(td[i] + j)로 배열원소를 참조할 수 있다.

```
for ( i = 0; i < ROW; i++ )
{
   for ( j = 0; j < COL; j++, cnt++ )
   {
      printf("%d %d, ", *(*td + cnt), *(td[i] + j));
   }
   printf("\n");
}
```

연산식 (*td + n)은 (n+1)번째
원소의 주소값이므로
td[0][0]: *(*td + 0)
td[0][1]: *(*td + 1)
td[0][2]: *(*td + 2)
td[1][0]: *(*td + 3)
td[1][1]: *(*td + 4)
td[1][2]: *(*td + 5)

연산식 (td[i] + j)은 td[i][j]의
주소값이므로
td[0][0]: *(td[0] + 0)
td[0][1]: *(td[0] + 1)
td[0][2]: *(td[0] + 2)
td[1][0]: *(td[1] + 0)
td[1][1]: *(td[1] + 1)
td[1][2]: *(td[1] + 2)

그림 9-29 연산식 *(*td + n)과 *(td[i] + j)으로 배열원소의 참조

실습예제 9-10	tdaryptr.c

배열이름과 행의 대표이름으로 배열원소 참조

```
01  // file: tdaryptr.c
02  #include <stdio.h>
03
04  #define ROW 2
05  #define COL 3
06
07  int main(void)
08  {
09     int td[][COL] = { { 8, 5, 4 }, { 2, 7, 6 } };
10
11     **td = 10;      //td[0][0] = 10;
12     *td[1] = 20;    //td[1][0] = 20;
13
14     for (int i = 0, cnt = 0; i < ROW; i++)
15     {
16        for (int j = 0; j < COL; j++, cnt++)
17        {
18           printf("%d %d %d, ", *(*td + cnt), *(td[i] + j), *(*(td + i) + j));
19        }
20        printf("\n");
21     }
```

```
22
23        printf("%d, %d, %d\n", sizeof(td), sizeof(td[0]), sizeof(td[1]));
24        printf("%p, %p, %p\n", td, td[0], td[1]);
25        printf("%p, %p\n", &td[0][0], &td[1][0]);
26
27        return 0;
28    }
```

설명		
	04	ROW는 이차원배열 행 크기인 매크로 상수로 양의 정수인 2로 정의, 14행의 for 문의 조건에 사용
	05	COL는 이차원배열 열 크기인 매크로 상수로 양의 정수인 3으로 정의, 16행의 for 문의 조건에 사용
	09	이차원 배열 초기화로 배열 선언
	11	**td는 배열의 첫 원소의 참조 방법
	12	*td[1]는 배열에서 두 번째 행의 첫 원소의 참조 방법
	14	반복문에서 제어문자 i를 첨자로 사용하여 0에서 1까지 반복하며, 이 반복은 내부반복 for와 printf()의 두 문장으로 구성되므로 15행과 21행의 중괄호는 반드시 필요하며, 반복의 초기화 내부 반복에서 사용할 변수 cnt를 선언하고 0으로 저장
	16	내부 반복문에서 제어문자 j를 첨자로 사용하여 0에서 2까지 반복하며, 이 반복은 18행 printf()의 한 문장으로 구성되므로 17과 19줄의 중괄호는 생략될 수 있으며, 출력 내용은 *(*td + cnt), *(td[i] + j), *(*(td + i) + j)으로 배열 td의 모든 원소를 행 별로 한 줄에 출력하는데, *(*td + cnt), *(td[i] + j), *(*(td + i) + j)는 모두 같은 원소를 참조하는 방법
	20	한 행 출력 이후에 다음 줄로 이동하기 위한 출력으로 들여쓰기에 주의

실행결과	
	10 10 10, 5 5 5, 4 4 4,
	20 20 20, 7 7 7, 6 6 6,
	24, 12, 12
	0033F960, 0033F960, 0033F96C
	0033F960, 0033F96C

중간점검

01 다음 부분 소스에서 출력값을 기술하시오.

```
int a[][4] = { 8, 5, 4, 2, 7, 6, 1 };
printf("%d, %d\n", sizeof(a), sizeof(a[0]));
```

02 다음 부분 소스에서 출력값을 기술하시오.

```
int b[3][4] = {1, 2, 3, 4, 6};
int (*p)[4] = b;
printf("%d, %d\n", p[0][2], *(*b+4))
```

03 다음 부분 소스에서 출력값을 기술하시오.

```
int td[][4] = { { 8, 5, 4 }, { 2, 7, 6, 8 } };
*td[1] = 30;
printf("%d %d %d\n", *(*td + 4), *(td[1] + 1), *(*(td + 1) + 2));
```

실수를 위한 배열크기가 2인 double 형 배열 내부에 int 형 자료값을 4개 저장하여 이 정수가 저장된 공간의 주소와 저장값을 출력

자료형 double은 8바이트이므로 하나의 double 저장 공간에는 4바이트인 2개의 int 형 정수를 저장할 수 있다. 이를 활용하여 실수를 위한 배열크기가 2인 double 형 배열 내부에 int 형 자료값을 4개 저장하여 이 정수가 저장된 공간의 주소와 저장값을 출력하는 프로그램을 작성해보자. 정수 int 형 포인터 p에 double 형 주소를 적절히 저장하도록 한다. 포인터 p를 사용하여 정수 1, 2, 3, 4를 저장한 후, for 문으로 저장된 정수를 위한 정보를 다음 결과와 같이 출력한다.

● 배열 dint[]는 배열크기가 2로 double 형이다. 첫 주소가 dint와 같도록 int 형 포인터 변수 p에 저장하도록 한다.

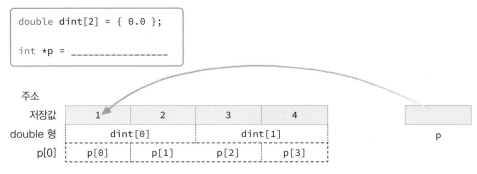

그림 9-30 double 형 2개는 int 형 4개를 저장

```
003EFA8C 1
003EFA90 2
003EFA94 3
003EFA98 4
```

Lab 9-3	doubletoint.c

```
01   // file: doubletoint.c
02   #include <stdio.h>
03
04   int main(void)
05   {
06       double dint[4] = { 0.0 };
07
```

```
08        int *p = _____;
09        p[0] = 1;
10        p[1] = 2;
11        p[2] = 3;
12        p[3] = 4;
13
14        for (int i = 0; i < 4; i++)
15            printf("%u %d\n", _____, _____);
16
17        return 0;
18    }
```

설명
```
08    int *p = (int *) dint;
15    printf("%u %d\n", p + i, *(p + i));
```

포인터 배열과 배열 포인터

포인터 배열

포인터 배열 개요

일반 변수의 배열이 있듯이 **포인터 배열(array of pointer)이란 주소값을 저장하는 포인터를 배열 원소로 하는 배열이다.** 일반 배열 선언에서 변수이름 앞에 *를 붙이면 포인터 배열 변수 선언이 된다. 다음 pa는 배열크기가 3인 포인터 배열로, pa[0]는 변수 a의 주소를 저장하며, pa[1]는 변수 b의 주소를 저장하고, pa[2]는 변수 c의 주소를 저장한다.

```
int a = 5, b = 7, c = 9;

int *pa[3];

pa[0] = &a;    pa[1] = &b;   pa[2] = &c;
```

그림 9-31 포인터 배열 pa의 선언과 이해

포인터 배열 선언

포인터 배열도 배열선언 시 초기값을 지정할 수 있다. 문장 double *dary[5] = {NULL};와 같이 NULL 주소를 하나 지정하면 나머지 모든 배열원소에 NULL 주소가 지정된다. 문장 float *ptr[3] = {&a, &b, &c};와 같이 변수 주소를 하나 하나 직접 지정하여 저장할 수도 있다

포인터 배열 변수선언

```
자료형    *변수이름[배열크기]  ;       int *pary[5];
                                     char *ptr[4];
                                     float a, b, c;
                                     double *dary[5] = {NULL};
                                     float *ptr[3] = {&a, &b, &c};
```

그림 9-32 포인터 배열의 변수 선언 구문

다음 소스에서 포인터 배열 pary는 int형 포인터 3개를 원소로 갖는 배열이다. 배열 pary는 선언하면서 초기값으로 모두 NULL로 채워진다. 이후 포인터 배열 pary의 각각의 원소에 변수 a, b, c의 주소를 저장한다. 이제 역참조에 의해 *pary[0]은 변수 a를 참조할 수 있다. 마찬가지로 *pary[1]은 변수 b, *pary[2]는 변수 c 를 참조할 수 있다.

```
int *pary[3] = { NULL };
int i, a=10, b=20, c=30;

pary[0] = &a;  pary[1] = &b; pary[2] = &c;
```

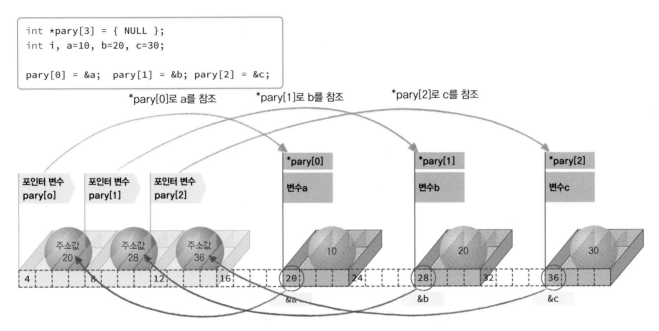

그림 9-33 포인터 배열의 메모리 구조와 역참조

다음 예제 프로그램에서 포인터 배열 pary를 이용해 표준입력을 받아 다시 원래 변수 a, b, c로 출력한다. 반복문 내부 scanf()에서 표준입력값이 저장되는 실인자로 pary[i]를 사용하는 것에 주의하자. 일반변수라면 주소연산자 &가 앞에 붙어야 하나 pary[i]가 저장할 주소이므로 그대로 사용된다.

| 실습예제 9-11 | pointerarray.c |

```
01  // file: pointerarray.c
02  #define _CRT_SECURE_NO_WARNINGS //scanf() 오류를 방지하기 위한 상수 정의
03  #include <stdio.h>
04
05  #define SIZE 3
06
07  int main(void)
08  {
09      //포인터 배열 변수선언
10      int *pary[SIZE] = { NULL };
```

```
11       int a = 10, b = 20, c = 30;
12
13       pary[0] = &a;
14       pary[1] = &b;
15       pary[2] = &c;
16       for (int i = 0; i < SIZE; i++)
17          printf("*pary[%d] = %d\n", i, *pary[i]);
18
19       for (int i = 0; i < SIZE; i++)
20       {
21          scanf("%d", pary[i]);          ← pary[i] 자체가 주소값이므로 &
22          printf("%d, %d, %d\n", a, b, c);    없이 그대로 기술한다.
23       }
24
25       return 0;
26    }
```

설명	
05	SIZE는 일차원 배열 크기인 매크로 상수로 양의 정수인 3으로 정의, 16행과 19행의 for 문의 조건에 사용
10	포인터를 저장하는 일차원 배열 초기화로 배열 선언하면서 모두 NULL 주소를 저장
11	변수 a, b, c를 각각 선언하면서 각각 10, 20, 30을 저장
13	포인터 배열 첫 번째 원소 pary[0]에 변수 a의 주소 저장
14	포인터 배열 두 번째 원소 pary[1]에 변수 b의 주소 저장
15	포인터 배열 세 번째 원소 pary[2]에 변수 c의 주소 저장
16	반복문에서 제어문자 i를 첨자로 사용하여 0에서 2까지 반복하며, 이 반복은 printf()의 한 문장으로 구성되므로 중괄호는 필요 없음
17	*pary[i]는 첨자에 따라 각각 *pary[0], *pary[1], *pary[2]이므로 변수 a, b, c의 저장값을 출력
19	반복문에서 제어문자 i를 첨자로 사용하여 0에서 2까지 반복하며, 이 반복은 scanf()와 printf()의 두 문장으로 구성되므로 20줄과 23줄의 중괄호가 필요
21	첨자에 따라 pary[0], pary[1], pary[2]를 scanf()의 인자로 사용하므로, 각각 변수 a, b, c에 표준입력값이 저장
22	printf() 출력은 계속 a, b, c, 를 출력

실행결과
```
*pary[0] = 10
*pary[1] = 20
*pary[2] = 30
21
21, 20, 30           ← 반복 순서대로 첫 번째 입력값은 a에 다
15                      음 순으로 각각 b, c에 저장된다
21, 15, 30
8
21, 15, 8
```

01 다음 부분 소스에서 문법오류를 찾아 수정하시오.

```
int a = 1, b = 2, c = 3;
int (*pa)[3];
pa[0] = &a;        pa[1] = &b;      pa[2] = &c;
```

02 다음 부분 소스에서 출력값을 기술하시오.

```
double d1 = 3.4, d2 = 6.2, d3 = 9.7;
double *p[] = {&d1, &d2, &d3};
printf("%.1f\n", *p[1]);
```

배열 포인터

배열 포인터 선언

자료형 int인 일차원 배열 int a[]의 주소는 (int *)인 포인터 변수에 저장할 수 있다. **열이 4인 이차원 배열 ary[][4]의 주소를 저장하려면 배열 포인터(pointer to array) 변수 ptr을 문장 int (*ptr)[4];로 선언해야 한다.** 여기서 대괄호 사이의 4는 가리키는 이차원 배열에서의 열 크기이다. 즉 이차원 배열의 주소를 저장하는 포인터 변수는 열 크기에 따라 변수 선언이 달라진다.

일차원과 이차원 배열 포인터의 변수 선언

원소자료형 *변수이름; 변수이름 = 배열이름; 또는 원소자료형 *변수이름 = 배열이름;	원소자료형 (*변수이름) [배열열크기] ; 변수이름 = 배열이름; 또는 원소자료형 (*변수이름) [배열열크기] = 배열이름;

```int a[] = {8, 2, 8, 1, 3};```
```int *p = a;```
	```int ary[][4] = {5, 7, 6, 2, 7, 8, 1, 3};```
	```int (*ptr)[4] = ary; //열이 4인 배열을 가리키는 포인터```
	```//int *ptr[4] = ary; //포인터 배열```

그림 9-34 배열 포인터의 변수 선언 구문

여기서 주의할 점은 선언문장 int (*ptr)[4];에서 괄호 (*ptr)은 반드시 필요하다는 것이다.

● **괄호가 없는 int *ptr[4];은 바로 전에 배운 int형 포인터 변수 4개를 선언하는 포인터 배열 선언문장**이다.

● **int (*ptr)[4];는 열이 4인 이차원 배열 포인터 선언문장**이다.

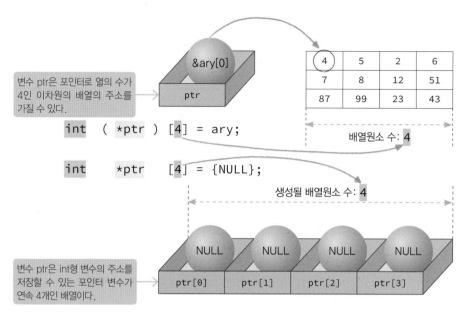

변수 ptr은 포인터로 열의 수가 4인 이차원의 배열의 주소를 가질 수 있다.

```
int ( *ptr ) [4] = ary;
```

배열원소 수: 4

```
int    *ptr  [4] = {NULL};
```

생성될 배열원소 수: 4

변수 ptr은 int형 변수의 주소를 저장할 수 있는 포인터 변수가 연속 4개인 배열이다.

그림 9-35 배열 포인터와 포인터 배열

배열 포인터 활용

다음 소스에서 배열이름 a는 포인터 상수이며, 변수 p는 포인터 변수이다. 그러나 p와 a 모두 배열 a 첫 원소의 주소값을 갖는다.

- p는 변수이므로 p++ 또는 ++p 연산이 가능하나 a는 상수이므로 a++ 또는 ++a 연산을 수행할 수 없다.
- sizeof(a)는 배열의 총 바이트 크기인 20 = (5*4)이나 sizeof(p)은 단순히 포인터의 크기인 4 이다.
- 배열이름이 대입된 **배열 포인터 변수 p는 a[i]와 같이 p[i]로 배열 a의 모든 원소를 참조할 수 있다.**

```
int a[] = {8, 2, 8, 1, 3};
int *p = a;

printf("%2d, %2d\n", *(p+1), *(p+4));
printf("%2d, %2d\n", p[0], p[4]);
printf("%2d, %2d\n", sizeof(a), sizeof(p));

printf("%2d\n", *++p); // 배열의 두 번째 원소 참조
//printf("%2d\n", *++a);   //오류 발생
```

그림 9-36 일차원 배열 포인터의 변수선언과 활용

다음 이차원 배열 소스에서 변수이름 ary는 배열을 대표하는 배열이름이며 변수 ptr은 열의 수가 4인 이차원 배열의 주소값을 저장할 수 있는 배열 포인터이다.

- 변수 ptr은 배열 ary 첫 원소의 주소값을 갖는다. 배열 첫 원소를 참조하려면 **ptr을 이용할 수 있다.
- 연산식 **ptr++는 연산 우선순위에 따라 **(ptr++)와 같으며 현재 포인터가 가리키는 원소를 참조하고 ptr을 하나 증가시켜 다음 원소를 가리키게 하는 연산식이다. 배열 ary의 포인터인 ptr은 배열원소를 참조하기 위한 다양한 연산식에 참여할 수 있다.
- *(ary[i] + j)와 *(ptr[i] + j)는 모두 (i+1) 행, (j+1)열의 원소를 참조한다.
- *(*(ary + i) + j)와 *(*(ptr + i) + j)는 모두 (i+1) 행, (j+1)열의 원소를 참조한다.
- 이차원 배열에서도 배열이름과 배열 포인터의 연산자 sizeoof 결과값은 서로 다르다. 즉 sizeof(ary)는 배열의 총 크기인 32 = (4*2*4)이며, sizeof(ptr)은 단순히 포인터의 크기인 4이다.

```
int ary[][4] = {5, 7, 6, 2, 7, 8, 1, 3};
int (*ptr)[4] = ary;    //열이 4인 배열을 가리키는 포인터
//int *ptr[4] = ary;    //포인터 배열

printf("%2d, %2d\n", **ary, **ptr++);
printf("%2d, %2d\n", **(ary+1), **(ptr++));
ptr = ary;
printf("%2d, %2d\n", *(ary[1] + 1), *(ptr[1] + 1));
printf("%2d, %2d\n", *(*(ary+1) + 3), *(*(ptr+1) + 3));
printf("2%d, %2d\n", sizeof(ary), sizeof(ptr));
```

그림 9-37 이차원 배열 포인터의 변수선언과 활용

실습예제 9-12	tdarypointer.c
	배열을 가리키는 배열 포인터의 선언과 이용

```
01    // file: tdarypointer.c
02    #include <stdio.h>
03
04    int main(void)
05    {
06       int a[] = { 8, 2, 8, 1, 3 };
07       int *p = a;
08
09       printf("%2d, %2d\n", *(p + 1), *(p + 4)); //배열 원소 a[1], a[4] 참조
10       printf("%2d, %2d\n", p[1], p[4]);          //배열 원소 a[1], a[4] 참조
11       printf("sizeof(a) = %d, sizeof(p) = %d\n", sizeof(a), sizeof(p));
12
```

```
13        printf("%2d\n", *++p); // 배열의 두 번째 원소 참조
14        //printf("%2d\n", *++a);   //오류 발생
15
16        int ary[][4] = { 5, 7, 6, 2, 7, 8, 1, 3 }; //2행 4열 배열
17        int(*ptr)[4] = ary;      //열이 4인 배열을 가리키는 포인터
18        //int *ptr[4] = ary; //포인터 배열
19
20        printf("%2d, %2d\n", **ary, **ptr++); //첫 번째 원소, 5, ptr은 1 증가됨
21        printf("%2d, %2d\n", **(ary + 1), **(ptr++));
               //두 번째 원소, 7, ptr은 1 증가됨
22        ptr = ary; //다시 ptr이 배열 ary의 처음을 가리키도록
23        printf("%2d, %2d\n", *(ary[1] + 1), *(ptr[1] + 1)); //2행 2열, 8
24        printf("%2d, %2d\n", *(*(ary + 1) + 3), *(*(ptr + 1) + 3)); //2행 4열, 3
25        printf("sizeof(ary) = %d, sizeof(ptr) = %d\n", sizeof(ary), sizeof(ptr));
26
27        return 0;
28    }
```

설명	
06	일차원 배열 a를 선언하면서 초기화 지정
07	포인터 변수 p를 선언하면서 배열의 주소 a를 저장
09	포인터 변수 p와 간접연산을 이용한 *(p + 1), *(p + 4)는 각각 배열 원소 a[1]과 a[4]를 참조
10	포인터 변수 p를 배열과 같이 사용하여 p[1]와 p[4]는 각각 *(p + 1), *(p + 4)와 같으므로, 각각 배열 원소 a[1]과 a[4]를 참조
11	sizeof(a)는 배열 전체의 크기인 20이며 sizeof(p)는 포인터 변수의 크기이므로 4
13	포인터 변수 p는 ++p와 p++와 같이 수정할 수 있으므로, *++p은 p를 하나 증가시켜 가리키는 배열의 두 번째 원소를 참조
14	배열이름인 a는 상수이므로 증간연산에 사용될 수 없음
16	이차원 배열 ary를 선언하면서 초기화 지정, 열이 4이고 초기 원소가 8개이므로 8/4인 2가 행의 수로 자동 결정
17	이차원 배열 ary는 4열의 이차원 배열이므로 int(*ptr)[4] = ary;와 같이 배열 포인터를 선언하여 이차원 배열 이름으로 주소를 지정
20	**ary와 **ptr++은 각각 이차원 배열의 첫 번째 원소인 5를 참조하며, 이후 ptr은 1 증가됨
21	**(ary + 1)과 **(ptr++)은 각각 이차원 배열의 두 번째 원소인 7을 참조하며, 이후 ptr은 1 증가됨
22	다시 ptr이 배열 ary의 처음을 가리키도록
23	*(ary[1] + 1)과 *(ptr[1] + 1))는 모두 2행 2열인 8을 참조
24	*(*(ary + 1) + 3)과 *(*(ptr + 1) + 3))는 모두 2행 4열인 3을 참조
25	sizeof(ary)는 배열 전체의 크기인 32이며 sizeof(ptr)는 포인터 변수의 크기이므로 4

실행결과	
	2, 3
	2, 3
	sizeof(a) = 20, sizeof(p) = 4
	2
	5 배열 전체의 바이트 크기 5*4

```
   5,  5
   7,  7
   8,  8
   3,  3
sizeof(ary) = 32, sizeof(ptr) = 4
```

배열 전체의 바이트 크기 2*4*4

중간점검

01 다음 부분 소스에서 출력값을 기술하시오.

```
double a[] = { 3.4, 6.7, 2.5 };
double *p = a;

printf("%.1f, %.1f\n", *(p + 2), p[1]);
printf("%d, %d\n}, sizeof(a), sizeof(p));
```

02 다음 부분 소스에서 출력값을 기술하시오.

```
char c[][2] = { '@', '#', '$', '^', '&', '*'};
char (*pc)[2] = c;

printf("%c, %c\n", *(*(pc + 1) + 1), *(*pc + 4));
printf("%d, %d\n", sizeof(c), sizeof(pc));
```

배열 크기 연산

배열크기 계산방법

일차원 배열에서 직접 배열의 원소 수인 배열크기를 계산[2]해 볼 수 있다. 저장공간의 크기를 바이트 수로 반환하는 연산자 sizeof를 이용하면 쉽게 배열크기를 알 수 있다. 즉 **연산자 sizeof를 이용한 식 (sizeof(배열이름) / sizeof(배열원소))의 결과는 배열크기이다.**

● sizeof(배열이름)은 배열의 전체 공간의 바이트 수이다.

● sizeof(배열원소)는 배열원소 하나의 바이트 수이다.

---

2 함수에서 배울 함수의 인자로 배열을 사용하는 경우, 대부분 배열크기도 함수인자로 사용하는 경우가 많다. 이런 경우, 배열크기를 상수로 기술하는 것보다 연산자 sizeof를 이용하여 배열크기를 계산해 보낸다면 더욱 좋은 프로그램이 된다.

```
int data[] = {12, 23, 17, 32, 55};
```

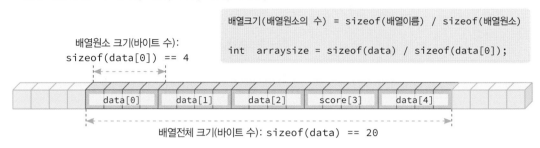

배열크기(배열원소의 수) = sizeof(배열이름) / sizeof(배열원소)

int arraysize = sizeof(data) / sizeof(data[0]);

배열원소 크기(바이트 수):
sizeof(data[0]) == 4

| data[0] | data[1] | data[2] | score[3] | data[4] |

배열전체 크기(바이트 수): sizeof(data) == 20

그림 9-38 배열크기인 배열원소의 수 구하기

이차원 배열크기 계산방법

이차원 배열을 포함해 모든 다차원 배열도 배열의 전체 공간의 바이트 수는 sizeof(배열이름)으로 알 수 있다. 이차원 배열 x[][]에서 **이차원 배열의 행의 수는 (sizeof(x) / sizeof(x[0]))로 계산할 수 있다. 또한 이차원 배열의 열의 수는 다음과 같이 (sizeof(x[0]) / sizeof(x[0][0]))로 계산할 수 있다.**

- 여기서 sizeof(x)는 배열 전체의 바이트 수이다.
- sizeof(x[0])는 1행의 바이트 수이며, sizeof(x[0][0])은 첫 번째 원소의 바이트 수를 나타낸다.

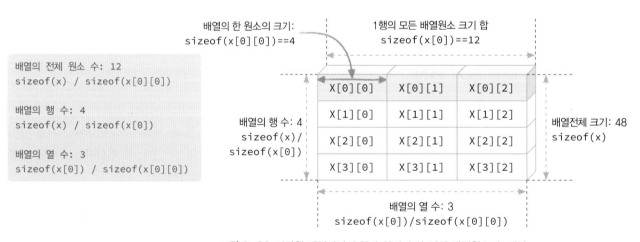

배열의 한 원소의 크기:
sizeof(x[0][0])==4

1행의 모든 배열원소 크기 합
sizeof(x[0])==12

배열의 전체 원소 수: 12
sizeof(x) / sizeof(x[0][0])

배열의 행 수: 4
sizeof(x) / sizeof(x[0])

배열의 열 수: 3
sizeof(x[0]) / sizeof(x[0][0])

X[0][0]	X[0][1]	X[0][2]
X[1][0]	X[1][1]	X[1][2]
X[2][0]	X[2][1]	X[2][2]
X[3][0]	X[3][1]	X[3][2]

배열의 행 수: 4
sizeof(x)/
sizeof(x[0])

배열전체 크기: 48
sizeof(x)

배열의 열 수: 3
sizeof(x[0])/sizeof(x[0][0])

그림 9-39 이차원 배열에서의 행과 열의 수와 전체 배열원소 수 계산

실습예제 9-13	arraysize .c

일차원과 이차원 배열에서 배열 전체 및 원소의 크기

```
01   // file: arraysize.c
02   #include <stdio.h>
```

```
03
04    int main(void)
05    {
06       int data[] = {3, 4, 5, 7, 9};
07
08       printf("%d %d\n", sizeof(data), sizeof(data[0]));
09       printf("일차원 배열: 배열 크기 == %d\n", sizeof(data) / sizeof(data[0]));
10
11       //4 x 3 행렬
12       double x[][3] = { { 1, 2, 3 }, { 7, 8, 9 }, { 4, 5, 6 }, { 10, 11, 12 } };
13       `
14       printf("%d %d %d\n", sizeof(x), sizeof(x[0]), sizeof(x[1]),
              sizeof(x[0][0]));
15       int rowsize = sizeof(x) / sizeof(x[0]);
16       int colsize = sizeof(x[0]) / sizeof(x[0][0]);
17       printf("이차원 배열: 행수 == %d   열수 == %d\n", rowsize, colsize);
18       printf("이차원 배열: 전체 원소 수 == %d\n", sizeof(x) / sizeof(x[0][0]));
19
20       return 0;
21    }
```

설명		
	06	일차원 배열 data를 선언하면서 초기화 지정
	08	sizeof(data)는 배열 전체의 크기인 20이며 sizeof(data[0])는 배열 원소인 data[0] 변수의 크기이므로 4
	09	일차원 배열의 원소 수인 배열 크기는 연산식 sizeof(data) / sizeof(data[0]) 으로 계산
	12	이차원 배열 x를 선언하면서 초기화 지정
	14	sizeof(x)는 배열 전체크기, sizeof(x[0])는 첫 번째 행의 전체크기, sizeof(x[1])는 두 번째 행의 전체크기, sizeof(x[0][0])는 배열을 구성하는 원소 하나의 크기
	15	변수 rowsize에는 연산식 sizeof(x) / sizeof(x[0]) 계산으로 이차원 배열의 행 수가 저장
	16	변수 colsize에는 연산식 sizeof(x[0]) / sizeof(x[0][0]) 계산으로 이차원 배열의 열 수가 저장
	17	변수 rowsize와 colsize 출력
	18	이차원 배열의 전체 원소 수는 연산식 sizeof(x) / sizeof(x[0][0]) 으로 출력

실행결과
```
20 4
일차원 배열: 배열 크기 == 5
96 24 24
이차원 배열: 행수 == 4   열수 == 3
이차원 배열: 전체 원소 수 == 12
```

01 다음 부분 소스에서 출력값을 기술하시오.

```
double value[] = { 32.5, 24.2, 67.3, 98.2 };
printf("%d\n", sizeof(value));
printf("%d\n", sizeof(value) / sizeof(value[0]));
```

02 다음 부분 소스에서 출력값을 기술하시오.

```
short n[][4] = { 32, 56, 87, 72, 5, 2, 3, 4, 6 };
printf("%d\n", sizeof(n));
printf("%d\n", sizeof(n[0]));
printf("%d\n", sizeof(n) / sizeof(n[0]));
```

이차원 배열에서 각 행의 첫 주소와 2행의 모든 원소의 주소와 값을 출력

자료형 int로 선언된 이차원 배열 abc에서 각 행의 첫 주소와 2행의 모든 원소의 주소와 값을 출력하는 프로그램을 작성해보자. 프로그램에서 필요한 행수와 열수는 각각 변수 rowsize와 colsize 에 연산식을 사용해 저장하도록 한다. 각 행의 주소를 표현하는 abc[i]를 고려하여 코딩하도록 한다.

● 각 행만을 생각한다면 각 행을 일차원 배열로 생각할 수 있다. 그러므로 다음 문장을 사용할 수 있다.

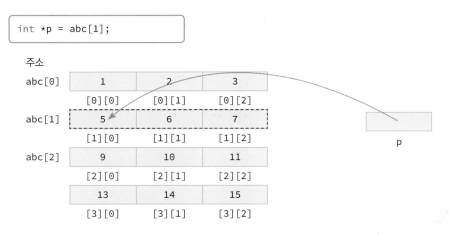

그림 9-40 이차원 배열과 하나의 행

```
각 행의 첫 주소 출력:
003CFEBC 003CFEC8 003CFED4 003CFEE0

2행 원소의 주소와 값 출력:
003CFEC8 5
003CFECC 6
003CFED0 7
```

Lab 9-4	twoarysample.c

```c
01    // file: twoarysample.c
02    #include <stdio.h>
03
04    int main()
05    {
```

```
06        int abc[4][3] = {
07           { 1, 2, 3 },
08           { 5, 6, 7 },
09           { 9, 10, 11 },
10           { 13, 14, 15 }
11        };
12        int rowsize = _____;
13        int colsize = _____;
14
15        printf("각 행의 첫 주소 출력: \n");
16        for (int i = 0; i < rowsize; i++)
17           printf("%d ", _____);
18        printf("\n\n");
19
20        printf("2행 원소의 주소와 값 출력: \n");
21        int *p = abc[1];
22        for (int i = 0; i < colsize; i++)
23        {
24           printf("%d ", p);
25           printf("%d\n", _____);
26        }
27
28        return 0;
29     }
```

정답	
12	`int rowsize = sizeof(abc) / sizeof(abc[0]);`
13	`int colsize = sizeof(abc[0]) / sizeof(abc[0][0]);`
17	`   printf("%d ", abc[i]);`
25	`   printf("%d\n", *p++);`

01 다음을 참고로 배열을 초기화하고 반복문을 사용하여 배열의 모든 원소를 출력하는 프로그램을 작성하시오.

- 배열 double degree[] = {−5.34, 3.67, 19.76, 28.76, 35.63};
- 배열의 크기를 계산하여 변수 size에 저장해 반복문에서 사용

02 다음을 참고로 배열에서 모든 원소의 값을 모두 10씩 증가시키는 프로그램을 작성하시오.

- 배열 int data[] = {3, 21, 35, 57, 24, 82, 8};
- 모든 원소에서 10씩 증가시키기 위해서 *(data + i)와 반복문을 사용

03 다음을 참고로 두 배열을 서로 합하여 연결하는 프로그램을 작성하시오.

- 배열 int a[] = {32, 56, 7, 8, 24};
- 배열 int b[] = {3, 21, 35, 57, 24, 82, 8};
- 변수 두 개에 배열 a와 b의 원소 수를 각각 연산하여 저장
- 배열 int c[]는 배열 a와 원소를 먼저 저장하고 계속해서 뒤이어 배열 b의 원소를 모두 저장
- 배열 c의 모든 원소를 출력

04 다음과 조건을 만족하는 프로그램을 작성하시오.

- 이차원 배열을 다음 값으로 초기화하여 각각의 원소의 값을 다음 수식과 같이 수정하는 함수를 정의
- A[i][j] = A[i][j] * 10 + 2;

```
12, 30, 82, 54
43, 51, 32, 47
30, 42, 41, 69
```

05 다음과 같이 일차원 배열을 복사하여 결과를 알아보는 프로그램을 작성하시오.

- int a[] = { 4, 7, 9, 3, 6 };
- int b[] = { 10, 20, 30, 40, 50, 60 };

- 배열 a의 첫 번째 원소부터 n번째 원소까지 같은 순서대로 배열 b로 값을 복사
- 결과인 배열 b를 모두 출력

06 다음과 같이 일차원 배열의 동등함을 검사하여 그 결과를 알아보는 프로그램을 작성하시오.

- 다음 배열 a와 b에 대하여 검사

```
int a[] = { 4, 7, 9, 3, 6 };
int b[] = { 4, 7, 9, 3, 6 };
int b[] = {10, 20, 30, 40, 50};
int b[] = { 4, 7, 9, 3, 7 };
```

- 배열 a와 b의 배열크기가 다르면 다른 배열이며, 같으면 순차적으로 원소값이 모두 같으면 '같은 배열'이고, 하나라도 다르면 '다른 배열'

07 배열을 사용하여 98.56, 78.62, 78.69, 89.32, 95.29를 초기화하여 출력하고 배열의 총합과 평균을 구하여 출력하는 프로그램을 작성하시오.

08 0에서 9까지의 정수 중에서 20개의 수를 입력 받아 가장 많이 입력 받은 빈도 수는 무엇이고, 빈도 수는 몇 번인지 출력하는 프로그램을 작성하시오.

09 달의 말일을 배열 month에 저장하고 년과 달을 표준입력으로 받아 그 해 그 달의 말일을 출력하는 프로그램을 작성하시오.

10 반복문을 이용하여 다음과 같은 수를 배열에 10개에 순서대로 저장하고 이 값을 출력하는 프로그램을 작성하시오.

- 1/(2*3), 1/(3*4), 1/(4*5), …, 1/(11*12)

11 다음 [C 프로그래밍] 점수를 이차원 배열에 저장하고, 각 학생의 합과 평균을 구하여 출력하는 프로그램을 작성하시오.

	중간1	중간2	기말1	기말2
이현수	97	90	88	95
김기수	76	89	75	83
김범용	60	70	88	82
장기태	83	89	92	85
이명수	75	73	72	78

12   다음 표의 가로 합과 세로 합, 그리고 모든 수의 합을 구하는 프로그램을 작성하시오.

78	48	78	98
99	92	83	29
29	64	83	89
34	78	92	56

13   다음 4 x 3의 행렬에서 두 행렬의 합과 차를 구하는 프로그램을 작성하시오.

- 배열에서 같은 첨자의 행과 열에 대응하는 원소의 합과 차를 구하는 연산

46	79	78
35	57	28
43	68	76
56	78	98

78	35	99
85	82	34
58	69	29
34	59	35

14   다음과 같이 3 x 2와 2 x 3의 두 행렬에서 행렬의 곱을 구하는 프로그램을 작성하시오.

3	5
4	2
5	7

3	8	2
2	4	6

15   다음을 참고로 [파스칼의 삼각형]을 출력하는 프로그램을 작성하시오.

- 정수형 배열 pascal[10][10]을 선언하여 10행까지 [파스칼의 삼각형]을 저장 후 출력
  - $_nC_r = n! / (r!(n-r)!)$

```
 0C0
 1C0   1C1
 2C0   2C1   2C2
 3C0   3C1   3C2   3C3
 4C0   4C1   4C2   4C3   4C4
 5C0   5C1   5C2   5C3   5C4   5C5
 ...
```

```
1
1 1
1 2 1
1 3 3 1
1 4 6 4 1
1 5 10 10 5 1
1 6 15 20 15 6 1
1 7 21 35 35 21 7 1
1 8 28 56 70 56 28 8 1
1 9 36 84 126 126 84 36 9 1
```

Introduction to C PROGRAMMING

10

CHAPTER

함수 기초

학습목표

▶ **함수에 대해 이해하고 설명할 수 있다.**
- 함수의 개념, 함수의 입력과 반환
- 라이브러리와 사용자 정의 함수

▶ **함수를 사용하기 위한 함수정의, 함수호출, 함수원형을 이해하고 설명할 수 있다.**
- 함수 정의에서의 함수머리와 함수몸체
- 함수호출 방법 및 실행 순서
- 함수원형 구문과 필요성
- 매개변수의 사용과 가변인자 구현 방법

▶ **재귀함수의 정의와 구현방법을 이해하고 설명할 수 있다.**
- n!에서 재귀 특성을 파악하여 구현
- 재귀함수의 실행과 장단점

▶ **라이브러리 함수를 이해하고 기본적인 라이브러리를 사용할 수 있다.**
- 난수를 위한 함수 rand()의 이용과 시드값을 위한 srand()의 사용
- 문자와 수학 관련 함수의 이용

학습목차

함수의 이해

함수 개념

프로그래밍을 하다 보면 매번 되풀이하는 일정한 작업을 반복적으로 처리하는 일이 흔히 발생한다. 프로그램에서 **이러한 특정한 작업을 처리하도록 작성한 프로그램 단위를 함수(function)라고** 한다. **함수[1]는 필요한 입력을 받아 원하는 어떤 기능을 수행한 후 결과를 반환(return)하는 프로그램 단위이다.** 즉 함수는 프로그램에서 원하는 특정한 작업을 수행하도록 설계된 독립된 프로그램 단위이다. 결국 C 프로그램이란 여러 함수의 집합으로 구성되는 프로그램이다. 즉 함수 main()도 이미 이름이 지정된 함수로서 프로그램의 실행이 시작되는 특수한 함수이다. 그러므로 **C 프로그램은 최소한 main() 함수와 다른 함수로 구성되는 프로그램이다.**

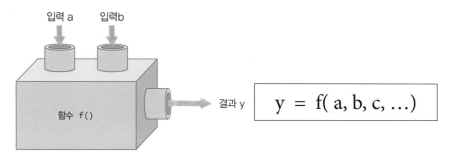

그림 10-1 함수 개념

라이브러리와 사용자 정의 함수

함수는 라이브러리 함수(library function)와 사용자 정의 함수(user defined function)로 구분할 수 있다. 라이브러리 함수는 간단히 라이브러리(library) 또는 표준 함수(standard function)라고도 부른다. 사용자 정의 함수는 필요에 의해서 개발자가 직접 개발하는 함수를 말한다. 라이브러리는 printf()와 scanf()와 같이 이미 개발환경에 포함되어 있는 함수를 말한다. 라이브러리와 같이 잘 구현된 함수는 함수 내부 구현 방법은 전혀 몰라도 입력과 반환값만 이해하면 쉽게 사용할 수 있는 장점이 있다. 우리는 적절한 라이브러리 함수를 이용하여 원하는 프로그램을 개발할 수 있다. 라이브러리 함수의 이용은 원하는 책을 도서관에서 대출 받아 이용하는 방식과 같다고 볼 수 있다. 하나의 프로그램이란 라이브러리와 개발자가 만든 여러 함수로 구성된다고 볼 수 있다.

---

1 공학에서 어떤 입력에 의하여 적절한 출력을 주는 장치를 블랙박스(black box)라 하는데 함수도 소프트웨어에서 다루는 하나의 블랙박스라 할 수 있다.

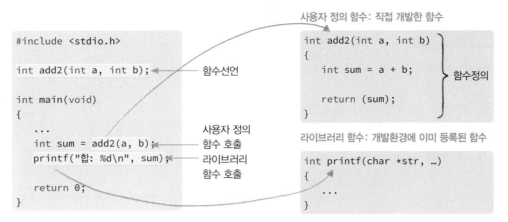

그림 10-2 함수선언, 함수호출, 함수정의

C 프로그램은 main() 함수의 첫 줄에서 시작하여 마지막 줄을 마지막으로 실행한 후 종료한다. **사용자가 직접 개발한 함수를 사용하기 위해서는 함수선언(function declaration), 함수호출(function call), 함수 정의(function definition)가 필요하다.** 하나의 응용 프로그램은 하나의 main() 함수와 여러 개의 다른 함수로 구성되며 필요에 따라 여러 소스 파일로 나누어 프로그래밍할 수 있다.

절차적 프로그래밍

주어진 문제를 여러 개의 작은 문제로 나누어 해결하듯이, 하나의 프로그램은 여러 함수로 나누어 프로그래밍할 수 있다. 이와 같이 하나의 프로그램을 작은 단위의 여러 함수로 나누는 것은 문제해결의 한 방법이다. 나뉘어진 각각의 함수[2]단위로 구현하면 대규모 프로그램도 개발하기 쉽다. **적절한 함수로 잘 구성된 프로그램을 모듈화 프로그램(modular program) 또는 구조화된 프로그램(structured program)이라 한다. 한번 정의된 함수는 여러 번 호출이 가능하므로 소스의 중복을 최소화하여 프로그램의 양을 줄이는 효과를 가져온다.** 또한 잘 구현된 함수는 라이브러리와 같이 여러 프로그램에서 손쉽게 이용이 가능하며 유지관리도 쉽다. **이러한 함수 중심의 프로그래밍 방식을 절차적 프로그래밍[3](procedural programming) 방식이라 한다.**

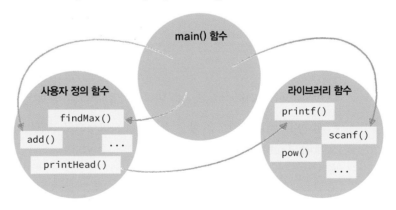

그림 10-3 절차적 프로그래밍

---

2 프로시저(procedure)와 서브루틴(subroutine) 모두 함수(function)와 같은 의미이다.

3 객체지향 프로그래밍 방식은 객체 위주의 프로그래밍 방식으로 C++, 자바(java), 파이썬(python) 언어 등이 대표적인 객체지향 프로그래밍 언어이다.

01 함수를 설명하시오.

02 라이브러리와 사용자 정의 함수를 구분하여 설명하시오.

03 사용자 정의 함수를 사용하려면 무슨 단계가 필요한지 설명하시오.

함수정의

함수정의 구문

함수정의(function definition)는 함수머리(function header)와 함수몸체(function body)로 구성된다. 지금까지 살펴본 예제 프로그램이 바로 main() 함수정의를 구현한 프로그램이다. 즉 main() 함수 자체가 함수머리이며 함수몸체에서 프로그램을 구현한 것이다.

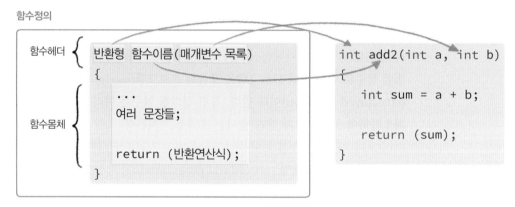

그림 10-4 함수정의 구문

- 함수머리(function header)는 반환형과 함수이름, 매개변수 목록으로 구성된다.
- 함수머리에서 반환형은 함수 결과값의 자료형으로 간단히 반환형이라 부른다. 이 반환형은 int, float, double과 같은 다양한 자료형이 올 수 있다.
- 함수이름은 식별자의 생성규칙을 따른다. 괄호 안에 기술되는 매개변수 목록은 자료형 변수이름의 쌍으로 필요한 수만큼 콤마로 구분하여 기술된다.
- 함수몸체(function body)는 {…}와 같이 중괄호로 시작하여 중괄호로 종료된다.
- **함수몸체에서는 함수가 수행해야 할 문장들로 구성된다.** 함수몸체의 마지막은 대부분 결과값을 반환하는 return문장으로 종료된다.

이름 add2로 두 정수의 합을 구하는 함수를 정의해 보자.

- 함수머리는 int add2(int a, int b)로 쓸 수 있으며, 함수몸체는 { int sum = a + b; return (sum); }으로 구현할 수 있다.
- 함수이름에 이어 나오는 (int a, int b)를 매개변수(parameter variable)라 한다.
- 매개변수가 정수이므로 반환형은 int로 하고, 함수이름은 add2, 매개변수 목록은 2개이므로 int a, int b로 구성한다.
- 함수몸체에서는 매개변수 이름이 a, b이므로 이들의 합을 구하여 반환한다. 물론 간단히 return (a+b);의 한 문장으로도 가능하다.

마찬가지 방법으로 이름 findMax2로 매개변수인 두 정수의 최대값을 구하는 함수를 정의하면 다음과 같다.

```
int add2(int a, int b)          함수헤더
{
    int sum = a + b;            함수몸체
    return (sum);
}
```

```
int findMax2(int a, int b)      함수헤더
{
    int max = a > b ? a : b;    함수몸체
    return max;
}
```

그림 10-5 함수정의 예

반환형과 return

C의 자료형 char, short, int, long, float, double 등은 반환형이나 인자의 자료형으로도 이용 가능하다. 만일 **함수가 반환값이 없다면 반환형으로 void를 기술한다.** 반환형을 아예 생략하는 것은 반환형을 int 라고 보는 것이다. 그러나 반환형을 생략하는 것은 적절하지 못한 방법이니 반드시 기술하도록 하자.

```
int findMin2(int x, int y)
{
    int min = x < y ? x : y;

    return (min);
}
```

```
void printMin(int a, int b)
{
    int min = a < b ? a : b;
    printf("%n", min);

    return;      //생략가능
}
```

그림 10-6 반환형과 return 문장

return 문장은 함수에서 반환값을 전달하는 목적과 함께 함수의 작업 종료를 알리는 문장이다. 함수몸체에서 결과값을 반환하려면 문장 return (반환연산식); 을 이용한다. 반환연산식은 반환형과

같은 유형의 결과값이 나오는 연산식이다. 반환연산식의 괄호는 생략 가능하다. 함수의 반환형이 void라면 return 문을 사용하지 않거나 또는 (반환연산식) 없이 return만 쓸 수 있다.

return 문장

```
return (반환연산식);
```

```
return 0;
return (a + b);
return 2 * PI * r;
return ;
```

그림 10-7 return문의 구문과 예

중간점검

01 함수머리는 무엇으로 구성되는지 설명하시오.

02 다음 함수머리에서 잘못된 부분을 찾아 수정하시오.

```
void printMin(int a int b)
```

03 함수에서 반환값을 전달하는 목적과 함께 함수의 작업 종료를 알리는 문장은 무엇인가?

함수선언과 함수호출

함수실행

정의된 함수를 실행하려면 프로그램 실행 중에 함수호출(function call)이 필요하다. 즉 함수는 정의만 되었다고 실행되는 것은 아니다. 함수 main() 내부에서 위에서 정의한 함수 add2()와 find-Max2() 등의 함수를 호출해 보자.

● 함수를 호출하려면 함수이름과 함께 괄호 안에 적절한 매개변수가 필요하다. 즉 findMax2(a, b), add2(a, b), printMin(3, 5)와 같이 호출한다.

● 다만 함수 add2(a, b) 또는 findMax2(a, b)와 같이 반환값이 있는 함수는 반환된 값을 저장하기 위해 왼쪽에 변수(l-value)가 위치하는 대입연산자가 필요하다.

● 즉 문장 sum = add2(5, 7);은 함수 반환값 12를 변수 sum에 저장하는 기능을 수행한다.

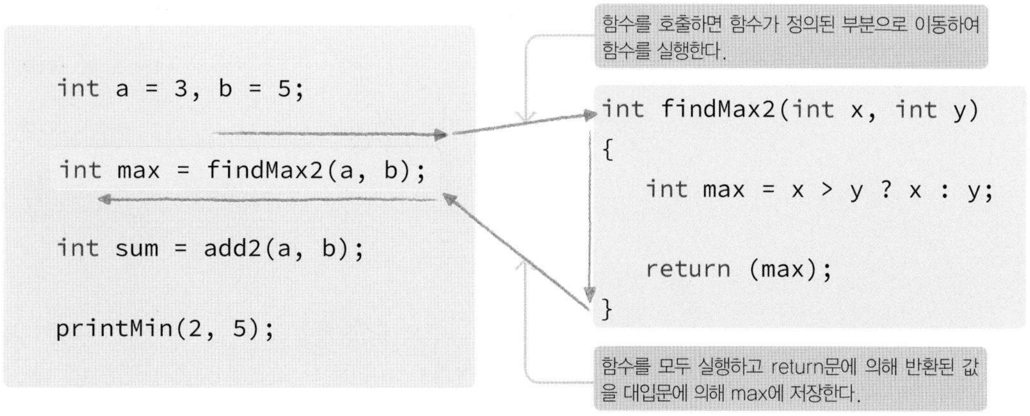

함수를 호출하면 함수가 정의된 부분으로 이동하여 함수를 실행한다.

```
int a = 3, b = 5;

int max = findMax2(a, b);

int sum = add2(a, b);

printMin(2, 5);
```

```
int findMax2(int x, int y)
{
    int max = x > y ? x : y;

    return (max);
}
```

함수를 모두 실행하고 return문에 의해 반환된 값을 대입문에 의해 max에 저장한다.

그림 10-8 함수의 호출

함수원형

변수를 사용하기 전에 변수를 선언하듯이 정의된 함수를 호출하기 이전에 함수를 선언하는 함수원형이 필요하다. **함수원형(function prototype)은 함수를 선언하는 문장이다.** 즉 함수원형 구문은 함수헤더에 세미콜론을 넣은 문장이라고 볼수 있다. 즉 위에서 정의한 함수 add2의 함수원형은 int add2(int a, int b);이다.

- **함수원형 구문에서 매개변수의 변수이름은 생략할 수 있다.** 즉 int add2(int, int);도 가능하다.
- 함수원형의 매개변수 정보는 자료형과 개수 그리고 그 순서가 중요하므로 변수이름은 생략할 수 있다.

함수원형

반환형 함수이름(매개변수 목록);

함수원형은 문장이므로 마지막에 세미콜론 ;이 반드시 필요하다.

```
int add2(int a, int b);
int add2(int, int);
int findMin2(int x, int y);
int findMin2(int, int);
```

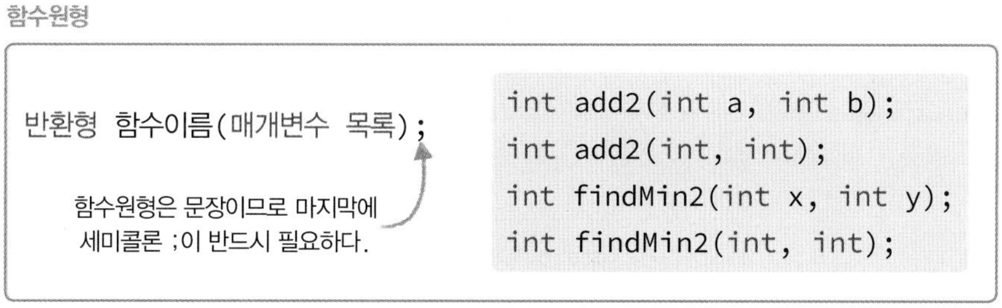

그림 10-9 함수원형 구문

함수원형은 함수선언으로 변수선언과 같이 함수를 호출하기 전에 반드시 선언되어야 한다. 함수선언은 함수의 사용을 미리 컴파일러에게 알리며 또한 프로그램을 이해하기 쉽게 도와주는 역할을 한다. 함수원형 구현은 함수헤더 부분만을 복사하여 main() 함수 위에 붙인 후 세미콜론 ;을 마지막에 삽입하면 간단하다. 함수원형의 위치는 다음과 같이 함수가 호출되는 main() 함수 위에 배치하거나 변수선언 부분에 배치할 수 있다. 일반적으로 헤더파일 삽입 구문과 main() 함수 사이에 기술하는 것을 선호한다. 위에서 구현한 함수 add2()의 함수정의는 main() 함수정의 이후에 배치할 수 있다.

함수선언
```c
#include <stdio.h>

int add2(int a, int b);
//int add2(int, int)도 가능

int main(void)
{
    int a = 3, b = 5;

    int sum = add2(a, b);    함수호출
    ...

    return 0;
}
```
함수정의
```c
int add2(int a, int b)
{
    int sum = a + b;
    return (sum);
}
```

```c
#include <stdio.h>

int main(void)
{
```
함수선언
```c
    int add2(int a, int b);
    //int add2(int, int)도 가능

    int a = 3, b = 5;

    int sum = add2(a, b);    함수호출
    ...

    return 0;
}
```
함수정의
```c
int add2(int a, int b)
{
    int sum = a + b;
    return (sum);
}
```

그림 10-10 함수원형 구문과 위치

다음 예제는 함수 add2()와 findMin2()를 구현한 예제이다. 함수add2()는 함수호출에 의해 그 실행결과를 확인할 수 있다.

● 그러나 함수 findMin2()는 함수정의는 구현되었지만 함수호출이 없어 실행되지 않는다는 것을 알 수 있다. 만일 함수 findMin2()를 실행하려면 main() 함수 내부에서 findMin2()를 호출해야 한다.

실습예제 10-1	functionadd2.c
	함수의 정의와 호출

```c
01  // file: functionadd2.c
02  #include <stdio.h>
03
04  //int add2(int a, int b);    //이 위치도 가능
05
06  int main(void)
07  {
08      int a = 3, b = 5;
09      int add2(int a, int b);    //int add2(int, int)도 가능
10
11      //위 함수원형이 없으면 함수호출에서 오류발생
12      int sum = add2(a, b);
```

```
13        printf("합: %d\n", sum);
14
15            return 0;
16    }
17
18    //함수 add2의 함수구현 또는 함수정의 부분
19    int add2(int a, int b)
20    {
21            int sum = a + b;
22
23            return (sum); //괄호는 생략 가능
24    }
25
26    //위 main() 함수에서 호출이 없으므로 이 함수구현은 실행되지 않음
27    int findMin2(int x, int y)
28    {
29            int min = x < y ? x : y;
30
31            return (min);
32    }
```

설명		
	09	함수선언 문장으로 함수원형을 기술하고 ; 삽입
	12	함수 add2()를 호출하여 a+b의 결과를 변수 sum에 저장하는 문장
	13	sum 출력
	19	함수 add2의 함수헤더
	20~24	함수 add2의 함수정의
	21	변수 m을 선언하면서 매개변수 a와 b의 합을 저장
	23	변수 sum의 값을 반환하는 return 문장으로 괄호는 생략가능하며, 함수호출한 곳으로 매개변수는 a+b의 결과를 반환
	27	함수 findMax2의 함수헤더
	28~32	함수 findMax2의 함수정의이나, 위 main() 함수에서 호출이 없으므로 이 함수구현은 실행되지 못함
	29	매개변수인 x와 y에서 작은 값을 반환하는 조건 연산자를 이용해 그 결과를 선언되는 변수 min에 저장
	31	변수 min의 값을 반환하는 return 문장으로 괄호는 생략가능하며, 함수호출한 곳으로 매개변수는 x와 y 중에서 작은 값을 반환

실행결과	합: 8

01 다음 함수원형에서 잘못된 부분을 찾아 수정하시오.

```
int add2(int a, b);
```

02 다음 프로그램의 출력 결과를 기술하시오.

```c
#include <stdio.h>

void myprintA();
void myprintB();
void myprintC();

int main(void)
{
    myprintA();
    myprintC();

    return 0;
}

void myprintA()
{
    printf("Hello!\n");
}
void myprintB()
{
    printf("C Language!\n");
}
void myprintC()
{
    printf("Bye!\n");
}
```

03 함수에서 반환값을 전달하는 목적과 함께 함수의 작업 종료를 알리는 문장은 무엇인가?

함수 getsum(int n)은 1에서 매개변수인 n까지의 합을 구하는 함수이다. 표준입력으로 받은 양의 정수를 구현한 getsum()을 사용하여 적절히 호출하여 그 결과값을 출력하는 프로그램을 작성해보자.

- 함수 getsum()을 구현
- 변수 max를 선언하여 표준입력으로 양의 정수를 입력
- 함수 getsum()을 호출하여 1부터 max까지의 합을 출력

```
1에서 n까지의 합을 구할 n을 입력하시오. >> 100
1에서 100까지의 합: 5050
```

Lab 10-1	getsum.c

```c
01   // file: getsum.c
02   #define _CRT_SECURE_NO_WARNINGS
03   #include <stdio.h>
04
05   _____ //함수원형
06
07   int main(void)
08   {
09      int max = 0;
10
11      printf("1에서 n까지의 합을 구할 n을 입력하시오. >> ");
12      scanf("%d", &max);
13
14      printf("1에서 %d까지의 합: %d\n", _____; //함수호출
15
16      return 0;
17   }
18
19   int getsum(int n)
20   {
21      int sum = 0;
22      for (int i = 1; i <= n; i++)
```

```
23          _____;
24
25       return sum;
26    }
```

매개변수와 인자

매개변수 정의

함수 매개변수(parameter)는 함수를 호출하는 부분에서 함수몸체로 값을 전달할 목적으로 이용된다. 함수정의에서 매개변수는 필요한 경우 자료형과 변수명의 목록으로 나타내며 필요 없으면 키워드 void[4]를 기술한다. 함수 매개변수와 반대로 함수를 호출하는 부분에서 함수가 작업을 수행한 후, 다시 함수를 호출한 영역으로 결과값을 전달할 때는 반환값을 이용한다. 다만 함수 매개변수는 여러 개를 사용할 수 있으나 반환값은 하나만 이용할 수 있는 제약이 있다.

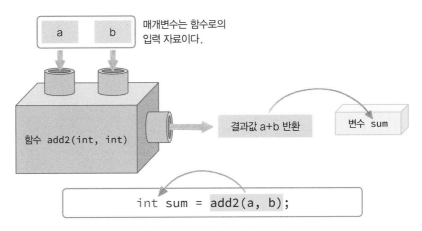

그림 10-11 매개변수와 함수호출

형식매개변수와 실매개변수

함수정의에서 기술되는 매개변수 목록의 변수를 형식매개변수(formal parameters)라 한다. 한편 함수를 호출할 때 기술되는 변수 또는 값을 실매개변수(real parameters) 또는 실인자(real argument)[5] 또는 인자(argument)라고도 한다.

- 실인자를 기술할 때는 함수헤더에 정의된 자료유형과 순서가 일치하도록 해야 한다. 만일 실인자의 수와 자료형이 다르면 문법오류가 발생한다. 즉 실인자는 상수와 변수, 함수호출, 그리고 수식도 가능하다.

---

4 간혹 매개변수 목록 부분에 아무것도 기술하지 않는 경우가 있는데 매개변수가 없더라도 void를 기술하도록 하자.

5 함수 머리에 기술되는 매개변수와 구분하여 실제 함수호출에 기술하는 값이나 변수를 인자(argument)라고 구분하기도 한다. 그러므로 실매개변수는 인자라는 용어로 사용되기도 한다. 우리 책은 형식매개변수와 실매개변수로 구분하였으나 매개변수(parameter)와 인자(argument)로 구분하기도 한다. 또한 인자는 인수라고도 사용된다.

- 형식인자의 변수는 그 함수가 호출되는 경우에 메모리에 할당(allocation)되고 그 함수가 종료되면 메모리에서 자동으로 제거(free, deallocation)된다. 그러므로 **형식매개변수는 함수 내부에서만 사용할 수 있는 변수이다.**

다음 그림에서 함수호출 findMax2(a, b)에서 이용되는 실인자인 a, b는 함수정의 int findMax-2(int a, int b)에서 이용되는 형식인자 a, b와는 전혀 다른 변수이다. 함수가 호출되는 경우 실인자의 값이 형식인자의 변수에 각각 복사된 후 함수가 실행된다. 이를 **값에 의한 호출(call by value)**이라 한다.

- 그러므로 **값에 의한 호출(call by value)의 함수에서 일반 매개변수의 값을 수정하더라도 함수를 호출한 곳에서의 실매개변수의 값은 변화되지 않는 특징**을 갖는다.

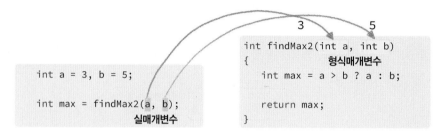

함수호출 시 매개변수의 수와 자료형이 다르면 문법오류가 발생한다.

```
int max = findMax2();           //오류발생
int max = findMax2(2);          //오류발생
int max = findMax2(2.4);        //오류발생
int max = findMax2(2.4, 6.8);   //오류발생
```

그림 10-12 형식매개변수와 실매개변수

실습예제 10-2   functioncall.c

함수의 정의와 호출

```c
01  // file: functioncall.c
02  #include <stdio.h>
03
04  int add2(int a, int b);      //int add2(int, int)도 가능
05  int findMax2(int, int);      //int findMax2(int a, int b)도 가능
06  void printMin(int, int);     //int printMin(int a, int b)도 가능
07
08  int main(void)
09  {
10     int a = 3, b = 5;
11
12     int max = findMax2(a, b);
13     printf("최대: %d\n", max);
14     printf("합: %d\n", add2(a, b));
```

```
15
16      //반환값이 없는 함수호출은 일반문장처럼 사용
17      printMin(2, 5);
18
19      return 0;
20  }
21
22  //이하 함수 add2, findMax2, findMin2, printMin 구현
23  int add2(int a, int b)
24  {
25      int sum = a + b;
26
27      return (sum);
28  }
29
30  int findMax2(int a, int b)
31  {
32      int max = a > b ? a : b;
33
34      return max;
35  }
36
37  int findMin2(int x, int y)
38  {
39      int min = x < y ? x : y;
40
41      return (min);
42  }
43
44  void printMin(int a, int b)
45  {
46      int min = a < b ? a : b;
47      printf("최소: %d\n", min);
48
49      return;        //생략 가능
50  }
```

설명	
04	함수 add2의 함수선언 문장으로 함수원형을 기술하고 ; 삽입
05	함수 findMax2의 함수선언 문장으로 함수원형을 기술하고 ; 삽입
06	함수 printMIn의 함수선언 문장으로 함수원형을 기술하고 ; 삽입
12	함수 findMax2()를 호출하여 a와 b 중에서 큰 수를 선언되는 변수 max에 저장하는 문장
13	max 출력
14	함수 add2()를 호출하여 a와 b의 합을 반환받아 이 값을 출력문에 사용하여 바로 출력
17	함수 printMIn()를 호출하여 2와 5 중에서 작은 값을 함수정의에서 바로 출력하는데, printMIn()은 반환값이 없으므로 대입문의 오른쪽에 r-value로 사용할 수 없음

23	함수 add2의 함수헤더로서, 형식매개변수 a, b
24	매개변수 a와 b의 합을 선언되는 변수 sum에 저장
27	변수 sum의 값을 반환하는 return 문장으로 괄호는 생략가능하며, 함수호출한 곳으로 매개변수는 a+b의 결과를 반환
37~42	함수 findMin2의 함수헤더와 함수정의이나, 위 main() 함수에서 호출이 없으므로 이 함수구현은 실행되지 못함
39	매개변수인 x와 y에서 작은 값을 반환하는 조건 연산자를 이용해 그 결과를 선언되는 변수 min에 저장
41	변수 min의 값을 반환하는 return 문장으로 괄호는 생략가능하며, 함수호출한 곳으로 매개변수는 x와 y 중에서 작은 값을 반환
44	함수 printMIn의 함수헤더로서, 반환값은 없으므로 void, 형식매개변수 a, b
45~50	함수 printMIn의 함수정의
46	변수 min을 선언하면서 조건연산자를 사용하여 매개변수 a와 b 중에서 작은 값을 min에 저장
47	함수구현에서 변수 min 값을 출력
49	함수를 종료하는 return 구문으로 생략 가능

실행결과

```
최대: 5
합: 8
최소: 2
```

 TIP 함수선언인 함수원형과 함수 구현에서 주의점

함수 내부와 같은 범주에서 변수가 동일한 이름으로 여러 개 선언할 수 없듯이 함수도 동일한 이름으로 여러 개의 함수를 사용할 수 없다. 마찬가지로 하나의 함수에서 매개변수 이름도 같을 수 없다. 다음은 함수 구현에서 주의해야 할 내용이다.
- 같은 범주에서 동일한 함수 이름을 여러 개 사용할 수 없다.
- 하나의 함수에서 매개변수 이름은 모두 달라야 한다.
- 함수 내부에서 return 문은 여러 개 사용될 수 있으며, return 문은 함수를 종료한다.
- 함수 호출 시 형식매개변수는 실매개변수의 유형과 개수가 일치해야 한다.

중간점검

01 형식매개변수와 실매개변수를 구분하여 설명하시오.

02 다음 프로그램에서 잘못된 부분을 찾아 수정하시오.

```c
#include <stdio.h>
void add(double, double);


int main(void)
{
    double data = add(3.4, 4.6);


    return 0;
}
```

```
void add(int x, int y)
{
    return x + y;
}
```

배열을 매개변수로 사용

배열이름으로 전달

함수의 매개변수로 배열을 전달한다면 한 번에 여러 개의 변수를 전달하는 효과를 가져온다. 다음과 같이 배열을 매개변수로 하는 함수 sum()을 생각해보자. **함수 sum()은 실수형 배열의 모든 원소의 합을 구하여 반환하는 함수**이다.

- 함수 sum()의 형식매개변수는 실수형 배열 double ary[]와 배열크기 int n으로 한다.

- 첫 번째 형식매개변수에서 배열자체에 배열크기를 기술하는 것은 아무 의미가 없다. 그러므로 double ary[5]보다는 double ary[]라고 기술하는 것을 권장한다.

- 실제로 함수 내부에서 실인자로 전달되는 배열크기를 알 수 없다. 그러므로 배열크기를 두 번째 인자로 사용한다.

만일 배열크기를 인자로 사용하지 않는다면 정해진 상수를 함수정의 내부에서 사용해야 할 것이다. 그러나 이런 방법은 배열크기가 변하면 소스를 수정해야 하므로 비효율적이다. 배열크기에 관계없이 배열 원소의 합을 구하는 함수를 만들려면 배열크기도 하나의 인자로 사용해야 한다.

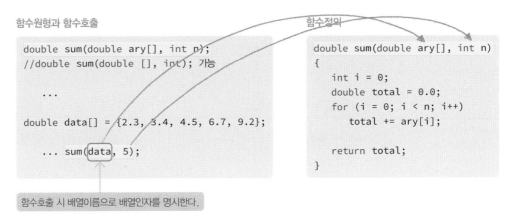

그림 10-13 함수에서 배열 전달을 위한 함수원형과 함수호출 그리고 함수정의

다양한 배열원소 참조 방법

다음 소스의 배열 point에서 간접연산자를 사용한 배열원소의 접근 방법은 *(point+i)이다. 그러므로 배열의 합을 구하려면 sum += *(point + i); 문장을 반복한다. 문장 int *address = point;로 배열 point를 가리키는 포인터 변수 address를 선언하여 point를 저장해 보자. 이제 문장 sum += *(address++)으로도 배열의 합을 구할 수 있다.

● 그러나 point는 주소 상수이기 때문에 sum += *(point++)는 사용할 수 없다. 증가연산식 point++의 피연산자로 상수인 point를 사용할 수 없기 때문이다.

```
int i, sum = 0;
int point[] = {95, 88, 76, 54, 85, 33, 65, 78, 99, 82};
int *address = point;
int aryLength = sizeof (point) / sizeof (int);
```

가능	가능	오류
`for (i=0; i<aryLength; i++)` `  sum += *(point+i);`	`for (i=0; i<aryLength; i++)` `    sum += *(address++);`	`for (i=0; i<aryLength; i++)` `    sum += *(point++);`

그림 10-14 간접연산자 *를 사용한 배열원소의 참조방법

함수에서의 배열 전달

함수헤더에 배열을 매개변수로 사용하는 방법에 대해 알아보자. **함수헤더에 int ary[]로 기술하는 것은 int *ary로도 대체 가능하다.** 함수의 형식 매개변수에서 배열 int ary[]는 단지 ary가 int형 포인터라는 의미이므로 int *ary로도 사용할 수 있다.

같은 의미로 모두 사용할 수 있다

```
int sumary(int ary[], int SIZE)
{
    ...
}
```

```
int sumary(int *ary, int SIZE)
{
    ...
}
```

```
for (i = 0; i < SIZE; i++)
{
    sum += ary[i];
}
```

```
for (i = 0; i < SIZE; i++)
{
    sum += *(ary + i);
}
```

```
for (i = 0; i < SIZE; i++)
{
    sum += *ary++;
}
```

```
for (i = 0; i < SIZE; i++)
{
    sum += *(ary++);
}
```

그림 10-15 함수헤더의 배열 인자와 함수정의에서 다양한 배열원소의 참조방법

for 문의 블록에서 배열 원소의 합을 구하는 문장은 위 4 개 중에서 어느 것을 이용해도 배열의 합을 구할 수 있다. 변수 ary는 포인터 변수로서 주소값을 저장하는 변수이므로 증가연산자의 이용이 가능하다.

● 그러므로 연산식 *ary++에서 후위 증가연산자 (ary++)의 우선순위가 가장 높기 때문에 *(ary++)와 같은 의미로 사용할 수 있다.

실습예제 10-3	arrayparam.c
	함수에서 배열인자의 사용

```
01   // file: arrayparam.c
02   #include <stdio.h>
03
04   //int sumaryf(int ary[], int SIZE);
05   int sumary(int *ary, int SIZE);
06
07   int main(void)
08   {
09      int point[] = { 95, 88, 76, 54, 85, 33, 65, 78, 99, 82 };
10      int *address = point;
11      int aryLength = sizeof(point) / sizeof(int);
12
13      int sum = 0;
14      for (int i = 0; i < aryLength; i++)
15         sum += *(point + i);
16         //sum += *(point++);    //오류발생
17         //sum += *(address++);    //가능
18
19      printf("메인에서 구한 합은 %d\n", sum);
20      address = point;
21      printf("함수 sumary() 호출로 구한 합은 %d\n", sumary(point, aryLength));
22      printf("함수 sumary() 호출로 구한 합은 %d\n", sumary(&point[0], aryLength));
23      printf("함수 sumary() 호출로 구한 합은 %d\n", sumary(address, aryLength));
24
25      return 0;
26   }
27
28   //int sumary(int ary[], int SIZE)도 가능
29   int sumary(int *ary, int SIZE)
30   {
31      int sum = 0;
32
33      for (int i = 0; i < SIZE; i++)
```

```
34        {
35            //sum += ary[i];     //가능
36            //sum += *(ary + i);     //가능
37            sum += *ary++;
38            //sum += *(ary++);     //가능
39        }
40
41        return sum;
42    }
```

설명		
	05	함수 sumary의 함수선언 문장으로 함수원형을 기술하고 ; 삽입, 매개변수에서 배열을 사용하는 경우 int ary[]와 int *ary 모두 가능하며, 함수내부에서 배열의 크기를 알 수 없으므로 배열크기를 매개변수 SIZE에 넘김
	09	int 배열 point 선언하면서 초기화
	10	포인터 address에 배열인 point 저장, point는 배열이름으로 상수이고 address는 변수
	11	함수의 매개변수에 배열을 사용하더라도 배열의 첫 원소 주소만이 전달되므로 배열의 크기를 전달해야 배열에 관한 처리가 가능하므로 배열 크기를 구하는 문장으로, 변수 aryLangth에는 배열크기가 저장
	13	합이 저장될 변수 sum 선언
	14	반복 for 문에서 제어변수 i는 배열의 첨자로 사용
	15	배열 원소 point[i]는 *(point+i), *(address+i), *(address++)로 사용 가능하나, point는 상수로 변수가 아니므로 *(point++)는 사용이 불가능
	19	배열 원소의 합이 저장된 sum 출력
	20	포인터 address의 값을 다시 point로 지정
	21	함수 sumary()는 실매개변수는 (point, aryLength)이며, 배열 point의 배열크기의 모든 원소의 합을 반환하므로 point 배열의 합을 출력
	22	실매개변수 point는 &point[0]로도 가능
	23	실매개변수 point는 address로도 가능
	29	함수 sumary()의 함수헤더는 반환값 유형 int, 매개변수는 배열과 배열크기로 각각 int *ary와 int SIZE로 기술하는데, 배열이름인 첫 매개변수는 int ary[]로도 가능
	37	매개변수에서는 배열 int ary[]에서 ary도 변수이므로, 배열 원소 ary[i]는 *(ary+i), *ary++, *(ary++)로 사용 가능
	41	변수 sum의 값을 반환하는 return 문장으로, 함수호출한 곳으로 매개변수는 배열 ary의 모든 원소의 합을 반환

실행결과	
	메인에서 구한 합은 755
	함수 sumary() 호출로 구한 합은 755
	함수 sumary() 호출로 구한 합은 755
	함수 sumary() 호출로 구한 합은 755

이차원 배열이름으로 전달

이차원 배열을 함수 인자로 이용하는 방법을 알아보기 위해, 이차원 배열에서 모든 원소의 합을 구하는 함수를 구현해 보자. **다차원 배열을 인자로 이용하는 경우, 함수원형과 함수정의의 헤더에서 첫 번째 대괄호 내부의 크기를 제외한 다른 모든 크기는 반드시 기술되어야 한다.** 그러므로 이차원

배열의 행의 수를 인자로 이용하면 보다 일반화된 함수를 구현할 수 있다. 함수 sum()은 인자인 이차원 배열값을 모두 더하는 함수이며, 함수 printarray()는 인자인 이차원 배열값을 모두 출력하는 함수이다.

함수원형과 함수호출

```
...
//이차원 배열값을 모두 더하는 함수원형
double sum(double data[][3], int, int);
//이차원 배열값을 모두 출력하는 함수원형
void printarray(double data[][3], int, int);

...
double x[][3] = { {1, 2, 3}, {7, 8, 9},
 {4, 5, 6}, {10, 11, 12} };

int rowsize = sizeof(x) / sizeof(x[0]);
int colsize = sizeof(x[0]) / sizeof(x[0][0]);

printarray(x, rowsize, colsize);

... sum(x, rowsize, colsize)

...
```

함수정의

```
//이차원 배열값을 모두 출력하는 함수
void printarray(double data[][3], int rowsize, int colsize)
{
...
}

//이차원 배열값을 모두 더하는 함수
double sum(double data[][3], int rowsize, int colsize)
{
...
    for (i = 0; i < rowsize; i++)
        for (j = 0; j < colsize; j++)
            total += data[i][j];
    return total;
}
```

그림 10-16 배열이 함수 인자인 함수원형과 함수호출 그리고 함수정의

함수 sum()을 호출하려면 배열이름과 함께 행과 열의 수가 필요하다. **이차원 배열의 행의 수는 다음과 같이 (sizeof(x) / sizeof(x[0]))로 계산할 수 있다. 또한 이차원 배열의 열의 수는 다음과 같이 (sizeof(x[0]) / sizeof(x[0][0]))로 계산할 수 있다.여기서 sizeof(x)는 배열 전체의 바이트 수를 나타내며 sizeof(x[0])는 1행의 바이트 수, sizeof(x[0][0])은 첫 번째 원소의 바이트 수를 나타낸다.**

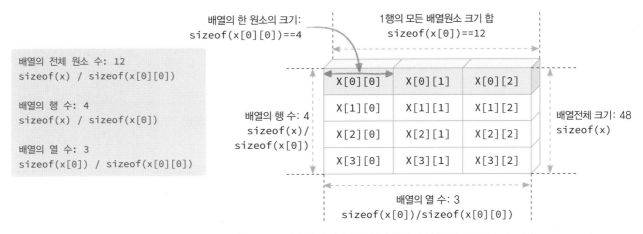

그림 10-17 이차원 배열에서의 행과 열의 수와 전체 배열원소 수 계산

```
01    // file: twodarrayfunction.c
02    #include <stdio.h>
03
04    //2차원 배열값을 모두 더하는 함수원형
05    double sum(double data[][3], int, int);
06    //2차원 배열값을 모두 출력하는 함수원형
07    void printarray(double data[][3], int, int);
08
09    int main(void)
10    {
11       //4 x 3 행렬을 위한 이차원 배열 선언 및 초기화
12       double x[][3] = { { 1, 2, 3 }, { 7, 8, 9 }, { 4, 5, 6 }, { 10, 11, 12 } };
13
14       int rowsize = sizeof(x) / sizeof(x[0]);
15       int colsize = sizeof(x[0]) / sizeof(x[0][0]);
16       printf("2차원 배열의 자료값은 다음과 같습니다.\n");
17       printarray(x, rowsize, colsize);
18       printf("2차원 배열 원소합은 %.3lf 입니다.\n", sum(x, rowsize, colsize));
19
20       return 0;
21    }
22
23    //배열값을 모두 더하는 함수
24    double sum(double (*data)[3], int rowsize, int colsize)
25    //double sum(double data[][3], int rowsize, int colsize)
26    {
27       double total = 0;
28
29       for (int i = 0; i < rowsize; i++)
30          for (int j = 0; j < colsize; j++)
31             total += data[i][j];
32
33       return total;
34    }
35
36    //배열값을 모두 출력하는 함수
37    void printarray(double (*data)[3], int rowsize, int colsize)
38    //void printarray(double data[][3], int rowsize, int colsize)
39    {
40       for (int i = 0; i < rowsize; i++)
```

```
41        {
42            printf("% d행원소: ", i + 1);
43            for (int j = 0; j < colsize; j++)
44                printf("x[%d][%d] = %5.2lf   ", i, j, data[i][j]);
45            printf("\n");
46        }
47        printf("\n");
48    }
```

설명		
	05	2차원 배열값을 모두 더하는 함수원형 sum, 3열의 이차원 배열을 나타내는 double data[][3]은 double (*data)[3]로도 가능
	07	2차원 배열값을 모두 출력하는 함수원형 printarray, double data[][3]는 double (*data)[3]로도 가능
	12	4 x 3 행렬을 위한 이차원 배열 선언 및 초기화
	14	이차원 배열의 행 크기 계산
	15	이차원 배열의 열 크기 계산
	17	함수 printarray의 첫 번째 인자는 열의 크기가 3인 이차원 배열로 배열이름으로 호출 가능
	18	함수 sum의 첫 번째 인자는 열의 크기가 3인 이차원 배열로 배열이름으로 호출 가능하며, 호출결과인 이차원 배열의 모든 원소의 합을 함수 printf()로 출력
	24	함수 sum()의 함수헤더는 반환값 유형 double, 매개변수는 이차원 배열과 배열 행 크기와 열 크기로 각각 double (*data)[3], int rowsize, int colsize로 기술하는데, 배열이름인 첫 매개변수는 double data[][3]로도 가능
	27	배열의 모든 원소가 저장될 변수 total을 선언하고 초기값 0 저장
	29	외부 for 문의 제어변수 i로 이차원 배열의 행을 순회
	30	내부 for 문의 제어변수 j로 이차원 배열의 열을 순회
	31	변수 total에 data의 모든 원소의 합을 저장
	37	함수 printarray()의 함수헤더는 반환값이 없으므로 void, 매개변수는 이차원 배열과 배열 행 크기와 열 크기로 각각 double (*data)[3], int rowsize, int colsize로 기술하는데, 배열이름인 첫 매개변수는 double data[][3]로도 가능
	41~46	외부 for 문의 함수몸체가 세 문장이므로 반드시 중괄호가 필요
	42	행을 구분하기 위한 제목 출력
	43	내부 for 문의 함수몸체가 printf() 한 문장이므로 중괄호는 옵션
	44	배열의 원소이름과 함께 값을 출력, 첨자 i와 j를 사용
	45	다음 행으로 이동하기 위한 출력으로 들여쓰기에 유의

실행결과

```
2차원 배열의 자료값은 다음과 같습니다.
 1행원소: x[0][0] =  1.00   x[0][1] =  2.00   x[0][2] =  3.00
 2행원소: x[1][0] =  7.00   x[1][1] =  8.00   x[1][2] =  9.00
 3행원소: x[2][0] =  4.00   x[2][1] =  5.00   x[2][2] =  6.00
 4행원소: x[3][0] = 10.00   x[3][1] = 11.00   x[3][2] = 12.00

2차원 배열 원소합은 78.000 입니다.
```

01 다음 프로그램의 함수호출 네 문장에서 잘못된 문장을 찾아 수정하시오.

```c
#include <stdio.h>

void farray(int *ary);

int main(void)
{
   int point[] = { 95, 88, 76, 54, 85, 33, 65, 78, 99, 82 };

   ❶ farray(point);
   ❷ farray(&point);
   ❸ farray(point[0]);
   ❹ farray(&point[0]);

   return 0;
}

void farray(int *ary)
{
}
```

02 다음 프로그램의 함수호출 여섯 문장에서 잘못된 문장을 찾아 수정하시오..

```c
#include <stdio.h>

void farray1(int *ary);
void farray2(int (*td)[2]);

int main(void)
{
   int value[][2] = { 33, 65, 78, 99, 82 };

   ❶ farray1(value);
   ❷ farray1(value[0]);
   ❸ farray1(value[1]);
   ❹ farray2(value);
   ❺ farray2(value+1);
   ❻ farray2(&value[0][0]);

   return 0;
}
```

```
void farray1(int *ary)
{
}
void farray2(int (*ary)[2])
{
}
```

배열의 모든 원소를 지정한 만큼 증가시키는 함수 incrementary()

함수 incrementary(int ary[], int n, int SIZE)는 배열크기가 SIZE인 배열 ary의 모든 원소를 n만큼 증가시키는 함수이다. 초기화로 선언한 배열 data를 사용하여 모든 원소를 3만큼 증가시키는 함수를 적절히 호출하여 그 결과값을 출력하는 프로그램을 작성해보자.

- 변수 aryLength 는 배열의 크기를 저장
- 함수 prinary(int *data, int SIZE)는 배열크기가 SIZE인 배열 ary의 모든 원소를 출력하는 함수

```
4 7 2 3 5
배열 원소에 각각 3을 더한 결과:
7 10  5  6  8
```

Lab 10-2	incrementary.c

```c
01  // file: incrementary.c
02  #include <stdio.h>
03
04  //함수 incrementary의 함수원형
05  ------------------------------------------------------------
06  //함수 printary의 함수원형
07  void printary(int *data, int SIZE);
08
09  int main(void)
10  {
11      int data[] = { 4, 7, 2, 3, 5 };
12      int aryLength = sizeof(data) / sizeof(int);
13
14      //배열 출력을 위해 printary() 함수호출
15      printary(data, aryLength);
16      //배열 원소를 모두 3씩 증가시키기 위해 incrementary() 함수호출
17      incrementary(_____);
18      printf("배열 원소에 각각 3을 더한 결과: \n");
19      //결과를 알아 보기 printary() 함수호출
20      printary(data, aryLength);
21
22      return 0;
23  }
```

```
24
25    //배열크기가 SIZE인 배열 ary의 모든 원소를 n만큼 증가시키는 함수
26    void incrementary(int ary[], int n, int SIZE)
27    {
28        for (int i = 0; i < SIZE; i++)
29            _____;
30    }
31
32    //배열크기가 SIZE인 배열 ary의 모든 원소를 출력하는 함수
33    void printary(int *data, int SIZE)
34    {
35        for (int i = 0; i < SIZE; i++)
36            printf("%2d ", data[i]);
37        printf("\n");
38    }
```

정답
```
05    void incrementary(int ary[], int n, int SIZE);
17    incrementary(data, 3, aryLength);
29        *(ary + i) += n; 또는 ary[i] += n;
```

재귀와 라이브러리 함수

재귀와 함수 구현

재귀 특성

함수구현에서 자신 함수를 호출하는 함수를 재귀 함수(recursive function)라 한다. 재귀적 특성을 표현하는 알고리즘[6]에서 재귀 함수를 이용하면 문제를 쉽게 해결할 수 있고 이해하기도 쉽다. 자주 이용하는 수학 수식에서 재귀적 특성을 살펴보자.

- n의 계승(n factorial)을 나타내는 수식 n! 은 1 * 2 * 3 * … * (n−2) * (n−1) * n을 의미하는 수식이다. 즉 n!의 정의에서 보듯 계승은 재귀적 특성을 갖는다.

$$n! \begin{cases} 0! = 1 \\ n! = n * (n-1)! \quad for \ (n >= 1) \end{cases}$$

그림 10-18 n!의 정의와 재귀 특성

n!을 구하기 위해서 (n−1)!을 먼저 구한다면 쉽게 n!을 구할 수 있다. (n−1)!을 구하기 위해서는 다시 (n−2)!이 필요하다. 바로 이러한 특성이 재귀적 특성이다. n!을 함수 factorial(n)로 구현한다면 함수 factorial(n) 구현에서 다시 factorial(n−1)을 호출하여 그 결과를 이용할 수 있다. 재귀함수 구현에서 필요한 것은 재귀호출이 종료되는 조건을 파악하는 일이다. 재귀호출의 종료 조건이 없다면 무한 호출이 되어 문제가 발생할 것이다. 따라서 1!=1을 이용하여 함수 factorial(n)에서 결국 n이 1보다 작거나 같으면 1을 반환하고 종료하도록 구현한다.

먼저 n!을 구하는 알고리즘을 간단히 조건식으로 표현해 보고 이를 바탕으로 함수 factorial()를 구현해 보면 다음과 같다.

```
if  (n <= 1)
     n! = 1
else
     n! = n * (n-1)!
```

```
int factorial(int num)
{
   if (num <= 1)
      return 1;
   else
      return (num * factorial(num - 1));
}
```

그림 10-19 n!을 위한 함수 factorial()

---

[6] 알고리즘이란 주어진 문제를 풀기 위한 절차나 방법을 말한다. 즉 알고리즘은 프로그램에서 문장의 실행 순서를 정의하는 방법이라 할 수 있다.

다음 예제는 재귀함수 factorial()을 이용하여 1!에서 10!까지 결과를 출력하는 예제이다.

실습예제 10-5

factorial.c

n! 재귀함수

```c
01  // file: factorial.c
02  #include <stdio.h>
03
04  int factorial(int);  //함수원형
05
06  int main(void)
07  {
08     for (int i = 1; i <= 10; i++)
09        printf("%2d! = %d\n", i, factorial(i));
10
11     return 0;
12  }
13
14  // n! 구하는 재귀함수
15  int factorial(int number)
16  {
17     if (number <= 1)
18        return 1;←————— 조건식을 만족하면 더 이상 자기 자신인 함수 factorial()을 호출하지 않는다.
19     else
20        return (number * factorial(number - 1));
21  }
```

설명

04	n!을 구하기 위한 함수 factorial()의 함수원형
08	반복 for 문에서 제어변수 i를 사용하여 1에서 10까지 반복
09	함수 factorial(i)를 호출하여 그 결과를 출력
15	함수 factorial()의 함수헤더는 반환값인 n!의 유형 int, 매개변수는 n!에서의 n에 해당하는 number
18	1!은 1이므로 1 반환
20	n! = n * (n-1)!이므로 재귀함수 호출로 number * factorial(number - 1)을 반환

실행결과

```
 1! = 1
 2! = 2
 3! = 6
 4! = 24
 5! = 120
 6! = 720
 7! = 5040
 8! = 40320
 9! = 362880
10! = 3628800
```

재귀 함수의 실행

함수 factorial(n)에서 factorial(3)을 호출한 경우 실행과정을 살펴보자. factorial(3)을 호출하면 함수 factorial(3) 내부에서 다시 factorial(2)를 호출한다. factorial(2)에서는 다시 factorial(1)을 호출한다. 결국 factorial(1) 내부에서 return 1을 실행하면 다시 factorial(2)로 돌아와 반환값 1을 이용하여 return (2*1)을 실행한다. 계속해서 factorial(3)으로 돌아와 factorial(2)의 결과값인 2를 이용하여 return (3*2)를 실행하면 결국 6을 반환한다. 즉 3!의 결과 6을 얻을 수 있다. 3!을 구하기 위해 내부적으로 2번의 함수호출이 되었다는 것을 알 수 있다.

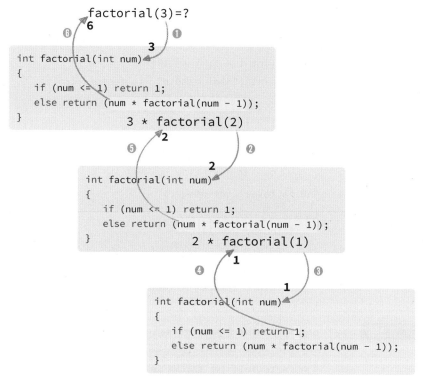

그림 10-20 재귀함수의 실행

재귀함수 장단점

재귀방법으로 구현한 함수는 대부분 반복구문으로 구현이 가능하다. 그렇다면 재귀방법과 반복방법 중 어느 것을 사용하는 것이 좋을까? 일반적으로 **재귀함수는 함수의 호출이 계속되면 시간도 오래 걸리고 메모리의 사용도 많다는 단점**이 있다. 그러므로 재귀함수의 이용이 효율적이지 않고, 반복 구문으로 비슷한 난이도로 구현이 가능하다면 반복문을 이용하는 것이 바람직하다. 실제 응용 프로그램에서 재귀함수의 이용은 신중히 고려해야 한다. 그러나 문제에 따라 재귀방법이 반복방법보다 훨씬 쉽게 구현할 수 있다. 이런 경우는 재귀방법을 사용할 필요가 있다.

01 'n+'를 1부터 n까지의 합이라고 하자. 이 n+를 구하는 방법을 재귀 특성으로 표현해 보시오.

02 위에서 n+를 구하는 함수 nplus()를 구현하시오.

03 위에서 구현한 함수 nplus()를 사용하여 1부터 10까지의 n+를 출력하는 프로그램을 작성하시오.

난수 라이브러리 함수

함수 rand()

특정한 나열 순서나 규칙을 가지지 않는 연속적인 임의의 수를 난수(random number)라 한다. 난수를 생성하는 함수 rand()를 이용하면 로또 프로그램 등 임의의 수가 필요로 하는 다양한 프로그래밍에 활용할 수 있다. **함수 rand()의 함수원형은 헤더파일 stdlib.h에 정의되어 있다.**

- 함수 rand()를 사용하려면 헤더파일 stdlib.h를 추가해야 한다. Visual C++에서는 **함수 rand()는 0에서 32767사이의 정수 중에서 임의로 하나의 정수를 반환한다.**
- Visual C++의 헤더 파일 stdlib.h 파일에는 함수 rand()의 최대값으로 기호 상수 RAND_MAX를 16진수로 0x7fff로 정의하고 있다.

여기서 임의의 수란 어느 수가 반환될 지 예측할 수 없으며 어느 수가 선택될 확률이 모두 동일하다는 의미이다.

```
#include <stdlib.h>   //rand() 위한 헤더파일 포함

                          함수 rand()를 사용하려면 헤더
int main(void)            파일 stdlib.h를 삽입해야 한다.
{
                                      함수 rand()는 0에서 32767 까지의
                                      정수 중에서 하나를 반환한다
   ...
      printf("%5d ", rand());

}
```

그림 10-21 함수 rand()의 활용

rand.c

난수를 위한 함수 rand()의 이용

```c
01    // file: rand.c
02    #include <stdio.h>
03
04    #include <stdlib.h> //rand()위한 헤더파일 포함
05
06    int main(void)
07    {
08       printf("0 ~ %5d 사이의 난수 5개: rand()\n", RAND_MAX);
09       for (int i = 0; i < 5; i++)
10          printf("%5d ", rand());
11       puts("");
12
13       return 0;
14    }
```

설명

04   함수 rand()를 위한 헤더파일 stdlib.h 포함
08   상수 RAND_MAX는 32767
09   반복 for 문에서 제어변수 i를 사용하여 0에서 4까지 5회 반복
10   함수 rand() 호출로 난수 출력

실행결과

```
0~ 32767 사이의 난수 5개: rand()
   41 18467  6334 26500 19169
```

함수 srand()

함수 rand()는 함수호출 순서에 따라 항상 일정한 수가 반환되는 것을 알 수 있다. 즉 위 프로그램은 항상 41, 18467, 6334, 26500, 19169 값들이 출력된다. 이와 다르게 매번 난수를 다르게 생성하려면 시드(seed)값을 이용해야 한다. 여기서 시드값이란 난수를 다르게 만들기 위해 처음에 지정하는 수로서 시드값이 다르면 난수가 달라진다. 먼저 서로 다른 시드값인 seed를 이용하여 함수 srand(seed)를 호출한다. 이후 함수 rand()에서 호출하면 서로 다른 난수가 생성된다. 항상 서로 다른 seed 값을 지정하기 위해 함수 time()을 이용한다. **함수 time(NULL)은 1970년 1월 1일 이후 현재까지 경과된 시간을 초 단위로 반환하는 함수이다.** 여기서 NULL은 포인터로서 정수의 0이나 실수의 0.0과 같이 0번지의 주소값을 나타내는 상수이다. 함수 time()을 이용하려면 헤더 파일 time.h를 삽입해야 한다. 난수에 시드를 지정하기 위해 함수 srand((long) time(NULL))을 호출한다. 이 이후부터 함수 rand()로 난수를 생성하면 서로 다른 난수를 만들 수 있다. 즉 함수 rand()에서 시드값이 생성되는 난수 값을 결정하기 때문이다. 다음과 같은 순서로 난수 발생을 프로그래밍한다.

● 함수 time()을 이용하기 위해 헤더 파일 time.h를 삽입한다.

- 난수에 시드를 지정하기 위해 함수 srand((long) time(NULL))을 호출한다.

- **1에서 n까지의 난수를 발생시키려면 함수 rand()를 이용하여 수식 rand() % n + 1을 이용한다.**

- 이를 일반화시켜 a에서 b까지의 난수를 발생시키려면 함수 rand()를 이용한 수식 rand() % (b − a + 1) + a을 이용한다.

```
#include <stdlib.h> //rand(), srand()를 위한 헤더파일 포함
#include <time.h>    //time()을 위한 헤더파일 포함

#define MAX 100

int main(void)
{                                        time(NULL) 값을 인자로
    ...                                  srand()를 호출한다.
    srand((long) time(NULL));
    ...
        number = rand()%MAX + 1;
    ...                                  1에서 MAX까지 하나의
}                                        난수가 생성된다.
```

그림 10-22 1에서 100사이의 난수 생성 모듈

실습예제 10-7	srand.c
	srand()로 시드값을 먼저 지정한 후 1에서 100사이의 난수를 생성

```
01   // file: srand.c
02   #include <stdio.h>
03   #include <stdlib.h> //rand(), srand()를 위한 헤더파일 포함
04
05   #include <time.h>    //time()을 위한 헤더파일 포함
06
07   #define MAX 100
08
09   int main(void)
10   {
11       long seconds = (long) time(NULL);
12       srand(seconds);
13
14       printf("1 ~ %5d 사이의 난수 5개:\n", MAX);
15       for (int i = 0; i < 5; i++)
```

```
16        printf("%5d ", rand() % MAX + 1);
17     puts("");
18
19     return 0;
20  }
```

설명		
	03	함수 srand()와 rand()를 위한 헤더파일 stdlib.h 포함
	05	함수 time()을 위한 헤더파일 time.h 포함
	07	매크로 상수 MAX를 100으로 정의
	11	변수 seconds를 선언하면서 라이브러리 time()을 호출하여 그 결과를 저장
	12	변수 seconds를 실매개변수로 함수 srand(seconds)를 호출
	14	제목으로 상수 MAX 출력
	15	반복 for 문에서 제어변수 i를 사용하여 0에서 4까지 5회 반복
	16	함수 rand() 호출로 1에서 MAX 사이의 난수 출력

실행결과	
	1 ~ 100 사이의 난수 5개:
	88 10 66 90 3

01 함수 rand()의 최대값으로 기호 상수 RAND_MAX를 정의하고 있는 헤더파일은 무엇인가?

02 다음 프로그램을 코딩하여 실행하시오.

```
#define _CRT_SECURE_NO_WARNINGS

#include <stdio.h>
#include <time.h>

int main(void)
{
    time_t current_time;
    time(&current_time);

    printf("%ld\n", current_time);
    printf(ctime(&current_time));

    return 0;
}
```

03 다음은 무슨 정수를 출력하는지 기술하시오.

```
        printf("%5d ", rand() % 50 + 1);
```

수학과 문자 라이브러리 함수

math.h

수학 관련 함수를 사용하려면 헤더파일 math.h을 삽입해야 한다. 다음 표는 헤더파일 math.h에 선언되어 있는 수학 관련 함수이다. 함수이름과 인자 유형을 살펴보고 이용하도록 하자.

표 10-1 수학 관련 함수

함수	처리 작업
double sin(double x)	삼각함수 sin
double cos(double x)	삼각함수 cos
double tan(double x)	삼각함수 tan
double sqrt(double x)	제곱근, $\sqrt{x}$
double exp(double x)	e^x
double log(double x)	$\log_e(x)$
double log10(double x)	$\log_{10}(x)$
double pow(double x, double y)	x^y
double ceil(double x)	x보다 작지 않은 가장 작은 정수
double floor(double x)	x보다 크지 않은 가장 큰 정수
int abs(int x)	정수 x의 절대 값
double fabs(double x)	실수 x의 절대 값

실습예제 10-8

math.c

다양한 수학 관련 함수 이용

```
01  // file: math.c
02  #include <stdio.h>
03
04  #include <math.h> //수학 관련 다양한 함수헤더 포함 헤더파일
05
06  int main(void)
07  {
08    printf("  i    i제곱    i세제곱   제곱근(sqrt)\n");
09    printf("---------------------------------\n");
10    for (int i = 3; i < 7; i++)
11      printf("%3d %7.1f %9.1f %9.1f\n", i, pow(i, 2), pow(i, 3), sqrt(i));
12    printf("\n");
13
14    printf("exp(1.0) == %5.2f, ", exp(1.0));
15    printf("pow(2.72, 1.0) == %5.2f, ", pow(2.72, 1.0));
```

```
16      printf("sqrt(49) == %5.2f\n", sqrt(49));
17      printf("abs(-10) == %3d, ", abs(-10));
18      printf("ceil(7.1) == %5.2f, ", ceil(7.1));
19      printf("floor(6.9) == %5.2f\n", floor(6.9));
20
21      return 0;
22  }
```

설명

04	함수 exp(), pow(), sqrt() 등 다양한 수학 관련 함수 사용을 헤더파일 math.h 포함
08~09	제목 출력
10	반복 for 문에서 제어변수 i를 사용하여 3에서 6까지 4회 반복
11	함수 pow()와 sqrt() 호출하여 출력
14	함수 exp(x)는 자연수인 e = 2.72에서 e^x을 반환하므로 $(2.72)^1$
15	함수 pow(2.72, 1.0)은 $(2.72)^1$을 반환
16	함수 sqrt(49)는 $\sqrt{49}$ 반환
17	함수 abs(-10)는 -10의 절대값을 반환
18	함수 ceil(7.1)은 7.1의 천정값인 8.0을 반환하는데, 천정값 ceil(x)이란 x보다 작지 않은 가장 작은 정수
18	함수 floor(6.9)는 6.9의 바닥값인 6.0을 반환하는데, 바닥값 floor(x)이란 x보다 크지 않은 가장 큰 정수

실행결과

```
   i     i제곱    i세제곱    제곱근(sqrt)
----------------------------------
   3     9.0      27.0       1.7
   4    16.0      64.0       2.0
   5    25.0     125.0       2.2
   6    36.0     216.0       2.4


exp(1.0) ==   2.72, pow(2.72, 1.0) ==   2.72, sqrt(49) ==   7.00
abs(-10) ==     10, ceil(7.1) ==   8.00, floor(6.9) ==   6.00
```

헤더파일 ctype.h

C 언어에서 **문자 관련 함수는 헤더파일 ctype.h에 매크로로 정의되어 있다.** 그러므로 문자 관련 함수를 사용하려면 헤더파일 ctype.h를 삽입해야 한다. 문자 관련 함수는 문자를 검사하거나 문자를 변환하는 기능을 수행한다. 일반적으로 검사 함수는 isxxx(char)로, 변환 함수는 toxxx(char)로 명명된다. 검사 함수는 0(false)과 0이 아닌 정수값(true)을 반환하며, 변환 함수는 변환된 문자를 반환한다. 다음 표는 헤더파일 ctype.h에 있는 주요 함수의 설명이다. 함수 toupper(c)는 c가 영문 소문자일 때 영문 대문자로 변환하고, c가 소문자가 아니면 원래 c를 반환한다. 마찬가지로 tolower(c)는 각각 c가 영문 대문자일 때 영문 소문자로 변환하고, c가 대문자가 아니면 원래 c를 반환한다.

표 10-2 헤더파일 ctype.h의 주요 문자 관련 함수 매크로

함수 원형	기능
isalpha(char)	영문자 검사
isupper(char)	영문 대문자 검사
islower(char)	영문 소문자 검사
isdigit(char)	숫자(0~9) 검사
isxdigit(char)	16진수 숫자(0~9, A~F, a~f) 검사
isspace(char)	공백(' ','\n','\t','\f','\v','\r') 문자 검사
ispunct(char)	구두(빈칸이나 알파뉴메릭을 제외한 출력문자) 문자 검사
isalnum(char)	영문과 숫자(alphanumeric)(0~9, A~Z, a~z) 검사
isprint(char)	출력 가능 검사
isgraph(char)	그래픽 문자 검사
iscntrl(char)	제어문자('\a', '\b', '\n', '\t','\f','\v','\r') 검사
toupper(char)	영문 소문자를 대문자로 변환
tolower(char)	영문 대문자를 소문자로 변환
toascii(char)	아스키 코드로 변환
_tolower(char)	무조건 영문 소문자로 변환
_toupper(char)	무조건 영문 대문자로 변환

다음 예제 프로그램은 문자를 입력 받아 알파벳 문자이면 입력한 문자와 대소문자를 변환한 문자를 출력하는 프로그램이다. 문자 입력은 계속 받으며 센티널 값으로 문자 x를 입력 받으면 결과를 출력하고 프로그램을 종료한다. 알파벳이 아닌 다른 문자를 입력 받으면 그대로 문자를 출력한다.

실습예제 10-9	char.c

문자 관련 함수 이용

```
01   // file: char.c
02   #define _CRT_SECURE_NO_WARNINGS //scanf() 오류를 방지하기 위한 상수 정의
03   #include <stdio.h>
04
05   #include <ctype.h> //문자 관련 함수는 헤더파일 ctype.h에 매크로로 정의
06
07   void print2char(char);
08
09   int main(void)
10   {
11       char ch;
12
13       printf("알파벳(종료x) 또는 다른 문자 입력하세요.\n");
```

```
14      do
15      {
16          printf("문자 입력 후 Enter: ");
17          scanf("%c", &ch);
18          getchar();        //enter 키 입력 받음
19          if (isalpha(ch))
20              print2char(ch);
21          else
22              printf("입력: %c\n", ch);
23      } while (ch != 'x' && ch != 'X'); //입력이 x 또는 X이면 종료
24
25      return 0;
26  }
27
28  void print2char(char ch)
29  {
30      if (isupper(ch))
31          printf("입력: %c, 변환: %c\n", ch, tolower(ch));
32      else
33          printf("입력: %c, 변환: %c\n", ch, toupper(ch));
34
35      return;
36  }
```

설명	
05	함수 isalpha(), isupper(), tolower(), toupper() 등 다양한 문자 관련 함수 사용을 위해 헤더파일 ctype.h 삽입
07	함수 print2char()의 함수선언인 함수원형
11	문자 하나를 입력 받을 변수 ch 선언
13	제목 출력
14~23	do while 문으로 반복몸체는 16행부터 22행까지
16	입력 방식 출력
17	문자 하나를 표준입력으로 변수 ch에 저장
18	문자 하나를 입력한 후 enter키를 반드시 누르도록 하여 이 enter키를 하나 받아들여 버리는 기능
19	입력 문자가 영문자 알파벳인지를 검사
20	입력 문자가 영문자 알파벳이면 대문자는 소문자로, 소문자는 대문자로 변환하여 출력하는 함수 print2char(ch) 호출
22	입력 문자가 영문자 알파벳이 아니면 바로 문자 그대로 출력
23	조건식 (ch != 'x' && ch != 'X')은 입력인 ch가 x와 X가 아니면 반복을 계속하고, x 또는 X이면 종료
28	대문자는 소문자로, 소문자는 대문자로 변환하여 출력하는 함수 print2char(ch)의 함수헤더
30	매개변수 ch가 대문자인지 검사
31	매개변수 ch가 대문자이면 함수 tolower(ch)를 호출하여 소문자로 변환하여 출력
33	매개변수 ch가 소문자이면 함수 toupper(ch)를 호출하여 대문자로 변환하여 출력

실행결과	알파벳(종료x) 또는 다른 문자 입력하세요. 문자 입력 후 Enter: A 입력: A, 변환: a 문자 입력 후 Enter: H 입력: H, 변환: h 문자 입력 후 Enter: % 입력: % 문자 입력 후 Enter: s 입력: s, 변환: S 문자 입력 후 Enter: x 입력: x, 변환: X

다양한 헤더파일

C 언어는 다양한 라이브러리 함수를 제공한다. 여러 라이브러리 함수를 위한 함수원형과 상수, 그리고 매크로가 여러 헤더파일에 나뉘어 있다. 다음과 같이 처리 작업에 따라 여러 헤더파일이 제공된다.

표 10-3 여러 라이브러리를 위한 헤더 파일

헤더파일	처리 작업
stdio.h	표준 입출력 작업
math.h	수학 관련 작업
string.h	문자열 작업
time.h	시간 작업
ctype.h	문자 관련 작업
stdlib.h	여러 유틸리티(텍스트를 수로 변환 등) 함수

중간점검

01 다음 함수를 사용하기 위해 필요한 헤더파일을 기술하시오.

```
fabs(-3.67f)                pow(2.0, 3.0)                isalpha('a')
```

02 다음 함수호출의 결과를 기술하시오.

```
printf("%.1f\n", sqrt(25));
printf("%.1f\n", pow(3.0, 4.0));
printf("%d\n", isdigit('F'));
printf("%d\n", isxdigit('G'));
```

1에서 100사이의 한 난수를 미리 저장하여, 이 정수를 알아 맞추는 프로그램을 작성해 보자. 가장 먼저 난수를 생성시켜 변수 guess에 저장한다. 정수를 입력 받아 변수 input에 저장한 후 저장된 guess와 비교하여 틀렸으면 사용자에게 다음 입력을 위한 정보를 제공하고 다시 반복한다. 입력한 정수 input과 guess가 같으면 "정답입니다"를 출력하고 종료한다.

- 함수 time()을 이용하기 위해 헤더 파일 time.h를 삽입한다.

- 난수에 시드를 지정하기 위해 함수 srand((long) time(NULL))을 호출한다.

- 1에서 n까지의 난수를 발생시키려면 함수 rand()를 이용하여 수식 rand() % n + 1을 이용한다.

```
1에서 100 사이에서 한 정수가 결정되었습니다.
이 정수는 무엇일까요? 입력해 보세요. : 50
입력한 수보다 큽니다. 다시 입력하세요. : 75
입력한 수보다 큽니다. 다시 입력하세요. : 88
입력한 수보다 작습니다. 다시 입력하세요. : 82
입력한 수보다 큽니다. 다시 입력하세요. : 85
정답입니다.
```

Lab 10-3	numberguess.c

```
01   // file: numberguess.c
02   #define _CRT_SECURE_NO_WARNINGS
03   #include <stdio.h>
04
05   #include <stdlib.h> //rand(), srand()를 위한 헤더파일 포함
06   #include <time.h>    //time()을 위한 헤더파일 포함
07
08   #define MAX 100
09
10   int main(void)
11   {
12       int guess, input;
13
14       srand((long)time(NULL));
15       guess = _____;
```

```
16
17      printf("1에서 %d 사이에서 한 정수가 결정되었습니다.\n", MAX);
18      printf("이 정수는 무엇일까요? 입력해 보세요. : ");
19
20      while ( scanf(_____) ) {
21          if (input > guess)
22              printf("입력한 수보다 작습니다. 다시 입력하세요. : ");
23          else if (input < guess)
24              printf("입력한 수보다 큽니다. 다시 입력하세요. : ");
25          else
26          {
27              puts("정답입니다.");
28              _____;
29          }
30      }
31
32      return 0;
33  }
```

01 인치(inch)를 센티미터(cm)로 바꾸는 함수를 작성하여, 표준입력으로 받은 인치를 센티미터로 출력하는 프로그램을 작성하시오.

- 1inch = 2.54 cm

02 두 개의 임의 정수 m, n을 입력 받아 다음 함수를 작성하여 mn의 결과를 출력하는 프로그램을 작성하시오.

- 함수 intpow(int m, int n)의 결과는 mn

03 다음 식과 내용을 참고로 섭씨온도(C)를 화씨온도(F)로 변환하는 함수를 작성하여 그 결과를 출력하는 프로그램을 작성하시오.

- 섭씨온도(C)와 화씨온도(F)와의 관계식: C = (5/9)(F−32)
- 섭씨온도가 0부터 100까지 0.5씩 증가하도록 하며, 이 때의 화씨온도를 구하여 출력, 단 온도는 모두 소수점 2자리까지 출력

04 세 개의 임의 정수를 입력 받아 가장 큰 수를 출력하는 프로그램의 함수를 구현하여 그 결과를 알아보는 프로그램을 작성하시오.

05 다음을 참고로 임의의 수의 제곱을 구하는 함수 square()와 세제곱을 구하는 함수 cube()를 구현하여 임의의 수를 입력 받아 다섯제곱을 구하는 프로그램을 작성하시오.

- cube() 구현 시 square()를 함수 호출하여 이용

06 다음을 참고로 실수 r을 입력 받아 이 값을 반지름으로 하는 원의 면적과 둘레의 길이를 구하는 프로그램을 작성하시오.

- 면적을 구하는 함수의 이름은 area()로, 원의 둘레를 구하는 함수의 이름은 circumference()로 하고, 원주율은 3.14로 매크로로 정의
- 원의 면적을 구하는 식은 원주율(3.14) × r × r이며 원의 둘레는 2 × 원주율(3,14) × r

07 다음 이자 계산방식을 참고로 각각에 해당하는 함수를 만들어, 표준입력으로 원금, 이자율, 기간(년)을 입력하면 총액이 각각 출력되는 프로그램을 작성하시오.

- 단리 계산 공식: S = a(1 + r × N), S(총액), a(원금), N(년), r(이율)
- 복리 계산 공식: S 5 a(1 + r)^N, S(총액), a(원금), N(년), r(이율)

08 단원 Lab에서 구현해본 난수 알아 맞히기 문제를 다음 조건에 맞게 수정하여 다시 작성하시오.
- 사용자가 맞힐 기회를 최대 7번만 주도록 하고, 7번의 기회에도 맞추지 못하면 "모든 기회를 쓰셨습니다."를 출력하고 종료하도록 한다.

09 1부터 n까지의 합을 구하는 함수를 재귀함수로 작성하여, 20을 실인자로 구현한 재귀함수를 한번 호출하여 1부터 20까지 각각의 합이 출력되도록 프로그램을 작성하시오.

10 다음을 참고로 피보나츠 수를 구하는 함수를 재귀함수로 작성하여 처음부터 10번째의 피보나츠 수에 대하여 각각의 함수 결과를 모두 출력하는 프로그램을 작성하시오.
- 피보나츠 수: Fn = F_{n-1} + F_{n-2}, F1 = 1, F0 = 0;

11 x의 y승을 구하는 함수를 재귀적으로 만들고, 6의 0승에서 10승까지 출력하는 프로그램을 작성하시오.

12 재귀함수를 이용하여 입력 받은 정수를 16진수로 출력하는 프로그램을 작성하시오.

13 다음 조건이 만족되도록 로또 모의 당첨 프로그램을 작성하시오.
- 1에서 45까지의 수에서 6개의 난수를 만들어 중복되지 않도록 출력

14 다음과 같이 일차원 배열을 복사하는 함수를 작성하여 결과를 알아보는 프로그램을 작성하시오.
- void copyarray(int from[], int to[], int n /* 배열 원소 수 */)
- 배열 from의 첫 번째 원소부터 (n−1)번째 원소까지 같은 순서대로 배열 to로 값을 복사하는 함수

15 다음과 같이 일차원 배열의 동등함을 검사하는 함수를 작성하여 결과를 알아보는 프로그램을 작성하시오.
- int isequalarray(int a[], int b[], int n /* 배열 원소 수 */)
- 배열 a와 b의 배열크기가 모두 n이며 순차적으로 원소 값이 모두 같으면 1을 반환, 아니면 0을 반환하는 함수

Introduction to **C PROGRAMMING**

11

CHAPTER

문자와 문자열

학습목표

▶ **문자와 문자열을 이해하고 설명할 수 있다.**
  • 문자와 문자열의 표현과 저장 방법

▶ **문자와 문자열 입출력을 이해하고 설명할 수 있다.**
  • scanf(), printf(), getchar(), putchar(), getche(), getch(), putch()를 사용하여 문자 입출력
  • scanf(), printf(), gets(), puts()를 사용하여 문자열 입출력

▶ **문자열 관련 함수를 이해하고 설명할 수 있다.**
  • 문자열 비교 함수 strcmp(), strncmp()를 사용하여 문자열 비교
  • 문자열 연결 함수 strcat(), strncat()를 사용하여 문자열 연결
  • 문자열 토큰 추출 함수 strtok()를 사용하여 문자열에서 토큰 추출
  • 문자열 관련 함수 strlen(), strspn(), strcspn()의 사용 방법 이해
  • 문자열 관련 함수 strlwr(), strupr()의 사용 방법 이해
  • 문자열 관련 함수 strstr(),strchr()의 사용 방법 이해

▶ **여러 개의 문자열을 처리하는 방법에 대해 이해하고 설명할 수 있다.**
  • 문자 포인터 배열 방법과 이차원 문자 배열 방법의 차이
  • 명령행 인자의 필요성과 구현 방법 이해

학습목차

11 ① 문자와 문자열

문자와 문자열 선언

문자와 문자열의 개념

프로그램에서 다루는 자료는 대부분이 수 또는 문자와 문자열이다. **문자는 영어의 알파벳이나 한글의 한 글자를 작은 따옴표로 둘러싸서 'A'와 같이 표기**하며, C 언어에서 저장공간 크기 1바이트인 자료형 char로 지원한다. **작은 따옴표에 의해 표기된 문자를 문자 상수**라 한다.

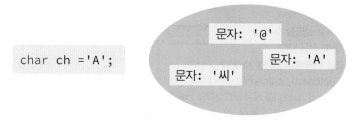

그림 11-1 문자 상수와 선언

문자의 모임인 일련의 문자를 문자열(string)이라 한다. 이러한 **문자열은 일련의 문자 앞 뒤로 큰 따옴표로 둘러싸서 "java"로 표기**한다. 이와 같이 큰 따옴표에 의해 표기된 문자열을 문자열 상수라 한다. "A"처럼 문자 하나도 큰 따옴표로 둘러싸면 문자열 상수이다. 그러나 **문자의 나열인 문자열은 'ABC'처럼 작은 따옴표로 둘러싸도 문자가 될 수 없으며 오류가 발생**한다.

그림 11-2 문자열 상수와 선언

문자와 문자열의 선언

C 언어에서 **char형 변수에 문자를 저장한다.** 그러나 C 언어는 문자열을 저장하기 위한 자료형을 따로 제공하지 않는다. **문자열을 저장하려면 문자의 모임인 '문자 배열'을 사용한다.** 문자 배열을 선언하여 각각의 원소에 문자를 저장할 수 있다. 여기서 주의할 점은 다음과 같다.

- **문자열의 마지막을 의미하는 NULL 문자 '\0'가 마지막에 저장되어야 한다.** 그러므로 **문자열이 저장되는 배열크기는 반드시 저장될 문자 수보다 1이 커야 한다.**

C 언어는 항상 널(NULL) 문자를 문자열의 마지막으로 인식한다. 그러므로 문자열의 마지막에 널(NULL) 문자가 없다면 출력과 같은 문자열 처리에 문제가 발생한다. 다음 소스와 같이 배열 csharp의 크기를 3으로 선언한 후 배열 csharp에 문자열 "C#"을 저장하려면 마지막 원소인 csharp[2]에 '\0'을 저장해야 한다.

```
char ch ='A';

char csharp[3];
csharp[0] = 'C'; csharp[1] = '#'; csharp[2] = '\o';
```

그림 11-3 문자와 문자열 저장

배열 선언 시 초기화 방법을 이용하면 문자열을 쉽게 저장할 수 있다. 여기서 주의할 점은 중괄호를 사용하게 되며, 문자 하나 하나를 쉼표로 구분하여 입력하고 마지막 문자로 널(NULL)인 '\0'을 삽입해야 한다는 것이다.

```
//문자 하나 하나 저장 시 마지막에 '\0' 문자 저장
char java[] = {'J','A','V','A', '\0'};
```

마지막에 '\0'을 빼면, 대입 시에는 문제가 없으나 출력 등에서 문제가 발생한다.

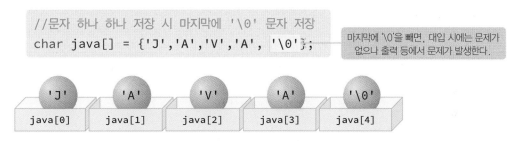

그림 11-4 문자열을 위한 문자 하나 하나의 초기화 선언

문자열을 선언하는 편리한 다른 방법을 살펴보면, 배열 선언 시 저장할 큰 따옴표를 사용해 문자열 상수를 바로 대입하는 방법이다.

- **배열 초기화 시 배열크기는 지정하지 않는 것이 더 편리하며, 만일 지정한다면 마지막 문자인 '\0'을 고려해 실제 문자 수보다 1이 더 크게 배열크기를 지정**해야 한다.
- **만일 지정한 배열크기가 (문자수+1)보다 크면 나머지 부분은 모두 '\0' 문자로 채워진다.**
- 만일 배열크기가 작으면 문자열 상수가 아닌 단순한 문자 배열이 되므로 문자열 출력 등에서 문제가 발생한다.

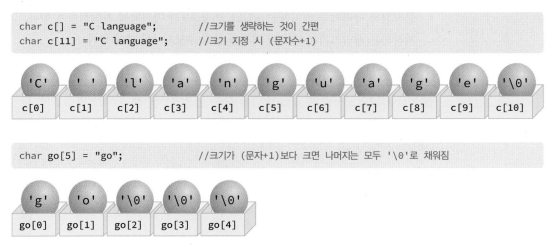

```
char c[] = "C language";        //크기를 생략하는 것이 간편
char c[11] = "C language";      //크기 지정 시 (문자수+1)
```

'C'	' '	'l'	'a'	'n'	'g'	'u'	'a'	'g'	'e'	'\0'
c[0]	c[1]	c[2]	c[3]	c[4]	c[5]	c[6]	c[7]	c[8]	c[9]	c[10]

```
char go[5] = "go";              //크기가 (문자+1)보다 크면 나머지는 모두 '\0'로 채워짐
```

'g'	'o'	'\0'	'\0'	'\0'
go[0]	go[1]	go[2]	go[3]	go[4]

그림 11-5 문자열 상수로 문자배열 초기화

중간점검

01 문자와 문자열을 구분하여 설명하시오.

02 다음 문자의 표현 또는 선언에서 잘못된 것을 설명하시오.

① "감"
② '가나'
③ char ch = A;
④ char ch = "A";

03 다음 문자열의 표현 또는 선언에서 잘못된 것을 설명하시오.

① 'C language'
② C language
③ char c = "C language";
④ char c[] = '가나다라';
⑤ char c[] = Java language;

함수 printf()를 사용한 문자와 문자열 출력

문자와 문자열 출력

함수 printf()에서 형식제어문자 %c로 문자를 출력한다. 함수 printf()에서 배열이름 또는 문자 포인터를 사용하여 형식제어문자 %s로 문자열을 출력한다. 함수 puts(csharp)와 같이 사용하면 한 줄에 문자열을 출력한 후 다음 줄에서 출력을 준비한다. 함수 printf (c)와 같이 바로 배열이름을 인자로 사용해도 문자열 출력이 가능하다.

chararray.c

문자열 저장을 위한 문자열 배열 처리와 문자열 출력

```c
01    // file: chararray.c
02    #include <stdio.h>
03
04    int main(void)
05    {
06        //문자 선언과 출력
07        char ch = 'A';
08        printf("%c %d\n", ch, ch);
09
10        //문자열 선언 방법1
11        char java[] = { 'J', 'A', 'V', 'A', '\0' };
12        printf("%s\n", java);
13        //문자열 선언 방법2
14        char c[] = "C language";    //크기를 생략하는 것이 간편
15        printf("%s\n", c);
16        //문자열 선언 방법3
17        char csharp[5] = "C#";
18        printf("%s\n", csharp);  ◁─────── 문자열 출력을 위해 배열이름과 형식제어문자 %s를 이용한다.
19
20        //문자 배열에서 문자 출력
21        printf("%c%c\n", csharp[0], csharp[1]);
22
23        return 0;
24    }
```

설명	
07	char형 변수 ch 선언하면서 문자 'A' 저장
08	함수 printf()에서 %c로 문자 변수 ch 출력, %d를 사용하면 문자 코드값 출력
11	문자 배열을 선언하면서 문자 하나 하나를 초기화할 경우, 마지막에 '\0'을 삽입
12	문자열을 출력하려면 함수 printf()에서 %s로 문자배열 변수 이름 java를 기술
14	문자 배열을 선언하면서 문자열 상수를 초기화할 경우, 배열 크기를 생략하면 간편
15	문자열을 출력하려면 함수 printf()에서 %s로 문자배열 변수 이름 c를 기술
17	문자 배열을 선언하면서 문자열 상수를 초기화할 경우, 배열 크기를 지정한다면 문자열 상수의 문자 수보다 1이 더 크게 지정하며, 문자 배열에서 지정된 이후 공간은 나머지는 모두 '\0'가 자동으로 저장
18	문자열을 출력하려면 함수 printf()에서 %s로 문자배열 변수 이름 csharp를 기술
21	문자열이 저장된 문자배열에서 %c로 문자배열 원소를 지정하면 문자 하나를 출력 가능

실행결과

```
A 65
JAVA
C language
C#
C#
```

문자열 구성하는 문자 참조

문자열을 처리하는 다른 방법은 **문자열 상수를 문자 포인터에 저장하는 방식**이다. 다음 소스와 같이 문자 포인터 변수에 문자열 상수를 저장할 수 있다. 문자열 출력도 함수 printf()에서 포인터 변수와 **형식제어문자 %s**로 간단히 처리할 수 있다. 이와 같이 **문자 포인터에 의한 선언으로는 문자하나 하나의 수정은 할 수 없다.**

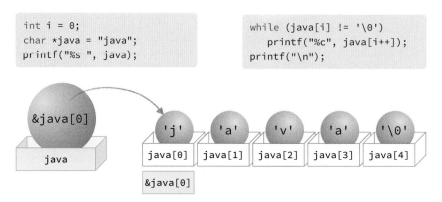

```
int i = 0;
char *java = "java";
printf("%s ", java);
```

```
while (java[i] != '\0')
    printf("%c", java[i++]);
printf("\n");
```

그림 11-6 문자 포인터를 사용한 문자열 처리

문자열을 구성하는 하나 하나의 문자를 배열형식으로 직접 참조하여 출력하는 방식도 사용할 수 있다. 그러나 변수 java를 사용하여 문자를 수정하거나 수정될 수 있는 함수의 인자로 사용하면 실행 오류가 발생한다.

- 출력할 문자열의 끝을 '\0' 문자로 검사하면 편리하다. 즉 반복문을 이용하여 문자가 '\0'이 아니면 문자를 출력하도록 하는 방식이다.

- 그러나 변수 java와 같이 문자열 상수를 저장하는 문자 포인터는 사용 상 주의가 필요하며, 변수 java가 가리키는 문자열은 상수이므로 수정할 수 없다.

실습예제 11-2 **charpointer.c**

문자 포인터로 문자열 처리

```
01    // file: charpointer.c
02    #include <stdio.h>
03
04    int main(void)
05    {
06        char *java = "java";
07        printf("%s ", java);
08
09        //문자 포인터가 가리키는 문자 이후를 하나 하나 출력
```

```
10      int i = 0;
11      while (java[i])  //while (java[i] != '\0')
12          printf("%c", java[i++]);
13      printf(" ");
14
15      i = 0;
16      while (*(java + i) != '\0')  //java[i]는 *(java + i)와 같음
17          printf("%c", *(java + i++));
18      printf("\n");
19
20      //수정 불가능, 실행오류 발생
21      java[0] = 'J';
22
23      return 0;
24  }
```

java[i]는 *(java + i)와 동일한 표현 방식이므로 java[i++]도 *(java + i++)와 같다.

설명

06 char 형 포인터 변수 java를 선언하면서 문자열 'java'의 첫 주소를 저장하므로,
    변수 java는 문자열 상수의 첫 주소를 가리키는 상황
10 반복문의 첨자로 사용될 변수 i를 선언하면서 0으로 지정
11 포인터 변수 java의 위치를 하나 하나 증가시키면서 널(NULL)이 아니면 반복을 실시
12 java가 가리키는 문자를 출력하고 i를 하나 증가시킴
11~12 이 반복문으로 java가 가리키던 문자열을 모두 출력
15 다시 반복문의 첨자로 사용될 변수 i에 0을 지정
16 포인터 변수 java의 위치를 하나 하나 증가시키면서 널(NULL)이 아니면 반복을 실시,
    *(java + i)는 java[i]와 같은 식임
17 java가 가리키는 문자를 출력하고 i를 하나 증가시킴
16~17 이 반복문으로 java가 가리키던 문자열을 모두 출력
21 java[i]는 수정할 수 없음

실행결과

```
java java java
```

Prj02.exe

Prj02.exe의 작동이 중지되었습니다.

온라인으로 문제에 대한 해결 방법을 확인할 수 있습니다.

➡ 온라인으로 해결 방법을 확인하고 프로그램을 닫습니다.

➡ 프로그램 닫기

➡ 프로그램 디버그

⌄ 문제에 관한 정보 보기

'\0' 문자에 의한 문자열 분리

함수 printf()에서 %s는 문자 포인터가 가리키는 위치에서 NULL 문자까지를 하나의 문자열로 인식한다. 다음 소스에서 배열 c[]는 처음에 문자열 "C C++ Java"가 저장되고 마지막에 NULL 문자가 저장된다. 만일 배열 c에 문장 c[5] = '\0';을 실행하고 c를 출력하면 무엇이 출력될까?

- c[5]에 저장된 '\0' 문자에 의해 c가 가리키는 문자열은 "C C++"까지가 된다. 즉 문자열은 시작 문자부터 '\0' 문자가 나올 때까지 하나의 문자열로 처리된다.
- 그러므로 (c+6)로 문자열을 출력하면 "Java"가 출력된다.

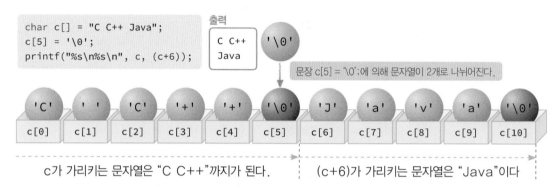

그림 11-7 문자열은 문자열이 시작되는 부분부터 '\0'문자까지

실습예제 11-3

string.c

문자 포인터로 문자열 처리

```
01    // file: string.c
02    #include <stdio.h>
03
04    int main(void)
05    {
06        char c[] = "C C++ Java";
07        printf("%s\n", c);
08        c[5] = '\0'; // NULL 문자에 의해 문자열 분리
09        printf("%s\n%s\n", c, (c + 6));
10
11        //문자 배열의 각 원소를 하나 하나 출력하는 방법
12        c[5] = ' '; //널 문자를 빈 문자로 바꾸어 문자열 복원
13        char *p = c;
14        while (*p) //(*p != '\0')도 가능
15            printf("%c", *p++);
16        printf("\n");
```

```
int i = 0;
while  (c[i])
    printf("%c", c[i++]);
printf("\n");

i = 0;
while  (*(c+i))
    printf("%c", *(c + i++));
printf("\n");
```

```
17
18      return 0;
19   }
```

| 실행결과 | ```
C C++ Java
C C++
Java
C C++ Java
``` |

중간점검

01 다음 문장에서 잘못을 찾아 수정하시오.

```
char ch = '&';
printf("%s\n", ch);


char str[] = "Java & C";
printf("%c\n", str);
```

02 다음 소스에서 출력값은 무엇인가?

```
char *str = "C++ Java C# Python";
while (*str)
    printf("%c", *str++);
printf("\n");
```

03 다음 소스에서 출력값은 무엇인가?

```
char lang[] = "FORTRAN BASIC \0C C++ Java";
printf("%s\n", lang);
```
```

다양한 문자 입출력

버퍼처리 함수 getchar()

문자의 입출력을 위한 함수 getchar()와 putchar()를 알아보자. **함수 getchar()는 문자의 입력에 사용되고 putchar()는 문자의 출력에 사용된다.**

- **문자 입력을 위한 함수 getchar()는 라인 버퍼링(line buffering) 방식을 사용**하므로 문자 하나를 입력해도 반응을 보이지 않다가 [enter] 키를 누르면 그제서야 이전에 입력한 문자마다 입력이 실행된다.

입력한 문자는 임시 저장소인 버퍼[1](buffer)에 저장되었다가 [enter] 키를 만나면 함수는 버퍼에서 문자를 읽기 시작한다. 이러한 라인 버퍼링 방식은 즉각적(interactive)인 입력을 요구하는 시스템에서는 사용이 불가능하다.

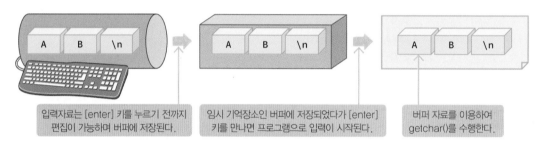

입력자료는 [enter] 키를 누르기 전까지 편집이 가능하며 버퍼에 저장된다.

임시 기억장소인 버퍼에 저장되었다가 [enter] 키를 만나면 프로그램으로 입력이 시작된다.

버퍼 자료를 이용하여 getchar()를 수행한다.

그림 11-8 함수 getchar()의 처리 과정

함수 getche()

버퍼를 사용하지 않고 문자를 입력하는 함수 getche()를 알아 보자. 함수 getche()는 버퍼를 사용하지 않으므로 문자 하나를 입력하면 바로 함수 getche()가 실행된다. 함수 getche()에서 입력된 문자는 바로 모니터에 나타난다.

- **함수는 버퍼를 사용하지 않고 문자 하나를 바로 바로 입력할 수 있는 함수이다.**
- **함수를 이용하려면 헤더파일 conio.h를 삽입해야 한다.**

다음 소스는 입력 문자가 'q'가 아니면 함수 putchar()에 의하여 문자가 바로 출력된다. 따라서 함수 getche()에 의하여 입력된 문자도 보이고, 바로 putchar()에 의하여 출력한다. 예를 들어 입력문자가 "inputq"라면 화면에는 "iinnppuuttq"가 보이게 된다. 즉 화면에 보이는 행이 표준입력과 표준출력이 번갈아 가면서 나오게 되므로 한 문자가 두 번씩 나오게 된다.

---

1 버퍼는 속도 차이가 있는 장치들을 위한 임시 데이터 저장소이다. 입출력은 상대적으로 다른 처리에 비해 처리속도가 느리다. 그러므로 효율적인 입출력을 위해 입출력 버퍼를 사용하기도 한다.

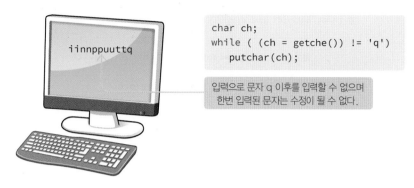

```
char ch;
while ( (ch = getche()) != 'q')
    putchar(ch);
```

입력으로 문자 q 이후를 입력할 수 없으며
한번 입력된 문자는 수정이 될 수 없다.

그림 11-9 함수 getche()와 putchar()의 이용

함수 getch()

문자 입력을 위한 함수 getch()는 입력한 문자가 화면에 보이지 않는 특성이 있다. 그러므로 입력된 문자를 출력함수로 따로 출력하지 않으면 입력 문자가 화면에 보이지(echo) 않게 된다.

- 함수 getch()도 버퍼를 사용하지 않는 문자 입력 함수이다.
- 함수 getch()도 conio.h 파일에 함수원형이 정의되어 있어 사용하려면 conio.h를 삽입해야 한다.

다음 소스에서 문자 "inputq"를 입력으로 실행하면 "input"이 출력된다. 함수 putch(ch)는 인자를 출력하는 함수이다.

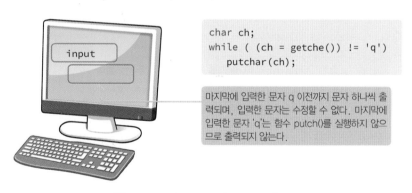

```
char ch;
while ( (ch = getche()) != 'q')
    putchar(ch);
```

마지막에 입력한 문자 q 이전까지 문자 하나씩 출력되며, 입력한 문자는 수정할 수 없다. 마지막에 입력한 문자 'q'는 함수 putch()를 실행하지 않으므로 출력되지 않는다.

그림 11-10 함수 getch()와 putch()의 이용

다음 표는 문자 입력함수 scanf(), getchar(), getche(), getch()를 비교 설명한 표이다. 비주얼 스튜디오를 비롯하여 여러 컴파일러에서 **함수 getche(), getch()는 _getche(), _getch()로 이름이 수정**되어 서비스되고 있다.

표 11-1 문자입력 함수 scanf(),getchar(), getche(), getch()의 비교

함수	scanf("%c", &ch)	getchar()	getche() _getche()	getch() _getch()
헤더파일	stdio.h		conio.h	
버퍼 이용	버퍼 이용함		버퍼 이용 안함	
반응	[enter] 키를 눌러야 작동		문자 입력마다 반응	
입력 문자의 표시(echo)	누르면 바로 표시		누르면 바로 표시	표시 안됨
입력문자 수정	가능		불가능	

다음 예제 프로그램에서 세 개의 while 문의 입력으로 각각 입력에 따라 다음 결과가 출력된다.

실습예제 11-4 **getche.c**

함수 getchar(), _getche(), _getch()의 차이를 알아보는 예제

```
01   // file: getche.c
02   #include <stdio.h>
03   #include <conio.h>
04
05   int main(void)
06   {
07       char ch;
08
09       printf("문자를 계속 입력하고 Enter를 누르면 >>\n");
10       while ((ch = getchar()) != 'q')
11           putchar(ch);
12
13       printf("\n문자를 누를 때마다 두 번 출력 >>\n");
14       while ((ch = _getche()) != 'q')
15           putchar(ch);
16
17       printf("\n문자를 누르면 한 번 출력 >>\n");
18       while ((ch = _getch()) != 'q')
19           _putch(ch);
20       printf("\n");
21
22       return 0;
23   }
```

설명

07   입력한 문자를 저장할 공간으로 char형 변수 ch 선언

09   입력 프롬프트 출력

10   함수 getchar()로 입력한 문자를 변수 ch에 저장하여 'q'가 아니면 반복몸체인 putchar(ch)를 실행, 변수 ch에 'q'이면 반복 종료라 출력이 안됨

13	입력 프롬프트 출력
14	함수 _getche()로 입력한 문자를 변수 ch에 저장하여 'q'가 아니면 반복몸체인 putchar(ch)를 실행, 변수 ch에 'q'이면 반복 종료라 출력이 안됨. 함수 _getche()는 입력한 문자마다 바로 처리
17	입력 프롬프트 출력
18	함수 _getch()로 입력한 문자를 변수 ch에 저장하여 'q'가 아니면 반복몸체인 _putch(ch)를 실행, 변수 ch에 'q'이면 반복 종료라 출력이 안됨. 함수 _getch()는 입력한 문자마다 바로 처리하며, 입력한 문자도 보이지 않음

실행결과

```
문자를 계속 입력하고 Enter를 누르면 >>
java
java
python
python
q                          마지막에 입력한 문자 q가 입력 종료를 처리

문자를 누를 때마다 두 번 출력 >>
jjaavvaaq
문자를 누르면 한 번 출력 >>
java
```

중간점검

01 문자의 표준입력을 위한 함수 _getche()를 사용하기 위해 삽입해야 하는 헤더파일은 무엇인가?

02 다음 소스에서 입력이 다음과 같을 때 프로그램의 출력 결과를 기술하시오.

```
char ch;

while ((ch = getchar()) != 'x')
    putchar(ch);
printf("\n");
```

basic aplx visual[Enter]

문자열 입력

문자배열 변수로 scanf()에서 입력

문자열을 입력 받는 방법을 알아보자. 함수 scanf()는 공백으로 구분되는 하나의 문자열을 입력 받을 수 있다.

- 가장 먼저 입력 받은 문자열이 저장될 충분한 공간인 문자 배열 str을 선언한다.
- 함수 scanf("%s", str)에서 형식제어문자 %s를 사용하여 문자열을 입력 받을 수 있다.

- 함수 printf("%s", str)에서 %s를 사용하여 문자열을 출력한다.

문자열 입력은 충분한 공간의 문자배열이 있어야 가능하다. 단순히 문자 포인터로는 문자열 저장이 불가능하다. 다음 예제에서 이름과 성을 분리하여 입력한다면 성만 name[]에 저장될 것이다. 함수 printf()에서 %10s는 폭이 10, 우측정렬로 문자열을 출력한다.

실습예제 11-5	stringput.c
	함수 scanf()와 printf()에서 문자열 입출력

```
01   // file: stringput.c
02   #define _CRT_SECURE_NO_WARNINGS
03   #include <stdio.h>
04
05   int main(void)
06   {
07       char name[20], dept[30]; //char *name, *dept; 실행 오류 발생
08
09       printf("%s", "학과 입력 >> ");
10       scanf("%s", dept);
11       printf("%s", "이름 입력 >> ");
12       scanf("%s", name);
13       printf("출력: %10s %10s\n", dept, name);
14
15       return 0;
16   }
```

설명	07	이름과 학과가 저장될 공간인 문자배열 name[20]과 dept[30]을 선언, 배열크기 20, 30은 이름과 학과가 저장될 충분한 크기여야 하며, 특히 한글은 크기 2개에 하나의 글자가 입력됨
	09	학과 입력 프롬프트 출력
	10	함수 scanf("%s", dept)와 같이 배열 dept에 표준입력 문자열 저장
	11	이름 입력 프롬프트 출력
	10	함수 scanf("%s", name)과 같이 배열 name에 표준입력 문자열 저장
	13	입력된 학과와 이름을 출력

실행결과	학과 입력 >> 컴퓨터정보공학과
	이름 입력 >> 김미림
	출력: 컴퓨터정보공학과 김미림

gets()와 puts()

함수 gets()는 한 행의 문자열 입력에 유용한 함수이다. 또한 함수 puts()는 한 행에 문자열을 출력하는 함수이다. Visual C++의 함수 gets_s()는 현재 함수 gets()의 대체함수로 사용을 권장한다. 함수 gets(), puts(), gets_s()를 사용하려면 헤더파일 stdio.h 를 삽입해야 한다.

```
char * gets(char * buffer);
```

- 함수 gets()는 문자열을 입력 받아 buffer에 저장하고 입력 받은 첫 문자의 주소값을 반환한다.
- 함수 gets()는 표준입력으로 [enter] 키를 누를 때까지 공백을 포함한 한 행의 모든 문자열을 입력 받는다.
- 입력된 문자열에서 마지막 [enter] 키를 '\0' 문자로 대체하여 저장한다.

```
char * gets_s(char * buffer, size_t sizebuffer);
```

- 두 번째 인자인 sizebuffer는 정수형으로 buffer의 크기를 입력한다.
- Visual C++에서는 앞으로 gets() 대신 함수 gets_s()의 사용을 권장한다.

```
int puts(const char * str);
```

- 인자인 문자열 str에서 마지막 '\0' 문자를 개행 문자인 '\n'로 대체하여 출력한다.
- 함수 puts()는 일반적으로 정수값 0을 반환하는데, 오류가 발생하면 EOF를 반환한다.

그림 11-11 문자열 입출력 함수

함수 gets()는 [enter] 키를 누를 때까지 한 행을 버퍼에 저장 한 후 입력처리 한다. 여기서 주의할 점은 **함수 gets()는 마지막에 입력된 '\n'가 '\0'로 교체되어 인자인 배열에 저장**된다는 것이다. 그러므로 프로그램에서 한 행을 하나의 문자열로 간주하고 프로그래밍할 수 있도록 한다.

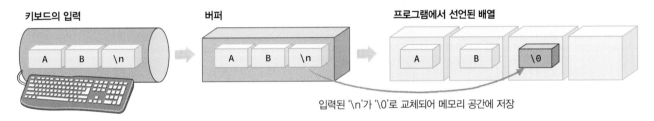

입력된 '\n'가 '\0'로 교체되어 메모리 공간에 저장

그림 11-12 함수 gets()의 처리 과정

함수 gets()의 인자로는 입력된 문자열을 저장할 수 있는 충분한 공간의 문자 배열을 사용해야 한다. 그렇지 않으면 실행오류가 발생한다. 문자열 출력함수 puts()는 문자열을 한 줄에 출력하는데 유용하게 사용될 수 있다. 함수 puts() 는 오류가 발생하면 EOF를 반환한다.

- **기호 상수 EOF(End Of File)는 파일의 끝이라는 의미로 stdio.h 헤더파일에 정수 −1로 정의되어 있다.**

```
#define EOF     (-1)
```

함수 puts()는 함수 gets()와 반대로 문자열의 마지막에 저장된 '\0'를 '\n'로 교체하여 버퍼에 전송하고, 버퍼의 내용이 모니터에 출력되면 문자열이 한 행에 출력된다. 그러므로 문자열의 한 행 출력은 함수 puts()가 효과적이다.

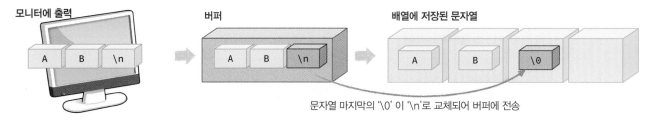

문자열 마지막의 '\0' 이 '\n'로 교체되어 버퍼에 전송

그림 11-13 함수 puts()의 처리 과정

다음 예제는 함수 gets()와 gets_s()를 사용하여 여러 줄을 입력 받아 출력하는 프로그램이다. while 문을 사용하면 연속된 여러 행을 입력 받아 바로 행 별로 출력할 수 있다. 다음 반복을 종료하려면 새로운 행 처음에 (ctrl + Z)를 입력한다. **함수 printf()와 scanf()는 다양한 입출력에 적합하며, 문자열 입출력 함수 puts()와 gets()는 처리 속도가 빠르다는 장점이 있다.**

실습예제 11-6	gets.c
	함수 gets()와 puts() 기능을 알아보는 예제

```
01    // file: gets.c
02    #define _CRT_SECURE_NO_WARNINGS
03    #include <stdio.h>
04
05    int main(void)
06    {
07        char line[101]; //char *line 으로는 오류발생
08
09        printf("입력을 종료하려면 새로운 행에서 (ctrl + Z)를 누르십시오.\n");
10        while (gets(line))
11            puts(line);
12        printf("\n");
13
14        while (gets_s(line, 101))
15            puts(line);
16        printf("\n");
17
18        return 0;
19    }
```

설명	
07	한 줄에 입력되는 모든 문자열이 입력되도록 충분한 크기의 문자배열 line[101] 선언
09	입력 프롬프트 출력
10	함수 gets(line) 호출로 한 줄 전체를 입력 받음, ctrl + Z 입력하면 종료
11	함수 puts(line) 호출로 한 줄 전체를 출력
14	함수 gets_s(line, 101) 호출로 한 줄 전체를 입력 받음, ctrl + Z 입력하면 종료
15	함수 puts(line) 호출로 한 줄 전체를 출력

실행결과

입력을 종료하려면 새로운 행에서 (ctrl + Z)를 누르십시오.

문자열 처리를 배우고 있습니다.

문자열 처리를 배우고 있습니다.

^Z

gets()의 사용도 마찬가지입니다.

gets()의 사용도 마찬가지입니다.

^Z

중간점검

01 다음 문장에서 잘못을 찾아 수정하시오.

```
char *str = '\0';
scanf("%s", str);
printf("%s\n", str);
```

02 다음 소스에서 입력이 다음과 같이 2행인 경우 프로그램의 출력 결과를 기술하시오.

```
char str[20];
gets(str);
puts(str);
scanf("%s", str);
printf("%s\n", str);
```

```
My name is John.[Enter]

[출력결과]

My name is John.[Enter]
```

함수 gets()를 사용하여 한 행의 표준입력을 받아 배열 s에 저장한 후, 문자 포인터를 사용해서 이 배열 s에서 문자 하나 하나를 이동하면서 출력해보도록 한다.

- char 변수 p를 선언하면서 배열 s의 첫 원소를 가리키도록 저장
- 포인터 변수 p는 주소값이며 *p는 p가 가리키는 곳의 문자

```
int main(void)
int main(void)
```

Lab 11-1	lineprint.c

```
01    // lineprint.c:
02    #define _CRT_SECURE_NO_WARNINGS
03    #include <stdio.h>
04
05    int main()
06    {
07        char s[100];
08        //문자배열 s에 표준입력한 한 행을 저장
09        gets(s);
10
11        //문자배열에 저장된 한 행을 출력
12        char *p = _____;
13        while (_____)
14            printf("%c", _____);
15        printf("\n");
16
17        return 0;
18    }
```

정답	

```
12    char *p = s;
13    while (*p)
14        printf("%c", *p++);
```

11 ②

문자열 관련 함수

문자배열 라이브러리와 문자열 비교

다양한 문자열 라이브러리 함수

문자열 비교와 복사, 그리고 문자열 연결 등과 같은 다양한 문자열 처리는 헤더파일 string.h에 함수원형으로 선언된 라이브러리 함수로 제공된다. 함수에서 사용되는 자료형 size_t는 비부호 정수형(unsigned int type)이며, void *는 아직 정해지지 않은 다양한 포인터를 의미한다.

● 문자의 배열 관련 함수는 헤더파일 string.h에 함수원형이 정의되어 있다.

표 11-1 문자열 배열에 관한 다양한 함수

함수원형	설명
void *memchr(const void *str, int c, size_t n)	메모리 str에서 n 바이트까지 문자 c를 찾아 그 위치를 반환
int memcmp(const void *str1, const void *str2, size_t n)	메모리 str1과 str2를 첫 n 바이트를 비교 검색하여 같으면 0, 다르면 음수 또는 양수 반환
void *memcpy(void *dest, const void *src, size_t n)	포인터 src 위치에서 dest에 n 바이트를 복사한 후 dest 위치 반환
void *memmove(void *dest, const void *src, size_t n)	포인터 src 위치에서 dest에 n 바이트를 복사한 후 dest 위치 반환
void *memset(void *str, int c, size_t n)	포인터 str 위치에서부터 n 바이트까지 문자 c를 지정한 후 str 위치 반환
size_t strlen(const char *str)	포인터 str 위치에서부터 널 문자를 제외한 문자열의 길이 반환

다음은 문자열의 길이를 반환하는 함수 strlen()과 문자배열의 복사를 위한 함수 memcpy(), 그리고 문자배열에서 문자 이후의 문자열을 찾는 함수 memchr()을 알아보는 예제이다.

실습예제 11-7	memfun.c
	문자배열에 관한 함수

```
01   // file: memfun.c
02   #include <stdio.h>
03   #include <string.h>
04
05   int main(void)
06   {
07       char src[50] = "https://www.visualstudio.com";
08       char dst[50];
09
```

```
10      printf("문자배열 src = %s\n", src);
11      printf("문자열크기 strlen(src) = %d\n", strlen(src));
12      memcpy(dst, src, strlen(src) + 1);
13      printf("문자배열 dst = %s\n", dst);
14      memcpy(src, "안녕하세요!", strlen("안녕하세요!")+1);
15      printf("문자배열 src = %s\n", src);
16
17      char ch = ':';
18      char *ret;
19      ret = memchr(dst, ch, strlen(dst));
20      printf("문자 %c 뒤에는 문자열 %s   이 있다.\n", ch, ret);
21
22      return 0;
23   }
```

설명		
	07	char형 배열 변수 src[50]을 선언하면서 문자열 https://www.visualstudio.com 저장
	08	char형 배열 변수 dst[50]을 선언
	10	함수 printf()에서 %s로 문자배열 src 출력
	11	함수 printf()에서 strlen(src)으로 문자배열 src에 저장된 문자열 길이(28) 출력
	12	문자열 src에서 포인터 위치 dst에 strlen(src) + 1 수만큼 복사하여 문자열의 마지막이 널이 되도록
	13	함수 printf()에서 %s로 문자배열 dst 출력
	14	포인터 위치 src에 문자열 상수 "안녕하세요!"를 복사하기 위해서는 (strlen("안녕하세요!") + 1) 만큼 복사해야 문자열의 마지막이 널이 됨
	15	함수 printf()에서 %s로 문자배열 src 출력
	17	구분자인 문자 ':'를 변수 ch에 저장
	18	문자 포인터 변수 ret 선언
	19	함수 memchr(dst, ch, strlen(dst)) 호출로 문자열 dst에서 문자 ':' 이후의 문자열을 반환하여 변수 ret에 저장
	20	함수 printf()에서 %c와 %s로 문자 ch와 문자열 ret 출력

실행결과
문자배열 src = https://www.visualstudio.com
문자열크기 strlen(src) = 28
문자배열 dst = https://www.visualstudio.com
문자배열 src = 안녕하세요!
문자 : 뒤에는 문자열 ://www.visualstudio.com   이 있다.

함수 strcmp()

문자열 비교와 복사, 그리고 문자열 연결 등과 같은 다양한 문자열 처리는 헤더파일 string.h에 함수원형으로 선언된 라이브러리 함수로 제공된다. 문자열 관련 함수는 대부분 strxxx()로 명명된다. 대표적인 문자열 처리 함수인 strcmp()와 strncmp()는 두 문자열을 비교하는 함수로서 함수 원형은 다음과 같다.

문자열 비교 함수: 헤더파일 string.h 삽입

```
int strcmp(const char * s1, const char * s2);
```

두 인자인 문자열에서 같은 위치의 문자를 앞에서부터 다를 때까지 비교하여 같으면 0을 반환하고, 앞이 크면 양수를,
뒤가 크면 음수를 반환한다.

```
int strncmp(const char * s1, const char * s2, size_t maxn);
```

두 인자 문자열을 같은 위치의 문자를 앞에서부터 다를 때까지 비교하나 최대 n까지만 비교하여 같으면 0을 반환하고,
앞이 크면 양수를, 뒤가 크면 음수를 반환한다.

그림 11-14 문자열 비교 함수

함수 strcmp()는 인자인 두 문자열을 사전(lexicographically) 상의 순서로 비교하는 함수이다.
strncmp()는 두 문자를 비교할 문자의 최대 수를 지정하는 함수이다.

- 비교 방법은 인자인 두 문자열을 구성하는 각 문자를 처음부터 비교해 나간다.
- 비교 기준은 아스키 코드값이다. 두 문자가 같다면 계속 다음 문자를 비교하여 문자가 다를 때
  까지 계속 비교한다.
- 결국 문자가 다른 경우 앞 문자가 작으면 음수, 뒤 문자가 작으면 양수, 같으면 0을 반환한다.
- 대문자가 소문자보다 아스키 코드값이 작으므로 strcmp("java", "javA")는 양수를 반환한다.
- 마지막인 문자 '\0'은 아스키 코드값이 0이므로 다른 어느 문자보다 작다.
- strcmp("ab", "a")는 마지막에 문자 b와 '\0'를 비교하므로 양수를 반환한다.

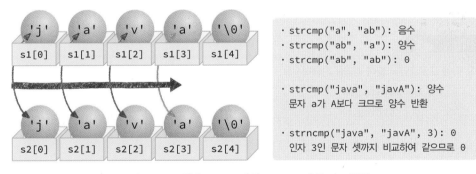

그림 11-15 함수 strcmp()와 strncmp()의 비교 방법

실습예제 11-8	strcmp.c

문자열 비교함수 strcmp()와 strncmp() 사용

```
01   // file: strcmp.c
02   #include <stdio.h>
03   #include <string.h>
04
05   int main(void)
```

```
06   {
07       char *s1 = "java";
08       char *s2 = "java";
09       printf("strcmp(%s, %s) = %d\n", s1, s2, strcmp(s1, s2));
10
11       s1 = "java";
12       s2 = "jav";
13       printf("strcmp(%s, %s) = %d\n", s1, s2, strcmp(s1, s2));
14       s1 = "jav";
15       s2 = "java";
16       printf("strcmp(%s, %s) = %d\n", s1, s2, strcmp(s1, s2));
17       printf("strncmp(%s, %s, %d) = %d\n", s1, s2, 3, strncmp(s1, s2, 3));
18
19       return 0;
20   }
```

설명	09	s1과 s2가 모두 "java"로 같으므로 함수호출 strcmp(s1, s2)는 0임
	13	s1은 "java", s2는 "jav"이므로 함수호출 strcmp(s1, s2)는 양수임
	16	s1은 "jav", s2는 "java"이므로 함수호출 strcmp(s1, s2)는 음수임
	17	s1은 "jav", s2는 "java"이므로 함수호출 strcmp(s1, s2, 3)는 "jav"까지 비교하므로 0임

실행결과	strcmp(java, java) = 0 strcmp(java, jav) = 1 strcmp(jav, java) = -1 strncmp(jav, java, 3) = 0

중간점검

01. 다음 프로그램의 출력 결과를 기술하시오.

```
#include <stdio.h>
#include <string.h>

int main(void)
{
    char str[50];
    int len = strlen("C is the third letter of the English alphabet.") + 1;
    memcpy(str, "C is the third letter of the English alphabet.", len);
    printf("%s\n", str);

    char *ret = memchr(str, 't', strlen(str));
    printf("%s\n", ret);

    return 0;
}
```

문자열 복사와 연결

함수 strcpy()

함수 strcpy()와 strncpy()는 문자열을 복사하는 함수이다. 함수 strcpy()는 앞 인자 문자열 dest 에 뒤 인자 문자열 source를 복사한다. 그러므로 앞 인자가 완전히 뒤 인자로 바뀌게 된다. 첫 번째 인자인 dest는 복사 결과가 저장될 수 있도록 충분한 공간을 확보해야 한다. 함수 strncpy()는 복사되는 최대 문자 수를 마지막 인자 maxn으로 지정하는 함수이다.

문자열 복사 함수

```
char * strcpy(char * dest, const char * source);
```

- 앞 문자열 dest에 처음에 뒤 문자열 null 문자를 포함한 source 를 복사하여 그 복사된 문자열을 반환한다.
- 앞 문자열은 수정되지만 뒤 문자열은 수정될 수 없다.

```
char * strncpy(char * dest, const char * source, size_t maxn);
```

- 앞 문자열 dest에 처음에 뒤 문자열 source에서 n개 문자를 복사하여 그 복사된 문자열을 반환한다.
- 만일 지정된 maxn이 source의 길이보다 길면 나머지는 모두 널 문자가 복사된다. 앞 문자열은 수정되지만 뒤 문자열은 수정될 수 없다.

```
errno_t strcpy_s(char * dest, size_t sizedest, const char * source);
errno_t strncpy_s(char * dest, size_t sizedest, const char * source, size_t maxn);
```

- 두 번째 인자인 sizedest는 정수형으로 dset의 크기를 입력한다.
- 반환형 errno_t는 정수형이며 반환값은 오류번호로 성공하면 0을 반환한다.
- Visual C++에서는 앞으로 함수strcpy_s()와 strncpy_s()의 사용을 권장한다.

그림 11-16 문자열 복사 함수

항상 문자열은 마지막 NULL 문자까지 포함하므로 다음 부분 소스에서 문자배열 d에는 NULL 문자까지 복사된다는 것을 잊지 말자.

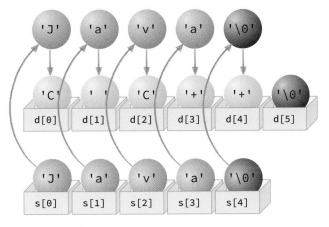

결과는 d에도 "java"가 저장된다.

```
char d[] = "C C++";
char s[] = "Java";
strcpy(d, s);
```

그림 11-17 함수 strcpy()의 기능

strcpy.c

문자열 복사 함수 strcpy()와 strncpy() 사용

```c
01    // file: strcpy.c
02    #define _CRT_SECURE_NO_WARNINGS
03    #include <stdio.h>
04    #include <string.h>
05
06    int main(void)
07    {
08        char dest[80] = "Java";
09        char source[80] = "C is a language.";
10
11        printf("%s\n", strcpy(dest, source));
12        //printf("%d\n", strcpy_s(dest, 80, source));
13        //printf("%s\n", dest);
14        printf("%s\n", strncpy(dest, "C#", 2));
15
16        printf("%s\n", strncpy(dest, "C#", 3));
17        //printf("%d\n", strncpy_s(dest, 80, "C#", 3));
18        //printf("%s\n", dest);
19
20        return 0;
21    }
```

함수 strcpy_s()의 사용 { 12 13 }

함수 strncpy_s()의 사용 { 17 18 }

설명

11   함수호출 strcpy(dest, source)의 결과는 문자열 source 모두를 dest에 복사한 후,
      반환값은 문자 포인터 dest 임

14   함수호출 strncpy(dest, "C#", 2)의 결과는 "C#"을 dest에 2바이트만 복사한 후,
      반환값은 문자 포인터 dest 임

16   함수호출 strncpy(dest, "C#", 3)의 결과는 "C#"을 dest에 3바이트까지 복사하므로
      마지막은 널 문자가 복사되며, 반환값은 문자 포인터 dest 임

실행결과

```
C is a language.
C#is a language.      → "C#"까지 2개의 문자가 복사되므로 앞 2 문자가 문자열 "C#"으로 대체되고 나머지도 모두 출력된다.
C#                    → "C#\0"까지 3개의 문자가 복사되므로 문자열 "C#"이 출력된다.
```

함수 strcat()

하나의 문자열 뒤에 다른 하나의 문자열을 연이어 추가해 연결하려면 함수 strcat()를 사용한다.

● **함수 strcat()는 앞 문자열에 뒤 문자열의 null 문자까지 연결하여, 앞의 문자열 주소를 반환하는 함수이다.**

이 함수에서 앞 인자인 dest의 저장공간이 연결된 문자열의 길이를 모두 수용할 수 있는 공간보다 부족하면 문제가 발생한다. 위와 같은 문제를 예방하기 위한 함수가 strncat() 함수이다. 이 함수는

전달인자의 마지막에 연결되는 문자의 수를 지정하여 그 이상은 연결되지 않도록 한다. 여기서 지정하는 문자 수는 널 문자를 제외한 수이다.

문자열 연결 함수

```
char * strcat(char * dest, const char * source);
```
• 앞 문자열 dest에 뒤 문자열 source를 연결(concatenate)해 저장하며, 이 연결된 문자열을 반환하고 뒤 문자열은 수정될 수 없다.

```
char * strncat(char * dest, const char * source, size_t maxn);
```
• 앞 문자열 dest에 뒤 문자열 source중에서 n개의 크기만큼을 연결(concatenate)해 저장하며, 이 연결된 문자열을 반환하고 뒤 문자열은 수정될 수 없다.
• 지정한 maxn이 문자열 길이보다 크면 null 문자까지 연결한다.

```
errno_t strcat_s(char * dest, size_t sizedest, const char * source);
errno_t strncat_s(char * dest, size_t sizedest, const char * source, size_t maxn);
```
• 두 번째 인자인 sizedest는 정수형으로 dest의 크기를 입력한다.
• 반환형 errno_t는 정수형이며 반환값은 오류번호로 성공하면 0을 반환한다.
• Visual C++에서는 앞으로 함수strcat_s()와 strncat_s()의 사용을 권장한다.

그림 11-18 문자열 연결 함수

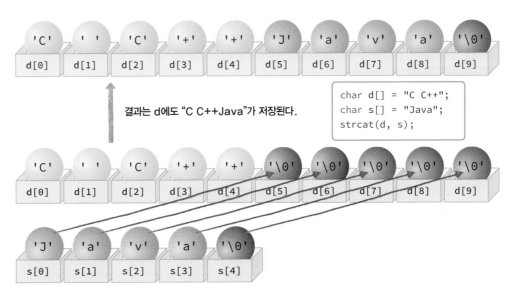

그림 11-19 함수 strcat()의 기능

실습예제 11-10	strcat.c
	문자열 연결 함수 사용

```
01   // file: strcat.c
02   #define _CRT_SECURE_NO_WARNINGS
03   #include <stdio.h>
```

```
04      #include <string.h>

05

06      int main(void)

07      {

08          char dest[80] = "C";

09

10          printf("%s\n", strcat(dest, " is "));

11          //printf("%d\n", strcat_s(dest, 80, " is "));
12          //printf("%s\n", dest);

13          printf("%s\n", strncat(dest, "a java", 2));

14          //printf("%d\n", strncat_s(dest, 80, "a proce", 2));
15          //printf("%s\n", dest);

16          printf("%s\n", strcat(dest, "procedural "));

17          printf("%s\n", strcat(dest, "language."));

18

19          return 0;

20      }
```

함수 strcat_s()의 사용

함수 strncat_s()의 사용

2개 문자인 "a "까지만 뒤에 연결된다.

설명

10 함수호출 strcat(dest, " is ")로 문자열 dest는 "C is "가 됨

13 함수호출 strncat(dest, "a java", 2)로 문자열 dest는 "C is a "가 됨

16 함수호출 strcat(dest, "procedural ")로 문자열 dest는 "C is a procedural "이 됨

17 함수호출 strcat(dest, "language.")로 문자열 dest는 "C is a procedural language."
   가 됨

실행결과

```
C is
C is a
C is a procedural
C is a procedural language.
```

TIP 함수 strcpy()와 strcat()를 이용 시 주의점

함수 strcpy()와 strcat()를 이용 시 첫 번째 인자인 dest는 복사 또는 연결 결과가 저장될 수 있도록 충분한 공간을 확보해야 한다. 또한 문자열 관련 함수에서 단순히 문자열 포인터를 수정이 가능한 문자열의 인자로 사용할 수 없다. 즉 함수 strcpy()와 strcat()에서 첫 인자로 문자열 포인터변수는 사용할 수 없다. 그러므로 다음 소스는 모두 실행 시 오류가 발생한다. 앞으로 설명할 다양한 **문자열 관련 함수에서 자료형이 (char *)인 인자에는 문자열 상수를 사용할 수 없다. 그러나 자료형이 (const char *)인 인자에는 문자열 상수를 사용할 수 있다.**

```
char dest[5] = "C";
char *destc = "C";

strcpy(dest, "Java language");        //실행 시 오류발생
strcpy(destc, " Java language");      //실행 시 오류발생
strcat(dest, " is a language.");      //실행 시 오류발생
strcat(destc, " is a language.");     //실행 시 오류발생
```

01 다음 프로그램의 출력 결과를 기술하시오.

```
#define _CRT_SECURE_NO_WARNINGS
#include <stdio.h>
#include <string.h>

int main()
{
    char destination[100];

    strcpy(destination, "This program is");
    printf("%s\n", strcat(destination, " using library function strcpy & strcat"));

    return 0;
}
```

문자열 분리 및 다양한 문자열 관련 함수

함수 strtok()

함수 strtok()은 문자열에서 구분자(delimiter)인 문자를 여러 개 지정하여 토큰을 추출하는 함수이다. 함수 strtok()에서 첫 번째 인자인 str은 토큰을 추출할 대상인 문자열이며 두 번째 인자인 delim은 구분자로 문자의 모임인 문자열이다. 첫 번째 인자인 str은 문자배열에 저장된 문자열을 사용해야 한다. str은 문자열 상수를 사용할 수 없다.

문자열 분리 함수

```
char * strtok(char * str, const char * delim);
```

- 앞 문자열 str에서 뒤 문자열delim을 구성하는 구분자를 기준으로 순서대로 토큰을 추출하여 반환하는 함수이며, 뒤 문자열 delim은 수정될 수 없다.

```
char * strtok_s(char * str, const char * delim, char ** context);
```

- 마지막 인자인 context는 함수 호출에 사용되는 위치 정보를 위한 인자이며, Visual C++에서는 앞으로 함수 strtok_s()의 사용을 권장한다.

그림 11-20 문자열 추출 함수 strtok()

문자열 "C and C++\t language are best!"에서 구분자를 공백문자 하나인 " "로 지정한 후 토큰을 분리하면 C, and, C++\t, language, are, best! 총 6개의 토큰이 추출된다. 즉 공백문자 분리자를 이용하여 토큰을 분리한다. 다음과 같이 구분자에 더 많은 문자를 삽입하면 분리된 토큰이 많아지든가 아니면 하나 하나의 토큰에서 구분자가 사라진다.

문자열: "C and C++\t language are best!"

- 구분자 delim이 " "인 경우의 토큰: C, and, C++\t, language, are, best! 총 6개
- 구분자 delim이 " \t"인 경우의 토큰: C, and, C++, language, are, best! 총 6개
- 구분자 delim이 " \t!"인 경우의 토큰: C, and, C++, language, are, best 총 6개

그림 11-21 토큰 분리 예

함수 strtok()의 사용방법을 알아보자.

- **문장 ptoken = strtok(str, delimiter);으로 첫 토큰을 추출한다.**

- **결과를 저장한 ptoken이 NULL이면 더 이상 분리할 토큰이 없는 경우이다.**

- 계속 토큰을 추출하려면 while 반복으로 추출된 토큰이 있는지를 (ptoken != NULL) 로 검사하고 NULL을 첫 번째 인자로 다시 strtok(NULL, delimiter)를 호출하면 그 다음 토큰을 반환받을 수 있다.

| 실습예제 11-11 | strtok.c |

문자열에서 지정한 분리자를 사용하여 토큰을 사용

```
01    // file: strtok.c
02    #define _CRT_SECURE_NO_WARNINGS
03    #include <stdio.h>
04    #include <string.h>
05
06    int main(void)
07    {
08       char str1[] = "C and C++\t language are best!";
09       char *delimiter = " ,\t!";       구분자가 공백문자, 쉼표, 수평탭, 느낌표 모두 4개이다.
10       //char *next_token;        함수 strtok_s()의 사용
11
12       printf("문자열 \"%s\"을 >>\n", str1);
13       printf("구분자[%s]를 이용하여 토큰을 추출 >>\n", delimiter);
14       char *ptoken = strtok(str1, delimiter);
15       //char *ptoken = strtok_s(str, delimiter, &next_token);      함수 strtok_s()의 사용
16       while ( ptoken != NULL )
17       {
18          printf("%s\n", ptoken);
19          ptoken = strtok(NULL, delimiter); //다음 토큰을 반환
20          //ptoken = strtok_s(NULL, delimiter, &next_token); //다음 토큰을 반환      함수 strtok_s()의 사용
21       }
                두 번째 호출부터는 첫 인자를 NULL로 호출한다.
22
23       return 0;
24    }
```

설명		
	08	문자열에서 \t는 탭 문자임
	12	원 문자열 출력
	13	구분자 문자열 출력
	14	함수 strtok(str1, delimiter) 호출에 의해 분리되는 문자열 토큰이 저장될 문자 포인터 선언하여 strtok() 호출값을 저장
	16	분리된 토큰이 NULL이 아니면 반복문 실행, 반복문의 몸체는 18행과 19행
	18	분리된 토큰을 한 줄에 출력
	19	두 번째 토큰 추출에서 strtok(NULL, delimiter)으로 호출하여 반환값을 ptoken에 저장

실행결과	
	문자열 "C and C++ language are best!"을 >>
	구분자[, !]를 이용하여 토큰을 추출 >>
	C
	and
	C++
	language
	are
	best

문자열의 길이와 위치 검색

함수 strlen()은 NULL 문자를 제외한 문자열 길이를 반환하는 함수이다. 함수 strlwr()는 인자를 모두 소문자로 변환하여 반환한다. 함수 strupr()는 인자를 모두 대소문자로 변환하여 반환한다. 다음 표는 문자와 관련된 여러 함수를 요약한 표이다.

표 11-2 다양한 문자열 관련 함수

함수원형	
	설명
char * strlwr(char * str); errno_t _strlwr_s(char * str, size_t strsize); //Visual C++ 권장함수	
	문자열 str을 모두 소문자로 변환하고 변환한 문자열을 반환하므로 str은 상수이면 오류가 발생하며, errno_t는 정수형의 오류번호이며, size_t도 정수형으로 strsize는 str의 길이
char * strupr(char * str); errno_t _strupr_s(char * str, size_t strsize); //Visual C++ 권장함수	
	문자열 str을 모두 대문자로 변환하고 변환한 문자열을 반환하므로 str은 상수이면 오류가 발생하며, errno_t는 정수형의 오류번호이며, size_t도 정수형으로 strsize는 str의 길이
char * strpbrk(const char * str, const char * charset);	
	앞의 문자열 str에서 뒤 문자열 charset에 포함된 문자가 나타나는 처음 위치를 찾아 그 주소값을 반환하며, 만일 찾지 못하면 NULL 포인터를 반환
char * strstr(const char * str, const char * strsearch);	
	앞의 문자열 str에서 뒤 문자열 strsearch이 나타나는 처음 위치를 찾아 그 주소값을 반환하며, 만일 찾지 못하면 NULL 포인터를 반환
char * strchr(const char * str, char ch);	
	앞의 문자열 str에서 뒤 문자 ch가 나타나는 처음 위치를 찾아 그 주소값을 반환하며, 만일 찾지 못하면 NULL 포인터를 반환

실습예제 11-12	strfun.c
	다양한 문자열 관련 함수의 이해

```c
01   // file: strfun.c
02   #define _CRT_SECURE_NO_WARNINGS
03   #include <stdio.h>
04   #include <string.h>
05
06   int main(void)
07   {
08      char str[] = "JAVA 2017 go c#";
09      printf("%d\n", strlen("java"));    //java의 길이: 4
10      printf("%s, ", _strlwr(str));       //모두 소문자로 변환
11      printf("%s\n", _strupr(str));       //모두 대문자로 변환
12
13      //문자열 VA가 시작되는 포인터 반환: VA 2013 GO C#
14      printf("%s, ", strstr(str, "VA"));
15      //문자 A가 처음 나타나는 포인터 반환: AVA 2013 GO C#
16      printf("%s\n", strchr(str, 'A'));
17
18      return 0;
19   }
```

설명	08	문자열을 문자배열 str에 저장
	09	strlen("java")은 문자열 길이 4
	10	함수호출 _strlwr(str)로 모든 문자열을 소문자로 변환
	11	함수호출 _strupr(str)로 모든 문자열을 대문자로 변환
	14	함수호출 strstr(str, "VA")은 문자열 str에서 문자열 "VA"가 시작하는 문자열을 반환
	16	함수호출 strchr(str, 'A')은 문자열 str에서 문자 'A'가 시작하는 문자열을 반환

실행결과	4
	java 2017 go c#, JAVA 2017 GO C#
	VA 2017 GO C#, AVA 2017 GO C#

TIP _strupr()와 _strlwr()에서의 인자는 반드시 문자 배열로 사용

다음 소스는 문법오류는 없으나 실행 시 오류가 발생한다. _strupr()와 _strlwr()에서의 인자는 변환된 문자열이 다시 저장되어야 하므로 반드시 저장 가능한 문자 배열을 사용해야 한다.

```c
printf("%s\n", _strupr("project")); //실행오류
printf("%s\n", _strlwr("PROJECT")); //실행오류
```

01 다음 함수 strpbrk()의 설명을 참고로 다음 프로그램의 출력 결과를 기술하시오.

```
char * strpbrk(const char * str, const char * charset);
```
앞의 문자열 str에서 뒤 문자열 charset에 포함된 문자가 나타나는 처음 위치를 찾아 그 주소값을 반환하며, 만일 찾지 못하면 NULL 포인터를 반환

```c
#include <stdio.h>
#include <string.h>

int main(void)
{
    char *str = "strpbrk()strcat()strcpy()";
    printf("%s\n", strpbrk(str, "cpy"));


    return 0;
}
```

함수 memcpy()를 사용하여 문자열 상수를 배열에 저장하여 출력한 후, 함수 reverse()를 호출하여 문자열을 역순으로 저장한 후 다시 그 결과를 출력해보도록 한다. 함수 reverse()는 문자열 배열을 역순으로 저장하는 함수이다.

- char 일차원 배열 s[50]를 선언하여 함수 memcpy()로 문자열 "C Programming!"을 저장
- 함수 reverse(char str[])는 문자열 str을 역순으로 다시 저장
- 다음 결과와 같이 원 문자열과 역순 문자열을 출력

```
C Programming!
!gnimmargorP C
```

Lab 11-2 strreverse.c

```
01  // strreverse.c:
02  #include <stdio.h>
03  #include _____
04
05  void reverse(char str[]);
06
07  int main(void)
08  {
09     char s[50];
10     _____(s, "C Programming!", strlen("C Programming!")+1);
11     printf("%s\n", s);
12
13     reverse(s);
14     printf("%s\n", s);
15
16     return 0;
17  }
18
19  void reverse(char str[])
20  {
21     for (int i = 0, j = strlen(str) - 1; i < j; i++, j--)
22     {
23        char c = str[i];
```

```
24            ------------------
25        str[j] = c;
26      }
27  }
```

| 정답 | 03 | #include <string.h> |

```
정답   03    #include <string.h>
       10    memcpy(s, "C Programming!", strlen("C Programming!")+1);
       24         str[i] = str[j];
```

여러 문자열 처리

문자 포인터 배열과 이차원 문자 배열

문자 포인터 배열

여러 개의 문자열을 처리하는 하나의 방법은 문자 포인터 배열을 이용하는 방법이다. 하나의 문자 포인터가 하나의 문자열을 참조할 수 있으므로 문자 포인터 배열은 여러 개의 문자열을 참조할 수 있다. 다음 포인터 배열 pa의 선언 문장에 의한 메모리 구조를 살펴보면 다음과 같다.

```
char *pa[] = {"JAVA", "C#", "C++"};   배열의 크기는 문자열 개수인 3을 지정하거나 빈 공백으로 한다.
//각각의 3개 문자열 출력
printf("%s ", pa[0]); printf("%s ", pa[1]); printf("%s\n", pa[2]);
```

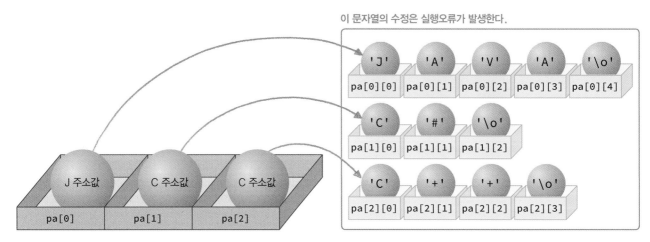

그림 11-22 문자 포인터 배열을 이용한 여러 개의 문자열 처리

문자 포인터 배열 이용 방법은 각각의 문자열 저장을 위한 최적의 공간을 사용하는 장점을 갖는다. 그러나 이러한 문자 포인터를 사용해서는 문자열 상수의 수정은 불가능하다. 즉 문장 pa[0][2] = 'v';와 같이 문자열의 수정은 실행오류가 발생한다. 문자 포인터 배열 pa를 이용하여 각 문자열을 출력하려면 pa[i]로 형식제어문자 %s를 이용한다.

이차원 문자 배열

여러 개의 문자열을 처리하는 다른 방법은 문자의 이차원 배열을 이용하는 방법이다. 배열선언에서 이차원 배열의 열 크기는 문자열 중에서 가장 긴 문자열의 길이보다 1 크게 지정해야 한다. 그러므로 가장 긴 문자열 "java"보다 1이 큰 5를 2차원 배열의 열 크기로 지정한다. 물론 이차원 배열의 행의 크기는 문자열 수에 해당하므로 3으로 지정하거나 공백으로 비워 둔다. 이차원 배열 ca의 메모리 구조는 다음과 같다.

```
char ca[][5] = {"JAVA", "C#", "C++"};
//각각의 3개 문자열 출력
printf("%s ", ca[0]); printf("%s ", ca[1]); printf("%s\n", ca[2]);
```

첫 번째(행) 크기는 문자열 갯수를 지정하거나 빈 공백으로 두며, 두 번째(열) 크기는 문자열 중에서 가장 긴 문자열의 길이보다 1크게 지정한다.

이 문자열의 수정은 실행오류가 발생한다.

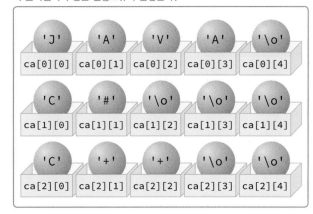

그림 11-23 이차원 문자배열을 이용한 여러 문자열 처리

위 구조는 문자의 이차원 배열에서 모든 열 수가 동일하게 메모리에 할당된다. 그러므로 여러 문자열의 길이가 서로 다른 경우에는 '\0' 문자가 들어가 낭비되는 메모리 공간이 있을 수 있다. 그러나 이러한 이차원 문자열 배열을 사용한 문자열 처리는 문자열을 수정할 수 있는 장점이 있다. 즉 문장 ca[0][2] = 'v';와 같이 원하는 문자 수정이 가능하다. 문자 이차원 배열 ca를 이용하여 각 문자열을 출력하려면 ca[i]로 형식제어문자 %s를 이용한다.

실습예제 11-13 strarray.c

여러 개의 문자열을 선언과 동시에 저장하고 처리하는 방법

```
01    // file: strarray.c
02    #include <stdio.h>
03
04    int main(void)
05    {
06        char *pa[] = { "JAVA", "C#", "C++" };
07        char ca[][5] = { "JAVA", "C#", "C++" };
08
09        //각각의 3개 문자열 출력
```

```
10      //pa[0][2] = 'v';     //실행 오류 발생
11      //ca[0][2] = 'v';     //수정 가능
12      printf("%s ", pa[0]); printf("%s ", pa[1]); printf("%s\n", pa[2]);
13      printf("%s ", ca[0]); printf("%s ", ca[1]); printf("%s\n", ca[2]);
14
15      //문자 출력
16      printf("%c %c %c\n", pa[0][1], pa[1][1], pa[2][1]);
17      printf("%c %c %c\n", ca[0][1], ca[1][1], ca[2][1]);
18
19      return 0;
20   }
```

> 문자열을 구성하는 각각의 문자를 출력하려면 pa[i][j]와 ca[i][j]을 형식제어문자 %c로 출력한다.

설명	
06	문자 포인터 배열 pa를 선언하여 초기값으로 세 개의 문자열을 저장
07	열 크기가 3인 이차원 문자배열 ca를 선언하면서 초기값으로 "JAVA", "C#", "C++"을 저장
12	pa[0], pa[1], pa[2] 모두 문자열을 가리키는 포인터로 함수 printf()에서 %s로 문자열 출력 가능
13	ca[0], ca[1], ca[2] 모두 문자열을 가리키는 포인터로 함수 printf()에서 %s로 문자열 출력 가능
16	pa[0][1], pa[1][1], pa[2][1] 모두 세 문자열에서 모두 두 번째 문자가 저장된 변수로 함수 printf()에서 %c로 문자 출력 가능
17	ca[0][1], ca[1][1], ca[2][1] 모두 세 문자열에서 모두 두 번째 문자가 저장된 변수로 함수 printf()에서 %c로 문자 출력 가능

실행결과	
	JAVA C# C++
	JAVA C# C++
	A # +
	A # +

중간점검

01 다음과 같은 출력 결과가 나오도록 다음 부분 소스를 완성하시오.

```
┌─────────────────────────────┐
│                             │
│                             │
│                             │
└─────────────────────────────┘
for (int i = 0; i < 4; i++)
{
    printf("state %d: %s\n", i, states[i]);
}
```

```
state 0: California
state 1: Oregon
state 2: Washington
state 3: Texas
계속하려면 아무 키나 누르십시오 . . .
```

명령행 인자

main(int argc, char *argv[])

다음 도스 창(command prompt)을 살펴보면 도스 명령어로 "dir /w"를 사용한다. 만일 우리가 프로그램 dir를 개발한다면 옵션에 해당하는 "/w"를 어떻게 인식할까?

- 다음과 같이 **명령행에서 입력하는 문자열을 프로그램으로 전달하는 방법이 명령행 인자 (command line arguments)를 사용하는 방법이다.**

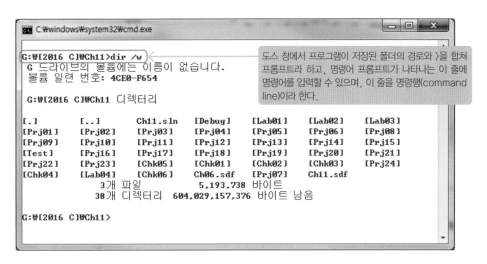

그림 11-24 도스 명령어의 옵션

프로그램에서 명령행 인자는 main() 함수의 인자로 기술된다. 지금까지는 명령행 인자를 이용하지 않고 main()의 인자를 void로 기술하였다.

- 프로그램에서 명령행 인자를 받으려면 main() 함수에서 두 개의 인자 argc와 argv를 (int argc, char * argv[])로 기술해야 한다.
- 매개변수 argc는 명령행에서 입력한 문자열의 수이며 argv[]는 명령행에서 입력한 문자열을 전달 받는 문자 포인터 배열이다.
- **여기서 주의할 점은 실행 프로그램 이름도 하나의 명령행 인자에 포함된다는 사실이다.**

다음은 명령행에서 실행파일의 이름이 commandarg이고 옵션으로 C# C++ Java로, 프로그램을 실행한 결과를 보이고 있다. 이와 같은 명령행 인자로 프로그램을 실행하면 다음과 같은 구조의 문자열이 전달된다.

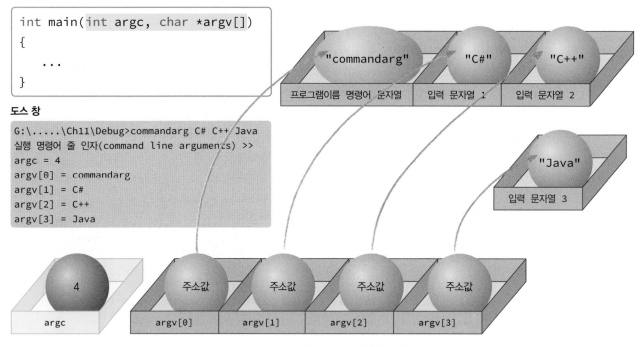

```
int main(int argc, char *argv[])
{
    ...
}
```

도스 창

```
G:\.....\Ch11\Debug>commandarg C# C++ Java
실행 명령어 줄 인자(command line arguments) >>
argc = 4
argv[0] = commandarg
argv[1] = C#
argv[2] = C++
argv[3] = Java
```

그림 11-25 명령행 인자와 매개변수

Visual C++에서 명령행 인자를 설정하려면 메뉴 [프로젝트/{프로젝트이름} 속성…]를 누르거나 단축 키 Alt+F7을 눌러 다음 대화상자에서 설정한다.

● 명령행 인자 설정 방법은 대화상자 [{프로젝트이름} 속성 페이지]의 항목 [디버깅]을 누르고 중간의 [명령 인수]의 입력 상자에 인자를 기술한다.

● 이 입력 상자에는 실행파일 이름 뒤의 옵션만을 기술하면 된다.

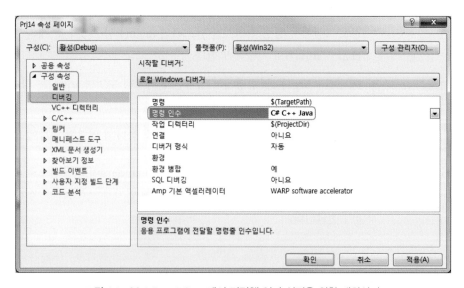

그림 11-26 Visual C++에서 명령행 인자 설정을 위한 대화상자

commandarg.c

명령행 인자 출력

```c
01    // file: commandarg.c
02    #include <stdio.h>
03
04    int main(int argc, char *argv[])
05    {
06        int i = 0;
07
08        printf("실행 명령행 인자(command line arguments) >>\n");
09        printf("argc = %d\n", argc);
10        for (i = 0; i < argc; i++)
11            printf("argv[%d] = %s\n", i, argv[i]);
12
13        return 0;
14    }
```

설명

04 명령행 인자를 처리하려면 main()의 매개변수를 "int argc, char *argv[]"로 기술하는데, argc(argument count)에 인자의 수가, argv(argument variables)에는 인자인 여러 개의 문자열의 포인터가 저장된 배열이 전달됨

09 인자의 수인 argc를 출력

10 제어변수인 i는 0부터 argc보다 작을 때까지 반복을 수행

11 제어변수인 i를 사용하고, 문자열 배열 argv[i]를 참조하여 명령행 인자인 각각의 문자열을 출력

실행결과

```
실행 명령행 인자(command line arguments) >>
argc = 4
argv[0] = G:\[2016 C]\Ch11\Debug\Prj14.exe
argv[1] = C#
argv[2] = C++
argv[3] = Java
```

> 개발도구에서 실행하면 첫 번째 인자는 폴더를 포함한 실행프로그램 이름이 지정된다.

다음은 위 프로그램을 도스 창에서 실행한 결과이다. 도스 창에서 실행한 경우, 실행 결과의 첫 인자 값이 실행파일 이름이며, Visual C++에서 실행하면 전체 경로를 포함한 실행파일의 이름이 표시된다.

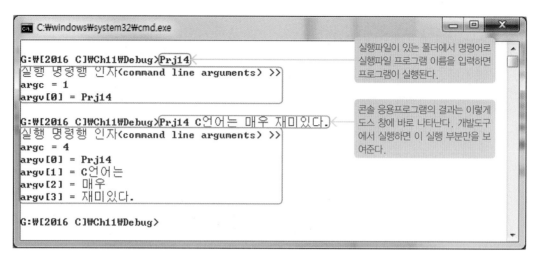

실행파일이 있는 폴더에서 명령어로
실행파일 프로그램 이름을 입력하면
프로그램이 실행된다.

콘솔 응용프로그램의 결과는 이렇게
도스 창에 바로 나타난다. 개발도구
에서 실행하면 이 실행 부분만을 보
여준다.

그림 11-27 도스 창에서 commandarg 실행

중간점검

01 C 언어에서 명령행 인자를 처리하기 위한 main() 함수의 헤드를 기술하시오.

02 다음 프로그램의 이름이 project라고 가정하면 다음 명령행 실행으로 프로그램의 출력 결과를 기술하시오.

```
project command
```

```c
#include <stdio.h>

int main(int argc, char *argv[])
{
    if (argc == 2)
    {
        printf("인자: %s\n", argv[1]);
    }
    else
    {
        printf("인자가 맞지 않습니다.\n");
    }
}
```

여러 문자열을 각각의 일차원 문자배열 str1, str2, str3에 저장한 후, 문자 포인터 배열 pstr을 선언하면서 문자배열 이름을 초기화로 저장한다. 변수 str1, str2, str3와 pstr을 사용해 저장된 문자열과 문자를 적절히 출력해보도록 한다.

- char 일차원 배열 str1, str2, str3을 선언하면서 문자열 "JAVA", "C#", "C++"를 저장
- char 포인터 배열 pstr을 선언하면서 문자열 포인터인 str1, str2, str3을 저장
- 다음 결과와 같이 문자열과 문자를 출력

```
JAVA C# C++
J # +
A # +
```

| Lab 11-3 | strprocess.c |

```c
01  // file: strprocess.c
02  #include <stdio.h>
03
04  int main(void)
05  {
06     char str1[] = "JAVA";
07     char str2[] = "C#";
08     char str3[] = "C++";
09
10     char *pstr[] = { _____ };
11
12     //각각의 3개 문자열 출력
13     printf("%s ", pstr[0]);
14     printf("%s ", _____);
15     printf("%s\n", pstr[2]);
16
17     //문자 출력
18     printf("%c %c %c\n", str1[0], str2[1], str3[2]);
19     printf("%c %c %c\n", pstr_____, pstr_____, pstr_____);
20
21     return 0;
22  }
```

```
10      char *pstr[] = { str1, str2, str3 };
14      printf("%s ", pstr[1]);
19         printf("%c %c %c\n", pstr[0][1], pstr[1][1], pstr[2][1]);
```

01 한 행을 표준입력으로 입력 받은 문자열의 길이를 구하는 함수 mystrlen()을 구현하여 라이브러리 strlen()과 결과를 비교하는 프로그램을 작성하시오.

- int mystrlen(const char *p)
- 한 행을 표준입력으로 입력 받는 것은 라이브러리 gets() 사용

02 앞의 문자열에 뒤 문자열을 연결하는 함수 mystrcat()를 구현하여 다음을 예로 함수 mystrcat()의 결과를 출력하는 프로그램을 작성하시오.

- void mystrcat(char s1[], const char s2[]) : 라이브러리 strcat()와 같이 s1 뒤에 s2를 붙여 연결하는 함수

```
char s1[50] = "C ";
mystrcat(s1, "programming language");
```

03 다음 조건을 만족하고 라이브러리 함수 gets()로 표준입력 받은 두 문자열을 연결하여 출력하는 프로그램을 작성하시오.

- 위에서 구한 함수 mystrcat()를 사용

04 앞의 문자열에서 뒤 문자를 삭제하는 함수 delchar()를 구현하여 다음을 예로 함수 delchar()의 결과를 출력하는 프로그램을 작성하시오.

- void delchar(char str[], const char ch) : str에서 문자 ch를 삭제한 문자열을 반영하는 함수
- 다음 변수를 사용하며, 라이브러리 strcpy()를 사용하여 문자배열 str에 문자열 "java"를 저장
- 문자배열 str에서 문자 ch를 삭제하도록 delchar()를 호출

```
char str[20];
char ch = 'a';
```

05 다음 조건을 만족하고 라이브러리 함수 gets()와 scanf()로 표준입력 받은 하나의 문자열과 문자를 사용하여 함수 delchar()를 테스트하여 출력하는 프로그램을 작성하시오.

- 표준입력으로 받은 문자열과 문자 출력
- 위에서 구한 함수 mystrcat()를 사용하여 문자열에서 문자를 삭제한 결과를 출력

06 한 단어를 표준입력으로 입력 받아 각각의 단어를 구성하는 문자를 역순으로 출력하는 프로그램을 작성하시오.

```
한 단어를 입력하세요. -> programming
입력한 단어를 반대로 출력합니다. -> gnimmargorp
```

07 문자를 하나 입력 받아 아스키 코드값을 출력하는 프로그램을 작성하시오.

08 한 줄의 문자열을 표준입력으로 입력 받아 단어의 문자를 역순으로 출력하는 프로그램을 작성하시오.

```
한 줄의 문장을 입력하세요. ->
I've compiled with c++ powerpoint presentation

입력한 각각의 단어를 반대로 출력합니다. ->
ev'I delipmoc htiw ++c tnioprewop noitatneserp
```

09 여러 줄의 문자열을 표준입력으로 입력 받아 구두점의 수를 구하여 출력하는 프로그램을 작성하시오.

- 구두점인지는 함수 ispunct()를 사용하여 판단

10 다음 내용을 참고로, 정수 형태의 문자열을 정수로 반환하는 함수를 구현하고 결과를 알아보는 프로그램을 작성하시오.

- 문자열 "4356"은 정수 4356으로, 다음 두 함수에 대하여 모두 출력
- 라이브러리 함수 atoi()를 사용해 출력, 함수 atoi()의 함수원형은 stdlib.h에 정의되어 있으며 문자열 str을 정수로 변환하는 함수

    ■　int atoi(const char *str);

- 직접 구현한 함수 toint()도 사용하여 다음과 같이 출력

    ■　int toint(const char *str);

    ```
    정수를 하나 입력하세요. -> 76843
    76843
    먼저 함수 atoi()를 이용한 정수 -> 76843
    직접 구현한 함수를 이용한 정수 -> 76843
    ```

11 위 문제에서 직접 구현한 함수 toint()를 이용하여 명령행에 입력된 두 정수를 더한 결과를 출력하는 프로그램을 작성하시오.

12 한 줄의 문자열을 표준입력으로 입력 받아 영문자의 대문자는 소문자로, 소문자는 대문자로 변환하여 출력하는 프로그램을 작성하시오.

- 함수 tolower()와 toupper()를 이용

```
영문 문장을 입력하세요. ->
South Korea took its first steps to penalize North Korea for its artillery

위에서 입력한 문자열에서 대문자와 소문자를 반대로 변환하면 ->
sOUTH kOREA TOOK ITS FIRST STEPS TO PENALIZE nORTH kOREA FOR ITS ARTILLERY
```

13 다음 내용을 참고로 여러 줄에 걸쳐 문장을 입력 받아 줄마다 입력된 문자열에서 모든 단어를 추출해 각각의 단어의 길이를 출력하는 프로그램을 작성하시오.

- 10줄 이하의 여러 줄에 원하는 문장을 입력하고, 입력이 다 되었으면 새로운 줄 처음에 키 ctrl+Z, 그리고 Enter 키를 입력하면 결과가 출력되도록 한다.

- 토큰은 빈칸, 쉼표(,), 마침표(.), 느낌표(!) 그리고 탭(\t)으로 구분되는 단어로 길이와 토큰 문자열을 출력한다.

```
여러 줄에 원하는 문장을 입력하세요.
입력이 다 되었으면 새로운 줄 처음에 ctrl+Z, 그리고 Enter를 입력하세요.

One of the most potentially intrusive technologies for
profiling and targeting Internet users with ads,
^Z

<< 1줄에 입력한 단어(토큰) 출력 >>
strlen(One) = 3
strlen(of) = 2
strlen(the) = 3
strlen(most) = 4
strlen(potentially) = 11
strlen(intrusive) = 9
strlen(technologies) = 12
strlen(for) = 3
<< 2줄에 입력한 단어(토큰) 출력 >>
strlen(profiling) = 9
strlen(and) = 3
strlen(targeting) = 9
strlen(Internet) = 8
strlen(users) = 5
strlen(with) = 4
strlen(ads) = 3
```

14 표준입력으로 받은 정수를 그 값을 표현하는 문자열로 출력하는 프로그램을 작성하시오.

- 정수는 1000보다 작은 정수로 입력 받으며, 출력은 다음과 같이 하도록

```
10000보다 작은 정수 하나를 입력하세요. -> 3496
입력한 정수는 [삼천 사백 구십 육]입니다.
```

포인터 | 배열 | 함수 | 문자 | 문자열

프로젝트 내용

● N개의 정수 배열에서 오름차순으로 정렬하기

목적

● 버블 정렬 알고리즘의 이해와 배열 처리

버블 정렬

[물방울이 물속에서 올라 오듯이 정렬되는 과정을 비유하여 버블정렬이라 명명]

● 이웃한 두 배열 원소 비교

- 배열의 첨자 순서대로 이웃한 배열 원소 두 개를 비교하여 오름차 순이 아니면 두 원소를 교환(swap)하는 과정을 배열 첨자 마지막까지 수행

- 이 과정(step)을 한번 거치면 배열의 마지막에는 가장 큰 수가 저장됨

- 매 과정을 여러 번 거치면 정렬이 완료된 오른쪽 수가 하나씩 증가되므로 최대 n-1번 과정이 지나면 모두 정렬

● 배열 원소 -2, 45, 0, 11, -9 를 예로 들자면

- 처음에 (-2,45)를 비교하여 오름순이므로 그대로, 다음 (45, 0)을 비교하면 역순이므로 (0, 45)로 서로 교환, 이를 마지막까지 수행하면 -2, 0, 11, -9, 45가 되어 마지막 원소인 45는 정렬이 완료

- 두 번째 과정에서는 처음에 (-2, 0)를 비교하여 그대로, 다음 (0, 11)을 비교하여 그대로, (11, -9)를 비교하면 역순이므로 (-9, 11)로 서로 교환, 이를 마지막까지 수행하면 -2, 0, -9, 11, 45가 되어 마지막 2 개의 원소인 11, 45는 정렬이 완료

- 마찬가지로 세 번째 과정 결과로 -2, -9, 0, 11, 45가 되어 마지막 3 개의 원소인 0, 11, 45는 정렬이 완료

- 마지막 네 번째 과정 결과로 -9, -2, 0, 11, 45가 되어 모든 5 개가 모두 정렬 완료

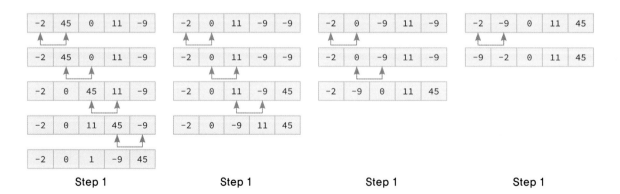

주요 입출력

[입력]

● 처리할 자료의 수와 정수 값

[출력]

● 버블정렬 처리 과정과 결과 출력

프로그래밍 요소

주요 자료와 함수

● 정수형 일차원 배열: 정렬할 자료 값을 저장할 배열

● void bubble_sort(int p[], int num): num 개의 배열 p를 버블 정렬

  ■ 최대 num-1 번의 과정을 거쳐야 하나 중간에 이미 정렬이 완료되면 계속 정렬을 수행할 필요가 없는데, 이에 해당되는 로직을 적절히 코딩

처리

● 제일 먼저 입력할 자료 수를 입력 받고 계속해서 자료 수 만큼의 정수를 입력 받아 함수 bubble_sort()를 사용하여 정렬과정과 결과를 출력

● 두 자료의 교환 모듈

```
//서로 교환
int temp = p[j];
p[j] = p[j + 1];
p[j + 1] = temp;
```

결과 사례

```
정렬할 정수의 갯수는(20개 이하)? >> 8

정렬할 정수 8개를 입력하세요. >> 87 54 28 56 7 37 98 21

입력 원 자료:    87    54    28    56     7    37    98    21
순회 횟수 1:     54    28    56     7    37    87    21    98
순회 횟수 2:     28    54     7    37    56    21    87    98
순회 횟수 3:     28     7    37    54    21    56    87    98
순회 횟수 4:      7    28    37    21    54    56    87    98
순회 횟수 5:      7    28    21    37    54    56    87    98
순회 횟수 6:      7    21    28    37    54    56    87    98
순회 횟수 7:      7    21    28    37    54    56    87    98
```

디지털 한 자리 숫자 출력

포인터 | 배열 | 함수 | 문자 | 문자열

프로젝트 내용

- 0에서 5까지의 디지털 숫자를 만들어 요청한 한 자리의 숫자를 출력하는 시뮬레이션

목적

- 삼차원 배열의 활용과 입출력 함수 scanf()와 printf()의 활용

주요 입출력

[입력]

- 단 단위 정수: 0에서 5까지의 정수

[출력]

- 디지털 숫자: 입력에 해당되는 디지털 숫자를 출력

프로그래밍 요소

주요 자료

- 삼차원 배열: 디지털 숫자를 저장할 삼차원 배열 char LCD[숫자종류][LOW][COL]로 선언하면서 그 내부에 디지털 숫자를 나타내는 문자를 다음과 같이 적절히 대입, 한 예로 다음 소스는 삼차원 배열에 5 x 5의 디지털 숫자 0을 표현한 삼차원배열 선언

  ```
  char LCD[][LOW][COL] = {
     {     " |||",
           " | |",
           "|   |",
           "|   |",
           "|||||" }
  };
  ```

  - 숫자종류는 0에서 5까지이므로 6으로 지정, LOW는 하나의 디지털 숫자 표현의 세로길이, COL은 (가로길이+1)

- 정수형 변수: 0에서 5까지의 입력 받을 정수 저장

처리

- 입력 받은 정수에 해당하는 디지털 숫자를 출력, 즉 LCD[입력숫자][]의 모든 행을 출력, 즉 입력 받은 숫자가 1이면 LCD[1]의 모든 행과 열을 출력하면 결과 출력

  - 예로 4를 출력하려면 LCD[4][0], LCD[4][1], LCD[4][2], LCD[4][3], LCD[4][4] 를 출력

결과 사례

```
0 ~ 5 사이의 숫자 하나 입력 >> 4


        |   |
        |   |
        |||||
            |
            |
```

함수 | 문자 | 문자열

프로젝트 내용

- n개의 소수(prime number)를 출력하고, 정수가 회수(palindrome number)임을 판정하는 함수 구현

목적

- 소수와 회수를 알아보는 함수를 구현하고 호출

소수와 회수

[소수]

- 1과 자기자신 이외의 약수가 없는 수로, 2, 3, 5, 7 등

[회수]

- 앞 뒤가 같은 수를 말하며, 121, 12321, 123321 등의 수

주요 입출력

[입력]

- N개의 소수를 출력할 N과 회수임을 판정할 임의의 수

[출력]

- 2부터 n 개의 소수와 표준입력된 수의 회수 판정

프로그래밍 요소

주요 함수

- void printprime(int n)
  - 2부터 n 개의 소수를 출력: 3부터 자기자신보다 작은 홀수에 대해 나누어지는지 검사하여 모두 나누어지지 않으면 소수
- int ispalindrome(int n)
  - 인자 n의 회수 판정: 순서가 뒤집힌 역수를 구하여 동일한 지를 검사

결과 사례

```
2 부터 몇 개의 소수(prime number)를 출력할까요 >> 50

  2   3   5   7  11  13  17  19  23  29
 31  37  41  43  47  53  59  61  67  71
 73  79  83  89  97 101 103 107 109 113
127 131 137 139 149 151 157 163 167 173
179 181 191 193 197 199 211 223 227 229

앞뒤가 같은 회수(palindrome number)인지 검사할 수 입력 >> 345543
345543: 앞뒤가 같은 회수(palindrome number)입니다.
```

포인터 | 배열 | 함수 | 문자 | 문자열

프로젝트 내용

● 0에서 9까지의 디지털 숫자를 만들어 지정된 정수를 출력하는 시뮬레이션

목적

● 삼차원 배열 및 문자의 활용과 입출력 함수 scanf()와 printf()의 활용

주요 입출력

[입력]

● 0 또는 양의 정수, 음수이면 종료

[출력]

● 디지털 숫자: 입력에 해당되는 디지털 정수를 출력

프로그래밍 요소

주요 자료와 함수

● 삼차원 배열: 디지털 숫자를 저장할 삼차원 배열 char LCD[10][LOW][COL]로 선언하면서 그 내부에 디지털 숫자를 나타내는 문자를 다음과 같이 적절히 대입, 한 예로 다음 소스는 삼차원 배열에 5 x 5의 디지털 숫자 0을 표현한 삼차원배열 선언

```
char LCD[][LOW][COL] = {
    {   " |||",
        " | |",
        "|   |",
        "|   |",
        "|||||" }
};
```

  ■ 숫자종류는 0에서 9까지이므로 10으로 지정, LOW는 하나의 디지털 숫자 표현의 세로길이, COL은 (가로길이+1)

● 정수형 변수: 0 또는 양의 정수 저장

● 문자형 배열: 위의 입력 받은 정수를 문자열 형태로 저장한 배열

● void printLCD(char *dgt, char LCD[][LOW][COL])

  ■ dgt에 해당하는 정수 형태를 LCD 모양에서 출력하는데, 한 행에 여러 숫자의 행들을 출력

  ■ 만일 '436'이라면 첫 행에 4에 해당하는 첫 줄 출력 후, 계속해서 3에 해당하는 첫 줄 출력 후, 다시 계속해서 6에 해당하는 첫 줄 출력한 이후에 새로운 줄로 넘어가서, 다시 두 번째 행에 4에 해당하는 두 번째 줄 출력 등으로 출력

처리

● 여러 번 반복 수행하기 위해 입력 받은 정수가 0 또는 양수이면 변환 출력하고 계속 다음 입력으로 수행하나 음수이면 종료

● 입력 받은 정수를 문자열로 변환해서 처리하기 위해 라이브러리 _itoa() 함수 이용

  ■ _itoa(input, numdigit, 10)로 호출하는데, 두 번째 인자가 문자열을 저장할 문자 배열

- 디지털 정수를 출력하기 위해 구현한 함수 printLCD() 호출
  - printLCD(numdigit, LCD)로 호출하는데, 첫 번째 인자는 위에서 구한 정수의 문자열 형태

결과 사례

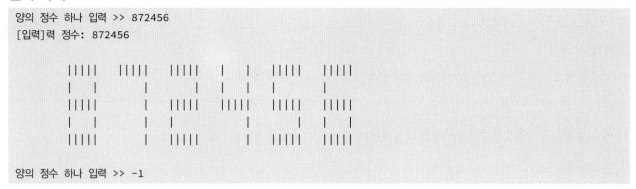

포인터 | 배열 | 함수 | 문자 | 문자열

프로젝트 내용

- 명령어 행 인자로 여러 개의 정수형태를 입력하여 이 정수들의 기본 통계자료를 출력

목적

- 정수 형태의 문자열을 정수로 변환하여 이 값을 배열에 저장한 후 통계자료를 처리

주요 입출력

[입력]

- 명령어 행 인자로 10 20 30 54 65 등으로 여러 개의 정수 형태의 인자를 입력

[출력]

- 정수 인자와 이 자료의 합, 평균, 분산, 표준편차 구하기

프로그래밍 요소

주요 자료

- 정수 또는 실수의 일차원 배열: 정수 형태의 명령행 인자를 숫자로 변환하여 배열 data에 저장

    - 이 배열 자료에서 기본 통계자료인 합, 평균, 분산, 표준편차 구하기

처리

- 명령행 인자를 숫자로 변환하여 저장한 배열 data를 먼저 출력한 후, 합, 평균, 분산, 표준편차 결과 출력

결과 사례

```
=========== 자료 처리 ============
입력자료: 10  20  33  56  76  34  65
자료 합: 294.00
자료 평균: 42.00
자료 분산: 2268.86
자료 표준편차: 47.6325
계속하려면 아무 키나 누르십시오 . . .
```

12

CHAPTER

변수 유효범위

학습목표

▶ **변수 유효범위를 이해하고 설명할 수 있다.**
- 지역변수, 자동변수를 선언하고 사용
- 전역변수를 선언하고 사용
- 키워드 extern의 필요성과 사용 방법

▶ **정적 변수와 레지스터 변수를 이해하고 설명할 수 있다.**
- 기억 부류 auto, static, register, extern
- 지역 정적 변수와 전역 정적 변수의 필요성과 사용

학습목차

12 ①　전역변수와 지역변수

변수 범위와 지역변수

변수 scope

변수의 참조가 유효한 범위를 변수의 유효 범위(scope)라 한다. 변수의 유효 범위는 크게 **지역 유효 범위(local scope)와 전역 유효 범위(global scope)**로 나눌 수 있다.

- **지역 유효 범위는 함수 또는 블록 내부에서 선언되어 그 지역에서 변수의 참조가 가능한 범위**이다.

- 전역 유효 범위는 다시 2가지로 나눌 수 있다. 하나는 하나의 파일에서만 변수의 참조가 가능한 범위이다. 다른 하나는 프로젝트를 구성하는 모든 파일에서 변수의 참조가 가능한 범위이다.

그림 12-1 변수의 유효범위

하나의 프로젝트는 여러 파일로 구성될 수 있다. 다음은 파일 main.c, 그리고 파일 sub1.c와 sub2.c로 구성되는 프로그램이다.

- 파일 main.c의 상단에 선언된 global은 프로젝트 전체 파일에서 사용될 수 있는 전역변수이다.

- 파일 main.c의 함수 asub()에서 선언된 local은 함수 내부에서만 사용될 수 있는 지역변수이다.

- 파일 sub2.c의 상단에 선언된 staticvar는 파일 sub2.c에서 사용될 수 있는 전역변수이다.

- 파일sub1.c에서 파일 main.c의 상단에 선언된 global을 사용하려면 extern int global로 선언이 필요하다.

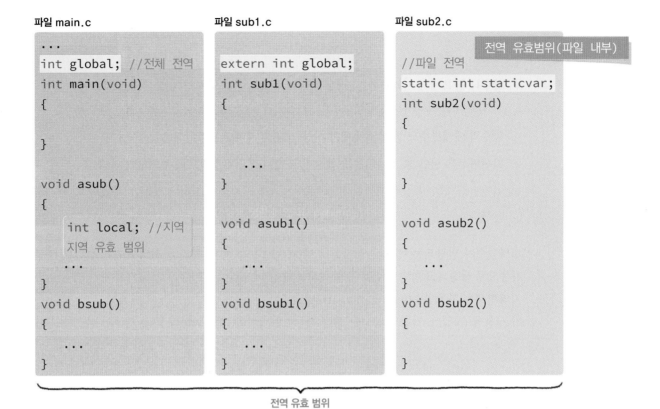

| 파일 main.c | 파일 sub1.c | 파일 sub2.c |

```
...
int global; //전체 전역
int main(void)
{

}

void asub()
{
    int local; //지역
    지역 유효 범위
    ...
}
void bsub()
{

    ...

}
```

```
extern int global;
int sub1(void)
{

    ...

}

void asub1()
{

    ...

}
void bsub1()
{

    ...

}
```

```
//파일 전역
static int staticvar;    전역 유효범위(파일 내부)
int sub2(void)
{

}

void asub2()
{
    ...

}
void bsub2()
{

}
```

전역 유효 범위
(프로젝트의 여러 파일 내부)

그림 12-2 변수의 유효 범위(지역, 전체 파일 전역, 현재 파일 전역)

지역변수

지금까지 우리가 사용한 변수는 함수나 블록 내부에서 선언되어 사용한 지역 변수이다. 카드를 예로 들자면, 한국에서만 사용되는 카드와 세계 전역에서 사용되는 카드가 있을 수 있다. **국내 전용 카드가 지역 변수라면 국내외 사용 카드는 전역 변수**라 한다.

전역 변수   지역 변수

그림 12-3 지역 변수와 전역 변수

지역변수는 함수 또는 블록에서 선언된 변수이다. 지역변수는 내부변수 또는 자동변수라고도 부른다.

- **함수나 블록에서 지역변수는 선언 문장 이후에 함수나 블록의 내부에서만 사용이 가능**하다. 다른 함수나 블록에서는 사용될 수 없다.
- **함수의 매개변수도 함수 전체에서 사용 가능한 지역변수와 같다.**
- **지역변수는 선언 후 초기화하지 않으면 쓰레기값이 저장되므로 주의해야 한다.**
- 지역변수는 그 변수가 선언된 함수 또는 블록에서 선언 문장이 실행되는 시점에서 메모리에 할당된다.

지역변수가 할당되는 메모리 영역을 스택(stack)이라 한다. 그리고 **지역변수는 선언된 부분에서 자동으로 생성되고 함수나 블록이 종료되는 순간 메모리에서 자동으로 제거**된다. 이러한 이유에서 **지역변수는 자동변수(automatic variable)**라 한다. 지역변수 선언에서 자료형 앞에 키워드 auto가 사용될 수 있다. 키워드 auto는 생략 가능하여 일반적으로 auto가 없는 경우가 대부분이다.

```
int main(void)
{
    //지역변수 선언
    int n = 10;

    printf("%d\n", n);                          지역변수 n의 영역 유효 범위

    //m, sum은 for 문 내부의 블록 지역변수
    for (int m = 0, sum = 0; m < 3; m++)
    {
        sum += m;                    지역변수 sum 영역 유효 범위
        printf("%d %d\n", m, sum);
    }

    printf("%d %d\n", n, sum);
                              오류발생: error C2065: 'sum' :
                              선언되지 않은 식별자입니다.
    return 0;
}
```

그림 12-4 지역변수 선언과 유효 범위(scope)

다음 예제 프로그램에서 for문 블록에서 선언된 지역변수 sum은 for 문 블록에서만 사용이 가능하다. sum은 블록 외부에서 참조가 불가능하다. 함수 sub(int param)에서와 같이 매개변수 param은

지역변수와 같이 사용될 수 있다.

실습예제 12-1	localvar.c
	지역변수 선언과 사용

```c
01  // file: localvar.c
02  #include <stdio.h>
03
04  void sub(int param);
05
06  int main(void)
07  {
08     //지역변수 선언
09     auto int n = 10;
10     printf("%d\n", n);
11
12     //m, sum은 for 문 내부의 블록 지역변수
13     for (int m = 0, sum = 0; m<3; m++)
14     {
15        sum += m;
16        printf("\t%d %d\n", m, sum);
17     }
18
19     printf("%d\n", n); //n 참조 가능
20     //printf("%d %d\n", m, sum); //m, sum 참조 불가능
21
22     //함수호출
23     sub(20);
24
25     return 0;
26  }
27
28  //매개변수인 param도 지역 변수와 같이 사용
29  void sub(int param)
30  {
31     //지역변수 local
32     auto int local = 100;
33     printf("\t%d %d\n", param, local); //param과 local 참조 가능
34     //printf("%d\n", n); //n 참조 불가능
35  }
```

설명	
09	지역 변수 n 선언하여 10 저장, 변수 n은 유효 범위는 9행에서 26행까지
13	for 문 내부 블록 지역함수 m과 sum을 선언, 변수 m, sum은 유효 범위는 13행에서 17행까지
29	매개변수 param은 지역변수로 유효 범위는 30행에서 35행까지

32	지역 변수 local의 유효 범위는 32행에서 35행까지	

실행결과	10
	0 0
	1 1
	2 3
	10
	20 100

중간점검

01 변수의 유효범위를 설명하시오.

02 지역변수가 초기값이 설정되지 않는 경우 기본값을 설명하시오.

전역 변수와 extern

전역변수

전역변수(global variable)는 함수 외부에서 선언되는 변수이다. 전역변수는 외부변수라고도 부른다. 전역변수는 일반적으로 프로젝트의 모든 함수나 블록에서 참조할 수 있다.

- 전역변수는 선언되면 자동으로 초기값이 자료형에 맞는 0으로 지정된다. 즉 정수형은 0, 문자형은 null 문자인 '\0', 실수형은 0.0, 포인터 형은 NULL 값이 저장된다.

- 함수나 블록에서 전역변수와 같은 이름으로 지역변수를 선언할 수 있다. 이런 경우, 함수내부나 블록에서 그 이름을 참조하면 지역변수로 인식한다. 그러므로 지역변수와 동일한 이름의 전역변수는 참조할 수 없게 된다. 가능한 이러한 변수는 사용하지 않도록 한다.

- 전역변수는 프로젝트의 다른 파일에서도 참조가 가능하다. 다만 다른 파일에서 선언된 전역변수를 참조하려면 키워드 extern을 사용하여 이미 다른 파일에서 선언된 전역변수임을 선언해야 한다.

extern을 사용한 참조선언 구문은 변수선언 문장 맨 앞에 extern을 넣는 구조이다. extern 참조선언 구문에서 자료형은 생략할 수 있다. 키워드 extern을 사용한 변수 선언은 새로운 변수를 선언하는 것이 아니며, 단지 이미 존재하는 전역변수의 유효 범위를 확장하는 것이다.

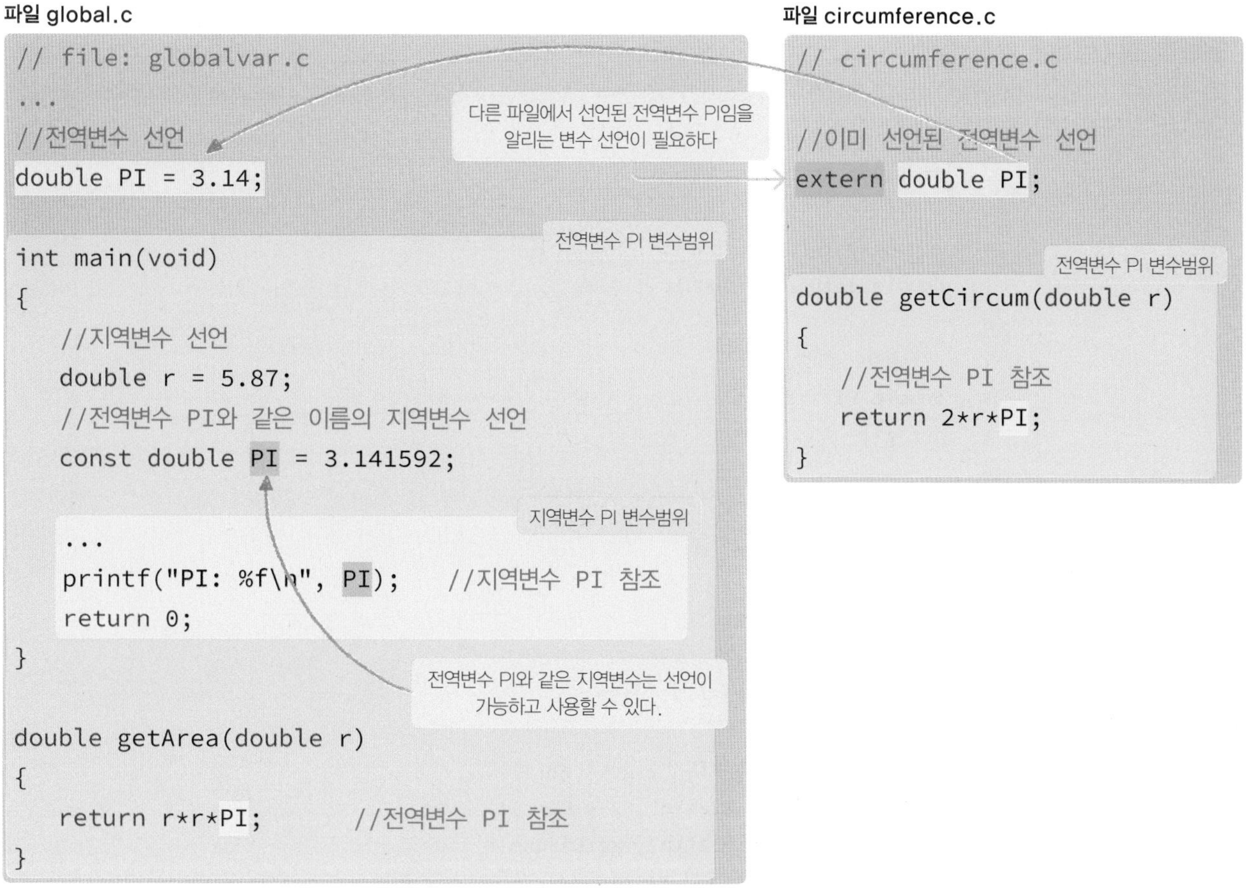

```
// file: globalvar.c
...
//전역변수 선언
double PI = 3.14;

int main(void)
{
    //지역변수 선언
    double r = 5.87;
    //전역변수 PI와 같은 이름의 지역변수 선언
    const double PI = 3.141592;

    ...
    printf("PI: %f\n", PI);   //지역변수 PI 참조
    return 0;
}

double getArea(double r)
{
    return r*r*PI;         //전역변수 PI 참조
}
```

다른 파일에서 선언된 전역변수 PI임을 알리는 변수 선언이 필요하다

전역변수 PI 변수범위

지역변수 PI 변수범위

전역변수 PI와 같은 지역변수는 선언이 가능하고 사용할 수 있다.

```
// circumference.c

//이미 선언된 전역변수 선언
extern double PI;

double getCircum(double r)
{
    //전역변수 PI 참조
    return 2*r*PI;
}
```

전역변수 PI 변수범위

그림 12-5 전역변수 선언과 유효 범위

다음 프로젝트는 위 그림에서 설명된 프로그램으로 파일 global.c와 circumference.c로 구성된 예제이다.

- 함수 getArea()와 getCircum()에서 파일 global.c에서 선언된 전역변수 PI를 사용하고 있다.

- 함수 getCircum()이 구현된 파일은 circumference.c로 전역변수 PI가 선언된 파일과 다르다. 그러므로 파일 circumference.c에서 전역변수 PI를 사용하려면 문장 extern double PI;로 외부에서 이미 선언된 변수임을 알리는 선언을 다시 해 주어야 한다.

- 함수 main()에서 전역변수와 같은 이름의 지역변수 PI를 선언하고 있다. 이와 같이 전역변수와 동일한 이름의 지역변수 선언은 더 이상 함수 main()에서 전역변수 PI를 다시 참조할 수 없게 만든다.

- 전역변수 gi는 선언 후 초기값을 저장하지 않아도 자동으로 기본값(default value)인 0이 저장된다.

```c
01    // file: globalvar.c
02    #include <stdio.h>
03
04    double getArea(double);
05    double getCircum(double);
06
07    //전역변수 선언
08    double PI = 3.14;
09    int gi;
10
11    int main(void)
12    {
13        //지역변수 선언
14        double r = 5.87;
15        //전역변수 PI와 같은 이름의 지역변수 선언
16        const double PI = 3.141592;
17
18        printf("면적: %.2f\n", getArea(r));
19        printf("둘레1: %.2f\n", 2 * PI*r);
20        printf("둘레2: %.2f\n", getCircum(r));
21        printf("PI: %f\n", PI);        //지역변수 PI 참조
22        printf("gi: %d\n", gi);        //전역변수 gi 기본값
23
24        return 0;
25    }
26
27    double getArea(double r)
28    {
29        return r*r*PI;          //전역변수 PI 참조
30    }
```

설명	
08	전역 변수 PI 선언하여 3.14 저장, 변수 PI의 유효 범위는 이 파일 및 프로젝트 전체
09	전역 변수 gi 선언하여 초기값을 대입하지 않았으나 기본값인 0이 저장되고 변수 gi의 유효 범위는 이 파일 및 프로젝트 전체
14	지역 변수 r
16	지역 변수 PI 선언, 그러나 이 변수는 전역 변수 PI와 이름이 충돌, 함수 내부에서 지역 변수가 우선하므로 전역 변수는 참조가 불가능
19	변수 PI는 지역 변수인 PI
21	지역 변수인 PI 출력
22	전역 변수인 gi의 기본값 출력
29	r은 매개변수이며, PI는 8줄에서 선언된 전역 변수

키워드 extern을 이용한 전역변수 선언은 함수 내부에서도 가능하다. 이런 경우, 변수 PI의 유효 범위는 파일 전체가 아니라 함수 내부에서만 참조 가능하다.

실습예제 12-3	circumference.c
	외부 전역변수 PI를 참조

```
01  // circumference.c
02  //이미 외부에서 선언된 전역변수임을 알리는 선언
03  extern double PI;
04
05  double getCircum(double r)
06  {
07      //extern double PI;    //함수 내부에서만 참조 가능
08      return 2 * r * PI;   //전역변수 PI 참조
09  }
```

설명	03	파일 globalvar.c 에서 선언된 전역 변수 PI를 사용하려는 문장
	08	r은 매개변수이며, PI는 globalvar.c 파일 8줄에서 선언된 전역 변수

전역변수 장단점

동일한 파일에서도 extern을 사용해야 하는 경우가 발생할 수 있다. 전역변수의 선언 위치가 변수를 참조하려는 위치보다 뒤에 있는 경우, 전역변수를 사용하기 위해서는 extern을 사용한 참조선언이 필요하다. 그러나 다음과 같이 소스 파일 중간이나 하단에 전역변수를 배치하는 방법은 바람직하지 않다.

```
...
int main(void)
{
    //하부에 선언한 전역변수를 위한 참조 선언
    extern int gi;
    //extern gi;    //자료형이 없는 문장도 가능
    ...
    printf("gi: %d\n", gi);          //전역변수 gi 기본값
    return 0;
}

//전역변수 선언
int gi;
```

그림 12-6 동일한 파일에서의 extern의 사용

전역변수는 어디에서든지 수정할 수 있으므로 사용이 편한 장점이 있다. 그러나 **전역변수에 예상하지 못한 값이 저장된다면 프로그램 어느 부분에서 수정되었는지 알기 어려운 단점**이 있다. 이러한 문제로 전역변수는 가능한 제한적으로 사용하는 것이 바람직하다.

중간점검

01 키워드 extern의 사용을 설명하시오.

02 다음에서 변수 data, value, i, param, sum의 변수 유효범위를 설명하시오.

```
int data = 5;

int main(void)
{
    int value = 3;

    for (int i = 0; i < 10; i++)
    {
        ...
        ...
        ...
    }

    return 0;
}
```

```
void function(int param)
{
    int sum = 0;
    ...
    ...
    ...
}
```

피보나츠의 수는 1, 1로 시작하여 이전 두 수를 더한 수이다. 즉 5개의 피보나츠 수는 1, 1, 2, 3, 5 이다. 이 프로그램에서 표준입력으로 받은 3 이상의 정수를 전역변수 count에 저장한 후, 재귀함수인 fibonacci()에서 count−1 개의 피보나츠의 수를 출력하도록 한다.

● 함수 fibonacci()의 매개변수는 (int prev_number, int number)으로 이전 두 정수가 인자이며, 자기자신을 호출하는 재귀함수

● 함수 fibonacci()에서 자기 자신이 호출된 수를 저장하는 정적 지역변수 i를 사용하며 초기값은 1로 지정

```
피보나츠를 몇 개 구할까요?(3 이상) >> 20
01   1 2 3 5 8 13 21 34 55 89 144 233 377 610 987 1597 2584 4181 6765
```

Lab 12-1	fibonacci.c

```c
01   //file fibonacci.c
02   #define _CRT_SECURE_NO_WARNINGS
03   #include<stdio.h>
04
05   //전역변수
06   int count;
07   //함수원형
08   void fibonacci(int prev_number, int number);
09
10   void main() {
11      //자동 지역변수
12      auto prev_number = 0, number = 1;
13
14      printf("피보나츠를 몇 개 구할까요?(3 이상) >> ");
15      //전역변수를 표준입력으로 저장
16      scanf("%d", &count);
17      if (count <= 2)
18         return 0;
19
20      printf("1 ");
21      fibonacci(prev_number, number);
22      printf("\n");
```

```
23   }
24
25   void fibonacci(int prev_number, int number)
26   {
27       //정적 지역변수 i
28       static _____;
29
30       //전역변수 count와 함수의 정적 지역변수를 비교
31       while (i++ < count)
32       {
33           //지역변수
34           int next_num = _____;
35           prev_number = number;
36           number = next_num;
37           printf("%d ", next_num);
38           fibonacci(_____);
39       }
40   }
```

12 ② 정적 변수와 레지스터 변수

기억부류와 레지스터 변수

auto, register, static, extern

변수 선언의 위치에 따라 변수는 전역과 지역으로 나뉜다. 마찬가지로 변수는 **4가지의 기억부류 (storage class)인 auto, register, static, extern 에 따라 할당되는 메모리 영역이 결정되고 메모리의 할당과 제거 시기가 결정**된다.

- 전역과 지역은 변수의 선언 위치에 따라 결정되나 기억 부류는 키워드 auto, register, static, extern에 의해 구분되므로 훨씬 구분하기는 쉽다.

- 다만 자동변수인 auto는 일반 지역변수로 생략될 수 있으므로 주의가 필요하다.

- 모든 기억 부류는 전역 변수 또는 지역 변수이다.

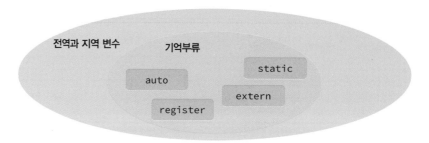

그림 12-7 전역과 지역, 다양한 기억 부류

기억부류 auto와 register는 지역변수에만 이용이 가능하고 static은 지역과 전역 모든 변수에 이용 가능하다. 그리고 **extern은 전역변수에만 사용이 가능**하다. 기억부류 auto, register, static은 새로운 변수의 선언에 사용되는 키워드이다. 그러나 extern은 컴파일러에게 변수가 이미 어딘가 (주로 다른 파일)에 존재하고 이제 사용하겠다는 것을 알리는 구문에 사용되는 키워드이다. 다만 extern이 선언되는 위치에 따라 이 변수의 사용의 범위는 전역 또는 지역으로 한정될 수 있다.

표 12-1 기억부류 종류와 유효 범위

기억부류 종류	전역	지역
auto	✕	○
register	✕	○
static	○	○
extern	○	✕

기억부류 사용 구문은 변수 선언 문장에서 자료형 앞에 하나의 키워드를 넣는 방식이다. **키워드 extern을 제외하고 나머지 3개의 기억부류의 변수선언에서 초기값을 저장**할 수 있다. 이미 지역 변수에서 다룬 것처럼 키워드 auto는 지역변수 선언에 사용되며 생략가능하다. 즉 지금까지 함수에 선언된 모든 변수가 auto가 생략된 자동변수이다.

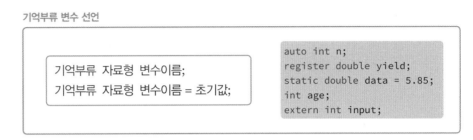

기억부류 변수 선언

| 기억부류 자료형 변수이름;
기억부류 자료형 변수이름 = 초기값; | auto int n;
register double yield;
static double data = 5.85;
int age;
extern int input; |

그림 12-8 기억부류를 사용한 변수선언 구문

키워드 register

일반적으로 변수는 메모리에 할당된다. 이 변수를 연산에 참여 시키려면 다시 CPU 내부에 레지스터에 불러들여 연산을 수행한다. **레지스터 변수는 변수의 저장공간이 일반 메모리가 아니라 CPU 내부의 레지스터(register)에 할당되는 변수**이다.

CPU
레지스터

일반 메모리

register int count;

int data;

- **레지스터 변수는 키워드 register를 자료형 앞에 넣어 선언한다.**
- 레지스터 변수는 지역변수에만 이용이 가능하다. 즉 레지스터 변수도 지역변수로서 함수나 블록이 시작되면서 CPU의 내부 레지스터에 값이 저장되고, 함수나 블록을 빠져나오면서 소멸되는 특성을 갖는다.
- 레지스터는 CPU내부에 있는 기억장소이므로 일반 메모리보다 빠르게 참조될 수 있다. 그러므로 레지스터 변수는 처리 속도가 빠른 장점이 있다.
- **레지스터 변수는 일반 메모리에 할당되는 변수가 아니므로 주소연산자 &를 사용할 수 없다.** 그러므로 레지스터 변수에 주소연산자 &를 사용하면 문법오류가 발생한다.

그러나 시스템의 레지스터는 그 수가 한정되어 있다. 그러므로 레지스터 변수로 선언하더라도 레지스터가 모자라면 일반 지역변수로 할당된다. **주로 레지스터 변수는 처리 속도를 증가시키려는 변수에 이용한다. 특히 반복문의 횟수를 제어하는 제어변수에 이용하면 효과적이다.** 레지스터 변수도 일반 지역변수와 같이 초기값이 저장되지 않으면 쓰레기값이 저장된다.

실습예제 12-4	registervar.c
	레지스터 변수의 선언과 사용

```
01   // file: registervar.c
02   #define _CRT_SECURE_NO_WARNINGS
03   #include <stdio.h>
04
05   int main(void)
06   {
07       //레지스터 지역변수 선언
08       register int sum = 0;
09
10       //메모리에 저장되는 일반 지역변수 선언
11       int max;
12       printf("양의 정수 입력 >> ");
13       scanf("%d", &max);
14
15       //레지스터 블록 지역변수 선언
16       for (register int count = 1; count <= max; count++)
17           sum += count;
18
19       printf("합: %d\n", sum);
20
21       return 0;
22   }
```

설명	
08	레지스터 변수 sum 선언하면서 초기값으로 0 저장, 초기값이 없으면 쓰레기값 저장
11	일반 지역변수 max 선언, 초기값이 없으면 쓰레기값 저장
13	max에 표준입력으로 정수 저장
16	레지스터 블록 지역변수 count 선언하면서 초기값으로 1 저장, count는 max까지 반복하면서 함수 몸체인 sum += count를 실행
17	함수 몸체 sum += count에서 count는 1에서 max까지 변하므로 1에서 max까지의 합이 저장
19	합이 저장된 sum 출력

실행결과	
	양의 정수 입력 >> 8
	합: 36

01 변수의 4가지 기억부류는 무엇인가?

02 다음 소스에서 오류를 설명하시오.

```
auto int data = 5;
register double value;

int main(void)
{
    ...
    ...
    ...

    return 0;
}
```

정적 변수

키워드 static

변수 선언에서 자료형 앞에 키워드 static을 넣어 정적변수(static variable)를 선언할 수 있다. 정적변수는 정적 지역변수(static local variable)와 정적 전역변수(static global variable)로 나눌 수 있다.

- 정적변수는 초기 생성된 이후 메모리에서 제거되지 않으므로 지속적으로 저장값을 유지하거나 수정할 수 있는 특성이 있다.
- 정적변수는 프로그램이 시작되면 메모리에 할당되고, 프로그램이 종료되면 메모리에서 제거된다.
- **정적변수는 초기값을 지정하지 않으면 자동으로 자료형에 따라 0이나 '\0' 또는 NULL 값이 저장된다.**
- 정적변수의 초기화는 단 한번만 수행된다. 그러므로 한번 초기화된 정적변수는 프로그램 실행 중간에 더 이상 초기화되지 않는 특성을 갖는다. 주의할 점은 초기화는 상수로만 가능하다는 것이다.

```
static int svar = 1;    //정적변수
```

- 전역변수 선언 시 키워드 static을 가장 앞에 붙이면 정적 전역변수가 된다.
  - 정적 전역변수는 참조범위는 선언된 파일에만 한정되며 변수의 할당과 제거는 전역변수 특징을 갖는다.
- 지역변수 선언 시 키워드 static을 가장 앞에 붙이면 정적 지역변수가 된다.
  - 정적 지역변수는 참조범위는 지역변수이면서 변수의 할당과 제거는 전역변수 특징을 갖는다.

그림 12-9 정적변수의 특징

정적 지역변수

함수나 블록에서 정적으로 선언되는 변수가 정적 지역변수이다. 정적 지역변수의 유효 범위는 선언된 블록 내부에서만 참조 가능하다. **정적 지역변수는 함수나 블록을 종료해도 메모리에서 제거되지 않고 계속 메모리에 유지 관리되는 특성**이 있다.

- 변수 유효 범위(scope)는 지역변수와 같으나 할당된 저장공간은 프로그램이 종료되어야 메모리에서 제거되는 전역변수의 특징을 갖는다.
- 즉 함수에서 이전에 호출되어 저장된 값을 유지하여 이번 호출에 사용될 수 있다.

다음 예제에서 정적 지역변수인 sindex는 함수가 종료되어도 메모리에 계속 변수값이 남아 있어 함수 increment()가 호출될 때마다 그 값이 1씩 증가한다. 그러므로 변수 sindex에는 함수 increment()가 호출된 횟수가 저장된다. 즉 정적 지역변수는 함수가 종료되더라도 그 값이 제거되지 않고 계속 남아 있어 그 다음의 함수 호출에서 이용될 수 있다. 그러나 자동 지역변수인 aindex는 함수 increment()가 호출될 때마다 다시 새롭게 메모리에 할당되고, 함수가 종료되면 메모리에서 제거된다. 그러므로 aindex는 항상 1이 출력된다.

실습예제 12-5	staticlocal.c
	정적 지역변수와 자동 지역변수의 차이

```c
01  // file: staticlocal.c
02  #include <stdio.h>
03
04  void increment(void); //함수원형
05
06  int main(void)
07  {
08      //자동 지역변수
09      for (int count = 0; count < 3; count++)
10          increment();    //3번 함수호출
11  }
12
```

```
13    void increment(void)
14    {
15        static int sindex = 1;    //정적 지역변수
16        auto int aindex = 1;    //자동 지역변수
17
18        printf("정적 지역변수 sindex: %2d,\t", sindex++);
19        printf("자동 지역변수 aindex: %2d\n", aindex++);
20    }
```

설명	
09	for 문에서 사용될 수 있는 자동 지역변수인 count 선언하면서 초기값으로 0 저장, count 값이 0, 1, 2로 변하면서 함수 increment()를 실행
10	함수호출 increment()이 세 번 발생
13	함수 increment() 헤더, 매개변수도 없고, 반환값도 없음
15	정적 지역변수 sindex 선언하면서 초기값으로 1 저장, 첫 번째 호출되어 실행될 때 초기값으로 sindex가 1이 저장되고 함수가 종료되어도 그 변수는 계속 유지되는 특성
16	자동 지역변수 aindex 선언하면서 초기값으로 1 저장, 함수가 호출되어 실행될 때마다 다시 선언되고 초기값으로 aindex가 1이 저장되며, 함수가 종료되면 이 변수는 메모리에서 사라지므로, 호출될 때마다 1만 사용됨
18	정적 지역변수 sindex를 출력하고 1 증가시킴, 증가된 sindex는 다음 호출에서 계속 사용되므로, 2회 호출에서는 2가 출력되고, 3회 호출에서는 3이 출력됨
19	자동 지역변수 aindex를 출력하고 1 증가시키나, 증가된 aindex를 사용할 일이 없음

실행결과	
정적 지역변수 sindex: 1,   자동 지역변수 aindex: 1
정적 지역변수 sindex: 2,   자동 지역변수 aindex: 1
정적 지역변수 sindex: 3,   자동 지역변수 aindex: 1

정적 전역변수

함수 외부에서 정적으로 선언되는 변수가 정적 전역변수이다. 일반 전역변수는 파일 소스가 다르더라도 extern을 사용하여 참조가 가능하다. 그러나 **정적 전역변수는 선언된 파일 내부에서만 참조가 가능한 변수이다.** 즉 정적 전역변수는 extern에 의해 다른 파일에서 참조가 불가능하다.

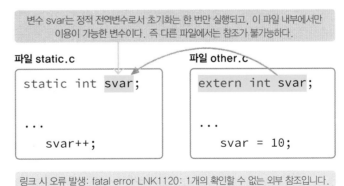

그림 12-10 정적 전역변수의 참조 범위

전역변수의 사용은 모든 함수에서 공유할 수 있는 저장공간을 이용할 수 있는 장점이 있으나 어느 한 함수에서 잘못 다루면 모든 함수에 영향을 미치는 단점도 있다. 특히 **프로그램이 크고 복잡하면 전역변수의 사용은 원하지 않는 전역변수의 수정과 같은 부작용(side effect)의 위험성이 항상 존재한다.** 그러므로 가급적이면 전역변수의 사용을 자제하는 것이 좋으며, 부득이 전역변수를 이용하는 경우에는 파일에서만 전역변수로 이용할 수 있는 정적 전역변수를 이용하는 것이 바람직하다.

실습예제 12-6	staticgvar.c
	정적 전역변수 선언과 사용

```
01   // file: staticgvar.c
02   #include <stdio.h>
03
04   //정적 전역변수 선언
05   static int svar;
06   //전역변수 선언
07   int gvar;
08
09   //함수 원형
10   void increment();
11   void testglobal();
12   //void teststatic();
13
14   int main(void)
15   {
16      for (int count = 1; count <= 5; count++)
17         increment();
18      printf("함수 increment()가 총 %d번 호출되었습니다.\n", svar);
19
20      testglobal();
21      printf("전역 변수: %d\n", gvar);
22      //teststatic();
23   }
24
25   //함수 구현
26   void increment()
27   {
28      svar++;
29   }
```

설명	05	키워드 static을 사용하여 정적 전역변수 svar 선언하므로 이 파일에서만 사용 가능하며, 초기값이 없어도 기본값인 0으로 저장
	07	키워드 static이 없으므로 전역변수 gvar 선언하므로 이 프로젝트의 모든 파일에서 사용 가능하며, 초기값이 없어도 기본값인 0으로 저장

10~11	함수원형
16	변수 count는 자동 지역변수로 for 문 내부에서만 사용이 가능하며, 1에서 5까지 변하면서 몸체인 함수 increment() 호출
18	정적 전역변수인 svar 호출
20	함수 testglobal() 호출
21	전역변수인 gvar 출력
26	함수 increment() 함수 헤더
28	정적 전역변수인 svar 호출

실행결과	함수 increment()가 총 5번 호출되었습니다. 전역 변수: 10

실습예제 12-7	**gfunc.c** 정적 전역변수 선언과 사용

```
01    // file: gfunc.c
02
03    void teststatic()
04    {
05        //정적 전역변수는 선언 및 사용 불가능
06        //extern svar;
07        //svar = 5;
08    }
09
10    void testglobal()
11    {
12        //전역변수는 선언 및 사용 가능
13        extern gvar;
14        gvar = 10;
15    }
```

설명	
03	함수 teststatic() 구현 헤드
06	정적 전역변수 svar는 다른 파일에서 사용 불가하여 실행 시 오류발생
07	정적 전역변수 svar 사용 불가
10	함수 testglobal() 구현 헤드
13	다른 파일에 정의된 전역변수 gvar는 이 파일에서 extern을 사용해 선언 한 후 사용 가능
14	전역변수 gvar 사용 가능하므로 10으로 저장

TIP 정적 변수의 초기화

정적 변수의 초기화는 반드시 상수로만 가능하다. 왼쪽 소스에서 정적 변수의 초기값에 변수를 대입하게 되면 초기화 문법 오류가 발생하므로, 오른쪽과 같이 상수를 대입해야 한다.

```c
#include <stdio.h>

int a = 1;
static s = a; //오류

int main(void)
{
    int data = 10;
    static value = data; //오류

    return 0;
}
```

```c
#include <stdio.h>

int a = 1;
static s = 1;

int main(void)
{
    int data = 10;
    static value = 10;

    return 0;
}
```

그림 12-11 정적 변수의 초기화 주의

중간점검

01 정적변수를 선언하기 위한 키워드는 무엇인가?

02 정적 전역변수와 전역변수를 비교하시오.

함수 main()에서 함수 process()를 세 번 호출한다. 함수 process()에는 지역변수와 정적 지역변수가 선언되고, 간단한 연산과 함께 출력해 보도록 한다. 다음 소스를 보고 출력결과를 예상해 보자.

- 함수 process()의 지역변수 x, 정적 지역변수 sx

출력결과

Lab 12-2	static.c

```
01   //file: static.c
02   #include <stdio.h>
03
04   void process();
05
06   int main()
07   {
08      process();
09      process();
10      process();
11
12      return 0;
13   }
14
15   void process()
16   {
17      //정적 변수
18      static int sx;
19      //지역 변수
20      int x = 1;
21
22      printf("%d %d\n", x, sx);
23
24      x += 3;
25      sx += x + 3;
26   }
```

정답

```
1 0
1 7
1 14
```

메모리 영역과 변수 이용

메모리 영역

데이터, 스택, 힙 영역

메인 메모리의 영역은 프로그램 실행 과정에서 데이터(data) 영역, 힙(heap) 영역, 스택(stack) 영역 세 부분으로 나뉜다. 이러한 **메모리 영역은 변수의 유효범위(scope)와 생존기간(life time)에 결정적 역할**을 하며, **변수는 기억부류(storage class)에 따라 할당되는 메모리 공간이 달라**진다.

- 기억부류는 변수의 유효범위(scope)와 생존기간(life time)을 결정한다.
- 기억부류는 변수의 저장공간의 위치가 데이터(data) 영역, 힙(heap) 영역, 스택(stack) 영역인지도 결정하며, 초기값도 결정한다.

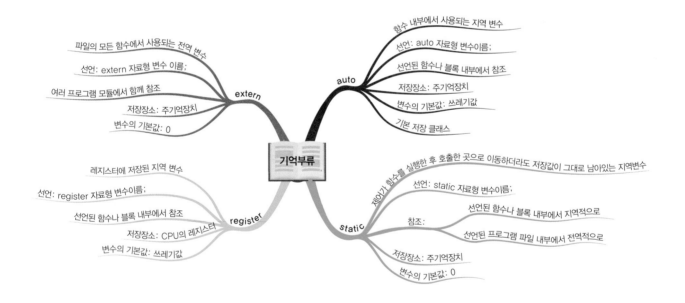

그림 12-12 기억부류

- 데이터 영역은 전역변수와 정적변수가 할당되는 저장공간이다.
- **힙 영역은 동적 할당(dynamic allocation)[1]되는 변수가 할당되는 저장공간이다.**

---

1 프로그램 수행 중에 메모리를 할당하는 것을 동적 메모리 할당이라고 하며 16장에서 학습할 예정이다.

- 마지막으로 **스택 영역은 함수 호출에 의한 형식 매개변수 그리고 함수 내부의 지역변수가 할당되는 저장공간이다.**

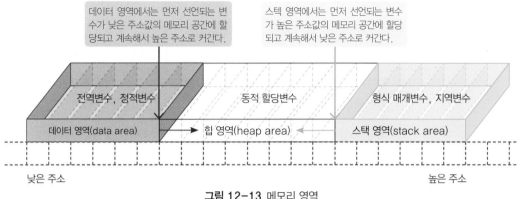

데이터 영역에서는 먼저 선언되는 변수가 낮은 주소값의 메모리 공간에 할당되고 계속해서 높은 주소로 커간다.

스택 영역에서는 먼저 선언되는 변수가 높은 주소값의 메모리 공간에 할당되고 계속해서 낮은 주소로 커간다.

| 전역변수, 정적변수 | 동적 할당변수 | 형식 매개변수, 지역변수 |
| 데이터 영역(data area) | 힙 영역(heap area) | 스택 영역(stack area) |

낮은 주소   높은 주소

그림 12-13 메모리 영역

데이터영역은 메모리 주소가 낮은 값에서 높은 값으로 저장 장소가 할당된다. 데이터영역은 프로그램이 시작되는 시점에 정해진 크기대로 고정된 메모리 영역이 확보된다. 그러나 힙 영역과 스택 영역은 프로그램이 실행되면서 영역 크기가 계속적으로 변한다.

- **즉 스택 영역은 메모리 주소가 높은 값에서 낮은 값으로 저장 장소가 할당**된다. **그러므로 함수 호출과 종료에 따라 높은 주소에서 낮은 주소로 메모리가 할당되었다가 다시 제거되는 작업이 반복**된다.

- 힙 영역은 데이터 영역과 스택 영역 사이에 위치한다. 힙 영역은 메모리 주소가 낮은 값에서 높은 값으로 사용하지 않는 공간이 동적으로 할당된다.

중간점검

01 메모리 영역의 세 종류는 무엇인가?

02 다음 빈 부분을 완성하시오.

메모리 영역	변수의 종류
데이터 영역	전역변수, 정적변수
	동적할당
스택 영역	

변수의 이용

이용 기준

일반적으로 전역변수의 사용을 자제하고 지역변수를 주로 이용한다. 그러나 다음의 경우에는 그 특성에 맞는 변수를 이용한다.

❶ 실행 속도를 개선하고자 하는 경우에 제한적으로 특수한 지역변수인 레지스터 변수를 이용한다.

❷ **함수나 블록 내부에서 함수나 블록이 종료되더라도 계속적으로 값을 저장하고 싶을 때는 정적 지역변수를 이용한다.**

❸ **해당 파일 내부에서만 변수를 공유하고자 하는 경우는 정적 전역변수를 이용한다.**

❹ 프로그램의 모든 영역에서 값을 공유하고자 하는 경우는 전역변수를 이용한다. 가능하면 전역 변수의 사용을 줄이는 것이 프로그램의 이해를 높일 수 있으며 발생할 수 있는 프로그램 문제를 줄일 수 있다.

변수가 정의되는 위치에 따라 전역변수와 지역변수를 정리하면 다음과 같다.

● 변수가 할당되는 메모리 영역에 따라 변수의 할당과 제거의 시기가 결정된다. 즉 데이터 영역에 할당되는 전역변수와 정적 변수는 프로그램 시작 시 메모리가 할당되고, 프로그램 종료 시 메모리에서 제거된다.

● 스택 영역과 레지스터에 할당되는 자동 지역변수와 레지스터 변수는 함수 또는 블록 시작 시 메모리가 할당되고, 함수 또는 블록 종료 시 메모리에서 제거된다.

표 12-2 변수의 종류

선언위치	상세 종류	키워드		유효범위	기억장소	생존기간
전역	전역 변수	참조선언	extern	프로그램 전역	메모리 (데이터 영역)	프로그램 실행 시간
	정적 전역변수	static		파일 내부		
지역	정적 지역변수	static		함수나 블록 내부	레지스터	함수 또는 블록 실행 시간
	레지스터 변수	register				
	자동 지역변수	auto (생략가능)			메모리 (스택 영역)	

변수의 종류에 따른 생존기간과 유효 범위만을 정리하면 다음과 같다.

● 전역변수와 정적 변수는 모두 생존 기간이 프로그램 시작 시에 생성되어 프로그램 종료 시에 제거된다.

● 다만 자동 지역변수와 레지스터 변수는 함수가 시작되는 시점에서 생성되어 함수가 종료되는 시점에서 제거된다.

다음 표에서 변수의 유효 범위는 O, X로 구분하여 그 지역에서 참조 가능하면 O, 아니면 X로 구분한다.

표 12-3 변수의 유효 범위

구분	종류	메모리할당 시기	동일 파일 외부 함수에서의 이용	다른 파일 외부 함수에서의 이용	메모리제거 시기
전역	전역변수	프로그램시작	○	○	프로그램종료
	정적 전역변수	프로그램시작	○	×	프로그램종료
지역	정적 지역변수	프로그램시작	×	×	프로그램종료
	레지스터 변수	함수(블록) 시작	×	×	함수(블록) 종료
	자동 지역변수	함수(블록) 시작	×	×	함수(블록) 종료

변수의 종류에 따라 초기값 저장 문장의 실행 시점과 초기값이 명시적으로 지정되지 않을 경우 자동으로 지정되는 기본 초기값은 다음과 같다.

표 12-4 변수의 초기값

지역, 전역	종류	자동 저장되는 기본 초기값	초기값 저장
전역	전역변수	자료형에 따라 0이나 '\0' 또는 NULL 값이 저장됨.	프로그램 시작 시
	정적 전역변수		
지역	정적 지역변수		
	레지스터 변수	쓰레기값이 저장됨.	함수나 블록이 실행될 때마다
	자동 지역변수		

다음 예제는 storageclass.c와 out.c로 구성되는 프로그램이다. 이 예제는 전역변수 global, sglobal 그리고 지역변수 fa, fs의 선언과 사용을 알아보는 프로그램이다. 특히 sglobal은 정적 번역변수이므로 외부 파일에서는 참조할 수 없으며, 정적 지역변수인 fs는 함수가 종료되더라도 그전에 저장된 값이 계속 유지된다는 것을 알 수 있다.

실습예제 12-8 storageclass.c

전역변수와 지역변수의 선언과 참조

```
01   // file: storageclass.c
02   #include <stdio.h>
03
04   void infunction(void);
05   void outfunction(void);
06
07   /* 전역변수*/
08   int global = 10;
09   /* 정적 전역변수*/
10   static int sglobal = 20;
11
```

```
12    int main(void)
13    {
14        auto int x = 100;    /* main() 함수의 자동 지역변수*/
15
16        printf("%d, %d, %d\n", global, sglobal, x);
17        infunction(); outfunction();
18        infunction(); outfunction();
19        infunction(); outfunction();
20        printf("%d, %d, %d\n", global, sglobal, x);
21
22        return 0;
23    }
24
25    void infunction(void)
26    {
27        /* infunction() 함수의 자동 지역변수*/
28        auto int fa = 1;
29        /* infunction() 함수의 정적 지역변수*/
30        static int fs;
31
32        printf("\t%d, %d, %d, %d\n", ++global, ++sglobal, fa, ++fs);
33    }
```

설명		
	08	전역변수 global 선언하면서 10으로 초기화, 함수 외부이므로 전역변수이고 모든 프로젝트에서 사용 가능하나 다른 파일이나 이 위치 위에서 사용하려면 extern int global; 선언이 필요
	10	정적 전역변수 sglobal 선언하면서 20으로 초기화, 함수 외부이므로 전역변수이나 이 파일의 이 위치 이하에서 사용 가능
	14	변수 x는 자동 지역변수로, 초기화로 100 저장, 함수 main()에서만 사용 가능
	16	변수 전역변수 global, 정적 전역변수 sglobal, 지역변수 x를 출력
	17	함수 infunction()과 outfunction()을 호출
	20	변수 전역변수 global, 정적 전역변수 sglobal, 지역변수 x를 출력
	25	함수 infunction()의 헤더로 26 행에서 33행까지 구현
	28	변수 fa는 자동 지역변수로, 초기화로 1 저장, 함수 infunction()에서만 사용 가능
	30	변수 fs는 정적 지역변수로, 첫 번째 호출에서 초기화가 없으므로 기본값인 0이 저장되며, 이후에는 함수가 종료돼도 제거되지 않고 값이 계속 유지되며, 함수 infunction()에서만 사용 가능
	32	탭을 출력한 후, 전역변수 ++global, 정적 전역변수 ++sglobal, 자동 지역변수 fa, 정적 지역변수 ++fs 출력

실행결과

```
10, 20, 100
        11, 21, 1, 1
                12
        13, 22, 1, 2
                14
        15, 23, 1, 3
                16
16, 23, 100
```

탭 이후에 출력되는 행은 함수 infunction()에서 출력되는 부분

탭이 2번 출력되고 이후에 출력되는 행은 함수 outfunction()에서 출력되는 부분

```
01    // file:out.c
02    #include <stdio.h>
03
04    void outfunction()
05    {
06       extern int global, sglobal;
07
08       printf("\t\t%d\n", ++global);
09
10       //외부 파일에 선언된 정적 전역변수이므로 실행 시 오류
11       //printf("%d\n", ++sglobal);
12    }
```

설명	06	외부 파일 storageclass.c 에 선언된 전역 변수 global과 sglobal을 사용하려는 선언
	08	탭을 두 번 출력한 후, 전역 변수 global을 하나 증가시켜 출력
	11	외부 파일에 선언된 정적 전역변수 sglobal 은 참조할 수 없으므로 실행 시 오류

중간점검

01 다음 중에서 변수가 메모리에서 제거되는 시점이 같은 변수는 무엇인가?
- 전역변수, 정적 전역변수, 정적 지역변수, 레지스터 변수, 자동 지역변수

02 다음 두 파일로 구성되는 프로그램에서 다음을 참고로 빈 부분을 완성하고 출력값을 기술하시오.
- 변수 data는 전역변수

```
#include <stdio.h>

int data = 10;
void printglobal();

int main(void)
{
   printglobal();

   return 0;
}
```

```
#include <stdio.h>

void printglobal()
{
   _____
   printf("%d\n", data);
}
```

은행 계좌의 입출금을 구현하기 위해 전역변수 total과 두 함수 save()와 withdraw()의 정적 지역 변수 amount를 사용하여 몇 개의 입출금에 대해 다음 그림과 같이 출력해 보도록 한다.

- 전역변수 total에는 초기 금액과 계좌 잔고가 저장

- 함수 save()와 withdraw()는 각각 매개변수 금액의 입출금을 구현하는데, 정적 지역변수 amount를 사용하여 총입금액과 총출금액을 관리하여 출력

입금액	출금액	총입금액	총출금액	잔고
=====	=====	=====	=====	=====
				10000
50000		50000		60000
	30000		30000	30000
60000		110000		90000
	20000		50000	70000
=====	=====	=====	=====	=====

Lab 12-3	bank.c

전역변수와 지역변수의 선언과 참조

```
01   // file: bank.c
02   #include <stdio.h>
03
04   //전역변수
05   ------------------------------;
06
07   //입금 함수원형
08   void save(int);
09   //출금 함수원형
10   void withdraw(int);
11
12   int main(void)
13   {
14      printf(" 입금액   출금액    총입금액   총출금액     잔고\n");
15      printf("==========================================\n");
16      printf("%46d\n", total);
17      ------------------------------;
```

```
18      withdraw(30000);
19      save(60000);
20      withdraw(20000);
21      printf("=============================================\n");
22
23      return 0;
24   }
25
26   //입금액을 매개변수로 사용
27   void save(int money)
28   {
29      //총입금액이 저장되는 정적 지역변수
30      _____;
31      total += money;
32      amount += money;
33      printf("%7d %17d %20d\n", money, amount, total);
34   }
35
36   //출금액을 매개변수로 사용
37   void withdraw(int money)
38   {
39      //총출금액이 저장되는 정적 지역변수
40      static int amount;
41      _____;
42      amount += money;
43      printf("%15d %20d %9d\n", money, amount, total);
44   }
```

정답		
05	int total = 10000;	
17	save(50000);	
30	static int amount;	
41	total -= money;	

01 다음이 만족하도록 1부터 n까지의 합을 구하는 재귀함수를 구현하여 그 결과를 알아보는 프로그램을 작성하시오.

- 양의 정수 n은 표준입력으로
- 재귀함수의 총 호출 횟수를 출력하도록 정적 지역변수 사용

02 레지스터 변수는 초기값을 지정하지 않을 경우 기본값이 있는지 알아보는 프로그램을 작성하시오.

03 다음과 같이 외부 변수를 선언하면서 초기값을 지정하는 것이 가능한지 알아보는 프로그램을 작성하시오. 만일 문제가 있다면 해결 방법을 제시하시오.

- extern int x = 10;

04 다음 입출력 인터페이스를 참고로 사용자와 프로그램이 가위, 바위, 보 게임을 시뮬레이션하는 프로그램을 작성하시오.

```
가위(0) 바위(1) 보(2) 중에서 하나 입력 -> 2
당신은 보이고, 시스템은 바위입니다.

당신의 승리입니다.
```

05 서로 다른 소스에서 동일한 변수 이름으로 하나의 파일에는 전역변수로, 다른 파일에는 정적 전역변수로 이용이 가능한지 예제 프로그램을 작성하여 확인하시오.

06 다음 조건을 만족하도록 1에서 100까지의 하나의 난수를 저장하여 사용자가 이 값을 맞추는 프로그램을 작성하시오.

- 함수 setNumber()에서 1에서 100까지의 하나의 난수를 발생하여 전역변수 number에 저장
- 시스템이 정한 number를 사용자가 맞출 때까지 계속 진행
- 사용자가 정답을 맞추지 못하는 경우는 다음과 같이 힌트를 주도록
- 힌트를 주기 위하여 변수 min, max를 이용하며, 이 변수는 정적 외부변수로 선언

- 함수는 main()과 함수 setNumber(), printHead(), printHigher(), printLower(), printAnswer()로 구성

```
1 에서 100 까지의 하나의 정수가 결정되었습니다.
이 정수를 맞추어 보세요? > 50

맞추어야 할 정수가 입력한 정수 50 보다 작습니다.
1 에서 49 사이의 정수를 다시 입력하세요. > 25

맞추어야 할 정수가 입력한 정수 25 보다 작습니다.
1 에서 24 사이의 정수를 다시 입력하세요. > 13

맞추어야 할 정수가 입력한 정수 13 보다 작습니다.
1 에서 12 사이의 정수를 다시 입력하세요. > 6

맞추어야 할 정수가 입력한 정수 6 보다 큽니다.
7 에서 12 사이의 정수를 다시 입력하세요. > 10

맞추어야 할 정수가 입력한 정수 10 보다 작습니다.
7 에서 9 사이의 정수를 다시 입력하세요. > 8

축하합니다! 정답은 8 입니다.
```

07 위 프로그램에서 다음 조건을 추가하여 프로그램을 작성하시오.

- 사용자가 정답을 맞추기 위하여 시도한 횟수를 저장하는 변수 trycount를 이용하여, 매번 이 값이 출력되도록
- 사용자가 정답을 맞추기 위한 시도 횟수를 최대 5로 지정하도록

Introduction to **C PROGRAMMING**

13

— CHAPTER

Perfect **C**

구조체와 공용체

학습목표

▶ **구조체와 공용체를 이해하고 설명할 수 있다.**
- 구조체의 개념과 정의 방법
- 필요한 구조체 변수의 선언 방법
- 구조체 변수의 접근연산자 .의 사용 방법
- 공용체 정의와 변수 선언 및 활용 방법

▶ **자료형 재정의를 위한 typedef를 사용할 수 있다.**
- 키워드 typedef를 사용한 자료형 재정의 방법과 필요성
- 구조체 정의를 새로운 자료형으로 재정의

▶ **구조체 포인터와 배열을 활용할 수 있다.**
- 구조체의 주소를 저장하는 포인터의 선언과 활용
- 구조체 포인터의 접근연산자 ->의 사용 방법
- 구조체 배열의 선언과 활용방법

학습목차

구조체 개념과 정의

구조체 개념

추석이나 명절에 마트에서 다음과 같은 과일 또는 육류 등의 선물셋트를 흔히 볼 수 있다. **선물셋트는 인기가 있거나 관련 있는 상품들을 묶어 하나의 구성제품**으로 판매하는 것이다. 이와 같이 지금까지 배운 **정수나 문자, 실수나 포인터 그리고 이들의 배열 등을 묶어 하나의 자료형으로 이용하는 것이 구조체**이다.

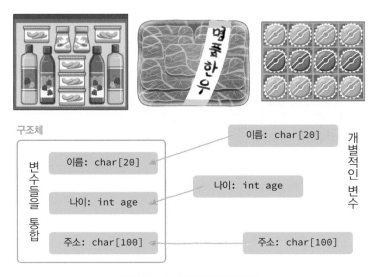

그림 13-1 선물셋트와 구조체

일상생활에서 서로 관련 있는 정보들을 하나로 묶어 처리하는 경우가 흔히 발생한다. 예를 들어 차에 대한 정보, 계좌에 대한 정보, 책에 대한 정보 등을 들 수 있다. 또한 대학 관련 예를 들자면 학생에 관한 정보, 교수에 관한 정보, 강좌에 관한 정보 등이다. 프로그램에서도 이와 같이 서로 다른 개개의 자료 항목이 긴밀하게 연계된 하나의 단위로 관리되어야 하는 경우가 종종 발생한다. C 언어는 이러한 요구사항을 구조체(struct)로 지원한다. 즉 **연관성이 있는 서로 다른 개별적인 자료형의 변수들을 하나의 단위로 묶은 새로운 자료형을 구조체(structure)**라 한다. **구조체는 연관된 멤버로 구성되는 통합 자료형으로 대표적인 유도 자료형이다. 즉 기존 자료형으로 새로이 만들어진 자료형을 유도 자료형(derived data types)[1]**이라 한다.

---

1 유도 자료형은 사용자정의 자료형(user defined data types)이라고도 부르며, 구조체, 공용체, 열거형 등이 있으며, 배열과 포인터도 유도 자료형이다.

여러 자료형의 통합체인 학생, 교수, 강좌 등을
새로운 하나의 자료형인 구조체로 정의

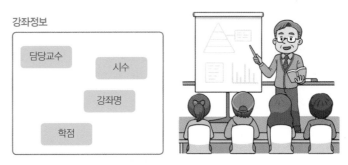

그림 13-2 구조체 개념

구조체 정의

자료형 int나 double과 같은 일반 자료형은 자료형을 바로 사용할 수 있으나 **구조체를 자료형으로 사용하려면 먼저 구조체를 정의**해야 한다. 와플이나 붕어빵을 만들려면 와플 기계나 붕어빵 기계가 필요하듯이 **구조체를 사용하려면 먼저 구조체를 만들 구조체 틀(template)을 정의**하여야 한다.

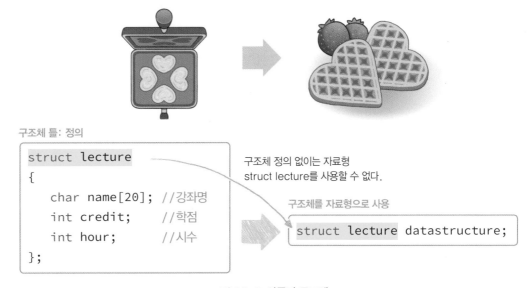

구조체 틀: 정의

```
struct lecture
{
    char name[20];  //강좌명
    int credit;     //학점
    int hour;       //시수
};
```

구조체 정의 없이는 자료형
struct lecture를 사용할 수 없다.

구조체를 자료형으로 사용

```
struct lecture datastructure;
```

그림 13-3 와플과 구조체

그럼 먼저 구조체 틀을 만드는 구조체 정의 방법을 알아 보자. **구조체를 정의하는 방법은 키워드 struct 다음에 구조체 태그이름을 기술하고 중괄호를 이용하여 원하는 멤버를 여러 개의 변수로 선언하는 구조다. 구조체를 구성하는 하나 하나의 항목을 구조체 멤버(member) 또는 필드(field)[2]라 한다.** 다음 struct lecture는 대학의 강좌정보를 처리하는 구조체의 한 예이다.

- **구조체 정의는 변수의 선언과는 다른 것으로 변수선언에서 이용될 새로운 구조체 자료형을 정의하는 구문이다.**
- 구조체 내부의 멤버 선언 구문은 모두 하나의 문장이므로 반드시 세미콜론으로 종료해야 하며, **각** 구조체 멤버의 초기값을 대입할 수 없다. 마지막 멤버 선언에도 반드시 세미콜론이 빠지지 않도록 주의한다.
- 멤버가 int credit; int hour;처럼 같은 자료형이 연속적으로 놓일 경우, 간단히 콤마 연산자 ,를 사용해 int credit, hour;로도 가능하다.
- 또한 한 구조체 내부에서 선언되는 구조체 멤버의 이름은 모두 유일해야 한다.
- 구조체 멤버로는 일반 변수, 포인터 변수, 배열, **다른 구조체 변수 및 구조체 포인터**도 허용된다.

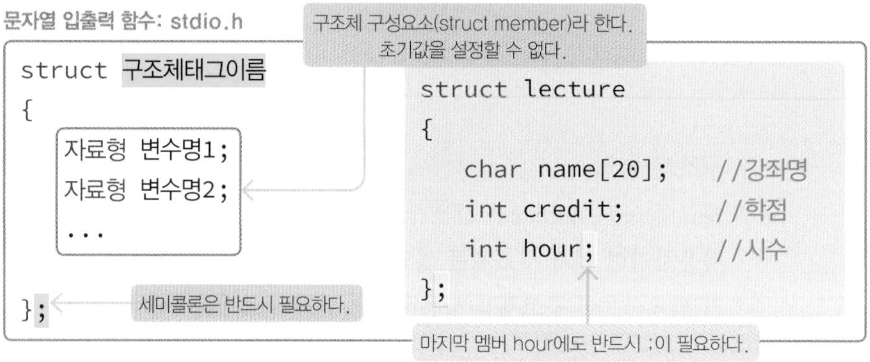

문자열 입출력 함수: stdio.h

구조체 구성요소(struct member)라 한다.
초기값을 설정할 수 없다.

```
struct 구조체태그이름
{
    자료형  변수명1;
    자료형  변수명2;
    ...
};
```

세미콜론은 반드시 필요하다.

```
struct lecture
{
    char name[20];    //강좌명
    int credit;       //학점
    int hour;         //시수
};
```

마지막 멤버 hour에도 반드시 ;이 필요하다.

그림 13-4 구조체 정의 구문과 예문

다음 소스에서 구조체 태그이름이 account인 struct account 는 계좌정보를 표현하는 구조체로 계좌주이름, 계좌번호, 잔고 정보를 하나의 단위로 처리하는 자료형을 정의한 것이다.

```
struct account
{
    char name[10];     //계좌주이름
    int actnum;        //계좌번호
    double balance;    //잔고
};
```

그림 13-5 은행의 계좌를 표현하는 구조체 struct account 정의

---

2 우리말로는 구조체의 구성항목이라고도 부른다.

01 구조체의 정의를 설명하시오.

02 다음 빈 부분에 적당한 것을 채우시오.

구조체를 구성하는 하나 하나의 항목을 구조체 _____ 또는 구조체 구성항목이라 한다.

03 다음 구조체 정의 문장에서 잘못된 것을 설명하시오.

```
//행성을 위한 구조체 정의
struct
{
    char name[20];      //행성이름
    double diameter;    //지름
    int moons = 5;      //위성 수
}
```

구조체 변수 선언과 초기화

구조체 변수 선언

구조체가 정의되었다면 이제 구조체형 변수 선언이 가능하다. 즉 구조체 struct account가 새로운 자료유형으로 사용될 수 있다. **새로운 자료형 struct account 형 변수 mine을 선언하려면 struct account mine;으로 선언**한다. 기존의 일반 변수선언과 같이 동시에 여러 개의 변수선언도 가능하다.

구조체 자료형 변수 선언 및 초기화 구문

```
struct   구조체태그이름     변수명;
struct   구조체태그이름     변수명1, 변수명2, 변수명3, ...;    ← 여러 변수의 선언도 가능하다.

    struct account yours;
    struct account act1, act2, act3;
```

그림 13-6 구조체 자료형 변수 선언 및 초기화 구문

구조체 변수를 선언하는 다른 방법은 다음과 같이 구조체 정의와 변수 선언을 함께하는 방법이다. 다음 문장으로 구조체 struct account를 정의하면서 동시에 변수 myaccount는 구조체 struct account 형의 변수로 선언된다. 이 문장 이후 struct account도 새로운 자료형으로 사용될 수 있다.

```
struct account
{
    char name[12];          //계좌주이름
    int actnum;             //계좌번호
    double balance;         //잔고
} myaccount;                         ──→ 변수 myaccount는 struct account형 변수로 선언된다.


struct account youraccount;          ──→ 변수 youraccount도 struct account형 변수로 선언된다.
```

그림 13-7 구조체 정의와 변수 선언을 함께하는 문장

TIP **이름 없는 구조체**

구조체변수 선언 구문에서 다음과 같이 구조체 태그이름을 생략할 수 있다. 그러나 구조체 태그이름이 없는 변수 선언 방법은 이 구조체와 동일한 자료형의 변수를 더 이상 선언 할 수 없다. 그러므로 단 한번 이 구조체 형으로 변수를 선언하는 경우에만 이용할 수 있는 방법이다. 단 이러한 **태그이름이 없는 구조체 정의**에서는 바로 **변수가 나오지 않는다면 아무 의미 없는 문장**이 된다.

```
struct
{
    char name[12];          //계좌주이름
    int actnum;             //계좌번호
    double balance;         //잔고
} youraccount;                   ──→ 변수 youraccount이후에 이와 동일한 구조체의 변수선언은 불가능하다.
```

그림 13-8 구조체 태그이름이 없는 변수 선언 방법

구조체 변수의 초기화

배열과 같이 구조체 변수도 선언 시 중괄호를 이용한 초기화 지정이 가능하다. **초기화 값은 다음과 같이 중괄호 내부에서 구조체의 각 멤버 정의 순서대로 초기값을 쉼표로 구분하여 기술**한다. 배열과 같이 초기값에 기술되지 않은 멤버값은 자료형에 따라 기본값인 0, 0.0, '\0' 등으로 저장된다.

```
struct 구조체태그이름    변수명 = {초기값1, 초기값2, 초기값3, ...};
```

```
struct account
{
    char name[12];          //계좌주이름
    int actnum;             //계좌번호
    double balance;         //잔고
};


struct account mine = {"홍길동", 1001, 300000 };
```

그림 13-9 구조체 변수의 초기화

구조체의 멤버 접근 연산자 . 와 변수 크기

선언된 구조체형 변수는 접근연산자 .를 사용하여 멤버를 참조할 수 있다. 즉 문장 yours.actnum=1002;은 변수 yours의 멤버 actnum에 1002를 저장하는 기능을 수행한다. 이와 같이 yours.name과 yours.balance로 구조체 멤버 name과 balance도 참조할 수 있다. 접근연산자 .은 참조연산자라고도 부른다.

> 구조체변수이름. 멤버
> mine.actnum = 1002; mine.balance = 300000;

그림 13-10 구조체 멤버 접근 연산자

구조체 struct account의 변수 mine은 다음과 같은 구조로 메모리에 할당된다. 그러므로 변수 mine 저장공간 크기는 name이 12바이트, actnum이 4바이트, balance가 8바이트, 모두 더하면 총 24바이트이다. 변수 mine의 크기는 sizeof(mine)로 알아 볼 수 있다. 그러나 우리가 계산하는 멤버 저장공간 크기의 합인 구조체의 크기는 실제 sizeof 결과보다 작거나 같다.

- 일반적으로 컴파일러는 시스템의 효율성을 위하여 구조체 크기를 산술적인 구조체의 크기보다 크게 할당할 수 있다.
- 시스템은 정보를 4바이트 혹은 8바이트 단위로 전송 처리하므로 이에 맞도록 메모리를 할당하다 보면 중간에 사용하지 않는 바이트[3]를 삽입할 수 있다.
- 그러므로 **실제 구조체의 크기는 멤버의 크기의 합보다 크거나 같다.**

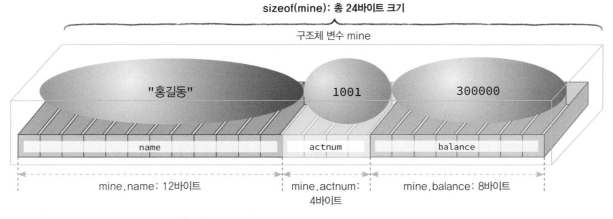

그림 13-11 구조체 struct account 변수 mine의 메모리 구조와 접근 연산자

---

3 이와 같이 삽입되는 저장공간을 패딩(padding)이라고 한다.

structbasic.c

구조체 정의와 구조체 변수 선언

```c
01    // file: structbasic.c
02    #define _CRT_SECURE_NO_WARNINGS
03    #include <stdio.h>
04    #include <string.h>
05
06    //은행 계좌를 위한 구조체 정의
07    struct account
08    {
09        char name[12];    //계좌주 이름
10        int actnum;    //계좌번호
11        double balance;    //잔고
12    };
13
14    int main(void)
15    {
16        //구조체 변수 선언 및 초기화
17        struct account mine = { "홍길동", 1001, 300000 };
18        struct account yours;
19
20        strcpy(yours.name, "이동원");
21        //strcpy_s(yours.name, 12, "이동원"); //가능
22        //yours.name = "이동원"; //오류
23        yours.actnum = 1002;                          접근 연산자 .를 사용한 멤버의 참조
24        yours.balance = 500000;
25
26        printf("구조체크기: %d\n", sizeof(mine));      구조체 변수의 크기도 알 수 있다.
27        printf("%s %d %.2f\n", mine.name, mine.actnum, mine.balance);
28        printf("%s %d %.2f\n", yours.name, yours.actnum, yours.balance);
29
30        return 0;
31    }
```

설명

07 은행계좌를 위한 구조체 struct account를 정의하기 위한 문장 시작으로 7 행에서 12 행까지 정의

09 구조체 struct account 멤버인 계좌주 이름 name을 위한 선언 문으로 마지막에 세미콜론 ;이 필요

10 구조체 struct account 멤버인 계좌번호 actnum을 위한 선언 문으로 마지막에 세미콜론 ;이 필요

11 구조체 struct account 멤버인 잔고 balance를 위한 선언 문으로 마지막에 세미콜론 ;이 필요

12 반드시 마지막에 세미콜론 ;이 필요

17 구조체 struct account 형인 mine을 선언하면서 초기화, 모든 멤버를 모두 초기화

18 구조체 struct account 형인 yours를 선언

20 구조체 struct account 형인 yours의 이름을 "이동원"으로 저장

22 char 배열인 name으로는 바로 문자열 상수 "이동원"으로는 대입이 불가능

23	구조체 변수 yours의 멤버로 int 형인 actnum에는 1002를 저장
24	구조체 변수 yours의 멤버로 double 형인 ablance에는 500000를 저장
26	연산자 sizeof(mine)로 변수 mine의 크기를 조회하여 출력
27	참조연산자 .를 사용하여 구조체 변수 mine에서 모든 멤버를 참조하여 출력
28	참조연산자 .를 사용하여 구조체 변수 yours에서 모든 멤버를 참조하여 출력

실행결과

```
구조체크기: 24
홍길동 1001 300000.00
이동원 1002 500000.00
```

중간점검

01 다음 문장에서 구조체 이름(자료형)과 변수를 구분하시오.

```
//행성을 위한 구조체 정의
struct planet
{
    char name[20];    //행성이름
    double diameter;  //지름
    int moons;        //위성 수
} mercury ;

struct planet venus, earth;
```

02 위에서 정의한 구조체와 다음 목성에 대한 정보를 사용하여 다음 변수 선언의 초기값으로 저장하는 소스를 완성하시오.

목성(jupeter)의 위성수: 16개, 지름: 14만 3천 km

```
struct planet jupeter = {_____, _____, _____};
```

03 위 구조체의 크기를 바이트로 출력하는 다음 소스를 완성하시오.

```
printf("%d\n", _____(struct planet));
```

구조체 활용

구조체 멤버로 사용되는 구조체

구조체 멤버로 이미 정의된 다른 구조체 형 변수와 자기 자신을 포함한 구조체 포인터 변수를 사용할 수 있다. 다음 구조체 struct date는 년, 월, 일 정보를 저장할 수 있는 구조체이다.

```
struct date
{
    int year;       //년
    int month;      //월
    int day;        //일
};
```

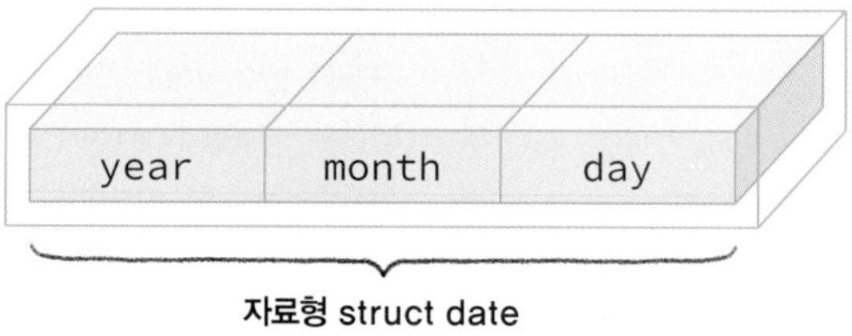

그림 13-12 자료형 struct date의 구조

구조체 struct account에 계좌 개설일자를 저장할 멤버로 open을 추가해보자. 이 open의 자료형으로 위에서 정의한 struct date를 사용할 수 있을 것이다. 즉 새로운 구조체 account를 다음과 같이 정의할 수 있다. 즉 구조체 account의 멤버로 구조체 struct date를 사용하고 있다. 그러므로 struct account 변수 me의 메모리 구조는 다음과 같다.

```
struct account
{
    struct date open;       //계좌 개설일자
    char name[12];          //계좌주 이름
    int actnum;             //계좌번호
    double balance;         //잔고
};
    struct account me = {{2012, 3, 9}, "홍길동", 1001, 300000 };
```

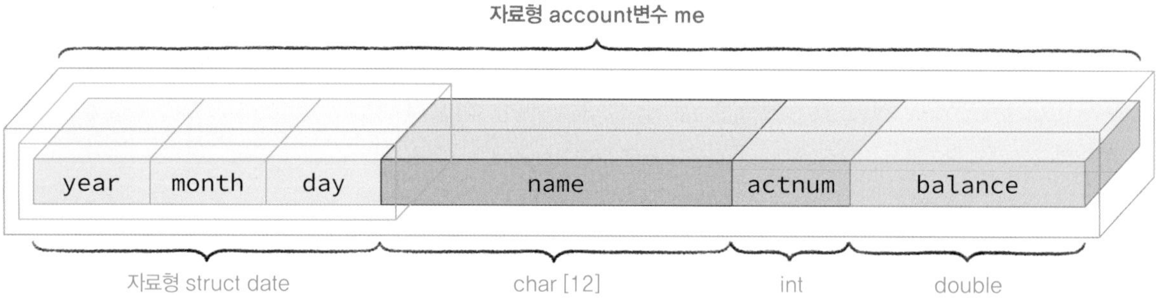

그림 13-13 변수 me의 구조

다음 예제는 위에서 정의한 account 구조체를 사용한 프로그램이다. 멤버가 구조체 date인 초기화는 {2012, 3, 9}로 가능하다. 또한 구조체 account 변수인 me로 년, 월, 일을 참조하려면 접근연산자를 2번 사용하여 각각 me.open.year, me.open.month, me.open.day를 이용한다.

nestedstruct.c

구조체 멤버로 다른 구조체 허용

```c
01  // file: nestedstruct.c
02  #include <stdio.h>
03  #include <string.h>
04
05  //날짜를 위한 구조체
06  struct date
07  {
08      int year;    //년
09      int month;   //월
10      int day;     //일
11  };
12
13  //은행계좌를 위한 구조체
14  struct account
15  {
16      struct date open;     //계좌 개설일자
17      char name[12];        //계좌주 이름
18      int actnum;           //계좌번호
19      double balance;       //잔고
20  };
21
22  int main(void)
23  {
24      struct account me = { { 2018, 3, 9 }, "홍길동", 1001, 300000 };
25
26      printf("구조체크기: %d\n", sizeof(me));
27      printf("[%d, %d, %d]\n", me.open.year, me.open.month, me.open.day);
28      printf("%s %d %.2f\n", me.name, me.actnum, me.balance);
29  }
```

구조체 멤버로 다른 구조체 변수를 허용한다.

변수 opendate를 위한 {}는 생략 가능하다.

중첩된 구조체를 접근하려면 접근연산자를 2번 사용한다.

설명

06	날짜를 위한 구조체 struct date를 정의하기 위한 문장 시작으로 6 행에서 11 행까지 정의
08	구조체 date 멤버인 년 year를 위한 선언 문으로 마지막에 세미콜론 ;이 필요
09	구조체 date 멤버인 월 month를 위한 선언 문으로 마지막에 세미콜론 ;이 필요
10	구조체 date 멤버인 일 day를 위한 선언 문으로 마지막에 세미콜론 ;이 필요
11	반드시 마지막에 세미콜론 ;이 필요
14	은행계좌를 위한 구조체 struct account를 정의하기 위한 문장 시작으로 14 행에서 20 행까지 정의
16	구조체 account 내부 멤버로 구조체 struct date 형으로 변수 open을 선언하며, 이 변수는 계좌 개설 날짜를 의미
24	구조체 struct account 형인 me를 선언하면서 초기화, 모든 멤버를 모두 초기화, 첫 멤버는 다시 구조체이므로 {2016, 3, 9}처럼 초기화하는 편이 좋으나 중괄호는 없어도 상관 없음
26	연산자 sizeof(me)로 변수 me의 크기를 조회하여 출력

27	참조연산자 .를 사용하여 구조체 변수 me에서 첫 멤버인 구조체 형인 open의 모든 멤버를 참조하여 출력하려면 me.open.year와 같이 두 번의 참조가 필요
28	참조연산자 .를 사용하여 구조체 변수 me의 나머지 모든 멤버를 참조하여 출력

실행결과

```
구조체크기: 40
[2018, 3, 9]
홍길동 1001 300000.00
```

TIP 구조체 정의의 위치

구조체 정의는 변수의 선언처럼 그 정의 위치에 따라 구조체의 유효 범위가 결정된다. 즉 **구조체의 정의도 변수 선언처럼 유효범위는 전역(global) 또는 지역(local)으로 모두 가능**하다. 다음과 같이 main() 함수 외부 상단에서 정의된 구조체 struct date는 전역으로 이 파일의 이 위치 이후 모든 함수에서 사용 가능하다. 그러나 main() 함수 내부에서 정의된 구조체 struct account는 지역으로 이 위치 이후 함수 main() 내부에서만 사용 가능하다.

전역

```
struct date
{
    int year;      //년
    int month;     //월
    int day;       //일
};

int main(void)
{
    struct account
    {
        char name[12];    //계좌주 이름
        int actnum;       //계좌번호
        double balance;   //잔고
    };

    //구조체 변수 선언 및 초기화
    struct account mine = { "홍길동", 1001, 300000 };

    return 0;
}
```

지역

그림 13-14 구조체 정의의 유효 범위

구조체 변수의 대입과 동등비교

동일한 구조체형의 변수는 대입문이 가능하다. 즉 구조체 멤버마다 모두 대입할 필요 없이 변수 대입으로 한번에 모든 맴버의 대입이 가능하다. 다음 소스와 같이 struct student 형의 변수 hong과 one 사이의 대입이 가능하다.

```
struct student
{
    int snum;    //학번
    char *dept;    //학과 이름
    char name[12];    //학생 이름
};
struct student hong = { 201800001, "컴퓨터정보공학과", "홍길동" };
struct student one;

one = hong;
```

그림 13-15 구조체 변수의 대입

struct student 형의 변수 hong과 one에서 (one == bae)와 같은 동등 비교는 사용할 수 없다. 그 러므로 만일 구조체를 비교하려면 구조체 멤버, 하나 하나를 비교해야 한다. 즉 struct student에서 학번을 비교하고 문자열인 이름과 학번은 문자열이므로 라이브러리 strcmp()를 사용하면 hong과 one의 내용을 모두 비교할 수 있다.

```
if ( one == bae )  //오류
    printf("내용이 같은 구조체입니다.\n");
```

```
if (one.snum == bae.snum)
    printf("학번이 %d로 동일합니다.\n", one.snum);
```

```
if (one.snum == bae.snum && !strcmp(one.name, bae.name) && !strcmp(one.dept, bae.dept))
    printf("내용이 같은 구조체입니다.\n");
```

그림 13-16 구조체의 동등 비교

실습예제 13-3	structstudent .c

```
01    // file: structstudent.c
02    #define _CRT_SECURE_NO_WARNINGS
03    #include <stdio.h>
04    #include <string.h>
05
06    int main(void)
07    {
08        //학생을 위한 구조체
```

```
09      struct student
10      {
11          int snum;          //학번
12          char *dept;          //학과 이름
13          char name[12];      //학생 이름
14      };
15      struct student hong = { 201800001, "컴퓨터정보공학과", "홍길동" };
16      struct student na = { 201800002 };
17      struct student bae = { 201800003 };
18
19      //학생이름 입력
20      scanf("%s", na.name);
21      //na.name = "나한국"; //오류
22      //scanf("%s", na.dept); //오류
23
24      na.dept = "컴퓨터정보공학과";
25      bae.dept = "기계공학과";
26      memcpy(bae.name, "배상문", 7);
27      strcpy(bae.name, "배상문");
28      strcpy_s(bae.name, 7, "배상문");
29
30      printf("[%d, %s, %s]\n", hong.snum, hong.dept, hong.name);
31      printf("[%d, %s, %s]\n", na.snum, na.dept, na.name);
32      printf("[%d, %s, %s]\n", bae.snum, bae.dept, bae.name);
33
34      struct student one;
35      one = bae;
36      if (one.snum == bae.snum)
37          printf("학번이 %d으로 동일합니다.\n", one.snum);
38      //if ( one == bae ) //오류
39      if (one.snum == bae.snum && !strcmp(one.name, bae.name) &&
                !strcmp(one.dept, bae.dept))
40          printf("내용이 같은 구조체입니다.\n");
41
42      return 0;
43  }
```

설명	09	학생을 위한 구조체 student를 정의하기 위한 문장 시작으로 10 행에서 14 행까지 정의, 이 정의가 있는 위치가 main() 함수 내부이므로 구조체 student는 main() 함수 내부에서만 사용 가능
	11	구조체 student 멤버인 학번 snum을 위한 선언 문으로 마지막에 세미콜론 ;이 필요
	12	구조체 student 멤버인 학과 이름 dept을 위한 선언 문으로 마지막에 세미콜론 ;이 필요, 변수 dept는 char *로 문자열 상수의 주소가 저장 가능하나, scanf()나 memcpy(), strcpy()로는 문자열 저장이 불가능

13	구조체 student 멤버인 학생 이름 name을 위한 선언 문으로 마지막에 세미콜론 ;이 필요, 변수 name은 char 배열로 문자열 자체의 저장이 가능하므로 scanf()나 memcpy(), strcpy()의 사용도 가능
14	반드시 마지막에 세미콜론 ;이 필요
15	구조체 struct student 형인 hong을 선언하면서 초기화, 모든 멤버를 모두 초기화
16	구조체 struct student 형인 na을 선언하면서 초기화, 첫 번째 멤버인 학번만 기술되었으므로 나머지는 각각 NULL과 NULL 문자로 초기화
17	구조체 struct student 형인 bae을 선언하면서 초기화
20	구조체 변수 na의 멤버 name에 문자열 이름을 표준입력으로 저장
21	char 배열인 name으로는 바로 문자열 상수 "나한국"으로는 대입이 불가능
22	char 포인터인 dept로는 scanf()로 표준입력의 문자열 저장이 불가능
24	char 포인터인 na.dept에 문자열 상수 "컴퓨터정보공학과" 대입
25	char 포인터인 bae.dept에 문자열 상수 "기계공학과" 대입
26	라이브러리 memcpy()로 bae.name에 "배상문"을 저장
27~28	라이브러리 strcpy()와 strcpy_s()로도 가능
30~32	구조체 변수 hong, na, bae의 모든 멤버를 출력
34	구조체 student 변수 one을 선언
35	구조체 student 변수 one에 변수 bae를 대입
36	one의 학번과 bae의 학번을 비교
38	구조체 자체로는 비교 연산 one == bae은 불가능
39	구조체 변수 one에 변수 bae의 내용을 모든 비교하려면 각각의 멤버를 모두 비교
40	내용이 같으면 출력

실행결과

```
나한국
[201800001, 컴퓨터정보공학과, 홍길동]
[201800002, 컴퓨터정보공학과, 나한국]
[201800003, 기계공학과, 배상문]
학번이 201800003(으)로 동일합니다.
내용이 같은 구조체입니다.
```

TIP 문자열을 처리하기 위한 포인터 char *와 배열 char []

위 구조체 student의 정의에서 학과 이름은 char 포인터로, 학생 이름은 char 배열로 선언했다. 문자열을 처리하는 경우, 이 두 가지 경우를 많이 사용하는데 각각의 의미와 차이를 알아보자.

```
char *dept;        //학과 이름
char name[12];     //학생 이름
```

그림 13-17 char 포인터와 char 배열의 선언

char 포인터는 문자열의 첫 문자 주소를 저장하므로 문자열 상수의 주소로 사용하며, char 배열은 문자열을 구성하는 모든 문자를 하나 하나 저장하고 마지막에 '\0' 문자를 저장하여 사용한다. 이 두 선언의 차이를 정리하면 다음 표 13-1과 같다.

표 13-1 char 포인터와 char 배열의 비교

char 포인터	char 배열
char *dept; //학과 이름	char name[12]; //학생 이름
char *dept = "컴퓨터정보공학과";	char name[12] = "나한국";
변수 dept	나한국\o 변수 name[12]
변수 dept는 포인터로 단순히 문자열 상수를 다루는 경우 효과적	변수 name은 배열로 12바이트 공간을 가지며 문자열을 저장하고 수정 등이 필요한 경우 효과적
dept = "컴퓨터정보공학과";	name = "나한국"; //오류
단지 문자열 상수의 첫 주소를 저장하므로 문자열 자체를 저장하거나 수정하는 것은 불가능하므로 다음 구문은 사용 불가능	문자열 자체를 저장하는 배열이므로 문자열의 저장 및 수정이 가능하고 문자열 자체를 저장하는 다음 구문 사용도 가능이 가능
strcpy(dept, "컴퓨터정보공학과"); //오류	strcpy(name, "배상문");
scanf("%s", dept); //오류	scanf("%s", name);

01 다음에서 정의된 구조체 struct rectangle의 유효 범위를 설명하시오.

```
...
int main(void)
{
   struct rectangle
   {
      int width;
      int height;
   };
   ...

}
```

02 위에서 정의된 구조체 struct rectangle을 사용한 다음 소스에서 오류 발생 원인을 설명하고 수정하시오.

```
struct rectangle r1 = { 10, 20 }, r2 = { 20, 10 };

if (r1 == r2)
   printf("두 사각형은 같습니다.%d\n");
else
   printf("두 사각형은 다릅니다.%d\n");
```

03 다음 문자 배열 선언 이후에 변수 saturn에 문자열 "토성"을 대입하는 소스를 기술하시오.

```
char saturn[10];
```

공용체 활용

공용체 개념

하나의 차고에 일반 세단과 SUV를 각각 주차한다고 생각해보자. 주차 공간이 하나이므로 세단과 SUV를 동시에 주차시킬 수는 없으나 한 대의 주차는 가능하다. 이러한 겸용 주차장과 비슷한 개념이 공용체이다.

동일한 저장 장소에 여러 자료형을 저장하는 방법으로, 공용체를 구성하는 멤버에 한번에 한 종류만 저장하고 참조할 수 있다.

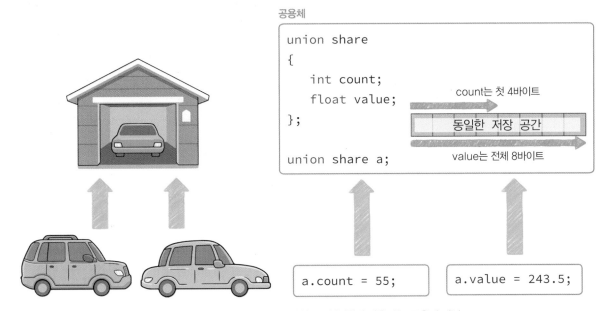

그림 13-18 동일한 공간을 함께 사용하는 공용체 개념

union을 사용한 공용체 정의 및 변수 선언

공용체(union)는 서로 다른 자료형의 값을 동일한 저장공간에 저장하는 자료형이다. 공용체 선언 방법은 union을 struct로 사용하는 것을 제외하면 구조체선언 방법과 동일하다. 다음은 공용체 union data를 정의하는 구문이다. 물론 구조체와 같이 공용체를 정의하면서 바로 변수를 선언할 수 있다.

공용체 정의 및 변수선언 구문

```
union 공용체태그이름
{
    자료형  멤버변수명1;
    자료형  멤버변수명2;     ← 공용체 구성요소인 멤버(struct member)이다.
    ...

} [변수명1] [,변수명2] ; ← 세미콜론은 반드시 필요하다.
```

```
union data                          union udata
{                                    {
    char ch;        //문자형             char name[4];   //char형 배열
    int cnt;        //정수형             int n;          //정수형
    double real;    //실수형             double val;     //실수형
} data1;                             };
```

그림 13-19 구조체 정의 구문

공용체 변수의 크기는 멤버 중 가장 큰 자료형의 크기로 정해진다. 즉 위에서 union data의 변수 data1은 멤버 중 가장 큰 크기인 double 형의 8바이트의 저장공간을 세 멤버가 함께 이용한다.

● 공용체의 멤버는 모든 멤버가 동일한 저장 공간을 사용하므로 동시에 여러 멤버의 값을 동시에 저장하여 이용할 수 없으며, 마지막에 저장된 단 하나의 멤버 자료값만을 저장한다.

● 공용체도 구조체와 같이 typedef를 이용하여 새로운 자료형으로 정의할 수 있다.

● **공용체의 초기화 값은 공용체 정의 시 처음 선언한 멤버의 초기값으로만 저장이 가능하다.**

만일 다른 멤버로 초기값을 지정하면 컴파일 시 다음과 같은 경고가 발생한다. 초기값으로 동일한 유형의 다른 변수의 대입도 가능하다.

```
typedef union data uniondata;

    uniondata data2 = {'A'};         //첫 멤버인 char형으로만 초기화 가능
    //uniondata data2 = {10.3};      //컴파일 시 경고 발생
        warning C4244: '초기화중' : 'double'에서'char'(으)로 변환하면서 데이터가 손실될 수 있습니다.

    uniondata data3 = data2;         //다른 변수로 초기화 가능
```

그림 13-20 공용체 초기화 및 경고

공용체 멤버 접근

공용체 변수로 멤버를 접근하기 위해서는 구조체와 같이 접근연산자 .를 사용한다. 즉 문장 data2.ch = 'A';은 공용체 변수 data2의 멤버 ch에 문자 'A'를 저장하는 구문이다. 이 문장 이후에 멤버 cnt나 real의 출력은 가능하나 의미는 없다.

유형이 char인 ch를 접근하면 8바이트 중에서 첫 1바이트만 참조하며, int인 cnt를 접근하면 전체 공간의 첫 4바이트만 참조하고, double인 real을 접근하면 8바이트 공간을 모두 참조한다.

공용체 멤버의 참조는 가능하나 항상 마지막에 저장한 멤버로 접근해야 원하는 값을 얻을 수 있다. 그러므로 공용체를 참조할 경우 정확한 멤버를 사용하는 것은 프로그래머의 책임이다.

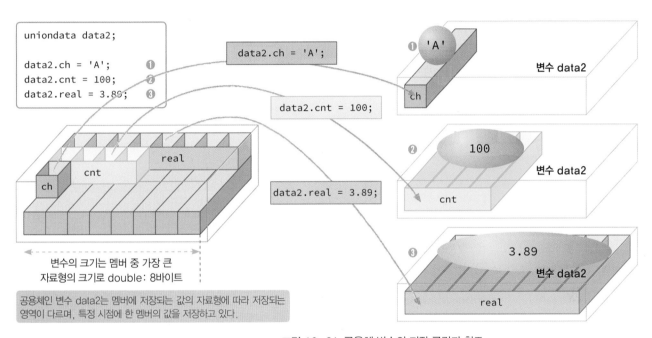

그림 13-21 공용체 변수의 저장 공간과 참조

실습예제 13-4	union.c
	공용체 정의와 변수 선언 및 사용

```
01    // file: union.c
02    #include <stdio.h>
03
04    //유니온 구조체를 정의하면서 변수 data1도 선언한 문장
05    union data
06    {
07        char ch;      //문자형
08        int cnt;      //정수형
09        double real;    //실수형
10    } data1; //data1은 전역변수
```

```
11
12    int main(void)
13    {
14        union data data2 = { 'A' }; //첫 멤버인 char형으로만 초기화 가능
15        //union data data2 = {10.3};//컴파일 시 경고 발생
16        union data data3 = data2;    //다른 변수로 초기화 가능
17
18        printf("%d %d\n", sizeof(union data), sizeof(data3));
19
20        //멤버 ch에 저장
21        data1.ch = 'a';
22        printf("%c %d %f\n", data1.ch, data1.cnt, data1.real);
23        //멤버 cnt에 저장
24        data1.cnt = 100;
25        printf("%c %d %f\n", data1.ch, data1.cnt, data1.real);
26        //멤버 real에 저장
27        data1.real = 3.156759;
28        printf("%c %d %f\n", data1.ch, data1.cnt, data1.real);
29
30        return 0;
31    }
```

설명	05	char, int, double 자료형 하나를 동시에 저장할 수 있는 8바이트 공간의 공용체 data를 정의하기 위한 문장 시작으로 5 행에서 10 행까지 정의하면서, 동시에 변수 data1을 선언, 이 변수 data1은 전역 변수로 이 선언이 있는 위치 이후 모든 파일에서 사용 가능
	14	공용체 union data 형으로 변수 data2를 선언하면서 초기값으로 문자 'A'를 저장, 공용체의 첫 멤버인 char형으로만 초기화 가능
	15	공용체의 세 번째 멤버인 double 형으로는 초기화 불가능
	16	공용체 union data 형으로 변수 data3를 선언하면서 초기값으로 같은 유형의 변수를 대입
	18	공용체 union data 자료형과 변수의 크기인 8을 출력
	21	공용체인 data1에서 자료형 char인 멤버 ch에 문자 'a'를 저장, 이 이후로는 data1.ch만 의미가 있음
	22	공용체인 data1에서 모든 멤버를 출력해 보나, data1.ch만 정확히 출력
	24	공용체인 data1에서 자료형 int인 멤버 cnt에 정수 100을 저장, 이 이후로는 data1.cnt만 의미가 있음
	25	공용체인 data1에서 모든 멤버를 출력해 보나, data1.cnt만 정확히 출력
	27	공용체인 data1에서 자료형 double인 멤버 real에 실수 3.156759를 저장, 이 이후로는 data1.real만 의미가 있음
	28	공용체인 data1에서 모든 멤버를 출력해 보나, data1.real만 정확히 출력

실행결과	08 8
	a 97 0.000000
	d 100 0.000000
	N -590162866 3.156759

01 다음 문장에서 잘못을 찾아 수정하시오.

```
union share
{
    int count;
    float value;
    char  str[20];
};

    share a;
```

02 위에서 정의된 공용체 union share를 사용하여 다음 출력이 의미 있는 값이 되기 위한 문장과 출력을 기술하시오.

```
union share a;

_____;
printf("a.count : %d\n", a.count);
```

도시의 이름과 위치를 표현하는 구조체 struct city는 멤버로 char *와 struct position으로 구성된다. 멤버인 구조체 struct position은 위도(latitude)와 경도(longitude)를 표현하는 멤버를 갖는다. 이 프로그램에서 구조체 struct city의 변수를 선언해 서울과 뉴욕의 정보를 저장하고 이들 도시의 정보를 다시 출력해 보도록 한다.

- 구조체 struct position 변수 seoul과 newyork

```
[서울] 위도= 37.3 경도= 126.6
[뉴욕] 위도= 40.8 경도= 73.9
```

Lab 13-1	structcity.c

```c
01  // file: structcity.c
02  #include <stdio.h>
03  #include <string.h>
04
05  //지구 위치 구조체
06  struct position
07  {
08     double latitude;    //위도
09     double longitude;    //경도
10  };
11
12  int main(void)
13  {
14     //도시 정보 구조체
15     struct city
16     {
17        char *name;        //이름
18        struct position place;    //위치
19     };
20     _____ seoul, newyork;
21
22     _____;
23     _____;
24     _____;
25
```

```
26    _____;
27    _____;
28    _____;
29
30    printf("[%s] 위도= %.1f 경도= %.1f\n",
31        seoul.name, seoul.place.longitude, seoul.place.latitude);
32    printf("[%s] 위도= %.1f 경도= %.1f\n",
33        newyork.name, newyork.place.longitude, newyork.place.latitude);
34
35    return 0;
36  }
```

정답	
20	`struct city seoul, newyork;`
22	`seoul.name = "서울";`
23	`seoul.place.latitude = 37.33;`
24	`seoul.place.longitude = 126.58;`
26	`newyork.name = "뉴욕";`
27	`newyork.place.latitude = 40.8;`
28	`newyork.place.longitude = 73.9;`

자료형 재정의 typedef

typedef 구문

typedef는 이미 사용되는 자료 유형을 다른 새로운 자료형 이름으로 재정의할 수 있도록 하는 키워드이다. 문장 typedef int profit;은 profit을 int와 같은 자료형으로 새롭게 정의하는 문장이다.

자료형 재정의 typedef 구문

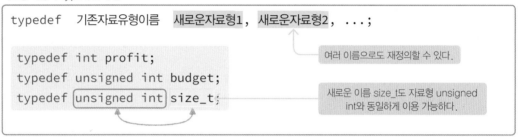

그림 13-22 자료형 재정의 typedef 구문

일반적으로 자료형을 재정의하는 이유는 프로그램의 시스템 간 호환성과 편의성을 위해 필요하다. 터보 C++ 컴파일러에서 자료유형 int는 저장공간 크기가 2바이트이나 Visual C++에서는 4바이트이다. 그러므로 다음과 같이 Visual C++에서 작성한 프로그램은 터보 C++에서는 문제가 발생한다. 2바이트로는 2000000을 저장할 수 없기 때문이다.

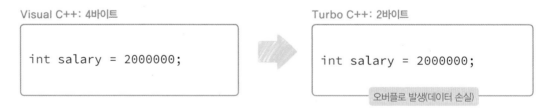

그림 13-23 개발환경의 변화에 따른 프로그램의 문제

이 문제를 해결하는 방안을 살펴보자. Visual C++에서는 다음과 같이 int를 myint로 재정의한후, 모든 int 형을 myint형으로 선언하여 이용한다. 만일 이 소스를 터보 C++에서 컴파일 한다면, typedef 문장에서 int를 long으로 수정하면 아무 문제 없이 다른 소스는 수정 없이 그대로 이용 가능하다.

Visual C++ 소스

```
typedef  int  myint;
...
myint salary = 2000000;
```

Turbo C++ 소스

```
typedef  long  myint;
...
myint salary = 2000000;
```

그림 13-24 서로 다른 개발환경에서 호환이 되도록 자료유형 재정의

다음 문장과 같이 자료형 int를 여러 개의 새로운 자료형 이름 integer와 word로 재정의하는 것도 가능하다.

```
typedef int integer, word;

integer myAge;   //int myAge와 동일
word yourAge;    //int yourAge와 동일
```

그림 13-25 하나의 자료형을 여러 자료형으로 재정의

문장 typedef도 일반 변수와 같이 그 사용 범위를 제한한다. 그러므로 함수 내부에서 재정의되면 선언된 이후의 그 함수에서만 이용이 가능하다. 만일 함수 외부에서 재정의된다면 재정의된 이후 그 파일에서 이용이 가능하다.

다음 예제는 자료형 unsigned int를 새로운 자료형 budget으로 정의하며, 자료형 int를 새로운 자료형 profit로 정의하여 변수 선언에 사용하는 프로그램이다.

실습예제 13-5	typedef.c
	자료형 재정의 이용

```
01    // file: typedef.c
02    #include <stdio.h>
03
04    //함수 외부에서 정의된 자료형은 이후 파일에서 사용 가능
05    typedef unsigned int budget;
06
07    int main(void)
08    {
09        //새로운 자료형 budget 사용
10        budget year = 24500000;
11
12        //함수 내부에서 정의된 자료형은 이후 함수내부에서만 사용 가능
```

```
13          typedef int profit;
14          //새로운 자료형 profit 사용
15          profit month = 4600000;
16
17          printf("올 예산은 %d, 이달의 이익은 %d 입니다.\n", year, month);
18
19          return 0;
20      }
21
22  void test(void)
23  {
24      //새로운 자료형 budget 사용
25      budget year = 24500000;
26
27      //profit은 이 함수에서는 사용 불가, 오류 발생
28      //profit year;
29  }
```

설명	05	이 문장으로 budget은 int와 같은 자료형, 이 위치가 함수 외부이므로 자료형 budget은 이 위치 이후 파일에서 사용 가능
	10	budget은 int와 같은 자료형으로 변수 year를 budget으로 선언하면서 초기값 대입
	13	이 문장으로 profit은 int와 같은 자료형, 이 위치가 함수 내부이므로 자료형 profit은 이 위치 이후 함수 main() 내부에서 사용 가능
	15	profit은 int와 같은 자료형으로 변수 month를 profit으로 선언하면서 초기값 대입
	25	자료형 budget은 함수 test()에서도 사용 가능
	28	자료형 profit은 함수 test()에서는 사용 불가
실행결과		올 예산은 24500000, 이달의 이익은 4600000 입니다.

구조체 자료형 재정의

struct를 생략한 새로운 자료형

구조체 자료형은 struct date 처럼 항상 키워드 struct를 써야 하나? typedef 사용하여 구조체를 한 단어의 새로운 자료형으로 정의하면 이러한 불편을 덜 수 있다. **구조체 struct date 가 정의된 상태에서 typedef 사용하여 구조체 struct date를 date로 재정의**할 수 있다. 이제 새로운 자료유형인 date는 struct date와 함께 동일한 자료유형으로 이용이 가능하다. 물론 date가 아닌 datetype 등 다른 이름으로도 재정의가 가능하다.

```
struct date
{
    int year;      //년
    int month;     //월
    int day;       //일
};


typedef  struct date  date;
```

> 자료유형인 date는 struct date와 함께 동일한 자료유형으로 이용이 가능하다.

그림 13-26 새로운 자료유형 date의 재정의와 이용

typedef를 이용하는 다른 방법은 구조체 정의 자체를 typedef와 함께 처리하는 방법이다. 아래 typedef 구문에서 새로운 자료형으로 software 형이 정의되며, 이 구문 이후에는 software를 구조체 자료형으로 변수 선언에 사용할 수 있다. 이 경우 구조체 태그이름은 생략 가능하다. 구조체 software형은 멤버로 구조체 date형 변수 release를 갖는다.

```
typedef struct
{
    char title[30];      //제목
    char company[30];    //제작회사
    char kinds[30];      //종류
    date release;        //출시일
} software;
```

> software는 변수가 아니라 새로운 자료형이다.

그림 13-27 구조체 정의와 typedef를 함께 이용한 자료형의 정의

실습예제 13-6	typedefstruct.c

문장 typedef를 이용하여 구조체의 자료유형을 다른 이름으로 재정의하여 이용

```
01    // file: typedefstruct.c
02    #include <stdio.h>
03
04    struct date
05    {
06       int year;     //년
07       int month;    //월
08       int day;      //일
09    };
10
```

```
11    //struct date 유형을 간단히 date 형으로 사용하기 위한 구문
12    typedef struct date date;
13
14    int main(void)                    date는 구조체 struct date의
15    {                                  새로운 자료형이다.
16        //구조체를 정의하면서 바로 자료형 software 로 정의하기 위한 구문
17        typedef struct
18        {
19            char title[30];      //제목
20            char company[30];    //제작회사
21            char kinds[30];      //종류
22            date release;        //출시일
23        } software;
24                        software는 변수가 아니라 구조체의 새로운 자료형이다.
25        software vs = { "비주얼스튜디오 커뮤니티", "MS", "통합개발환경", { 2018, 8, 29 } };
26
27        printf("제품명: %s\n", vs.title);
28        printf("회사 : %s\n", vs.company);
29        printf("종류 : %s\n", vs.kinds);
30        printf("출시일: %d. %d. %d\n", vs.release.year, vs.release.month,
               vs.release.day);
31
32        return 0;
33    }
```

설명	
04~09	구조체 struct date 정의
12	struct date 형을 간단히 date 형으로 다시 정의, 자료형 date는 이 구문 이후 파일 어디에서나 사용 가능
17	typedef로 시작하는 struct 정의 구문의 시작으로 태그 이름은 생략 가능
22	구조체 software의 멤버인 출시일 release를 위한 선언 문으로, 자료형 struct date 대신에 간단히 date 사용 가능
23	software는 변수 이름이 아니라 새로운 자료형
25	software 자료형으로 vs를 선언하면서 초기값 저장

실행결과	
제품명: 비주얼스튜디오 커뮤니티	
회사 : MS	
종류 : 통합개발환경	
출시일: 2018. 8. 29	

01 다음 문장에서 오류를 찾아 수정하시오.

```
typedef profit int;
```

02 다음 소스에서 자료형 birthday를 정의하고자 한다. 빈 부분을 적절히 채우시오.

```
struct date
{
    int year;      //년
    int month;     //월
    int day;       //일
};

typedef _____;
```

영화의 제목과 관객수를 표현하는 구조체 struct movie는 멤버로 char *와 int로 구성된다. 구조체 struct movie의 멤버인 title은 영화 제목을 표현하고 attendance는 관객수를 저장한다. 이 프로그램에서 구조체 struct movie의 자료형을 다시 movie로 정의하고, 변수 assassination 에 하나의 영화 정보를 저장한 후 다시 출력해 보도록 한다.

- 구조체 struct movie

```
struct movie
{
    char *title;        //영화제목
    int attendance;    //관객수
};
```

- 구조체 struct movie를 정의하면서 동시에 자료형 movie 도 정의

[암살] 관객수: 12700000

Lab 13-2	structcity.c

```
01  // file: typemovie.c
02  #include <stdio.h>
03
04  int main(void)
05  {
06      //영화 정보 구조체
07      typedef struct movie
08      {
09          char *title;    //영화제목
10          int attendance;    //관객수
11      _____ ;
12
13      _____;
14
15      assassination.title = "암살";
16      assassination.attendance = 12700000;
17
18      printf("[%s] 관객수: %d\n", assassination.title, assassination.attendance);
19
20      return 0;
21  }
```

정답	11	} movie;
	13	movie assassination;

13 ③ 구조체와 공용체의 포인터와 배열

구조체 포인터

포인터 변수 선언

포인터는 각각의 자료형 저장 공간의 주소를 저장하듯이 구조체 포인터는 구조체의 주소값을 저장할 수 있는 변수이다. 구조체 포인터 변수의 선언은 일반 포인터 변수 선언과 동일하다.

다음은 대학 강좌를 처리하는 구조체 자료형 lecture를 선언한 구문이다. 구조체 포인터 변수 p는 lecture *p로 선언된다.

```
struct lecture
{
   char name[20];       //강좌명
   int type;            //강좌구분
   int credit;          //학점
   int hours;           //시수
};
typedef struct lecture lecture;
lecture *p;
```

그림 13-28 구조체 포인터 변수 선언

구조체 포인터 변수는 다른 포인터 변수와 사용 방법이 동일하다. 변수 os를 선언한 후, 문장 lecture *p = &os ;로 lecture 포인터 변수 p에 &os를 저장한다. 이로써 포인터 p로 구조체 변수 os 멤버 참조가 가능하다.

```
lecture os = {"운영체제", 2, 3, 3};
lecture *p = &os;
```

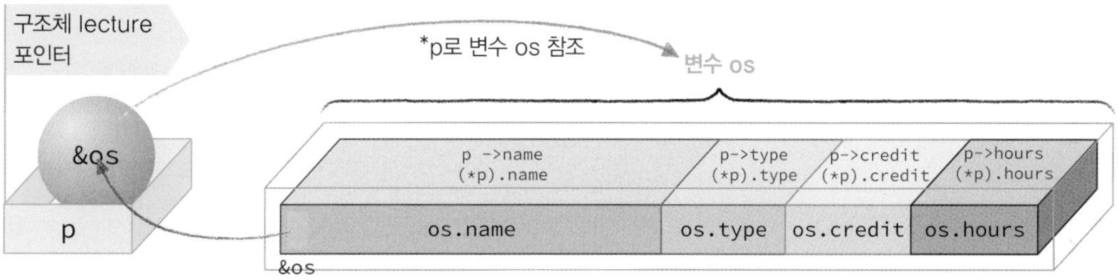

그림 13-29 구조체 변수 os와 포인터 변수 p의 관계 및 구조체 멤버 참조 방법

포인터 변수의 구조체 멤버 접근 연산자 -〉

구조체 포인터 멤버 접근연산자 -〉는 p-〉name과 같이 사용한다. 연산식 p-〉name은 포인터 p 가 가리키는 구조체 변수의 멤버 name을 접근하는 연산식이다. 마찬가지로 p-〉type, p-〉credit, p-〉hours는 각각 os.type, os.credit, os.hours를 참조하는 연산식이다.

- 구조체 포인터의 접근연산자인 -〉는 두 문자가 연결된 하나의 연산자이므로 - 와 〉 사이에 공백이 들어가서는 절대 안된다.

- 연산식 p 〉name은 접근연산자(.)와 간접연산자(*)를 사용한 연산식 (*p).name으로도 사용 가능하다. 그러나 (*p).name은 *p.name과는 다르다는 것에 주의하자.

- **연산식 *p.name은 접근연산자(.)가 간접연산자(*)보다 우선순위가 빠르므로 *(p.name)과 같은 연산식이다.** p가 포인터이므로 p.name 는 문법오류가 발생한다.

- 구조체 포인터 멤버 접근연산자 -〉와 구조체 변수의 구조체 멤버 접근연산자 .의 연산자 우선순위는 간접연산자 *를 포함한 다른 어떠한 연산자 우선순위보다 가장 높다.

- 연산자 -〉와 .은 우선순위 1위이고 결합성은 좌에서 우이며, 연산자 *은 우선순위 2이고 결합성은 우에서 좌이다.

구조체 변수 os와 포인터 변수 p를 이용하는 다음 4가지 구문을 잘 구별하도록 하자.

표 13-2 구조체 변수와 구조체 포인터 변수를 이용한 멤버의 참조

접근 연산식	구조체 변수 os와 구조체 포인터변수 p인 경우의 의미
p->name	포인터 p가 가리키는 구조체의 멤버 name
(*p).name	포인터 p가 가리키는 구조체의 멤버 name
*p.name	*(p.name)이고 p가 포인터이므로 p.name은 문법오류가 발생
*os.name	*(os.name)를 의미하며, 구조체 변수os의 멤버 포인터 name이 가리키는 변수로, 이 경우는 구조체 변수 os 멤버 강좌명의 첫 문자임, 다만 한글인 경우에는 실행 오류
*p->name	*(p->name)을 의미하며, 포인터 p이 가리키는 구조체의 멤버 name이 가리키는 변수로 이 경우는 구조체 포인터 p이 가리키는 구조체의 멤버 강좌명의 첫 문자임, 마찬가지로 한글인 경우에는 실행 오류

실습예제 13-7 | structpointer.c

구조체 포인터의 선언과 사용

```
01   // file: structpointer.c
02   #include <stdio.h>
03
04   struct lecture
05   {
```

```
06          char name[20];      //강좌명
07          int type;     //강좌구분 0: 교양, 1: 일반선택, 2: 전공필수, 3: 전공선택
08          int credit;     //학점
09          int hours;      //시수
10      };
11      typedef struct lecture lecture;
12
13      //제목을 위한 문자열
14      char *head[] = { "강좌명", "강좌구분", "학점", "시수" };
15      //강좌 종류를 위한 문자열
16      char *lectype[] = { "교양", "일반선택", "전공필수", "전공선택" };
17
18      int main(void)
19      {
20          lecture os = { "운영체제", 2, 3. 3 };
21          lecture c = { "C프로그래밍", 3, 3, 4 };
22          lecture *p = &os;
23
24          printf("구조체크기: %d, 포인터크기: %d\n\n", sizeof(os), sizeof(p));
25          printf("%10s %12s %6s %6s\n", head[0], head[1], head[2], head[3]);
26          printf("%12s %10s %5d %5d\n", p->name, lectype[p->type], p->credit,
                 p->hours);
27
28          //포인터 변경
29          p = &c;
30          printf("%12s %10s %5d %5d\n", (*p).name, lectype[(*p).type], (*p).
                 credit, (*p).hours);
31          printf("%12c %10s %5d %5d\n", *c.name, lectype[c.type], c.credit,
                 c.hours);
32
33          return 0;
34      }
```

> 강좌구분 변수 type에 저장된 값으로 문자 포인터 배열의 첨자를 사용하면 바로 "전공필수" 등이 출력

> 문자열 "C프로그래밍"에서 첫 글자만 참조하는 연산식

설명	
04~10	구조체 struct lecture 정의
11	struct lecture를 자료형 lecture로 정의
14	제목 출력인 "강좌명", "강좌구분", "학점", "시수"를 위한 문자 포인터 배열
16	강좌 종류인 "교양", "일반선택", "전공필수", "전공선택"을 위한 문자 포인터 배열
20	구조체 자료형 lecture 변수인 os를 선언하면서 초기화, 두 번째 맴버 초기값 2에서 2는 강좌구분 "전공필수"를 의미하고, 16 행 배열 lectype의 첨자인 2
21	구조체 자료형 lecture 변수인 c를 선언하면서 초기화, 두 번째 맴버 초기값 3에서 3은 강좌구분 "전공선택"을 의미하고, 16 행 배열 lectype의 첨자인 3
22	구조체 자료형 lecture 포인터 p를 선언하면서 os의 주소를 저장
24	os와 p의 저장공간 크기를 출력

25	제목 행 출력
26	구조체 포인터 p와 참조연산자 ->를 이용하여 멤버를 참조하여 출력
29	구조체 자료형 lecture 포인터 p에 c의 주소로 변경, 이제 p는 c를 가리킴
30	구조체 포인터 p와 간접연산자 (*p)와 참조연산자 .를 이용하여 멤버를 참조하여 출력
31	구조체 자체인 c와 참조연산자 .를 이용하여 멤버를 참조하여 출력, 첫 번째 출력인 *c.name은 *(c.name)을 의미하므로 첫 글자인 C가 출력

실행결과	구조체크기: 32, 포인터크기: 4

강좌명	강좌구분	학점	시수
운영체제	전공필수	3	3
C프로그래밍	전공선택	3	4
C	전공선택	3	4

공용체 포인터

공용체 변수도 포인터 변수 사용이 가능하며, 공용체 포인터 변수로 멤버를 접근하려면 접근연산자 ->를 이용한다. 다음은 공용체 변수 value를 가리키는 포인터 p를 선언하여 p가 가리키는 공용체 멤버 ch에 'a'를 저장하는 소스이다.

```
union data
{
    char ch;
    int cnt;
    double real;
} value, *p ;
```
변수 value는 union data형이며 p는 union data 포인터 형으로 선언
```
p = &value;      //포인터 p에 value의 주소값을 저장
p->ch = 'a';     //value.ch = 'a';와 동일한 문장
```

그림 13-30 공용체 포인터의 선언과 사용

구조체와 같이 연산식 p->ch는 포인터가 가리키는 공용체 변수의 멤버ch를 접근하는 연산식이다. 마찬가지로 p->cnt, p->real은 각각 value.cnt, value.real을 참조하는 연산식이다.

실습예제 13-8	unionpointer.c
	공용체 정의와 변수 선언 및 사용

```
01    // file: unionpointer.c
02    #include <stdio.h>
03
```

```
04    int main(void)
05    {
06        //공용체 union data 정의
07        union data
08        {
09            char ch;
10            int cnt;
11            double real;
12        };
13
14        //유니온 union data를 다시 자료형 udata로 정의
15        typedef union data udata;
16
17        //udata 형으로 value와 포인터 p 선언
18        udata value, *p;
19                         ┌─ 변수 value와 p는 모두 함수 main()
20        p = &value;      │   내부에서만 사용이 가능한 지역변수이다.
21        p->ch = 'a';
22        printf("%c %c\n", p->ch, (*p).ch);
23        p->cnt = 100;        ┌─ 연산식 p-)ch와 (*p).ch는
24        printf("%d ", p->cnt);│   모두 value.ch를 참조한다.
25        p->real = 3.14;
26        printf("%.2f \n", p->real);
27
28        return 0;
29    }
```

설명	
07	char, int, double 자료형 하나를 동시에 저장할 수 있는 8바이트 공간의 공용체 unin data를 정의하기 위한 문장 시작으로 7 행에서 12 행까지 정의, 이 공용체 정의로 이 위치 이후 모든 파일에서 공용체 unin data 사용 가능
15	유니온 union data를 다시 자료형 udata로 정의 udata 형으로 value와 포인터 p 선언
20	포인터 변수 p에 공용체 변수 value의 주소를 저장
21	p가 가리키는 공용체 변수 value의 멤버 ch를 연산자 ->를 사용하여 p->ch로 참조, 멤버 ch에 문자 'a' 저장
22	p가 가리키는 공용체 변수 value의 멤버 ch를 p->ch 와 (*p).ch 로 참조하여 출력
23	p가 가리키는 공용체 변수 value의 멤버 cnt를 연산자 ->를 사용하여 p->cnt로 참조, 멤버 cnt에 정수 100 저장
24	p가 가리키는 공용체 변수 value의 멤버 cnt를 p->cnt 로 참조하여 출력, (*p).cnt도 가능
25	p가 가리키는 공용체 변수 value의 멤버 real을 연산자 ->를 사용하여 p->real로 참조, 멤버 real에 실수 3.14 저장
26	p가 가리키는 공용체 변수 value의 멤버 real을 p->real 로 참조하여 출력, (*p).real도 가능

실행결과	
	a a 100 3.14

01 다음 소스를 참고로 구조체 struct book의 포인터 변수 p를 선언하여 변수 c를 가리키도록 하는 문장을 작성하시오.

```
struct book
{
    char    title[50];
    int     book_id;
};


    struct book c;
```

02. 위에서 선언한 포인터 변수 p를 사용하여 다음 문장을 다시 작성하시오.

```
strcpy(c.title, "C Programming");
c.book_id = 3429875;
```

구조체 배열

구조체 배열 변수 선언

다른 배열과 같이 동일한 구조체 변수가 여러 개 필요하면 구조체 배열을 선언하여 이용할 수 있다. 다음은 구조체 lecture의 배열크기 3인 c를 선언하고 초기값을 저장하는 구문이다. 구조체 배열의 초기값 지정 구문에서는 중괄호가 중첩되게 나타난다. 외부 중괄호는 배열 초기화의 중괄호이며, 내부 중괄호는 배열원소인 구조체 초기화를 위한 중괄호이다.

```
lecture c[] = { {"인간과사회", 0, 2, 2},
                {"경제학개론", 1, 3, 3},
                {"자료구조", 2, 3, 3}    };
```

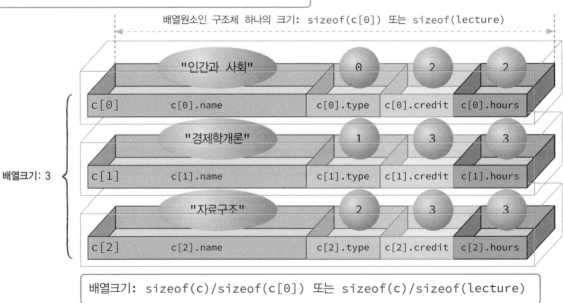

그림 13-31 구조체 lecture의 배열 변수 c

문장 lecture *p = c;와 같이 구조체 배열이름은 구조체 포인터 변수에 대입이 가능하다. 이제 구조체 포인터 변수 p를 이용한 p[i]로 배열원소 접근이 가능하다.

```
lecture *p = c;

//p로도 참조 가능
for (i = 0; i < arysize; i++)
  printf("%16s %10s %5d %5d\n", p[i].name, lectype[p[i].type],p[i].credit, p[i].hours);
```

그림 13-32 배열의 주소를 저장

실습예제 13-9	structarray.c
	구조체 배열을 선언한 후 출력 처리

```
01  // file: structarray.c
02  #include <stdio.h>
03
04  struct lecture
05  {
06      char name[20];    //강좌명
07      int type;    //강좌구분
08      int credit;    //학점
09      int hours;    //시수
10  };
11  typedef struct lecture lecture;
12
13  char *lectype[] = { "교양", "일반선택", "전공필수", "전공선택" };
14  char *head[] = { "강좌명", "강좌구분", "학점", "시수" };
15
16  int main(void)
17  {
18      //구조체 lecture의 배열 선언 및 초기화
19      lecture course[] = { { "인간과 사회", 0, 2, 2 },
20      { "경제학개론", 1, 3, 3 },
21      { "자료구조", 2, 3, 3 },
22      { "모바일프로그래밍", 2, 3, 4 },
23      { "고급 C프로그래밍", 3, 3, 4 } };
24
25      int arysize = sizeof(course) / sizeof(course[0]);
26
27      printf("배열크기: %d\n\n", arysize);
```

```
28      printf("%12s   %12s %6s %6s\n", head[0], head[1], head[2], head[3]);
29      printf("=========================================\n");
30      for (int i = 0; i < arysize; i++)
31         printf("%16s %10s %5d %5d\n", course[i].name,
32              lectype[course[i].type], course[i].credit, course[i].hours);
33
34      return 0;
35   }
```

설명		
	19	구조체 struct의 배열을 선언하면서 바로 초기값을 내입, 배열 크기는 지정하지 않고 초기값을 지정한 원소 수가 5
	25	배열 크기를 계산하여 변수 arysize에 저장
	27,28	배열 크기와 제목 출력
	30	첨자 i는 0에서 arysize-1까지 실행
	31,32	구조체 struct의 모든 배열 원소를 각각 출력

실행결과

```
배열크기: 5

      강좌명        강좌구분    학점    시수
===================================
    인간과 사회       교양      2      2
    경제학개론      일반선택     3      3
      자료구조      전공필수     3      3
 모바일프로그래밍    전공필수     3      4
 고급 C프로그래밍    전공선택     3      4
```

중간점검

01 다음 구조체 배열에서 초기화 문장을 완성하시오.

```
struct book
{
   char   title[50];
   int    book_id;
};
struct book c[] = { _____ };
```

02 위에서 정의된 구조체 struct book과 다음 소스를 사용하여 구조체 배열의 한 원소에 책의 제목과 id를 저장하는 다음 소스의
빈 부분을 완성하시오(변수 p와 c를 사용하여 각각 기술).

```
struct book c[3];
struct book *p = c;
strcpy(_____, "C Programming"); //책의 제목 지정
_____ = 3429872; //책의 id 지정
```

영화의 제목과 감독, 관객수를 표현하는 구조체 struct movie는 멤버로 char *title, int attendance, char director[20]로 구성된다. 이 프로그램에서 구조체 movie의 배열을 선언하고 초기화로 영화 세 편의 정보를 저장한다. 세 번째 영화의 감독을 "류승완"을 저장하고 모든 영화의 정보를 다시 출력해 보도록 한다.

● 구조체 struct movie

```
struct movie
{
   char *title;            //영화제목
   int attendance;         //관객수
   char director[20];      //감독
};
```

● 구조체 movie의 배열 box를 선언하면서 초기화

```
제목       감독   관객수
========================
[    명량] 김한민 17613000
[국제시장] 윤제균 14257000
[  베테랑] 류승완 13383000
```

Lab 13-3   structmovie.c

```
01    // file: structmovie.c
02    #define _CRT_SECURE_NO_WARNINGS
03    #include <stdio.h>
04    #include <string.h>
05
06    int main(void)
07    {
08       //영화 정보 구조체
09       typedef struct movie
10       {
11          char *title;            //영화제목
12          int attendance;         //관객수
13          char director[20];      //감독
14       } movie;
```

```
15
16      movie _____
17      { "명량", 17613000, "김한민" },
18      { "국제시장", 14257000, "윤제균" },
19      { "베테랑", 13383000} };
20
21      //영화 베테랑의 감독을 류승완으로 저장
22      _____
23
24      printf("  제목    감독   관객수\n");
25      printf("==========================\n");
26      for (int i = 0; i < 3; i++)
27        printf("[%8s] %6s %d\n",
28        _____
29
30      return 0;
31    }
```

```
16    box[] = {
22    strcpy(box[2].director, "류승완");
28      box[i].title, box[i].director, box[i].attendance);
```

01 다음 내용을 참고로 구조체 fraction을 정의하고, 2개의 분수를 선언하여 적당한 값을 입력하고 출력하는 프로그램을 작성하시오.

- 구조체 fraction 멤버 구성: 정수형의 분자(numerator)와 분모(denominator)

02 위에서 구한 구조체 fraction에서 두 분수의 곱을 출력하는 프로그램을 작성하시오.

- 구조체 fraction의 예: 4/5 × 3/7의 결과는 12/35

03 다음 내용을 참고로 구조체 struct movie를 정의하고, 영화 5개를 선언하여 적당한 값을 초기화로 입력하고 출력하는 프로그램을 작성하시오.

- 구조체 struct movie 멤버 구성: 영화제목, 관객수, 감독, 상영일
- 상영일은 다시 구조체 struct date를 사용하며,
- 구조체 struct date 멤버 구성: 년, 월, 일

```
    제목      감독     관객수      개봉일
==================================
[    명량]  김한민   17613000   2014.7.30
[  도둑들]  최동훈   12983000   2014.12.17
[국제시장]  류승완   14257000   2014.12.17
```

04 다음 내용을 참고로 구조체 person을 정의하고, 사람 3명을 선언하여 적당한 값을 입력하고 출력하는 프로그램을 작성하시오.

- 구조체 person 멤버 구성: 이름, 전화번호, 주소

```
이 름          전 화 번 호              주  소
홍길동        011-1111-1111        서울시  구로구  고척동
조명호        017-3245-3278        서울시  강남구  도곡동
최윤호        011-2222-2456        경기도  안양시  비산동
```

05 다음 내용을 참고로 구조체 student를 정의하고, 학생 5명을 선언하여 적당한 값을 입력하고 출력하는 프로그램을 작성하시오.

- 구조체 student멤버 구성: 이름, 학번, 평균평점, 학과, 진로

06 다음 내용을 참고로 구조체 professor를 정의하고, 교수 3명을 선언하여 적당한 값을 입력하고 출력하는 프로그램을 작성하시오.

- 구조체 professor 멤버의 구성: 개인정보(위의 person 이용), 담당과목(여러 개), 학과

이 름	전 화 번 호	주 소	학 과	담 당	과 목
박종학	011-3333-2456	인천광역시 간석동	전산과	컴퓨터개론	프로그래밍
이종석	016-3467-4389	서울시 강남구 도곡동	교양과	영어회화	국어
신용현	017-2222-2456	경기도 일산시 화곡동	교양과	기초수학	이산수학

07 다음 내용을 참고로 구조체 student를 정의하고, 학생 5명을 선언하여 적당한 값을 입력하고 출력하는 프로그램을 작성하시오.

- 구조체 student 멤버의 구성: 개인정보(위의 person 이용), 학번, 평균평점, 학과, 진로, 지도교수(위의 professor 이용)

08 다음 내용을 참고로 구조체 car를 정의하고, 자동차 2대를 선언하여 적당한 값을 입력하고 출력하는 프로그램을 작성하시오.

- 구조체 car멤버의 구성: 년식, 차종, 등록주인(개인이거나 또는 회사)
- 등록주인은 공용체를 이용하고 개인인 경우는 위의 구조체 person을 이용하고, 회사인 경우는 회사의 이름으로 입력한다.

년 식	종 류	주 인		
2012 09	그랜저 GT	홍길동 011-1111-1111		서울시 구로구 고척동
2013 04	인피니티	인피니티북스		

09 다음 내용을 참고로 구조체 employee를 정의하고, 직원 4명를 선언하여 적당한 값을 입력하고 출력하는 프로그램을 작성하시오.

- 구조체 employee 멤버의 구성: 개인정보(person), 사번, 월급, 인센티브
- 개인정보는 위에서 만든 구조체 person을 이용하고, 인센티브는 double 유형으로 입력하고 출력은 백분율(%)로 하며, 출력 시 연봉을 계산하여 출력
  - 연봉은 월급 × (12 + 인센티브)로 계산

사 번	이지름	전 화 번 호	주 소	월 급	인센티브	연 봉
20123478	김지혜	011-1111-1111	서울시 구로구 고척동	1200000	120%	15840000.0
20123479	김자경	011-2222-2456	경기도 안양시 비산동	1500000	150%	20250000.0
20123480	강동구	011-3333-2456	인천광역시 간석동	1800000	180%	24840000.0
20123481	안태용	017-2222-2456	경기도 일산시 화곡동	2200000	250%	31900000.0

10 구조체로 복소수를 정의하고 복소수의 더하기, 빼기, 곱하기 및 절대값을 구하는 함수를 만들어 계산의 예를 출력하는 프로그램을 작성하시오.

- 복소수 a + bi와 c + di 더하기 정의: (a + c) + (b + d)i
- 복소수 a + bi와 c + di 빼기 정의: (a − c) + (b − d)i
- 복소수 a + bi와 c + di 곱하기 정의: (ac − bd) + (ad + bc)i
- 복소수 a + bi 절대값 정의: $\sqrt{a^2 + b^2}$

```
덧 셈 ( 4.50 + 5.60i ) + ( -3.70 - 5.50i ) = ( 0.80 + 0.10i )
뺄 셈 ( 4.50 + 5.60i ) - ( -3.70 - 5.50i ) = ( 8.20 + 11.10i )
곱 셈 ( 4.50 + 5.60i ) * ( -3.70 - 5.50i ) = ( 14.15 - 45.47i )
절대 값 |( 4.50 + 5.60i )| =   7.184  |( -3.70 - 5.50i )| =   6.629
```

11 다음 내용을 참고로 구조체와 열거형을 정의하여 카드 게임을 할 수 있는 여러 자료형을 만들어보고, 최대 7명에게 7장의 카드를 나눠주는 프로그램을 작성하시오.

- 카드는 52장이고, 모양은 4가지 ♥(hearts), ♦(diamonds), ♣(clubs), ♠(spades)이며, 번호는 ace(1)부터 10까지 그리고 jack(11), queen(12), king(13)의 13가지 종류가 있다.
- 표준입력을 받아 입력한 수만큼의 참가자에게 7장의 카드를 나누어주는 과정을 다음과 같이 출력하도록

```
카드 게임에 몇 사람이 참가합니까? >> 3
        사람 1              사람 2              사람 3
12 of ♣(Clubs)       6 of ♦(Diamonds)    5 of ♦(Diamonds)
13 of ♦(Diamonds)    3 of ♥(Hearts)      7 of ♣(Clubs)
8 of ♥(Hearts)       8 of ♦(Diamonds)    10 of ♦(Diamonds)
2 of ♥(Hearts)       6 of ♥(Hearts)      3 of ♦(Diamonds)
7 of ♦(Diamonds)     13 of ♣(Clubs)      3 of ♣(Clubs)
13 of ♠Spades        8 of ♣(Clubs)       12 of ♦(Diamonds)
10 of ♣(Clubs)       6 of ♠Spades        11 of ♦(Diamonds)
```

12 카드 게임에서 게임 참가자의 7장의 카드를 저장하여 이 카드의 조합이 스트레이트인지 검사하는 함수를 만들어 시뮬레이션하는 프로그램을 작성하시오.

- 스트레이트는 2-3-4-5-6과 9-10-11-12-13과 같이 5개가 연속한 숫자가 나오는 조합이며, 단 1(ace)은 맨 앞과 맨 뒤에 올 수 있어서 1-2-3-4-5와 10-11-12-13-1(ace)도 스트레이트이다.
- 7장의 조합을 만들어 스트레이트가 나올 때까지 계속 실행하여 다음과 같이 하나의 스트레이트 예가 출력되도록 한다.

```
2       ♣(Clubs)
5       ♦(Diamonds)
```

```
6        ♣(Clubs)
7        ♠(Spades)
8        ♦(Diamonds)
9        ♠(Spades)
1        ♠(Spades)
Straight
```

13   카드 게임에서 게임 참가자의 7장의 카드를 저장하여 이 카드의 조합이 플러쉬인지 검사하는 함수를 만들어 시뮬레이션하는 프로그램을 작성하시오.

- 플러쉬는 숫자는 상관없이 한가지 무늬만 5개 이상 나오는 조합이다.

- 7장의 조합을 만들어 플러쉬가 나올 때까지 계속 실행하여 플러쉬 조합을 출력

14   카드 게임에서 게임 참가자의 7장의 카드를 저장하여 이 카드의 조합이 풀하우스인지 검사하는 함수를 만들어 시뮬레이션하는 프로그램을 작성하시오.

- 풀하우스는 2-2-3-3-3 또는 5-5-9-9-9와 같이 같은 숫자 2개(one pair라고 부름))와 또 다른 같은 숫자 3개(triple이라고 부름))가 나오는 조합이다.

- 7장의 조합을 만들어 풀하우스가 나올 때까지 계속 실행하여 풀하우스 조합을 출력

15   다음 카드 포커 게임의 룰에 따라 카드 게임을 시뮬레이션하는 프로그램을 작성하시오.

- 5명의 게이머가7장의 카드를 가지고 플래이하는 포커 게임으로 다음 순위에 따라 결정

  1. 스트레이트플러쉬   = 스트레이트 + 플러쉬
  2. 포카드   = 숫자가 같은 4장의 카드
  3. 풀하우스   = 원페어+ 트리플
  4. 플러쉬   = 무늬가 같은 카드 5장
  5. 스트레이트   = 숫자가 연결된 5장
  6. 트리플   = 같은 숫자 3장
  7. 투페어   = 같은 숫자 2쌍
  8. 원페어   = 같은 숫자의 카드 두장

- 결과 화면은 다음을 참고로 구현

gamer[1]	gamer[2]	gamer[3]	gamer[4]	gamer[5]
8♣(Clubs)	9♥(Hearts)	8♦(Diamonds)	2♠(Spades)	6♦(Diamonds)
4♠(Spades)	5♥(Hearts)	9♣(Clubs)	11♠(Spades)	11♣(Clubs)
8♠(Spades)	6♣(Clubs)	2♥(Hearts)	13♥(Hearts)	13♦(Diamonds)
3♥(Hearts)	12♣(Clubs)	9♠(Spades)	10♥(Hearts)	6♥(Hearts)
7♦(Diamonds)	7♥(Hearts)	12♦(Diamonds)	11♥(Hearts)	5♦(Diamonds)
2♦(Diamonds)	6♠(Spades)	12♠(Spades)	3♠(Spades)	1♣(Clubs)
1♠(Spades)	3♦(Diamonds)	10♣(Clubs)	4♦(Diamonds)	10♠(Spades)

```
gamer1 : rank = One pair
gamer2 : rank = One pair
gamer3 : rank = Two pair
gamer4 : rank = One pair
gamer5 : rank = One pair

The winner is gamer3 by rank of Two pair.
```

Introduction to C PROGRAMMING

14

CHAPTER

함수와 포인터 활용

학습목표

▶ **함수의 인자전달 방식을 이해하고 설명할 수 있다.**
- 값의 의한 호출과 참조에 의한 호출 방식
- 함수에서 인자와 반환값으로 배열의 주고 받는 활용
- 가변 인자의 필요성과 사용 방법

▶ **함수에서 인자로 포인터의 전달과 반환으로 포인터 형의 사용을 이해하고 설명할 수 있다.**
- 매개변수 전달과 반환으로 포인터 사용
- 포인터 인자전달 시 키워드 const의 이용
- 함수에서 구조체 전달과 반환

▶ **함수 포인터를 이해하고 설명할 수 있다.**
- 함수 포인터의 필요성과 사용
- 함수 포인터 배열의 사용
- void 포인터의 필요성과 사용

학습목차

14 ① 함수의 인자전달 방식

값에 의한 호출과 참조에 의한 호출

함수에서 값의 전달

C 언어는 함수의 인자 전달 방식이 기본적으로 값에 의한 호출(call by value) 방식이다. **값에 의한 호출 방식이란 함수 호출 시 실인자의 값이 형식인자에 복사되어 저장된다는 의미**이다.

다음 함수 increase(int origin, int increment)는 origin += increment; 를 수행하는 간단한 함수이다. 함수 main()에서 변수 amount에 10을 저장한 후 increase(amount, 20) 로 함수를 호출한다. 이 후 변수 amount를 출력해 보자. 출력값이 30이 아니라 여전히 10이다.

● 함수 호출 시 변수 amount의 값 10이 매개변수인 origin에 복사되고, 20이 매개변수인 increment에 복사된다. 이러한 방식을 값에 의한 호출이라 한다.

함수 increase() 내부실행에서 매개변수인 origin 값이 30으로 증가되고 다시 제어는 main() 함수로 돌아온다. main() 내부에서 amount의 값은 여전히 변하지 않고 10이다. 즉 변수 amount와 매개변수 origin은 아무 관련성이 없다. 그러므로 origin은 증가해도 amount의 값은 변하지 않는다. 그러므로 C 언어에서 **값에 의한 호출 방식을 사용해서는 함수 외부의 변수를 함수 내부에서 수정할 수 없는 특징**이 있다.

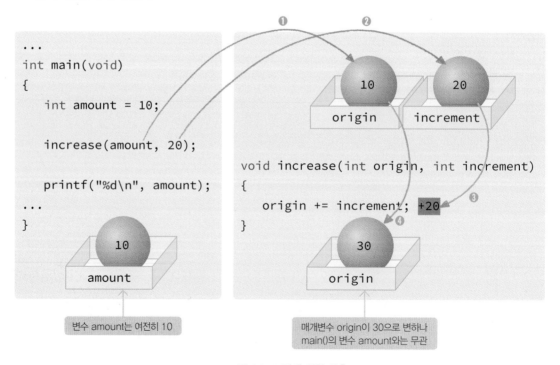

그림 14-1 값에 의한 호출

실습예제 14-1	callbyvalue.c
	값에 의한 호출로 실인자의 값이 증가하지 않음

```
01    // file: callbyvalue.c
02    #include <stdio.h>
03
04    void increase(int origin, int increment);
05
06    int main(void)
07    {
08       int amount = 10;
09       //amount가 20 증가하지 않음
10       increase(amount, 20);
11       printf("%d\n", amount);
12
13       return 0;
14    }
15
16    void increase(int origin, int increment)
17    {
18       origin += increment;
19    }
```

설명	04	함수원형의 매개변수를 (int origin, int increment)로 정의하여 값에 의한 호출을 구현
	08	지역변수 amount 선언하면서 10 저장
	10	함수호출을 increase(amount, 20)로 하여 함수 increase()에서 변수 origin에 10이, 변수 incremnet에 20이 각각 저장
	11	amount를 출력하면 그대로 10이 출력
	16	함수헤더
	18	매개변수인 origin에 매개변수인 increment의 값을 더하여 저장, origin은 20이 증가하나 main()의 변수에는 영향을 미치지 않으므로, main()의 11 행에서 10이 출력

실행결과	10

함수에서 주소의 전달

위 프로그램의 함수 increase()에서 첫 번째 매개변수를 int *로 수정하고 함수구현도 *origin += increment;로 수정하여 구현해 보자. 함수 main()에서 변수 amount에 10을 저장한 후 increase(&amount, 20) 로 함수를 호출한다. 이 후 변수 amount를 출력해 보자. 이제는 출력값이 30이다. 이전 프로그램과 다르게 amount의 초기값 10에서 30이 되었다. 이 과정을 살펴보자.

● 함수 호출 시 첫 번째 인자가 &amount이므로 변수 amount의 주소값이 매개변수인 origin에 복사되고, 20이 매개변수인 increment에 복사된다.

- 함수 increase() 내부실행에서 매개변수 origin이 포인터이므로 *origin은 변수 amount 자체를 의미한다. *origin을 증가시키면 amount의 값도 증가한다. 그러므로 main() 내부에서 amount의 값이 30으로 증가된다.

C 언어에서 포인터를 매개변수로 사용하면 함수로 전달된 실인자의 주소를 이용하여 그 변수를 참조할 수 있다. 이와 같이 함수에서 주소의 호출을 참조에 의한 호출(call by reference)이라 한다.

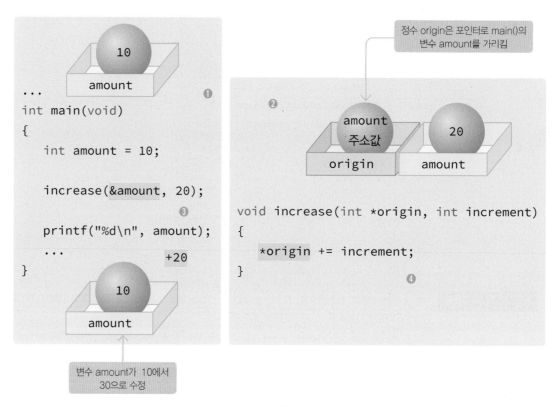

그림 14-2 참조에 의한 호출

실습예제 14-2	callbyreference.c
	참조에 의한 호출로 실인자의 값이 증가

```
01    // file: callbyreference.c
02    #include <stdio.h>
03
04    void increase(int *origin, int increment);
05
06    int main(void)
07    {
08        int amount = 10;
```

```
09        //&amount: amount의 주소로 호출
10        increase(&amount, 20);
11        printf("%d\n", amount);
12
13        return 0;
14    }
15
16    void increase(int *origin, int increment)
17    {
18        //*orogin은 origin이 가리키는 변수 자체
19        *origin += increment; //그러므로 origin이 가리키는 변수값이 20 증가
20    }
```

설명		
	04	함수원형의 매개변수를 (int *origin, int increment)로 정의하여 origin은 참조에 의한 호출을 구현
	08	지역변수 amount 선언하면서 10 저장
	10	함수호출을 increase(&amount, 20)로 하여 함수 increase()에서 포인터 변수인 origin에 amount의 주소를 저장하고, 변수 incremnet에 20이 각각 저장
	11	amount를 출력하면 20이 증가하여 30이 출력
	16	함수헤더
	19	매개변수인 origin에서 *origin를 참조하여 main()의 변수 amount를 참조하므로 매개변수인 increment의 값을 더하여 amount에 저장, 그러므로 변수 amount는 20이 증가하여 main()의 11 행에서 30이 출력

실행결과	30

중간점검

01 값에 의한 호출과 참조에 의한 호출을 설명하시오.

02 다음과 같은 함수원형에서 함수호출을 하는 적절한 문장을 작성하시오.

```
void update(int, int *);
```

배열의 전달

배열이름으로 전달

함수의 매개변수로 배열을 전달하는 것은 배열의 첫 원소를 참조 매개변수로 전달하는 것과 동일하다. 다음과 같이 배열을 매개변수로 하는 함수 sum()을 구현해보자. 함수 sum()은 실수형 배열의 모든 원소의 합을 구하여 반환하는 함수이다. 함수 sum()의 형식매개변수는 실수형 배열과 배열크기로 한다. 첫 번째 형식매개변수에서 배열자체에 배열크기를 기술하는 것은 아무 의미가 없다. 그러므로 double ary[5]보다는 double ary[]라고 기술하는 것을 권장한다.

- 실제로 함수 내부에서 실인자로 전달된 배열의 배열크기를 알 수 없다.
- 그 이유는 매개변수를 double ary[] 처럼 배열형태로 기술해도 단순히 double *ary 처럼 포인터 변수로 인식하기 때문이다.
- 그러므로 배열크기를 두 번째 인자로 사용한다.

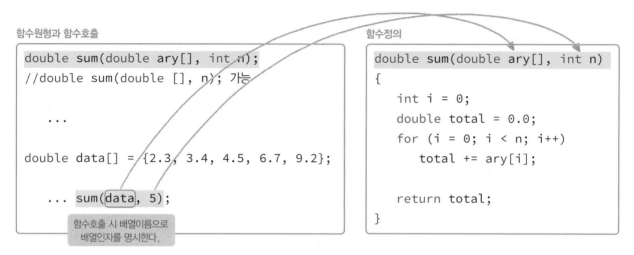

그림 14-3 함수에서 배열 전달을 위한 함수원형과 함수호출 그리고 함수정의

만일 배열크기를 인자로 사용하지 않는다면 정해진 상수를 함수정의 내부에서 사용해야 할 것이다. 그러나 이런 방법은 배열크기가 변하면 소스를 수정해야 하므로 비효율적이다. **배열크기에 관계없이 배열 원소의 합을 구하는 함수를 만들려면 배열크기도 하나의 인자로 사용**해야 한다.

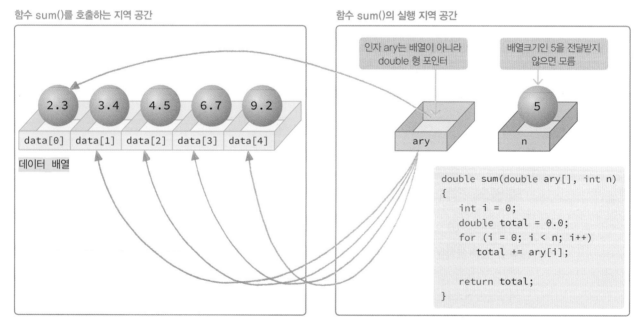

그림 14-4 배열 전달을 위한 함수호출

함수정의가 구현되면 함수원형을 선언한 뒤 함수호출이 가능하다. **함수원형에서 매개변수는 배열이름을 생략하고 double []와 같이 기술할 수 있다. 함수호출에서 배열 인자에는 반드시 배열이름으로 sum(data, 5)와 같이 기술해야 한다.** 다음은 함수 sum()을 구현하고 이용하는 예제 프로그램이다.

arrayparameter.c

배열을 매개변수로 하는 함수정의와 호출

```c
01    // file: arrayparameter.c
02    #include <stdio.h>
03
04    #define ARYSIZE 5
05    double sum(double g[], int n);    //배열원소 값을 모두 더하는 함수원형
06
07    int main(void)
08    {
09       //배열 초기화
10       double data[] = { 2.3, 3.4, 4.5, 6.7, 9.2 };
11
12       //배열원소 출력
13       for (int i = 0; i < ARYSIZE; i++)
14          printf("%5.1f", data[i]);
15       puts("");
16
17       //배열 원소값을 모두 더하는 함수호출
18       printf("합: %5.1f\n", sum(data, ARYSIZE));
19
20       return 0;
21    }
22
23    //배열 원소값을 모두 더하는 함수정의
24    double sum(double ary[], int n)
25    {
26       double total = 0.0;
27       for (int i = 0; i < n; i++)
28          total += ary[i];
29
30       return total;
31    }
```

설명

04	편의를 위해 매크로 상수 ARYSIZE를 5로 정의
05	함수원형으로 double sum(double *, int n); 도 가능, 배열은 매개변수에서 포인터와 동일
18	함수의 배열 매개변수에서 실인자를 호출할 때는 배열이름을 data를 사용하므로, sum(data, ARYSIZE)로 호출하면 함수 결과인 모든 배열원소의 합이 출력

24	함수헤더에서도 double sum(double *ary, int n) 로도 가능, 배열은 매개변수에서 포인터와 동일
28	매개변수 ary는 double 포인터 형으로 ary[i]로 첫 번째 주소에서 (i+1) 번째 변수 참조 가능하므로, 결국 main() 함수의 배열 data를 참조하여 모두 더한 결과가 total에 저장
30	total 반환

실행결과
```
2.3  3.4  4.5  6.7  9.2
합: 26.1
```

다양한 배열원소 참조 방법

다음 소스의 배열 point에서 간접연산자를 사용한 배열원소의 접근 방법은 *(point + i)이다. 그러므로 배열의 합을 구하려면 sum += *(point + i); 문장을 반복한다.

- 문장 int *address = point;로 배열 point를 가리키는 포인터 변수 address를 선언하여 point를 저장해 보자. 이제 문장 sum += *(address++)으로도 배열의 합을 구할 수 있다.

- 그러나 배열이름 point는 주소 상수이기 때문에 sum += *(point++)는 사용할 수 없다. 증가 연산식 point++의 피연산자로 상수인 point를 사용할 수 없기 때문이다.

```
int i, sum = 0;
int point[] = {95, 88, 76, 54, 85, 33, 65, 78, 99, 82};
int *address = point;
int aryLength = sizeof (point) / sizeof (int);
```

가능
```
for (i=0; i<aryLength; i++)
   sum += *(point+i);
```

가능
```
for (i=0; i<aryLength; i++)
   sum += *(address++);
```

오류
```
for (i=0; i<aryLength; i++)
   sum += *(point++);
```

그림 14-5 간접연산자 *를 사용한 배열원소의 참조방법

함수헤더에 배열을 인자로 기술하는 다양한 방법에 대해 알아보자.

- **함수헤더에 int ary[]로 기술하는 것은 int *ary로도 대체 가능하다.**

```
int sumary(int ary[], int SIZE)
{
    ...
}
```

```
int sumaryf(int *ary, int SIZE)
{
    ...
}
```

```
for (i = 0; i < SIZE; i++)
{
    sum += ary[i];
}
```

```
for (i = 0; i < SIZE; i++)
{
    sum += *(ary + i);
}
```

```
for (i = 0; i < SIZE; i++)
{
    sum += *ary++;
}
```

```
for (i = 0; i < SIZE; i++)
{
    sum += *(ary++);
}
```

그림 14-6 함수헤더의 배열 인자와 함수정의에서 다양한 배열원소의 참조방법

for 문의 블록에서 배열 원소의 합을 구하는 문장은 위 4 개 중에서 어느 것을 이용해도 배열의 합을 구할 수 있다.

- 변수 ary는 포인터 변수로서 주소값을 저장하는 변수이므로 증가연산자의 이용이 가능하다.
- 그러므로 연산식 *ary++에서 후위 증가연산자 (ary++)의 우선순위가 가장 높기 때문에 *(ary++)와 같은 의미로 사용할 수 있다.

실습예제 14-4	arrayparam.c
	함수에서 배열인자의 사용

```
01   // file: arrayparam.c
02   #include <stdio.h>
03
04   int sumary(int *ary, int SIZE); //int sumary(int ary[], int SIZE)도 가능
05
06   int main(void)
07   {
08       int point[] = { 95, 88, 76, 54, 85, 33, 65, 78, 99, 82 };
09       //배열크기 구하기
10       int aryLength = sizeof(point) / sizeof(int);
11
12       //address는 포인터 변수이며 point는 배열 상수
13       int *address = point;
14       //메인에서 직접 배열 합 구하기
15       int sum = 0;
```

```
16      for (int i = 0; i < aryLength; i++)
17        sum += *(point + i);
18        //sum += *(point++);      //오류발생
19        //sum += *(address++);      //가능
20      printf("메인에서 구한 합은 %d\n", sum);
21
22      //함수호출하여 합 구하기
23      printf("함수sumary() 호출로 구한 합은 %d\n", sumary(point, aryLength));
24      printf("함수sumary() 호출로 구한 합은 %d\n", sumary(&point[0], aryLength));
25      printf("함수sumary() 호출로 구한 합은 %d\n", sumary(address, aryLength));
26
27      return 0;
28    }
29
30    int sumary(int *ary, int SIZE) //int sumary(int ary[], int SIZE)도 가능
31    {
32      int sum = 0;
33      for (int i = 0; i < SIZE; i++)
34      {
35        //sum += ary[i];         //가능
36        //sum += *(ary + i);      //가능
37        sum += *ary++;
38        //sum += *(ary++);        //가능
39      }
40
41      return sum;
42    }
```

설명	
04	함수 sumary()는 int 형 배열 ary와 int 형 SIZE가 인자인 함수
08	int 형 배열 point를 선언하면서 초기값을 대입
10	변수 aryLength에 배열 point의 원소의 수인 배열 크기를 저장
13	포인터 address에 배열 point의 첫 주소를 저장
16	반복 for에서 제어변수 i는 배열 point의 첨자 0에서 배열크기-1까지 반복
17	변수 sum에 배열 point의 모든 원소의 합이 저장, *(point + i)는 point[i]와 동일
20	배열 point의 모든 원소의 합이 저장된 sum을 출력
23	함수의 배열 매개변수에서 실인자를 호출할 경우, 배열이름 point를 사용하여 sumary (point, aryLength)로 호출하면 배열 point의 모든 원소의 합이 반환
24	함수 호출 sumary(point, aryLength)는 sumary(&point[0], aryLength)로도 가능
25	마찬가지로 함수 호출 sumary(point, aryLength)는 sumary(address, aryLength)로도 가능, 즉 point, &point[0], address 모두 배열 point의 첫 원소 주소를 나타냄
30	함수헤더에서 인자 int *ary는 int ary[]와 같은 의미로 int 형 포인터
33	반복 for에서 제어변수 i는 0에서 SIZE-1까지 반복

| 37 | 연산식 *ary++는 *(ary++)와 같으므로 현재 주소 ary가 가리키는 변수의 값을 참조한 후, 주소 ary는 다음 주소로 이동 |
| 41 | 주소 ary에서 시작하는 모든 원소의 합이 저장된 sum을 반환 |

메인에서 구한 합은 755
함수 sumary() 호출로 구한 합은 755
함수 sumary() 호출로 구한 합은 755
함수 sumary() 호출로 구한 합은 755

배열크기 계산방법

배열이 함수인자인 경우 대부분 배열크기도 함수인자로 하는 경우가 흔하다. 이 배열크기를 상수로 기술하는 것보다 연산자 sizeof를 이용하여 배열크기를 계산해 보낸다면 더욱 좋은 프로그램이 된다. 저장공간의 크기를 바이트 수로 반환하는 연산자 sizeof를 이용하면 쉽게 배열크기를 알 수 있다.

- **연산자 sizeof를 이용한 식 (sizeof(배열이름) / sizeof(배열원소))의 결과는 배열크기이다.**

```
int data[] = {12, 23, 17, 32, 55};
```

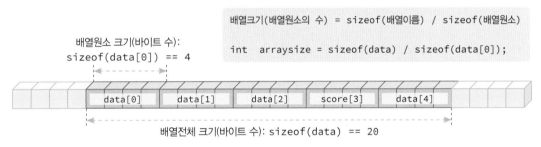

그림 14-7 배열크기인 배열원소의 수 구하기

다음 예제는 배열을 인자로 하는 3개 함수 readarray(), printarray(), sum() 를 구현하여 표준 입력한 자료를 처리하는 프로그램이다. 함수 readarray()는 인자인 배열의 원소값을 모두 표준입력 받는 함수이다. 함수 printarray()는 배열 원소값을 모두 출력하는 함수이며, 함수 sum()은 배열 원소값을 모두 더하는 함수이다.

arrayfunction .c
배열을 인자로 하는 여러 함수의 구현

```
01   // file: arrayfunction
02   #define _CRT_SECURE_NO_WARNINGS
03   #include <stdio.h>
04
```

```c
05  void readarray(double[], int);//배열 원소값을 모두 표준입력 받는 함수원형
06  void printarray(double[], int); //배열 원소값을 모두 출력하는 함수원형
07  double sum(double[], int);        //배열 원소값을 모두 더하는 함수원형
08
09  int main(void)
10  {
11     double data[5];
12     int arraysize = sizeof(data) / sizeof(data[0]);
13
14     printf("실수 5개의 값을 입력하세요. \n");
15     readarray(data, arraysize);
16     printf("\n입력한 자료값은 다음과 같습니다.\n");
17     printarray(data, arraysize);
18     printf("함수에서 구한 합은 %.3f 입니다.\n", sum(data, arraysize));
19
20     return 0;
21  }
22
23  //배열 원소값을 모두 표준입력 받는 함수
24  void readarray(double data[], int n)
25  {
26     for (int i = 0; i < n; i++)
27     {
28        printf("data[%d] = ", i);
29        scanf("%lf", &data[i]); //(data + i)로도 가능
30     }
31     return;
32  }
33
34  //배열 원소값을 모두 출력하는 함수
35  void printarray(double data[], int n)
36  {
37     for (int i = 0; i < n; i++)
38        printf("data[%d] = %.2lf ", i, *(data + i));
39     printf("\n");
40     return;
41  }
42
43  //배열 원소값을 모두 더하는 함수
44  double sum(double data[], int n)
45  {
46     double total = 0;
47     for (int i = 0; i < n; i++)
```

```
48          total += data[i];
49      return total;
50  }
```

설명		
	05	함수 readarray()는 첫 인자는 배열 원소값을 모두 표준입력 받는 함수원형
	06	함수 printarray()는 첫 인자는 배열 원소값을 모두 출력하는 함수원형
	07	함수 sum()은 첫 인자는 배열 원소값을 모두 더하는 함수원형
	11	표준입력으로 받을 자료값을 저장하는 배열 data의 선언
	12	배열 data의 배열 크기 구하기
	15	함수 readarray()를 호출하여 첫 인자는 배열 원소값을 모두 표준입력 받음
	17	함수 printarray()를 호출하여 첫 인자는 배열 원소값을 모두 출력
	18	배열 원소값을 모두 더하는 함수 sum()을 호출하여 그 결과를 출력
	29	함수 scanf()의 인자는 포인터여야 하므로 &data[i] 또는 (data + i) 가능
	38	매개변수 data에서 각각의 자료를 참조하려면 *(data + i) 또는 data[i] 가능
	48	매개변수 data에서 각각의 자료를 참조하려면 *(data + i) 또는 data[i] 가능

실행결과

```
실수 5개의 값을 입력하세요.
data[0] = 3.22
data[1] = 4.22
data[2] = 5.33
data[3] = 9.63
data[4] = 5.98

입력한 자료값은 다음과 같습니다.
data[0] = 3.22 data[1] = 4.22 data[2] = 5.33 data[3] = 9.63 data[4] = 5.98
함수에서 구한 합은 28.380 입니다.
```

다차원 배열 전달

이차원 배열을 함수 인자로 이용하는 방법을 알아보기 위해 이차원 배열에서 모든 원소의 합을 구하는 함수를 구현해 보자.

- **다차원 배열을 인자로 이용하는 경우, 함수원형과 함수정의의 헤더에서 첫 번째 대괄호 내부의 크기를 제외한 다른 모든 크기는 반드시 기술**되어야 한다.
- 그러므로 이차원 배열의 행의 수를 인자로 이용하면 보다 일반화된 함수를 구현할 수 있다.

함수 sum()은 인자인 이차원 배열값을 모두 더하는 함수이며, 함수 printarray()는 인자인 이차원 배열값을 모두 출력하는 함수이다.

```
...
//이차원 배열값을 모두 더하는 함수원형
double sum(double data[][3], int, int);
//이차원 배열값을 모두 출력하는 함수원형
void printarray(double data[][3], int, int);

...
double x[][3] = { {1, 2, 3}, {7, 8, 9},
 {4, 5, 6}, {10, 11, 12} };

int rowsize = sizeof(x) / sizeof(x[0]);
int colsize = sizeof(x[0]) / sizeof(x[0][0]);

printarray(x, rowsize, colsize);

... sum(x, rowsize, colsize) ...

...
```

```
//이차원 배열값을 모두 출력하는 함수
void printarray(double data[][3], int rowsize, int colsize)

...

}

//이차원 배열값을 모두 더하는 함수
double sum(double data[][3], int rowsize, int colsize)
{
...
    for (i = 0; i < rowsize; i++)
        for (j = 0; j < colsize; j++)
            total += data[i][j];
    return total;
}
```

그림 14-8 배열이 함수 인자인 함수원형과 함수호출 그리고 함수정의

함수 sum()을 호출하려면 배열이름과 함께 행과 열의 수가 필요하다.

- 이차원 배열의 행의 수는 다음과 같이 (sizeof(x) / sizeof(x[0]))로 계산할 수 있다.
- 또한 이차원 배열의 열의 수는 다음과 같이 (sizeof(x[0]) / sizeof(x[0][0]))로 계산할 수 있다.
- 여기서 sizeof(x)는 배열 전체의 바이트 수를 나타내며 sizeof(x[0])는 1행의 바이트 수, sizeof(x[0][0])은 첫 번째 원소의 바이트 수를 나타낸다.

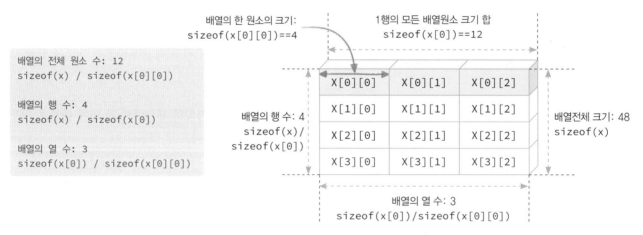

그림 14-9 이차원 배열에서의 행과 열의 수와 전체 배열원소 수 계산

```c
01    // file: twodarrayfunction.c
02    #include <stdio.h>
03
04    //2차원 배열값을 모두 더하는 함수원형
05    double sum(double data[][3], int, int);
06    //2차원 배열값을 모두 출력하는 함수원형
07    void printarray(double data[][3], int, int);
08
09    int main(void)
10    {
11        //4 x 3 행렬
12        double x[][3] = { { 1, 2, 3 }, { 7, 8, 9 }, { 4, 5, 6 }, { 10, 11, 12 } };
13
14        int rowsize = sizeof(x) / sizeof(x[0]);
15        int colsize = sizeof(x[0]) / sizeof(x[0][0]);
16        printf("2차원 배열의 자료값은 다음과 같습니다.\n");
17        printarray(x, rowsize, colsize);
18        printf("2차원 배열 원소합은 %.3lf 입니다.\n", sum(x, rowsize, colsize));
19
20        return 0;
21    }
22
23    //배열값을 모두 출력하는 함수
24    void printarray(double data[][3], int rowsize, int colsize)
25    {
26        for (int i = 0; i < rowsize; i++)
27        {
28            printf("% d행원소: ", i + 1);
29            for (int j = 0; j < colsize; j++)
30                printf("x[%d][%d] = %5.2lf   ", i, j, data[i][j]);
31            printf("\n");
32        }
33        printf("\n");
34    }
35
36    //배열값을 모두 더하는 함수
37    double sum(double data[][3], int rowsize, int colsize)
38    {
39        double total = 0;
40        for (int i = 0; i < rowsize; i++)
41            for (int j = 0; j < colsize; j++)
42                total += data[i][j];
43        return total;
44    }
```

설명	05	2차원 배열값을 모두 더하는 함수원형으로 첫 번째 인자를 double data[][3]와 같이 배열의 첫 크기만 생략 가능
	07	2차원 배열값을 모두 출력하는 함수원형으로 첫 번째 인자를 double data[][3]와 같이 배열의 첫 크기만 생략 가능
	12	이차원 배열을 선언하면서 초기값을 저장
	14	이차원 배열의 행 크기 지정
	15	이차원 배열의 열 크기 지정
	17	2차원 배열값을 모두 출력하는 함수 printarray() 호출, 첫 인자로 이차원 배열 x를 그대로 사용
	18	2차원 배열 원소를 모두 더하는 함수 sum() 호출, 첫 인자로 이차원 배열 x를 그대로 사용
	24	2차원 배열값을 모두 출력하는 함수 printarray()의 함수헤드로 첫 번째 매개변수인 이차원 배열은 double data[][3]와 같이 배열의 첫 크기만 생략 가능
	37	2차원 배열값을 모두 더하는 함수 sum()의 함수헤드로 첫 번째 매개변수인 이차원 배열은 double data[][3]와 같이 배열의 첫 크기만 생략 가능

실행결과

```
2차원 배열의 자료값은 다음과 같습니다.
 1행 원소 : x[0][0] =  1.00   x[0][1] =  2.00   x[0][2] =  3.00
 2행 원소 : x[1][0] =  7.00   x[1][1] =  8.00   x[1][2] =  9.00
 3행 원소 : x[2][0] =  4.00   x[2][1] =  5.00   x[2][2] =  6.00
 4행 원소 : x[3][0] = 10.00   x[3][1] = 11.00   x[3][2] = 12.00

2차원 배열 원소 합은 78.000 입니다.
```

중간점검

01 다음 소스에서 오류를 찾아 수정하시오.

```c
int data[] = { 1, 2, 3 };
for (int i = 0; i < 3; i++)
        printf("%d ", *data++);
```

02 다음 이차원 배열의 전체 원소 수와 행과 열의 수를 출력하는 문장을 작성하시오.

```c
int ary[][3] = {1, 2, 3, 4, 5};
```

03 함수이름 process()는 다음과 같이 인자가 배열 하나인 함수이다. 이 함수의 다양한 함수원형을 작성해 보시오.

```c
void process(int형 배열인자);
```

가변 인자

가변 인자가 있는 함수머리

함수 printf()는 다음과 같은 함수원형으로 되어 있으며, 첫 인자는 char *_Format을 제외하고는 이후에 … 표시가 되어있다. 함수 printf()를 호출하는 경우를 살펴보면, 출력할 인자의 수와 자료형이 결정되지 않은 채 함수를 호출하는데, **출력할 인자의 수와 자료형은 인자 _Format에 %d 등으로 표현**되어 있는 것을 알 수 있다. 함수 scanf()도 마찬가지이다.

```
//함수 printf()의 함수원형
int printf(const char *_Format, ...); //...이 무엇일까?

//함수 사용 예
printf("%d%d%f", 3, 4, 3.678); //인자가 총 4개
printf("%d%d%f%f%f", 7, 9, 2.45, 3.678, 8.98); //인자가 총 6개
```

그림 14-10 함수 printf()의 함수원형과 함수호출 사용 예

이와 같이 **함수에서 인자의 수와 자료형이 결정되지 않은 함수 인자 방식을 가변 인자(variable argument)**라 한다.

- 함수의 가변 인자란 함수에서 처음 또는 앞 부분의 매개변수는 정해져 있으나 이후 매개변수 수와 각각의 자료형이 고정적이지 않고 변하는 인자를 말한다.
- 함수의 매개변수에서 중간 이후부터 마지막에 위치한 가변 인자만 가능하다.
- 함수 정의 시 가변인자의 매개변수는 …으로 기술한다. 즉 함수 vatest의 함수 헤드는 void vatest(int n, …)와 같이, 가변 인자인 …의 앞 부분에는 반드시 매개변수가 int n처럼 고정적이어야 하며, 이후 가변인자인 …을 기술할 수 있다.
- 가변인자 … 시작 전 첫 고정 매개변수는 이후의 가변인자를 처리하는데 필요한 정보를 지정하는데 사용한다.

```
int vatest(int n, ...);
double vasum(char *type, int n, ...);
double vafun1(char *type, ..., int n); //오류, 마지막이 고정적일 수 없음
double vafun2(...); //오류, 처음부터 가변인자일 수 없음
```

그림 14-11 함수헤더에서의 가변 인자 표현

가변 인자가 있는 함수 구현

함수에서 **가변 인자를 구현하려면 가변인자 선언, 가변인자 처리 시작, 가변인자 얻기, 가변인자 처리 종료 4단계가 필요**하다. 가변인자 처리 절차 4단계를 정리하면 다음과 같으며, 이를 구현하기 위해서는 **헤더파일 stdarg.h가 필요**하다.

- 가변인자 선언은 마치 변수선언처럼 가변인자로 처리할 변수를 하나 만드는 일로서, 자료형인 va_list는 가변 인자를 위한 char *로 헤더파일 stdarg.h에 정의되어 있다.

- 가변인자 처리 시작은 위에서 선언된 변수에서 마지막 고정 인자를 지정해 가변 인자의 시작 위치를 알리는 방법으로, 함수 va_start()는 헤더파일 stdarg.h에 정의되어 있는 매크로 함수이다.

- 가변인자 얻기 처리에서는 가변인자 각각의 자료형을 지정하여 가변인자를 반환 받는 절차로 함수 va_arg()도 헤더파일 stdarg.h에 정의된 매크로 함수이다. 매크로 함수 va_arg()의 호출로 반환된 인자로 원하는 연산을 처리할 수 있다.

- 가변인자 처리 종료는 표현 그대도 가변 인자에 대한 처리를 끝내는 단계로 va_end() 함수는 헤더파일 stdarg.h에 정의된 매크로 함수이다.

표 14-1 가변인자 처리를 위한 네 가지 절차

구문	처리 절차	설명
va_list argp;	❶ 가변인자 선언	va_list로 변수 argp을 선언
va_start(va_list argp, prevarg)	❷ 가변인자 처리 시작	va_start()는 첫 번째 인자로 va_list로 선언된 변수이름 argp과 두 번째 인자는 가변인자 앞의 고정인자 prevarg 를 지정하여 가변인자 처리 시작
type va_arg(va_list argp, type)	❸ 가변인자 얻기	va_arg()는 첫번째 인자로 va_start()로 초기화한 va_list 변수 argp를 받으며, 두번째 인자로는 가변 인자로 전달된 값의 type을 기술
va_end(va_list argp)	❹ 가변인자 처리 종료	va_list로 선언된 변수이름 argp의 가변인자 처리 종료

가변인자 처리 절차와 가변인자가 있는 함수 sum(int numargs, ⋯)에서의 구현을 정리하면 다음으로 요약할 수 있다. 함수 sum()에서 가변인자 앞의 첫 고정인자인 numargs는 가변인자의 수이며, int 형인 가변인자를 처리하여 그 결과를 반환하는 함수이다.

- 가변인자 ... 시작 전 첫 고정 매개변수는 이후의 가변인자를 처리하는데 필요한 정보를 지정하는데 사용한다. 그러므로 다음의 numargs처럼 반드시 가변인자의 수일 필요는 없다.

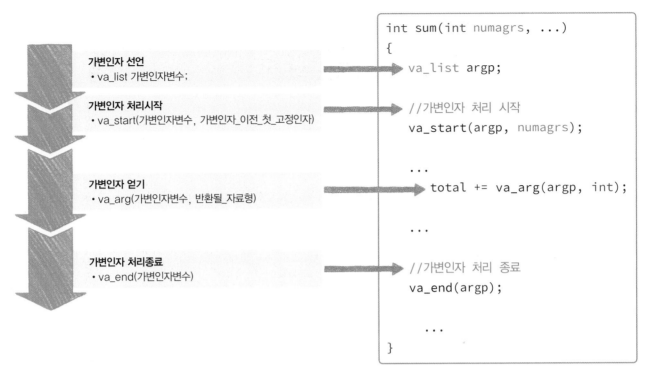

```
int sum(int numagrs, ...)
{
    va_list argp;

    //가변인자 처리 시작
    va_start(argp, numagrs);

    ...

    total += va_arg(argp, int);

    ...

    //가변인자 처리 종료
    va_end(argp);

    ...
}
```

가변인자 선언
· va_list 가변인자변수;

가변인자 처리시작
· va_start(가변인자변수, 가변인자_이전_첫_고정인자)

가변인자 얻기
· va_arg(가변인자변수, 반환될_자료형)

가변인자 처리종료
· va_end(가변인자변수)

그림 14-12 가변인자 구현

다음 예제는 가변인자를 처리하는 함수 avg(int count, …)를 구현하고 이를 호출하여 검사하는 프로그램이다.

● 함수 avg()의 마지막 고정인자인 count는 가변인자의 수이며, double 형인 가변인자를 모두 더한 후 평균을 반환하는 함수이다.

실습예제 14-7	vararg.c
	가변인자 처리 함수의 정의와 호출

```
01  // file: vararg.c
02  #include <stdio.h>
03  #include <stdarg.h>
04
05  double avg(int count, ...); //int count 이후는 가변인자 ...
06
07  int main(void)
08  {
09      printf("평균 %.2f\n", avg(5, 1.2, 2.1, 3.6, 4.3, 5.8));
10
11      return 0;
12  }
```

```
13
14   //가변인자 ... 시작 전 첫 고정 매개변수는 이후의 가변인자를 처리하는데 필요한 정보를 지정
15   //여기서에서는 가변인자의 수를 지정
16   double avg(int numagrs, ...)
17   {
18      //가변인자 변수 선언
19      va_list argp;
20
21      //numargs 이후의 가변인자 처리 시작
22      va_start(argp, numagrs);
23
24      double total = 0; //합이 저장될 변수
25      for (int i = 0; i < numagrs; i++)
26         //지정하는 double 형으로 가변인자 하나 하나를 반환
27         total += va_arg(argp, double);
28
29      //가변인자 처리 종료
30      va_end(argp);
31
32      return total / numagrs;
33   }
```

설명		
	03	가변인자 처리를 위한 자료형과 매크로가 정의되어 있는 헤더파일 stdarg.h 삽입
	05	가변인자 처리 함수원형으로 double avg(int count, ...)에서 …이 바로 가변인자 표시 부분
	09	가변인자 처리 함수 avg(5, 1.2, 2.1, 3.6, 4.3, 5.8)를 호출하여 평균을 출력,
		실인자 (5, 1.2, 2.1, 3.6, 4.3, 5.8)에서 5는 처리할 가변인자의 수 5이며,
		나머지는 5개의 double 형 기변인자의 실인자
	16	가변인자 처리 함수 avg()의 함수헤더
	19	가변인자 변수 argp를 자료형 va_list로 선언, va_list는 헤더파일 stdarg.h에 정의되어 있음
	22	numargs 이후가 가변인자의 시작임을 알리기 위해 함수 va_start(argp, numagrs)를 호출
	25	가변인자만큼 반복을 수행하기 위해 numargs를 사용
	27	가변인자를 얻기 위해서는 가변인자 각각의 자료형을 지정해야 하므로 va_arg(argp, double)로 호출
	30	가변인자 종료를 알리는 매크로 va_end(argp) 호출
	32	평균을 계산하여 반환

실행결과	평균 3.40

중간점검

01 다음 가변인자가 포함된 함수원형에서 오류를 찾아 설명하시오.

```
int function1(...);
int function2(..., int);
int function3(int, ..., double);
```

02 가변인자 구현 4단계는 각각 무엇인가?

함수에서 인자로 배열을 사용하면 배열은 무조건 참조에 의한 호출로 실행된다. 그러므로 함수에서 배열의 내용을 수정하더라도 그 내용이 원래의 배열에 그대로 반영이 된다. 다음 프로그램의 함수 aryprocess()는 인자로 사용된 배열의 내부 원소를 모두 1 증가시키는 함수이다. 다음 내용과 결과를 참고로 프로그램을 실행해 보도록 하자.

● 일차원 배열에서 배열의 크기는 (배열전체 바이트 수)/(배열원소 바이트 수)로 계산

```
2 4 6 8 10
```

Lab 14-1 · aryprocess.c

```
01  // file: aryprocess.c
02  #include <stdio.h>
03
04  void aryprocess(int *ary, int SIZE);
05
06  int main(void)
07  {
08      int data[] = { 1, 3, 5, 7, 9 };
09
10      int aryLength = _____;
11      aryprocess(_____);
12      for (int i = 0; i < aryLength; i++)
13          printf("%d ", _____);
14      printf("\n");
15
16      return 0;
17  }
18
19  void aryprocess(int *ary, int SIZE)
20  {
21      for (int i = 0; i < SIZE; i++)
22          _____;
23  }
```

정답
```
10  int aryLength = sizeof(data) / sizeof(int);
11  aryprocess(data, aryLength);
13      printf("%d ", *(data + i));
22      (*ary++)++; //(*(ary++))++;
        // ++(*(ary++)); ++(*ary++); ++*ary++; //동일한 기능
```

매개변수와 반환으로 포인터 사용

주소연산자 &

함수에서 매개변수를 포인터로 이용하면 결국 참조에 의한 호출이 된다. 함수의 매개변수로 포인터를 이용하는 다른 예를 살펴보자.

- 함수원형 void add(int *, int, int); 에서 첫 매개변수가 포인터인 int *이다.
- 함수 add()는 두 번째와 세 번째 인자를 합해 첫 번째 인자가 가리키는 변수에 저장하는 함수이다.
- 이 함수를 호출하는 방법은 합이 저장될 변수인 sum을 선언하여 주소값인 &sum을 인자로 호출한다.

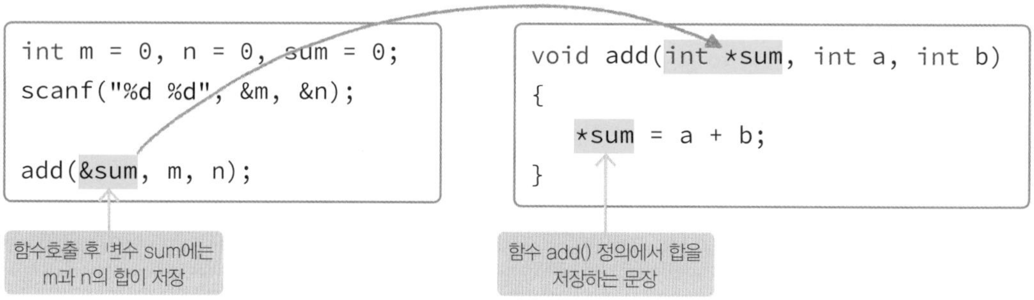

```
int m = 0, n = 0, sum = 0;
scanf("%d %d", &m, &n);


add(&sum, m, n);
```

함수호출 후 변수 sum에는
m과 n의 합이 저장

```
void add(int *sum, int a, int b)
{
    *sum = a + b;
}
```

함수 add() 정의에서 합을
저장하는 문장

그림 14-13 함수에서의 포인터 전달

실습예제 14-8	pointerparam.c

함수에서의 포인터 전달(참조에 의한 호출)

```
01    // file: pointerparam.c
02    #define _CRT_SECURE_NO_WARNINGS
03    #include <stdio.h>
04
05    void add(int *, int, int);
06
07    int main(void)
08    {
09        int m = 0, n = 0, sum = 0;
10
11        printf("두 정수 입력: ");
12        scanf("%d %d", &m, &n);
```

```
13        add(&sum, m, n);
14        printf("두 정수 합: %d\n", sum);
15
16        return 0;
17   }
18
19   void add(int *psum, int a, int b)
20   {
21        *psum = a + b;
22   }
```

설명	05	함수 add()의 함수원형으로 첫 매개변수는 int 형 포인터이므로 int * 로 기술
	13	함수 add()를 호출하는 경우, 첫 인자는 &sum 처럼 주소값이어야 함,
		함수호출 add(&sum, m, n) 로 m과 n을 더한 결과가 변수 sum에 저장됨
	14	합이 저장된 sum을 출력
	19	함수 add()의 함수헤더로 첫 매개변수인 psum은 int 형 포인터이므로 int *psum 으로 기술
	21	a과 b의 합을 psum을 이용하여 psum이 가리키는 변수에 더하기 위해 연산식 *psum = a + b 사용

실행결과	두 정수 입력: 10 7
	두 정수 합: 17

주소값 반환

함수의 결과를 포인터로 반환하는 예를 살펴보자. 함수원형을 int * add(int *, int, int) 로 하는 함수 add()는 반환값이 포인터인 int *이다. 함수 add() 정의에서 두 수의 합을 첫 번째 인자가 가리키는 변수에 저장한 후 포인터인 첫 번째 인자를 그대로 반환한다. 함수 add()를 *add(&sum, m, n)호출하면 변수 sum에 합 a+b가 저장된다. 또한 반환값인 포인터가 가리키는 변수인 sum을 바로 참조할 수 있다.

```
int * add(int *, int, int);

   int m = 0, n = 0, sum = 0;
   ...
   scanf("%d %d", &m, &n);

   printf("두 정수 합: %d\n", *add(&sum, m, n));
```

```
int * add(int *psum, int a, int b)
{
   *psum = a + b;
   return psum;
}
```

그림 14-14 함수에서의 포인터 반환

다음 예제의 함수 multiply()에서 인자인 두 수의 곱을 지역변수인 mult에 저장한 후 &mult로 포인터를 반환한다. 지역변수는 함수가 종료되는 시점에 메모리에서 제거되는 변수이다. 그러므로 **지역변수 주소값의 반환은 문제를 발생**시킬 수 있다. 실제로 Visual C++에서 컴파일 시 다음과 같은 경고가 발생한다. 그러므로 제거될 지역변수의 주소값은 반환하지 않는 것이 바람직하다.

주소값 반환 함수의 정의와 이용

```c
01  // file: ptrreturn.c
02  #define _CRT_SECURE_NO_WARNINGS
03  #include <stdio.h>
04
05  int * add(int *, int, int);
06  int * subtract(int *, int, int);
07  int * multiply(int, int);
08
09  int main(void)
10  {
11      int m = 0, n = 0, sum = 0, diff = 0;
12
13      printf("두 정수 입력: ");
14      scanf("%d %d", &m, &n);
15
16      printf("두 정수 합: %d\n", *add(&sum, m, n));
17      printf("두 정수 차: %d\n", *subtract(&diff, m, n));
18      printf("두 정수 곱: %d\n", *multiply(m, n));
19
20      return 0;
21  }
22
23  int * add(int *psum, int a, int b)
24  {
25      *psum = a + b;
26      return psum;
27  }
28  int * subtract(int *pdiff, int a, int b)
29  {
30      *pdiff = a - b;
31      return pdiff;
32  }
33  int * multiply(int a, int b)
34  {
35      int mult = a * b;
36      return &mult;
37  }
```

> warning C4172: 지역변수 또는 임시 변수의 주소를 반환하고 있습니다.

설명

05   함수 add()의 함수원형으로 반환형이 int * 이며 첫 매개변수도 int *

06   함수 subtract()의 함수원형으로 반환형이 int * 이며 첫 매개변수도 int *

07   함수 muliply()의 함수원형으로 반환형이 int * 이며 매개변수는 모두 int

16	함수 add()의 반환형이 포인트이며, 반환값인 합이 저장된 주소이므로 *add()로 결과를 바로 출력 가능, 호출인자는 &sum, m, n 으로 m과 n의 값을 전달하여 sum의 주소에 합을 저장하도록 함
17	함수 subtract()의 반환형이 포인트이며, 반환값인 차가 저장된 주소이므로 *subtract()로 결과를 바로 출력 가능, 호출인자는 &diff, m, n 으로 m과 n의 값을 전달하여 diff의 주소에 차를 저장하도록 함
18	함수 multiply()의 반환형이 포인트이며, 반환값인 곱이 저장된 주소이므로 *multiply()로 결과를 바로 출력 가능, 호출인자는 m, n 으로 m과 n의 값을 전달하고 연산결과인 곱은 바로 반환값인 주소에 저장하여 전달
23	함수 add()의 함수헤더로 반환형이 int * 이며 첫 매개변수도 int *, 나머지는 int
25	a과 b의 합을 psum을 이용하여 psum이 가리키는 변수에 더하기 위해 연산식 *psum = a + b 사용
26	합이 저장된 main()의 주소값 전달
28	함수 subtract()의 함수헤더로 반환형이 int * 이며 첫 매개변수도 int *, 나머지는 int
30	a과 b의 차를 pdiff을 이용하여 pdiff가 가리키는 변수에 연산하기 위해 연산식 *pdiff = a - b 사용
31	a와 b의 차가 저장된 main()의 주소값 전달
33	함수 muliply()의 함수헤더로 반환형이 int * 이며 매개변수는 모두 int
35	a와 b의 곱을 지역변수 mult을 이용하여 곱하기 위해 연산식 mult = a * b 사용
36	곱이 저장된 함수 multiply()의 지역변수 주소값을 전달하므로 경고가 발생

실행결과

```
두 정수 입력: 6 9
두 정수 합: 15
두 정수 차: -3
두 정수 곱: 54
```

중간점검

01 다음 프로그램의 실행 결과를 기술하시오.

```c
#include <stdio.h>

void fun(double *x)
{
    *x += 3.5;
}

int main(void)
{
    double x = 5.9;
    double *p = &x;
    fun(p);
    printf("%.1f\n", x);
    return 0;
}
```

상수를 위한 const 사용

키워드 const

포인터를 매개변수로 이용하면 수정된 결과를 받을 수 있어 편리하다. 그러나 이러한 참조에 의한 호출은 매개변수가 가리키는 변수값이 원하지 않는 값으로 수정될 수 있다. 이러한 포인터 인자의 잘못된 수정을 미리 예방하는 방법이 있다. 즉 **수정을 원하지 않는 함수의 인자 앞에 키워드 const 를 삽입**하여 참조되는 변수가 수정될 수 없게 한다.

● 키워드 const는 인자인 포인터 변수가 가리키는 내용을 수정할 수 없도록 한다.

● 다음과 같이 인자를 const double *a와 const double *b로 기술하면 *a와 *b를 대입연산자의 l-value로 사용할 수 없다. 즉 *a와 *b를 이용하여 그 내용을 수정할 수 없다.

● 상수 키워드 const의 위치는 자료형 앞이나 포인터변수 *a 앞에도 가능하므로, const double *a와 double const *a 는 동일한 표현이다.

```
// 매개변수 포인터 a, b가 가리키는 변수의 내용은 수정하지 못함
void multiply(double *result, const double *a, const double *b)
{
    *result = *a * *b;
    //다음 2문장 오류 발생
    *a = *a + 1;
    *b = *b + 1;
}
```

그림 14-15 const 인자의 이용

다음 예제의 함수 devideandincrement()에서 포인터 인자가 모두const가 아니므로 그 인자가 가리키는 변수의 내용을 모두 수정할 수 있다. 즉 함수 devideandincrement(double *result, double *a, double *b)는 *a와 *b를 나누어 그 결과를 *result에 저장한 후 *a와 *b를 각각 1씩 증가시키는 함수이다.

실습예제 14-10	constreference.c
	함수 매개변수에서 const의 사용 방법과 의미

```
01  //file: constreference.c
02  #define _CRT_SECURE_NO_WARNINGS
03  #include <stdio.h>
04
05  void multiply(double *, const double *, const double *);
```

```
06  void devideandincrement(double *, double *, double *);

08  int main(void)
09  {
10     double m = 0, n = 0, mult = 0, dev = 0;

12     printf("두 실수 입력: ");
13     scanf("%lf %lf", &m, &n);
14     multiply(&mult, &m, &n);
15     devideandincrement(&dev, &m, &n);
16     printf("두 실수 곱: %.2f, 나눔: %.2f\n", mult, dev);
17     printf("연산 후 두 실수: %.2f, %.2f\n", m, n);

19     return 0;
20  }

22  //매개변수 포인터 a, b가 가리키는 변수의 내용을 곱해 result가 가리키는 변수에 저장
23  //매개변수 포인터 a, b가 가리키는 변수의 내용은 수정하지 못함
24  void multiply(double *result, const double *a, const double *b)
25  {
26     *result = *a * *b;
27     //오류발생
28     //*a = *a + 1;
29     //*b = *b + 1;
30  }

32  //매개변수 포인터 a, b가 가리키는 변수의 내용을 나누어 result가 가리키는 변수에 저장한 후
33  //a, b가 가리키는 변수의 내용을 모두 1 증가시킴
34  void devideandincrement(double *result, double *a, double *b)
35  {
36     *result = *a / *b;
37     ++*a; //++(*a)이므로 a가 가리키는 변수의 값을 1 증가
38     (*b)++; //b가 가리키는 변수의 값을 1 증가, *b++와는 다름
39  }
```

> const인 인자 *a와 *b는 수정할 수 없으므로 다음과 같은 문법 오류가 발생한다.
> error C2166: l-value가 const 개체를 지정합니다.

> const가 아닌 포인터 인자 *result, *a와 *b는 모두 수정할 수 있다.

설명

05 함수 multiply()의 함수원형
06 함수 devideandincrement()의 함수원형
14 함수 multiply()는 m과 n의 주소값을 전달하고 연산결과인 곱을 바로 mult에 저장하기 위해 주소값으로 전달
15 함수 devideandincrement()는 m과 n의 주소값을 전달하고 연산결과인 나눈 결과를 바로 dev에 저장하기 위해 주소값으로 전달, 함수 devideandincrement()에서 나눈 이후 m과 n의 값도 1 증가 시킴
16 곱의 결과와 나눈 결과가 mult와 dev에 저장되므로 바로 출력

17	m과 n도 함수 devideandincrement()에서 1 증가 시키므로 입력된 값보다 1 증가되어 출력
24	함수 multiply()의 구현으로 매개변수 포인터 a, b가 가리키는 변수의 내용을 곱해 result가 가리키는 변수에 저장, 매개변수 포인터 a, b가 가리키는 변수의 내용은 수정하지 못하도록 const 사용
26	a과 b가 가리키는 변수의 곱을 result가 가리키는 변수 저장하기 위해 연산식 *result = *a * *b 사용
34	함수 devideandincrement()의 구현으로 매개변수 포인터 a, b가 가리키는 변수의 내용을 나누어 result가 가리키는 변수에 저장한 후 a, b가 가리키는 변수의 내용을 모두 1 증가시킴
36	a과 b가 가리키는 변수의 나눈 결과를 result가 가리키는 변수 저장하기 위해 연산식 *result = *a / *b 사용
37	a가 가리키는 변수의 값을 1 증가시키기 위해 연산식 ++*a 사용
38	b가 가리키는 변수의 값을 1 증가시키기 위해 연산식 (*b)++ 사용

실행결과

```
두 실수 입력: 10.5 2.5
두 실수 곱: 26.25, 나눔: 4.20
연산 후 두 실수: 11.50, 3.50
```

TIP 참조 변수의 상수와 포인터의 상수

단원 8 포인터에서 학습했듯이 const의 위치가 다음과 같이 *와 포인터 변수 사이라면 포인터 변수 자체가 상수라는 의미이다.

- 키워드 const가 int*와 변수 pi 사이에 나오는 선언은 포인터 pi에 저장되는 초기 주소값을 더 이상 수정할 수 없도록 하는 상수이다. 즉 포인터 변수 pi 자체를 상수로 만드는 방법으로 pi를 l-value로 사용할 수 없다.

```
int i = 10, j = 20;
int* const pi = &i;
pi = &j;  //오류 발생
```

중간점검

01 다음 계속된 일련의 문장에서 오류를 찾아 설명하시오.

```
const int x = 100; x = 30; //오류
int const y = 10; y = 20; //오류
const int *p = &x; *p = 10; //오류
int const *q = &y; *q = 5; //오류
int *  const r = &x; *r = 5; r = &y; //오류
```

함수의 구조체 전달과 반환

복소수를 위한 구조체

구조체 complex를 이용하여 복소수 연산에 이용되는 함수를 만들어보자. 우선 복소수의 자료형인 **구조체 complex는 실수부와 허수부를 나타내는 real과 img를 멤버로 구성**한다. 복소수 자료형으로 complex를 재정의를 하여 구조체 자료형으로 사용하도록 하자.

```
struct complex
{
    double real;  //실수
    double img;   //허수
};
typedef struct complex complex;
```

자료형 struct complex   자료형 complex

자료형 struct complex와 complex 모두 복소수 자료형으로 사용 가능

그림 14-16 구조체 자료형으로 complex를 사용하기 위한 구조체 정의와 자료형 재정의

> **TIP** ▶ 복소수가 뭐예요?
>
> 복소수(complex number)는 실수의 개념을 확장한 수로 a + bi로 표현된다. 여기서 a와 b는 실수이며, i는 허수단위로 $i^2 = -1$을 만족하며, a는 실수부, b는 허수부라고 한다. 예로 우리가 흔히 사용하는 실수인 3.4는 3.4 + 0i라는 복소수로 표현할 수 있으며, $\sqrt{5}$는 $\sqrt{5}$ + 0i 로 표현 가능하다. 복소수에서도 실수에서 성립하는 사칙 연산을 정의할 수 있으며 다음과 같은 연산이 존재한다.
>
> - 복소수의 합: (a + bi) + (c + di) = (a + c) + (b + d)i
> - 복소수의 곱: (a + bi) * (c + di) = (ac − db) + (ad + bc)i
> - (a + bi)의 켤레 복소수: (a − bi)
> - (a − bi)의 켤레 복소수: (a + bi)

인자와 반환형으로 구조체 사용

함수 paircomplex1()는 인자인 복소수의 켤레 복소수(pair complex number)를 구하여 반환하는 함수로 정의한다. 복소수 (a + bi)의 켤레 복소수는 (a − bi)이므로 다음 소스에서 변수 pcomp에는 {3.4, −4.8}이 저장될 것이다. 함수 paircomplex1()을 구현해 보자. 이 함수는 유형이 complex인 인자의 켤레 복소수를 구하여 그 결과를 반환하므로 다음과 같이 구현할 수 있다. 함수에서 구조체의 반환 방법도 다른 일반 변수와 같다.

- **구조체는 함수의 인자와 반환값으로 이용이 가능**하다. 다음 함수는 구조체 인자를 값에 의한 호출(call by value) 방식으로 이용하고 있다.

- 즉 함수 paircomplex1() 내부에서 구조체 지역변수 com을 하나 만들어 실인자의 구조체 값을 모두 복사하는 방식으로 구조체 값을 전달 받는다.

- 구조체 자체를 전달하기 위해 대입하고 다시 반환값을 대입하기 위해서는 시간이 소요된다.

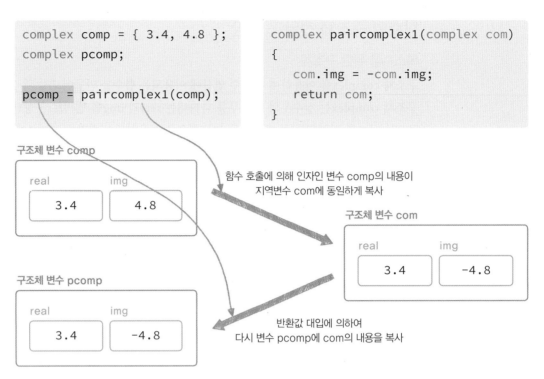

```
complex comp = { 3.4, 4.8 };
complex pcomp;

pcomp = paircomplex1(comp);
```

```
complex paircomplex1(complex com)
{
    com.img = -com.img;
    return com;
}
```

구조체 변수 comp

real	img
3.4	4.8

함수 호출에 의해 인자인 변수 comp의 내용이
지역변수 com에 동일하게 복사

구조체 변수 com

real	img
3.4	-4.8

구조체 변수 pcomp

real	img
3.4	-4.8

반환값 대입에 의하여
다시 변수 pcomp에 com의 내용을 복사

그림 14-17 구조체 자체를 인자로 하는 함수

이 함수를 참조에 의한 호출(call by reference) 방식으로 바꾸어보자. 다음 함수 paircomplex2()는 인자를 주소값으로 저장하여, 실인자의 변수 comp의 값을 직접 수정하는 방식이다. 이 함수를 호출하기 위해서는 &pcomp처럼 주소값을 이용해 호출한다.

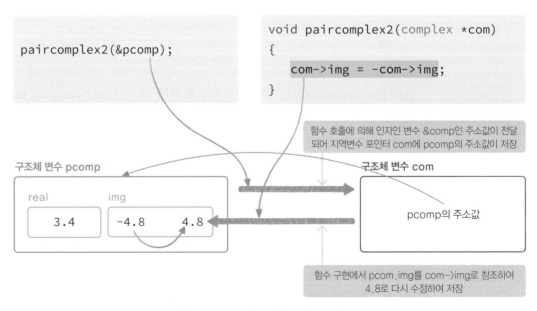

```
paircomplex2(&pcomp);
```

```
void paircomplex2(complex *com)
{
    com->img = -com->img;
}
```

함수 호출에 의해 인자인 변수 &comp인 주소값이 전달
되어 지역변수 포인터 com에 pcomp의 주소값이 저장

구조체 변수 pcomp

real	img	
3.4	-4.8	4.8

구조체 변수 com

pcomp의 주소값

함수 구현에서 pcom.img를 com->img로 참조하여
4.8로 다시 수정하여 저장

그림 14-18 구조체 포인터를 인자로 하는 함수

구조체를 함수의 인자로 사용하는 방식은 다른 변수와 같이 값에 의한 호출과 참조에 의한 호출 방식을 사용할 수 있다.

- 구조체가 크기가 매우 큰 구조체를 값에 의한 호출의 인자로 사용한다면 매개변수의 메모리 할당과 값의 복사에 많은 시간이 소요될 수 있다.
- 이에 반해 주소값을 사용하는 참조에 의한 호출 방식은 메모리 할당과 값의 복사에 드는 시간이 없는 장점이 있다.

실습예제 14-11	complexnumber.c
	구조체를 사용하여 복소수를 표현, 함수의 인자와 반환형으로 사용

```
01    //file: complexnumber.c
02    #include <stdio.h>
03
04    //복소수를 위한 구조체
05    struct complex
06    {
07       double real; //실수
08       double img;   //허수
09    };
10    //complex를 자료형으로 정의
11    typedef struct complex complex;
12
13    void printcomplex(complex com);
14    complex paircomplex1(complex com);
15    void paircomplex2(complex *com);
16
17    int main(void)
18    {
19       complex comp = { 3.4, 4.8 };
20       complex pcomp;
21
22       printcomplex(comp);
23       pcomp = paircomplex1(comp);
24       printcomplex(pcomp);
25       paircomplex2(&pcomp);
26       printcomplex(pcomp);
27
28       return 0;
29    }
30
31    //구조체 자체를 인자로 사용
```

```
32    void printcomplex(complex com)
33    {
34        printf("복소수(a + bi) = %5.1f + %5.1fi \n", com.real, com.img);
35    }
36
37    //구조체 자체를 인자로 사용하여 처리된 구조체를 다시 반환
38    complex paircomplex1(complex com)
39    {
40        com.img = -com.img;
41        return com;
42    }
43
44    //구조체 포인터를 인자로 사용
45    void paircomplex2(complex *com)
46    {
47        com->img = -com->img;
48    }
```

설명

05   구조체 struct complex 를 정의하기 위해 구문 시작

07   구조체 struct complex 의 실수부를 표현하는 멤버 real을 정의

08   구조체 struct complex 의 허수부를 표현하는 멤버 img를 정의

09   구조체 struct complex 정의 마지막에 항상 세미콜론 ;이 필요

11   구조체 struct complex 를 다시 자료형 complex 로 정의

13   함수 printcomplex(complex com)는 인자인 구조체 com을 복소수 형태인
      (real + imgi)로 출력하는 함수의 함수원형

14   함수 paircomplex1(complex com)은 인자인 구조체 com의 멤버를
      (real - imgi)로 바꾸어 다시 반환하는 함수의 함수원형

15   함수 paircomplex2(complex *com)은 인자인 구조체 포인터 com이 가리키는
      변수의 멤버를 (real - imgi)로 바꾸는 함수의 함수원형

19   구조체 complex 자료형으로 변수 comp 를 선언하면서 초기값으로 실수부와 허수부에
      각각 3.4와 4.8을 대입

20   구조체 complex 자료형으로 변수 pcomp 를 선언

22   구조체 변수 comp를 복소수 형태로 출력하기 위해 변수 comp를 인자로
      함수 printcomplex(comp) 호출

23   구조체 변수 comp의 컬레 복소수를 변수 pcomp에 저장하기 위해 변수 comp를 인자로
      함수 paircomplex1(comp) 호출하여 그 결과를 바로 변수 pcomp에 대입,
      함수호출에서 인자대입과 반환값 대입 등 구조체 자체의 대입이 두 번 필요하므로 시간이 소요됨

24   구조체 변수 pomp를 복소수 형태로 출력

25   구조체 변수 pcomp의 컬레 복소수를 다시 변수 pcomp에 반영하기 위해 &pcomp를 인자로
      함수 paircomplex2(&pcomp) 호출하면 바로 그 결과가 변수 pcomp에 반영,
      함수호출에서 구조체의 주소값만 대입되므로 23행의 paircomplex1보다 빠르게 처리 가능

26   다시 구조체 변수 pomp를 복소수 형태로 출력

32   함수 printcomplex()의 함수헤더

34   인자인 구조체 com에서 복소수 형태로 출력하기 위해 com.real과 com.img를 참조하여 출력

38	함수 paircomplex1()의 함수헤더
40	인자인 구조체 com에서 허수부의 부호를 바꾸기 위해 연산 com.img = -com.img 수행
41	구조체 comp 자체를 반환
45	함수 paircomplex2()의 함수헤더
47	인자인 구조체 포인터 com에서 허수부의 부호를 바꾸기 위해 연산 com->img = -com->img 수행, 포인터 com이 가리키는 구조체의 허수부의 부호가 바로 바뀜

실행결과

```
복소수(a + bi) =    3.4 +    4.8i
복소수(a + bi) =    3.4 +   -4.8i
복소수(a + bi) =    3.4 +    4.8i
```

중간점검

01 함수의 인자로 배열과 구조체를 사용하는 경우, 값에 의한 호출과 참조에 의한 호출 관점에서 차이점을 설명하시오.

02 함수의 인자로 구조체 자체를 사용하는 경우, 단점을 설명하시오.

책이름과 저자, 책번호(ISB: 국제표준도서번호 International Standard Book Number)를 표현하는 구조체 struct book을 참조에 의한 호출로 출력하는 함수를 구현해 보자.

- 구조체 struct book을 자료형 book으로 정의

```
typedef struct book
{
    char  title[50];
    char  author[50];
    int   ISBN;
} book;
```

- 함수 print()는 인자가 (book *b)으로 구조체를 포인터로 받아 책 정보를 출력

제목: 절대자바, 저자: 강환수, ISBN: 123987
제목: 파이썬웹프로그래밍, 저자: 김석훈, ISBN: 2398765

Lab 14-2	bookreference.c

```
01   //file: bookreference.c
02   #define _CRT_SECURE_NO_WARNINGS
03   #include <stdio.h>
04   #include <string.h>
05
06   typedef struct book
07   {
08      char  title[50];
09      char  author[50];
10      int   ISBN;
11   } book;
12
13   void print(book *b);
14
15   int main()
16   {
17      book python = _____;
18      book java;
```

```
19      strcpy(java.title, "절대자바");
20      strcpy(java.author, "강환수");
21      java.ISBN = 123987;
22      print(_____);
23      print(&python);
24
25      return 0;
26   }
27
28   void print(_____)
29   {
30      printf("제목: %s, ", b->title);
31      printf("저자: %s, ", b->author);
32      printf("ISBN: %d\n", b->ISBN);
33   }
```

정답	17	book python = {"파이썬웹프로그래밍", "김석훈", 2398765};
	22	print(&java);
	28	void print(book *b)

14 3 함수 포인터와 void 포인터

함수 포인터

함수 주소 저장 변수

포인터의 장점은 다른 변수를 참조하여 읽거나 쓰는 것도 가능하다는 것이다. 이처럼 **하나의 함수 이름으로 필요에 따라 여러 함수를 사용**하면 편리할 수 있다. 이것을 가능하도록 하는 것이 함수 포인터이다.

그림처럼 함수 포인터 pfun은 함수 add()와 mult() 그리고 subt()로도 사용 가능하도록 한다.

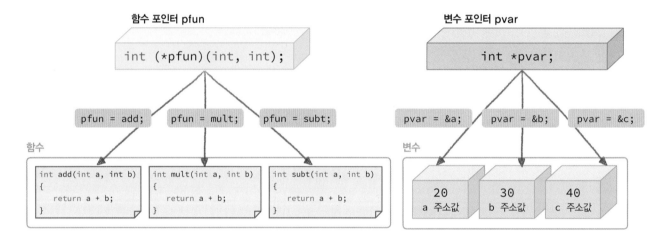

그림 14-19 함수 포인터의 개념

함수 포인터(pointer to function)는 함수의 주소값을 저장하는 포인터 변수이다. 즉 함수 포인터는 함수를 가리키는 포인터를 말한다. 함수도 변수처럼 메모리 어딘가에 저장되어 있으며 그 주소를 갖고 있다.

- 함수 포인터는 반환형, 인자목록의 수와 각각의 자료형이 일치하는 함수의 주소를 저장할 수 있는 변수이다.
- 함수 포인터를 선언하려면 함수원형에서 함수이름을 제외한 반환형과 인자목록의 정보가 필요하다.

다음은 함수 포인터의 선언 구문과 간단한 예문이다.

```
함수 포인터 변수 선언

반환자료형    (*함수 포인터변수이름)( 자료형1 매개변수이름1, 자료형2 매개변수이름2,
...);

또는

반환자료형   (*함수 포인터변수이름)( 자료형1, 자료형2, ...);
```

```
void add(double*, double, double);
void subtract(double*, double, double);
   ...
   void (*pf1)(double *z, double x, double y) = add;
   void (*pf2)(double *z, double x, double y) = subtract;
   pf2 = add;
```

그림 14-20 함수 포인터 선언 구문과 이용

변수이름이 pf인 함수 포인터를 하나 선언해 보자. 함수 포인터 pf는 함수원형이 void add(double*, double, double);인 함수의 주소를 저장하려고 한다. 이때 필요한 것이 함수원형에서 반환형인 void와 인자목록인 (double *, double, double) 정보이다.

- 함수 포인터 pf는 문장 void (*pf)(double*, double, double); 로 선언될 수 있다.
- 물론 인자목록에서 변수이름은 사용할 수도 있으나 생략하는 편이 더 간편하다.
- 여기서 주의할 점은 (*pf)와 같이 변수이름인 pf 앞에는 *이 있어야 하며 반드시 괄호를 사용해야 한다는 것이다.
- 만일 괄호가 없으면 pf는 함수 포인터 변수가 아니라 void *를 반환하는 함수이름이 되고, 이 문장은 함수원형이 되어 버린다.

```
//잘못된 함수 포인터 선언
void *pf(double*, double, double);    //함수원형이 되어 pf는 원래 함수이름

   void (*pf)(double*, double, double); //함수 포인터
   pf = add; //변수 pf에 함수 add의 주소값을 대입 가능
```

그림 14-21 함수 포인터 변수 선언과 대입

물론 위 함수 포인터 변수 pf는 함수 add()만을 가리킬 수 있는 것이 아니라 add()와 반환형과 인

자목록이 같은 함수는 모두 가리킬 수 있다. 즉 subtract()의 반환형과 인자목록이 add()와 동일하다면 pf는 subtract()도 가리킬 수 있다. 문장 pf = subtract; 와 같이 함수 포인터에는 괄호가 없이 함수이름만으로 대입해야 한다.

- 함수 이름 add나 subtract는 주소 연산자를 함께 사용하여 &add나 &subtract로도 사용 가능하다.
- 그러나 다음과 같이 subtract()와 add()와 같이 함수호출로 대입해서는 오류가 발생한다.

```
void (*pf2)(double *z, double x, double y) = add();    //오류발생
pf2 = subtract();                                      //오류발생
pf2 = add;                                             //가능
pf2 = &add;                                            //가능
pf2 = subtract;                                        //가능
pf2 = &subtract;                                       //가능
```

그림 14-22 함수 포인터 변수의 대입

함수 포인터를 이용한 함수 호출

다음 예제에서 함수 add()의 구현을 살펴보자. 함수 add()에서 x + y의 결과를 반환하지 않고 포인터 변수 z에 저장하고 있다. 이와 같이 함수 호출에서 함수 인자를 포인터 변수로 사용하면 함수 내부에서 수정한 값이 그대로 실인자로 반영되는 것을 알 수 있다.

```
double m, n, result = 0;
void (*pf)(double*, double, double);
....
pf = add;
pf(&result, m, n);  //add(&result, m, n);
//(*pf)(&result, m, n); //이것도 사용 가능
```

```
void add(double *z, double x, double y)
{
    *z = x + y;
}
```

그림 14-23 함수 매개변수인 포인터 변수의 효과

문장 pf = add;로 함수 포인터 변수인 pf에 함수 add()의 주소값이 저장되면, 변수 pf를 이용하여 add() 함수를 호출할 수 있다.

- 포인터 변수 pf를 이용한 함수 add()의 호출방법은 add() 호출과 동일하다. 즉 pf(&result, m, n); 로 add(&result, m, n) 호출을 대체할 수 있다. 이 문장이 실행되면 변수 result에는 m + n 의 결과가 저장된다. 즉 함수 add()에서 m + n이 반영된 변수 result를 사용할 수 있다.

- 함수 호출 pf(&result, m, n)은 (*pf)(&result, m, n)로도 가능하다. 반드시 *pf에 괄호를 넣은 (*pf)이 필요하다.

실습예제 14-12	funptr.c

함수 주소를 저장하는 함수 포인터의 선언과 사용

```c
01  // file: funptr.c
02  #define _CRT_SECURE_NO_WARNINGS
03  #include <stdio.h>
04
05  //함수원형
06  void add(double*, double, double);
07  void subtract(double*, double, double);
08
09  int main(void)
10  {
11      //함수 포인터 pf를 선언
12      void(*pf)(double*, double, double) = NULL;
13
14      double m, n, result = 0;
15      printf("+, -를 수행할 실수 2개를 입력하세요. >> ");
16      scanf("%lf %lf", &m, &n);
17
18      //사칙연산을 수행
19      pf = add; //add() 함수를 함수 포인터 pf에 저장
20      pf(&result, m, n);  //add(&result, m, n);
21      printf("pf = %p, 함수 add() 주소= %p\n", pf, add);
22      printf("더하기 수행: %lf + %lf == %lf\n\n", m, n, result);
23
24      pf = subtract; //subtract() 함수를 함수 포인터 pf에 저장
25      pf(&result, m, n);  //subtract(&result, m, n);
26      printf("pf = %p, 함수 subtract() 주소= %p\n", pf, subtract);
27      printf("  빼기 수행: %lf - %lf == %lf\n\n", m, n, result);
28
29      return 0;
30  }
```

```
31
32    // x + y 연산 결과를 z가 가리키는 변수에 저장하는 함수
33    void add(double *z, double x, double y)
34    {
35        *z = x + y;
36    }
37    // x - y 연산 결과를 z가 가리키는 변수에 저장하는 함수
38    void subtract(double *z, double x, double y)
39    {
40        *z = x - y;
41    }
```

설명		
	12	함수 포인터 pf를 선언, 반환값은 (void)없으며, 인자의 유형은 double *, double, double 이라는 것으로 선언하면서 초기값으로 0번지 주소인 NULL 저장
	19	add() 함수의 주소값을 함수 포인터 pf에 저장하는 문장으로, r-value로 add와 &add도 가능
	20	함수 포인터 pf로 함수를 호출하는 방법은 add()와 동일하며, 인자의 수와 유형에 맞게 (&result, m, n)로 호출
	21	pf와 add 모두 함수의 주소값이 있으므로 printf()에서 %p로 주소값 출력, %u와 %d도 가능
	22	더하기 결과를 출력
	24	subtract() 함수의 주소값을 함수 포인터 pf에 저장하는 문장으로, r-value로 subtract와 &subtract도 가능
	25	함수 포인터 pf로 함수를 호출하는 방법은 subtract()와 동일하며, 인자의 수와 유형에 맞게 (&result, m, n)로 호출
	26	pf와 subtract 모두 함수의 주소값이 있으므로 printf()에서 %p로 주소값 출력, %u와 %d도 가능
	27	빼기 결과를 출력

실행결과

```
+, -를 수행할 실수 2개를 입력하세요. >> 3.45 4.78
pf = 00ED10EB, 함수 add() 주소 = 00ED10EB
더하기 수행 : 3.450000 + 4.780000 == 8.230000

pf = 00ED101E, 함수 subtract() 주소 = 00ED101E
  빼기 수행 : 3.450000 - 4.780000 == -1.330000
```

중간점검

01 다음 네 문장을 비교하여 설명하시오.

```
int *p;
int f(int);
int *fn(int);
int (*pf)(int);
```

02 다음 함수원형의 함수를 저장할 수 있는 함수 포인터를 선언하면서 초기화로 다음 함수의 주소를 저장하는 문장을 작성하시오.

```
void add(double*, double, double);
```

함수 포인터 배열

함수 포인터 배열 개념

포인터 배열과 같이 함수 포인터가 배열의 원소로 여러 개의 함수 포인터를 선언하는 함수 포인터 배열을 생각할 수 있다. 즉 **함수 포인터 배열(array of function pointer)은 함수 포인터가 원소인 배열**이다.

- 다음 그림에서 크기가 3인 함수 포인터 배열 pfunary는 문장 int (*pfunary[3])(int, int); 으로 선언된다.
- 배열 pfunary의 각 원소가 가리키는 함수는 반환값이 int이고 인자목록이 (int, int)이어야 한다.

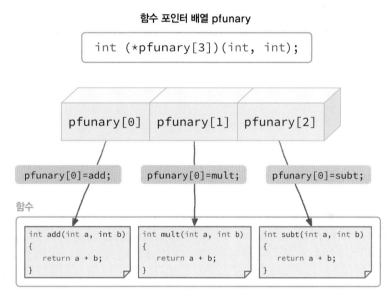

함수 포인터 배열 pfunary

```
int (*pfunary[3])(int, int);
```

pfunary[0] pfunary[1] pfunary[2]

pfunary[0]=add;   pfunary[0]=mult;   pfunary[0]=subt;

함수

```
int add(int a, int b)
{
    return a + b;
}
```

```
int mult(int a, int b)
{
    return a + b;
}
```

```
int subt(int a, int b)
{
    return a + b;
}
```

그림 14-24 함수 포인터 배열 개념

함수 포인터 배열 선언

다음은 함수 포인터 배열선언 구문을 나타낸다. 다음 부분 소스의 배열 fpary의 각 원소가 가리키는 함수는 반환값이 void이고 인자목록이 (double*, double, double)인 경우의 배열 선언이다.

함수 포인터 배열 선언

반환자료형　(*배열이름[배열크기]) (자료형1 매개변수이름1, 자료형2 매개변수이름2, ...);

또는

반환자료형　(*배열이름[배열크기]) (자료형1, 자료형2, ...);

```
void add(double*, double, double);
void subtract(double*, double, double);
void multiply(double*, double, double);
void devide(double*, double, double);
   ...
   void (*fpary[4])(double*, double, double);
```

그림 14-25 함수 포인터 배열 선언 구문과 이용

배열 fpary을 선언한 이후에 함수 4개를 각각의 배열원소에 저장하는 방법과 배열 fpary을 선언하면서 함수 4개의 주소값을 초기화하는 문장은 다음과 같다.

```
void (*fpary[4])(double*, double, double);
fpary[0] = add;
fpary[1] = subtract;
fpary[2] = multiply;
fpary[3] = devide;
```

배열의 선언과 초기화
문장으로 간단히 처리

```
void (*fpary[4])(double*, double, double) = {add, subtract, multiply, devide};
```

그림 14-26 함수 포인터 배열 선언과 초기화

다음 예제 프로그램은 사칙연산의 함수를 함수 포인터 배열에 저장하여 사칙연산을 호출하는 프로그램이다. 반복문 내부의 함수 호출 fpary[i](&result, m, n); 은 함수 포인터의 배열 첨자 순으로 add(), subtract(), multiply(), devide()를 호출한다.

실습예제 14-13	fptrary.c

여러 함수 주소를 저장하는 함수 포인터 배열의 선언과 사용

```
01   // file: fptrary.c
02   #define _CRT_SECURE_NO_WARNINGS
03   #include <stdio.h>
```

```
04
05     //함수원형
06     void add(double*, double, double);
07     void subtract(double*, double, double);
08     void multiply(double*, double, double);
09     void devide(double*, double, double);
10
11     int main(void)
12     {
13         char op[4] = { '+', '-', '*', '/' };
14         //함수 포인터 선언하면서 초기화 과정
15         void(*fpary[4])(double*, double, double) =
               { add, subtract, multiply, devide };
16
17         double m, n, result;
18         printf("사칙연산을 수행할 실수 2개를 입력하세요. >> ");
19         scanf("%lf %lf", &m, &n);
20         //사칙연산을 배열의 첨자를 이용하여 수행
21         for (int i = 0; i < 4; i++)
22         {
23             fpary[i](&result, m, n);
24             printf("%.2lf %c %.2lf == %.2lf\n", m, op[i], n, result);
25         }
26
27         return 0;
28     }
29
30     // x + y 연산 결과를 z가 가리키는 변수에 저장하는 함수
31     void add(double *z, double x, double y)
32     {
33         *z = x + y;
34     }
35     // x - y 연산 결과를 z가 가리키는 변수에 저장하는 함수
36     void subtract(double *z, double x, double y)
37     {
38         *z = x - y;
39     }
40     // x * y 연산 결과를 z가 가리키는 변수에 저장하는 함수
41     void multiply(double *z, double x, double y)
42     {
43         *z = x * y;
44     }
45     // x / y 연산 결과를 z가 가리키는 변수에 저장하는 함수
```

```
46    void devide(double *z, double x, double y)
47    {
48        *z = x / y;
49    }
```

설명		
	13	함수 연산 과정과 결과를 출력하기 위한 연산자 문자를 저장한 문자 배열
	15	함수 포인터 배열 fpary[4]를 선언, 배열 크기는 4이며, 각각의 포인터는 반환값은 (void)없으며, 인자의 유형은 double *, double, double 인 함수의 주소를 저장할 수 있으며, 초기값으로 함수 add, subtract, multiply, devide 의 주소를 각각 저장
	23	제어변수 i에 따라 fpary[0]는 add()를 호출, fpary[1]은 subtract() 호출, fpary[2]는 multiply()를 호출, fpary[3]은 devide() 각각 호출, 호출할 때 인자는 모두 &result, m, n 으로 동일
	24	4가지 연산에 따라 3.87 + 6.93 == 10.80 와 같이 출력

실행결과	
	사칙연산을 수행할 실수 2개를 입력하세요. >> 3.87 6.93
	3.87 + 6.93 == 10.80
	3.87 - 6.93 == -3.06
	3.87 * 6.93 == 26.82
	3.87 / 6.93 == 0.56

중간점검

01 함수 포인터 배열을 설명하시오.

02 다음 함수원형의 함수들을 저장할 수 있는 함수 포인터 배열을 선언하면서 초기화로 세 함수를 모두 저장하는 문장을 작성하시오.

```
int add(int a, int b);
int mult(int a, int b);
int subt(int a, int b);
```

void 포인터

void 포인터 개념

포인터는 주소값을 저장하는 변수인 int *, double * 처럼 가리키는 대상의 구체적인 자료형의 포인터로 사용하는 것이 일반적이다. **주소값이란 참조를 시작하는 주소에 불과하며 자료형을 알아야 참조할 범위와 내용을 해석할 방법을 알 수 있는 것**이다.

그렇다면 void 포인터(void *)는 무엇일까?

● 바로 void 포인터는 자료형을 무시하고 주소값만을 다루는 포인터이다. 그러므로 포인터 void 포인터는 대상에 상관없이 모든 자료형의 주소를 저장할 수 있는 만능 포인터로 사용할 수 있다.

● void 포인터에는 일반 변수 포인터는 물론 배열과 구조체 심지어 함수 주소도 담을 수 있다.

```
char ch = 'A';
int data = 5;
double value = 34.76;

void *vp;              //void 포인터 변수 vp 선언

vp = &ch;              //ch의 주소 만을 저장
vp = &data;            //data의 주소 만을 저장
vp = &value;           //value의 주소 만을 저장
```

그림 14-27 void 포인터의 선언과 대입

실습예제 14-14 | **voidptrbasic.c**

주소 만을 저장하는 void 포인터

```c
01    // file: voidptrbasic.c
02    #include <stdio.h>
03
04    void myprint(void)
05    {
06        printf("void 포인터 신기하네요!\n");
07    }
08
09    int main(void)
10    {
11        int m = 10;
12        double d = 3.98;
13
14        void *p = &m;          //m의 주소만을 저장
15        printf("%d\n", p);     //주소값 출력
16        //printf("%d\n", *p); //오류발생
17
18        p = &d; //d의 주소만을 저장
19        printf("%d\n", p);
20
21        p = myprint; //함수 myprint()의 주소만을 저장
22        printf("%d\n", p);
23
24        return 0;
25    }
```

설명	14	void 포인터 p를 선언하여 초기값으로 int 포인터인 m의 주소를 저장
	15	int 포인터인 m의 주소 출력
	16	바로 배울 내용으로 *p로 바로 m을 참조할 수 없음
	18	void 포인터 p에 double 포인터인 d의 주소를 저장
	22	double 포인터인 d의 주소 출력
	21	void 포인터 p에 함수 myprint()의 주소를 저장
	22	함수 myprint()의 주소 출력
실행결과	주소 2817048	
	주소 2817032	
	주소 19533919	

void 포인터 활용

void 포인터는 모든 주소를 저장할 수 있지만 가리키는 변수를 참조하거나 수정이 불가능하다. void 포인터로 참조 변수를 참조할 수 없는 것은 당연한 일이다. 주소값으로 변수를 참조하려면 결국 자료형으로 참조범위를 알아야 하는데 void 포인터는 이러한 정보가 전혀 없이 주소 만을 담는 변수에 불과하기 때문이다.

● **void 포인터는 자료형 정보는 없이 임시로 주소 만을 저장하는 포인터**이다. 그러므로 실제 **void 포인터로 변수를 참조하기 위해서는 자료형 변환이 필요**하다.

```
int m = 10;      double x = 3.98;


void *p = &m;
int n = *(int *)p; //int * 로 변환
n = *p; //오류
            오류: "void" 형식의 값을 "int" 형식의 엔터티에 할당할 수 없습니다.
p = &x;
int y= *(double *)p; //double * 로 변환
y = *p; //오류
            오류: "void" 형식의 값을 "int" 형식의 엔터티에 할당할 수 없습니다.
```

그림 14-28 void 포인터의 참조

voidptr.c

void * 로 다양한 자료의 참조

```c
01  // file: voidptr.c
02  #include <stdio.h>
03
04  void myprint(void)
05  {
06      printf("void 포인터, 신기하네요!\n");
07  }
08
09  int main(void)
10  {
11      int m = 10;
12      double d = 3.98;
13      char str[][20] = { { "C 언어," }, { "재미있네요!" } };
14
15      void *p = &m;
16      printf("p 참조 정수: %d\n", *(int *)p); //int * 로 변환
17
18      p = &d;
19      printf("p 참조 실수: %.2f\n", *(double *)p); //double * 로 변환
20
21      p = myprint;
22      printf("p 참조 함수 실행 : ");
23      ((void(*)(void)) p)(); //함수 포인터인 void(*)(void) 로 변환하여 호출 ()
24
25      p = str;
26      //열이 20인 이차원 배열로 변환하여 1행과 1행의 문자열 출력
27      printf("p 참조 2차원 배열: %s %s\n", (char(*)[20])p, (char(*)[20])p + 1);
28      printf("str 참조 2차원 배열: %s %s\n", str, str+1);
29
30      return 0;
31  }
```

설명	
15	void 포인터 p를 선언하여 초기값으로 int 포인터인 m의 주소를 저장
16	int 포인터인 m의 값을 p로 참조하기 위해 형변환 연산자 사용하여 *(int *)p
18	void 포인터 p에 double 포인터인 d의 주소를 저장
19	double 포인터인 d의 값을 p로 참조하기 위해 형변환 연산자 사용하여 *(double *)p
21	void 포인터 p에 함수 myprint()의 주소를 저장
23	함수 myprint()의 함수를 호출하기 위해 p로 형변환 연산자 사용하여 ((void(*)(void)) p)()로 호출
25	void 포인터 p에 char의 이차원배열 str의 주소를 저장

	27	char의 이차원배열 str에서 첫 번째와 두 번째 행을 출력하기 위해 p로 형변환 연산자 사용하여 각각 (char(*)[20])p, (char(*)[20])p + 1 로 참조
	28	char의 이차원배열 str에서 첫 번째와 두 번째 행을 출력하려면 바로 각각 str, str+1을 참조

실행결과

```
p 참조 정수: 10
p 참조 실수: 3.98
p 참조 함수 실행 : void 포인터, 신기하네요!
p 참조 2차원 배열: C 언어, 재미있네요!
str 참조 2차원 배열: C 언어, 재미있네요!
```

중간점검

01 다음 문장에서 오류를 찾아 수정하시오.

```
char ch = 'A';
void *p = &ch;
printf("%c\n", *p);
```

02 이차원 배열 포인터를 참고하여 다음 부분 소스의 실행결과를 기술하시오.

```
int data[][3] = { { 34, 56, 32 }, { 87, 24, 56 } };
void *p = data;
printf("%d %d\n", ((int(*)[3]) p )[0][2], ((int(*)[3]) p )[1][1]);
```

배열크기가 3인 함수 포인터 배열을 하나 만들어 각각 더하기와 빼기, 그리고 곱하기를 수행하는 함수를 각각 저장한다. 연산을 수행하는 방법과 순서를 나타내는 문자열 "*+-"를 저장하여 문자열 순서대로 곱하기, 더하기, 빼기를 수행하는 프로그램을 작성해 보도록 한다.

● 연산의 피연산자는 3과 5로 고정하여 다음과 같은 결과로 수행

```
* 결과: 15
+ 결과: 8
- 결과: -2
```

Lab 14-3 | **funpointer.c**

```c
01  // file: funpointer.c
02  #include <stdio.h>
03
04  int add(int a, int b);
05  int mult(int a, int b);
06  int subt(int a, int b);
07
08  int main(void)
09  {
10      _____;
11      pfunary[0] = _____;
12      pfunary[1] = mult;
13      pfunary[2] = subt;
14
15      char *ops = "*+-";
16      char op;
17      while (op = _____)
18          switch (op) {
19          case '+': printf("%c 결과: %d\n", op, pfunary[0](3, 5));
20              break;
21          case '-': printf("%c 결과: %d\n", op, _____);
22              break;
23          case '*': printf("%c 결과: %d\n", op, pfunary[1](3, 5));
24              break;
25          }
```

```
26
27        return 0;
28    }
29
30    int add(int a, int b)
31    {
32        return a + b;
33    }
34    int mult(int a, int b)
35    {
36        return a * b;
37    }
38    int subt(int a, int b)
39    {
40        return a - b;
41    }
```

정답

```
10    int(*pfunary[3])(int, int);
11    pfunary[0] = add;
17    while (op = *ops++)
21        case '-': printf("%c 결과: %d\n", op, pfunary[2](3, 5));
```

01 다음을 참고로 배열에서 모든 원소의 값을 모두 n씩 증가시키는 프로그램을 작성하시오.

- 배열 int data[] = {3, 21, 35, 57, 24, 82, 8};, n은 표준입력으로 처리
- 함수 increment()는 배열 p에서 배열크기 size만큼 모든 원소의 값을 모두 n씩 증가시키는 함수 void increment(int *p, int size, int n)

02 두 이차원 배열의 더하기와 빼기를 수행하는 함수를 만들어 다음 배열의 연산 결과를 출력하는 프로그램을 작성하시오.

$$\begin{bmatrix} 4.2 & 4.3 & 3.8 \\ 3.7 & 1.5 & 0.7 \end{bmatrix} \quad +(-) \quad \begin{bmatrix} 5.2 & 2.1 & 1.8 \\ 3.2 & 1.4 & 2.9 \end{bmatrix}$$

03 다음 조건을 만족하며 다음과 같은 행렬의 곱을 수행하는 프로그램을 작성하시오.

- 곱을 구하는 함수 multiply()와 행렬을 출력하는 함수 display()를 구현

$$\begin{bmatrix} 4.2 & 4.3 & 3.8 \\ 3.7 & 1.5 & 0.7 \end{bmatrix} \quad X \quad \begin{bmatrix} 5.2 & 2.1 \\ 3.2 & 1.4 \\ 1.5 & 3.6 \end{bmatrix}$$

04 배열 포인터를 이용하여 다음의 이차원 배열에서 모든 원소의 값을 5씩 증가시키는 프로그램을 작성하시오.

- int ary[][5] = {1, 2, 3, 4, 5, 6, 7, 8, 9, 10}
- 배열 포인터 : int (*ptr)[5];

05 자료유형 double형 1차원 배열을 다음과 같이 초기화하고, 첫 번째 인자인 배열 source을 두 번째 인자인 배열 target에 복사하는 함수를 만들어 결과를 알아보는 프로그램을 작성하시오.

- double ary[5] = {3.12, 5.14, 7.25, 7.48, 5.91};
- copyarray(double *source, double *target, int size);

06 자료유형 double형 1차원 배열에서 가장 큰 값과 가장 작은 값을 찾아 그 값의 차이를 반환하는 함수를 만들어 결과를 알아보는 프로그램을 작성하시오.

07 다음 내용을 참고로 정수형 배열에 저장되어 있는 정수에서 앞부분 1바이트만을 문자로 변환하여 출력하는 프로그램을 작성하시오.

- 함수 setarray()는 배열 a의 원소에 65부터 1씩 증가하면서 26개의 원소에 정수를 저장하는 함수 void setarray(int *a, int size)
- void *인 포인터를 하나 사용하여, 위 함수를 호출하여 얻은 배열 a에서 포인터의 이동은 int * 로 하면서, 실제 출력은 1바이트만 문자형으로 출력, 총 출력원소는 26개로
  - 출력결과는 A, B, …, Z까지

08 다음을 참고로 [파스칼의 삼각형]을 생성하고 출력하는 프로그램을 작성하시오.

- 정수형 배열 pascal[10][10]을 선언하여 10행까지 [파스칼의 삼각형]을 저장 후 출력
- size 크기의 파스칼 삼각형을 이차원 배열 p에 생성하는 함수 void pascaltriangle(int (*p)[10], int size);
  - 하나의 행에서 처음과 끝이 아니면 p[i][j] = p[i-1][j] + p[i-1][j-1]
  - 하나의 행에서 처음 또는 끝이면 p[i][j] = 1
- size 크기 배열 p를 그림과 같이 삼각형만 출력하는 함수함수 void triangleprint(int (*p)[10], int size)

```
1
1 1
1 2 1
1 3 3 1
1 4 6 4 1
1 5 10 10 5 1
1 6 15 20 15 6 1
1 7 21 35 35 21 7 1
1 8 28 56 70 56 28 8 1
1 9 36 84 126 126 84 36 9 1
```

09 다음을 참고로 두 일차원 배열의 병합을 구하여 출력하는 프로그램을 작성하시오.

- 이미 오름차순으로 정렬되어 있는 두 배열 a, b의 병합 결과 c는 다음과 같음
  - int a[] = {1, 2, 5, 7, 9, 14};
  - int b[] = {2, 3, 6, 8, 13};
  - int c[] = {1, 2, 2, 3, 5, 6, 7, 8, 9, 13, 14};
- 배열 a, b의 병합 결과를 배열c에 저장하는 함수, an: a배열크기, bn: b배열크기 함수 void arraymerge(int *a, int an, int *b, int bn, int *c)

10 다음을 참고로 표준입력으로 받은 두 실수의 사칙연산을 수행하는 프로그램을 작성하시오.

- 사칙연산을 수행하는 함수를 모두 4개 정의하여 이를 함수 포인터 배열에 저장하여 수행

- 사칙연산 중에서 하나의 연산을 다음과 같이 표준입력으로 받음

  사칙연산을 위하여 각 연산에 대한 번호를 입력하세요. >>
  [더하기]: 0, [빼기]: 1, [곱하기]: 2, [나누기]: 3 >> 0
  사칙연산을 수행할 실수 2개를 입력하세요. >> 22.3 33.4
  더하기 수행 : 22.300000 + 33.400000 == 55.700000

11 다음과 조건을 만족하도록 가변인자 함수를 처리하는 프로그램을 작성하시오.

- 가변인자를 처리하는 함수 vafunc()의 다음 함수원형에서 첫 인자는 처리유형으로 문자 d이면 int가 가변인자의 자료형이며, 문자 f이면 double이 가변인자의 자료형이며, 첫 인자는 가변인자의 개수를 지정하며, 가변인자의 평균을 반환하는 함수

  ```
  double vafunc(char *type, int count, ...); //int count 이후는 가변인자 ...
  ```

- 함수 main()에서 다음을 호출하여 출력되도록

  ```
  printf("평균 %.2f\n", vafunc("d", 5, 172, 21, 36, 43, 58));
  printf("평균 %.2f\n", vafunc("f", 5, 5.8, 17.3, 2.8, 31.8, 45.9, 5.9));
  ```

12 다음과 조건을 만족하도록 가변인자 함수를 처리하는 프로그램을 작성하시오.

- 가변인자를 처리하는 함수 vasum()의 다음 함수원형에서 첫 인자는 처리유형을 나타내는 문자열 포인터로 문자 d이면 int가 가변인자의 자료형이며, 문자 f이면 double이 가변인자의 자료형이며, 가변인자의 수는 문자열의 수만큼으로 처리하며, 가변인자의 합을 반환하는 함수

  ```
  double vasum(char *, ...);
  ```

- 함수 main()에서 다음을 호출하여 그 결과를 출력되도록 하며, 첫 인자인 문자열 "dfdf"는 가변인자가 순서대로 int, double, int, double 임을 나타내며 인자의 수는 4개인 것을 표현

  ```
  vasum("dfdf", 3, 20.75412, 51, 21.9012);
  ```

Introduction to **C PROGRAMMING**

15

C H A P T E R

파일 처리

학습목표

▶ **텍스트 파일과 이진 파일의 차이를 이해하고 설명할 수 있다.**
- 주기억장치와 파일의 차이
- 텍스트 파일과 이진 파일의 정의와 예
- 파일 스트림과 파일모드의 이해
- 함수 fopen()과 fopen_s(), fclose()의 사용

▶ **텍스트 파일의 입출력 함수를 이해하고 설명할 수 있다.**
- 함수 fprintf()와 fscanf(), fscanf_s()의 사용
- 함수 fputc()와 fgetc()의 사용

▶ **이진 파일의 입출력 함수를 이해하고 설명할 수 있다.**
- 함수 fwrite()와 fread()의 사용
- 함수 getw()와 putw()의 사용

▶ **파일 삭제 및 이름 바꾸기 함수를 이해하고 설명할 수 있다.**
- 함수 remove()와 rename()의 사용

학습목차

15 ① 파일 기초

텍스트 파일과 이진 파일

파일의 필요성

일상 생활에서 자주 이용하는 한글 또는 워드와 같은 워드프로세서는 어떻게 개발하였을까? 지금까지 메모장이나 워드프로세서로만 파일을 만들었을 것이다. 이러한 워드프로세서 없이 프로그램에서 프로그램의 결과로 구성되는 파일을 직접 만들 수 있을까? 또한 이미 있는 파일의 내용을 읽을 수 있을까? 이런 의문이 있었다면 이 단원으로 이제 그 의문이 어느 정도 풀릴 것이다.

지금까지 프로그램의 출력은 콘솔에서, 입력은 키보드에서 수행하였다. 만일 프로그램에서 출력을 파일에 한다면 파일이 생성되는 것이다. 반대로 키보드에서 표준 입력하던 입력을 파일에서 입력하면 **파일 입력**이 된다.

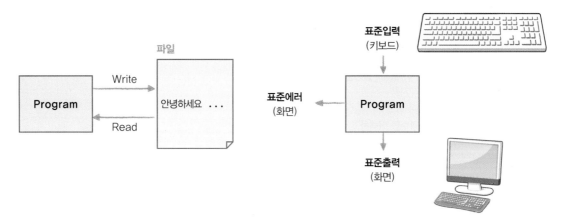

그림 15-1 파일입출력과 표준입출력

변수와 같이 프로그램에서 내부에서 할당되어 사용되는 주기억장치의 메모리 공간은 프로그램이 종료되면 모두 사라진다. 그러나 **보조기억장치인 디스크에 저장되는 파일(file)은 직접 삭제하지 않은 한 프로그램이 종료되더라도 계속 저장**할 수 있다. 그러므로 **프로그램에서 사용하던 정보를 종료 후에도 계속 사용하고 싶다면 프로그램에서 파일에 그 내용을 저장**해야 한다. 한 예로 학생 성적 처리를 프로그램을 통하여 결과를 얻어내 그 처리 결과를 지속적으로 저장하려면 파일에 저장해야 할 것이다.

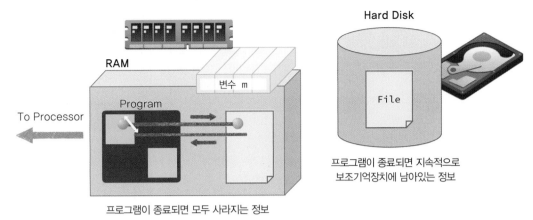

그림 15-2 주기억장치의 저장공간과 파일의 차이

텍스트 파일과 이진파일

파일은 보조기억장치의 정보저장 단위로 자료의 집합이다. **파일은 텍스트 파일(text file)과 이진 파일(binary file) 두 가지 유형**으로 나뉜다. 대표적인 텍스트 파일은 메모장(notepad) 같은 편집 기로 작성된 파일이며, 이진 파일은 실행파일과 그림 파일, 음악 파일, 동영상 파일 등을 예로 들 수 있다.

- **텍스트 파일은 문자 기반의 파일로서 내용이 아스키 코드(ascii code)와 같은 문자 코드값으로 저장된다.**
- 메모리에 저장된 실수와 정수와 같은 내용도 텍스트 파일에 저장될 때는 문자 형식으로 변환되 어 저장된다. 그러므로 텍스트 파일은 텍스트 편집기를 통하여 그 내용을 볼 수 있고 수정할 수 도 있다.

이진 파일은 텍스트 파일과 다르게 그림 파일, 동영상 파일, 실행 파일과 같이 각각의 목적에 알맞 은 자료가 이진 형태(binary format)로 저장되는 파일이다. 또한 C 프로그램 내부에서 관리하던 변수의 내용을 그대로 이진 형태로 파일에 저장하면 이진 파일이 된다.

- **이진 파일은 컴퓨터 내부 형식으로 저장되는 파일이다.**
- **이진 파일에서 자료는 메모리 자료 내용에서 어떤 변환도 거치지 않고 그대로 파일에 기록된 다. 그러므로 입출력 속도도 텍스트 파일에 비해 빠르다.**
- 이러한 이진 파일은 메모장과 같은 텍스트 편집기로는 그 내용을 볼 수 없다. 이진 파일의 자료 는 그 내용을 이미 알고 있는 특정한 프로그램에 의해 인지될 때 의미가 있다.

텍스트 파일

이 텍스트 파일은 메모장과 같은 텍스트 편집기를 사용해 그 내용을 볼 수 있으며 필요하면 편집도 할 수 있다.

이진 파일

구조체의 변수 등 주기억장치의 내용을 그대로 저장

이미지파일, 동영상 파일, 실행파일과 같이 데이터로 구성된 파일로 일반 에디터로는 그 내용을 볼 수 없다.

그림 15-3 텍스트 파일과 이진 파일

입출력 스트림

자료의 입력과 출력은 자료의 이동이라고 볼 수 있으며 **자료가 이동하려면 이동 경로가 필요**하다. 산속의 물이 개울가(stream)를 통해 하천으로 내려오듯이 자료도 이동 경로인 스트림(stream)이 연결되어야 이동할 수 있다. **입출력 시 이동 통로가 바로 입출력 스트림(io stream)**이다.

키보드에서 프로그램으로 자료가 이동하는 경로가 바로 표준입력 스트림이며 함수 scanf()는 바로 표준 입력 스트림에서 자료를 읽을 수 있는 함수이다. 반대로 **프로그램에서 모니터의 콘솔로 자료가 이동하는 경로가 표준출력 스트림이며 함수 printf()는 바로 표준출력 스트림으로 자료를 보낼 수 있는 함수**이다.

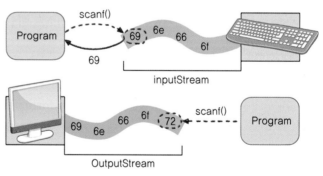

그림 15-4 스트림의 이해

다른 곳에서 프로그램으로 들어오는 경로가 입력 스트림(input stream)이며, 자료가 떠나는 시작 부분이 자료 원천부(data source)로 이 부분이 키보드이면 표준입력이며, 파일이면 파일로부터 자료를 읽는 것이며, 터치스크린이면 스크린에서 터치 정보를 알 수 있고, 네트워크이면 다른 곳에서 프로그램으로 네트워크를 통해 자료가 전달되는 것이다. 반대로 **프로그램에서 다른 곳으로 나가는**

경로가 출력 스트림(input stream)이며, 자료의 도착 장소가 자료 목적부(data destination)로 이 부분이 콘솔이면 표준출력이며, 파일이면 파일에 원하는 값을 쓸 수 있으며, 프린터이면 프린터에 출력물이 나오고, 네트워크이면 네트워크출력이 되어 다른 곳으로 자료가 이동되는 것이다.

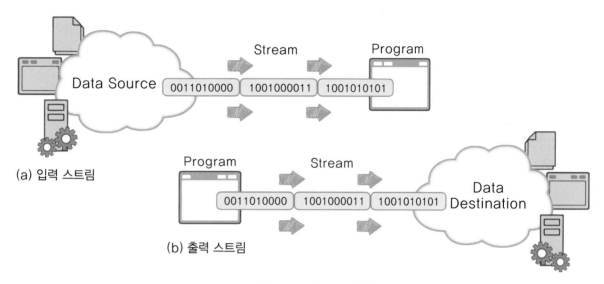

그림 15-5 입력 스트림과 출력 스트림

파일 스트림 이해

프로그램에서 보조기억장치에 파일로 정보를 저장하거나 파일에서 정보를 참조하려면 파일(file)에 대한 파일 스트림(file stream)을 먼저 연결해야 한다. 파일 스트림이란 보조기억장치의 파일과 프로그램을 연결하는 전송경로이다.

그림 15-6 파일 스트림 개념

파일 스트림은 입력을 위한 파일 입력 스트림(file input stream)과 출력을 위한 파일 출력 스트림 (file output stream)으로 나뉠 수 있다.

- 파일 입력 스트림은 파일에서 프로그램으로 자료의 입력을 위한 스트림이다.
- 마찬가지로 파일 출력 스트림은 프로그램에서 파일로 출력을 위한 스트림이다.
- 이러한 파일 스트림을 만들기 위해서는 특정한 파일이름과 파일모드가 필요하다. 여기서 파일 모드란 입력 또는 출력과 같은 스트림의 특성을 말한다.

중간점검

01 다음 빈 부분을 채우시오.

보조기억장치인 디스크에 저장되는 (   )은 직접 삭제하지 않은 한 프로그램이 종료되더라도 계속 저장할 수 있다.
파일은 텍스트 파일과 (   ) 두 가지 유형으로 나뉜다.

02 파일 스트림에 대하여 설명하시오.

파일 스트림 열기

함수 fopen()으로 파일 스트림 열기

프로그램에서 특정한 파일과 파일 스트림을 연결하기 위해서는 함수 **fopen()** 또는 **fopen_s()**를 이 **용**한다. 함수 fopen()과 fopen_s()의 함수 원형은 다음과 같으며 헤더 파일 stdio.h에 정의되어 있 다. 현재 Visual C++에서 함수 fopen()는 fopen_s()로 대체되었다.

함수 fopen()과 fopen_s() 함수원형

```
FILE * fopen(const char * _Filename, const char * _Mode);
errno_t fopen_s(FILE ** _File, const char * _Filename, const char * _Mode);
```

- 함수 fopen()은 파일명 _Filename의 파일 스트림을 모드 _Mode로 연결하는 함수이며, 스트림 연결에 성공하면 파일 포인터를 반환하며, 실패하면 NULL을 반환한다.
- 함수 fopen_s()는 스트림 연결에 성공하면 첫 번째 인자인 _ File에 파일 포인터가 저장되고 정수 0을 반환하며, 실패하면 양수를 반환한다. 현재 Visual C++에서는 함수 fopen_s()의 사용을 권장하고 있다.

그림 15-7 함수 fopen()과 fopen_s() 함수원형

FILE은 헤더 파일 stdio.h에 정의되어 있는 **구조체 유형**이다. 그러므로 함수 fopen()의 반환값 유 형 FILE *은 구조체 FILE의 포인터 유형이다. 복잡한 멤버로 구성되는 **구조체 FILE은 파일을 표 현하는 C 언어의 유도 자료형**이다. 함수 **fopen()은 인자가 파일이름과 파일열기 모드이며, 파일 스트림 연결에 성공하면 파일 포인터를 반환하며, 실패하면 NULL을 반환**한다.

```
struct _iobuf {
        char *_ptr;
        int   _cnt;
        char *_base;
        int   _flag;
        int   _file;
        int   _charbuf;
        int   _bufsiz;
        char *_tmpfname;
        };
typedef struct _iobuf FILE;
```

```
if ( (f = fopen(fname, "w")) == NULL )
{
    printf( "파일이 열리지 않습니다.\n" );
    exit(1);
};
```

그림 15-8 구조체 FILE과 함수 fopen()의 사용

다음 소스는 파일 "basic.txt"를 여는 모듈로서, 파일에 자료를 쓰기 위한 파일 스트림을 연결하기 위해서는 모드 값을 "w"로 기술한다. 함수 fopen_s()는 성공적으로 지정된 외부 파일 이름과 내부 파일 포인터 f와 출력 파일 스트림이 연결되면 FILE 포인터가 인자 f에 저장된다. **함수 fopen_s()는 파일 스트림 연결에 성공하면 정수 0을 반환한다. 만일 스트림 연결에 실패하면 양수를 반환**한다.

● 함수 fopen__s()에서 첫 번째 인자는 파일 포인터의 주소값이며,
● 두 번째 인자인 문자열은 처리하려는 파일 이름이고,
● 세 번째 문자열은 파일열기 종류인 모드이다.

```
if ( fopen_s(&f, "basic.txt", "w") != 0 )
//if ( (f = fopen(fname, "w")) == NULL )
{
    printf( "파일이 열리지 않습니다.\n" );
    exit(1);
};
...
fclose(f);
```

그림 15-9 함수 fopen_s()의 사용

조건문 if를 위와 같이 함수 fopen_s()과 함께 이용하면 파일 열기에 실패할 경우 문장 "파일이 열리지 않습니다.\n"를 출력한다. 함수 fopen()과 fopen_s()의 **인자인 파일열기 종류(모드)에는 텍스트 파일인 경우 "r", "w", "a" 등의 종류**가 있다.

- 읽기모드 r은 읽기가 가능한 모드이며, 쓰기는 불가능하다.

- 쓰기모드 w는 파일 어디에든 쓰기가 가능한 모드이나 읽기는 불가능하다.

- 추가모드 a는 파일 중간에 쓸 수 없으며 파일 마지막에 추가적으로 쓰는 것만 가능한 모드이며, 읽기는 불가능하다. 그러므로 파일모드 a에서 파일에 쓰는 내용은 무조건 파일 마지막에 추가된다.

함수 fclose()로 파일 스트림 닫기

함수 fclose()는 fopen()으로 연결한 파일 스트림을 닫는 기능을 수행한다. 그러므로 파일 스트림을 연결한 후 파일 처리가 모두 끝났으면 파일 포인터 f를 인자로 함수 fclose()를 호출하여 반드시 **파일을 닫도록** 한다. **함수** fclose()는 내부적으로 파일 스트림 연결에 할당된 자원을 반납하고, 파일과 메모리 사이에 있던 버퍼의 내용을 모두 지우는 역할을 수행한다.

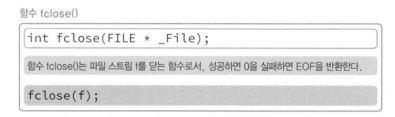

함수 fclose()

```
int fclose(FILE * _File);
```

함수 fclose()는 파일 스트림 f를 닫는 함수로서, 성공하면 0을 실패하면 EOF을 반환한다.

```
fclose(f);
```

그림 15-10 함수 fclose() 함수원형

출력 스트림을 이용한 파일 생성

함수 fopen_s()와 fprintf()를 이용하여 지정한 학생이름과 점수를 파일 "basic.txt"에 출력하는 프로그램을 작성하자.

- 함수 fprintf()는 파일에 서식화된 문자열을 출력하는 함수이다. 다음 절에서 다시 자세히 알아볼 예정이다.

- 파일이 쓰기 모드로 열리지 않으면 함수 exit()를 이용하여 프로그램을 종료한다.

- 함수 exit()를 이용하려면 헤더 파일 stdlib.h가 필요하며, 함수 exit()는 함수를 강제로 종료하는 기능을 수행한다. 인자 값 0은 정상적인 종료를 의미하고, 0이 아닌 값은 정상적인 종료가 아님을 운영체제에게 알리는 의미로 사용된다.

다음 예제 프로그램이 성공적으로 실행되면 일반적으로 소스 파일이 있는 폴더에 새로운 basic.txt 파일이 생성된다. 파일 basic.txt는 텍스트 파일이므로 모든 편집기로 볼 수 있으며 메모장으로 파일 basic.txt를 열어 확인해 보자.

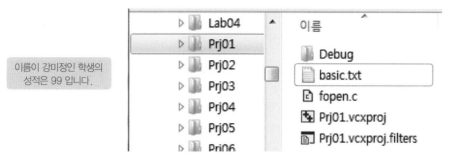

그림 15-11 예제 fopen 결과로 생성된 basic.txt 파일

실습예제 15-1	**fopen.c**
	이름과 성적 정보를 입력하여 간단한 파일을 생성

```c
01   // file: fopen.c
02   #define _CRT_SECURE_NO_WARNINGS
03   #include <stdio.h>
04   #include <stdlib.h> //for exit()
05
06   int main()
07   {
08      char *fname = "basic.txt"; //파일이름
09      FILE *f; //파일 포인터
10
11      //파일에 쓰려는 자료
12      char name[30] = "강미정";
13      int point = 99;
14
15      //파일 열기 함수 fopen()과 fopen_s()
16      if ( (f = fopen(fname, "w")) == NULL )
17      //if (fopen_s(&f, fname, "w") != 0)
18      {
19         printf("파일이 열리지 않습니다.\n");
20         exit(1);
21      };
22                                    표준출력이 아니라 지정한 파일 f에 출력
                                      printf()를 하는 기능을 수행한다.
23      //파일"basic.txt"에쓰기
24      fprintf(f, "이름이 %s인 학생의 성적은 %d 입니다.\n", name, point);
25      fclose(f);
26      //표준출력 콘솔에쓰기
27      printf("이름이 %s인 학생의 성적은 %d 입니다.\n", name, point);
28      puts("프로젝트 폴더에서 파일 basic.txt를 메모장으로 열어 보세요.");
29                     표준출력에 출력을 수행한다.
```

```
30        return 0;
31    }
```

설명	

08   fname에 생성할 파일이름을 저장

09   파일포인터를 하나 선언

12~13 파일에 쓸 자료값을 저장

16   함수 fopen()의 호출 시, 첫 인자는 파일이름, 두 번째 인자는 모드로 "w"는 쓰기모드이며, 반환 값을 파일 포인터로 선언한 f에 대입, 만일 파일 열기에 실패하면 f에 NULL이 저장됨

19~20 파일 열기에 실패하면 메시지 출력하고 exit(1)으로 종료

24   파일 basic.txt에 쓰기 위해 함수 fprintf() 사용, 첫 인자는 파일 포인터 f이며, 나머지는 printf()와 동일하므로 파일에 "이름이 강미정인 학생의 성적은 99 입니다."를 쓰는 기능 수행

25   파일 처리가 종료되었으면 fclose()로 스트림을 닫음

26   표준출력에도 출력해 봄

실행결과

이름이 강미정인 학생의 성적은 99 입니다.
프로젝트 폴더에서 파일 basic.txt를 메모장으로 열어 보세요.

중간점검

01 다음은 파일 "basic.txt"에 쓰기모드로 파일을 여는(open) 소스이다. 빈 부분을 완성하시오.

```
if ( fopen_s(&f, _____, ____) != 0 )
{
    printf( "파일이 열리지 않습니다.\n" );
    exit(1);
};
...
fclose(f);
```

02 다음 빈 부분을 채우시오.

파일모드 "____"는 처음에 읽기 모드로 파일을 열어 필요하면 쓰기 모드로 전환할 수 있다.
파일모드 "____"는 처음에 쓰기 모드로 파일을 열어 필요하면 읽기 모드로 전환할 수 있다.

파일 "myinfo.txt"를 쓰기모드로 열어 전화번호, 주소, 나이 등의 간단한 정보를 출력해 보도록 한다. 특정한 파일이름을 사용한 함수 fopen()과 fopen_s()의 사용에 익숙하도록 하며, 함수 fprintf(f, …)의 첫 인자에 파일 포인터를 대입하면 파일에 서식화된 문자열을 출력할 수 있다.

● 파일에 출력이나 입력을 모두 마치면 함수 fclose(f)로 파일 f를 닫는다.

전화번호: 010-3018-9917, 주소:서초구 대치로 332, 나이: 22
프로젝트 폴더에서 파일 myinfo.txt를 메모장으로 열어 보세요.

Lab 15-1	basicfileio.c

```c
01   // file: basicfileio.c
02   #define _CRT_SECURE_NO_WARNINGS
03   #include <stdio.h>
04   #include <stdlib.h> //for exit()
05
06   int main()
07   {
08       FILE *f; //파일 포인터
09
10       //파일 열기 함수 fopen()과 fopen_s()
11       if ((f = fopen(_____)) == NULL)
12       //if (fopen_s(&f, "myinfo.txt", "w") != 0)
13       {
14           printf("파일이 열리지 않습니다.\n");
15           exit(1);
16       };
17
18       //파일에 쓰려는 자료
19       char tel[15] = "010-3018-9917";
20       char add[30] = "서초구 대치로 332";
21       int age = 22;
22       //파일"basic.txt"에 쓰기
23       fprintf(____, "전화번호: %s, 주소:%s, 나이: %d\n", tel, add, age);
24
25       //파일 닫기
26       _____;
```

```
27        //표준출력 콘솔에 쓰기
28        printf("전화번호: %s, 주소:%s, 나이: %d\n", tel, add, age);
29        puts("프로젝트 폴더에서 파일 myinfo.txt를 메모장으로 열어 보세요.");
30
31        return 0;
32    }
```

정답
```
11    if ((f = fopen("myinfo.txt", "w")) == NULL)
23    fprintf(f, "전화번호: %s, 주소:%s, 나이: %d\n", tel, add, age);
26    fclose(f);
```

15 ② 텍스트 파일 입출력

파일에 서식화된 문자열 입출력

함수 fprintf()와 fscanf()

서식화된 자료의 파일 입출력 함수를 알아보자. **텍스트 파일에 자료를 쓰거나 읽기 위하여 함수 fprintf()와 fscanf() 또는 fscanf_s()를 이용**한다. 이들 함수를 이용하기 위해서는 헤더 파일 stdio. h를 포함해야 한다. 함수 fprintf()와 fscanf(), fscanf_s()의 함수 원형을 살펴보면 다음과 같다. 현재 Visual C++에서 함수 fscanf()는 함수 fscanf_s()로 대체되어 fscanf_s() 사용을 권장하고 있다.

함수 fprintf()와 fscanf() 함수원형

```
int fprintf(FILE * _File, const char * _Format, ...);
int fscanf(FILE * _File, const char * _Format, ...);
int fscanf_s(FILE * _File, const char * _Format, ...);
```

위 함수에서 _File은 서식화된 입출력 스트림의 목적지인 파일이며, _Format은 입출력 제어 문자열이며, 이후 기술되는 인자는 여러 개의 출력될 변수 또는 상수이다.

그림 15-12 함수 fprintf()와 fscanf() 함수원형

위 함수들의 첫 번째 인자는 입출력에 이용될 파일이고, 두 번째 인자는 입출력에 이용되는 제어 문자열이며, 다음 인자들은 입출력될 변수 또는 상수 목록이다. 함수 원형에서 기호 …은 인자 수가 정해지지 않은 다중 인자임을 의미한다. 또한 함수 fprintf()와 fscanf() 또는 fscanf_s()의 첫 번째 인자에 각각 stdin 또는 stdout를 이용하면 표준 입력, 표준 출력으로 이용이 가능하다.

- fprintf(stdout, "제어문자열", …)은 printf("제어문자열", …)와 같이 표준출력 기능을 수행한다.

- 기호 상수 stdin, stdout은 stderr과 함께 헤더 파일 stdio.h에 정의되어 있는 값으로 각각 표준 입력, 표준출력, 표준에러를 의미한다.

- 실제로 이 stdin, stdout, stderr은 파일을 가리키는 포인터로 C 언어가 제공하는 표준파일이라 한다.

표 15-1 표준 파일의 종류

표준 파일	키워드	장치(device)
표준입력	stdin	키보드
표준출력	stdout	모니터 화면
표준에러	stderr	모니터 화면

표준입력 자료를 파일에 쓰기

파일에 내용 쓰기와 반대로 파일로부터 내용을 읽는 프로그램을 작성해 보자. 쓰기 모드로 파일을 열어 표준 입력으로 받은 학생이름과 중간점수, 기말점수를 파일에 기록하고 파일을 닫는다. 다시 읽기 모드로 그 파일을 열어 기록된 내용을 읽어와 표준출력으로 출력하는 프로그램을 작성하자.

함수 scanf_s()에서 표준입력을 빈칸으로 구분하므로 빈칸이 없는 이름을 입력해야 한다. 함수 scanf_s()는 이전 함수인 scanf()와 다르게 형식제어문자 %s를 사용하는 문자열 입력에 저장되는 버퍼와 함께 버퍼의 크기인 인자를 하나 더 삽입해야 된다. 표준 입력으로 읽어들인 학생이름, 중간점수, 기밀점수를 함수 fprintf()를 이용하여 파일 f에 출력하는 문장은 다음과 같다. 변수 cnt는 이름 앞에 번호를 붙이려는 목적으로 이용한다.

```
scanf_s("%s%d%d", name, 30, &point1, &point2);
                  └─────── 문자열이 저장되는 name과 그 크기를 지정해야 한다.

fprintf(f, "%d %s %d %d\n", ++cnt, name, point1, point2);
```

그림 15-13 함수 scanf_s()와 fprintf()의 이용

파일 f에서 함수 fscanf_s()를 이용하여 구조체의 정보를 입력하려면 파일의 내부 자료의 저장 형태를 알아야 한다. 저장 형태는 학생이름, 중간, 기말이므로 다음과 같이 문장으로 fscanf_s()를 사용한다. 형식제어문자 %s를 사용하는 문자열 저장에는 이전 함수 fscanf()와 다르게 저장되는 버퍼의 크기인 인자가 하나 추가되어야 한다.

```
                              문자열이 저장되는 name과 그 크기를 지정해야 한다.
//파일"grade.txt"에서 읽기                   ↓
fscanf_s(f, "%d %s %d %d\n", &cnt, name, 30, &point1, &point2);
```

그림 15-14 함수 fscanf_s()의 이용

실습예제 15-2 **fprintf.c**

이름, 성적을 입력하여 간단한 파일을 생성 후 다시 읽어보는 프로그램

```
01    // file: fprintf.c
02    #define _CRT_SECURE_NO_WARNINGS
03    #include <stdio.h>
04    #include <stdlib.h>
05
06    int main()
07    {
08        char fname[] = "grade.txt";
```

```
09        FILE *f;
10        char name[30];
11        int point1, point2, cnt = 0;
12
13        if (fopen_s(&f, fname, "w") != 0)
14        //if ( (f = fopen(fname, "w")) == NULL )
15        {
16            printf("파일이 열리지 않습니다.\n");
17            exit(1);
18        };
19        printf("이름과 성적(중간, 기말)을 입력하세요.\n");
20        scanf("%s %d %d", name, &point1, &point2);
21        //scanf_s("%s%d%d", name, 30, &point1, &point2);
22        //파일 "grade.txt"에 쓰기
23        fprintf(f, "%d %s %d %d\n", ++cnt, name, point1, point2);
24        fclose(f);
25
26        if (fopen_s(&f, fname, "r") != 0)
27        //if ( (f = fopen(fname, "r")) == NULL )
28        {
29            printf("파일이 열리지 않습니다.\n");
30            exit(1);
31        };
32        //파일"grade.txt"에서 읽기
33        fscanf(f, "%d %s %d %d\n", &cnt, name, &point1, &point2);
34        //fscanf_s(f, "%d %s %d %d\n", &cnt, name, 30, &point1, &point2);
35        //표준출력에 쓰기
36        fprintf(stdout, "\n%6s%16s%10s%8s\n", "번호", "이름", "중간", "기말");
37        fprintf(stdout, "%5d%18s%8d%8d\n", cnt, name, point1, point2);
38        fclose(f);
39
40        return 0;
41    }
```

함수 fprintf(stdout, …)는 함수 printf(…)를
이용할 수도 있다.

설명	08 변수 fname에 생성할 파일이름인 "grade.txt"를 저장
	09 파일포인터 f를 하나 선언
	10 이름을 저장할 변수 name 선언
	11 중간고사(point1), 기말고사(point2), 입력 학생수(cnt)를 위한 변수 선언
	13 함수 fopen()의 호출 시, 첫 번째 인자는 파일 포인터의 주소, 두 번째 인자는 파일이름, 세 번째 인자는 모드로 "w"는 쓰기모드이며, 반환값은 오류 수로 0이 아니면 파일 열기에 문제가 발생한 것
	16~17 파일 열기에 실패하면 메시지 출력하고 exit(1)으로 종료
	20 표준입력으로 이름, 중간, 기말 성적을 받아 10, 11행에서 선언된 변수 name, point1, point2에 저장

23	파일 grade.txt에 쓰기 위해 함수 fprintf() 사용, 첫 인자는 파일 포인터 f이며, 나머지는 printf()와 동일하므로 파일에 입력번호(++cnt), 이름(name), 중간(point1), 기말(point2)을 씀
24	파일 읽기가 종료되었으면 fclose()로 파일 닫기
26	다시 파일 grade.txt을 읽기 위해 파일 열기
33	이미 파일 grade.txt에 쓴 입력번호, 이름, 중간, 기말을 각각 변수 cnt, name, point1, point2에 읽어 오기 위해 함수 fscanf() 사용
36	콘솔에 제목 줄 출력
37	26행에서 읽어 온 자료를 fprintf() 사용하여 표준출력
38	파일 읽기가 종료되었으면 fclose()로 스트림을 닫음

| 실행결과 | 이름과 성적(중간, 기말)을 입력하세요.
김소현 90 98

번호 이름 중간 기말
1 김소현 90 98 |

중간점검

01 다음 scanf_s()가 표준입력으로 자료를 저장하는 문장이라면 같은 자료를 파일 f에서 입력 받는 문장을 완성하시오.

```
scanf_s("%s %d %d", name, 30, &point1, &point2);

fscanf_s(___, "%s %d %d\n", _____);
```

02 표준 입출력에 대한 다음 표를 완성하시오.

표준 파일	키워드	장치(device)
표준입력		키보드
표준출력	stdout	모니터 화면
표준에러		모니터 화면

파일 문자열 입출력

함수 fgets()와 fputs()

행 단위의 파일 입출력 함수를 알아보자. **함수 fgets()는 파일로부터 한 행의 문자열을 입력받는 함수이다. 함수 fputs()는 파일로 한 행의 문자열을 출력하는 함수**이다. 함수 fgets()와 fputs()는 헤더파일 stdio.h 에 다음과 같은 함수원형으로 정의되어 있다.

함수 fgets()와 fputs() 함수원형

```
char * fgets(char * _Buf, int _MaxCount, FILE * _File);
int  fputs(char * _Buf, FILE * _File);
```

- 함수 fgets()는 _File로부터 한 행의 문자열을 _MaxCount 수의 _Buf 문자열에 입력 수행
- 함수 fputs()는 _Buf 문자열을 _File에 출력 수행

```
char names[80];
FILE *f;

fgets(names, 80, f);
fputs(names, f);
```

그림 15-15 함수 fgets()와 fputs() 함수원형

- 함수 fgets()에서 첫 번째 인자는 문자열이 저장될 문자 포인터이고,
- 두 번째 인자는 입력할 문자의 최대 수이며,
- 세 번째 인자는 입력 문자열이 저장될 파일이다.
- 함수 fputs()에서 첫 번째 인자는 출력될 문자열이 저장된 문자 포인터이고,
- 두 번째 인자는 문자열이 출력되는 파일이다.

함수 fgets()는 파일로부터 문자열을 개행문자(\n)까지 읽어 마지막 개행문자를 '\0'문자로 바꾸어 입력 버퍼 문자열에 저장한다. **마찬가지로 함수 fputs()는 문자열을 한 행에 출력**한다.

함수 feof()와 ferror()

함수 feof()은 파일 스트림의 EOF(End Of File) 표시를 검사하는 함수이다. **함수 ferror()는 파일 처리에서 오류가 발생했는지 검사하는 함수**이다. 함수 ferror()는 이전 파일 처리에서 오류가 발생하면 0이 아닌 값을 반환하고, 오류가 발생하지 않으면 0을 반환한다. 함수 feof()는 읽기 작업이 파일의 이전 부분을 읽으면 0을 반환하고 그렇지 않으면 0이 아닌 값을 반환한다. 파일 스트림의 EOF은 이전 읽기 작업에서 EOF 표시에 도달하면 0이 아닌 값으로 지정된다. 단순히 파일 지시자가 파일의 끝에 있더라도 feof()의 결과는 0이다. 다음은 헤더파일 stdio.h에 정의되어 있는 함수 feof()와 ferror()의 함수원형이다.

함수 feof()와 ferror() 함수원형

```
int  feof(FILE * _File);
int  ferror(FILE * _File);
```

- 함수 feof()은 _File의 EOF를 검사
- 함수 ferror()는 _File 에서 오류발생 유무를 검사

```
while ( !feof(stdin) )
{
  ...
  fgets(names, 80, stdin);   //표준입력
}
```

그림 15-16 함수 feof()와 ferror() 함수원형

다음 예제는 함수 fgets()와 fputs()를 이용하여 표준입력으로 여러 줄을 입력 받아 여러 줄을 파일 grade.txt에 출력하는 프로그램이다.

- 여러 줄의 표준입력을 처리하기 위하여 while (!feof(stdin)) {…} 구문을 이용한다.
- 함수 fputs()를 이용하기 전에 함수 fprintf()를 이용하여 줄 번호를 출력한다.
- 즉 파일 grade.txt 저장 시 맨 앞에 1부터 순차적으로 번호가 삽입되도록 한다.
- 표준입력에서 입력을 종료하려면 파일의 끝(EOF)을 의미하는 키 ctrl+Z를 새로운 행의 처음에 누른다.

실습예제 15-3	mlineio.c

여러 줄에 걸쳐 이름, 성적을 입력하여 파일에 그 내용을 모두 저장

```
01    // file: mlineio.c
02    #define _CRT_SECURE_NO_WARNINGS
03    #include <stdio.h>
04    #include <stdlib.h>
05
06    int main()
07    {
08       char fname[] = "grade.txt";
09       FILE *f;
10       char names[80];
11       int cnt = 0;
12
13       //if ( (f = fopen(fname, "w")) == NULL )
14       if (fopen_s(&f, fname, "w") != 0)
```

```
15      {
16          printf("파일이 열리지 않습니다.\n");
17          exit(1);
18      };
19      printf("이름과 성적(중간, 기말)을 입력하세요.\n");
20      fgets(names, 80, stdin);
21
22      //콘솔에 이름 중간 기말 입력하고 Enter 키
23      //여러 줄에 입력하다가
24      //종료하고 싶을 때 새줄 첫 행에서 ctrl + Z 누름
25      while ( !feof(stdin) )
26      {
27          //파일 "grade.txt"에 쓰기
28          fprintf(f, "%d ", ++cnt);   //맨 앞에 번호를 삽입
29          fputs(names, f);     //이후에 입력 받은 이름과 성적 2개 저장
30          fgets(names, 80, stdin);    //다시 표준입력
31      }
32      fclose(f);
33
34      return 0;
35  }
```

설명		
	08	fname에 생성할 파일이름을 저장
	09	파일포인터를 하나 선언
	10	파일에 쓸 자료값으로 한 행을 저장할 char 배열
	11	파일에 쓸 자료값으로 행 마다 행 번호를 저장할 변수
	13	함수 fopen_s()의 호출 시, 첫 인자는 파일 포인터의 주소, 두 번째 인자는 파일이름, 세 번째 인자는 모드로 "w"는 쓰기모드이며, 반환값인 정수가 0이 아니면 파일 열기에 실패
	16~17	파일 열기에 실패하면 메시지 출력하고 exit(1)으로 종료
	20	표준입력으로 받은 한 행을 변수 names에 저장, 한 행이 79 열보다 크면 배열 names[]의 크기를 더 크게 조정
	25	표준입력이 있으면 계속, ctrl+Z 로 feof()이면 종료
	28	파일 grade.txt에 행마다 행 번호를 출력
	29	파일 grade.txt에 배열 names[]을 내용을 출력, 첫 인자는 출력한 내용인 names이며, 두 번째 인자가 파일 포인터 f,
	30	다시 표준입력에서 한 행을 변수 names에 저장
	32	파일 처리가 종료되었으면 fclose()로 스트림을 닫음

실행결과

이름과 성적(중간, 기말)을 입력하세요.
염보라 87 95
안봉선 78 96   표준 입력으로 여러 줄에 걸쳐 적당한 형태로 입력하고
박지혜 85 87   마지막 행에는 반드시 키 ctrl + Z를 입력한다.
^Z

다음은 위 프로그램에서 생성한 파일 grade.txt의 내용이다. 맨 앞에 1부터 순차적으로 번호가 삽입된 것을 확인할 수 있다.

```
1 │ 염보라  87  95
2 │ 안봉선  78  96
3 │ 박지혜  85  87
```

그림 15-17 프로그램에서 생성한 파일 grade.txt 내용

중간점검

01 다음 빈 부분의 함수이름을 완성하시오.

- 함수 _____는 파일로부터 문자열을 개행문자(\n)까지 읽어 마지막 개행문자를 '\0'문자로 바꾸어 입력 버퍼 문자열에 저장한다.
- 함수 _____는 문자열을 한 행에 출력한다.

2. 다음 내용을 참고로 소스에서 빈 부분을 채우시오.

- 표준입력이 EOF이 아니면 while 반복을 계속 실행

```
fgets(names, 80, stdin);
while ( !_____( stdin ) )
{
    //파일 "grade.txt"에 쓰기
    fputs(names, f);                //이후에 입력 받은 이름과 성적 2개 저장
    fgets(names, 80, stdin);        //다시 표준입력
}
```

파일 문자 입출력

함수 fgetc()와 fputc()

문자 단위의 파일 입출력 함수를 알아보자. **함수 fgetc()와 getc()는 파일로부터 문자 하나를 입력받는 함수**이다. **함수 fputc()와 putc()는 문자 하나를 파일로 출력하는 함수**이다. 이 함수들은 문자 하나의 입출력의 대상인 파일 포인터를 인자로 이용한다. 이 함수들은 헤더파일 stdio.h 에 다음과 같은 함수원형으로 정의되어 있다.

```
int  fgetc(FILE * _File);
int  fputc(int _Ch, FILE * _File);


int  getc(FILE * _File);
int  putc(int _Ch, FILE * _File);
```

- 함수 fgetc()아 getc()는 _File에서 문자 하나를 입력받는 함수
- 함수 fputc()와 putc()문자 _Ch를 파일 _File 에 출력하는 함수

그림 15-18 함수 fgetc()와 fputc() 함수원형

문자의 표준 입출력에 이용되는 getchar()와 putchar()는 다음과 같이 함수 getc()와 putc()를 이용한 매크로로 정의되어 있다. 또한 getchar()와 putchar()는 함수로도 구현되어 있다.

```
#define  getchar()          getc(stdin)
#define  putchar(_c)        putc((_c),stdout)


int  getchar(void);
int  putchar(int _Ch);
```

다음 예제는 여러 문자를 표준입력으로 받아 파일 char.txt에 저장한 후, 다시 파일에서 문자를 읽어 표준출력하는 프로그램이다. 표준입력에서 문자 x를 입력하면 입력 절차가 종료된다. 콘솔의 표준입출력으로 함수로는 _getche()와 _putch()를 이용한다. 함수 _getche()와 _putch()는 비쥬얼 C++에서 getche()와 putch()를 대체하는 권장 함수이다. 다음 프로그램을 실행하면 프로젝트 폴더에 파일 char.txt가 생성되고, x를 입력하기 전까지의 문자가 입력된다.

실습예제 15-4 **fgetc.c**

여러 문자를 표준입력으로 받아 파일에 저장한 후, 다시 파일에서 문자를 읽어 표준출력

```
01   // file: fgetc.c
02   #define _CRT_SECURE_NO_WARNINGS
03   #include <stdio.h>
04   #include <stdlib.h>
05   #include <conio.h>
06
07   int main()
08   {
09       char fname[] = "char.txt"; //입력한 내용이 저장될 파일이름
10       FILE *f; //파일 포인터
```

```
11
12        //쓰기모드로 파일 열기
13        if (fopen_s(&f, fname, "w") != 0)
14        //if ( (f = fopen(fname, "w")) == NULL )
15        {
16            printf("파일이 열리지 않습니다.\n");
17            exit(1);
18        };
19        puts("문자를 입력하다가 종료하려면 x를 입력 >>");
20
21        /*표준입력으로 받은 문자를 파일에 출력하는 부분*/
22        int ch; //입력된 문자 저장
23        while ((ch = _getche()) != 'x')
24            //파일 "char.txt"에 쓰기
25            fputc(ch, f);    //파일에 문자 출력
26        fclose(f); puts("");
27
28        //읽기모드로 파일 열기
29        if (fopen_s(&f, fname, "r") != 0)
30        {
31            printf("파일이 열리지 않습니다.\n");
32            exit(1);
33        };
34
35        /*파일에서 다시 문자를 입력받아 콘솔에 표준출력하는 부분*/
36        while ((ch = fgetc(f)) != EOF)
37            //파일 "char.txt"에서 다시문자 읽기
38            _putch(ch);    //파일로부터 입력 받은 문자를 표준출력
39        fclose(f); puts("");
40
41        return 0;
42    }
```

설명	
09	변수 fname에 생성할 파일이름인 "char.txt"을 저장
10	파일포인터 f를 하나 선언
13	함수 fopen()의 호출 시, 첫 번째 인자는 파일 포인터의 주소, 두 번째 인자는 파일이름, 세 번째 인자는 모드로 "w"는 쓰기모드이며, 반환값은 오류 수로 0이 아니면 파일 열기에 문제가 발생한 것
22	표준입력으로 받은 문자 하나를 저장할 변수 ch 선언
23	함수 _getche()로 문자를 하나 표준입력 받아 ch에 저장, ch의 문자가 x가 아니면 while 반복 계속
25	함수 fputc()로 파일 f에 바로 전에 입력 받은 문자 ch를 저장
26	파일 쓰기가 종료되었으면 fclose()로 파일 닫기
29	다시 파일 char.txt을 읽기 위해 파일 열기

36	함수 fgetc()로 파일에서 문자를 하나 읽어 변수 ch에 저장, ch가 EOF이 아니면 계속 while 반복 실행
38	함수 _putch()로 문자 ch를 표준 출력
39	파일 읽기가 종료되었으면 fclose()로 파일 닫기

```
문자를 입력하다가 종료하려면 x를 입력 >>
fopen_s(&f, fname, 'w') x
fopen_s(&f, fname, 'w')
```

파일 내용을 표준출력으로 그대로 출력

도스 명령어 type와 같이 파일의 내용을 그대로 콘솔에 출력하는 프로그램을 만들어보자. 이 프로그램은 프로그램 이름을 list로 하여 "list filename"을 입력하면 파일 filename의 내용을 표준출력하는 프로그램이다.

- 명령행 인자에서 두 번째 인자가 파일이름에 해당한다. 그러므로 이 파일이름에 해당하는 인자를 기술하지 않으면 간단한 사용법을 알리고 프로그램은 종료한다.
- 파일 내용의 출력은 한 줄마다 맨 앞에 줄 번호를 출력한다.

다음은 이 프로그램의 실행한 예이다. 이 프로그램의 소스를 줄여 만든 파일이름 listpart.c를 하나 만들어 프로젝트 폴더에 저장한 후 도스 프롬프트에서 다음과 같이 실행하자. 실행파일인 list.exe는 폴더 [Ch15/Debug]에 있으므로 도스 프롬프트에서 폴더 [Ch15/Debug]로 이동하여 실행한 모습이다. 물론 실행 이전에 반드시 listpart.c 파일을 만들어야 한다.

```
D:\Creative C Sources\Ch15\Debug>list ../Prj05/listpart.c
 1: // file: listpart.c
 2:
 3: #include <stdio.h>
 4: #include <stdlib.h>
 5:
 6: int main(int argc, char *argv[])
 7: {
 8:    FILE *f;
 9:    int ch, cnt = 0;
10:    ...
11:    return 0;
12: }
```

두 번째 인자인 "../list/listpart.c"를 파일 이름으로 이 파일의 내용을 출력한다.

줄 번호와 함께 파일 내용을 그대로 출력한다.

그림 15-19 예제 list를 도스 프롬프트에서 실행한 결과

명령행 인자를 사용해서 파일의 내용을 표준출력으로 그대로 출력하는 프로그램

```c
01  // file: list.c
02  #include <stdio.h>
03  #include <stdlib.h>
04
05  int main(int argc, char *argv[])
06  {
07      FILE *f;
08
09      if (argc != 2)
10      {
11          printf("사용법: list filename\n");
12          exit(1);
13      }
14
15      //읽기 모드로 파일 열기
16      if (fopen_s(&f, argv[1], "r") != 0)
17      //if ( ( f = fopen(argv[1], "r")) == NULL )
18      {
19          printf("파일이 열리지 않습니다.\n");
20          exit(1);
21      }
22
23      //문자를 저장할 ch, 행번호를 저장할 cnt
24      int ch, cnt = 0;
25      printf("%4d: ", ++cnt);
26      while ((ch = fgetc(f)) != EOF)
27      {
28          putchar(ch); //putc(ch, stdout);
29          //행 처음에 행 번호 출력
30          if (ch == '\n') printf("%4d: ", ++cnt);
31      }
32      printf("\n");
33      fclose(f);
34
35      return 0;
36  }
```

설명	
07	파일포인터를 하나 선언
09	명령행 인자에서 출력할 파일이름이 없으면 사용법을 출력
11	사용법을 출력
12	프로그램 종료
16	읽기 모드로 파일 열기
25	처음에 행 번호 1 출력
26	파일 f에서 문자 하나를 입력해 ch에 저장, EOF이면 while 반복 종료

28   표준출력에 문자 ch 출력

30   새로운 줄에 이동했으면 다시 처음에 행 번호 ++cnt 출력

33   파일 처리가 종료되었으면 fclose()로 스트림을 닫음

실행결과

```
 1: // file: list.c
 2: #include <stdio.h>
 3: #include <stdlib.h>
 4:
 5: int main(int argc, char *argv[])
 6: {
 7:     FILE *f;
 8:
 9:     if (argc != 2)
10:     {

중간생략

33:     fclose(f);
34:
35:     return 0;
36: }
37:
```

Visual C++에서 위 프로그램을 실행하려면 메뉴 [프로젝트/속성]을 선택한 대화상자에서 [명령 인수]에 화면에 표시할 파일을 기술해야 한다. 위 소스인 파일 list.c를 입력하면 소스 전체를 행 번호와 함께 콘솔에서 볼 수 있다.

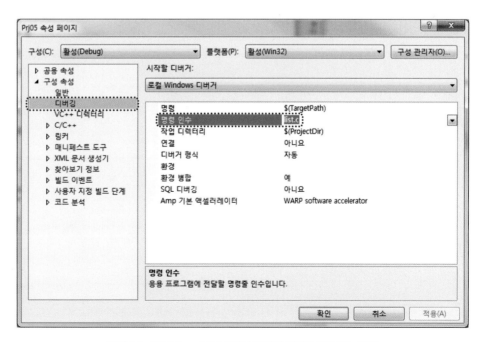

그림 15-20 Visual C++에서 명령행 인자를 기술하는 방법

01 다음 빈 부분의 함수이름을 완성하시오.

- 함수 _____는 파일로부터 문자 하나를 입력받는 함수이다.
- 함수 _____는 문자 하나를 파일로 출력하는 함수이다.

02 다음은 파일 f에서 모든 내용의 문자를 하나 하나 입력 받아 표준출력으로 출력하는 소스이다. 빈 부분을 적절히 채우시오.

```
int ch;
while ((ch = _____(f)) != EOF)
{
    putchar(ch); //putc(ch, stdout);
}
```

다음 소스 파일 convertchar.c의 알파벳에서 대문자는 소문자로, 소문자는 대문자로 변환하여 새로운 파일 my_convertchar.c에 출력하는 프로그램을 작성해 보도록 한다.

- 두 파일을 각각 열기모드와 쓰기모드로 열어, 함수 fgetc() 또는 getc()로 문자 하나를 읽어 알파벳이면 대소문자로 바꿔 다시 함수 fputc() 또는 putc()로 변환된 문자를 출력
- 문자 하나를 읽어 그 문자가 EOF이 아니면 계속 변환하여 출력
- 문자 처리에 오류가 발생해 소스에서 한글은 없도록

```
File my_convertchar.c is created!!!
```

Lab 15-2 · convertchar.c

```c
01  // file: convertchar.c
02  #define _CRT_SECURE_NO_WARNINGS
03  #include <stdio.h>
04  #include <stdlib.h>
05  #include <ctype.h>
06
07  int main(void)
08  {
09      FILE *f1, *f2;
10      if ((f1 = fopen("convertchar.c", "r")) == NULL) {
11          printf("cannot open this file\n");
12          exit(1);
13      }
14      if ((f2 = fopen(_____)) == NULL) {
15          printf("cannot open this file\n");
16          fclose(f1);
17          exit(1);
18      }
19
20      char a;
21      while ((a = _____) != _____)
22      {
23          if (isalpha(a))
24              if (islower(a))
```

```
25              a = toupper(a);
26          else if (isupper(a))
27              a = tolower(a);
28      putc(_____);
29    }
30
31    fclose(f1);
32    fclose(f2);
33    printf("File my_convertchar.c is created!!!\n");
34
35    return 0;
36  }
```

정답	
14	if ((f2 = fopen("my_convertchar.c", "w")) == NULL) {
21	while ((a = getc(f1)) != EOF)
28	putc(a, f2);

텍스트와 이진 파일 입력과 출력

함수 fprinf()와 fsanf_s()

함수 fprintf()와 fscanf(), fscanf_s()는 자료의 입출력을 텍스트 모드로 처리한다. 함수 fprintf()에 의해 출력된 텍스트 파일은 텍스트 편집기로 그 내용을 볼 수 있으며, 텍스트 파일의 내용은 모두 지정된 아스키 코드와 같은 문자 코드값을 갖고 있어 그 내용을 확인할 수 있을 뿐만 아니라 인쇄할 수 있다. 함수 fprintf()를 이용하여 int 형 변수 cnt의 값을 파일 f에 출력하는 과정을 살펴보자.

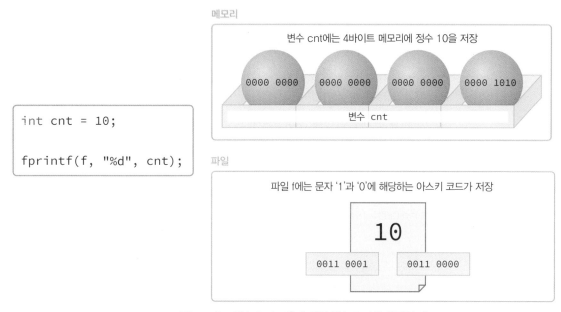

그림 15-21 함수 fprintf()에 의한 텍스트 파일 출력의 예

함수 fprintf()로 실제 정수 int형 변수 cnt를 출력하면, 실제로 파일에 저장되는 자료는 정수값 10에 해당하는 각 문자의 아스키 값이다 그러므로 파일 f에는 정수값 10에 해당하는 각각의 문자 '1'과 '0'의 아스키 코드값이 저장된다.

함수 fwrite()와 fread()

텍스트 파일과는 다르게 이진파일(binary file)은 C 언어의 자료형을 모두 유지하면서 바이트 단위로 저장되는 파일이다. 이진 모드로 블록 단위 입출력을 처리하려면 함수 fwrite()와 fread()를 이용한다. 함수 fwrite()와 fread()는 헤더파일 stdio.h에 다음과 같은 함수원형으로 정의되어 있다.

함수 fwrite()와 fread() 함수원형

```
size_t  fwrite(const void *ptr, size_t size, size_t n, FILE *f);
size_t  fread(void *dstbuf, size_t size, size_t n, FILE *f);
```

- 함수 fwrite()는 ptr이 가리키는 메모리에서 size만큼 n개를 파일 f에 쓰는(저장) 함수
- fread()는 반대로 파일 f에서 elmtsize의 n개만큼 메모리 dstbuf에 읽어오는 함수, 반환값은 성공적으로 입출력을 수행한 항목의 수

```
int cnt = 10;
fwrite(&cnt, sizeof(int), 1, f);
fread(&cnt, sizeof(int), 1, f);
```

그림 15-22 함수 fwrite()와 fread() 함수원형

- 함수 fwrite()에서 첫 번째 인자 ptr은 출력될 자료의 주소값이며,

- 두 번째 인자 size는 출력될 자료 항목의 바이트 크기이고,

- 세 번째 인자는 출력될 항목의 개수이며, 마지막 인자는 출력될 파일 포인터이다.

- 함수 fwrite()는 파일 f에 ptr에서 시작해서 size*n 바이트만큼의 자료를 출력하며, 반환값은 출력된 항목의 개수이다.

- 첫 번째 인자의 자료형 void *는 모든 자료형의 포인터를 대신할 수 있는 포인터이다.

- 이진 파일에 저장되어 있는 자료를 입력하는 함수 fread()는 출력 함수 fwrite()와 인자는 동일하다.

함수 fwrite()를 이용하여 정수형 변수 cnt 값을 파일 f에 출력하는 과정을 살펴보자.

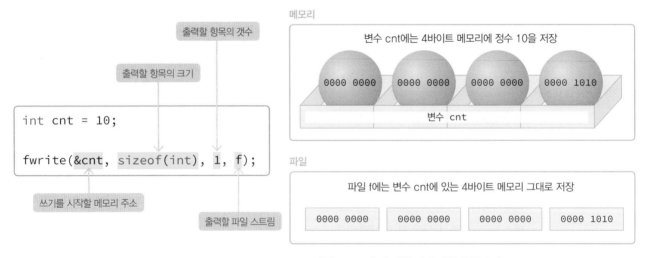

그림 15-23 함수 fwrite()에 의한 이진 파일 출력의 예

함수 fwrite()는 바이트 단위로 원하는 블록을 파일에 출력하기 위한 함수이고, 함수 fwrite()에 의하여 출력된 자료는 함수 fread()로 입력해야 그 자료유형을 유지할 수 있다. 다음 그림은 함수 fwrite()에서 세 번째 항목인 출력항목 수를 4로 지정한 경우의 출력을 나타낸다.

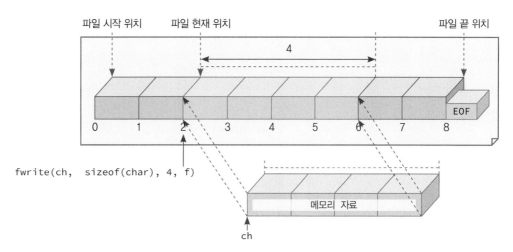

그림 15-24 블록 쓰기 함수 fwrite()

이진 파일을 위한 파일 열기 모드에서 다음과 같이 문자 'b'를 추가할 수 있다. 이진(binary)을 의미하는 b는 모든 파일열기 모드에 "rb"와 같이 이용될 수 있다. 파일 열기 모드에서 'b'가 없으면 기본으로 텍스트 파일을 의미한다.

표 15-2 이진파일 열기 함수 fopen()의 모드 기본 종류

모드	의미
rb	이진파일의 읽기(read) 모드로 파일을 연다.
wb	이진파일의 쓰기(write) 모드로 파일을 연다.
ab	이진파일의 추가(append) 모드로 파일을 연다.

중간점검

01 다음은 이진모드로 파일 f에 입출력하는 소스로 빈 부분을 완성하시오.

```
int cnt = 10;
fwrite(&cnt, _____, 1, _____);
fread(&cnt, _____, 1, _____);
```

02 다음은 이진 파일을 위한 파일 열기 모드의 표이다. 빈 부분을 완성하시오.

모드	의미
	이진파일의 읽기(read) 모드로 파일을 연다.
	이진파일의 쓰기(write) 모드로 파일을 연다.
	이진파일의 추가(append) 모드로 파일을 연다.

구조체의 파일 입출력

학생 성적 구조체 파일 쓰기

학생의 성적정보를 다음과 같이 구조체로 표현하고, 표준입력으로 여러 명의 자료를 입력 받은 구조체 자료형을 파일 "score.bin"에 저장하는 프로그램을 작성하자.

```
struct personscore
{
    int number;         //번호
    char name[40];      //이름
    int mid;            //중간성적
    int final;          //기말성적
    int quiz;           //퀴즈성적
};
typedef struct personscore pscore;
```

- 구조체 personscore는 번호, 이름, 중간, 기말, 퀴즈 점수를 멤버로 가지며, 이 구조체 자료형으로 한 학생의 정보를 저장하기 위해 표준입력으로 번호를 제외한 이름, 중간, 기말, 퀴즈 점수를 입력 받는다.

- 표준입력은 사람마다 한 행씩 입력 받도록 하며, 입력된 학생 수로 학생 번호를 입력한다.

- 표준입력은 한 행마다 fgets()를 이용하여 하나의 문자열로 받고, 이 입력된 문자열에서 각 구조체의 멤버 자료를 추출한다.

- 문자열에서 자료를 추출하기 위하여 함수 sscanf()를 이용한다.

이 프로그램이 정상적으로 실행되면 이진파일 score.bin이 프로젝트 폴더에 생성된다. 이 score.bin은 이진 파일이므로 그 내용을 볼 수 없다. 물론 일부 문자열 자료는 그대로 아스키 코드값으로 저장되고 출력되므로 그 내용을 확인할 수 있다.

실습예제 15-6	fwrite.c
	여러 줄에 걸쳐 학생 구조체의 정보를 입력하여 파일을 생성하는 프로그램

```
01  // file: fwrite.c
02  #define _CRT_SECURE_NO_WARNINGS
03  #include <stdio.h>
04  #include <string.h>
05  #include <stdlib.h>
06
07  struct personscore //구조체 struct personscore 정의
```

```
08    {
09        int number;      //번호
10        char name[40];    //이름
11        int mid;         //중간성적
12        int final;        //기말성적
13        int quiz;         //퀴즈성적
14    };
15    typedef struct personscore pscore; //구조체 자료형 pscore 정의
16
17    int main()
18    {
19        char fname[] = "score.bin";
20        FILE *f;
21
22        //쓰기 모드로 파일 열기
23        if (fopen_s(&f, fname, "wb") != 0)
24        //if ( (f = fopen(fname, "wb")) == NULL )
25        {
26            printf("파일이 열리지 않습니다.\n");
27            exit(1);
28        };
29
30        //표준입력으로 행을 저장하기 위한 변수
31        char line[80];
32        int cnt = 0; //입력 학생 번호(자동 생성) 변수
33        pscore score; //구조체 변수 선언
34        printf("이름과 성적(중간, 기말, 퀴즈)을 입력하세요.\n");
35
36        fgets(line, 80, stdin);
37        while (!feof(stdin))
38        {
39            //표준입력의 한줄을 구조체의 멤버 별로 자료를 입력
40            //sscanf(line, "%s %d %d %d", score.name, &score.mid, &score.final,
                  &score.quiz);
41            sscanf_s(line, "%s %d %d %d", score.name, 40,
42                &score.mid, &score.final, &score.quiz);
43            score.number = ++cnt;
44            fwrite(&score, sizeof(pscore), 1, f);
45            fgets(line, 80, stdin);
46        }
47        fclose(f);
48
49        return 0;
50    }
```

실행결과	이름과 성적(중간, 기말, 퀴즈)을 입력하세요.
	안혜지 89 76 98
	조손정 76 87 59
	김혜원 98 89 99
	^Z

파일에서 학생 성적 구조체 읽기

위 예제에서 만든 이진 파일 score.bin의 내용을 읽어 표준 출력하는 프로그램을 작성하자. 함수 feof()을 이용하여 파일의 마지막까지 구조체 자료를 읽어 적당한 출력 형태가 되도록 함수 fprintf()와 prinf() 를 이용하여 출력한다. 이 예제를 실행하려면 위 예제에서 생성된 파일 score.bin을 반드시 이 프로젝트 하부 폴더에 복사해야 한다.

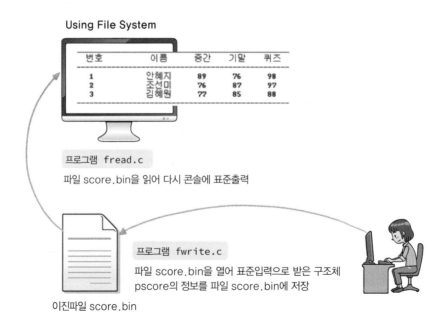

그림 15-25 구조체 pscore의 변수를 파일 score.bin에 저장한 후 다시 score.bin 파일을 읽어 표준출력

fread.c

학생 성적 구조체 정보가 저장된 파일을 읽어 표준출력에 출력

```c
01  // file: fread.c
02  #define _CRT_SECURE_NO_WARNINGS
03  #include <stdio.h>
04  #include <string.h>
05  #include <stdlib.h>
06
07  struct personscore
08  {
09      int number;
10      char name[40];
11      int mid;
12      int final;
13      int quiz;
14  };
15  typedef struct personscore pscore;
16  void printhead();
17
18  int main()
19  {
20      char fname[] = "score.bin";
21      FILE *f;
22
23      if ((f = fopen(fname, "rb")) == NULL)
24      //if (fopen_s(&f, fname, "rb") != 0)
25      {
26          printf("파일이 열리지 않습니다.\n");
27          exit(1);
28      };
29      printhead();
30
31      //이진모드로 파일 f에서 구조체 pscore 자료 읽기
32      pscore score;
33      fread(&score, sizeof(pscore), 1, f);
34      while ( !feof(f) )
35      {
36          //표준출력에 쓰기
37          fprintf(stdout, "%6d%18s%8d%8d%8d\n",
38              score.number, score.name, score.mid, score.final, score.quiz);
39          fread(&score, sizeof(pscore), 1, f);
40      }
```

```
41        printf("%s\n", "  ----------------------------------------------");
42        fclose(f);
43
44        return 0;
45    }
46
47    void printhead()
48    {
49        printf("%s\n", "  ----------------------------------------------");
50        printf("8s%15s%10s%8s%8s\n", "번호", "이름", "중간", "기말", "퀴즈");
51        printf("%s\n", "  ----------------------------------------------");
52    }
```

설명	07~14	구조체 struct personscore 정의
	15	구조체 struct personscore를 자료형 pscore로 정의
	20	fname에 읽을 파일이름인 score.bin 저장
	21	파일포인터를 하나 선언
	23	함수 fopen()의 호출 시, 첫 번째 인자는 파일이름, 두 번째 인자는 모드로 "rb"는 이진으로 읽기 모드이며, 반환값을 파일 포인터에 저장
	29	제목출력 함수 printhead() 호출
	32	이진모드로 파일 f에서 구조체 pscore 자료를 읽어 저장할 변수 선언
	33	이진모드로 파일 f에서 구조체 pscore 자료를 하나 읽어 변수 score에 저장
	34	파일 f가 EOF가 아니면 반복 계속
	37	표준출력으로 구조체 pscore 자료인 score를 출력
	39	다시 이진모드로 파일 f에서 구조체 pscore 자료를 하나 읽어 변수 score에 저장
	42	파일 처리가 종료되었으면 fclose()로 스트림을 닫음

실행결과				
--				
번호	이름	중간	기말	퀴즈
--				
1	안혜지	89	76	98
2	조손정	76	87	59
3	김혜원	98	89	99
--				

01 다음은 구조체 변수 하나를 파일에 출력하는 프로그램이다. 빈 부분을 완성하시오.

```c
#include <stdio.h>

int main()
{
   struct company
   {
      char name[40];    //이름
      int employee;     //사원수
   };
   typedef struct company company; //구조체 자료형 pscore 정의

   char fname[] = "company.bin";
   FILE *f;
   fopen_s(&f, _____);

   company naver = {"(주)네이버", 2000};
   fwrite(&naver, _____);
   fclose(f);

   return 0;
}
```

02 다음은 위에서 구현한 구조체 company의 출력 프로그램에서 생성한 파일 company.bin의 자료를 읽어 표준출력하는 프로그램이다. 빈 부분을 완성하시오.

```c
#include <stdio.h>

int main()
{
   struct company
   {
      char name[40];    //이름
      int employee;     //사원수
   };
   typedef struct company company; //구조체 자료형 pscore 정의

   char fname[] = "company.bin";
   FILE *f;
   fopen_s(&f, _____);

   company naver;
   fread(&naver, _____);
   fprintf(stdout, "%18s%8d\n", naver.name, naver.employee);
   fclose(f);

   return 0;
}
```

학생의 정보를 표현하는 구조체 student는 학과와 이름, 학번으로 구성된다. 학생 3명의 정보를 초기화로 배열 mylab에 저장한 후, 파일 student.bin을 쓰기 모드로 열어 함수 fwrite()로 배열을 모두 출력한다. 다시 파일 student.bin을 열기 모드로 열어, 저장할 구조체 배열 lab을 선언하여 함수 fread()로 배열을 모두 입력한다. 배열 lab에 저장된 학생 정보를 다시 콘솔에 출력해 보도록 한다.

- 함수 fwrite(자료 주소값, 하나의 바이트 크기, 총 개수, 출력파일 포인터)의 인자 4개

  ▪ 첫 번째 인자 ptr은 출력될 자료의 주소값이며, 두 번째 인자 size는 출력될 자료 항목의 바이트 크기이고, 세 번째 인자는 출력될 항목의 개수이며, 마지막 인자는 출력될 파일 포인터

- 함수 fread(입력 자료 주소값, 하나의 바이트 크기, 총 개수, 입력파일 포인터)의 인자 4개

  ▪ 첫 번째 인자는 저장될 버퍼 자료의 주소값이며, 두 번째 인자 size는 입력될 자료 항목의 바이트 크기이고, 세 번째 인자는 입력될 항목의 개수이며, 마지막 인자는 입력 파일 포인터

컴퓨터정보공학과	김하늘	201698657
컴퓨터정보공학과	백규정	201648762
컴퓨터소프트웨어공학과	김효주	201665287

Lab 15-3 studentinfo.c

```c
//file: studentinfo.c
#include <stdio.h>

//구조체 자료형 student 정의
typedef struct student
{
   char dept[40];   //학과
   char name[20];   //이름
   int snum;   //학번
} student;

int main()
{
   student mylab[] = {
      { "컴퓨터정보공학과", "김하늘", 201698657},
```

```
16          { "컴퓨터정보공학과", "백규정", 201648762 },
17          { "컴퓨터소프트웨어공학과", "김효주", 201665287 } };
18
19      FILE *f;
20      char fname[] = "student.bin";
21      fopen_s(&f, fname, "wb");
22      int size = _____;
23      fwrite(mylab, _____);
24      fclose(f);
25
26      //다시 읽기 위해 오픈
27      fopen_s(&f, fname, "rb");
28      //파일에서 구조체 배열 모두를 한번에 읽어 다시 저장된 배열을 출력
29      student lab[10]; //다시 파일의 내용을 저장할 배열 선언
30      //파일 f에서 sizeof(student) 크기로 size 수만큼 읽어 lab에 저장
31      fread(lab, _____);
32      for (int i = 0; i < size; i++)
33          fprintf(stdout, "%24s%10s%12d\n", _____);
34      fclose(f);
35
36      return 0;
37  }
```

```
22  int size = sizeof(mylab) / sizeof(student);
23  fwrite(mylab, sizeof(student), size, f);
31  fread(lab, sizeof(student), size, f);
33      fprintf(stdout, "%24s%10s%12d\n", lab[i].dept, lab[i].name, lab[i].
    snum);
```

15 ④ 파일 접근 처리

순차 접근과 임의 접근

파일 위치

파일을 열면 파일 위치(file position)는 항상 파일의 시작 부분을 가리킨다. **파일 위치는 파일 내부를 바이트 단위로 파일 내부 위치를 나타내는 값이다.** 이 파일 위치를 '**파일 지시자(file indicator)**' 또는 '**파일 표시자**'라고도 부른다. 파일의 시작점에서 파일 위치는 0이며 1바이트마다 1씩 증가한다. 마치 메모리의 주소값과 같다. **파일의 마지막에는 파일의 마지막임을 알리는 EOF(End Of File) 표시**가 있다.

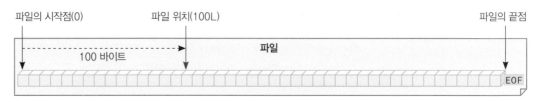

그림 15-26 파일 위치의 의미

만일 파일 위치가 100L이라면 파일의 처음에서부터 100바이트 떨어진 위치에 현재 파일 위치가 있다는 의미이다. 파일 위치 값은 일반적으로 자료형 long으로 취급하므로 상수를 기술할 때 100L처럼 수 뒤에 L을 쓸 수 있다. 파일에 내용을 쓰거나 읽으려면 그 파일 위치로 이동해야 한다. 파일 위치는 파일 내부에서 자료를 읽거나 쓰는 만큼 파일의 현재 위치에서 뒤로 이동한다.

파일 스트림 연결 시 파일 위치

파일을 처음으로 열면 모드에 관계없이 파일 위치는 모두 0이다. 파일 모드가 추가(a)인 경우, 파일을 처음 열면 파일 위치는 0이나 자료를 파일에 쓰면 자동으로 파일 위치가 마지막으로 이동되어 추가된다. 그러나 파일 위치를 임의로 이동하였다면 파일의 마지막으로 이동하여 추가해야 한다.

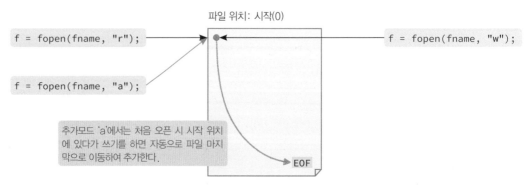

그림 15-27 파일 스트림 연결 시 처음 파일 위치

파일 순차적 접근과 임의 접근

파일 위치를 처음부터 하나씩 증가시키면서 파일을 참조하는 방식을 순차적 접근(sequential access)이라 한다. 순차적 접근과는 다르게 파일의 어느 위치든 바로 참조하는 방식을 임의 접근(random access)이라 한다. 파일의 임의 접근이 필요한 경우에는 관련 함수 fseek(), ftell(), rewind() 등을 활용하여 접근해야 한다.

순차접근   임의접근

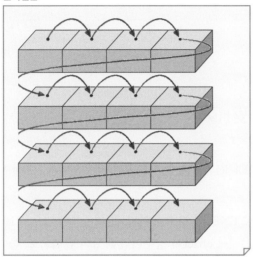 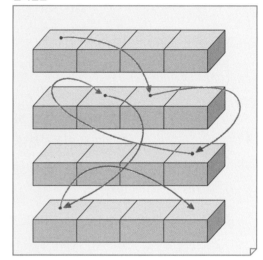

그림 15-28 순차적 접근과 임의 접근

파일의 임의 접근 함수

함수 fseek()

파일의 임의 접근을 처리하기 위해서는 파일 위치를 자유 자재로 이동하는 함수 fseek()이 필요하다. 함수 fseek()는 함수 원형이 헤더파일 stdio.h에 다음과 같이 정의되어 있는 함수이다.

함수 fseek() 함수원형

```
int fseek(FILE * _File, long _Offset, int _Origin);
```

함수 fseek()는 파일 _File의 기준점 _Origin에서 _Offest만큼 파일 포인터를 이동하는 함수 , 성공하면 0을 반환하며 실패하면 0이 아닌 정수를 반환

```
fseek(f, 0L, SEEK_SET);
fseek(f, 100L, SEEK_CUR);
fseek(f, -100L, SEEK_END);
```

그림 15-29 함수 fseek() 함수원형

함수 fseek()에서 첫번째 인자는 파일 포인터를 나타내며, 두 번째 인자는 long 유형으로 기준점으로부터 떨어진 값을 말하며 흔히 오프셋(offset)이라 한다. **함수 fseek()에서 세 번째 인자는 오프셋을 계산하는 기준점으로 정수형 기호 상수로 다음 세 가지 중의 하나를 이용할 수 있다.**

표 15-3 파일의 오프셋 기준의 종류를 나타내는 상수

기호	값	의미
SEEK_SET	0	파일의 시작 위치
SEEK_CUR	1	파일의 현재 위치
SEEK_END	2	파일의 끝 위치

- 함수 fseek(f, 100L, SEEK_SET)의 호출은 파일 위치를 파일의 처음 위치에서 100바이트 떨어진 위치로 이동시킨다.

- 함수 fseek(f, 100L, SEEK_CUR)의 호출은 파일의 현재 위치에서 100바이트 떨어진 위치로 이동시킨다.

- 함수 fseek(f, −100L, SEEK_END)의 호출은 파일 끝 위치에서 앞으로 100바이트 떨어진 위치로 이동시킨다. 함수 fseek()에서 offset이 양수이면 파일의 끝점으로, 음수이면 파일의 시작점으로의 이동방향을 나타낸다.

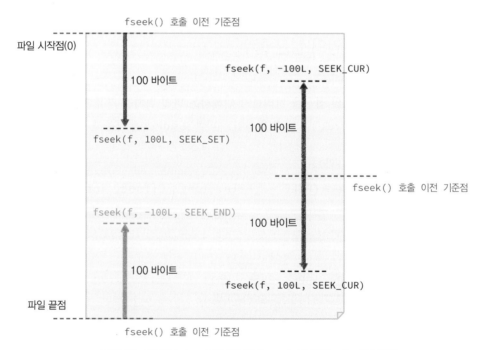

그림 15-30 함수 fseek()에서 여러 mode에 따른 offset의 의미

파일 위치와 관련된 함수로서 다음 세 가지 함수를 이용할 수 있다. **함수 ftell()은 인자인 파일의 파일 위치를 반환하며, 함수 rewind()는 파일 위치를 무조건 가장 앞으로 이동**시킨다.

표 15-4 파일 위치 관련 함수

함수	기능
int fseek(FILE *, long offset, int pos)	파일 위치를 세 기준점(pos)으로부터 오프셋(offset)만큼 이동
long ftell(FILE *)	파일의 현재 파일위치를 반환
void rewind(FILE *)	파일의 현재 위치를 0 위치(파일의 시작점)로 이동

함수 rewind() 호출은 함수 fseek(f, 0L, SEEK_SET)의 호출과 같이 파일의 맨 처음으로 이동한다. 다음은 함수 fseek()의 다양한 사용의 예를 보이고 있다.

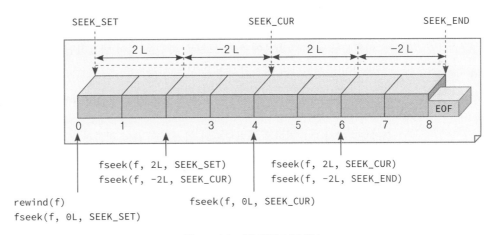

그림 15-31 파일 위치 이동 함수

파일 열기 다양한 모드

함수 fopen()과 fopen_s()의 **인자인 파일열기 종류(모드)에는 텍스트 파일인 경우 "r", "w", "a", "r+", "w+", "a+" 등의 종류**가 있다. 이 파일 처리 모드의 의미는 다음과 같다.

표 15-5 파일 열기 함수 fopen_s()의 모드 종류

모드	의미			
	파일 열기 모드	모드 전환	파일이 있는 경우	파일이 없는 경우
r	읽기(read)	쓰기(write) 불가능	파일의 처음에서 읽기 시작	에러 발생
w	쓰기(write)	읽기(read) 불가능	이전 내용이 지워지고 파일의 처음부터 쓰기 시작	새로 생성
a	추가(append)	읽기(read) 불가능	파일의 마지막에서 파일의 쓰기 시작하며, 파일 중간에 쓰는 것은 불가능	새로 생성
r+	읽기(read)	쓰기(write)	파일의 처음에서 읽기 시작	에러 발생
w+	쓰기(write)	읽기(read)	이전 내용이 지워지고 파일의 처음부터 쓰기 시작	새로 생성
a+	추가(append)	읽기(read)	파일의 마지막에서 파일의 쓰기 시작하며, 파일 중간에 쓰는 것은 불가능	새로 생성

파일모드는 간단히 읽기(r)와 쓰기(w) 그리고 추가(a) 모드가 있다.

- **읽기모드 r은 읽기가 가능한 모드이며, 쓰기는 불가능하다.**
- **쓰기모드 w는 파일 어디에든 쓰기가 가능한 모드이나 읽기는 불가능하다.**
- **추가모드 a는 파일 중간에 쓸 수 없으며 파일 마지막에 추가적으로 쓰는 것만 가능한 모드이며, 읽기는 불가능하다.** 그러므로 파일모드 a에서 파일에 쓰는 내용은 무조건 파일 마지막에 추가된다.

파일모드에서 +의 삽입은 수정(update) 모드 의미로 원래의 모드에서 읽기 또는 쓰기가 추가되는 모드이다. 즉 수정(update) 모드에서는 모드 간의 전환이 가능하다.

- 파일모드 r+ 는 처음에 읽기 모드로 파일을 열어 필요하면 쓰기 모드로 전환할 수 있다. 그러므로 파일이 없으면 오류가 발생한다.
- 파일모드 w+ 는 처음에 쓰기 모드로 파일을 열어 필요하면 읽기 모드로 전환할 수 있다. 만일 파일이 존재한다면 이전의 내용은 모두 사라진다.
- 파일모드 a+ 는 처음에 추가 모드로 파일을 열어 필요하면 읽기 모드로 전환할 수 있다.

수정모드에서 모드전환은 추가모드와 읽기모드 간의 전환과 쓰기모드와 읽기모드간의 전환(mode switch)이 가능하다. **모든 파일모드 전환 사이에는 fflush()[1]와 fseek() 또는 rewind()와 같은 함수 호출이 반드시 필요하다.**

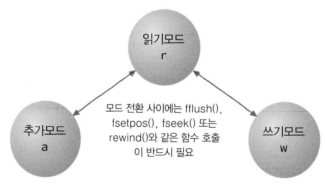

그림 15-32 모드전환 시 필요한 함수 호출

이진 파일을 위한 파일 열기 모드에서 다음과 같이 문자 'b'를 추가할 수 있다.

---

1 함수 fflush()는 파일입출력에서 버퍼의 내용을 모두 비우는 함수이다.

표 15-6 이진파일 열기 함수 fopen()의 모드 종류

모드		의미
rb		이진파일의 읽기(read) 모드로 파일을 연다.
wb		이진파일의 쓰기(write) 모드로 파일을 연다.
ab		이진파일의 추가(append) 모드로 파일을 연다.
rb+	r+b	이진파일의 읽기(read)와 쓰기(write) 모드로 파일을 연다.
wb+	w+b	이진파일의 읽기(read)와 쓰기(write) 모드로 파일을 연다.
ab+	a+b	이진파일의 추가(append) 모드로 파일을 연다.

학생 성적 정보를 추가하는 프로그램

앞의 예제 프로그램을 발전시켜 더 많은 학생의 성적정보를 추가하는 프로그램을 작성하자. 프로그램이 실행되면 제일 먼저 파일 score.bin 파일에 있는 학생 정보를 모두 읽어와 출력한다. 다음에는 파일에 있는 마지막 학생 정보로부터 마지막 학생 번호를 알아낸다. 이 번호에 1씩 증가시키면서 다음에 추가될 학생의 번호로 이용한다. 추가될 학생 정보는 학생마다 한 행씩 자료를 받아서 파일 score.bin 파일에 추가한다. 키보드 ctrl + z를 누르면 입력이 종료되고, 다시 파일 score.bin에서 모든 자료를 읽어 모든 정보를 출력한다. 프로그램에서 제일 먼저 자료를 추가할 score.bin 파일을 모드 "ab+"로 연다. 파일을 "ab+"로 여는 이유는 학생 정보를 추가도 하고, 다시 읽기도 하기 위함이다. 다음은 이 프로그램의 전체 소스이다.

실습예제 15-8 | **appendscorefile.c**

학생 성적 구조체 정보를 추가하는 프로그램

```
01   // file: appendscorefile.c
02   #define _CRT_SECURE_NO_WARNINGS
03   #include <stdio.h>
04   #include <string.h>
05   #include <stdlib.h>
06
07   struct personscore
08   {
09      int number;
10      char name[40];
11      int mid;
12      int final;
13      int quiz;
14   };
15   typedef struct personscore pscore;
16
17   void printhead();
```

```c
18    int printscore(FILE *f);
19    void appendscore(FILE *f, int cnt);
20
21    int main()
22    {
23        char fname[] = "score.bin";
24        FILE *f;
25        int cnt = 0;
26        long offset = 0;
27
28        if ((f = fopen(fname, "ab+")) == NULL)
29        //if (fopen_s(&f, fname, "a+") != 0)
30        {
31            printf("파일이 열리지 않습니다.\n");
32            exit(1);
33        }
34        int readcnt = printscore(f);
35        if (readcnt == 1)
36        {
37            pscore score;
38            offset = (long) sizeof(pscore); //구조체 하나의 크기
39            //파일의 마지막에서 마지막 학생을 읽기 위해 한 학생만큼 뒤로 이동
40            fseek(f, -offset, SEEK_END);
41            //fseek(f, -offset, SEEK_CUR); //파일의 현재 포인터에서 한 학생만큼 뒤로 이동
42            fread(&score, sizeof(pscore), 1, f); //마지막 학생을 읽음
43
44            //제일 마지막 자료의 번호를 찾기 위하여
45            cnt = score.number;
46            printf("\n제일 마지막 번호가 %d번 입니다. \n\n", cnt);
47        }
48        fseek(f, 0L, SEEK_END);
49        appendscore(f, cnt);
50        printscore(f);
51        fclose(f);
52
53        return 0;
54    }
55
56    void appendscore(FILE *f, int cnt)
57    {
58        pscore score = {0};
59        char line[80];
60        printf("추가할 이름과 성적(중간, 기말, 퀴즈)을 입력하세요.\n\n");
```

```
61        fgets(line, 80, stdin);
62        while (!feof(stdin)) {
63            sscanf_s(line, "%s %d %d %d", score.name, 40, &score.mid, &score.
                 final, &score.quiz);
64            score.number = ++cnt;
65            fwrite(&score, sizeof(pscore), 1, f);
66            fgets(line, 80, stdin);
67        }
68    }
69
70    int printscore(FILE *f)
71    {
72        //파일의 맨 앞으로 이동
73        rewind(f);
74        pscore score;
75        //파일 f에 하나도 자료가 없으면 변수 readcnt가 0
76        int readcnt = fread(&score, sizeof(pscore), 1, f);
77        if (readcnt == 0) {
78            printf("현재는 성적 정보가 하나도 없습니다. >>\n");
79            return 0;
80        }
81            //제목 출력
82        printhead();
83        while (!feof(f)) {
84            //표준출력에 쓰기
85            fprintf(stdout, "%6d%18s%8d%8d%8d\n",
86                score.number, score.name, score.mid, score.final, score.quiz);
87            fread(&score, sizeof(pscore), 1, f);
88        }
89        fprintf(stdout, "%s\n", " ----------------------------------------");
90
91        return 1;
92    }
93
94    void printhead()
95    {
96        printf("\n현재의 성적 내용은 >>\n");
97        fprintf(stdout, "%s\n", " ----------------------------------------");
98        fprintf(stdout, "%8s%15s%10s%8s%8s\n", "번호", "이름", "중간", "기말", "퀴즈");
99        fprintf(stdout, "%s\n", " ----------------------------------------");
100   }
```

| 설명 | 23 | 읽거나 쓸 파일의 이름이 저장되는 변수 |
| | 25 | 학생 번호가 저장될 변수 |

26	구조체 pscore의 크기 저장
28	함수 fopen()의 호출 시, 첫 인자는 파일이름, 두 번째 인자는 모드로 "ab+"는 이진 추가모드이며, 반환값을 파일 포인터로 선언한 f에 대입, 만일 파일 열기에 실패하면 f에 NULL이 저장됨
31~32	파일 열기에 실패하면 메시지 출력하고 exit(1)으로 종료
34	파일에 이미 자료가 있으면 먼저 출력하기 위해 printscore() 호출
35	변수 readcnt가 1이면 이미 학생 정보가 있는 것을 의미
38	변수 offset에는 구조체 pscore의 크기를 저장
40	파일의 마지막에서 마지막 학생을 읽기 위해 한 학생만큼 뒤로 이동
42	마지막 학생을 읽어 변수 score에 저장
45	변수 cnt에 학생 번호를 저장
48	파일 f에서 마지막으로 이동
49	학생을 추가하기 위해 함수 appendscore() 호출
50	모든 학생의 정보를 다시 출력하기 위해 함수 printscore() 호출
51	파일 처리가 종료되었으면 fclose()로 스트림을 닫음
61	표준입력에서 한 행을 입력해 변수 line에 저장
62	파일 f가 EOF이 아니면 반복 계속
63	문자열 입력으로 구조체 pscore 자료인 score에 여러 멤버를 저장
65	다시 이진모드로 파일 f에 score 구조체를 저장 저장
66	다시 표준입력에서 한 행을 입력해 변수 line에 저장
73	파일의 맨 앞으로 이동
76	파일 f에서 구조체 하나를 읽어 score에 저장, 파일 f에 하나도 자료가 없으면 변수 readcnt가 0
79	파일 f에 하나도 자료가 없으면 0을 반환하고 종료
82	제목 출력
83	파일 f가 EOF가 아니면 반복 계속
85~86	표준출력으로 구조체 pscore 자료인 score를 출력
87	다시 이진모드로 파일 f에서 구조체 pscore 자료를 하나 읽어 변수 score에 저장
94~100	파일 f의 현재 정보를 모두 출력하는 함수

실행결과

현재의 성적 내용은 >>

```
-----------------------------------------------
  번호        이름       중간    기말    퀴즈
-----------------------------------------------

   1         안혜지      89      76      98
   2         조손정      76      87      59
   3         김혜원      98      89      99

-----------------------------------------------
```

제일 마지막 번호가 3번 입니다.

추가할 이름과 성적(중간, 기말, 퀴즈)을 입력하세요.

이미림 98 87 92
리디아고 78 76 98
^Z

```
현재의 성적 내용은 >>

----------------------------------------
번호        이름      중간    기말    퀴즈
----------------------------------------
1          안혜지     89     76      98
2          조손정     76     87      59
3          김혜원     98     89      99
4          이미림     98     87      92
5          리디아고    78     76      98
----------------------------------------
```

TIP feof()에서의 주의

함수 feof(f)는 단순히 파일 f의 파일 지시자가 파일의 마지막인가를 검사하는 것이 아니라 이전 읽기 작업을 통해 EOF까지 도달하면 0이 아닌 값을, 아직 도달하지 않았으면 0을 반환하는 함수이다. 그러므로 다음과 같이 파일 f에서 파일 지시자를 마지막으로 이동시키더라도 이전 읽기 작업이 없었으므로 feof(f)은 0이 "no"가 출력된다.

```
fseek(f, 0, SEEK_END);
printf("%s\n", feof(f) ? "yes" : "no");'
```

그러나 다음과 같이 읽기 작업을 수행하니 드디어 EOF까지 도달하여 다음 출력은 "yes"가 출력된다.

```
int ch = getc(f);
printf("%s\n", feof(f) ? "yes" : "no");
```

중간점검

01 다음 그림은 파일의 접근 방식 두 가지를 보이고 있다. 각각 무슨 접근인가 설명하시오.

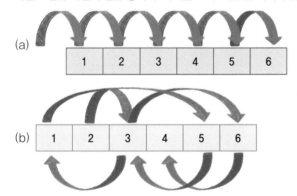

02 다음은 파일 위치 관련 함수를 정리한 표이다. 빈 부분의 함수를 채우시오.

함수	기능
int _____(FILE *, long offset, int pos)	파일 위치를 세 기준점(pos)으로부터 오프셋(offset)만큼 이동
	파일의 현재 파일위치를 반환
	파일의 현재 위치를 0 위치(파일의 시작점)로 이동

입출력 및 파일 삭제, 이름 바꾸기 함수

텍스트 파일

표준 입출력 장치를 이용한 입출력 함수와 특정 파일을 대상으로 하는 입출력 함수는 대부분 헤더 파일 stdio.h에 그 함수 원형이 정의되어 있다. 그러므로 다음 함수를 사용하려면 헤더 파일 stdio.h 을 삽입해야 한다. 이들 함수를 정리하면 다음과 같다.

표 15-7 자료에 따른 다양한 입출력 함수

자료	종류	표준 입출력	파일 입출력
문자	입력	int getchar(void)	int getc(FILE *) int fgetc(FILE *)
	출력	int putchar(int)	int putc(int, FILE *) int fputc(int, FILE *)
문자열	입력	char * gets(char *)	char * fgets(char *, int, FILE *)
	출력	int puts(const char *)	int fputs(const char *, FILE *,)
서식 자료	입력	int scanf(const char *, ...) int scanf_s(const char *, ...)	int fscanf(FILE *, const char *, ...) int fscanf_s(FILE *, const char *, ...)
	출력	int printf(const char *, ...)	int fprintf(FILE *, const char *, ...)

이진 파일

다음은 블록과 정수 자료의 파일 입출력 함수를 정리한 표로 **함수 getw()와 putw()는 워드(word) 크기의 int 형 정수를 파일에 이진 모드로 입출력하는 함수**이다. 현재 Visual C++에서 함수 getw()와 putw()는 각각 _getw()와 _putw()로 대체되어, 함수 _getw()와 _putw()의 사용을 권장한다. 다음 함수도 헤더파일 stdio.h에 함수 원형이 정의되어 있다.

표 15-8 블록과 정수의 파일 입출력 함수

자료	종류	파일 입출력
블록	입력	size_t fread(void *, size_t, size_t, FILE *)
	출력	size_t fwrite(const void *, size_t, size_t, FILE *)
정수(int)	입력	int getw(FILE *) int _getw(FILE *)
	출력	int putw(int, FILE *) int _putw(int, FILE *)

파일 처리 함수 remove()와 rename()

**함수 remove()는 지정된 특정한 파일을 삭제하고, 함수 rename()은 지정된 파일 또는 폴더의 이름을 새로운 이름으로 바꾸는 기능을 수행한다. 함수 remove()와 rename()도 헤더 파일 stdio.h에 그 함수 원형이 정의되어 있다.

표 15-9 파일 삭제 함수

기능	함수 원형
파일 삭제	int remove(const char *filename)
파일 또는 폴더 이름 바꾸기	int rename(const char *old, const char *new)

함수 remove()는 remove("sample.txt")와 같이 문자열로 지정된 파일을 삭제한다. 함수 remove()는 파일이 성공적으로 삭제되면 0을 반환하며, 실패하면 −1을 반환한다.

● 함수 rename()은 rename("oldname.txt", "newname.txt")과 같이 앞의 파일이름 또는 폴더이름을 뒤에 지정한 이름으로 바꾸는 역할을 한다.

● 함수 rename()은 성공적으로 이름이 수정되면 0을 반환하며, 실패하면 0이 아닌 정수를 반환한다.

함수 rename()을 이용한 예제 프로그램 rename을 작성하자. 이 프로그램을 Visual C++에서 실행하려면 메뉴 [프로젝트/rename 속성]를 선택한 대화상자에서 [명령인수]에 화면에 수정하고 싶은 파일의 예전 이름과 새 이름을 기술해야 한다. 프로젝트 폴더에 파일 new.c를 하나 만들고 다음 rename 프로그램을 실행하면 이제 프로젝트 폴더에서 파일 new.c가 original.c로 변경된 것을 확인할 수 있다.

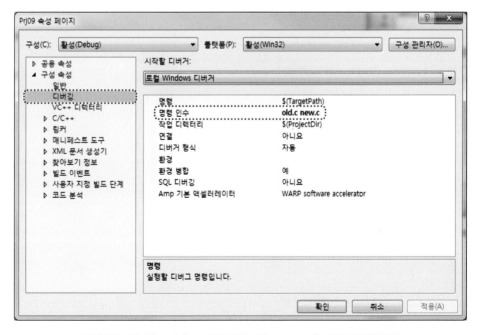

그림 15-33 Visual C++에서 프로그램 rename을 위한 명령행 인자

rename.c

함수 rename()을 사용하여 파일 이름을 수정하는 프로그램

```c
01   // file: rename.c
02   #include <stdio.h>
03   #include <stdlib.h>
04
05   int main(int argc, char *argv[])
06   {
07      if (argc < 3)
08      {
09         printf("사용법: rename from to");
10         exit(1);
11      };
12
13      //파일 이름 수정 함수 호출
14      rename(argv[1], argv[2]);
15      printf("파일 %s가 %s로 수정되었습니다.\n", argv[1], argv[2]);
16
17      return 0;
18   }
```

설명	14	인자 argv[1], argv[2]로 함수 rename() 호출
	15	수정된 내용 출력

실행결과	파일 old.c가 new.c로 수정되었습니다.

중간점검

01 다음 소스에서 출력값은 무엇인가?

```c
FILE *f;
fopen_s(&f, "test.bin", "wb+");

_putw(100, f);
_putw(200, f);
_putw(300, f);

rewind(f);
int input1 = _getw(f);
fseek(f, sizeof(int), SEEK_CUR);
int input2 = _getw(f);
printf("%d %d\n", input1, input2);

fclose(f);
```

02 다음은 무엇을 하는 함수인지 설명하시오.

```c
rename("test.bin", "data.bin");
```

일차원 정수 배열의 내용을 모두 파일에 출력한 후 다시 파일에서 입력으로 받아 표준 출력해 보도록 한다. 파일은 "wb+"로 열어 이진모드로 쓰고 읽을 수 있도록 한다. 함수 _putw()를 사용해 출력하고 함수 _getw()를 사용해 입력한다.

- 배열의 내용을 파일 "test.bin"에 모두 출력
- 파일에 출력 후, 다시 처음부터 읽으려면 함수 rewind()를 호출
- 파일 "test.bin"에서 정수를 읽을 때는 한 정수 읽은 후 함수 fseek()을 사용하여 파일 위치를 하나 건너 뛰고 다음 정수를 읽는 식으로 입력하여 다시 표준출력

파일에 출력 자료: 10 20 30 40 50 60 70 80
파일에서 입력 자료(하나씩 건너 뜀): 10 30 50 70

Lab 15-4	arrayput.c

```c
01  //file: arrayput.c
02  #include <stdio.h>
03  #include <stdlib.h>
04
05  int main()
06  {
07      FILE *f;
08      if (fopen_s(&f, "test.bin", "wb+") != 0)
09      //if ((f = fopen("test.bin", "wb+")) == NULL)
10      {
11          printf("파일이 열리지 않습니다.\n");
12          exit(1);
13      }
14
15      int out[] = { 10, 20, 30, 40, 50, 60, 70, 80 };
16      //_putw() 이용 배열 out의 내용 모두 출력
17      int size = sizeof(out) / sizeof(out[0]);
18      printf("파일에 출력 자료: ");
19      for (int i = 0; i < size; i++) {
20          _putw(out[i], f);
21          printf("%d ", out[i]);
```

```
22        }
23        printf("\n");
24
25        //파일 f의 파일 지시자를 0으로 위치
26        _____;
27        printf("파일에서 입력 자료(하나씩 건너 뜀): ");
28        for (int i = 0; i < size / 2; i++)
29        {
30            int _____;
31            fseek(_____);
32            printf("%d ", in);
33        }
34        printf("\n");
35        fclose(f);
36
37        return 0;
38    }
```

```
26    rewind(f);
30        int in = _getw(f);
31        fseek(f, sizeof(int), SEEK_CUR);
```

01 다음을 참고로 텍스트 파일을 읽어 표준출력에 동일하게 출력하는 프로그램을 작성하시오.

- 함수 fgetc()나 getc() 그리고 feof() 사용
- 표준출력은 fprintf() 사용

02 다음 파일에서 그 내용을 읽어 각 학생의 점수의 합을 구하여 새로운 파일에 아래의 내용과 합을 함께 출력하는 프로그램을 작성하시오.

1	이승만	67.2	78.9	87.1
2	박정희	77.8	67.4	83.2
3	전두환	87.4	88.5	78.9

03 다음을 참고로 두 파일의 내용이 정확히 일치하는지 검사하는 프로그램을 작성하시오.

- 명령어 isequal로 다음 명령행 인자인 file1과 file2가 같은가를 출력하는 프로그램

  - isequal file1 file2

04 다음을 참고로 파일을 복사하는 mycopy 프로그램을 작성하시오.

- 명령어 mycopy로 다음 명령행 인자인 srcfile을 dstfile로 복사하는 프로그램으로 복사되는 내용을 콘솔에도 출력

  - mycopy srcfile dstfile

05 다음을 참고로 파일 내부의 문자를 대문자는 소문자로, 소문자는 대문자로 변환하여 표준출력으로 출력하는 프로그램을 작성하시오.

- 명령어 tostring로 다음 명령행 인자인 파일을 대상으로 결과를 출력

  - tostring filename
- 파일 내부에 한글은 없는 것으로 가정

```
원래의 파일 내용 출력 : -->

#include <stdio.h>
#include <stdlib.h>

int main(int argc, char *argv[])
{
```

```
        return 0;
    }


    변환된 파일 내용 출력 : -->

    #INCLUDE <STDIO.H>
    #INCLUDE <STDLIB.H>

    INT MAIN(INT ARGC, CHAR *ARGV[])
    {
        RETURN 0;
    }
```

06 다음을 참고로 파일 내부에 있는 문자 수, 단어 수, 줄 수를 출력하는 프로그램을 작성하시오.

- 명령어 filecount로 다음 명령행 인자인 파일을 대상으로 결과를 출력

  - filecount filename

- 문자는 영어 알파벳만을 의미하고, 단어는 공백 문자로 구분되는 단어로 한다.

07 다음을 참고로 두 파일을 합하는 프로그램을 작성하시오.

- 명령어 appendfile로 다음 명령행 인자인 파일 srcfile 파일을 dstfile 파일 맨 뒤에 추가

  - appendfile srcfile dstfile

08 다음을 참고로 파일에서 특정한 문자열 string을 검색하여 검색된 줄 번호와 그 내용을 출력하는 프로그램을 작성하시오.

- 명령어 searchfile 로 다음 명령행 인자인 파일 srcfile 파일에서 문자열 string을 검색

  - searchfile srcfile string

    찾을 단어 print, 길이 : 5

    검색 내용 출력 : -->

```
    21 :        printf("실행 방법 : >executable_file search_file searcg_string\n");
    25 :    printf("찾을 단어 %s, 길이 : %d\n", targetstr, targetstrlength);
    29 :        printf("can't open the file [%s]\n", targetstr);
    33 :    printf("\n검색 내용 출력 : -->\n\n");
    42 :            printf("%2d : ", linenumber);
```

09 다음을 참고로 파일의 크기를 출력하는 프로그램을 작성하시오.

- 명령어 filesize는 다음 명령행 인자인 파일 filename의 크기를 출력
  - filesize filename
- 함수 fseek()과 ftell()을 이용

10 학생 정보를 추가하는 예제 프로그램(appendscorefile)에 다음 기능을 추가하여 프로그램을 작성하시오.

- 학생을 번호로 검색할 수 있는 기능을 추가

11 위 프로그램에서 다시 학생번호 또는 이름으로 검색할 수 있도록 수정하여 프로그램을 작성하시오.

Introduction to C PROGRAMMING

16
CHAPTER

동적 메모리와 전처리

학습목표

▶ **동적 메모리 할당 방식을 이해하고 설명할 수 있다.**
  • 정적 할당과 동적 할당의 필요성
  • 함수 malloc(), calloc(), realloc(), free()의 사용
  • 동적메모리 할당으로 구현하는 자기참조 구조체

▶ **연결 리스트를 이해하고 설명할 수 있다.**
  • 연결 리스트의 이해와 구현
  • 연결 리스트의 노드, 헤드, 순회, 삽입, 삭제
  • 여러 파일로 구성하는 프로젝트와 사용자정의 헤더파일
  • 연결 리스트의 구현

▶ **전처리 지시자를 이해하고 설명할 수 있다.**
  • 매크로와 인자를 활용한 매크로
  • #if와 #endif
  • #ifdef와 #endif, #ifndef #endif
  • 전처리 연산자 #, #@, ##, defined

학습목차

16 ① 동적 메모리와 자기참조 구조체

동적 메모리 할당과 해제

정적 메모리 할당

지금까지 활용한 변수와 배열, 구조체 모두 프로그램 실행 전에 필요한 만큼의 변수를 선언하여 사용하였다. 만일 변수의 수를 정확히 모른다면 예상보다 충분한 공간을 배열로 확보한 후 필요 없으면 사용하지 않는 방법을 택했을 것이다. 이는 프로그램 실행 중에 변수의 수를 늘리거나 줄이는 것이 불가능했기 때문이다. 이와 같이 **컴파일 이전에 저장공간 수나 크기를 정한 메모리 할당 방법을 정적(static) 메모리 할당** 방법이라고 한다.

- **즉 정적인 방식이란 프로그램이 실행되기 이전에 변수의 저장 공간 크기가 정해지고 프로그램 또는 함수가 시작되면 메모리에 할당되어 사용되며 그 모듈이나 프로그램이 종료되면 변수가 메모리에서 삭제되는 방식**을 말한다.

이러한 정적 방식은 사용이 간편하나 실행 이전에 사용할 메모리의 공간 크기를 모두 알아야 한다. **그러므로 메모리의 사용 예측이 부정확한 경우 충분한 메모리를 미리 확보해야 하므로 비효율적** 이다.

동적 메모리 할당

프로그램 실행 중에 필요한 메모리를 할당하는 방법을 동적 메모리 할당이라 한다. **동적 메모리 할당(dynamic memory allocation)은 실행 중에 메모리를 할당하는 방식**이다. 동적 메모리 할당 방식은 정적 할당 방식인 변수 선언에 비해 상대적으로 다소 어렵다. 그러나 메모리 사용 예측이 정확하지 않고 실행 중에 메모리 할당이 필요하다면 동적 메모리 할당 방식이 적합하다.

정적 메모리 할당 방식

```
int i;
long prod = 1;
int facto[6];
char *plang[] = {"algol", "pascal"
    "C", "C++", "Java","C#"};
```

동적 메모리 할당 방식

```
int *pi = NULL;
//메모리 할당 함수 malloc()으로 동적메모리 할당
pi = (int *)malloc(sizeof(int));
//동적메모리 할당 성공 검사
if (pi == NULL) {
    printf("메모리 할당에 문제가 있습니다.");
    exit(1);
};
//내용 값 저장
*pi = 3;
```

그림 16-1 정적 메모리 할당 방식과 동적 메모리 할당 방식

동적 메모리는 함수 **malloc()**의 호출로 힙(heap) 영역에 확보된다. **동적으로 할당한 메모리는 사용 후 함수 free()를 사용해 해제해야 한다.** 만일 메모리 해제를 하지 않으면 메모리 부족과 같은 문제를 일으킬 수 있으니 꼭 해제하는 습관을 기르도록 한다.

그림 16-2 동적 메모리 할당과 해제

동적 메모리 할당 함수는 malloc(), calloc(), realloc() 3가지이다. 동적으로 할당된 메모리를 해제하는 함수는 free()이다. **함수 malloc(), calloc(), realloc() 모두 반환 형이 void 포인터(void *)로 메모리 할당에 요구한 자료의 포인터 형으로 변환**을 해야 한다. 간략히 이 함수들을 정리하면 다음과 같다. 이 함수들의 함수원형은 헤더파일 stdlib.h에 정의되어 있다.

표 16-1 동적 메모리 관련 함수

메모리	함수 원형	기능
메모리 할당 (기본값 없이)	`void * malloc(size_t)`	인자만큼의 메모리 할당 후 기본 주소 반환
메모리 할당 (기본값 0으로)	`void * calloc(size_t , size_t)`	뒤 인자 만큼의 메모리 크기로 앞 인자 수 만큼 할당 후 기본 주소 반환
기존 메모리 변경 (이전값 그대로)	`void * realloc(void *, size_t)`	앞 인자의 메모리를 뒤 인자 크기로 변경 후, 기본 주소 반환
메모리 해제	`void free(void *)`	인자를 기본 주소로 갖는 메모리 해제

메모리 할당 영역

단원 12의 변수 유효 범위에서 메모리 영역이 데이터(static data) 영역, 힙(heap) 영역, 스택(stack) 영역 세 부분으로 나뉜다고 학습하였다. 바로 앞에서 배운 동적 메모리가 할당되는 부분이 힙 영역이고, 데이터 영역은 전역변수와 정적변수가 할당되는 저장공간이며, **스택 영역은 함수 호출에 의한 형식 매개변수 그리고 함수 내부의 지역변수가 할당되는 저장공간**이다.

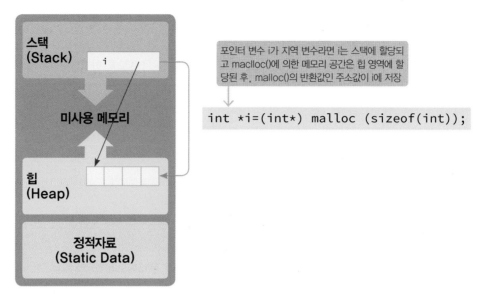

포인터 변수 i가 지역 변수라면 i는 스택에 할당되고 maclloc()에 의한 메모리 공간은 힙 영역에 할당된 후, malloc()의 반환값인 주소값이 i에 저장

```
int *i=(int*) malloc (sizeof(int));
```

스택
(Stack)

i

미사용 메모리

힙
(Heap)

정적자료
(Static Data)

그림 16-3 메모리 영역

함수 malloc()

동적 메모리 할당 기능의 기본 함수가 malloc()이다. 동적 메모리 할당을 위해서는 함수 malloc()을 이용하여 메모리 공간을 확보해야 한다. 함수 malloc()은 헤더 파일 stdlib.h 에 다음과 같은 함수 원형으로 정의되어 있다.

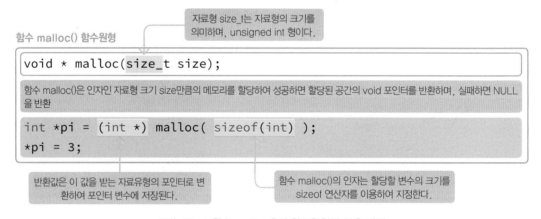

함수 malloc() 함수원형

자료형 size_t는 자료형의 크기를 의미하며, unsigned int 형이다.

```
void * malloc(size_t size);
```

함수 malloc()은 인자인 자료형 크기 size만큼의 메모리를 할당하여 성공하면 할당된 공간의 void 포인터를 반환하며, 실패하면 NULL을 반환

```
int *pi = (int *) malloc( sizeof(int) );
*pi = 3;
```

반환값은 이 값을 받는 자료유형의 포인터로 변환하여 포인터 변수에 저장된다.

함수 malloc()의 인자는 할당할 변수의 크기를 sizeof 연산자를 이용하여 지정한다.

그림 16-4 함수 malloc()의 함수원형과 사용 방법

함수 malloc()은 인자로 메모리 할당의 크기를 지정하고 할당된 메모리의 시작 주소를 반환한다. **반환값의 유형은 모든 자료형의 포인터로 이용할 수 있도록 void *를 사용**한다. 위 예는 정수형 int의 메모리 공간을 함수 malloc()을 이용하여 동적으로 할당하는 소스이다. 확보된 공간의 주소는 int *의 변수에 저장하며 간접연산자 *pi를 이용하여 원하는 값을 수정할 수 있다. 다음은 위 문장으로 메모리에 4바이트가 할당된 모습이다.

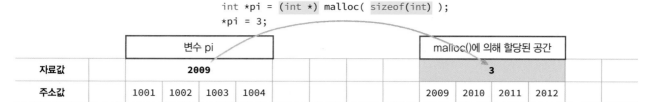

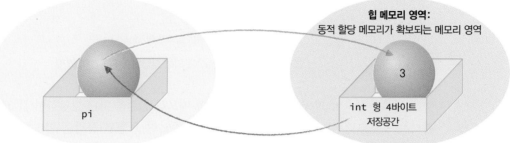

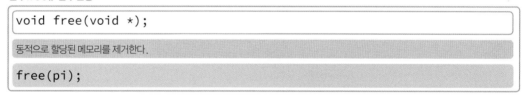

함수 malloc()에 의해 할당된 저장공간으로
이 주소값을 pi가 저장하고 있다.

그림 16-5 함수 malloc()으로 정수형 저장공간 할당

함수 free()

함수 malloc()에 의하여 동적으로 할당된 메모리 공간은 더 이상 필요가 없거나 프로그램을 종료하는 경우에 반드시 메모리를 해제해야 한다. 메모리 해제에 이용되는 함수는 free()로서 헤더 파일 stdlib.h 에 다음 함수 원형으로 정의되어 있다.

함수free() 함수원형

```
void free(void *);
```

동적으로 할당된 메모리를 제거한다.

```
free(pi);
```

그림 16-6 함수 free()의 함수원형과 사용 방법

함수 malloc()의 반환 주소를 저장한 변수 pi를 해제하려면 free(pi)를 사용한다. **함수 free()는 인자로 해제할 메모리 공간의 주소값을 갖는 포인터를 이용하여 호출**한다. 함수 free(pi)가 호출되어 성공적으로 메모리가 해제되면 변수 pi가 가리키는 4바이트의 자료값이 해제되어 더 이상 사용할 수 없다.

```
free(pi);
```

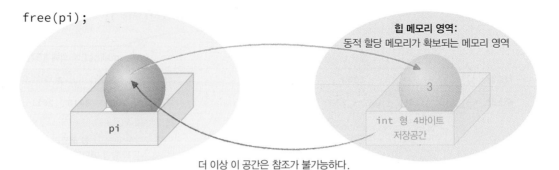

힙 메모리 영역:
동적 할당 메모리가 확보되는 메모리 영역

3

int 형 4바이트
저장공간

pi

더 이상 이 공간은 참조가 불가능하다.

그림 16-7 함수 free()에 의해 할당된 저장공간의 해제

다음 예제는 함수 malloc()을 이용하여 int형 메모리 공간을 하나 할당하여 값 3을 저장한 후 출력하는 프로그램이다. 만일 메모리 공간이 부족하여 요청된 공간을 할당하지 못한다면 함수 malloc()은 NULL을 반환할 것이다. 함수 malloc()을 호출하는 문장에서는 다음 예제와 같이 반환값을 점검하는 if 문을 활용해야 한다.

실습예제 16-1	**malloc.c**
	함수 malloc()을 이용하여 int 형 저장공간을 확보하여 처리

```
01    // file: malloc.c
02    #include <stdio.h>
03    #include <stdlib.h>
04
05    int main(void)
06    {
07       int *pi = NULL;
08       //메모리 할당 함수 malloc()으로 동적메모리 할당
09       pi = (int *)malloc(sizeof(int));
10       //동적메모리 할당 성공 검사
11       if (pi == NULL) {
12          printf("메모리 할당에 문제가 있습니다.");
13          exit(1);
14       };
15       //내용 값 저장
16       *pi = 3;
17       printf("주소값: *pi = %d, 저장값: p = %d\n", pi, *pi);
18
19       //메모리 해제
20       free(pi);
21
22       return 0;
23    }
```

> 만일을 대비해서 함수 malloc()의 반환값을 점검하는 모듈이 필요하다.

함수 malloc()에 의한 배열 공간 할당

배열과 같이 동일한 메모리 공간 여러 개를 동적으로 확보하는 방법을 살펴보자. 만일 int형 배열을 확보한다면, 함수 malloc()이 반환하는 값은 포인터인 int *의 변수로 저장하고 malloc()의 인자는 sizeof(int) * (확보하려는 배열의 원소의 개수)로 지정한다. 메모리 공간이 성공적으로 확보되면 변수 ary를 이용하여 다음과 같이 배열 형태와 같이 이용할 수 있다. 다음 문장이 실행된 이후의 메모리의 모습은 다음과 같다.

```
int *ary;
ary = (int *) malloc( sizeof(int)*3 );
ary[0] = 10; ary[1] = 11; ary[2] = 12;
```

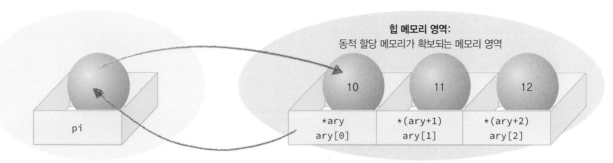

함수 malloc()에 의해 할당된 저장공간은 int형 3개이며 주소값을
ary에 저장하고 있다. ary[i]로 각 원소를 참조할 수 있다.

그림 16-8 함수 malloc()으로 정수형 저장공간 할당

다음 예제는 표준입력으로 입력될 성적의 갯수를 먼저 입력 받아 그 수만큼 메모리를 동적으로 할당하는 프로그램이다. 동적으로 할당된 메모리에 표준입력으로 받은 여러 성적을 저장하여 합과 평균을 구하여 출력한다. 동적 할당은 이와 같이 실행시간에 메모리 공간의 수가 결정되는 프로그램에 적합하다.

arraymalloc.c

함수malloc()을 이용하여 동일한 저장공간 여러 개를 확보하여 처리

```c
01  // file: arraymalloc.c
02  #define _CRT_SECURE_NO_WARNINGS
03  #include <stdio.h>
04  #include <stdlib.h>
05
06  int main(void)
07  {
08      int n = 0;
09      printf("입력할 점수의 개수를 입력 >> ");
10      scanf("%d", &n);
11
12      int *ary = NULL;
13      //동적 메모리 할당
14      if ((ary = (int *)malloc(sizeof(int)*n)) == NULL)
15      {
16          printf("메모리 할당에 문제가 있습니다.");
17          exit(1);
18      };
19      //표준입력과 처리
20      printf("%d개의 점수 입력 >> ", n);
21      int sum = 0;
22      for (int i = 0; i < n; i++)
23      {
24          scanf("%d", (ary + i));
25          sum += *(ary + i); //sum += ary[i];
26      }
27      //표준입력 자료와 결과 출력
28      printf("입력 점수: ");
29      for (int i = 0; i < n; i++)
30          printf("%d ", *(ary + i));
31      printf("\n");
32      printf("합: %d  평균: %.1f\n", sum, (double)sum / n);
33
34      //동적 메모리 해제
35      free(ary);
36
37      return 0;
38  }
```

> 할당된 저장공간의 주소값 연산식이다. (line 24)
>
> 할당된 저장공간의 참조 연산식이다. (line 25)

설명

10 동적메모리 할당으로 확보할 저장공간의 수를 표준입력으로 받아 변수 n에 저장

12 동적메모리 할당의 주소를 저장하기 위한 포인터

14	함수 malloc()으로 동적메모리 할당 후 int 형 포인트인 pi에 저장하기 위해
	자료형 변환(int *)이 필요, 할당되는 메모리의 총 크기는 인자인 sizeof(int)*n,
	오류로 ary가 NULL이면 종료
24	실제 표준입력으로 동적메모리 할당된 공간에 값을 저장
25	24 행에서 저장된 모든 값들을 변수 sum에 계속 저장
29~30	동적메모리 할당된 공간의 모든 값을 출력, *(ary + i)는 ary[i]로도 참조 가능함
32	합과 평균을 출력
35	동적메모리 공간의 메모리 해제

실행결과

입력할 점수의 개수를 입력 >> 6

6개의 점수 입력 >> 98 78 67 99 82 87

입력 점수: 98 78 67 99 82 87

합: 511   평균: 85.2

함수 calloc()

함수 malloc()은 메모리 공간을 확보하고 초기값을 저장하지 않아 쓰레기값이 저장된다. **함수 malloc()과는 다르게 함수 calloc()[1]은 메모리 공간을 확보하고 초기값을 자료형에 알맞게 0을 저장**한다. 함수 calloc()은 함수 원형이 헤더 파일 stdlib.h에 정의되어 있다. 함수 calloc()에서 앞의 인자는 할당되는 원소의 개수이고 뒤의 인자는 한 원소의 크기이다.

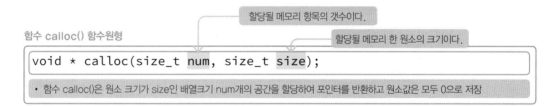

함수 calloc() 함수원형

할당될 메모리 항목의 갯수이다.

할당될 메모리 한 원소의 크기이다.

```
void * calloc(size_t num, size_t size);
```

• 함수 calloc()은 원소 크기가 size인 배열크기 num개의 공간을 할당하여 포인터를 반환하고 원소값은 모두 0으로 저장

그림 16-9 함수 calloc()의 함수원형과 사용 방법

다음은 함수 호출 calloc(3, sizeof(int))로 할당된 int형 원소 3개의 저장공간에 기본값 0이 저장된 메모리 구조를 나타낸다.

---

1 함수의 calloc()의 첫 문자 c는 단어 clear의 첫 문자를 의미한다. 일반적으로 씨얼록으로 읽는다.

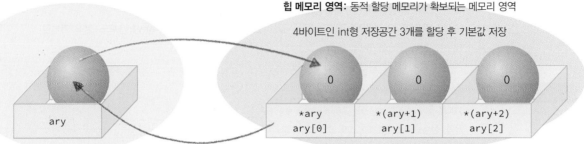

반환값은 이 값을 받는 자료유형의 포인터로
변환하여 포인터 변수에 저장된다.

```
int *ary = NULL;
ary = (int *) calloc( 3, sizeof(int) )
```

힙 메모리 영역: 동적 할당 메모리가 확보되는 메모리 영역

4바이트인 int형 저장공간 3개를 할당 후 기본값 저장

0	0	0
*ary	*(ary+1)	*(ary+2)
ary[0]	ary[1]	ary[2]

ary

함수 calloc()에 의해 할당된 저장공간은 int형 3개이며 주소값을
ary에 저장하고 있다. ary[i]로 각 원소를 참조할 수 있다.

그림 16-10 함수 calloc()의 저장공간 할당과 기본값 저장

실습예제 16-3　**calloc.c**

함수 calloc()을 이용하여 int형 원소 3개를 할당

```
01  // file: calloc.c
02  #include <stdio.h>
03  #include <stdlib.h>
04  void myprintf(int *ary, int n);
05
06  int main(void)
07  {
08      int *ary = NULL;
09      //동적메모리 할당
10      if ((ary = (int *)calloc(3, sizeof(int))) == NULL)
11      {
12          printf("메모리 할당이 문제가 있습니다.\n");
13          exit(EXIT_FAILURE);
14      }
15      myprintf(ary, 3); //모두 기본값인 0 출력
16
17      //동적메모리 해제
18      free(ary);
19      myprintf(ary, 3); //모두 쓰레기값 출력
20
21      return 0;
22  }
```

정수 1로서 헤더파일 stdlib.h에 정의
되어 있는 상수이다.

```
23
24    void myprintf(int *ary, int n)          할당된 저장공간의 참조 연산식이다.
25    {
26        for (int i = 0; i < n; i++)
27            printf("ary[%d] = %d\n", i, *(ary + i));
28    }
```

설명	
10	동적메모리 할당을 위해 함수 calloc()을 사용, 첫 인자 3은 동적메모리 할당 개수
13	EXIT_FAILURE는 정수 1로서 헤더파일 stdlib.h에 정의되어 있는 상수
15	함수 calloc()으로 할당되는 메모리의 초기값은 모두 0으로 저장된 것을 확인
18	동적메모리 공간의 메모리 해제
19	동적메모리 공간의 메모리 해제 이후 메모리 공간에는 아무 의미 없는 쓰레기값이 있는 것을 확인
24	함수 myprintf()에서 첫 번째 매개변수 출력할 첫 주소이며, 두 번째 인자는 출력할 원소 수
27	동적메모리 할당된 공간의 모든 값을 출력, *(ary + i)는 ary[i]로도 참조 가능함

실행결과	
ary[0] = 0	
ary[1] = 0	
ary[2] = 0	
ary[0] = -572662307	
ary[1] = -572662307	
ary[2] = -572662307	

함수 realloc()

함수 realloc()은 이미 확보한 저장공간을 새로운 크기로 변경한다. 함수 realloc()에 의하여 다시 확보하는 영역은 기존의 영역을 이용하여 그 저장 공간을 변경하는 것이 원칙이나, 새로운 영역을 다시 할당하여 이전의 값을 복사할 수도 있다.

● 함수 realloc()은 성공적으로 메모리를 할당하면 변경된 저장공간의 시작 주소를 반환하고, 실패하면 NULL을 반환한다. 함수 realloc()의 첫 번째 인자는 변경할 저장공간의 주소이며, 두 번째 인자는 변경하고 싶은 저장공간의 총 크기이다.

● **함수 realloc()에서 첫 번째 인자가 NULL이면 함수 malloc()과 같은 기능을 수행한다. 즉 지정된 크기만큼의 새로운 공간을 할당**한다.

함수 realloc() 함수원형   할당되는 총 메모리 크기이다.

```
void * realloc(void *p, size_t size);
```

• 함수 realloc()은 이미 확보한 메모리 p를 다시 지정한 크기 size로 변경하는 함수이며, 이미 확보한 p가 NULL이면 malloc()과 같은 기능을 수행

그림 16-11 함수 realloc()의 함수원형과 사용 방법

다음 예제 소스에서 cary는 int 형 3 개의 저장공간의 시작 주소를 저장한다. 그리고 모든 변수의 값은 기본값인 0으로 저장된다. 다음은 함수 realloc()을 이용하여 변수 cary가 가리키는 메모리의 내용을 다시 크기가 4인 배열로 재할당하는 구문과 메모리 구조를 나타내고 있다. 함수 realloc()이 성공적으로 수행되면 변경된 메모리 영역의 처음 주소값이 변수 reary에 반환되어 저장된다. 실제로는 대부분 reary와 cary 값이 같다. 함수 realloc()에 의하여 확장되는 공간은 malloc()과 같이 기본값 0이 저장되지 않는다. 다음 그림에서 reary[3]의 내용을 none으로 표기한 것은 기본값 0이 저장되지 않았음을 의미한다.

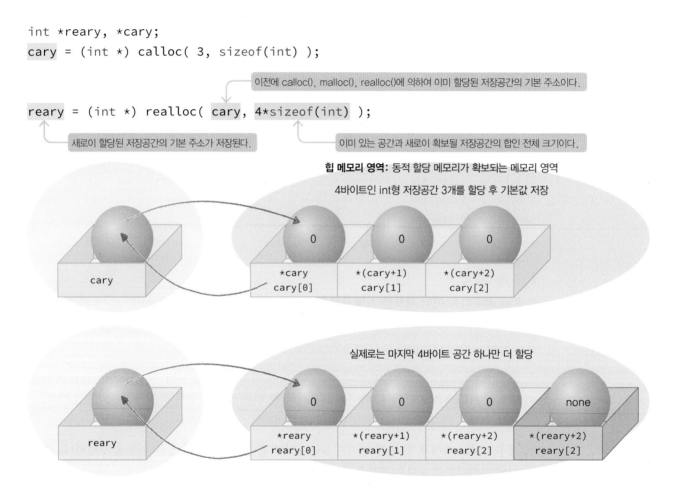

그림 16-12 함수 realloc()에 의한 메모리 공간의 재할당

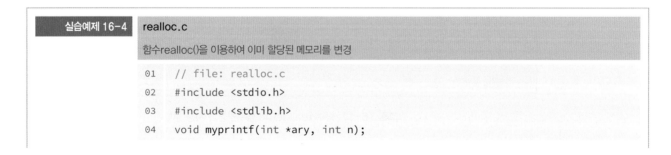

실습예제 16-4   **realloc.c**

함수realloc()을 이용하여 이미 할당된 메모리를 변경

```
01    // file: realloc.c
02    #include <stdio.h>
03    #include <stdlib.h>
04    void myprintf(int *ary, int n);
```

```
05
06    int main(void)
07    {
08        int *reary, *cary;
09        if ((cary = (int *)calloc(3, sizeof(int))) == NULL)
10        {
11            printf("메모리 할당이 문제가 있습니다.\n");
12            exit(EXIT_FAILURE);
13        }
14        if ((reary = (int *)realloc(cary, 4 * sizeof(int))) == NULL)
15        {
16            printf("메모리 할당이 문제가 있습니다.\n");
17            exit(EXIT_FAILURE);
18        }
19
20        myprintf(reary, 4); //앞 3개는 기본값인 0 출력, 마지막 하나는 다른 값
21        free(reary);
22
23        return 0;
24    }
25
26    void myprintf(int *ary, int n)
27    {
28        for (int i = 0; i < n; i++)
29            printf("ary[%d] = %d ", i, *(ary + i));
30        printf("\n");
31    }
```

> 이전에 할당된 공간이 3개이므로 실제로는 하나 더 할당된다.

설명	
08	reary는 realloc()으로 cary는 calloc()으로 동적메모리 할당되는 메모리 공간의 주소를 저장
09	동적메모리 할당을 위해 함수 calloc()을 사용, 자료형 int 3개를 할당
12	EXIT_FAILURE는 정수 1로서 헤더파일 stdlib.h에 정의되어 있는 상수
14	동적메모리 할당을 위해 함수 recalloc()을 사용, 이전에 calloc()으로 할당된 공간에서 하나 더 늘려 int형 4개를 할당, 추가된 하나의 공간에는 기본값이 저장되지 않고 쓰레기값이 저장
20	함수 recalloc()으로 할당된 주소 reary에서 4개의 int를 출력, 앞 3개는 기본값인 0 출력, 마지막 하나는 쓰레기값 출력

실행결과	
	ary[0] = 0 ary[1] = 0 ary[2] = 0 ary[3] = -842150451

> 확장된 메모리 공간에는 기본값이 저장되지 않아 쓰레기값이 출력된다.

01 다음은 동적메모리 할당과 관련 있는 함수를 정리한 표이다. 다음 표에서 빈 부분을 채우시오.

메모리	함수 원형	기능
메모리 할당 (기본값 없이)		인자만큼의 메모리 할당 후 기본 주소 반환
메모리 할당 (기본값 0으로)	void * calloc(size_t , size_t)	
기존 메모리 변경 (이전값 그대로)	void * realloc(void *, size_t)	앞 인자의 메모리를 뒤 인자 크기로 변경 후, 기본 주소 반환
메모리 해제		인자를 기본 주소로 갖는 메모리 해제

자기참조 구조체

자기참조 구조체 정의

자기참조 구조체(self reference struct)란 구조체의 멤버 중의 하나가 자기 자신의 구조체 포인터 변수를 갖는 구조체를 말한다. 다음 구조체 정의를 살펴보자.

- 구조체 selfref는 멤버로 int 형 n과 struct selfref * 형 next를 갖는다. 즉 멤버 next의 자료형은 지금 정의하고 있는 구조체의 포인터 형이다.

- 즉 구조체 selfref는 자기 참조 구조체로 구조체의 멤버 중의 하나가 자기 자신의 구조체 포인터 변수이다.

- 구조체는 자기 자신 포인터를 멤버로 사용할 수 있으나 자기 자신은 멤버로 사용할 수 없다. 즉 구조체 정의 구문에서 위와 같이 자기 자신 구조체 유형의 멤버는 허용하지 않는다.

```
struct selfref {
   int n;
   struct selfref *next;
   //struct selfref one;    //컴파일 오류 발생
}
```
error C2079: 'one'은(는) 정의되지 않은 struct 'selfref'을(를) 사용합니다.

그림 16-13 자기 참조 구조체

간단한 연결 리스트

자기 참조 구조체는 동일 구조체의 표현을 여러 개 만들어 연결할 수 있는 기능을 갖는다. 이러한 구조를 연결 리스트(linked list)라 한다. 간단히 두 개의 구조체를 연결하는 방법을 알아보자.

```
//❶ 우선 구조체 struct selfref를 하나의 자료형인 list 형으로 정의
typedef struct selfref list;

//❷ 두 구조체 포인터 변수 first와 second를 선언한 후,
//   함수 malloc()을 이용하여 구조체의 멤버를 저장할 수 있는 저장공간을 할당
list *first = NULL, *second = NULL;
first = (list *)malloc(sizeof(list));
second = (list *)malloc(sizeof(list));

//❸ 구조체 포인터 first와 second의 멤버 n에 각각 정수 100, 200을 저장하고,
//   멤버 next에는 각각 NULL을 저장
first->n = 100;
first->next = NULL;
second->n = 200;
second->next = NULL;
```

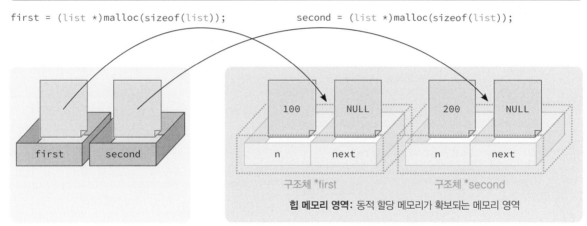

그림 16-14 구조체 멤버로 포인터가 있는 구조체의 동적 할당

다음은 위 문장이 실행된 이후의 메모리 모습이다. 위 그림으로는 아직 구조체 *first와 *second는 아무 관련이 없다.

- 만일 구조체 *first가 다음 *second 구조체를 가리키도록 하려면 문장 first->next = second; 가 필요하다.
- 즉 구조체 *first의 멤버 next에 구조체 포인터 second의 내용인 주소값을 저장한다.

다음은 이 문장이 실행된 후의 메모리 모습이다. 이제 first가 가리키는 구조체 멤버 next를 사용하여 다음 구조체를 연결하고 있다.

first->next = second; //first와 second가 가리키는 구조체를 연결

문장 first->next = second;에
의하여 next의 주소값으로 second
의 주소값이 저장된다.

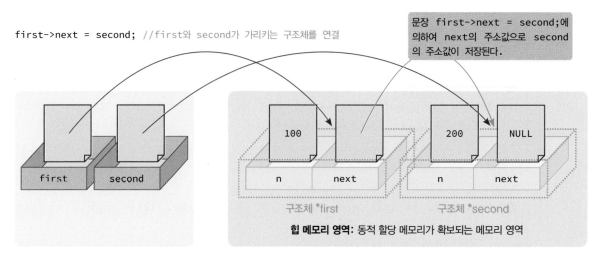

그림 16-15 구조체 멤버의 포인터에 연결하려는 구조체의 주소값을 저장

실습예제 16-5	selfrefstruct.c

자기참조 구조체를 이용한 연결 리스트의 기본 학습

```c
01  // file: selfrefstruct.c
02  #include <stdio.h>
03  #include <stdlib.h>
04
05  //자기참조 구조체 정의
06  struct selfref {
07     int n;
08     struct selfref *next;
09     //struct selfref one;    //컴파일 오류 발생
10  };
11
12  int main(void)
13  {
14     //❶ 우선 구조체 struct selfref를 하나의 자료형인 list 형으로 정의
15     typedef struct selfref list;
16
17     //❷ 두 구조체 포인터 변수 first와 second를 선언한 후,
18     //    함수 malloc()을 이용하여 구조체의 멤버를 저장할 수 있는 저장공간을 할당
19     list *first = NULL, *second = NULL;
20     first = (list *)malloc(sizeof(list));
21     second = (list *)malloc(sizeof(list));
22
23     //❸ 구조체 포인터 first와 second의 멤버 n에 각각 정수 100, 200을 저장하고,
24     //    멤버 next에는 각각 NULL을 저장
```

```
25        first->n = 100;
26        first->next = NULL;
27        second->n = 200;
28        second->next = NULL;
29
30        //구조체 *first가 다음 *second 구조체를 가리키도록 하는 문장
31        first->next = second;
32
33        printf("구조체 크기= %d\n\n", sizeof(list));
34        printf("첫 번째 구조체: ");
35        printf("\t자료의 주소값(first) = %u\n", first);
36        printf("\t자료값(first->n) = %d\n", first->n);
37        printf("\t자료값(first->next) = %u\n", first->next);
38        printf("\t자료값(first->next->n) = %d\n\n", first->next->n);
39
40        printf("두 번째 구조체: ");
41        printf("\t자료의 주소값(second) = %u\n", second);
42        printf("\t자료값(second->n) = %d\n", second->n);
43        printf("\t자료값(second->next) = %u\n", second->next);
44
45        //동적메모리 할당 해제
46        free(first);
47        free(second);
48
49        return 0;
50   }
```

설명	
08	멤버 next의 자료형이 struct selfref *로 자기 자신 유형의 포인터로 선언, 이와 같이 구조체의 멤버 중의 하나가 자기 자신의 구조체 포인터 변수를 갖는 구조체를 자기참조 구조체(self reference struct)라 함
20	자료형 변환 (list *)은 반드시 필요하며, first가 가리키는 곳이 구조체가 있는 메모리 공간
25	포인터 first로 멤버를 참조하려면 연산자 ->을 사용
31	first가 가리키는 구조체의 next에 second의 내용 값인 주소를 저장하므로 구조체 *first가 다음 *second 구조체를 가리키도록 함
37	first->next의 주소값이 바로 41 행의 second의 주소값과 동일
38	first->next->n은 바로 second->n과 동일한 200이 출력
46~47	할당된 동적메모리 해제

실행결과	
	구조체 크기 = 8
	첫 번째 구조체: 자료의 주소값(first) = 5577656
	자료값(first->n) = 100
	자료값(first->next) = 5577712
	자료값(first->next->n) = 200

```
두 번째 구조체:              자료의 주소값(second) = 5577712
                  자료값(second->n) = 200
                  자료값(second->next) = 0
```

01 자기참조 구조체(self reference struct)를 설명하고 자기참조 구조체(self reference struct)를 하나 정의하시오.

직원의 정보를 표현하는 struct employee를 정의한 후, 2개의 구조체를 동적메모리로 할당하여 적절한 정보를 입력한다. 특히 구조체 employee는 자기 자신을 가리키는 자기참조 구조체로 하나의 구조체 필드 next가 다른 구조체를 가리키도록 구현한다. 다음 결과를 참고로 프로그램 전체를 작성해 실행해 보도록 하자.

- 구조체 변수 one, you의 관계를 고려해 32행에서 변수 you로 변수 one의 내용을 참조할 수 있도록 구현

```
20146730   고윤호  2000000
20146729   신민아  1000000
20146729   신민아  1000000
```

Lab 16-1	structemployee.c

```c
01   // file: structemployee.c
02   #define _CRT_SECURE_NO_WARNINGS //scanf() 오류를 방지하기 위한 상수 정의
03   #include <stdio.h>
04   #include <stdlib.h>
05   #include <string.h>
06
07   //자기참조 구조체 정의
08   typedef struct employee {
09       int id;
10       char *name;
11       _____;
12       _____;
13   } employee;
14
15   int main(void)
16   {
17       employee *one = (employee *)malloc(sizeof(employee));
18       employee *you = (employee *)malloc(sizeof(employee));
19
20       one->id = 20146729;
21       one->salary = 1000000;
22       one->name = (char *)malloc(strlen("신민아") + 1);
23       strcpy(one->name, "신민아");
```

```
24      you->id = 20146730;
25      you->salary = 2000000;
26      you->name = _____);
27      strcpy(_____);
28
29      you->next = one;
30      printf("%d %s %d\n", you->id, you->name, you->salary);
31      printf("%d %s %d\n", one->id, one->name, one->salary);
32      printf("%d %s %d\n", you_____,
                you_____, you_____);
33
34      //동적메모리 할당 해제
35      free(one);
36      free(you);
37
38      return 0;
39  }
```

정답

```
11      int salary;
12      struct employee *next;
26      you->name = (char *)malloc(strlen("고윤호") + 1);
27      strcpy(you->name, "고윤호");
32      printf("%d %s %d\n", you->next->id, you->next->name, you->next->salary);
```

연결 리스트

연결 리스트 개요와 기본 연산

배열의 장단점

프로그램 언어를 개발된 순서인 C, C++, Java 순서로 나열해보자. 일상 생활에서는 이러한 표현의 한 방법으로 표를 이용한다. 그렇다면 프로그래밍에서는 이러한 **순차적(sequential) 자료를 어떻게 표현**할까?

1	C
2	C++
3	Java

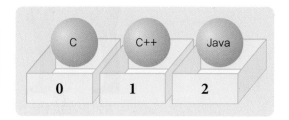

그림 16-16 개발된 순서로 나열한 프로그래밍 언어이름과 배열 표현

자료를 순차적으로 저장하기 가장 쉬운 방법은 배열이다.

- **배열은 배열이름과 첨자(index)를 사용하여 원하는 위치의 원소를 직접 임의 참조(random access)가 가능**하다.

- 단점1: C 언어와 같은 경우, 컴파일 전에 배열의 크기가 이미 결정되어야 하고 실행 중간에 배열크기를 늘릴 수 없다는 단점이 있다.

- 단점2: 또한 중간이 이미 모든 원소로 채워져 있는 배열에서 맨 앞이나 중간에 새로운 자료를 삽입하려면 삽입되는 자료 이후의 원소가 모두 이동해야 하는 번거로움이 있다. 다음 그림은 algol을 가장 앞에 삽입하는 경우, 모든 자료가 하나씩 뒤로 이동해야 하는 단점을 보여주고 있다.

- 단점3: 중간에 하나 삭제하는 경우도 마찬가지 어려움이 있다.

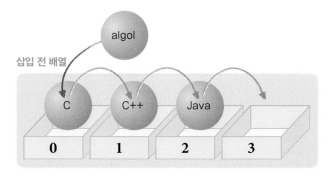
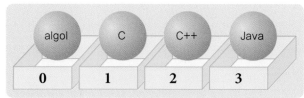

그림 16-17 배열 처음 위치에 새로운 원소 삽입

연결 리스트 개요

배열과 함께 순차적 자료 표현에 적합한 구조는 연결 리스트이다. 다음 그림과 같이 헤드(head)는 "미수"를 가리키고, "미수"는 다시 "현순"을 가리키고, 계속해서 "윤원", "현화", "수성", "나혜" 그리고 다시 나혜는 마지막이라 가리키는 사람이 없는 것(NULL)과 같은 구조를 연결 리스트라 한다. 이러한 연결 리스트는 헤드에서 시작하여 가리키는 곳을 계속 따라가면 순차적 자료를 표현할 수 있다.

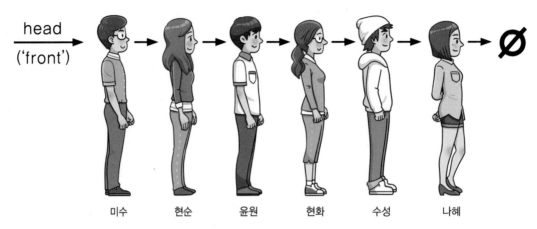

그림 16-18 연결 리스트의 이해

연결 리스트(linked list)는 원소인 노드(node)가 순차적으로 연결된 자료구조이다. 노드[2]는 배열의 원소에 해당한다.

- **연결 리스트는 첨자대신 링크(link)라는 포인터로 다음 노드를 가리키는 구조**이다. 그러므로 **노드는 자료(data)와 링크(link)로 구성**된다.
- 노드는 이미 앞에서 구현해 보았듯이 자기참조 구조체로 정의한다.

노드의 자료는 필요한 여러 변수의 조합으로 구성될 수 있고 노드의 링크는 자기 구조체의 포인터로 구현한다.

- **연결 리스트에서 헤드(head)는 항상 첫 번째 노드를 가리키는 포인터이다.** 또한 헤드(head)와 같이 마지막 노드를 가리키는 테일(tail) 포인터를 사용할 수 있다.

---

2 노드(node)는 항목(item) 또는 원소(element)라고도 부른다.

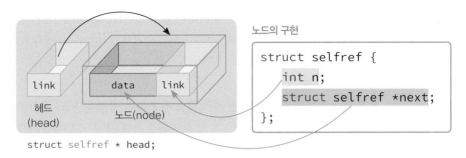

```
노드의 구현

struct selfref {
    int n;
    struct selfref *next;
};
```

struct selfref * head;

그림 16-19 연결 리스트의 헤드와 노드

다음 그림이 위 자료를 연결 리스트로 표현한 그림이다. 연결 리스트의 헤드 포인터 노드에서 시작해서 화살표를 따라 이동하면 자료를 순서대로 참조가 가능하다.

● 연결 리스트에서 마지막 노드의 링크는 NULL로 저장된다.

● 만일 연결 리스트에 노드가 하나도 없다면 헤드는 NULL을 가진다.

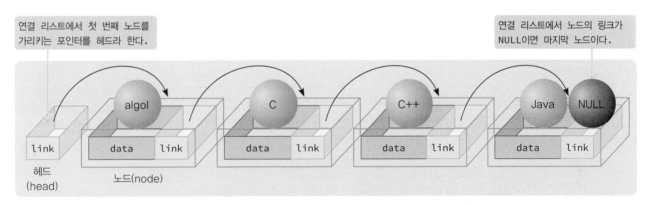

그림 16-20 연결 리스트의 헤드와 노드

연결 리스트 장단점

연결 리스트의 가장 큰 장점은 연결 리스트 항목 수를 프로그램 내부에서 메모리가 허용하는 한 늘릴 수 있다는 것이다. **즉 연결 리스트는 배열과는 달리 프로그램 실행 전에 미리 기억장소를 확보해 둘 필요가 없다. 연결 리스트는 프로그램 실행 중이라도 필요할 때 노드를 동적으로 생성하여 기존의 연결 리스트에 삽입 또는 추가할 수 있다. 또한 연결 리스트는 기억장소를 비순차적으로 사용한다.** 그러므로 연결 리스트에서 중간에 노드를 삽입 또는 삭제하더라도 배열에 비하여 다른 노드에 영향을 덜 미친다.

● 결론적으로 **연결 리스트는 동적으로 노드를 생성하므로 연결 리스트의 크기의 증가 감소에 따라 효율적으로 대처할 수 있으며 노드의 삽입과 삭제와 같은 자료의 재배치를 빠르게 처리할 수 있다.**

- 그러나 **연결 리스트는 배열에 비하여 임의 접근(random access)에 많은 시간이 소용되는 단점**이 있다. 즉 연결 리스트의 노드 검색은 헤드에서부터 링크를 따라가는 순차적 검색만이 가능하다.

노드 순회와 추가

연결 리스트에서 모든 노드를 순서대로 참조하는 방법을 노드 순회(node traversal)라 한다. 노드 순회는 헤드부터 계속 노드 링크의 포인터로 이동하면 가능하다. **링크가 NULL이면 마지막 노드임을 알 수 있다.** 이러한 노드 순회 방법을 이용하여 각 노드의 자료를 참조할 수 있으며 원하면 출력도 가능하다.

새로운 노드를 하나 생성하여 연결 리스트의 마지막 노드로 추가하는 방법도 연결 리스트의 주요 기능이다. 다음 그림은 "C#" 노드를 만들어 기존의 연결 리스트에 추가하는 방법을 설명하고 있다.

❶ 새로운 노드를 추가하기 위해서는 첫 번째로 추가할 노드를 먼저 생성한 후, 자료를 저장하고 링크를 NULL로 저장한다.

❷ 다음은 기존 연결 리스트를 순회하여 마지막으로 이동하는 일이다.

❸ 이제 마지막으로 이동한 **노드의 링크를 새로 생성한 노드의 주소값으로 저장하여 연결 리스트의 마지막 노드로 연결**한다.

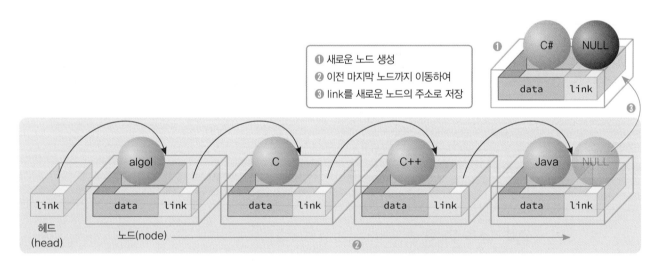

그림 16-21 연결 리스트에서 노드 추가

노드 삽입

연결 리스트 중간에 한 노드를 삽입하는 과정을 알아보자. 기존의 연결 리스트인 노드 "C"와 노드 "C++" 사이에 노드 "Objective-C"를 삽입하는 과정을 살펴보자.

❶ 가장 먼저 삽입 노드를 동적으로 생성하여 적당한 자료를 저장한다.

❷ 이제 삽입하려는 바로 이전 노드인 노드 "C"로 이동한다.

❸ 삽입하는 "Objective-C" 노드의 링크에 노드 "C++"의 주소를 저장한다.

❹ 다음에는 노드 "C"의 링크를 새로 삽입하는 "Objective-C" 노드를 가리키도록 삽입하는 "Objective-C" 노드의 주소값을 저장한다.

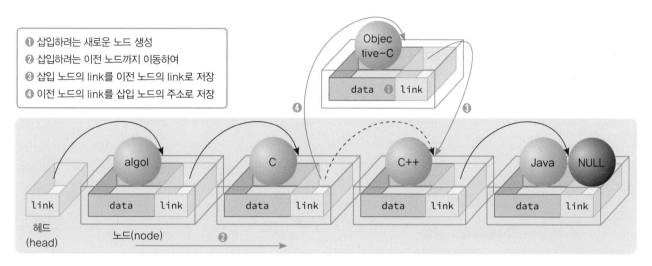

그림 16-22 연결 리스트에서 삽입

노드 삽입의 다른 조건을 살펴보면 삽입 노드의 위치를 알려주는 방법도 있을 수 있다. 즉 위 과정 중에서 2번의 이동이 없이 바로 노드 "C"를 알려주고 노드 "C"의 다음에 삽입하는 방법이다. 이러한 과정에서는 위 과정 중 2번을 제외하고 처리하면 새로운 노드를 삽입할 수 있다.

노드 삭제

연결 리스트에서 노드 하나를 삭제하는 과정을 살펴보자. 기존의 연결 리스트에서 노드 "C++"를 삭제하려면 가장 먼저 삭제하려는 노드 바로 이전 노드 "C"로 이동한다. 삭제하려는 노드 "C++"를 포인터 변수에 저장한다.

❶ 노드 "C"의 링크를 삭제하려는 노드 "C++"의 링크 노드 값으로 저장한다.

❷ 이제 마지막으로 삭제 노드 "C++"를 메모리에서 제거한다.

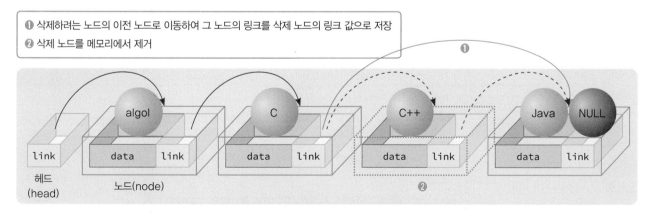

그림 16-23 연결 리스트에서 노드 삭제

01 다음과 같은 연결 리스트를 만들려고 한다. 적절한 구조체를 정의하시오.

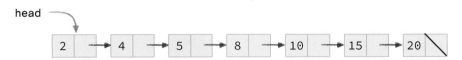

02 위의 연결 리스트에서 정수의 순으로 연결 리스트를 유지한다면 자료 12를 삽입하는 과정과 그 결과를 그림으로 설명하시오.

연결 리스트 구현

구조체 정의와 생성

지금까지 설명한 연결 리스트의 노드를 표현하는 구조체 struct linked_list를 정의해보자. 구조체 struct linked_list의 멤버로 문자열을 저장할 char * 변수인 name 그리고 다른 구조체를 가리킬 포인터 next를 구성한다. **문장 typedef를 이용하여 struct linked_list를 간단히 NODE로 정의하고, 이 NODE의 포인터를 LINK로 정의**하자.

```
struct linked_list {
    char *name;
    struct linked_list   *next;
};
typedef   struct linked_list NODE;
typedef    NODE *LINK;
```

그림 16-24 구조체와 관련 자료형 정의

구조체 NODE를 하나 생성해 멤버 name에 인자로 전달되는 문자열를 저장하는 함수 createNode()를 구현하자. 노드 하나를 생성해서 "Java" 문자열을 저장하려면 함수호출 createNode("Java")로 수행한다.

```
//노드를 생성하는 함수
LINK createNode(char *name)
{
    //새로 생성되는 노드의 주소를 저장할 변수 cur를 선언
    LINK   cur;
    //함수 malloc()으로 할당된 저장공간의 주소를 변수 cur에 저장
```

```
cur = (LINK) malloc(sizeof(NODE));
...
//언어 이름을 저장할 문자배열을 동적 할당하여 name에 저장
cur->name = (char *)malloc(sizeof(char) * (strlen(name) + 1));
strcpy(cur->name, name);
//다음 노드는 모르므로 NULL로 저장
cur->next = NULL;

return cur;
}
```

그림 16-25 노드를 생성하는 함수 createNode()

변수 cur가 가리키는 구조체의 멤버 name은 문자 포인터이다. 이 cur->name에 저장할 문자의 수만큼 메모리를 할당 받는다. **함수 malloc()에서 할당할 메모리의 크기는 strlen(str)+1개의 문자 크기를 확보**해야 한다. 함수 strcpy()를 이용하여 "Java"가 저장된 문자열 str을 cur->name에 복사한다. 현재 생성된 노드의 멤버 cur->next에는 초기에 NULL을 입력한 후, 필요하면 나중에 다른 구조체를 가리키도록 대입한다.

구조체 노드 추가

연결 리스트에 구조체 포인터 cur를 추가하는 함수 append()를 만들어 보자. 함수 append()는 시작 노드를 가리키는 head와 추가될 노드인 cur를 인자로 갖는다. 연결 리스트는 인자인 노드 head가 가리키는 노드에서 시작한다. 함수 append()는 시작 노드를 반환하도록 한다. 함수 append()는 인자인 cur 노드를 연결 리스트 head의 마지막 노드에 추가하는 함수이다.

```
//cur 노드를 연결 리스트 head의 마지막 노드에 추가하는 함수
LINK append(LINK head, LINK cur)
{
    //지역 변수 nextNode를 선언하고 초기값으로 head를 저장
    LINK nextNode = head;
    ...
    return head;
}
```

그림 16-26 함수 append() 구현

함수 append()를 이용하여 노드가 하나도 없는 연결 리스트에 노드 C를 추가하는 과정을 살펴보자.

- 함수 내부에서 연결 리스트의 마지막 노드를 찾아가는데 필요한 지역 변수 nextNode를 선언하고 초기값으로 head를 저장한다.

- 만일 현재 연결 리스트에 아무 노드가 없는 상태라면 무조건 새로 추가되는 노드가 첫 번째 노드가 될 것이다. 그러므로 이러한 경우에는 head에 cur를 대입하고 head를 반환하면서 함수를 종료한다.

다음 그림은 C 노드가 연결 리스트의 첫 번째 노드가 된 결과를 나타낸다.

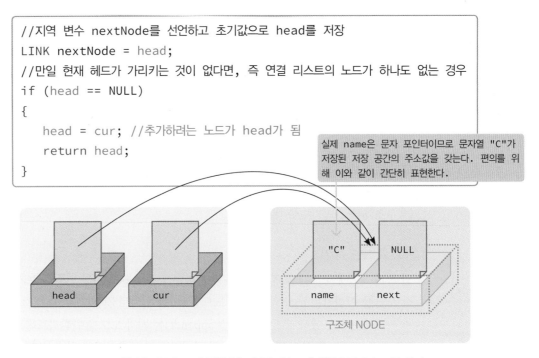

```
//지역 변수 nextNode를 선언하고 초기값으로 head를 저장
LINK nextNode = head;
//만일 현재 헤드가 가리키는 것이 없다면, 즉 연결 리스트의 노드가 하나도 없는 경우
if (head == NULL)
{
    head = cur; //추가하려는 노드가 head가 됨
    return head;
}
```

실제 name은 문자 포인터이므로 문자열 "C"가 저장된 저장 공간의 주소값을 갖는다. 편의를 위해 이와 같이 간단히 표현한다.

그림 16-27 노드가 전혀 없는 연결 리스트에 처음으로 C 노드를 추가

만일 기존의 연결 리스트에 여러 노드가 있다면 마지막 노드를 찾아가야 한다. 연결 리스트 마지막 노드에 노드 C#을 추가하는 과정을 살펴보자.

- 다음 while() 모듈을 이용하면 nextNode는 멤버 next의 값이 NULL인 마지막 노드에 이르게 된다.

- 다음 그림에서와 같이 nextNode는 처음에 head에서부터 마지막 노드를 찾아갈 때까지 계속 다음 노드를 가리킨다. 결국 멤버 next의 값이 NULL인 마지막 노드를 가리킨다.

- 이제 마지막 노드에 새로운 노드 C#을 연결하는 일만 남았다. 이 일을 위해 마지막 모드를 가리키는 nextNode를 이용하여 nextNode → next에 cur를 대입한다.

다음 그림은 노드 C와 C++ 그리고 Java로 구성된 연결 리스트에 노드 C#을 추가한 결과 그림이다.

```
//멤버 next가 NULL일 때까지 이동하여 마지막 노드까지 이동
while (nextNode->next != NULL)
{
    nextNode = nextNode->next;
}
//추가 노드를 현재 노드의 next에 저장
nextNode->next = cur;
```

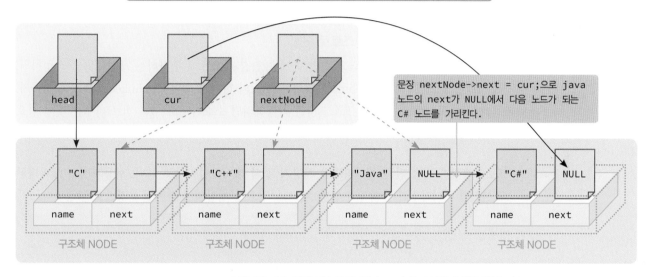

문장 nextNode->next = cur;으로 java
노드의 next가 NULL에서 다음 노드가 되는
C# 노드를 가리킨다.

그림 16-28 연결 리스트에 C# 노드가 추가되어 수정된 연결 리스트

구조체 노드 출력

연결 리스트 자료 출력 함수 printList()를 작성하자. 함수 printList()는 연결 리스트의 시작 노드를 가리키는 head 노드를 인자로 받아서 연결 리스트를 순회하면서 모든 노드의 자료를 출력하는 함수이다. 함수 printList()는 출력된 노드의 수를 반환한다.

```
//연결 리스트의 모든 노드 출력 함수
int printList(LINK head)
{
    int cnt = 0; //방문한 노드의 수를 저장
    LINK nextNode = head;
    //nextNode를 이용하여 연결 리스트의 처음부터 끝까지 순회
    while (nextNode != NULL)
    {
        //리스트의 순서로 노드를 방문하여 방문 횟수와 문자열 자료를 출력
        ...
```

```
    }

    //총 노드 방문 횟수를 반환하고 함수를 종료
    return cnt;
}
```

그림 16-29 함수 printList()

프로그래밍 언어 종류를 연결 리스트로 구현

프로그래밍 언어 이름을 표준입력으로 받아 계속 연결 리스트에 추가하는 프로그램을 작성하자. 이 프로그램은 2 개의 소스 파일 linkedlist.c, listlib.c와 하나의 헤더파일 linkedlist.h로 구성하자. 이와 같이 상대적으로 큰 규모의 프로그램을 작성하려면 소스파일도 여러 개로 나누는 것이 필요하고 헤더파일도 프로그래머가 직접 만들 필요가 있다.

● **프로그래머가 직접 만든 헤더파일을 사용자 정의 헤더파일**이라고 한다. **사용자정의 헤더파일도 시스템 헤더파일과 같이 함수원형, 매크로, 자료형 재정의에 관련된 문장으로 구성**된다.

이 예제는 비주얼 스튜디오에서 프로젝트Linked List로 구현하자.

● 함수 main()은 파일 linkedlist.c에서 구현한다.

● 연결 리스트에 필요한 함수 createNode(), append(), printList()는 파일 listlib.c에서 구현한다.

● 헤더파일 linkedlist.h에서는 필요한 시스템 헤더 파일을 삽입하고 함수 createNode(), append(), printList()의 함수원형을 정의하며, 구조체 linked_list 정의와 관련된 자료유형을 정의한다.

다음은 Linked List 프로젝트의 소스 3개 파일과 목적파일 그리고 실행파일을 보이고 있다.

● **헤더파일은 컴파일이 필요한 파일이 아니므로 프로그램 소스 2개에서 컴파일이 성공하면 목적 파일 linkedlist.obj와 listlib.obj가 생성**된다.

● 다시 링크가 성공하면 프로젝트 이름의 실행파일 Linked List.exe가 생성된다.

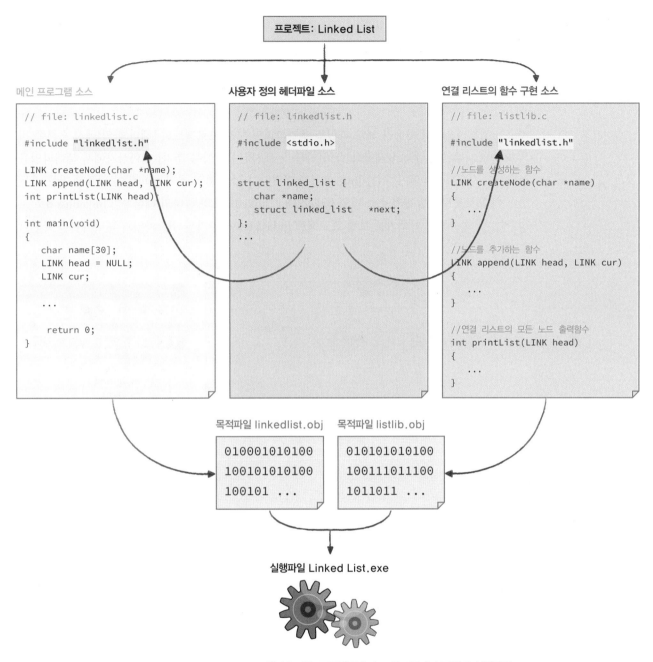

그림 16-30 프로젝트 linkedlist의 소스파일과 실행파일

프로그래밍 언어 종류를 연결 리스트로 구현

표준입출력에 필요한 헤더파일 〈stdio.h〉의 삽입은 사용자 정의 헤더파일 linkedlist.h에 기술하고 두 구현 소스파일에서 헤더파일 linkedlist.h을 삽입한다. **지시자 #include에서 큰 따옴표를 사용해서 사용자정의 헤더파일을 삽입**한다. 이는 시스템 헤더파일을 삽입하는 #include의 〈stdio.h〉와 다르다는 것을 알 수 있다.

```
#include "linkedlist.h"      //"사용자헤더파일.h" 기술
#include <stdio.h>           //<시스템헤더파일.h> 기술
```

그림 16-31 지시자 #include에서 〈시스템 헤더파일〉과 "사용자 헤더파일" 차이

비주얼 스튜디오에서 사용자 헤더 파일을 추가하려면 현재 프로젝트의 [헤더 파일]에서 오른쪽 버튼을 눌러 나온 메뉴 [추가/새항목]을 선택한다. 표시된 [새 항목 추가] 대화상자에서 헤더파일을 선택하고 사용자 헤더파일 이름 linkedlist를 입력한다. 소스파일 추가는 파일이 필요한 만큼 가능하며 이 프로젝트는 2 개의 소스 파일 linkedlist.c, linkedlib.c와 하나의 헤더파일 linkedlist.h로 구성된다. 다음 솔루션 탐색기를 보면 프로젝트 linked list에 추가된 소스파일과 헤더파일을 확인할 수 있다.

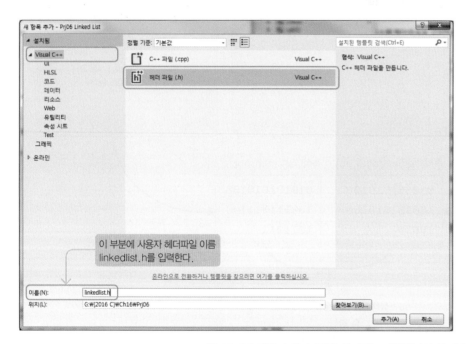

그림 16-32 사용자 헤더파일을 추가하는 대화상자와 추가된 헤더파일 linkedlist.h

함수 main()을 살펴보자.

● 변수 name[]은 표준입력으로 받은 프로그램 이름 문자열을 저장할 문자 배열이다.

● 변수 head는 연결 리스트의 헤드로 사용되고, 변수 cur는 현재 새로이 생성된 노드를 가리키는 포인터이다.

● 함수 gets()를 이용하여 표준입력으로 문자열을 받고, 문장 while () 문을 이용하여 ctrl + Z를 누를 때까지 표준입력을 계속 받도록 한다.

- 함수 createNode()를 이용하여 문자열 name과 같은 문자열이 저장된 구조체 노드를 생성하여 변수 cur에 대입한다.
- 이 변수 cur를 인자로 함수 append()를 호출하여 연결 리스트에 추가한다.
- 새로운 노드가 하나 추가될 때마다 연결 리스트의 모든 노드를 순차적으로 출력하자.

다음은 연결 리스트를 구현한 프로그램의 소스인 linkedlist.c, listlib.c, linkedlist.h 파일이다.

실습예제 16-6

linkedlist.h

연결 리스트를 생성하고 출력하는 프로그램을 위한 헤더파일

```
01    // file: linkedlist.h
02    #define _CRT_SECURE_NO_WARNINGS //scanf(), gets() 등 오류를 방지하기 위한 상수 정의
03    #include <stdio.h>
04    #include <stdlib.h>
05    #include <string.h>
06
07    //자기참조 구조체 정의
08    struct linked_list {
09       char *name;
10       struct linked_list *next;
11    };
12    //struct linked_list를 NODE로 재정의
13    typedef   struct linked_list NODE;
14    //NODE *를 LINK로 재정의
15    typedef   NODE * LINK;
```

실습예제 16-7

linkedlist.c

연결 리스트를 생성하고 출력하는 메인 프로그램

```
01    // file: linkedlist.c
02    #include "linkedlist.h"
03
04    LINK createNode(char *name);
05    LINK append(LINK head, LINK cur);
06    int printList(LINK head);
07
08    int main(void)
09    {
10       //표준입력으로 받은 프로그램 이름 문자열을 저장할 문자 배열
11       char name[30];
12       LINK head = NULL; //연결 리스트의 헤드로 사용
```

```
13        LINK cur; //현재 새로이 생성된 노드를 가리키는 포인터
14
15        printf("이름을 입력하고 Enter를 누르세요. >> \n");
16        while (gets(name) != NULL)
17        {
18            cur = createNode(name);    //노드 동적 할당
19            if (cur == NULL) {
20                printf("동적메모리 할당에 문제가 있습니다.\n");
21                exit(1);
22            }
23            head = append(head, cur);    //맨 뒤에 노드 추가
24            printList(head);        //연결 리스트 모두 출력
25        }
26
27        return 0;
28    }
```

설명	
02	사용자정의 헤더 파일을 삽입하려면 큰 따옴표를 사용하여 "linkedlist.h" 기술
16	ctrl + Z를 누르면 while() 종료
23	함수 append()를 호출하여 cur 노드를 맨 뒤에 추가
24	연결 리스트 모두 출력

실행결과

```
이름을 입력하고 Enter를 누르세요. >>
C
  1번째 노드는 C
C++
  1번째 노드는 C
  2번째 노드는 C++
C#
  1번째 노드는 C
  2번째 노드는 C++
  3번째 노드는 C#
^Z
```

실습예제 16-8　listlib.c

연결 리스트를 생성하고, 추가, 출력하는 함수3개를 구현한 소스

```
01    // file: listlib.c
02    #include "linkedlist.h"
03
04    //노드를 생성하는 함수
05    LINK createNode(char *name)
06    {
```

```
07      //새로 생성되는 노드의 주소를 저장할 변수 cur를 선언
08      LINK   cur;
09      //함수 malloc()으로 할당된 저장공간의 주소를 변수 cur에 저장
10      cur = (LINK) malloc(sizeof(NODE));
11      if (cur == NULL)
12      {
13          printf("노드 생성을 위한 메모리 할당에 문제가 있습니다.\n");
14          return NULL;
15      }
16      //언어 이름을 저장할 문자배열을 동적 할당하여 name에 저장
17      cur->name = (char *)malloc(sizeof(char) * (strlen(name) + 1));
18      strcpy(cur->name, name);
19      //다음 노드는 모르므로 NULL로 저장
20      cur->next = NULL;
21
22      return cur;
23  }
24
25  //cur 노드를 연결 리스트 head의 마지막 노드에 추가하는 함수
26  LINK append(LINK head, LINK cur)
27  {
28      //지역 변수 nextNode를 선언하고 초기값으로 head를 저장
29      LINK nextNode = head;
30      //만일 현재 헤드가 가리키는 것이 없다면, 즉 연결 리스트의 노드가 하나도 없는 경우
31      if (head == NULL)
32      {
33          head = cur; //추가하려는 노드가 head가 됨
34          return head;
35      }
36      //멤버 next가 NULL일 때까지 이동하여 마지막 노드까지 이동
37      while (nextNode->next != NULL)
38      {
39          nextNode = nextNode->next;
40      }
41      //추가 노드를 현재 노드의 next에 저장
42      nextNode->next = cur;
43
44      return head;
45  }
46
47  //연결 리스트의 모든 노드 출력 함수
48  int printList(LINK head)
49  {
```

```
50        int cnt = 0;  //방문한 노드의 수를 저장
51        LINK nextNode = head;
52        //nextNode를 이용하여 연결 리스트의 처음부터 끝까지 순회
53        while (nextNode != NULL)
54        {
55            //리스트의 순서로 노드를 방문하여 방문 횟수와 문자열 자료를 출력
56            printf("%3d번째 노드는 %s\n", ++cnt, nextNode->name);
57            nextNode = nextNode->next;
58        }
59
60        //총 노드 방문 횟수를 반환하고 함수를 종료
61        return cnt;
62    }
```

설명	
17	문자열 마지막이 \0이 저장되려면 malloc()의 인자에서 sizeof(char) * (strlen(name) + 1)로 기술
57	nextNode를 다음 노드로 이동

중간점검

01 다음 자기참조 구조체의 정의에서 잘못된 것을 찾아 수정하시오.

```
struct linked_list {
    char *name;
    struct linked_list next;
};
```

02 연결 리스트에서 다음 연산 방법을 설명하시오.
- 노드 추가
- 노드 삽입
- 노드 삭제

구조체 struct node는 int 형의 정보를 담는 x 필드와 다른 노드를 가리키는 next 필드로 구성된다. 먼저 노드 2개를 생성하여 연결 리스트로 연결한다. 포인터 head는 항상 연결 리스트의 첫 노드를 가리키게 하며 마지막 노드의 필드 next는 NULL 값을 갖는다. 2개의 노드 중 마지막 노드로 이동하여 하나의 노드를 새로 생성하여 필드 x를 30으로 저장하고 이 노드가 마지막 노드가 되도록 한다. 마지막으로 연결 리스트의 모든 노드를 순회하면서 필드 x 값을 출력해 다음의 결과가 되도록 프로그램을 작성해 실행해 보도록 한다.

● 노드 3개로 구성되는 연결 리스트의 순서는 다음과 같이 수행

```
1번째 노드는 20
2번째 노드는 10
3번째 노드는 30
```

| Lab 16-2 | nodelist.c |

```c
01  #include <stdio.h>
02  #include <stdlib.h>
03
04  struct node {
05      int x;
06      _____;
07  };
08
09  int main(void)
10  {
11      //노드 두 개를 생성하여 자료와 링크를 대입
12      struct node *one = _____;
13      one->x = 10;
14      one->next = NULL;
15      struct node *two = malloc(sizeof(struct node));
16      two->x = 20;
17      two->next = one;
18
19      struct node *head = _____;
20      struct node *cur = head;
21      if (cur) {
22          while (cur->next != NULL)
```

```
23            cur = cur->next;
24        }
25
26        //노드를 생성하여 주소를 저장
27        cur->next = malloc(sizeof(struct node));
28        cur = cur->next;
29
30        cur->next = NULL;
31        cur->x = 30;
32
33        cur = head;
34        int cnt = 0;
35        while (cur != NULL)
36        {
37            //리스트의 순서로 노드를 방문하여 방문 횟수와 문자열 자료를 출력
38            printf("%3d번째 노드는 %d\n", ++cnt, cur->x);
39            _____;
40        }
41
42        return 0;
43    }
```

정답	
06	`struct node *next;`
12	`    struct node *one = malloc(sizeof(struct node));`
19	`    struct node *head = two;`
39	`        cur = cur->next;`

전처리

전처리 지시자 종류와 매크로

다양한 전처리 명령어

전처리기가 처리하는 지시자의 종류를 살펴보면 다음과 같다. 헤더파일을 삽입하는 지시자 #include와 기호상수를 정의하는 #define은 이미 알아 보았다. 또한 전처리기는 조건부로 필요한 문장을 컴파일에 참여시키는 지시자를 제공한다. **조건부 컴파일 문장은 개발단계에서만 실행에 참여하는 문장 처리에 적합**하다. 또한 프로그램 개발에서 버전과 플랫폼에 따라 다르게 컴파일해야 하는 부분이 있다면 조건부 컴파일 기능이 유용하게 사용될 수 있다.

표 16-2 전처리 명령어 종류

명령어	설명	명령어	설명
#define	기호상수 정의	#ifdef	주어진 이름이 정의되었다면 컴파일
#elif	조건부 컴파일 블록의 표시	#ifndef	주어진 이름이 정의되지 않았다면 컴파일
#else	조건부 컴파일 블록의 마지막을 표시	#include	지정된 헤더파일 내용을 현재에 복사
#endif	조건 부 컴파일 블록의 종료 표시	#undef	지정한 기호상수를 삭제
#if	주어진 연산식이 참이면 컴파일		

예약 매크로

프로그램의 편의를 위하여 C 언어에서는 다음과 같이 시스템에서 이미 정의되어 있는 예약 매크로(predefined macro)를 제공한다. 다음 예약 매크로는 ANSI 표준 매크로로 프로그램 디버깅에 활용될 수 있다.

표 16-3 예약 매크로

매크로	설명
__DATE__	가장 최근에 소스 파일을 컴파일한 날짜로 [Mmm dd yyyy]으로 표시
__FILE__	현재 소스 파일 이름으로 절대경로로 표시
__LINE__	현재 소스 파일에서 이 문장이 있는 줄 번호
__TIME__	가장 최근에 소스 파일을 컴파일한 시각으로 [시:분:초]로 표시
__TIMESTAMP__	현재 소스 파일을 마지막으로 수정한 시각으로 [요일 월 날짜 시:분:초 년]으로 표시

sysmacro.c

이미 정의된 매크로의 이용

```
01    // file: sysmacro.c
02    #include <stdio.h>
03
04    int main(void)
05    {
06        printf("__DATE__ -> %s\n", __DATE__);
07        printf("__FILE__ -> %s\n", __FILE__);
08        printf("__LINE__ -> %d\n", __LINE__);
09        printf("__TIME__ -> %s\n", __TIME__);
10        printf("__TIMESTAMP__ -> %s\n", __TIMESTAMP__);
11
12        return 0;
13    }
```

설명

06 가장 최근에 소스 파일을 컴파일한 날짜로 [Mmm dd yyyy]으로 표시
07 현재 소스 파일 이름으로 절대경로로 표시
08 현재 소스 파일에서 이 문장이 있는 줄 번호
09 가장 최근에 소스 파일을 컴파일한 시각으로 [시:분:초]로 표시
10 현재 소스 파일을 마지막으로 수정한 시각으로 [요일 월 날짜 시:분:초 년]으로 표시

실행결과

```
__DATE__ -> Dec 11 2017
__FILE__ -> d:\creative c sources\ch16\prj08\sysmacro.c
__LINE__ -> 9                              소스 파일의 최종 수정된
                                           날짜와 시각 정보를 표시
__TIME__ -> 17:35:08
__TIMESTAMP__ -> Sat Dec 11 17:35:07 2017
```

명령행에서 전처리 결과 보기

비주얼 스튜디오 개발도구는 명령어 컴파일러 cl.exe를 제공한다. 전처리기가 처리한 결과 소스를 표준출력으로 보기 위해서는 컴파일러 cl 명령어에서 /E 옵션을 사용한다.

다음은 위의 예제 소스 파일 sysmacro.c의 전처리 결과를 보는 명령어이다. 그러나 위 명령어를 실행하면 생각보다 결과 소스가 길어 그 내용을 마지막 부분만 볼 수 있다. 다음과 같이 도스 연산자 >>를 사용하여 표준출력을 지정한 파일이름 preresult.c에 저장할 수 있다. 또한 옵션 /P를 사용하면 바로 확장자가 i인 소스 파일이름으로 전처리 결과를 저장할 수 있다.

```
> cl /E  sysmacro.c
```
옵션 /E는 첫 인자인 원본 소스 파일에서 전처리한 결과의 소스가 두 번째 인자인 결과 파일 이름으로 생성

```
> cl /E  sysmacro.c >> preresult.c
> cl /P  sysmacro.c
```
옵션 /P는 전처리 결과가 파일 sysmacro.i에 저장

그림 16-33 전처리 결과를 파일에 저장하는 명령어

전처리 결과 파일 preresult.c 또는 sysmacro.i를 편집기로 열면 전처리기가 처리한 결과 소스를 볼 수 있다. 전처리 결과는 생각보다 빈 줄도 많고 파일이 매우 길다. 다음이 처리결과의 마지막 부분이다.

```
preresult.c │ 시작 페이지 │ sysmacro.c │ preprocess.c │ if.c │ ifdef.c │ ifdef.c │ listlib.c │ linkedlist.c │ linkedlist.h      ▼ ✕
(알 수 없는 범위)                                              ▼                                                      ▼
5369
5370    #line 739 "C:\\Program Files\\Microsoft Visual Studio 10.0\\VC\\INCLUDE\\stdio.h"
5371
5372    #line 4 "sysmacro.c"
5373
5374 ⊟ int main(void)
5375   {
5376        printf("__DATE__ -> %s\n", "Dec 11 2010");
5377        printf("__FILE__ -> %s\n", "sysmacro.c");
5378        printf("__LINE__ -> %d\n", 9);
5379        printf("__TIME__ -> %s\n", "18:10:11");
5380        printf("__TIMESTAMP__ -> %s\n", "Sat Dec 11 17:35:07 2010");
5381
5382        return 0;
5383   }
5384
◄      III                                                                                                              ►
```

그림 16-34 예제 소스 sysmacro.c의 전처리 결과 소스

중간점검

01 다음 예약 매크로 표에서 빈 부분을 적절히 채우시오.

매크로	설명
	가장 최근에 소스 파일을 컴파일한 날짜로 [Mmm dd yyyy]으로 표시
__FILE__	
__LINE__	현재 소스 파일에서 이 문장이 있는 줄 번호
	가장 최근에 소스 파일을 컴파일한 시각으로 [시:분:초]로 표시
	현재 소스 파일을 마지막으로 수정한 시각으로 [요일 월 날짜 시:분:초 년]으로 표시

조건부 컴파일 지시자

기본 조건부 컴파일 명령어 #if #endif

전처리 #if #endif는 기본적인 조건부 컴파일 지시자다. **#if 다음의 조건식 expression이 0이 아니면 #endif 또는 다른 옵션의 전처리 지시자 사이의 모든 문장을 컴파일하고, 만일 조건식 expression이 0이면 컴파일에서 제거**한다. #if는 반드시 #endif로 종료해야 한다. #if와 #endif 사이에는 C 문장뿐 아니라 #define과 같은 다른 전처리기 지시자도 올 수 있으며, 옵션으로 else if를 의미하는 #elif와 else인 #else가 올 수 있다. 전처리기 지시자 #if #endif는 일반 if 문과 유사하다.

다만 #if에서는 조건식에 괄호가 생략 가능하며, 조건 절의 문장이 여러 개라도 블록을 사용할 필요가 없다. 그러나 #if 의 조건식에 괄호를 사용해도 무방하다.

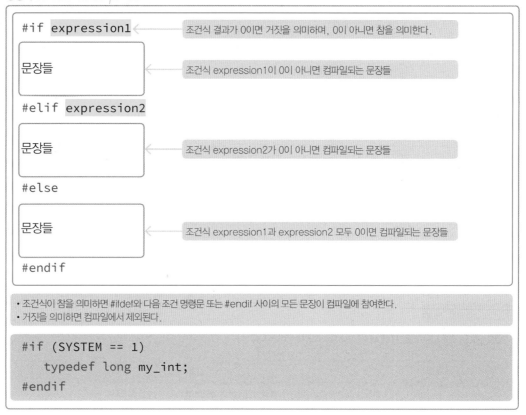

명령어 #if #elif #else #endif

```
#if expression1        ← 조건식 결과가 0이면 거짓을 의미하며, 0이 아니면 참을 의미한다.

문장들                  ← 조건식 expression1이 0이 아니면 컴파일되는 문장들

#elif expression2

문장들                  ← 조건식 expression2가 0이 아니면 컴파일되는 문장들

#else

문장들                  ← 조건식 expression1과 expression2 모두 0이면 컴파일되는 문장들

#endif
```

• 조건식이 참을 의미하면 #ifdef와 다음 조건 명령문 또는 #endif 사이의 모든 문장이 컴파일에 참여한다.
• 거짓을 의미하면 컴파일에서 제외된다.

```
#if (SYSTEM == 1)
    typedef long my_int;
#endif
```

그림 16-35 전처리 지시자 #if #endif

● 명령문 #if 조건식에는 기호상수와 정수 상수, 문자 상수만 나올 수 있으며 그 결과도 반드시 정수여야 한다. 실수 상수와 문자열 상수, 변수 등을 사용할 수 없다.

● 조건식에는 관계연산자와 논리연산자 그리고 사칙연산을 사용할 수 있다.

● 또한 조건식에 변수는 사용할 수 없다. 다음은 잘못된 #if 조건식을 나타낸다.

```
#if SYSTEM < 2.0
#define TEST 100
#endif
```

```
#define PL "Java"
#if PL == "Java"
#define TEST 100
#endif
```

```
int a = 10;
#if a == 10
typedef long my_int;
#endif
```

그림 16-36 잘못 사용된 #if 조건식

preif.c

전처리기 지시자 #if를 이용

```c
01  // file: preif.c
02  #include <stdio.h>
03
04  //상수 정의
05  #define WINDOWS 1
06  #define MAC 2
07  #define UNIX 3
08  //#define SYSTEM WINDOWS
09  #define SYSTEM UNIX
10
11  //전처리 #if #elif #else #endif
12  #if (SYSTEM == WINDOWS)
13  typedef long my_int;
14  #elif SYSTEM == MAC
15  typedef int my_int;
16  #elif SYSTEM == UNIX
17  typedef long long my_int;
18  #else
19  typedef short my_int;
20  #endif
21
22  int main(void)
23  {
24      my_int n = 17;
25      printf("변수크기: %d, 저장값: %d\n", sizeof(n), n);
26
27      return 0;
28  }
```

설명		
12	조건이 SYSTEM == WINDOWS 이면 13행인 my_int를 long으로 사용	
14	조건이 SYSTEM == MAC 이면 15행인 my_int를 int로 사용	
16	조건이 SYSTEM == UNIX 이면 17행인 my_int를 long long으로 사용	
18	else이면 my_int를 short로 사용	
24	변수 n을 my_int로 선언하고 초기값으로 17 저장	
25	변수의 저장공간 크기와 변수 저장값 저장	

실행결과	변수크기: 8, 저장값: 17

전처리 연산자 defined

전처리 연산자 defined (기호상수)는 기호상수가 정의되었다면 0이 아닌 값을, 정의가 되지 않았

다면 **0을 반환**한다. 피연산자의 괄호는 생략 가능하다. 연산자 defined는 지시자 #if의 조건식에서 다음과 같이 사용될 수 있다.

```
#if (defined WINDOWS)
    typedef long my_int;
#endif
```

그림 16-37 전처리 연산자 defined

if defined #ifdef #endif

전처리 #ifdef #endif도 조건부 컴파일 지시자다. **#ifdef 다음에 나오는 기호상수가 이미 정의되었다면 #endif까지 모든 문장을 컴파일하고, 그렇지 않으면 컴파일에서 제거**한다. #ifdef는 반드시 #endif로 종료해야 한다. #ifdef와 #endif 사이에는 C 문장뿐 아니라 전처리 지시자도 올 수 있다.

지시자 #ifdef #endif

```
#ifdef 기호상수          ←———— 명령어 #define 또는 명령행에서 정의된 기호상수이다.
   ...
#endif
```

• 기호상수가 정의되었다면 #ifdef와 #endif 사이의 모든 문장이 컴파일에 참여한다. 정의되지 않았다면 컴파일에서 제외된다.

```
#ifdef DEBUG
    printf("DEBUG : 1부터 %d까지의 곱은%d 입니다.\n", i, prod);
#endif
```

그림 16-38 전처리 지시자 #ifdef #endif

다음 예제에서 기호상수 DEBUG가 정의되어 있으면 중간 결과를 출력하는 문장이 컴파일 되며, 그렇지 않으면 이 문장은 컴파일에서 제외된다. 이 프로그램에서 기호상수 DEBUG는 지시자 #define으로 정의하고 있다. 비주얼 스튜디오에서도 직접 기호상수를 정의할 수 있다. 메뉴 [프로젝트/ 프로젝트 속성 …]를 선택하여 표시된 [프로젝트 속성 페이지] 대화상자의 [전처리기 정의]에서 DEBUG를 삽입할 수 있다.

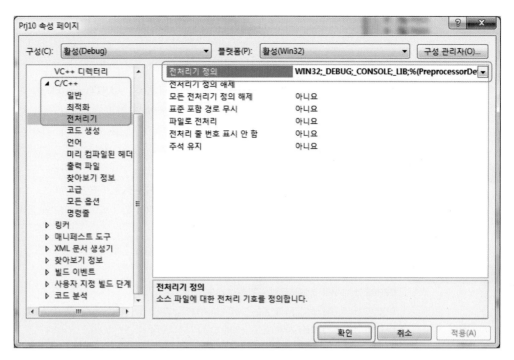

그림 16-39 비주얼 스튜디오에서 기호상수를 정의하는 대화상자

다음 소스는 기호상수 DEBUG가 정의되어 있다면 printf("DEBUG : 1부터 %d까지의 곱은%d 입니다.\n", i, prod); 출력문을 컴파일한다. 만일 DEBUG가 정의되어 있지 않다면 #ifdef 내부의 printf()문은 컴파일에 참여할 수 없고, 당연히 실행해도 그 부분은 실행되지 않는다.

실습예제 16-11	preifdef.c

전처리 지시자 #ifdef 이용한 디버깅 방법

```c
01    // file: preifdef.c
02    #include <stdio.h>
03    #define DEBUG        ← 이 기호상수 정의 문을 제거하면 중간
                             과정의 결과는 보이지 않는다.
04    #define LIMIT 20
05
06    int main(void)
07    {
08       long prod = 1;
09       for (int i = 1; i <= LIMIT; i++)
10       {
11          prod *= i;
12
                             기호상수 DEBUG가 정의되지 않는다면
                             다음과 같은 한 행의 결과만 표시된다.
13    #ifdef DEBUG
14          if (i % 5 == 0)
15             printf("DEBUG : 1부터% d까지의 곱은 %d입니다.\n", i, prod);
```

```
16       #endif
17
18       }
19       printf("1부터 %d까지의 곱은 %d입니다.\n", LIMIT, prod);
20                        1부터 20까지의 곱은 -2102132736입니다.
21       return 0;
22   }
```

설명	03	상수 DEBUG를 정의
	13	상수 DEBUG가 정의되었다면 14 ~ 15행을 컴파일하므로, 중간과정인 5, 10, 15, 20까지의 곱도 출력될 수 있으며, 3행을 빼버리면 중간과정이 안 나오고 20까지의 곱의 결과만 계산하여 19행의 결과만 출력
	19	1에서 20까지의 곱의 결과를 출력

실행결과	DEBUG : 1부터 5까지의 곱은 120입니다. DEBUG : 1부터 10까지의 곱은 3628800입니다. DEBUG : 1부터 15까지의 곱은 2004310016입니다. DEBUG : 1부터 20까지의 곱은 -2102132736입니다. 1부터 20까지의 곱은 -2102132736입니다.

명령어 #ifndef

전처리 지시자 #ifndef는 #ifdef와 반대로 기호상수가 정의되지 않았다면 #ifndef와 #endif 사이의 모든 문장이 컴파일에 참여하며, 정의되었다면 컴파일에서 제외된다. 다음 소스는 기호상수 NAME_SIZE가 정의되어 있지 않다면 NAME_SIZE를 30으로 정의하는 문장이다. 실제로 헤더파일을 여러 개 사용하다 보면 기호상수 정의가 중복될 수 있는데, 컴파일 시 경고가 발생한다. 단순히 #define NAME_SIZE 30이 아니라 다음과 같이 #ifndef 를 사용한 기호상수 정의는 헤더파일에서 기호상수를 중복되게 정의하는 것을 막아주는 역할을 한다.

전처리 명령어 #ifndef

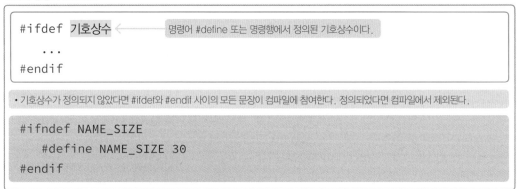

```
#ifdef  기호상수  ←──────   명령어 #define 또는 명령행에서 정의된 기호상수이다.
   ...
#endif
```

• 기호상수가 정의되지 않았다면 #ifdef와 #endif 사이의 모든 문장이 컴파일에 참여한다. 정의되었다면 컴파일에서 제외된다.

```
#ifndef NAME_SIZE
   #define NAME_SIZE 30
#endif
```

그림 16-40 전처리 지시자 #ifndef #endif

기호상수 삭제 #undef

#undef는 이미 정의된 기호 상수를 해지하는 지시자이다. 다음 구문은 20으로 정의된 기호상수 SIZE를 전처리기 지시자 #undef SIZE로 그 효력을 상실하게 한다. 일반적으로 기호상수를 삭제하기 전에 #ifdef로 이전에 정의됨을 확인한 후 삭제하는 것이 좋다.

```
#define SIZE 20
#ifdef SIZE
#undef SIZE
#endif
```

그림 16-41 지시자 #undef

중간점검

01 다음 프로그램의 결과를 기술하시오.

```
#include <stdio.h>

int main(void)
{
   int data = 1;
#ifdef DEBUG
   data++;
#endif
   printf("%d\n", data);


   return 0;
}
```

전처리 연산자

전처리 연산자 종류

전처리 연산자는 #, #@, ##, defined 모두 4개이다. **연산자 #, #@, ##은 매크로 정의 지시자 #define에서 사용**된다. **연산자 defined는 이미 보았듯이 조건부 컴파일 지시자 #if와 #elif 등에서 사용**된다.

표 16-4 전처리 연산자

연산자	이름	사용 예	기능
#	문자열 만들기 연산자 (stringzing operator)	#인자	인자 앞 뒤에 큰 따옴표를 붙여 인자를 문자열로 만드는 연산자
#@	문자 만들기 연산자 (charizing operator)	#@인자	인자 앞 뒤에 작은 따옴표를 붙여 인자를 문자로 만드는 연산자
##	토큰 붙이기 연산자 (token-pasting operator)	인자##인자	인자를 다른 토큰들과 연결해주는 연산자
defined	정의 검사 연산자 (defined operator)	defined WINDOWS	싱수로 정의되어 있는지 검시하는 연산지

문자열 만들기 연산자

문자열 만들기 연산자 #은 매크로 정의 시에 뒤에 나오는 인자를 문자열로 만드는 연산자이다. 즉 매크로에서 인자의 앞 뒤에 인용 부호 "인자"를 넣어 문자열로 만든다.

● 다음 소스에서 매크로 PRT(a) 정의에서 인자 a의 사용을 #a로 하는 경우, 이 매크로 호출 시에 인자의 앞 뒤에 인용 부호 "a"를 넣어 문자열로 만든다.

● 다음 매크로 PRT(i)의 호출에서 실인자 #i는 "i"로 대체되며 실인자 i는 그대로 i로 대체된다.

● C 언어에서 문자열 "i"와 " = %2d 일때,"를 나열한 것은 그대로 문자열의 연결을 의미한다. 즉 두 문자열이 연결된 문자열 "i = %2d 일때,"이 함수 printf()의 첫 인자가 된다.

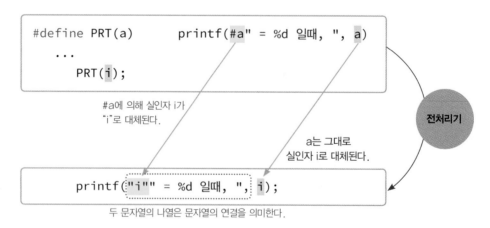

그림 16-42 문자열 만들기 연산자 #의 예1

다음과 같은 매크로 정의 APRT(a)에서 APRT(fact[i])의 호출은 어떤 문장이 실행될까? 결과는 printf("facto[i]"" = %3d\t", facto[i]);문장으로 실행된다.

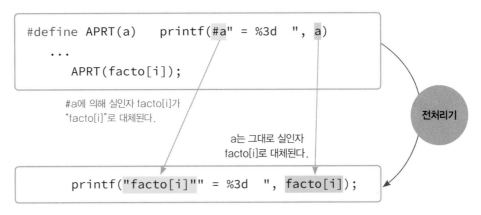

그림 16-43 문자열 만들기 연산자 #의 예2

문자 만들기 연산자 #@

문자 만들기 연산자 #@는 인자 x의 매크로 정의에서 #@x와 같이 형식인자 앞에 위치한다. 연산자 #@는 뒤에 나오는 인자를 앞 뒤에 작은 따옴표를 붙여 문자로 만들어 준다. 다음 매크로 CHPRT(a)는 인자 a를 문자로 만들어 함수 printf()로 출력하는 매크로이다. 즉 매크로 호출 CHPRT($)로 문자 $를 출력할 수 있다.

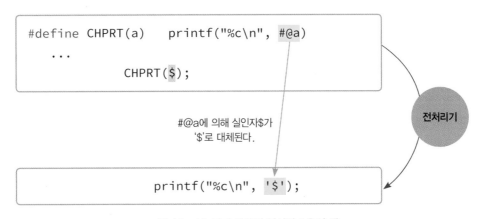

그림 16-44 문자 만들기 연산자 #@의 예

토큰 붙이기 연산자

토큰 붙이기 연산자 ##은 좌우의 토큰을 연결(concatenation)하는 기능을 수행한다. 다음 매크로 AIPRT(a, i)에서 연산식 a##[i]는 a와 [i]를 연결한다. 매크로 호출 AIPRT(facto, i)는 실인자 연산식 facto##[i]에 의해 facto와 i를 연결한 facto[i]로 대체된다.

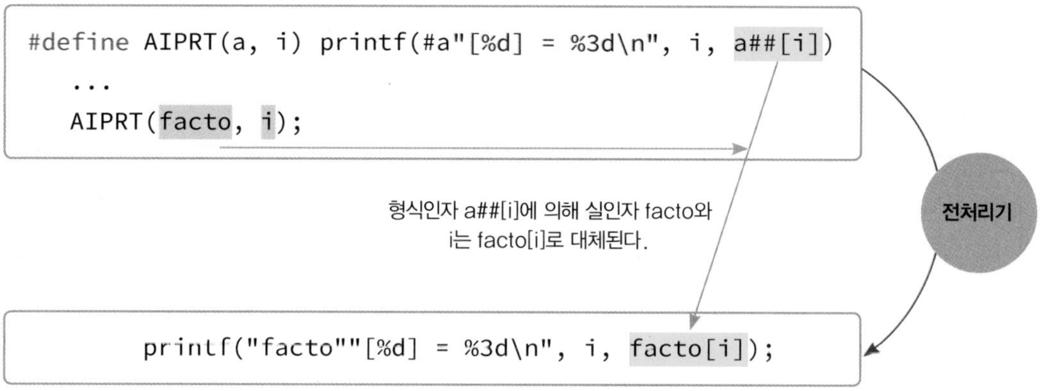

```
#define AIPRT(a, i) printf(#a"[%d] = %3d\n", i, a##[i])
  ...
  AIPRT(facto, i);
```

형식인자 a##[i]에 의해 실인자 facto와
i는 facto[i]로 대체된다.

전처리기

```
printf("facto""[%d] = %3d\n", i, facto[i]);
```

그림 16-45 토큰 붙이기 연산자 ##

실습예제 16-12 operator.c

전처리 연산자 #, #@, ##의 사용

```
01   // file: operator.c
02   #include <stdio.h>
03
04   #define CHPRT(a)        printf("%c\n", #@a)
05   #define PRT(a)          printf(#a" = %d 일때, ", a)
06   #define APRT(a)         printf(#a" = %3d  ", a)
07   #define AIPRT(a, i)     printf(#a"[%d] = %3d\n", i, a##[i])
08
09   int main(void)
10   {
11      int prod = 1;
12      int facto[6];
13      CHPRT($); //4행 매크로 호출
14
15      for (int i = 1; i <= 5; i++)
16      {
17         prod *= i;
18         facto[i] = prod;
19         PRT(i); //5행 매크로 호출
20         APRT(facto[i]); //6행 매크로 호출
21         AIPRT(facto, i); //7행 매크로 호출
22      };
23
24      return 0;
25   }
```

설명	
04	#@인자는 인자 앞 뒤에 작은 따옴표를 붙여 인자를 문자로 만드는 연산자로 #@a는 'a'로 만듦
05	#인자는 인자 앞 뒤에 큰 따옴표를 붙여 인자를 문자열로 만드는 연산자로 #a는 "a"로 만듦
06	#a" = %3d "는 결국 "a" " = %3d "가 되어 문자열 "a" " = %3d "이 됨
07	##은 두 다른 토큰들과 연결해주는 연산자로 a##[i]는 a[i]가 됨
19	PRT(i)는 i에 따라 'i = 4 일때'와 같이 출력
20	APRT(facto[i])는 'i에 따라 facto[i] = 24'와 같이 출력
21	AIPRT(facto, i)는 'i에 따라 facto[4] = 24'와 같이 출력

실행결과

```
$
i = 1 일때, facto[i] =   1  facto[1] =   1
i = 2 일때, facto[i] =   2  facto[2] =   2
i = 3 일때, facto[i] =   6  facto[3] =   6
i = 4 일때, facto[i] =  24  facto[4] =  24
i = 5 일때, facto[i] = 120  facto[5] = 120
```

중간점검

01 다음 프로그램의 결과를 기술하시오.

```
#include <stdio.h>

#define AIPRT(a) printf(#a" = %d, %d\n", ##a, &##a)

int main(void)
{
    int value = 1;
    AIPRT(value);

    return 0;
}
```

두 변수의 내용을 서로 교환하는 수행을 스왑(swap)이라고 표현한다. 매크로 SWAP_INT(a, b, temp)는 int 형 변수 두 a, b를 이미 선언되어 있는 변수 temp를 사용하여 두 변수를 교환하는 매크로로 구현한다. 매크로 SWAP_DOUBLE(a, b)은 double형 변수 두 a, b를 매크로 내부에서 직접 변수 _temp를 선언해 두 변수를 교환하는 매크로로 구현한다. 마지막으로 매크로 SWAP_TYPE(type, a, b)은 자료형 type형인 변수 두 a, b를 매크로 내부에서 직접 자료형 type으로 변수 _swap_temp를 선언해 두 변수를 교환하는 매크로로 구현한다. 다음과 같은 프로그램 수행 결과가 되도록 프로그램을 구현해 보도록 한다.

- 정수를 교환하는 매크로와 실수를 교환하는 매크로 각각 2번 호출

```
30   20
20   30
30   20
123.45 43.87
43.87 123.45
123.45 43.87
```

| Lab 16-3 | swaptype.c |

```
01   // swaptype.c:
02   #include <stdio.h>
03
04   //자료형 int a, b의 교환 매크로, temp를 사용
05   #define SWAP_INT(a, b, temp)   \
06        temp = a; _____; _____;
07
08   #define SWAP_DOUBLE(a, b)   \
09        _____ _temp = a; a = b; b = _temp;
10
11   //자료형을 지정하여 a, b의 교환 매크로, _swap_temp를 내부에서 지정해서 사용
12   #define SWAP_TYPE(type, a, b) \
13        { \
14        _____ \
15        _swap_temp = (b); \
16        (b) = (a); \
```

```
17          _____ \
18      }
19
20  int main(void)
21  {
22      int a = 30, b = 20, c;
23      printf("%d %d\n", a, b);
24      SWAP_INT(a, b, c);
25      printf("%d %d\n", a, b);
26      SWAP_TYPE(int, a, b);
27      printf("%d %d\n", a, b);
28
29      double x = 123.45, y = 43.87;
30      printf("%.2f %.2f\n", x, y);
31      SWAP_DOUBLE(x, y);
32      printf("%.2f %.2f\n", x, y);
33      SWAP_TYPE(_____);
34      printf("%.2f %.2f\n", x, y);
35
36      return 0;
37  }
```

정답		
06	`temp = a; a = b; b = temp;`	
09	`double _temp = a; a = b; b = _temp;`	
14	`type _swap_temp; \`	
17	`(a) = _swap_temp; \`	
33	`SWAP_TYPE(double, x, y);`	

01 다음 결과를 참고로 문자열을 입력하여 출력하도록 함수 calloc()을 사용하여 프로그램을 작성하시오.

- 입력하는 문자열을 모두 동적 할당한 메모리에 저장 후 다음과 같이 출력

```
입력할 영문자의 갯수를 입력 >> 11
11개의 영문자 입력 >> Objective-C
입력한 문자열: Objective-C
```

02 다음 결과를 참고로 구조체 point와 circle 2 개를 정의하고 구조체 circle을 저장할 공간을 동적으로 확보하여 다음 자료를 저장하고 출력하는 프로그램을 작성하시오.

- 원의 반지름을 인자로 면적을 계산하는 매크로를 정의

- 구조체 point는 실수로 x, y 이차원 평면의 좌표를 표현

- 구조체 circle은 멤버로 중심 좌표인 point와 반지름인 radius으로 구성

```
원 중심좌표(2.89, 4.25), 반지름: 3.48
원 면적: 34.31
계속하려면 아무 키나 누르십시오 . . .
```

03 다음 파일에서 그 내용을 읽어 동적으로 자료를 만들어 연결 리스트를 구성하고, 각 학생의 점수의 합을 구하여 표준 출력으로 아래의 내용과 합을 출력하는 프로그램을 작성하시오.

- 입력파일

1	강동구	30.3	40.5
2	강혜진	28.3	37.5
3	김다영	32.5	77.3
4	김민지	67.2	39.9
5	김소연	77.8	67.4
6	안태용	22.4	37.5

04 위 프로그램을 기반으로 각 학생의 점수의 합을 구하여 다음과 같은 형태로 표준 출력과 동시에 파일 out.txt에도 출력하도록 프로그램을 작성하시오.

- 출력파일

1	강동구	30.3	40.5	70.8
2	강혜진	28.3	37.5	65.8

3	김다영	32.5	77.3	109.8
4	김민지	67.2	39.9	107.1
5	김소연	77.8	67.4	145.2
6	안태용	22.4	37.5	59.9

05 위 프로그램의 결과인 out.txt 파일을 읽어 각 학생의 점수 합에 따라 학생의 모든 정보를 내림차순으로 표준출력하는 프로그램을 작성하시오.

- 표준출력 내용

정렬 후

5	김소연	77.8	67.4	145.2
3	김다영	32.5	77.3	109.8
4	김민지	67.2	39.9	107.1
1	강동구	30.3	40.5	70.8
2	강혜진	28.3	37.5	65.8
6	안태용	22.4	37.5	59.9

06 정수 10개를 저장할 수 있는 배열을 동적으로 할당하여 함수 srand(), rand()를 이용하여 임의로 수를 저장한 후 오름차순으로 정렬하는 프로그램을 작성하시오.

```
정렬 전 배열값 : -->
46, 44, 20, 68, 21, 45, 25, 12, 89, 28
정렬 후 배열값 : -->
12, 20, 21, 25, 28, 44, 45, 46, 68, 89
```

07 본 서적의 연결 리스트의 예제에서 함수 printList()와 같은 기능을 재귀적 함수 print()로 수정하여 프로그램을 작성하시오.

08 다음을 참고로 매크로 print(exp)를 정의하여 다음 결과가 나오도록 프로그램을 작성하시오.

- 매크로 print(exp)는 연산식 exp가 그대로 출력되며 형식은 exp = 값으로 출력

```
int a = 2;
print(3 * 4 + 3 / a);
```

- 한 예로 매크로 print(3 * 4 + 3 / a)의 출력 결과

```
3 * 4 + 3 / a = 13
```

09 다음을 참고로 매크로 PRINT(x, y)를 정의하여 다음 결과가 나오도록 프로그램을 작성하시오.

- a와 b는 실제 프로그램에서 선언한 변수의 이름이며, 매크로 print(a, b)와 같이 호출 시 인자로 사용

```
int a = 7, b = 2;
print(a, b);
```

- 매크로 print(a, b)의 출력 결과

  a와 b의 곱은 14입니다.

10 다음 매크로 PRINTMAX(a, b)의 문제점을 파악하여 프로그램이 실행되도록 작성하시고, 다음 물음에 답하시오.

- 다음 매크로 정의를 수정

  ```
  #define PRINTMAX(a, b)
      printf(#a"와"#b"의 최대값: %d\n", (a > b ? a : b))
  ```

- 수정된 매크로를 다음과 같이 호출한 경우, 그 결과가 맞는가? 이러한 결과가 나오지 않도록 하는 방법을 찾아보시오.

  ```
  int a = 6, b = 5;
  PRINTMAX(a++, b);
  ```

연산자 | 배열 | 함수 | 반복 | 파일

프로젝트 내용

- 라이브러리 함수 sin()을 이용해 그래프 그리기

목적

- 이차원 배열을 이용한 좌표 그리기의 활용

콘솔 출력 색상 수정

[출력 색상 구현]

- 함수 SetColor(n) 호출

  - 헤더파일 windows.h 삽입하고, 다음 함수 SetColor() 구현

```c
// 0: 검정색  1: 파란색  2: 녹색    3: 하늘색  4: 빨간색  5: 분홍색
// 6: 갈색     7: 연회색  8: 진회색  9: 연파랑 10: 연두색 11: 연하늘색
//12: 연빨강 13: 연분홍 14: 노란색 15: 흰색
void SetColor(int ForgC)
{
    //현재의 백그라운드 속성을 가져오기
    HANDLE hStdOut = GetStdHandle(STD_OUTPUT_HANDLE);

    //속성에 필요한 정보 저장 변수 선언
    CONSOLE_SCREEN_BUFFER_INFO csbi;
    WORD wColor;
    //현재의 콘솔화면버퍼정보(csbi)를 가져오기
    if (GetConsoleScreenBufferInfo(hStdOut, &csbi))
    {
        //백그라운드 속성은 그대로 가져오고, 폰트 색상만 수정
        wColor = (csbi.wAttributes & 0xF0) + (ForgC & 0x0F);
        //콘솔 색상 수정
        SetConsoleTextAttribute(hStdOut, wColor);
    }
}
```

주요 입출력

[입력]

- 입력 없음

- x가 −3.14159에서 3.24159까지 0.1씩 증가하면서 sin(x)의 결과를 그래프로 출력

프로그래밍 요소

주요 자료

- 그래프가 그려지는 좌표를 char 형 이차원 배열로 선언하여 x축은 문자 '−'로, y축 문자 '|'로, sin() 그래프는 문자 '*'로 배열에 출력한 후 배열의 문자를 콘솔에 일괄적으로 출력

    - #define WIDTH 76

    - #define HEIGHT 22

    - char grid[HEIGHT + 1][WIDTH + 1];

색상

- 다음 결과와 같이 색상을 다르게 출력

    - 콘솔에 출력할 때 x, y축은 색상 연파랑(9)으로, sin() 그래프는 색상 연빨강(12)으로 지정하여, 축의 숫자는 진회색(8) 칼라로 출력

결과 사례

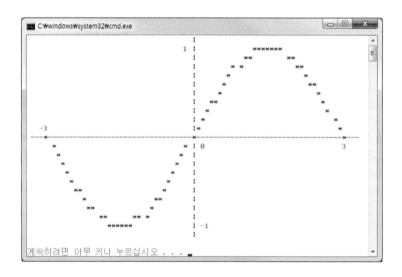

연산자 | 구조체 | 배열 | 함수 | 반복 | 파일

프로젝트 내용
● 표준 입력으로 받은 년도의 달력을 콘솔과 파일로 출력

목적
● 달력을 만드는 로직을 수행

주요 입출력

[입력]
● 년도와 달력을 저장할 파일 이름 입력

[출력]
● 표준 입력한 년도의 달력을 콘솔과 파일로 출력

프로그래밍 요소

제한 조건
● 일년 열 두 달의 달력을 출력하는 프로그램에서 표준출력 뿐만 아니라 파일로도 출력하는 프로그램을 작성
● 지정된 파일 파일 "2017.cal"을 열어 보면 콘솔 출력과 같은 달력이 보이도록

주요 함수
● void fprintCalendar(FILE *f, int year, int month)
  - 파일 f와 콘솔에 year년 month월의 달력을 출력
● int getTotalDates(int year, int month)
  - year년 month월 이전까지의 총 일수를 계산
● int getMaxDayMonth(int year, int month)
  - year년 month월의 최대 일을 계산
● int isLeap(int year)
  - year년의 윤년검사

```
int isLeap(int year)
{
   if ((year % 4 == 0) && (year % 100 != 0) || (year % 400 == 0))
       return 1;
   else
       return 0;
}
```

결과 사례

년도를 입력하세요. (입력형식 >> 2017)
2017
달력을 저장할 파일이름을 입력하세요. (입력형식 >> 2017.cal)
2017.cal

[2017년 1월]

일	월	화	수	목	금	토
1	2	3	4	5	6	7
8	9	10	11	12	13	14
15	16	17	18	19	20	21
22	23	24	25	26	27	28
29	30	31				

[2017년 2월]

일	월	화	수	목	금	토
			1	2	3	4
5	6	7	8	9	10	11
12	13	14	15	16	17	18
19	20	21	22	23	24	25
26	27	28				

중간생략
...

[2017년 11월]

일	월	화	수	목	금	토
			1	2	3	4
5	6	7	8	9	10	11
12	13	14	15	16	17	18
19	20	21	22	23	24	25
26	27	28	29	30		

[2017년 12월]

일	월	화	수	목	금	토
					1	2
3	4	5	6	7	8	9
10	11	12	13	14	15	16
17	18	19	20	21	22	23
24	25	26	27	28	29	30
31						

학생 정보 파일 처리

구조체 | 배열 | 함수 | 반복 | 파일

프로젝트 내용
- 이름, 중간, 기말, 퀴즈 점수로 구성되는 학생정보를 표준입력 받아 파일에 저장하여 관리하는 프로그램

목적
- 학생정보를 저장하는 구조체와 이 구조체를 저장하는 이진 파일 처리

주요 입출력

[입력]
- 학생 추가, 학생 목록, 학생 검색, 종료 등의 메뉴 번호 입력과 각 메뉴에 필요한 자료 입력

[출력]
- 학생 목록 출력과 메뉴 선택을 위한 출력

프로그래밍 요소

[메뉴]
- 학생 추가
    - 한 행에 한 사람의 이름, 중간, 기말, 퀴즈 점수를 입력하며, 여러 명의 입력이 가능
    - 입력을 완료하려면 ctrl + Z
- 학생 목록
    - 파일에 저장된 모든 학생의 정보를 출력
- 학생 검색
    - 학생 번호로 검색하여 정보 출력
- 종료
    - 프로그램 종료

[주요 함수]
- void appendscore(FILE *f, int cnt);
    - 학생 추가 함수
- void searchscore(FILE *f, int cnt);
    - 학생 검색 함수
- void printhead();
    - 제목 출력 함수

- void printscore(FILE *f);
  - 파일 f에 있는 모든 학생을 출력

처리

- 학생 추가를 위해 파일을 열어 학생 정보를 추가, 함수 appendscore() 사용
- 학생 전체를 출력하려면 함수 printscore() 사용

결과 사례

```
        [1] 학생 추가
        [2] 학생 목록
        [3] 학생 검색
        [0] 종료


        [메뉴 선택] >>
```

```
추가할 이름과 성적(중간, 기말, 퀴즈)을 입력하세요.
김형준 99 88 77
이세화 93 92 84
^Z

        [1] 학생 추가
        [2] 학생 목록
        [3] 학생 검색
        [0] 종료


        [메뉴 선택] >>
```

```
가장 큰 번호의 학생은 11번입니다. >>
찾을 학생번호를 입력하세요. >> 9

찾은 학생 정보는 >>
    9           고진영      88      76      67

        [1] 학생 추가
        [2] 학생 목록
        [3] 학생 검색
        [0] 종료


        [메뉴 선택] >>
```

```
        ========= 학생 성적 =========

----------------------------------------------------
 번호              이름      중간     기말     퀴즈
----------------------------------------------------
   1              권다애      87      98      25
   2              김근태      89      78      30
   3              양보원      76      87      30
   4              김되라      78      88      30
   5              이대일      89      76      25
   6              신지애      98      87      88
   7              강수지      95      92      90
   8              김형수      78      87      88
   9              고진영      88      76      67
  10              김형준      99      88      77
  11              이세화      93      92      84
----------------------------------------------------

        [1] 학생 추가
        [2] 학생 목록
        [3] 학생 검색
        [0] 종료


        [메뉴 선택] >>
```

연산자 | 배열 | 함수 | 반복 | 파일

프로젝트 내용

- [에라토스테네스의 체] 알고리즘을 이용하여 1에서 600까지 소수(prime number)를 구하여, 텍스트 파일 prime.txt와 콘솔에 출력하는 프로그램

목적

- 반복과 조건을 활용하고 콘솔에서 좌표를 지정하여 동일한 지점을 여러 번 출력

주요 입출력

[입력]

- 입력은 없음

[출력]

- 1에서 600을 모두 출력하고 알고리즘을 적용하여 소수가 아니면 x를 출력, 소수이면 수를 출력
- 1에서 600 사이의 모든 소수를 일괄적으로 콘솔과 텍스트 파일에 동시 출력

프로그래밍 요소

[에라토스테네스의 체]

- 배열을 만들어 모두 소수로 체크
    - 정수형 배열 prime을 배열크기 601개를 선언하여 모두 0을 대입한 후, 다시 배열 prime[2]에서 prime[600]까지 1을 대입, 즉 prime[i]가 1이면 i는 소수
- 이제부터 2의 배수, 3의 배수 등을 검사하여 소수가 아니(합성수)라는 의미로 0을 대입
    - 2의 2번째 배수부터 배수는 소수에서 제거,
    - 3의 2번째 배수부터 배수는 소수에서 제거,
- sqrt(n)의 배수까지 소수에서 제거하면 나머지는 모두 소수,

[처리]

- 에라토스테네스 체의 알고리즘이 적용된 모습으로 출력
    - 가로 20개 세로 30개로 해서 1에서 600의 모든 정수를 출력하고 다시 2의 배수이면 제거하고 다시 3의 배수이면 제거하는 방식으로 출력
- 일괄적인 출력 및 파일에 출력하여 저장
    - 1에서 600 사이의 모든 소수를 콘솔에 출력하면서 동시에 텍스트 파일 prime.txt에 출력 저장

결과 사례

```
  X   2   3   X   5   X   7   X   X   X  11   X  13   X   X   X  17   X  19   X
  X   X  23   X   X   X   X   X  29   X  31   X   X   X   X   X  37   X   X   X
 41   X  43   X   X   X  47   X   X   X   X   X  53   X   X   X   X   X  59   X
 61   X   X   X   X   X  67   X   X   X  71   X  73   X   X   X   X   X  79   X
  X   X  83   X   X   X   X   X  89   X   X   X   X   X   X   X  97   X   X   X
101   X 103   X   X   X 107   X 109   X   X   X 113   X   X   X   X   X   X   X
  X   X   X   X   X   X 127   X   X   X 131   X   X   X   X   X 137   X 139   X
  X   X   X   X   X   X   X   X 149   X 151   X   X   X   X   X 157   X   X   X
  X   X 163   X   X   X 167   X   X   X   X   X 173   X   X   X   X   X 179   X
181   X   X   X   X   X   X   X 191   X 193   X   X   X   X   X 197   X 199   X
  X   X   X   X   X   X   X   X   X   X 211   X   X   X   X   X   X   X   X   X
  X   X 223   X   X   X 227   X 229   X   X   X 233   X   X   X   X   X 239   X
241   X   X   X   X   X   X   X 251   X   X   X   X   X   X   X 257   X   X   X
  X   X 263   X   X   X   X   X 269   X 271   X   X   X   X   X 277   X   X   X
281   X 283   X   X   X   X   X   X   X   X   X 293   X   X   X   X   X   X   X
  X   X   X   X   X   X 307   X   X   X 311   X 313   X   X   X 317   X   X   X
  X   X   X   X   X   X   X   X 331   X   X   X   X   X 337   X   X   X   X   X
  X   X   X   X   X   X 347   X 349   X   X   X 353   X   X   X   X   X 359   X
  X   X   X   X   X   X 367   X   X   X 373   X   X   X   X   X   X   X 379   X
  X   X 383   X   X   X   X   X 389   X   X   X   X   X   X   X 397   X   X   X
401   X   X   X   X   X   X   X 409   X   X   X   X   X   X   X   X   X 419   X
421   X   X   X   X   X   X   X   X   X 431   X 433   X   X   X   X   X 439   X
  X   X 443   X   X   X   X   X 449   X   X   X   X   X   X   X 457   X   X   X
461   X 463   X   X   X 467   X   X   X   X   X   X   X   X   X   X   X 479   X
  X   X   X   X   X   X 487   X   X   X 491   X   X   X   X   X   X   X 499   X
  X   X 503   X   X   X   X   X 509   X   X   X   X   X   X   X   X   X   X   X
521   X 523   X   X   X   X   X   X   X   X   X   X   X   X   X   X   X   X   X
541   X   X   X   X   X 547   X   X   X   X   X   X   X   X   X 557   X   X   X
  X   X 563   X   X   X   X   X 569   X 571   X   X   X   X   X 577   X   X   X
  X   X   X   X   X   X 587   X   X   X   X   X 593   X   X   X   X   X 599   X
```

1에서 600 사이의 소수(prime number)

```
  2    3    5    7   11   13   17   19   23   29   31   37   41   43   47   53   59   61   67   71
 73   79   83   89   97  101  103  107  109  113  127  131  137  139  149  151  157  163  167  173
179  181  191  193  197  199  211  223  227  229  233  239  241  251  257  263  269  271  277  281
283  293  307  311  313  317  331  337  347  349  353  359  367  373  379  383  389  397  401  409
419  421  431  433  439  443  449  457  461  463  467  479  487  491  499  503  509  521  523  541
547  557  563  569  571  577  587  593  599
```

연산자 | 구조체 | 배열 | 함수 | 반복 | 파일

프로젝트 내용

● 동적할당을 이용하여 구조체를 생성하여 연결리스트를 만들고, 다시 연결리스트의 역순으로 연결리스트를 수정하여 출력

목적

● 동적할당을 이용하여 구조체 생성 방법과 연결리스트 활용

주요 입출력

[입력]

● 프로그래밍 언어 이름을 순서로 입력

[출력]

● 프로그래밍 언어 이름이 순서로 출력과 함께 다시 연결리스트의 역순으로 동시에 출력

프로그래밍 요소

동적할당으로 연결리스트 구성

● 자기참조 구조체를 만들어 함수 malloc()을 사용하여 동적할당

연결리스트의 역순 알고리즘

● 순방향으로 이동하면서 포인터 p(가장 앞선 노드), q(중간 노드), r(가장 늦은 노드)을 사용하여 역순으로 구성

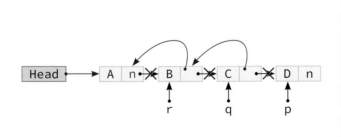

```
ListNode *reverse(ListNode *head)
{
    // 순회 포인터로 p, q, r을사용
    ListNode *p, *q, *r
    p = head        //p는 역순으로 만들 리스트
    q = NULL        //q는 역순으로 만들 노드
    while (p != NULL){
        r = q; //r은 역순으로 된 리스트. r은 q, q는 p를 차례로 따라간다.
        q = p;
        p = p->link;
        q->link =r;    //q의 링크 방향을 바꾼다.
    }
    return 1:    //q는 역순으로 된 리스트의 헤드 포인터
}
```

처리

● 입력은 한 행에 하나 씩 입력하며, 입력 시마다 현재까지의 목록을 모두 표시

● ctrl + Z로 입력을 종료하면 새 콘솔 화면에서 연결리스트의 목록과 연결리스트 역순의 목록이 다음과 같이 출력

  ■ system("cls"), gotoxy() 사용

```
이름을 입력하고 Enter를 누르세요. >>
Fortran
    1번째 노드는 Fortran
Basic
    1번째 노드는 Fortran
    2번째 노드는 Basic
Pascal
    1번째 노드는 Fortran
    2번째 노드는 Basic
    3번째 노드는 Pascal
C
    1번째 노드는 Fortran
    2번째 노드는 Basic
    3번째 노드는 Pascal
    4번째 노드는 C
C++
    1번째 노드는 Fortran
    2번째 노드는 Basic
    3번째 노드는 Pascal
    4번째 노드는 C
    5번째 노드는 C++
Python
    1번째 노드는 Fortran
    2번째 노드는 Basic
    3번째 노드는 Pascal
    4번째 노드는 C
    5번째 노드는 C++
    6번째 노드는 Python
Java
    1번째 노드는 Fortran
    2번째 노드는 Basic
    3번째 노드는 Pascal
    4번째 노드는 C
    5번째 노드는 C++
    6번째 노드는 Python
    7번째 노드는 Java
C#
    1번째 노드는 Fortran
    2번째 노드는 Basic
    3번째 노드는 Pascal
    4번째 노드는 C
    5번째 노드는 C++
    6번째 노드는 Python
    7번째 노드는 Java
8번째 노드는 C#
^Z
```

```
      < 연결 리스트(정순) >          < 연결 리스트(역순) >

         [ Fortran ]                      [ C# ]
             |                              |
             |                              |
             v                              v
         [ Basic ]                       [ Java ]
             |                              |
             |                              |
             v                              v
         [ Pascal ]                      [ Python ]
             |                              |
             |                              |
             v                              v
           [ C ]                          [ C++ ]
             |                              |
             |                              |
             v                              v
          [ C++ ]                         [ C ]
             |                              |
             |                              |
             v                              v
         [ Python ]                      [ Pascal ]
             |                              |
             |                              |
             v                              v
          [ Java ]                        [ Basic ]
             |                              |
             |                              |
             v                              v
           [ C# ]                         [ Fortran ]
```

Perfect C

C언어로 배우는 프로그래밍 기초

인　쇄	2019년 2월 11일 초판 4쇄
발　행	2019년 2월 18일 초판 4쇄
저　자	강환수, 강환일, 이동규
발 행 인	채희만
출판기획	안성일
마 케 팅	한석범, 최상도
편　집	이문영
관　리	이승희
북디자인	가인커뮤니케이션(031-943-0525)
발 행 처	**INFINITY**BOOKS
주　소	경기도 고양시 일산동구 하늘마을로 158 대방트리플라온 C동 209호
대표전화	02)302-8441
팩　스	02)6085-0777

도서 문의 및 A/S 지원

Homepage	www.infinitybooks.co.kr
E-mail	helloworld@infinitybooks.co.kr
I S B N	979-11-85578-22-4
등록번호	제25100-2013-152호
판매정가	**29,000원**